Micro Application

AF853113

Devenez un expert de Mac OS X

Dr. Mac

Mac® OS au rayon X

Bob LeVitus

CORIOLIS

1ère Édition - Juin 2002

Auteur Bob Levitus

Traduction Pierre SIGONNEAU et Matthieu THFOIN

ISBN : 2-7429-2652-6

MICRO APPLICATION
20, 22, rue des Petits-Hôtels
75010 PARIS
Tél : 01 53 34 20 20 - Fax : 01 53 34 20 00
http://www.microapp.com

Support technique :
Tél : 01 53 34 20 46 - Fax : 01 53 34 20 00
également disponible sur www.microapp.com

Mister O'net, l'homme à la référence, vous montre le chemin !

Rendez-vous sur le site **Internet de Micro Application www.microapp.com**. Dans le module de recherche, sur la page d'accueil du site, retrouvez le **Mister O'net**. Dans la zone de saisie, entrez la référence à 4 chiffres qu'il vous indique ci-contre.
Vous accédez directement à la fiche produit.

Recherche
3652

Avant-propos

Conventions typographiques

Afin de faciliter la compréhension des techniques décrites, nous avons adopté les conventions typographiques suivantes :

- **gras** : menu, commande, boîte de dialogue, bouton, onglet.
- *italique* : zone de texte, liste déroulante, case à cocher, bouton radio.
- `Police bâton` : instruction, listing, texte à saisir.
- ✂ : indique un retour à la ligne dû aux contraintes de la mise en page.

Au cours de votre lecture, vous rencontrerez les encadrés suivants :

Astuce Propose des trucs patiques.

Attention Met l'accent sur un point important, surtout d'ordre technique, à ne négliger à aucun prix.

Remarque Informations supplémentaires relatives au sujet traité.

Pour Lisa, mon épouse, qui a tout porté ici, spécialement quand c'est devenu difficile. Tout finit par s'arranger. Pour mes enfants que j'ai vus si peu et qui m'ont manqué. Mais c'est fini et je suis de retour.

Je vous aime tous.

À propos de l'auteur

Bob LeVitus, souvent présenté comme "Docteur Macintosh", a écrit 38 ouvrages grand public traitant des ordinateurs, dont celui-ci. Il a également rédigé plusieurs best-sellers et notamment *Mac OS X pour les nuls* chez Hungry Minds Books, *Le Petit Livre des iTunes* aux éditions Peachpit, ainsi que *Mauvaises plaisanteries sur le Mac* et *Docteur Macintosh*, tous les deux chez Addison-Wesley. Ses ouvrages se sont vendus à plus d'un million d'exemplaires à travers le monde.

Bob fait autorité au plan mondial quand il parle du Macintosh et de ses systèmes d'exploitation. De 1989 à 1997, il a contribué de façon importante au périodique *MacUser* en tant qu'éditorialiste ou journaliste, écrivant à diverses périodes de sa fructueuse carrière des articles sur les dossiers d'aide, l'art de surpasser le système et les jeux. Il a été l'invité de l'émission Mac Today, qui durait une demi-heure et était diffusée sur plus de 100 chaînes vers 1992.

Alors que son premier amour est et restera toujours le Mac, il a également rédigé plus d'une demi-douzaine d'ouvrages pour les utilisateurs de Windows. Mais cela se passait il y a déjà quelques années et il en a tiré la leçon.

Il est actuellement journaliste (Docteur Mac) pour le *Houston Chronicle* et quelques autres journaux, et a été publié dans plus d'une vingtaine de périodiques traitant d'ordinateurs sur les quinze dernières années.

Avant de se consacrer aux ordinateurs, il a passé sept ans chez Kresser/Craig/D.I.K. à Los Angeles, une agence de publicité et conseil en marketing, puis dans sa filiale L & J Research. Il est titulaire d'un diplôme de marketing de l'université d'État de Californie.

Il vit à Austin, au Texas, avec son épouse Lisa et ses deux enfants, Allison et Jacob, quelques oiseaux et iguanes et une petite meute de chiens (des épagneuls et un vizsla). Il est déjà en train de travailler à son prochain ouvrage, *Le Petit Livre du iDVD2*, pour les éditions Peachpit.

Remerciements

D'abord et avant tout merci d'avoir acheté ce livre.

Ces remerciements sont toujours pour moi une partie difficile à rédiger. La plupart des ouvrages sont issus d'un travail en collaboration, et celui-ci n'est pas une exception. De très nombreuses personnes y ont contribué de diverses manières. Je sais que je vais sûrement oublier quelqu'un. Mais allons-y après une bonne inspiration.

Dennis R. Cohen, qui a écrit le premier jet du chapitre 4 ainsi que des chapitres 10 à 13, a apporté une contribution supérieure à toute évaluation, non seulement au plan de l'écriture, mais aussi pour son savoir encyclopédique sur Mac OS X, ses avis et conseils judicieux et son expertise de l'édition technique.

Je ne peux le remercier suffisamment d'avoir fourni ce qu'il avait promis et plus.

Un grand merci à Apple et à tous les gens de qualité avec qui j'ai travaillé tout au long de la rédaction de cet ouvrage, à savoir Bill Evans, Ken Bereskin, Nathalie Welch et Grace Kvamme. Merci à Jennifer Ackman, de Edelman Public Relations, pour son assistance.

Merci également à mon agent, Carole "Swifty" McClendon. Elle continue à se démener quatorze ans plus tard !

Mon éditeur a été très agréable tout au long de l'écriture et de la mise en production de ce livre. J'espère n'oublier personne, mais je voudrais remercier Katherine R. Hartlove, éditrice associée, et Charlotte Carpentier, éditrice en charge des contrats. Elles ont eu confiance dans mes propositions et se sont battues pour que ce livre se fasse et se fasse bien. Merci.

Ensuite, et presque dans l'ordre dans lequel j'ai travaillé avec eux : merci à l'éditrice en charge du développement, Jessica Choi ; c'était un plaisir de travailler avec elle. Merci aux gens de Coriolis en charge des relations publiques, du marketing et des ventes, et notamment Tracy Rooney, Adrienne Dueck et Jeff Johnson, mon directeur marketing produit. Vous avez tous été fabuleux.

Pour continuer, je n'ai que des remerciements à adresser aux deux éditeurs avec qui j'ai travaillé : Meredith Brittain et Dan Young ; vous sortez du lot de vos confrères. Merci à Peggy Cantrell, coordinatrice de production, pour la façon experte dont vous avez arrangé chaque chapitre.

Maintenant que cela avance, je ne voudrais pas oublier Brian Little, l'éditeur technique de cet ouvrage. Il était toujours là, avec un sens de l'observation aigu, une suggestion bienvenue ou une plaisanterie très personnelle. Merci, Brian, vous avez fait fort.

Je les ai déjà remerciés, mais une fois ce n'est pas assez, merci donc à ma famille pour m'avoir permis de travailler alors que j'aurais dû m'occuper d'eux. Merci de nouveau de votre compréhension.

Et pour terminer, et ce n'est pas le moins important, un grand merci, plus vaste que le ciel, à ceux qui m'ont adressé des astuces ou des fonds d'écran pour les chapitres 15 et 16. Vous êtes les meilleurs. Merci encore.

Introduction

Merci d'avoir acheté *Docteur Mac*. Il y a de nombreux ouvrages qui parlent de Mac OS X et vous aviez le choix. Je suis heureux que vous ayez choisi celui-là, et je vais faire mon possible pour ne pas vous décevoir.

Le sous-titre de ce livre est *Devenez un expert de Mac OS X*. Mais qu'est-ce exactement qu'un expert ? Si l'on se réfère au *Dictionnaire du Docteur Mac*, non publié :

"Expert. 1. Personne utilisant un Macintosh plus efficacement, plus rapidement et plus élégamment que vous. 2. Personne en mesure de répondre aux questions relatives au Macintosh qui vous laissent perplexe.

Être un expert signifie trouver de meilleures façons d'accomplir les choses et savoir faire face aux difficultés. C'est là le sujet de ce livre. Vous n'avez pas besoin de connaître la programmation pour être un utilisateur averti de Mac OS X. En fait, la plupart des experts ne sauraient pas rédiger la moindre ligne de programme.

Remarque **N'ayez pas peur**

Bien sûr, utiliser Unix c'est un peu coder. Les experts ont un minimum de connaissances sur la question. S'ils n'en ont pas, ils devraient en acquérir, et il n'y a pas à en avoir peur.

Vous n'avez pas besoin de connaître le C++ de Carbon ou Cocoa pour devenir un utilisateur expérimenté. Être un utilisateur averti concerne l'emploi et non la programmation du Mac.

De toute façon, Mac OS X n'est pas compliqué à utiliser ; il y a des centaines (peut-être des milliers ou des millions) de raccourcis, de secrets, d'astuces, de tours de main, d'utilitaires et de programmes qui vous permettent de mieux l'employer. Je le sais parce que j'ai passé la dernière année à travailler avec Mac OS X et à écrire presque exclusivement sur ce sujet. Tout au long de son étude, j'ai découvert de nombreuses astuces, pratiques, savoir-faire et programmes que je partage avec vous dans les pages qui viennent. Je me sers du Macintosh exclusivement depuis quinze ans et j'écris sur le sujet depuis presque aussi longtemps. Cependant, je ne peux pas vous dire combien de fois j'ai fait des choses d'une certaine manière pendant des mois jusqu'à ce que je découvre quelqu'un qui le faisait mieux, plus vite ou avec un moindre effort. Et combien je suis heureux chaque fois que je découvre un utilitaire ou un programme qui permet de gagner du temps.

À l'inverse de certains auteurs, j'admets humblement que, bien qu'en connaissant un rayon sur OS X, je n'en ai pas encore fait le tour. C'est pourquoi le chapitre 15 est rempli de ces astuces, conseils et pratiques que d'autres utilisateurs avertis pensent qu'il faut connaître, et le chapitre 16 présente des fonds d'écran de Bureaux d'utilisateurs avertis et de leurs programmes préférés.

Le fil conducteur est le suivant : ce livre a été conçu pour vous éviter d'avoir à réinventer la roue et pour améliorer votre efficacité chaque fois que vous utilisez votre Mac.

Je vis et je respire par le Macintosh (et Mac OS X). J'utilise un Mac tout au long de la journée, chaque jour et d'aussi loin que je me souvienne. Je me suis servi de Mac OS X bien longtemps avant qu'il n'ait été mis en service auprès du grand public.

Il y a plus de dix ans, je travaillais comme éditeur en chef de *MACazine*, une des premières publications consacrée au Macintosh. Après son rachat par le magazine *Macworld*, j'ai participé comme éditeur à *MacUser*, où je rédigeais successivement les rubriques d'aide, de jeu et de compétition avec le système. Après huit ans à *MacUser*, je me suis mis au Web et j'ai rejoint *MacCentral* (**www.maccentral.com**), où j'ai créé et rédigé la très populaire tribune de questions- réponses "Interrogez Docteur Mac". Ces cinq dernières années, j'ai rédigé une rubrique journalistique "Docteur Mac" que vous trouvez dans le *Houston Chronicle* et dans d'autres journaux toutes les semaines.

Dans mes temps libres (hum !), j'ai écrit 38 ouvrages parlant du Mac, notamment les premières et deuxièmes éditions de *Docteur Macintosh*, *Réponses Mac*, *Le Petit Livre de iTunes*, et tout un lot d'autres ouvrages (beaucoup ont les termes "nuls" ou "stupides" dans leurs titres).

Ainsi, mon travail des quinze dernières années a consisté essentiellement à trouver des informations qui aident d'autres utilisateurs à employer leurs Mac plus efficacement.

Je ne me plains pas. Ce travail est merveilleux. J'essaye davantage de logiciels Mac et de matériels en un mois que n'en auront entre leurs mains la plupart des gens en toute une vie.

Vous vous en doutez certainement, mais j'ai passé une grande partie de ces quinze ans penché sur mon Mac du matin au soir, et même souvent tard dans la nuit.

Remarque **Mon matériel**

Au cas où vous vous poseriez la question, j'utilise régulièrement trois Mac à mon bureau : un G4/500 (mon Mac principal), un Cube G4 et un PowerBook Titanium (sans oublier les deux iMac de ma femme et des enfants).

Lorsque je ne suis pas en train de tester un nouveau logiciel ou un nouveau matériel, j'écris, je prépare un film, j'édite une vidéo ou je surfe sur le Web avec mon modem câble pour rechercher des informations ou rester en contact avec les amis et les relations de travail.

Comme j'utilise mon Mac pour tout faire (écrit, planning, graphique, communications, finances, recettes, etc.), j'aime avant tout découvrir une méthode pour faire mieux, plus vite et avec plus d'aisance. Et dans le plus pur esprit Macintosh, j'aime être capable de partager mes trouvailles avec d'autres utilisateurs de Mac comme vous.

Lorsque je ne suis pas sur un travail d'écriture ou d'édition, j'aime passer du temps à rechercher la meilleure façon de faire quelque chose sur mon Mac. Mon travail consiste en quelque sorte à trouver ce qui va "marcher" ou pas. Je lis donc tout ce que je peux qui concerne le Mac. Et je précise bien "chaque chose" qui va marcher à travers la plupart des magazines traitant du Mac et une douzaine de sites web spécialisés sur le Mac parcourus chaque jour. Je reçois également les lettres d'informations d'une demi-douzaine de groupes d'utilisateurs chaque mois.

Astuce **Les groupes d'utilisateurs**

Quelques-unes des meilleures informations apparaissent dans les lettres d'information des groupes d'utilisateurs. Les membres de ces groupes se rassemblent parce qu'ils recherchent des réponses à un certain nombre de problèmes concernant le Mac. Vous trouverez des informations importantes au chapitre 1 pour ceux d'entre vous qui ne connaissent pas ces groupes. Intéressez-vous y, c'est vraiment bien.

Cet ouvrage renferme la crème de ce que j'ai pu rassembler au cours des années, à travers mon expérience de fanatique du Macintosh, de bêta testeur, de surfeur web, de consultant, d'auteur et de passionné Mac.

Cet ouvrage vous concerne-t-il ?

Docteur Mac a été rédigé en pensant aux utilisateurs avertis, ou en passe de le devenir. Parmi les sujets traités, vous trouverez :

- La maîtrise du Finder d'OS X
- La sauvegarde de vos travaux
- Le guide du Web pour l'utilisateur avancé
- L'environnement Classic
- Les actions à mettre en œuvre en cas de difficultés
- La personnalisation de Mac OS X
- Les logiciels gratuits, à partager et à tester
- Les connaissances indispensables à acquérir d'après les autres utilisateurs avertis

Remarque **Bibliographie**

Cet ouvrage n'est pas un ouvrage d'introduction à Mac OS X, ni une initiation au Macintosh. Si vous ne connaissez pas déjà un minimum l'un et l'autre, je vous recommande vivement de lire d'abord un de mes autres livres sur le sujet, par exemple Mac OS X pour les nuls chez Hungry Minds.

Je suis reconnaissant à mon éditeur de m'avoir laissé rédiger ce livre selon mes souhaits. À l'inverse d'autres livres que j'ai écrits, celui-ci est entièrement original. Ce qui veut dire qu'il ne fait pas partie d'une série comme *Les Nuls*, *La Bible de...* ou *Le Petit Livre de...*, et que je n'ai pas été forcé d'inclure le moindre mot, le moindre sujet ou le moindre chapitre ou appendice parce que c'est "la règle dans la série".

C'est pourquoi cet ouvrage ne recouvre pas qu'un seul aspect de Mac OS X. Par exemple, vous ne trouverez aucune information sur le réglage d'une connexion Internet, mais vous aurez des tas d'astuces et de conseils pour utiliser Internet dans la recherche de documents intéressants pour votre travail. Vous n'aurez aucune description sur les nombreux feuillets des programmes qui tournent sous OS X, par contre vous découvrirez de nombreuses astuces pour mieux exploiter ces programmes. Vous n'aurez aucune description sur l'art et la manière de vous raccorder à un réseau, mais vous trouverez de nombreux conseils pour partager des fichiers sur place et à distance, et ainsi de suite.

Comment utiliser ce livre

La meilleure façon d'utiliser cet ouvrage serait de le lire du début à la fin. Si vous avez quelques compétences, lisez chaque chapitre mais en effleurant simplement ce que vous connaissez déjà. Il y a tout un tas de bonnes astuces disséminées un peu partout. Si vous ne lisez qu'une partie de ce livre, vous risquez de manquer l'information qui vous fera gagner du temps ou éviter des ennuis demain. Bien plus, vous raterez de nombreuses références utiles, et bien d'autres choses. Alors, lisez tout. D'accord ?

Organisation du livre

Chaque chapitre de ce livre est organisé suivant une séquence logique de thèmes. Chaque chapitre commence par une rapide introduction et un vaste panorama de la question. Il se poursuit avec des propos détaillés, des cheminements pas à pas, des conseils et des astuces.

Dans la première partie, nous allons commencer par les bases : les généralités sur OS X, la maîtrise du Finder, l'organisation des fichiers et des dossiers, et la sauvegarde de vos données. Dans la deuxième partie, nous allons arriver à des questions plus importantes telles que l'emploi du Web pour économiser du temps et de la sueur, l'utilisation de l'environnement Classic, quelques matériels que vous devez connaître, le dépannage et la personnalisation. Ensuite, dans la troisième partie, nous aborderons tout ce qui concerne les travaux délicats et notamment les chapitres relatifs à Unix, NetInfo et AppleScript. Dans la quatrième partie, vous trouverez des recommandations relatives aux logiciels, des descriptions de programmes, et des tas d'astuces fournies par d'autres utilisateurs expérimentés (sans oublier des illustrations pour le Bureau).

La majorité des logiciels mentionnés comporte l'URL (adresse web) de leurs créateurs.

Philosophie de l'ouvrage

Cet ouvrages fournit des solutions immédiates à une problématique globale, pour vous aider à accomplir des tâches spécifiques, particulièrement des tâches critiques qui ne sont pas suffisamment documentées dans les autres livres. Le format de cet ouvrage, des panoramas techniques et des solutions immédiates est structuré pour vous aider à exploiter vos connaissances, à résoudre les problèmes et à maîtriser rapidement les situations techniques complexes pour faire de vous un expert de Mac OS X. En fractionnant les sujets complexes en composantes facilement gérables, ce format vous aide à trouver rapidement ce que vous cherchez. Les figures simples et les instructions pas à pas vous aideront à vous "en sortir" sans difficulté.

J'apprécierais vos commentaires. J'ai besoin de vos suggestions pour améliorer encore les éditions à venir. Y a-t-il des points que j'ai laissés de côté ou dont vous pensez que j'aurais dû parler ? Y a-t-il des questions qui ne sont pas claires ? L'information apportée sur une question est-elle trop mince ou trop importante ? Et bien sûr, si vous avez une astuce particulière, je serai heureux de pouvoir la partager avec vous.

Tous vos retours sont les bienvenus ; vous avez toute liberté pour m'envoyer un e-mail chaque fois que vous le souhaitez. Vous pouvez également communiquer directement avec moi à l'adresse **osxfiles@boblevitus.com**.

L'élaboration de ce livre a été un vrai régal. J'espère que vous le lirez avec un plaisir égal à celui que j'ai eu à le mettre au monde.

Partie I

Les bases

Pour commencer

Le Macintosh est un outil extrêmement puissant, dont la présentation est simple d'emploi.

Même quelqu'un qui ne connaît rien au Mac peut devenir productif après quelques minutes de formation. Mais un utilisateur éclairé, celui qui connaît les astuces, les raccourcis et un peu de ce qu'il faut faire en cas de difficultés, sera toujours nettement plus efficace qu'un débutant.

Et cela, cher lecteur, est le sujet central de ce livre : en faire plus dans un délai moindre, trouver le meilleur chemin pour l'action et connaître les réactions à avoir face aux problèmes.

Alors, ne nous dispersons pas et entrons dans le vif du sujet.

Première leçon

Jadis, lorsque j'ai acheté mon premier Mac (vers 1985, pour ceux que cela intéresse), je pensais que le maîtriser ne me prendrait que quelques jours. Après tout, les manuels étaient courts et l'interface très intuitive. En quelques jours effectivement, j'atteignais un niveau d'efficacité relatif : je savais double-cliquer, sauvegarder et utiliser la Corbeille. Je savais ce qu'était un disque de démarrage.

Je connaissais la différence entre une application et un document. J'avais découvert également le menu Apple et le fonctionnement de la commande `Font/DA`. (Combien parmi vous ont connu cette vieille et horrible commande `Font/DA` ?) Je pensais que cela était bien suffisant.

Quelques mois plus tard, j'avais réalisé qu'il y avait des centaines de possibilités de personnalisation sur mon Mac pour maîtriser les modes de travail, des milliers de raccourcis exposés ou non dans la documentation et attendant d'être trouvés, des dizaines de milliers de programmes sympathiques et d'un prix abordable qui optimiseraient mon Mac, sans compter les myriades de techniques utilisables dès que les choses ne fonctionnaient pas correctement.

Peu de temps après, je fis bon emploi de mes acquis. D'abord, je devins éditeur en chef de *MACazine* (jusqu'au rachat par le magazine *Macworld*, suivi d'un bel enterrement), puis j'ai contribué aux travaux d'édition de *MacUser* pendant plus de huit ans (jusqu'au rachat par le magazine *Macworld*, suivi d'un bel enterrement). Voilà comment ces treize ou quatorze dernières années, mon travail a consisté à découvrir et à partager des informations qui aident les propriétaires de Macintosh à utiliser leurs machines mieux, plus vite et avec élégance. Je n'ai pas honte d'admettre que j'apprends toujours, parce que c'est vrai, mais j'en connais quand même un sacré bout grâce à ces années que j'ai passées voûté devant un Mac.

Mais avant de courir, il faut apprendre à marcher, et avant de marcher, il faut apprendre à ramper. C'est pourquoi ce premier chapitre traite de questions élémentaires relatives à Mac OS X, en commençant par une introduction à Mac OS X lui-même et à son logiciel système. La raison pour laquelle cette question apparaît dans un premier chapitre est évidente : alors que chaque utilisateur n'a pas besoin ou ne désire pas disposer d'un lecteur de DVD-R ou d'un logiciel surpuissant, toute personne qui emploie un Mac doit se servir du logiciel système.

Les informations de ce chapitre, avec les astuces et les détails techniques, devraient vous apporter l'environnement nécessaire pour commencer à obtenir, dans la joie, plus de performances de votre Mac.

Astuce **Mac OS 9.x et Mac OS X**

Ce chapitre (en fait, tout le livre) part de l'hypothèse que vous avez installé Mac OS X et Mac OS 9.2.x ou plus. Si vous n'avez pas encore acquis Mac OS X, rendez-vous sur **http://store.apple.com** pour l'acheter. Lorsque je dis "Mac OS 9.2.x ou plus", je veux parler de toute version de Mac OS 9 au-delà de Mac OS 9.2. Si vous utilisez Mac OS 9.0 ou 9.1, vous devez migrer vers la version 9.2.1 (ou plus), parce qu'elle est considérée comme plus stable que les versions antérieures 9x, mais aussi parce qu'elle est nécessaire pour la version actuelle de Mac OS X (10.1 au moment de la rédaction de cet ouvrage) lorsque vous utilisez le mode Classic.

Bien que je ne parle pas de Classic en détail avant le chapitre 6, si vous n'avez pas Mac OS 9.2.x (ou plus) et Mac OS X simultanément installés, Classic ne fonctionne pas. Et la plupart d'entre vous auront besoin très probablement de Classic avant d'arriver au chapitre 6.

Introduction au logiciel système

Mac OS 9.2.x et Mac OS X constituent votre logiciel système, souvent nommé système d'exploitation.

Mais de quoi s'agit-il exactement ? En gros, le système d'exploitation de l'ordinateur comprend un ensemble de logiciels spécialisés pour assurer le fonctionnement de votre Mac. C'est pourquoi, si Mac OS 9 ou Mac OS X, ou les deux, ne sont pas correctement installés sur un disque disponible, lorsque vous mettez en route votre Mac, vous voyez surgir un écran d'interrogation jusqu'à la disponibilité d'un système d'exploitation valide.

Le logiciel système diffère d'un logiciel d'application, comme AppleWorks ou Microsoft Word, par le fait qu'il gère la mémoire et les communications avec les équipements d'entrée et de sortie, tels que les imprimantes et les scanners.

Remarque **La ROM**

En plus du logiciel système, d'autres instructions sont stockées dans une ROM (mémoire en lecture seule) qui se trouve sur un composant à l'intérieur du Mac. La mémoire ROM est non volatile, ce qui signifie qu'elle ne peut être effacée ou modifiée.

Finder

Le Finder est une partie de votre logiciel système ; c'est un programme spécialisé qui démarre automatiquement lorsque vous mettez en route votre Mac. L'aspect du Finder de Mac OS X est différent de celui de l'OS 9, comme vous pouvez le constater aux figures 1.1 et 1.2.

Figure 1.1 :
Le Finder Mac OS X : constatez notamment qu'il est plus élégant que celui de l'OS 9, visible à la figure 1.2

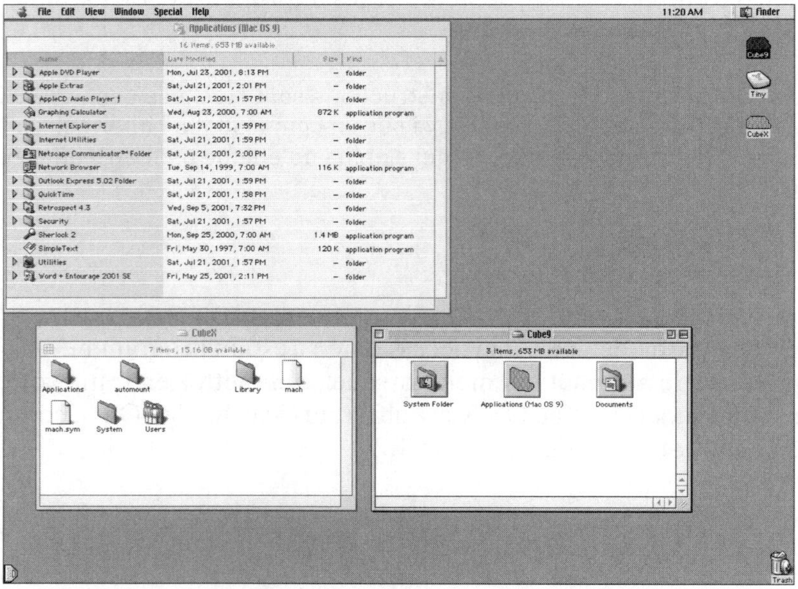

Figure 1.2 :
Le Finder Mac OS 9 : moins élégant, moins fonctionnel et moins stable que le Finder OS X

Les menus portent des noms variés (leurs contenus aussi sont variés). Seul le Finder OS X a cette belle présentation par colonnes (la fenêtre Cube 9 à la figure 1.1) et le Dock fort utile (bas de la figure 1.1). De même, OS 9 a une présentation par icônes presque inutile (la fenêtre Cube 9, à la figure 1.2), etc.

Mais les Finder d'OS 9 et d'OS X se ressemblent plus qu'ils ne diffèrent. Malgré des différences d'esthétique, tous les deux sont chargés de gérer votre Bureau Macintosh, de vous permettre de manipuler des icônes, de lancer des applications et des utilitaires en les personnalisant de multiples manières, d'organiser vos fichiers en dossiers, de copier, éjecter et effacer des disques, d'utiliser des menus et de faire bien d'autres choses encore.

Si vous avez utilisé Mac OS 9, vous vous habituerez au Finder de Mac OS X en très peu de temps. Si vous n'avez jamais employé que le Finder OS X, croyez-moi, il est très supérieur à celui de l'OS 9, d'abord parce qu'il ne plante pas aussi souvent, mais aussi parce que dans ces cas-là vous pouvez relancer et reprendre votre travail. Le Finder OS 9, lui, a presque toujours besoin d'un redémarrage en cas de plantage, et cela se produit trop souvent.

Considérez le Finder comme le programme utilisé pour faire travailler votre Mac. Pensez à la majorité des applications comme à des programmes servant à vous faire travailler (peindre, dessiner, imprimer, etc.).

Je pourrais parler du Finder pendant des journées, mais je me limiterai à quelques pages. Cela devrait vous permettre de patienter jusqu'au chapitre 2 où vous recevrez de multiples conseils pour maîtriser le Finder de Mac OS X.

Dossier système de Mac OS X

Avec Mac OS 9, tout votre logiciel système est conservé dans un dossier spécialisé nommé Dossier système. Avec Mac OS X, une grande partie de votre logiciel système se trouve dans un dossier spécialisé appelé *System* (vous noterez que la version X ne comprend pas le terme "dossier" dans ce nom), mais d'autres parties sont stockées dans des dossiers *Library*, et d'autres sont "invisibles". La figure 1.3 donne un exemple de dossier appelé *System* de Mac OS X.

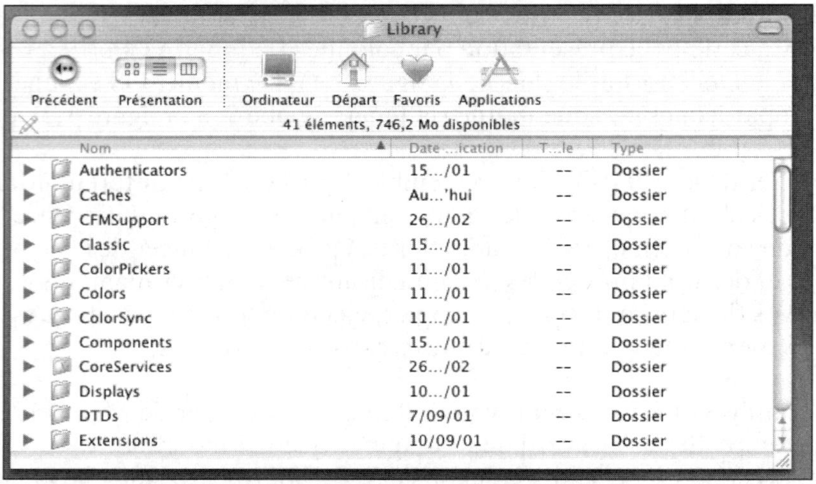

Figure 1.3
Les divers sous-dossiers présents dans le dossier appelé System d'OS X

Remarque **Library**

Vous noterez que la barre de titre parle de *Library* et non de *System*. Cela vient de ce que la seule chose contenue dans le dossier appelé *System* d'OS X est le dossier *Library*, comme vous pouvez le voir à la figure 1.3. Aujourd'hui, c'est le dossier *Library* qui contient tous les autres sous-dossiers.

À l'inverse de Mac OS 9 et des versions antérieures, Mac OS X impose une interdiction d'intervenir sur la plupart de ces fichiers. Par conséquent, dans la majorité des cas, vous ne pouvez ni les modifier, ni en ajouter, ni les déplacer. Si vous essayez, vous recevrez un message d'erreur comme ceux qui sont présentés aux figures 1.4 et 1.5.

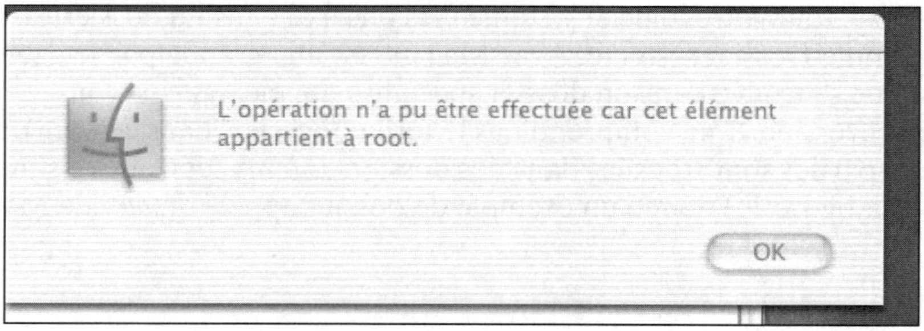

Figure 1.4
OS X n'autorise personne à intervenir sur les contenus des dossiers System et Library

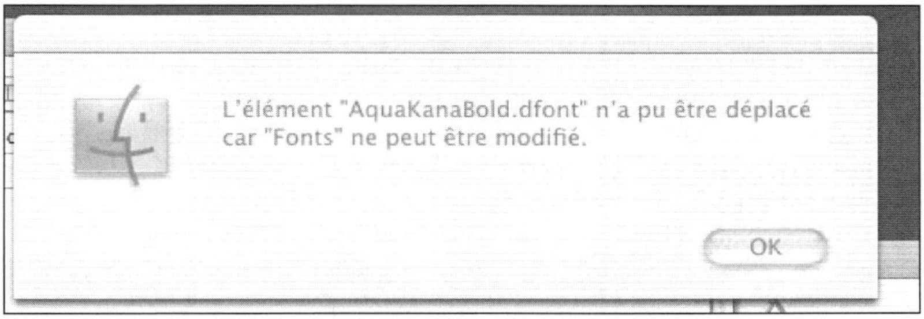

Figure 1.5
Un autre avertissement pour vous inviter à ne pas mettre les doigts dans le contenu du dossier System OS X

Même les administrateurs ne peuvent pas modifier, faire des ajouts ou effacer dans la plupart de ces dossiers. Les utilisateurs avertis, eux, savent comment modifier, faire des ajouts ou effacer dans la plupart de ces dossiers ; ils savent aussi lesquels sont sûrs en manipulation et pourquoi. Vous connaîtrez également tout cela (et bien d'autres choses encore) lorsque vous serez arrivé à la fin de cet ouvrage. Continuons donc.

Mises à jour du logiciel système Apple

Régulièrement, Apple met à jour Mac OS X, pour éliminer les erreurs et ajouter de nouvelles fonctionnalités. Faire tourner la dernière version (la meilleure !) sur votre machine est presque toujours une bonne idée. Pour retrouver la version que vous avez, choisissez la commande **A propos de ce Mac** du menu **Pomme** qui affiche la fenêtre présentée à la figure 1.6.

Figure 1.6
Ce Mac tourne sous OS X 10.1, version en cours le jour où ce document a été rédigé

Astuce **La fenêtre A propos de**

Vous pouvez employer la fenêtre **A propos de** pour retrouver le numéro de version de la plupart des logiciels. Par exemple, lorsque vous utilisez Microsoft Word, sélectionnez *A propos de Microsoft Word* dans le menu **Pomme** pour faire apparaître le numéro de version. Cette astuce marche avec 99 % des logiciels (le 1 % restant est dû à un programmeur qui a eu un oubli.

Où est passée l'information relative à mes RAM ?

À l'inverse des versions antérieures de Mac OS, la fenêtre A propos de ce Mac ne vous informe plus sur la quantité de RAM utilisée par les programmes en service. Il y a une bonne raison à cette absence. Mac OS X traite intégralement tous les aspects de l'allocation des RAM à votre place. Vous n'avez plus à "donner davantage de mémoire à une application" pour qu'elle fonctionne correctement, ni à décider de l'emploi de la mémoire virtuelle. C'est traité automatiquement par OS X, et c'est beaucoup plus rapide et fiable que dans les versions antérieures de Mac OS.

Si l'idée de ne pas savoir comment votre RAM est utilisée vous est insupportable, l'application Process Viewer (dans le dossier des utilitaires d'OS X) peut vous fournir quelques informations sur les quantités de RAM employées par chaque application et chaque processeur. Voyez le chapitre 7 pour une information plus complète. Je me sers rarement de Process Viewer pour contrôler la RAM.

OS X, tout comme OS 9 avant lui, garde la trace de ses nouvelles versions et de leurs mises à jour, automatiquement ou manuellement. Vous apprendrez tout ce qui est nécessaire sur cette question au chapitre 2 mais, avant d'aller plus loin, je vais faire une remarque importante (il s'agit d'un point dont je parlerai plus d'une fois dans ce livre) :

Sauvegardez tout, et particulièrement ce qui est important, avant de faire une mise à jour.

Si vous ne comprenez pas ce que cela veut dire, consultez le chapitre 4 ; il contient des instructions précises et des stratégies de sauvegarde du disque dur et des fichiers.

Il y a plusieurs raisons qui expliquent l'importance de cette question. La plus significative, au niveau de ce chapitre, est que si quelque chose ne tourne pas rond avec le nouveau logiciel système, vous pouvez revenir à la situation antérieure avec peu de peine, tant que vous avez une sauvegarde de ce qui existait précédemment.

Avant de continuer sur les conseils d'emploi de Mac OS X, voici des astuces de mise à jour d'OS X.

Astuce **Mise à jour**

Ne soyez jamais le premier dans votre coin à faire une mise à jour avec une nouvelle version d'OS X (ni d'un autre programme). Avant d'installer une mise à jour, un utilisateur averti doit contacter les sites web spécialistes du Mac décrits au chapitre 5 pour savoir si d'autres utilisateurs rencontrent des problèmes.

Lorsqu'une application ou un matériel cesse de fonctionner après la mise à jour d'une nouvelle version de Mac OS X, le fabricant délivre souvent une solution qui règle le problème. Lorsque vous rencontrez des difficultés sur un point particulier, matériel ou logiciel, après une mise à jour du logiciel système, prenez contact avec le fabricant pour lui décrire le problème. Vous apprendrez très souvent qu'un remède est disponible, ou va l'être, et il est généralement plus facile de différer l'emploi de ce logiciel ou de ce matériel jusqu'à la mise à disposition de la solution que de revenir à une version antérieure du Mac OS X.

Astuces, tours de main et conseils

La section qui suit fournit des conseils très généraux qui vous aideront à obtenir le maximum de votre Macintosh. Ne vous laissez pas rebuter par leur caractère très général, ils peuvent vous simplifier grandement la vie avec OS X.

Lire le bon ouvrage

Beaucoup de personnes disent que "les utilisateurs avertis ne lisent pas les manuels". C'est une ineptie. La majorité du potentiel et du raffinement des logiciels Macintosh actuels est cachée, et si vous ne consultez pas la documentation, vous manquerez sans aucun doute les fonctionnalités qui ne sont pas évidentes dans les menus.

Lire tout ce qui concerne le Mac

Vous n'arrêterez jamais d'apprendre au sujet du Mac, alors lisez tout ce que vous avez le temps de lire. Les publications à découvrir sont aussi bien en version papier que web, *Macworld* (**www.macworld.com**) et *MacAddict* (**Macaddict.com**), ainsi que tous les sites web présentés au chapitre 5.

Lire tout ce qui concerne le Mac vous tient informé de ce qui se passe pour votre ordinateur, votre système d'exploitation, vos applications et logiciels utilitaires. Je trouve le Web plus commode que l'imprimé, mais cela ne devrait pas vous surprendre ; les magazines imprimés ne peuvent pas coller à l'actualité comme les sites web. De toute façon, je pense que vous trouverez dans les magazines et sur les sites plein d'astuces, de conseils utiles, ainsi que des analyses de produits et des comparatifs.

Améliorer son potentiel de frappe

Si vous ne tapez pas à une vitesse minimale de 40 mots à la minute sans regarder, vous perdez du temps. Et la façon la plus simple de gagner du temps est certainement de devenir un meilleur dactylographe. De très nombreux programmes pas très chers peuvent vous faire progresser en quelques jours. Le programme UltraKey est à mon avis très efficace, mais la plupart des programmes de formation à la frappe et notamment l'excellent gratuit MasterKey, présenté au chapitre 14 feront l'affaire.

Lorsque j'ai acheté mon premier Mac, je ne savais pas taper du tout. Maintenant je suis capable de taper à plus de 60 mots par minute, sans regarder le clavier et avec un taux d'erreur très faible.

Personnaliser son environnement de travail

Beaucoup d'utilisateurs oublient qu'ils peuvent modifier de nombreux aspects de leur environnement de travail Macintosh à l'aide du panneau des Préférences système. Cela reste vrai sous Mac OS X. Vous pouvez modifier l'aspect du Bureau, le niveau des haut-parleurs, la résolution de l'écran, la vitesse de la souris, l'horloge interne et bien d'autres choses.

Les chapitres 2 et 9 vous présentent de nombreuses actions de personnalisation de votre environnement, parmi lesquelles le changement de la sensibilité du clavier ou de la souris, le choix d'un nouveau son pour le bip, etc. Pour l'instant, souvenez-vous simplement que vous pouvez personnaliser de nombreuses facettes de votre environnement de travail quotidien. Essayez, en jouant, les divers réglages possibles jusqu'à ce que vous trouviez ceux que vous préférez.

1

Se rendre indépendant de la souris

Une autre façon de faire les choses plus vite est de réduire sa dépendance face à la souris.

Utilisez les équivalents clavier (appelés raccourcis), qui sont une combinaison de touches incluant la touche Commande et une ou plusieurs autres touches choisissant les commandes des menus sans employer la souris. Par exemple, pour créer un nouveau dossier dans le Finder, prenez l'habitude d'utiliser le raccourci Commande+Shift+N au lieu d'attraper la souris, de parcourir le menu **Fichier** et de sélectionner *Nouveau dossier*.

Presque tous les programmes Macintosh disposent d'équivalents clavier pour plusieurs articles dans les menus. Apprenez-les et employez-les. Lorsque vous aurez pris l'habitude de les utiliser, attraper la souris pour parcourir un menu vous semblera une démarche archaïque.

Malheureusement, de nombreux programmes n'offrent pas de commandes par clavier pour les actions les plus fréquemment utilisées. La façon de contourner cette difficulté est d'acquérir un programme de macros comme QuicKeys X (www.quickeys.com), présenté au chapitre 9.

Certaines des tâches qu'un programme de macros tel que QuicKeys X effectue peuvent également être accomplies par AppleScript. Ce n'est pas aussi simple, mais le prix est plus que compétitif (AppleScript est fourni gracieusement avec OS X). Vous saurez tout sur AppleScript lorsque vous étudierez le chapitre 13.

Ne pas avoir peur d'utiliser l'assistance technique

Lorsque vous faites l'acquisition d'un logiciel, vous avez droit d'une manière ou d'une autre au support technique de l'éditeur. Généralement, celui-ci vous fournit un numéro de téléphone spécialisé où vous pouvez contacter des techniciens compétents. De nombreux éditeurs proposent également un numéro de fax, des coupons-réponse ou une adresse e-mail auxquels vous pouvez adresser des questions. La plupart du temps, ces services sont gratuits, spécialement si vous enregistrez votre logiciel. Néanmoins, quelques éditeurs peuvent vous faire payer pour diverses extensions de l'assistance.

Cependant, si vous avez quelque difficulté en cours d'action ou si une fonctionnalité ne semble pas s'exécuter correctement, vous devez appeler cette assistance. Mais avant de téléphoner, vérifiez si la réponse à votre problème n'est pas dans le manuel. Il n'y a rien de plus embarrassant que de demander une assistance et d'avoir une voix au téléphone qui vous explique que la solution est à la page 5 du manuel.

Essayez d'être constructif lors de votre appel. Assurez-vous de la version de programme utilisée et de la version de Mac OS X qui tourne (en appelant l'écran **A propos de** comme nous l'avons expliqué plus haut dans la section *Mises à jour du logiciel système Apple*).

Expliquez exactement ce qui s'est passé avant que le problème ne survienne et décrivez-le précisément au technicien support. Vérifiez aussi si vous pouvez reproduire le problème avant d'appeler. S'il se produit régulièrement, il est plus facile à résoudre que s'il survient sporadiquement.

Se préparer avant l'appel au support technique permet à tous de gagner du temps et constitue un point notable pour aider le technicien à résoudre votre problème.

Rejoindre un groupe d'utilisateurs

Une des meilleures façons de découvrir le Mac est de rejoindre un groupe d'utilisateurs. Les groupes d'utilisateurs sont constitués de gens comme vous, qui veulent mieux utiliser leur Mac. Ils se rencontrent régulièrement, font des présentations des derniers logiciels, échangent des gratuits et des logiciels du domaine public, et publient des lettres d'information. Rien qu'aux États-Unis, il y a plus de 1 000 groupes d'utilisateurs. Si vous n'appartenez pas à un groupe d'utilisateurs, vous manquez vraiment quelque chose.

Apple fournit une liste complète des questions régulièrement posées (FAQ) relatives aux groupes d'utilisateurs. Vous les trouverez sur le site **www.apple.com/usergroups/contact.html**.

Faire des essais

N'ayez pas peur de faire des essais. Essayez tout et n'importe quoi. Une de mes expériences favorites est d'appuyer sur la touche Option et de sélectionner les thèmes à partir des menus ou les outils à partir d'une palette. Essayez la même chose avec Excel ou Adobe Illustrator. Vous serez surpris de ce qui peut surgir.

Tous les types de boîtes de dialogue cachées et leurs contrôles sont alors disponibles. Bien sûr, au fur et à mesure de la lecture de ce manuel, vous apprendrez tout sur ces caractéristiques "secrètes".

Remuez dans tous les sens et essayez tout. Il est presque impossible de bloquer votre Mac en appuyant sur un menu ou en appelant un article de menu.

Astuce **Sauvegarder**
Je vous conseille d'effectuer une sauvegarde des fichiers importants avant de commencer à jouer. Au cas où...

Acheter ce qui est utile pour augmenter son efficacité

Bien que la plupart des produits recommandés dans cet ouvrage soient peu chers, la question "quand dépenser de l'argent pour quelque chose ?" a déjà dû vous traverser l'esprit.

Les articles que je recommande tout au long de cet ouvrage vont du shareware, qui ne nécessite qu'un don de quelques euros, au disque dur et à la carte accélératrice qui coûtent plusieurs centaines d'euros.

Par rapport à un problème de coût, vous devez vous demander combien de temps vous allez économiser chaque jour et diviser le prix du produit par ce que vous estimez valoir une heure de votre travail.

Faire ce calcul pour des produits gratuits n'a pas beaucoup de sens. Mais considérez que vous voulez justifier un achat important, tel qu'une unité de sauvegarde sur bande à 600 euros.

La sauvegarde sur disque vous prend 20 minutes chaque jour. Vous devez changer les disques et par conséquent votre présence est nécessaire. Avec l'unité de sauvegarde sur bande, vous effectuerez la sauvegarde en 10 minutes et sans avoir à être présent. Cela veut dire que vous pouvez faire autre chose, déjeuner ou rentrer chez vous. À votre retour, la sauvegarde sera terminée. Disons donc que vous économiserez 20 minutes par jour.

Si vous estimez votre activité à 20 euros par heure, vous économisez 6,66 euros par jour. Ainsi, en supposant que vous faites une sauvegarde quotidienne (ce que vous devriez faire !), l'unité de sauvegarde sur bande est payée en trois mois (600 euros divisés par 6,66 égalent 90 jours.)

Cette approche saura convaincre votre chef lorsque vous réfléchirez à un nouveau matériel ou à une mise à jour logicielle.

Considérez les achats pour votre Mac comme des investissements de productivité. Évaluez les achats en temps économisé. Vous serez surpris de voir combien les choses deviennent alors abordables. Si ça ne marche pas, mais que c'est quelque chose dont vous ne pouvez pas vous passer, achetez-le quand même.

Astuce **Version d'essai**

Avant d'acheter un logiciel, visitez le site web de l'éditeur pour rechercher une version d'essai. S'il y en a une disponible, téléchargez-la et essayez-la avant de laisser filer votre argent durement gagné.

Maîtriser le Finder OS X

Le Finder est le cœur et l'âme de votre Mac. C'est le programme important responsable de la gestion de vos fichiers, de vos dossiers et de votre Bureau. Il effectue également, en coulisses, une quantité de choses importantes. C'est aussi le seul programme qu'aucun utilisateur Mac ne peut éviter. Alors que vous n'utiliserez peut-être jamais Photoshop, Word, FileMaker Pro, iTunes, ou tout autre programme inventé ou à venir, tout utilisateur de Mac se sert du Finder.

Les utilisateurs avertis sont en phase avec le Finder. Ils bénéficient de ses forces et contournent ses faiblesses (et cela en amuse beaucoup.)

J'attends avec impatience que vous lisiez ce chapitre, une main sur la souris et l'autre sur le clavier. Essayez toute démarche technique qui ne vous est pas familière dès que vous avez terminé la lecture concernant un aspect précis. Je vous garantis que vous vous souviendrez mieux de la manipulation en la reproduisant plutôt qu'en restant assis à la lire.

Astuce **Tout expérimenter**

Cela ne ferait pas de mal d'essayer chaque point après avoir lu tous les chapitres, mais comme nous en sommes au début, j'espère que cette remarque vous poussera à adopter de bonnes habitudes.

Bases du Finder, du Dock et des fenêtres

Ce chapitre est rempli d'informations utiles et de données techniques pour un meilleur emploi, plus rapide et plus aisé, du Finder, des fenêtres du Finder, et du Dock. Mais vous devez apprendre à ramper avant de pouvoir marcher, et vous devez apprendre à marcher avant de prétendre conduire une Porsche. Alors, je vais commencer par des choses simples. La première section traite des techniques de base, des caractéristiques et des astuces avec une mise en valeur de ce qui est nouveau et amélioré depuis OS 9.

Bases du démarrage

Commençons au tout début et observons quelques touches particulières que l'on peut enfoncer au démarrage, et ce que l'on en obtient :

- [Option] : enfoncez la touche [Option] pendant le démarrage pour appeler le gestionnaire de démarrage et choisir un disque de démarrage avant que le Mac ne se lance, comme le montre la figure 2.1. Le gestionnaire de démarrage apparaît avant le lancement du Mac, vous permettant de choisir au vol le disque de démarrage.

Figure 2.1
Gestionnaire de démarrage. Cliquez sur une icône de disque pour le sélectionner, puis sur le bouton Flèche pour démarrer à partir de ce disque

Remarque **La touche Option**
Tous les Mac ne supportent pas cette fonctionnalité. Plus votre Mac est récent, plus il y a de chances qu'il dispose de cette fonctionnalité très pratique.

Le timing peut être délicat. Appuyez en continu sur [Option] juste après avoir entendu le signal de démarrage. Après l'apparition du gestionnaire de démarrage, cliquez sur l'icône du disque à sélectionner pour le démarrage. Le bouton **Circulaire** recherche les disques de démarrage disponibles, comprenant un serveur NetBoot ; le bouton **Flèche droite** indique à l'ordinateur de poursuivre et de démarrer à partir du disque sélectionné. Le disque de démarrage choisi sur le panneau de contrôle OS 9, comme sur le panneau des Préférences d'OS X, est toujours présenté sur la gauche.

Attention **Partition**
Lorsque OS X et OS 9 sont sur la même partition, cela ne fonctionne pas. C'est une des raisons pour laquelle je préfère avoir deux ou plusieurs partitions, comme je l'explique au chapitre 3.

2

- C : enfoncez la touche C pendant le démarrage pour démarrer à partir d'un CD, qui bien sûr doit contenir le système d'exploitation à lancer, OS 9 ou OS X.

Astuce **Autres solutions**

Si la touche C ne fonctionne pas, il y a deux autres techniques possibles. La première consiste à insérer le CD avant le démarrage et à le choisir comme disque de démarrage, puis à employer le panneau des Préférences de disque de démarrage et à redémarrer. Cela devrait marcher pour tout modèle de Mac pouvant utiliser OS X. La seconde solution consiste à enfoncer les touches Delete (appelée Backspace sur certains claviers), Option, Commande et Shift (en utilisant votre nez si nécessaire !) pendant le démarrage. La formule "DOCS" est mon aide-mémoire. Hélas, cela ne fonctionne que sur les Mac anciens, mais pas sur les iMac, les tours G3 bleues et blanches, ni sur les G4.

- Shift : enfoncez la touche Shift pendant le démarrage pour fermer toutes les fenêtres ouvertes lorsque le Bureau apparaît.

Remarque **La touche Shift**

Malgré de multiples tentatives, je n'ai jamais réussi à faire marcher cette commande sur aucun de mes Mac. Mais, d'après notre mère nourricière (Apple), cela doit fonctionner.

- Commande+S : enfoncez les touches Commande et S pour démarrer en mode Mono-utilisateur.
- Commande+V : enfoncez les touches Commande et V pour démarrer en mode Verbose.

Remarque **Dépannage**

Les modes Verbose et Mono-utilisateur sont nécessaires uniquement lors du dépannage de problèmes de démarrage. Ils sont présentés en détail au chapitre 8.

- Commande+Option+P+R : enfoncez les touches Commande, Option, P et R pour accéder aux paramètres RAM de votre Mac (PRAM).

Remarque **PRAM**

L'accès aux PRAM n'est utile qu'en dépannage. Cette question est également traitée au chapitre 8.

- Bouton de la souris : appuyez sur le bouton de la souris lors du démarrage pour éjecter une disquette, un CD-ROM ou un DVD inséré dans votre Mac.

Améliorations et nouveautés du Finder

OS X 10.1 dispose de plusieurs méthodes pour copier des fichiers d'un endroit à l'autre, et tout ce dont vous vous rappelez sur OS 9 et avant est valable aussi pour OS X. Par exemple, vous devez toujours appuyer sur la touche [Option] pour copier une icône (un fichier ou un dossier) ou des icônes sur un nouvel emplacement sur le même disque (c'est-à-dire avec une partition différente sur le même disque) ou sur le Bureau.

Vous appuyez toujours sur les touches [Commande] et [Option] pour faire glisser une icône (ou des icônes) vers un autre emplacement (sur le même disque ou volume, sur un autre disque ou volume, ou sur le Bureau) et pour créer un alias (ou des alias) de l'icône à un nouvel emplacement.

Mais, en démarrant avec OS X 10.1, vous avez deux nouveaux raccourcis importants. Un premier pour déplacer une ou des icônes d'un disque (ou d'une partition) sur un autre, et un deuxième pour copier une ou des icônes d'un emplacement vers un autre sans cliquer, faire glisser, ni même toucher la souris si vous n'en avez pas envie.

Déplacer une icône (un fichier ou un dossier) d'un disque ou d'une partition dans un autre

Dans le passé (avant OS X 10.1), il n'y avait aucun moyen pour déplacer un fichier ou un dossier d'un volume ou d'un disque sur un autre volume ou disque.

Bien sûr, vous pouviez copier un fichier ou un dossier sur un autre volume ou disque, puis mettre l'original dans la Corbeille. Mais maintenant vous pouvez déplacer un fichier d'un volume ou d'un disque vers un autre en une seule étape. Appuyez simplement sur la touche [Commande] lorsque vous faites glisser une icône d'un volume ou d'un disque vers un autre, et l'objet concerné sera déplacé et non copié.

Vous pouvez vérifier dans la fenêtre **Copier** si elle vous parle bien de déplacement et non de copie.

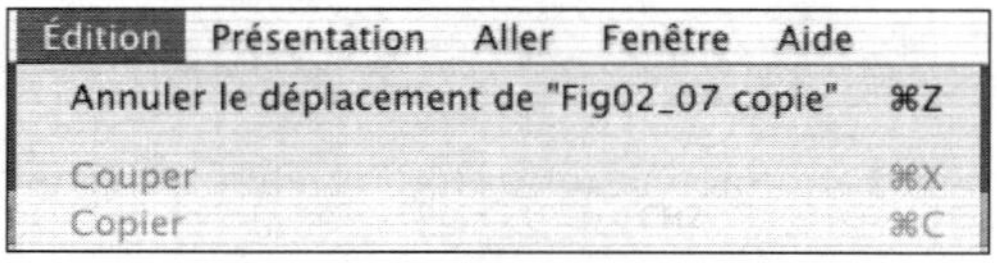

Figure 2.2
Remarquez comment la fenêtre Copier dit "déplacement" et non "copie". Sympa, non ?

Lorsque le déplacement est terminé, le fichier original est automatiquement effacé par Mac OS X, laissant seulement le fichier ou le dossier déplacé dans "l'autre" disque ou partition.

Remarque **Une fonction bien pratique**

Si vous êtes un vieil utilisateur du Mac, vous vous demandez pourquoi il a fallu tant d'années pour que cette fonctionnalité bien utile apparaisse sur Mac OS.

2

Déplacer une icône (un fichier ou un dossier) d'un emplacement à un autre

Auparavant, lorsque vous sélectionniez une icône et choisissiez **Edition/Copier** ou que vous utilisiez le raccourci Commande+C, le nom de l'icône était copié dans le Presse-papiers. L'ancienne méthode, non intuitive, pour copier un fichier ou un dossier dans un autre emplacement sur le même disque, consistait à enfoncer la touche Option tout en faisant glisser le fichier ou le dossier vers une nouvelle position.

Cette fonctionnalité marche toujours, mais OS X 10.1 en propose une autre, beaucoup plus commode pour copier fichiers et dossiers, en utilisant les vieux **Copier** et **Coller**. Aujourd'hui, OS X vous permet de copier toute icône, puis de la coller où vous voulez, dans un autre dossier sur la même partition, ou dans un dossier sur une autre partition, ou même sur le Bureau. D'abord, sélectionnez l'icône d'un simple clic, choisissez **Edition/Copier "nom du fichier"**, comme le montre la figure 2.3, où le nom du fichier à copier est *figures Chap 02*.

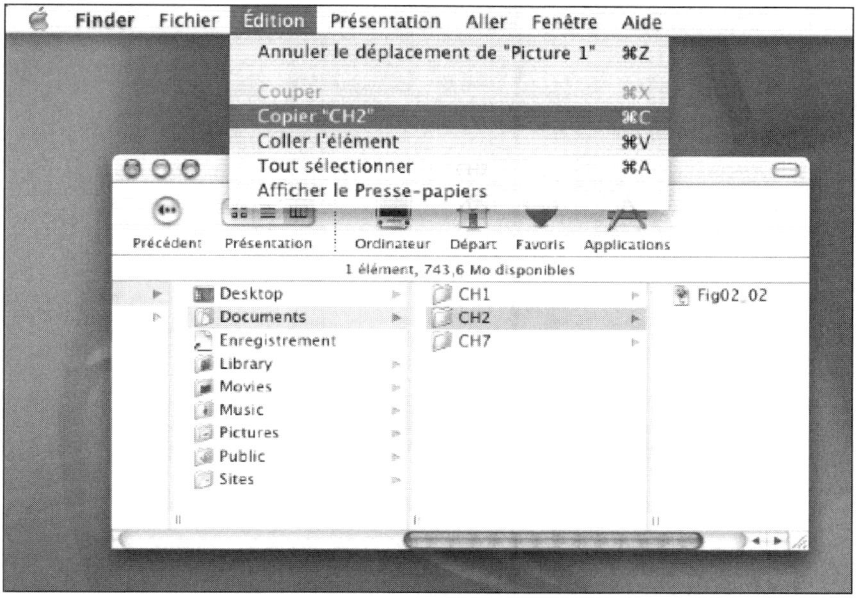

Figure 2.3
Sélectionnez l'icône que vous voulez copier dans un autre emplacement, puis choisissez la commande Edition/Copier

Astuce **Copier**
Pour copier, vous pouvez également vous servir du raccourci [Commande]+[C].

Maintenant, cliquez sur l'emplacement où vous voulez voir apparaître la copie, puis choisissez la commande **Edition/Coller**.

Astuce **Coller**
Pour coller, vous pouvez également utiliser le raccourci [Commande]+[V].

Bien sûr, vous pouvez encore copier le nom d'une icône comme avant en sélectionnant d'abord l'icône, en appuyant sur [Retour] ou [Entrée] pour sélectionner son nom, comme le montre la figure 2.4.

Notez bien la petite différence entre les figures 2.3 et 2.4. À la figure 2.3, le dossier lui-même est sélectionné, car il apparaît totalement en surbrillance. À la figure 2.4, j'ai appuyé sur la touche [Entrée] après avoir sélectionné l'icône, aussi seul le nom du dossier est sélectionné et surligné. C'est clair comme de l'eau de roche, n'est-ce pas ? Bien qu'il faille un peu de temps pour s'y habituer, vous considérerez bientôt que c'est la meilleure méthode pour copier quelque chose d'un emplacement à un autre.

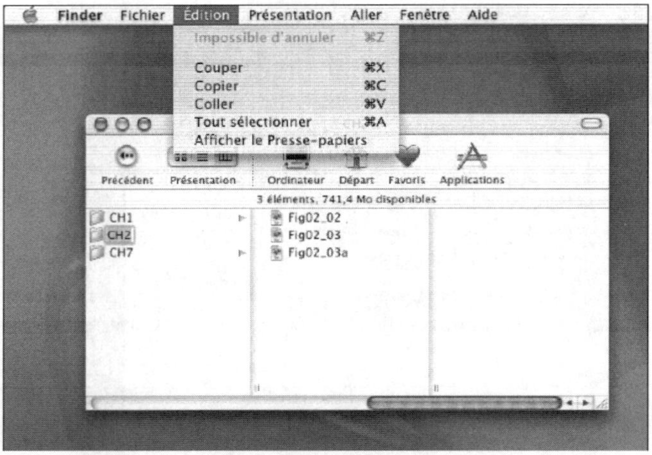

Figure 2.4
Le nom du dossier est surligné, seul le nom va être copié (et non l'icône)

Vous lirez bien d'autres choses à propos du Finder dans les sections et chapitres à venir, aussi est-ce suffisant actuellement pour débuter. J'entends déjà les petits gyrophares qui tournent dans vos cerveaux alors que vous vous demandez comment intégrer les fabuleuses nouvelles fonctionnalités d'OS X dans vos travaux quotidiens pour vous faire économiser du temps, des efforts et de l'énergie.

Je vous ai gardé une dernière nouvelle, qui est très bonne.

Remarque **Multithread**

Habituez-vous au fait qu'OS X est multithread. Vous pouvez maintenant faire des choses qui étaient impossibles avec OS 9. Essayez ceci : ouvrez un programme, puis un deuxième. Copiez un gros fichier. Déplacez un gros fichier. Connectez-vous à Internet. Fouillez à travers les dossiers. Naviguez sur le Web. Cliquez sur une ou deux icônes de Dock. Ouvrez iTunes. Jouez de la musique. Envoyez des e-mails.

Avant, chacune de ces tâches aurait occupé votre Mac pendant quelques secondes, et cela vous aurait pris quelques minutes pour terminer de cette séquence. Avec OS X, vous pouvez faire toutes ces opérations sans attente. Vous pouvez garder tout ouvert, sans être pénalisé par une perte de performance (minime éventuellement) si votre RAM le permet.

Il est maintenant temps d'approfondir et de regarder en détail une des fonctionnalités du Finder, la fenêtre, dans une section que j'appelle...

Fenêtres (Microsoft n'a rien inventé)

Une question triviale : saviez-vous qu'Apple utilise des fenêtres dans son système d'exploitation depuis déjà 1983 et peut-être même avant ? Bill Gates bafouillait encore sur son DOS avant de voir un Macintosh. Une autre version dit que c'est avant de voir un Apple Lisa, l'ordinateur qui lança le Macintosh. De toute façon, Bill était encore à l'âge de pierre, travaillant sur le système lui-même, lorsque Apple a présenté sa vision de l'interface graphique utilisateur (GUI).

L'histoire continue. Bill a recensé les points qu'il aimait et a demandé à ses ingénieurs d'inventer un système d'exploitation qui fasse "pareil" pour les boîtiers Intel qui étaient en train d'envahir le marché. Le reste, comme on dit, appartient à l'histoire.

Bon, revenons à notre sujet. Parlons des fenêtres OS X et de la manière dont elles peuvent nous rendre le maximum de services.

Astuce **Se passer du Finder**

De nombreux utilisateurs avertis d'OS X évitent le Finder car ils en gardent un mauvais souvenir dans les versions antérieures. Avec OS X 10.1, le Finder est agréable sur la plupart des Mac. Cependant, éviter le Finder, et je vais le redire tout au long de cet ouvrage, est souvent une bonne idée.

Quelques généralités sur les fenêtres

OS X manipule les fenêtres différemment. Depuis des temps immémoriaux, lorsque vous cliquiez sur une fenêtre Mac inactive, l'application utilisatrice de cette fenêtre "venait au premier plan" et s'activait. Toutes les fenêtres et palettes associées venaient au premier plan et devenaient actives en même temps.

OS travaille toujours de cette manière pour les applications Classic, mais lorsque vous utilisez des programmes natifs OS X, cela fonctionne différemment. Lorsque vous cliquez sur une fenêtre, elle est la seule à devenir active, et non l'ensemble des fenêtres qui appartiennent au même programme. La barre de menus sélectionne l'application appropriée pour la fenêtre active au premier plan, mais derrière cette application, les fenêtres de l'application et du Finder peuvent se chevaucher. C'est une situation où un bon croquis vaut toutes les explications. Reportez-vous à la figure 2.5. Elle vous fournit un exemple concret.

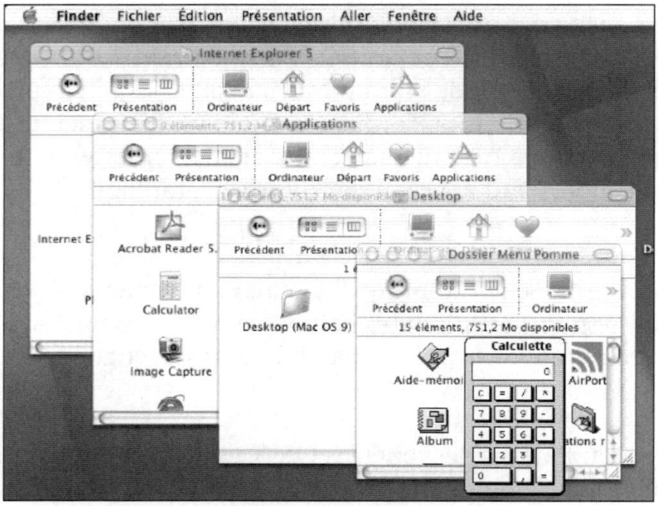

Figure 2.5
Comment les fenêtres peuvent devenir entrelacées

Pourquoi est-ce important ? D'abord, parce que cette fonctionnalité n'existait pas avant, et ne pas la connaître peut entraîner des confusions. Ensuite, parce que vous ne pouvez utiliser cette nouvelle fonctionnalité à votre avantage que si vous la connaissez et que vous maîtrisez son fonctionnement. Très sincèrement, je détestais ce changement au début, mais je m'y suis habitué.

2

Astuce **Premier plan**

La plupart des programmes ainsi que le Finder ont une commande **Amener tout au premier plan** qui présente toutes leurs fenêtres au premier plan en une seule fois. Lorsque je travaille sur un unique programme pendant un certain temps, je me sers souvent de la commande **Masquer les autres** pour être certain que les fenêtres visibles à l'écran appartiennent bien au programme en cours d'utilisation.

Le tour de main suivant peut vous aider à faire un meilleur usage du schéma de fenêtres entrelacées. Lorsque vous employez le raccourci [Commande]+[clic] sur une fenêtre inactive, vous pouvez déplacer cette fenêtre sans l'activer ou l'amener au premier plan. Si vous avez arrangé avec soin les fenêtres de plusieurs applications, c'est là la façon de déplacer une fenêtre sans changer l'ordre des autres. Avec la touche [Commande], vous conservez l'ordre d'empilement des autres fenêtres et vous pouvez déplacer une fenêtre n'importe où sur l'écran sans l'amener au premier plan (c'est-à-dire sans la rendre active).

Faites un essai, disposez deux ou plusieurs fenêtres de façon qu'elles se chevauchent. Appliquez le raccourci [Commande]+[clic] à la barre de titre d'une fenêtre quelconque, sauf à celle en premier plan, et continuez à appuyer sur le bouton de la souris. Maintenant faites-la glisser tout autour. C'est bien, n'est-ce pas ?

Voici maintenant une autre nouveauté à laquelle vous aurez du mal à vous habituer si vous étiez un utilisateur d'OS 9. Dans le Finder, pour ajouter une icône à votre sélection, vous utilisez [Commande]+[clic]. Pour étendre une sélection entre les clics, utilisez [Shift]+[clic].

Dans OS 9, [Shift]+[clic] et [Commande]+[clic] faisaient tous les deux la même chose : élargir la sélection. C'est toujours la fonction de [Commande]+[clic] dans OS X. Mais dans OS X, [Shift]+[clic] et [Commande]+[clic] sont deux commandes différentes. [Shift]+[clic] fonctionne toujours, mais il sélectionne tous les objets entre les clics.

Il est plus simple de vous montrer les différences que d'essayer de vous les expliquer. À la figure 2.6, j'ai cliqué sur *Fig02_03* en appuyant en continu sur la touche [Commande], puis j'ai cliqué sur *Fig02_06* afin de sélectionner les deux seuls documents qui m'intéressent.

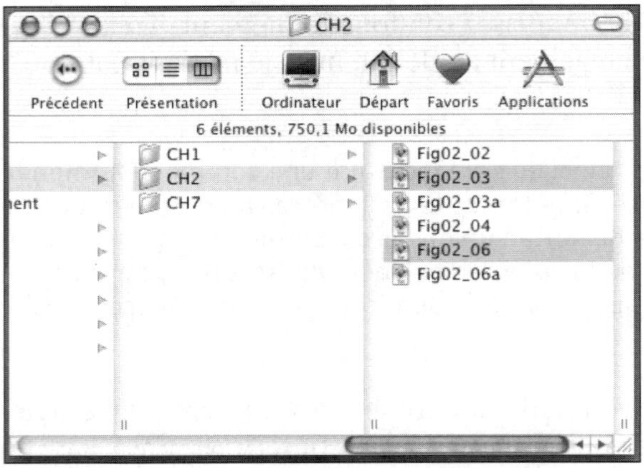

Figure 2.6
Commande+clic : notez que Fig02_03 et Fig02_06 sont les seuls objets sélectionnés

Comparez-la maintenant à la figure 2.7. À la figure 2.7, j'ai cliqué sur *Fig02_03* en appuyant en continu sur la touche [Shift], puis j'ai cliqué sur *Fig02_06* afin de sélectionner la plage de documents qui m'intéresse.

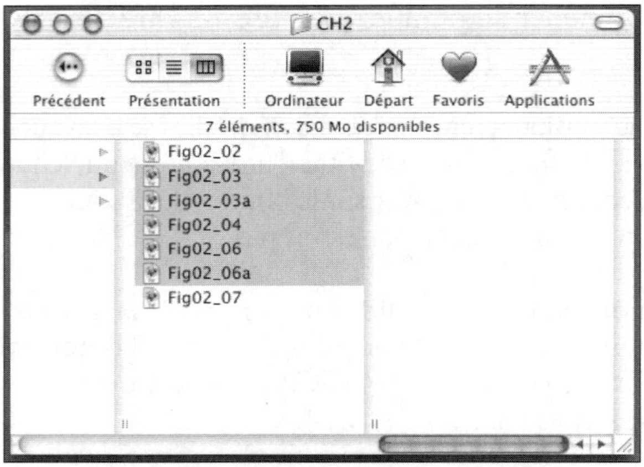

Figure 2.7
Shift+clic : notez que tous les objets entre Fig02_03 et Fig02_06 sont sélectionnés

Je vais vous parler maintenant de raccourcis clavier encore plus merveilleux.

Magie de la touche Option

Je suis un grand fan des raccourcis clavier, parce qu'ils ne coûtent rien et font gagner du temps. Ne vous y trompez pas, j'apprécie également l'emploi d'une souris (je me sers actuellement d'une souris sans fil Kensington Turbo Mouse

Pro. Ça marche parfaitement bien., le driver pour OS X est même le premier, dans ce cas, qui marche sans problème. Nous reviendrons sur ces questions au chapitre 7).

Comme je le disais je déteste enlever mes mains du clavier. C'est pourquoi j'utilise beaucoup les raccourcis : essayez-les, apprenez-les et appréciez-les !

La touche [Option] est souvent employée pour activer un raccourci. En fonction de ce que vous êtes en train de faire, lorsque vous appuyez dessus, diverses choses peuvent survenir. Par exemple, si vous appuyez sur la touche [Option] lorsque :

- Vous cliquez sur le bouton rouge en haut à gauche.
- Vous choisissez **Fichier/Fermer**.
- Vous appuyez sur les touches [Commande]+[X] (le raccourci de **Tout fermer** est [Commande]+[Option]+[W]).

Il se passe exactement la même chose et toutes les fenêtres du Finder se ferment instantanément.

Menu et raccourci clavier sont visibles sur les figures 2.8 et 2.9.

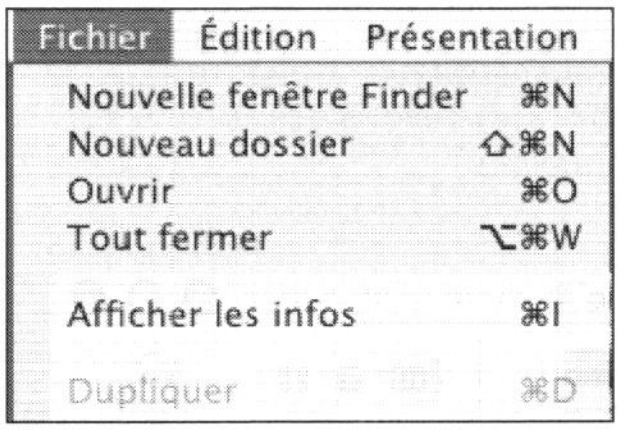

Figure 2.8 Le menu Fichier avec et sans la touche Option (en haut)

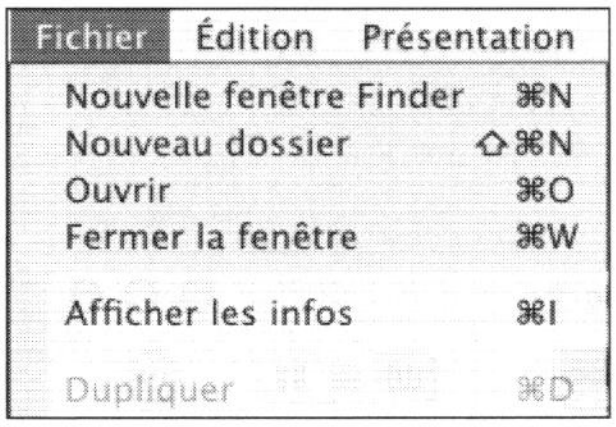

Figure 2.9 Le menu Fichier sans la touche Option

Astuce **Raccourcis du Finder**

Beaucoup de ces raccourcis de fenêtre du Finder fonctionnent avec les fenêtres d'autres programmes OS X. Certains d'entre eux marchent aussi avec les fenêtres Classic.

Pour réduire toutes les fenêtres ouvertes, appuyez sur la touche [Option] lorsque vous cliquez sur le bouton **Réduire** (jaune et en haut à gauche). Toutes les fenêtres ouvertes sous le Finder s'envolent vers le Dock.

Pour agrandir une fenêtre et voir le maximum de son contenu, appuyez sur la touche Option lorsque vous cliquez sur le bouton **Zoom** (vert et en haut à gauche).

Pour cacher le programme actif lorsque vous sélectionnez un autre programme, appuyez sur la touche Option et complétez l'une des actions suivantes :

- Cliquer sur la fenêtre du programme à ouvrir
- Cliquer sur l'icône *Dock* du programme à ouvrir

Astuce **Mon choix personnel**
En général, j'utilise Commande+Option+clic sur l'icône *Dock* ou la fenêtre. Cela cache toutes les fenêtres des autres applications. J'apprécie cette commande qui me permet de me recentrer lorsque j'ai entre sept et dix programmes qui tournent, ce qui est une situation habituelle.

Un autre raccourci utile est Commande+clic sur le titre d'une fenêtre du Finder pour voir le menu contextuel du chemin où se trouve le dossier (voir figure 2.10).

Avec le menu contextuel, quand je relâche le bouton de la souris de la figure 2.10, le contenu de Numéro neuf remplace le contenu antérieur de cette fenêtre.

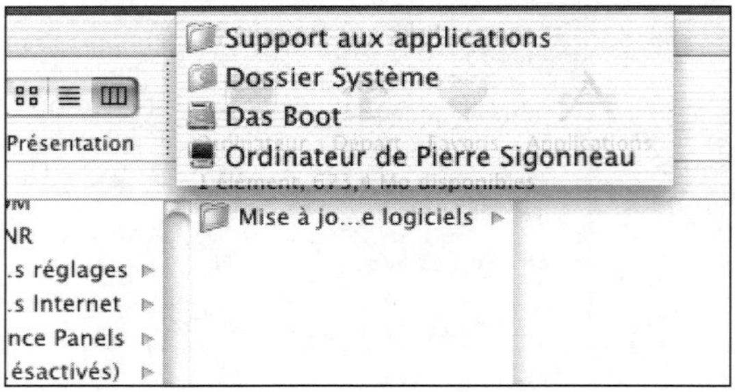

Figure 2.10
Commande+clic sur le titre d'un dossier ; un menu contextuel affiche le chemin jusqu'au niveau de l'ordinateur

Gardez en mémoire que Commande+clic sur le titre d'un dossier affiche le chemin jusqu'au niveau de l'ordinateur et vous permet de choisir tout dossier qui contient ce dossier.

Structure d'une fenêtre

Pour continuer, regardons de près les fenêtres du Finder et leurs présentations.

Vous avez trois types de présentations à choisir pour les fenêtres du Finder : Icône, Liste et Colonne. Chacune a son genre de beauté.

Pour choisir un type de présentation pour la fenêtre active (celle du premier plan), vous pouvez :

- Choisir parmi les commandes **Présentation/Par icônes**, **Présentation/Par liste** ou **Présentation/Par colonnes**
- Cliquer sur l'icône voulue dans la barre d'outils comme le montre la figure 2.11

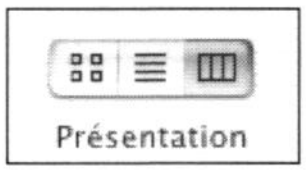

Figure 2.11
Choisir une présentation : Icône (à gauche), Liste (au milieu) ou Colonne (à droite) dans la barre d'outils

Remarque **Barre d'outils**
Si vous ne voyez pas le jeu d'icônes sur la barre d'outils, pas de panique cela sera expliqué dans quelques pages.

Il peut y avoir trois présentations, mais il n'y a qu'une barre d'outils. Examinons-la d'abord.

Maîtrise de la barre d'outils

La barre d'outils apparaît en haut de chaque fenêtre du Finder, quelle que soit la présentation. Que dites-vous ? Votre fenêtre de la figure 2.12 n'a pas de barre d'outils.

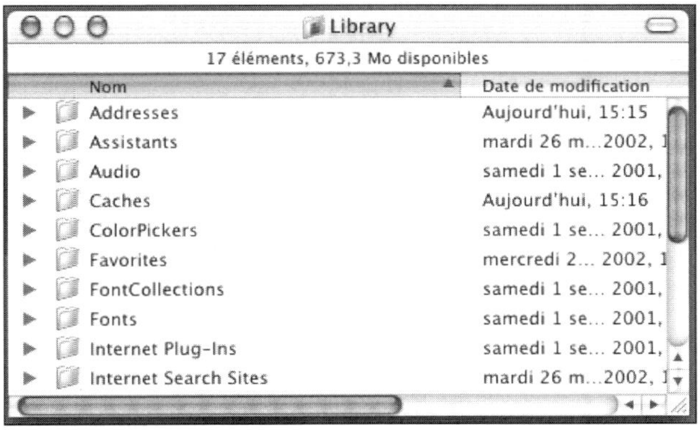

Figure 2.12
La malheureuse fenêtre a perdu sa barre d'outils

Pas de problème, il y a au moins trois manières de faire réapparaître la barre d'outils :

1. Choisissez la commande **Présentation/Masquer/Afficher la barre d'outils**.

2. Utilisez le raccourci clavier **Masquer/Afficher la barre d'outils** ([Commande]+[B]).
3. Cliquez sur le bouton **Masquer/Afficher la barre d'outils** (appelé widget) dans la partie en haut et à droite de chaque fenêtre (voir figure 2.13).

Figure 2.13
Le bouton allongé en haut à droite permet d'afficher ou de cacher la barre d'outils

Mais cacher et faire apparaître la barre d'outils n'est qu'un petit jeu. Examinons cette barre pour qu'elle travaille dur pour vous. Vous pouvez voir ma barre d'outils à la figure 2.14. Je parie qu'elle est assez différente de la vôtre.

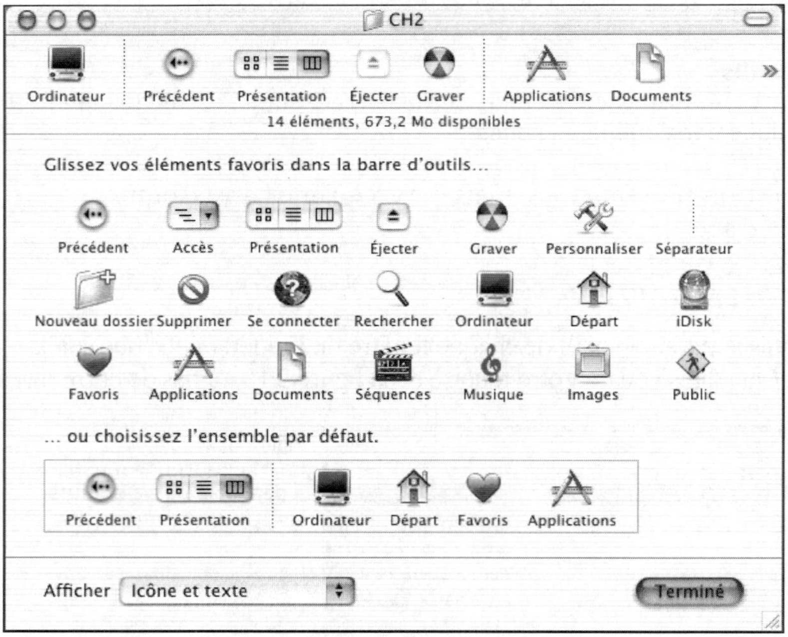

Figure 2.14
La fenêtre Personnaliser offre un choix d'icônes

D'abord les choses faciles. Vous pouvez ajouter n'importe quelle icône à la barre d'outils en la faisant glisser jusqu'à la barre. Et vous pouvez enlever n'importe quelle icône que vous avez installée en la faisant glisser à l'extérieur ; lorsque vous relâchez le bouton de la souris, elle disparaît. Vous pouvez également réarranger les icônes que vous avez installées en cliquant dessus et en les faisant glisser vers un autre point de la barre.

2

Remarque **Les icônes par défaut**

Vous avez remarqué que je parle de "toute icône que vous avez installée" et non de "toute icône sur la barre d'outils". C'est à cause des icônes par défaut de la barre d'outils, celles qui sont préinstallées et qui se comportent différemment des icônes qui peuvent glisser sur la barre. Faites bien la différence entre vos icônes et celles du système.

Vous ne pouvez pas faire glisser les icônes système hors de la barre d'outils, ni même les déplacer, ce qui est une bonne chose car beaucoup de ces icônes n'existent pas dans d'autres fenêtres.

Où allez-vous trouver, dans la nature, une flèche **Précédent**, un bouton **Supprimer** ou **Graver** ? Tout cela pour vous préparer à mon propos. Utilisez le menu **Présentation/Personnaliser la barre d'outils** et vous pourrez travailler à cette personnalisation. La figure 2.14 vous montre ma barre personnalisée.

Faites glisser n'importe quelle icône de la fenêtre de personnalisation de la barre d'outils vers la barre d'outils. Si vous faites glisser une icône entre deux autres, elles se poussent poliment pour faire de la place. Je vous laisse le soin de découvrir ce que font toutes les icônes. Il me suffit de dire que vous devez absolument et résolument personnaliser votre barre d'outils. Vous avez besoin d'accéder en un seul clic à votre commande la plus courante, quelle que soit la fenêtre que vous utilisez.

Remarque **Barre d'outils tronquée**

Si vous mettez trop de choses dans votre barre d'outils, elle apparaîtra tronquée. D'un autre côté, lorsque la barre d'outils est trop grande pour la fenêtre, une flèche avec de petits chevrons apparaît dans le coin droit. En cliquant sur les chevrons, vous disposez des icônes précédemment cachées, comme le montre la figure 2.15.

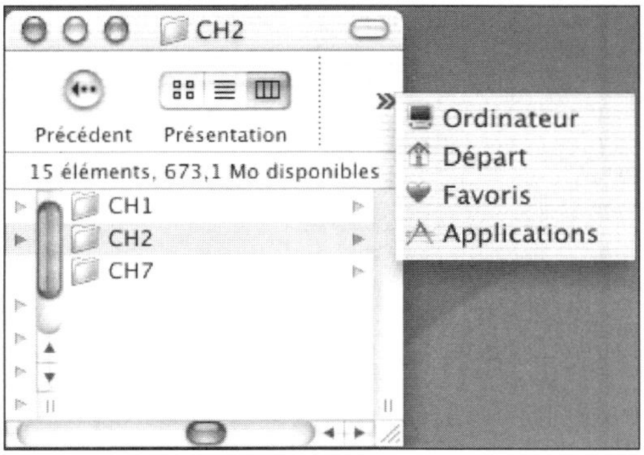

Figure 2.15
Le menu contextuel (ouvert à partir des chevrons) vous permet de voir aisément les icônes cachées

Astuce **Trop d'icônes ?**

Si vous placez beaucoup de choses dans la barre d'outils, les chevrons peuvent être utiles. Mais si vous disposez vraiment trop de choses dans la barre d'outils, même les chevrons ne serviront à rien. Alors faites preuve de modération. Avoir toutes les icônes dans la barre d'outils rend l'accès aux icônes difficile.

Abordons maintenant les présentations par icônes, ce qui les rend uniques et utiles.

Présentations par icônes

Les présentations par icônes ont une mauvaise réputation parmi les utilisateurs avertis. Cependant, alors que certains d'entre eux renoncent aux présentations par icônes, d'autres les apprécient pour leur grande taille et leur visibilité. Et, avec OS X vous pouvez vraiment avoir de grandes icônes.

Bien qu'utilisant peu les présentations par icônes, je leur ai trouvé deux types d'emploi. Vous pouvez les utiliser comme navigateur du pauvre pour scanner un dossier plein d'images. Ceci n'est utile que si les images possèdent un appercu ; cette technique affiche une icone dont l'apparence est proche du contenu du fichier (voir figure 2.16). Maintenant, faites glisser l'indicateur de contrôle vers le haut ou vers le bas (la bulle ressemblant à une framboise sur laquelle je pointe avec la flèche dans l'ascenseur à la figure 2.16).

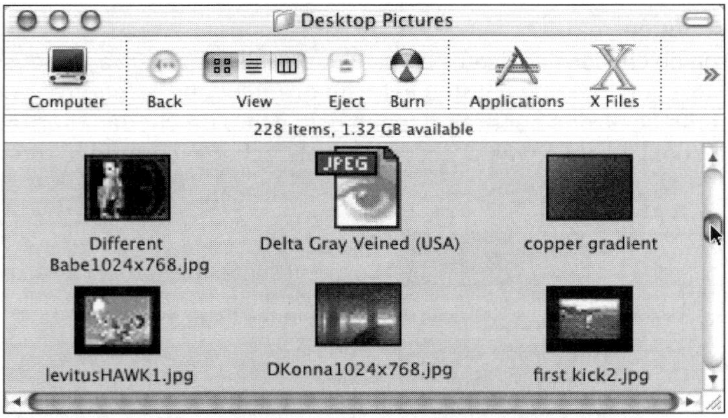

Figure 2.16
Présentation par icônes : utilisez-les comme navigateur graphique à un prix imbattable

Remarque **Indicateur de contrôle**

Cet indicateur de contrôle s'appelait boîte de contrôle dans OS 9 et dans les versions antérieures.

2

Astuce **Taille des icônes**

Vous pouvez donner n'importe quelle taille aux icônes à l'aide de **Présentation/Afficher les options de présentation** (dont nous parlerons un peu plus loin dans ce chapitre).

Vous pouvez aussi employer la présentation par icônes pour visualiser les icônes sur le Bureau. Et comme le Bureau n'est pas techniquement une fenêtre, cela repose sur la possibilité que vous avez de les réduire et de les agrandir avec **Présentation/Afficher les options de présentation**. J'apprécie les petites icônes. Je garde généralement un ensemble d'alias des dossiers sur lesquels je travaille et dont j'ai besoin sur le Bureau près de mon disque dur, comme vous pouvez le voir à la figure 2.17.

Figure 2.17
Les icônes sur mon Bureau sont les plus petites possibles

Certains aiment que les icônes soient grandes et belles, comme celles qui sont montrées à la figure 2.18.

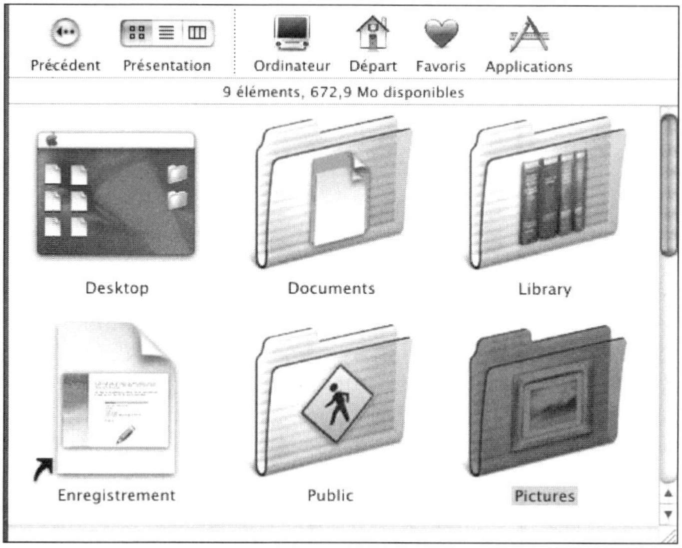

Figure 2.18
De grandes icônes constituent de grandes cibles. C'est commode pour faire un glisser-déposer sur ces grands alias du Bureau

Si vous êtes un fan du glisser-déposer, de grandes icônes peuvent être la prescription du docteur.

Rapide digression sur les icônes

Pendant que nous sommes sur les présentations par icônes, observons les icônes elles-mêmes car celles de Mac OS X sont fameuses. Elles ont quatre fois plus de pixels que les icônes d'OS 9, aussi ont-elles un très bel aspect, même avec une grande taille comme celles que vous voyez à la figure 2.18. OS X vous permet donc d'avoir d'aussi grandes icônes que vous le souhaitez (voir la section suivante sur **Présentation/Afficher les options de présentation** pour savoir comment faire).

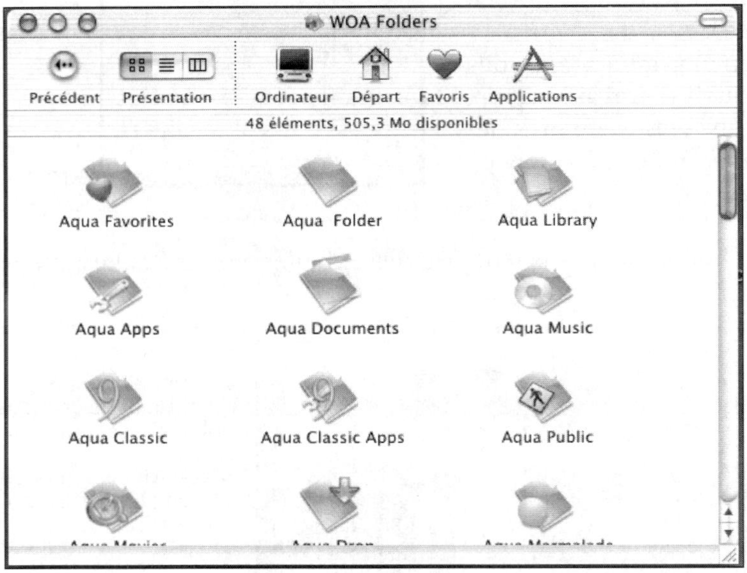

Figure 2.19
Un exemple de superbes icônes haute résolution créées pour Mac OS X

Astuce **Télécharger des icônes**

J'aime beaucoup les icônes, je les télécharge puis je les colle sur des fichiers et des dossiers lorsque j'ai du temps à y consacrer. C'est à peine plus productif que de tuer une collection de monstres dans un jeu vidéo, mais ça me fait un très beau Mac. Je connais au moins deux sites web fantastiques pour les connaisseurs en icônes OS X : **www.iconfactory.com/** et **http://xicons.macnn.com**. Beaucoup d'icônes sont gratuites, même celles des logiciels gratuits ne coûtent rien. Aussi, même s'il est facile de trouver de bonnes icônes ailleurs que sur le Net et si vous avez apprécié celles de la figure 2.19, sachez que vous les trouverez chez Iconfactory ou Xicons. La plupart de mes icônes viennent de ces deux sites.

Si vous saviez comment coller une nouvelle icône sur un fichier ou un dossier dans OS 9, vous savez comment faire dans OS X. Celui-ci introduit juste une petite différence : il possède une seule fenêtre **Afficher les infos** (comme **Get Info** dans OS 9, **Afficher les infos** est le type de fenêtre communément appelée "inspecteur", ce qui signifie qu'elle reste ouverte tant que vous ne la fermez pas et qu'elle accepte les mises à jour en temps réel). Dans OS 9, vous ouvriez une fenêtre **Get Info** pour chaque fichier ; dans OS X, vous n'avez besoin que d'une fenêtre **Afficher les infos** pour mettre à jour avant de présenter l'icône sélectionnée. Choisissez une autre icône et la fenêtre **Afficher les infos** change instantanément.

60 secondes pour apprendre à personnaliser les icônes

Pour reprendre tout ce que j'ai dit d'une autre manière, ne vous souciez pas de fermer la fenêtre Afficher les infos entre les étapes dans la procédure qui suit :

1. Sélectionnez une icône ayant un bel aspect sur un fichier, un dossier ou un disque quelconque.

2. Choisissez Fichier/Afficher les infos ou utilisez le raccourci clavier, qui, heureusement, est toujours Commande+I. Assurez-vous qu'une seule icône a été sélectionnée. Une sélection multiple rend la fenêtre Afficher les infos confuse.

3. Cliquez sur l'icône dans la fenêtre Afficher les infos. Une fine bordure apparaît tout autour pour indiquer que l'icône est sélectionnée. Sélectionnez Edition/Copier ou utilisez le raccourci clavier Commande+C. Cette étape est illustrée à la figure 2.20.

4. Sélectionnez une icône d'aspect quelconque sur un disque ou dans une partition.

5. Cliquez sur l'icône dans la fenêtre Afficher les infos (celle que vous n'êtes pas censé avoir fermée ; si vous l'avez fait, rouvrez-la en ayant sélectionné l'icône à l'aspect quelconque). Sélectionnez Edition/Coller ou utilisez le raccourci Commande+V. Cette étape est illustrée à la figure 2.21. Jetez également un coup d'œil à la figure 2.22 qui suit.

Voilà. Recommencez maintenant sans regarder. Mettez ce livre à distance et travaillez. Si vous ne terminez pas en moins d'une minute, quelque chose ne va pas. Je suis capable de changer une icône en cinq secondes (et je le fais très souvent).

(Suite)

Figure 2.20
Trouvez une icône d'un bel aspect et copiez-la sur le tableau

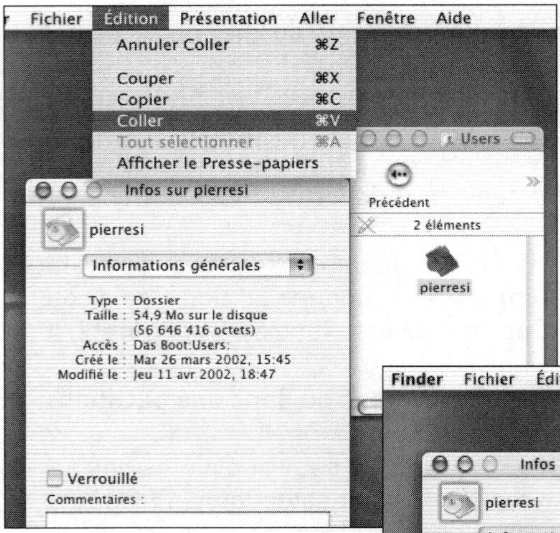

Figure 2.21
Voici comment copier une belle icône sur un fichier, un dossier ou un volume

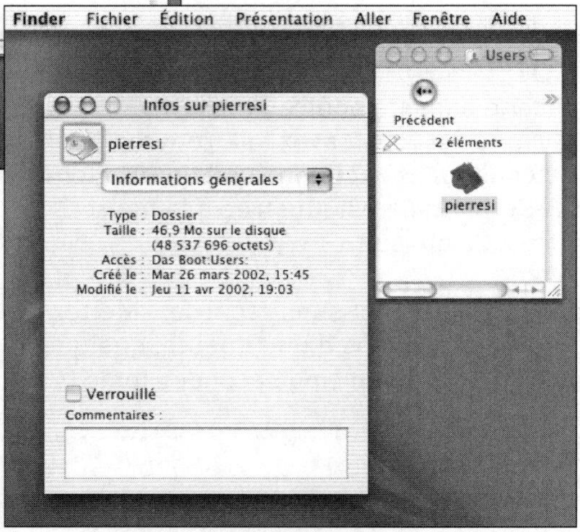

Figure 2.22
Le résultat après l'emploi de la commande Coller

Pour terminer la présentation sur les icônes, je dois ajouter que c'est la seule méthode pour faire d'une image un arrière-plan d'une fenêtre (je n'ai pas dit arrière-plan d'un Bureau, j'ai dit arrière-plan d'une fenêtre).

Remarque **Arrière-plan**

Le changement des illustrations du Bureau et de l'arrière-plan est présenté dans la section sur les Préférences système et le Finder. Je compte vous montrer comment cette "image dans une fenêtre" se construit lors de la présentation des options de présentation.

Vous pouvez même disposer d'une illustration différente pour chaque dossier si vous le désirez. Par exemple un personnage pour une fenêtre, et son chien pour une autre à la figre 2.23.

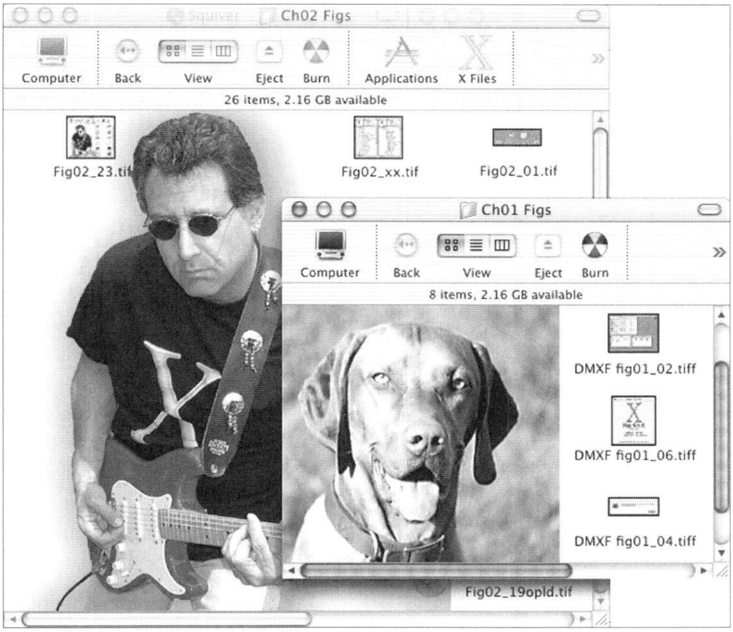

Figure 2.23
Chaque image raconte une histoire

J'arrête sur cette remarque et je poursuis mon sujet sur les présentations.

Présentation par liste

Je suis partagé entre les présentations par liste et les présentations par colonnes. J'utilise beaucoup les présentations par liste, mais je ne peux pas vivre sans les fenêtres de présentation par colonnes. J'utilise un peu des deux :

quelques fenêtres avec les présentations par liste, les autres avec les présentations par colonnes. Je trouve qu'elles se complètent, et souvent j'utilise l'une et l'autre lorsque je déplace ou copie des fichiers et dossiers.

Dans chacune de ces présentations, les raccourcis clavier font gagner beaucoup de temps, mais le clavier est particulièrement commode pour les fenêtres de présentations par liste.

Remarque **Raccourci clavier**

Les raccourcis clavier sont très puissants et ne vous coûtent rien. Entraînez-vous à les utiliser, c'est une bonne habitude à prendre.

J'apprécie mes raccourcis clavier. Lorsque j'utilise une présentation par liste ou par colonnes, je peux m'asseoir et travailler sans la souris ; je navigue avec le clavier et je suis au moins aussi rapide qu'avec la souris. Si vous y arrivez avec une souris, j'y arrive avec un clavier, mais plus vite (et avec moins de pression sur le dos, les épaules et les poignets).

Essayez. Les flèches à gauche, à droite, vers le haut et vers le bas déplacent la sélection d'une icône à une autre dans chaque présentation. Mais en présentation par liste, les flèches vers la gauche et vers la droite ouvrent et ferment le ou les dossiers sélectionnés. Si vous utilisez la touche Option en même temps que la flèche gauche ou droite, tous les sous-dossiers sont ouverts ou fermés en une seule fois, comme le montre la figure 2.24.

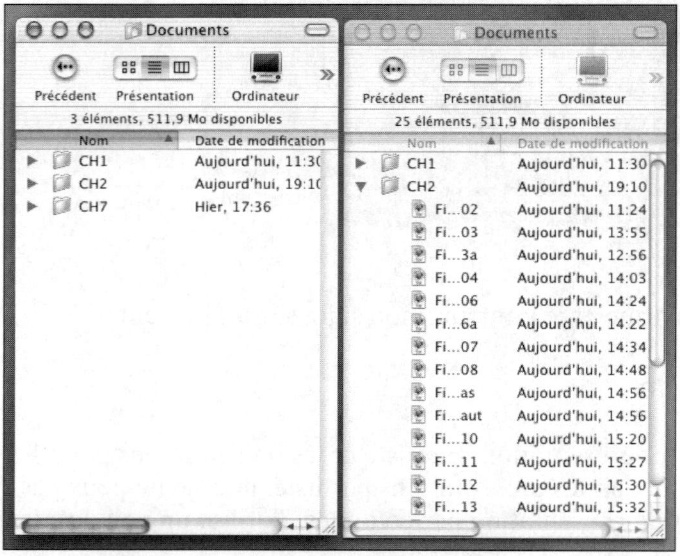

Figure 2.24
La flèche droite ouvre un niveau de sous-dossiers (à gauche). Open+flèche droite ouvre tous les sous-dossiers en une seule fois (à droite)

Remarque **Raccourcis**

Dans les propos immortels de mon oncle Yogi LeVitus, chantant les vertus des raccourcis clavier à une foule en visite à une exposition Macworld, vous trouvez ces vers :

"Utilisez-les, souvenez-vous-en,
Souvenez-vous de les utiliser,
Utilisez-les pour vous en souvenir..."

Voilà. Pour ceux d'entre vous qui ont oublié leur souris pendant mon petit mot d'amour aux raccourcis clavier, voici un raccourci que vous ne pouvez faire qu'avec la souris. Pour changer l'ordre de tri dans une colonne d'une présentation par liste, cliquez sur l'en-tête de la colonne. La figure 2.25 montre comment l'ordre de tri évolue après le clic sur un en-tête de colonne (le clic sur le nom de la colonne).

Maintenant, examinons ces petits triangles. Ils vous montrent dans quel ordre se fait le tri. Pour l'inverser dans une colonne, cliquez de nouveau sur l'en-tête de colonne. Le triangle évolue et l'ordre de tri s'inverse. Regardez les deux triangles "Nom" à la figure 2.25.

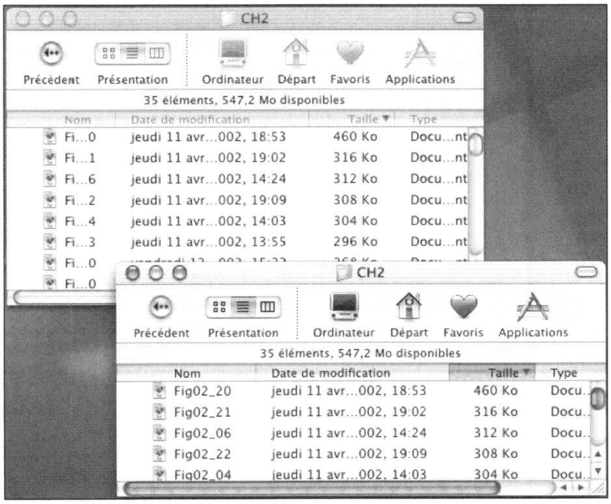

Figure 2.25
À partir du haut : tri alphabétique (A en tête) ; tri inverse (Z en tête) ; tri par taille (les plus importants en tête)

Astuce **Documents récents**

Une de mes raisons principales de préférer les présentations par liste est de voir les documents que j'ai utilisés récemment. Je clique sur la colonne de date de modification et la fenêtre est de nouveau triée, avec les derniers documents utilisés en tête. S'ils sont en dessous, je clique de nouveau sur la date de modification pour inverser l'ordre de tri.

Pour continuer, Mac OS X accepte ces nouveaux "noms vraiment très". C'est à la fois une bénédiction et une malédiction.

Les noms vraiment très longs sont une bénédiction dans les présentations par liste lorsque vous savez redimensionner les colonnes. Pour cela, déplacez le curseur sur la ligne de séparation entre deux en-têtes de colonnes et maintenez-le. Le curseur se transforme en une double flèche de dimensionnement, comme le montre la figure 2.26. Faites glisser le curseur pour élargir ou réduire la colonne, et relâchez le bouton de la souris.

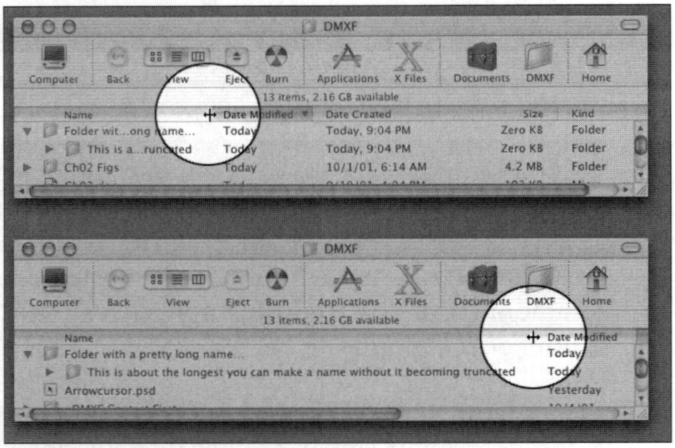

Figure 2.26
Déplacez votre curseur sur la ligne entre l'en-tête des colonnes, puis cliquez (haut). Déplacez vers la droite ou la gauche : la colonne s'élargit (ou diminue)

En voilà assez pour la présentation en liste. Explorez-la pendant vos loisirs. Vous y trouverez de toute façon des points positifs. Maintenant, attaquons-nous à ma présentation préférée, la présentation par colonnes aux multiples facettes.

Présentation par colonnes

J'utilise plus la présentation par colonnes que la présentation par liste. Cela m'a pris un certain temps pour m'y habituer, mais une fois que j'ai attrapé le virus, je me suis mis à utiliser la présentation par colonnes tout le temps. Dans les deux autres présentations, le défaut de Mac OS X est d'ouvrir les sous-dossiers "en place" lorsque vous double-cliquez dessus. En d'autres termes, le contenu du sous-dossier remplace le contenu en cours, et ce dans la même fenêtre.

Dans la présentation par colonnes, les choses se passent un peu différemment. La présentation par colonnes affiche le contenu d'un dossier dans la colonne à la droite de celui-ci lorsque le dossier est surligné (sélectionné). Si vous naviguez vers la colonne le plus à droite, toutes les colonnes glissent vers la gauche. En d'autres termes, double-cliquer sur un dossier dans une présentation en colonnes peut ne rien faire si ce n'est vous donner mal au poignet.

Astuce

Fenêtre

Lorsque vous cochez la case *Ouvrir les dossiers dans une nouvelle fenêtre* dans les Préférences du Finder (nous en parlerons prochainement), les dossiers s'ouvrent dans une nouvelle fenêtre au lieu de s'ouvrir dans la même fenêtre. Ceci s'applique également à la présentation par colonnes. Si vous ne pouvez vous habituer à la nouvelle manière qu'a OS X de gérer les fenêtres, vous pouvez, en cochant cette case, revenir à un aspect comparable au précédent.

Si vous ne changez pas vos préférences, vous pouvez forcer un dossier à s'ouvrir dans une nouvelle fenêtre en appuyant sur la touche [Commande] lorsque vous double-cliquez sur le dossier. Pour fermer la fenêtre courante à l'ouverture de la nouvelle fenêtre, appuyez sur les touches [Commande] et [Option] lorsque vous double-cliquez.

J'ai une fenêtre que je ne ferme jamais. C'est une présentation en colonnes avec des colonnes aussi petites que possible, comme le montre le bas de la figure 2.27. Je la garde en bas de mon écran. J'utilise cette fenêtre pour la plupart de mes gestions de fichiers, en liaison avec une autre fenêtre en présentation par liste (le dossier *DMXF* à droite de la figure 2.27).

Figure 2.27
Ma fenêtre "principale" est celle du bas ; les autres sont des exemples de présentations par icônes (en haut à gauche) et par liste (en haut à droite)

La présentation par colonnes et la présentation par liste sont complémentaires. J'utilise la présentation par colonnes pour naviguer rapidement à travers un grand nombre de dossiers, et la présentation par liste pour les fichiers avec lesquels je travaille couramment. Par exemple, le projet sur lequel je travaille en ce moment a un dossier pour tous ses "composants". Ce dossier est presque toujours ouvert en présentation par liste.

J'ai aussi un alias de ce dossier sur mon Bureau, un autre alias dans mon dossier des favoris, et je peux en avoir un autre attaché au Dock. Le principal étant que, pour ce projet, un ou plusieurs alias de ce dossier ne soient pas loin de mon curseur.

Dans les versions 10.1 et ultérieures, les colonnes peuvent être dimensionnées individuellement ou collectivement. Avec les premières versions (OS X 10.0 - 10.0.4), lorsque vous dimensionniez une colonne, cela s'appliquait à toutes et c'était à prendre ou à laisser. Dans OS X 10.1, le dimensionnement des colonnes fonctionne de façon satisfaisante. Pour dimensionner une seule colonne, utilisez Option en déplaçant le régleur vers la droite, comme le montre la figure 2.28. Pour dimensionner toutes les colonnes en même temps, faites glisser le régleur sur une colonne quelconque sans appuyer sur la touche Option.

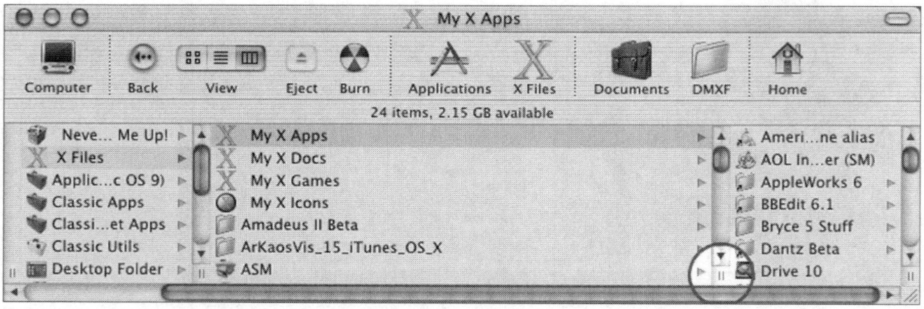

Figure 2.28
Appuyez sur Option et faites glisser le régleur pour dimensionner une seule colonne

Les présentations par colonnes ont une autre fonctionnalité très précieuse : un panneau de visualisation tout construit. Lorsque vous cliquez sur un document sauvegardé dans un des formats voulus (JPEG, TIFF, QuickTime et PDF pour n'en citer que quelques-uns), une visualisation apparaît dans le panneau le plus à droite. Consultez la figure 2.29.

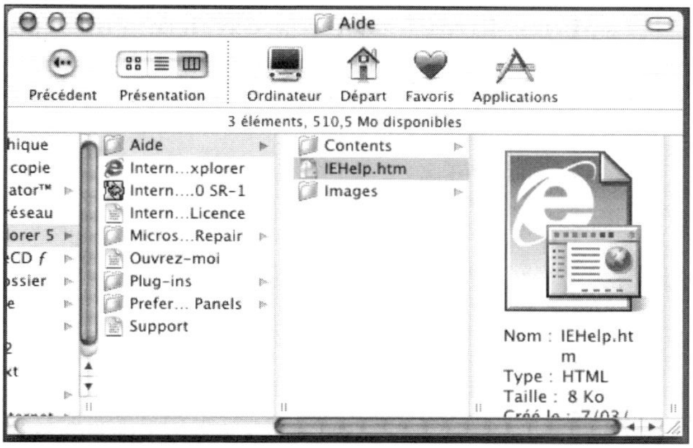

Figure 2.29
Présentation en colonnes, une visualisation sommaire des caractéristiques du document dans la colonne le plus à droite

Remarquez le contrôleur pour films. Vous pouvez jouer un film dans une fenêtre de présentation par colonnes, sans avoir à lancer de programme ou à ouvrir une autre fenêtre. Sympa !

La présentation par colonnes ne ressemble à aucune des fenêtres Macintosh déjà vues. Une fois que vous en aurez pris l'habitude, vous ne pourrez plus vous en passer.

Remarque **NeXt**

Les gens disent que la présentation en colonnes est plus NeXT que Mac. Quelle importance ? Comme disait mon professeur de marketing "une bonne idée ne se soucie pas de savoir comment elle est née". Ne vous inquiétez pas de son pedigree, profitez-en simplement.

Options de présentation

Attendez, il reste quelque chose à voir. Pour que votre plaisir soit entier, vous pouvez personnaliser les présentations par icônes et par liste globalement, et dossier par dossier. Pour accéder à cette action magique, choisissez la commande **Présentation/Afficher les options de présentation**. La fenêtre d'affichage des options est une autre fenêtre du type "inspecteur" comme celle de **Afficher les infos** ; elle présente les icônes sélectionnées (en surbrillance) et se met à jour instantanément lorsque vous sélectionnez une icône différente.

Astuce **Commande + J**

Certains utilisateurs gardent la vue **Options** ouverte tout le temps. Ceci étant, le raccourci Commande+J vour permet de gérer cette affichage : appuyez dessus une fois et la fenêtre de visualisation des options apparaît ; appuyez une nouvelle fois et la fenêtre disparaît.

La fenêtre de visualisation des options de présentation est fonction du contexte. Lorsque vous cliquez sur le Bureau, vous accédez à un affichage d'options pour le Bureau, comme le montre la figure 2.30.

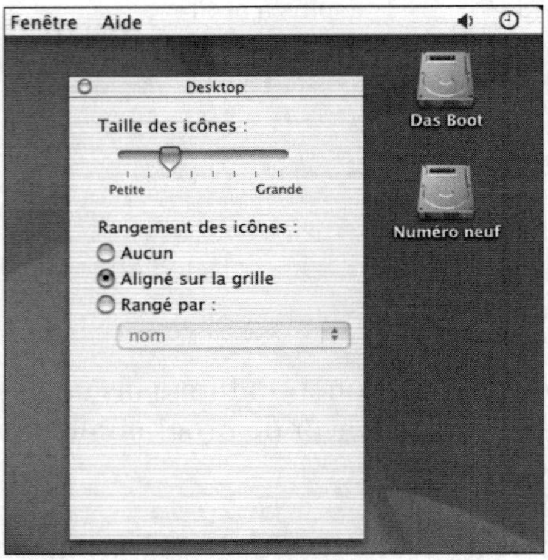

Figure 2.30
La présentation d'options du Bureau

Lorsque vous cliquez sur une fenêtre utilisant une présentation par icônes ou par liste, la commande **Afficher les options de présentation** vous affiche uniquement les options voulues, comme le montre la figure 2.31.

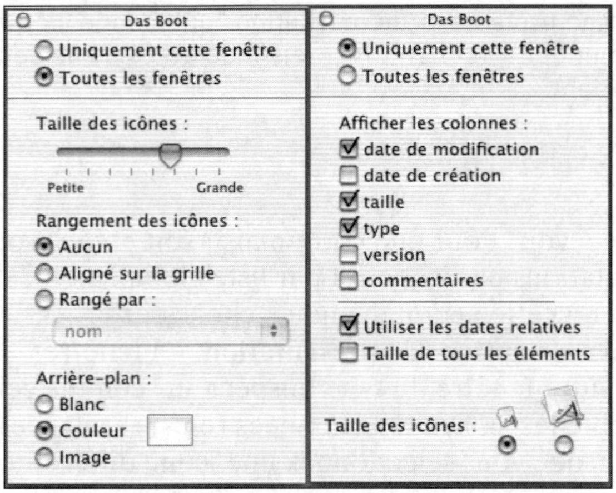

Figure 2.31
La présentation d'options pour la présentation d'icônes (à gauche) et la présentation en liste (à droite)

Ces options se comprennent d'elles-mêmes. Lorsque vous cliquez sur le bouton **Toutes les fenêtres**, les options choisies concernent toutes les fenêtres du type. Lorsque vous cliquez sur le bouton **Uniquement cette fenêtre**, les options choisies n'affectent que la fenêtre courante.

Pour finir, lorsque vous cliquez sur une fenêtre utilisant une présentation par colonnes pendant que la présentation d'options est ouverte, vous serez poliment informé qu'aucune présentation d'options n'existe pour cette présentation par colonnes.

Voilà, continuons. C'est le moment de partir à la découverte.

Bases du Dock

Peut-être est-ce blasphématoire, mais je n'aime pas le Dock tant que cela. Ce n'est pas la plus horrible "amélioration" refilée aux utilisateurs, mais disons que je ne considère pas que ce soit un progrès par rapport au menu d'Apple OS 9.

Ne me faites pas dire ce qui n'est pas. Le Dock a quelques fonctionnalités intéressantes, mais il est trop inflexible et a une sale tête. Je préfère les utilitaires comme DragThing et LaunchBar ; tous deux font le même travail que le Dock et même beaucoup plus.

Remarque **Logiciels**
Tous les logiciels mentionnés ici sont décrits de manière détaillée dans la prochaine section : des logiciels qui donnent du tonus au Finder et au Dock. Soyez patient, le meilleur reste à venir.

Dock presque vide

Mon Dock personnel est ennuyeux. Il contient juste quelques icônes. Je vous dirai ce que j'utilise en lieu et place du Dock dans la suite de ce chapitre. Mais maintenant, chaque fois que j'installe OS X sur un de mes Mac, la première chose que je fais est de me débarrasser de toutes les icônes par défaut qu'Apple a mises dans le Dock. Je n'en ai pas besoin maintenant, et si j'en avais besoin dans l'avenir, je saurais où les trouver sur mon disque dur.

Je me débarrasse donc des icônes du Dock, sauf celles du Finder et de la Corbeille (dont on ne peut pas se débarrasser).

Astuce **Ajouter et supprimer une icône du Dock**
Je suis sûr que vous le savez déjà, mais je dois le mentionner : pour ajouter une icône dans le Dock, faites-la glisser dans le Dock. Pour supprimer une icône du Dock, faites-la glisser à l'extérieur du Dock. Elle disparaît avec un petit "poof" de satisfaction.

Je suis partial. Nettoyez le Dock, en ne laissant que les applications utilisées et quelques petites choses. Par exemple, j'aime bien consulter des petits programmes qui gèrent la charge CPU et l'emploi de la mémoire, comme le montre la figure 2.32. Je ne suis pas sûr qu'ils soient excellents, mais ils sont fascinants à observer. Ces deux-là sont mes préférés.

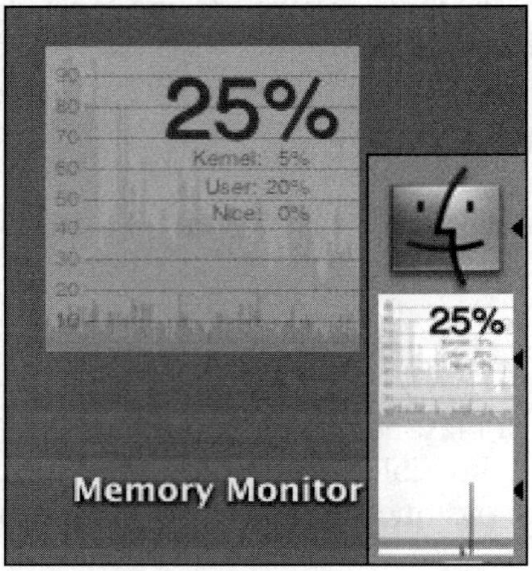

Figure 2.32 LodlnDock (icône du milieu) et Memory Monitor (icône du bas) utilisent le Dock pour me mettre en contact avec le cœur de mon Mac

Astuce **Dockling**

Si vous avez besoin d'informations affichées dans le Dock, vous trouverez des tas d'autres "utilitaires pour Dock", les docklings. Pour commencer, vous en avez quelques-uns sur le CD-ROM accompagnant ce livre, et des tonnes d'autres sur **www.versiontracker.com**, Apple.com, America Online, et partout où des gratuits OS X sont proposés en téléchargement. Faites une recherche sur les mots "Dock" ou "dockling".

À propos d'utilitaire pour le Dock, Snard est un autre outil sympathique, montré à la figure 2.33.

Vous attrapez l'image : Snard économise les étapes. Avec lui, je n'ai pas à ouvrir les Préférences du système ni à choisir un panneau. Je sélectionne simplement le panneau voulu (Ouverture ou Login de la figure 2.33) dans le menu Snard et, tout de suite, les Préférences système accèdent à Login (Ouverture). J'utilise le menu des dossiers fréquents de Snard (frequent folders de la figure 2.33) pour la rapidité d'accès aux multiples dossiers dont je me sers tous les jours.

Voilà donc ma présentation du Dock effectuée. Bien que ne l'aimant pas, je pense vous avoir appris l'essentiel pour que vous puissiez vous débrouiller.

Remarque **Utilitaires du Dock**

Je compte vous parler un peu plus des utilitaires du Dock dans la section sur les logiciels à la fin de ce chapitre.

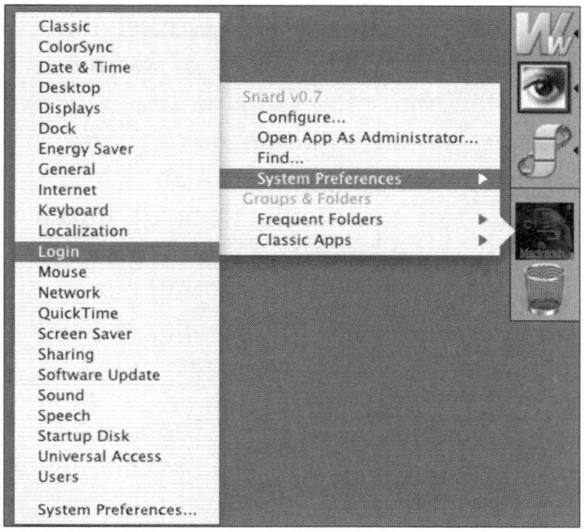

Figure 2.33
Snard économise les étapes

Quelques astuces relatives au Dock

Voici quelques emplois que vous pouvez avoir du Dock.

De nombreux utilisateurs aiment avoir un disque, une partition ou une icône dans le Dock qu'ils utilisent pour naviguer au lieu d'ouvrir une fenêtre du Finder. Si c'est votre style, faites glisser une icône du disque dans le Dock, puis cliquez de façon continue sur l'icône. Une fenêtre contextuelle apparaît et vous pouvez naviguer vers n'importe quel fichier de ce disque, comme le montre la figure 2.34.

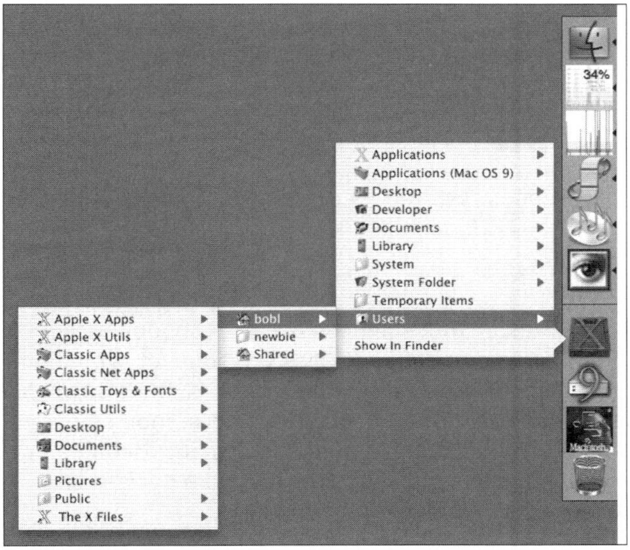

Figure 2.34
Le Dock vous permet de naviguer à travers disques et dossiers sans avoir à ouvrir aucune de ces maudites fenêtres

S'il y a un programme que vous utilisez avec les commandes **Glisser-déposer**, le Dock est plus simple d'emploi que le Bureau. StuffIt Expander est un bon exemple. Il est commode de l'avoir dans le Dock car il peut "décoder" plus d'une douzaine de fichiers différents comprenant *.sit*, *.img*, *.hqx*, *.gz*, *.tgz*, *.bin*, *.tar*, *.uu*, *.zip* et de nombreux autres. Lorsque vous tombez sur un fichier qu'il faut décoder, il y a de fortes chances que StuffIt Expander sache le faire.

Astuce **Déposer**

Il est plus simple de déposer un document dans StuffIt Expander lorsqu'il est dans le Dock que quand il est enterré on ne sait dans le disque.

Vous n'avez pas vu StuffIt Expander dans mon Dock ? Vous avez l'œil vif ! J'utilise StuffIt si souvent que j'ai acquis une version plus puissante, StuffIt Deluxe. Entre autres qualités, cette version dispose de Magic Menu, très commode, et que vous pouvez voir à la figure 2.35.

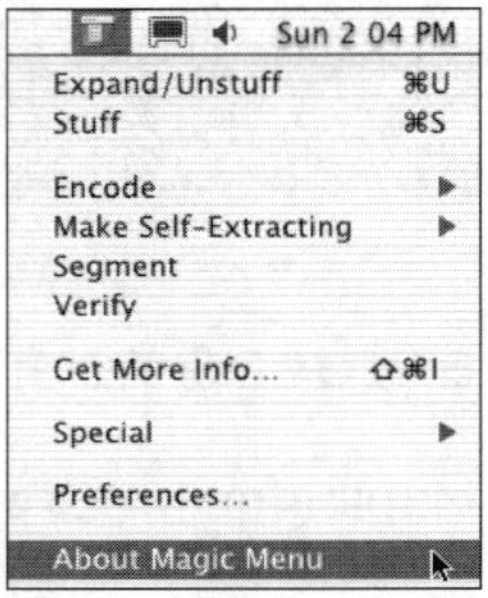

Figure 2.35
StuffIt Magic Menu. C'est gratuit lors de l'achat de StuffIt Deluxe (le prix grand public est d'environ 80). Si vous êtes intéressé : www.aladisys.com

Je n'ai donc pas besoin de perdre de la place dans le Dock pour StuffIt Expander. Je sélectionne le fichier codé, j'utilise [Commande]+[U] ; si le décodage est possible, il est effectué. Ce n'est pas plus compliqué que cela. Bien sûr, j'utilise StuffIt des douzaines de fois par jour. Il est vrai que si vous avez une application dans laquelle vous faites glisser de nombreux documents, le Dock est le meilleur endroit où la placer.

Préférences à choisir

Nous allons analyser les Préférences système ici et dans d'autres parties de l'ouvrage.

Remarque **Préférences**

Nous allons parler des Préférences, mais je ne vais pas expliquer comment utiliser chaque fonctionnalité une à une. Pas ici, pas plus loin, et probablement nulle part. Au nom du bon sens, de l'intérêt de mes éditeurs, mais aussi du vôtre et du mien, je vais être étonnamment bref. Je donnerai mon opinion uniquement quand elle sera indispensable. L'absence de commentaire signifie que vous devez faire un essai. Après tout, vous êtes le seul à décider des réglages que vous préférez.

Comme c'est votre première rencontre avec les Préférences du système et son panneau, commençons par un rapide tour d'horizon. Pour ouvrir les Préférences système, sélectionnez **Pomme/Préférences Système**, cliquez sur son icône dans le Dock (si vous l'avez) ou ouvrez son icône dans votre dossier *Applications*. La fenêtre des Préférences système, montrée à la figure 2.36, apparaît. Aucun objet n'est sélectionné, mais tous les objets sont affichés. La sélection s'effectue en cliquant sur l'icône concernée, dans cette fenêtre ou à partir du menu **Présentation**.

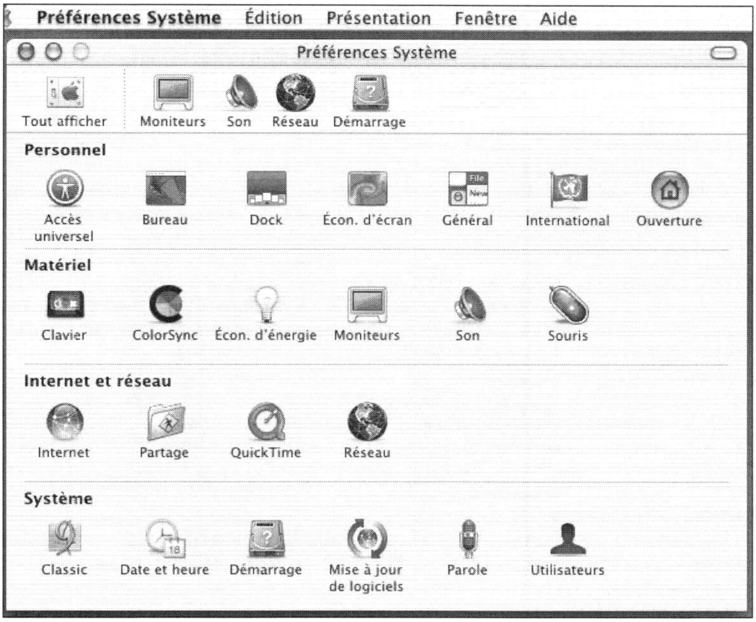

Figure 2.36
Les Préférences d'OS X 10.1

Astuce **Simplifier l'accès aux icônes**
Vous pouvez faire glisser toute icône fréquemment utilisée dans la barre d'outils pour simplifier son accès. Pour l'enlever, faites-la glisser à l'extérieur.

Dock

Puisque nous en parlions, commençons par les Préférences du Dock.

Une toute première chose. Je veux que vous mémorisiez ce raccourci : [Commande]+[Option]+[D]. Servez-vous-en. Si vous utilisez des programmes qui ont des fenêtres sur les bords de l'écran, comme la majorité des programmes, vous retrouverez toujours le Dock de cette manière. Ne vous énervez pas : [Commande]+[Option]+[D] est la solution. Cela cache le Dock instantanément et le garde caché jusqu'à ce que vous déplaciez le curseur dans la zone où il se trouvait. Le Dock réapparaît jusqu'à ce que le curseur quitte cette zone. Lorsque le curseur disparaît, le Dock en fait autant.

Maintenant, comme pour les autres Préférences du Dock, la plupart peuvent être manipulées dans le panneau des Préférences système. Vous l'ouvrez en cliquant sur l'icône *Préférences Système du Dock* ou, si vous l'avez supprimé comme je l'ai fait, en choisissant la commande **Pomme/Dock/Préférences de Dock**, ou en faisant un [Ctrl]+[clic] sur la ligne de séparation du Dock et en choisissant **Préférences de Dock** dans le menu déroulant. Les deux options sont montrées à la figure 2.37, et mon panneau personnel des Préférences système du Dock est présenté à la figure 2.38.

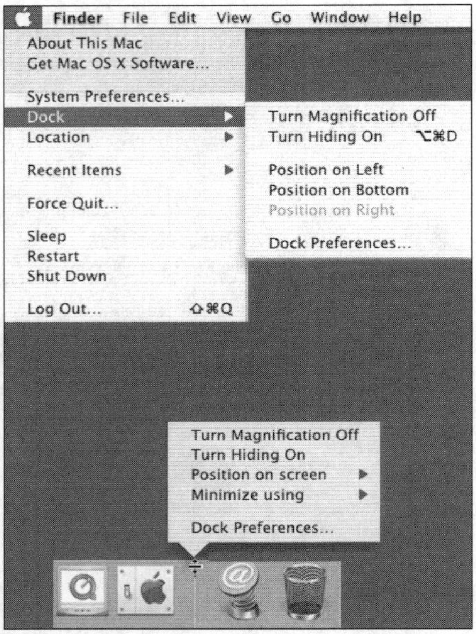

Figure 2.37 Voici les deux façons de reprendre vos Préférences du Dock, à partir du menu Pomme ou du Dock

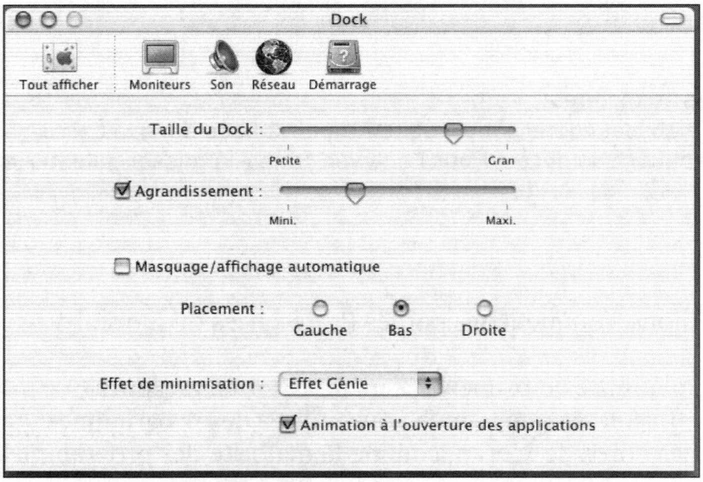

Figure 2.38 Les Préférences du Dock. Je contrôle automatiquement "l'apparition et la disparition du Dock" avec ce petit raccourci clavier que vous avez mémorisé

Les Préférences du Dock sont directes. Examinez-les avec attention et vous apprécierez de configurer le Dock pour l'adapter à votre mode de travail.

Bureau

Dans le cas présent, je pense qu'une figure vaut mieux qu'un long discours. La figure 2.39 représente mon Bureau personnel avec le panneau des Préférences du Bureau.

Figure 2.39
Utilisation des Préférences du Bureau sur mon Mac

C'est bien, n'est-ce pas ? Cette image particulière de Bureau, comme la plupart de mes 200 autres arrière-plans artistiques, vient du site **www.macdesktops.com**.

Remarque **Per Kristian**
Accordons du crédit lorsqu'il est mérité. Bien que la figure 2.39 soit comme toutes les illustrations pour Bureau Mac un téléchargeable gratuit, une personne en chair et en os l'a réalisée : Per Kristian Grindheim. Mon Mac est de toute beauté grâce au généreux talent de Per Kristian Grindheim. J'aimerai le remercier pour cela et pour toutes les autres belles illustrations réalisées pour le Bureau Mac et qui portent le nom de Per Kristian Grindheim.
Comme disait mon cousin Yogi LeVitus, "la beauté, c'est une belle chose".

J'essaye de visiter le site **MacDesktops.com** au moins une fois par mois, pour me procurer des images récentes pour ma collection.

Remarque **Préférences**
Je ne comprends pas pourquoi Apple n'appelle pas la fenêtre des Préférences le "panneau des Préférences image du Bureau". Je veux dire qu'en une seule action vous changez l'illustration du Bureau. N'est-ce pas une bonne chose de dire la vérité lorsque vous faites de la publicité ?

Si vous appréciez les illustrations sur le Bureau, vous aimerez un petit programme nommé Desktop Randomizer (et qui est gratuit). Ce petit freeware change votre arrière-plan chaque fois que vous démarrez l'ordinateur, en utilisant un fichier d'images que vous spécifiez.

Continuons, regardons l'ouverture.

Ouverture

Précédemment, dans le chapitre 1, je vous ai dit que je vous montrerai comment faire pour qu'OS X fonctionne comme un système d'exploitation mono-utilisateur, ce qui évite de "s'enregistrer" lorsque vous mettez en route. La préférence Ouverture est celle où vous traitez la fonctionnalité multi-utilisateur.

Remarque **Système d'exploitation multi-utilisateur**
N'oubliez jamais qu'OS X reste toujours un système d'exploitation multi-utilisateur.

Si vous voulez que votre Mac démarre sans vous poser de questions sur votre nom d'utilisateur ou votre mot de passe, ouvrez les Préférences système, cliquez sur **Ouverture**, puis cliquez sur le volet de la fenêtre d'ouverture de session. Cochez la case *Ouvrir la session automatiquement*, saisissez votre nom et votre mot de passe dans les champs d'entrée appropriés et cliquez sur **Enregistrer** (voir figure 2.40).

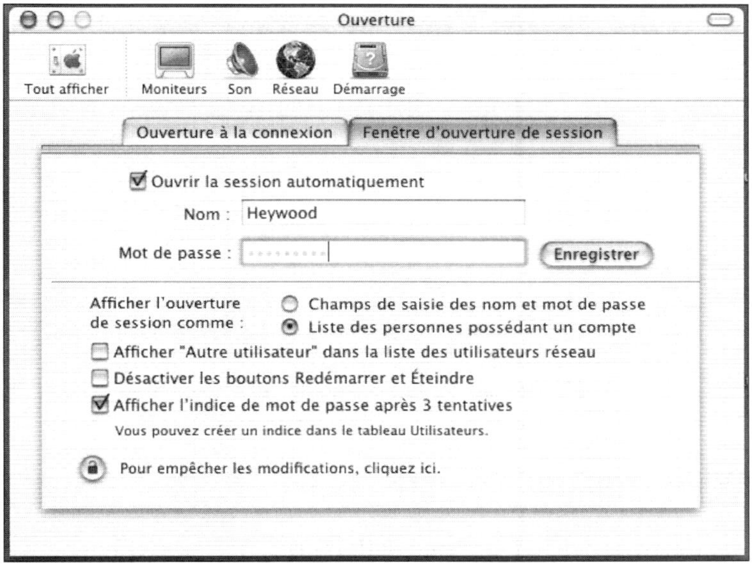

Figure 2.40
Ce Mac va démarrer avec les outils d'Heywood, sans mot de passe ni nom d'utilisateur. Comme avec Mac OS 9

Attention **Statut d'administrateur**

Vous devez avoir le statut d'administrateur pour utiliser de nombreux panneaux de Préférences, notamment celui-là. Si vous n'êtes pas administrateur ou l'unique utilisateur du Mac, vous ne pourrez pas manipuler le panneau des Préférences d'ouverture. Trouvez la personne responsable et expliquez-lui ce que vous faites avant d'aller plus loin.

L'autre chose intéressante à propos des Préférences d'ouverture est le volet **Ouverture à la connexion**. Faites glisser une icône quelconque sur la fenêtre **Ouverture à la connexion** ou utilisez le bouton **Ajouter...** Le résultat est le même : l'icône s'ouvre automatiquement lorsque vous vous connectez au système, même si vous en êtes en ouverture de session automatique.

J'ai toute une collection de programmes que j'utilise tous les jours ; la fonctionnalité **Ouverture** les démarre tous pour moi lorsque je m'enregistre, comme vous pouvez le voir à la figure 2.41.

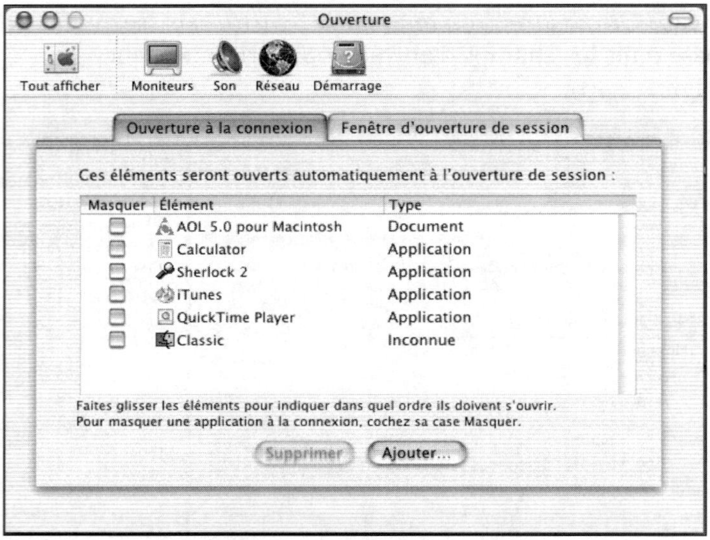

Figure 2.41
Oui, je veux que tous ces programmes s'ouvrent au début de chaque session

Souris, clavier, son et autres

Dans le dernier chapitre, je vous disais que j'allais vous parler du changement de sensibilité de votre clavier ou de votre souris, du choix d'un bip différent et d'autres choses de ce genre. Les réponses se trouvent toutes dans le panneau voulu des Préférences système.

Remarque **Fermer**

Les panneaux de Préférences d'OS X sont bien conçus et simples d'emploi. Beaucoup fonctionnent en temps réel. Aussi, à la différence de nombreux panneaux d'OS 9, vous n'avez pas à les fermer pour voir le résultat. Vous n'avez non plus jamais besoin de relancer pour autoriser une préférence ou un programme. Alors que vous pouvez occasionnellement avoir à sortir et à vous réenregistrer pour autoriser un réglage ou une partie de logiciel, OS X ne nécessite jamais de relance. Enfin, presque jamais.

Ceci étant dit, faites des essais avec les divers réglages possibles, spécialement la souris et le clavier, jusqu'à ce que vous trouviez ce qui marche le mieux pour vous.

Préférences du Finder

Alors que presque toutes les Préférences système sont rassemblées dans une seule fenêtre, les Préférences du Finder sont, pour une raison inexpliquée, laissées toutes seules dans une fenêtre particulière. Choisissez la commande **Finder/Préférences...** pour l'ouvrir.

Remarque

Les Préférences du Finder

C'est peut-être parce que techniquement le Finder est une application et que la plupart des applications ont leur propre fenêtre de Préférences. Ou peut-être pas. Mais il me semble que les Préférences du Finder sont des Préférences système et en font partie, et elles n'ont pas à être seules dans leur coin.

Ces objets sont tellement évidents qu'il ne semble pas utile de passer plus de temps dessus. Je voulais juste m'assurer que vous aviez vu qu'elles se trouvent sous **Finder/Préférences...** et non là où vous les attendiez, et les présenter très vite.

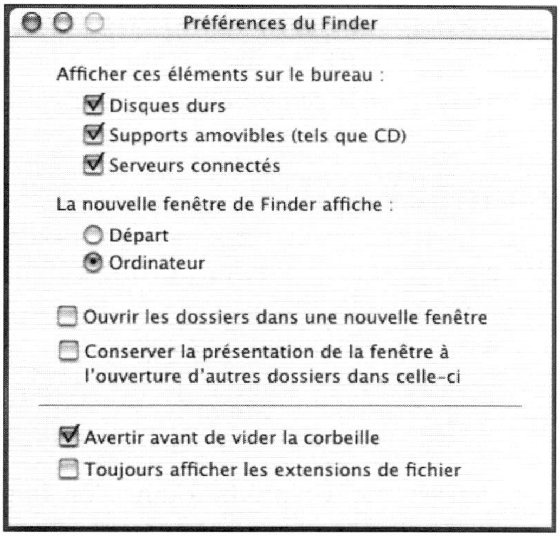

Figure 2.42
Les Préférences du Finder

Astuce

Aide/Aide Mac

Si vous n'êtes pas à l'aise actuellement, un bon nombre de choses sont expliquées dans l'Aide Mac (utilisez la commande **Aide/Aide Mac** ou le raccourci [Commande]+[Shift]+[?]). Faites des essais. Rien ne vous gênera tant que vous vous souviendrez des changements effectués de façon à pouvoir les annuler si vous ne les aimez pas.

Continuons notre route. Il nous reste à voir le côté sombre d'OS X et à trouver ce qu'il faut faire.

Lorsque le Finder génère des anomalies

Maintenant que vous avez acquis les bases (vous êtes toujours là, n'est-ce pas ?), nous pouvons retrousser nos manches et nous attaquer aux choses sérieuses. C'est le moment de nous intéresser aux techniques de dépannage des "sorties" du Finder.

Remarque **Anomalie**
"Sortie" est souvent synonyme de bogue ou anomalie.

Il y a un chapitre entier sur le dépannage (le chapitre 8) qui va arriver. Je vais me limiter ici à traiter un petit nombre de techniques, les plus simples et les plus utiles, et conserver le plus gros pour le chapitre 8.

Nous commencerons par un petit traité sur les "sorties" du système d'exploitation Unix/multi-utilisateur avec une barre sur le côté.

Lorsque le Finder va vraiment mal

La bonne nouvelle est qu'OS X ne plante pas lorsque le Finder va vraiment mal. La mauvaise nouvelle, c'est qu'il vous faut relancer le Finder. Vous faites cela avec un attribut vaudou de Mac OS X qui le secoue lorsque vous êtes coincé.

Utiliser la force : Forcer à quitter

Une des bonnes choses d'OS X est que le système d'exploitation ne s'en va pas dans le mur lorsqu'un unique programme (ou même l'environnement Classic) plante, tourne en boucle, ne repart plus ou fait tout sauf fonctionner correctement.

OS X dispose d'outils internes face aux programmes récalcitrants. Si un programme, comprenant le Finder, gèle, s'abîme ou tombe en panne, soyez fort et utilisez la commande **Forcer à quitter**.

Il y a plusieurs manières d'utiliser **Forcer à quitter** :

- Choisissez la commande **Menu/Forcer à quitter**.
- Utilisez le raccourci clavier Commande+Option+Echap, lorsque l'emploi du menu n'est pas possible.

L'un comme l'autre font apparaître la fenêtre **Forcer des applications à quitter**, présentée à la figure 2.43, où vous cliquez sur un programme de la liste, puis sur **Forcer à quitter**. Le programme sélectionné disparaît de votre écran et de la mémoire bien protégée d'OS X.

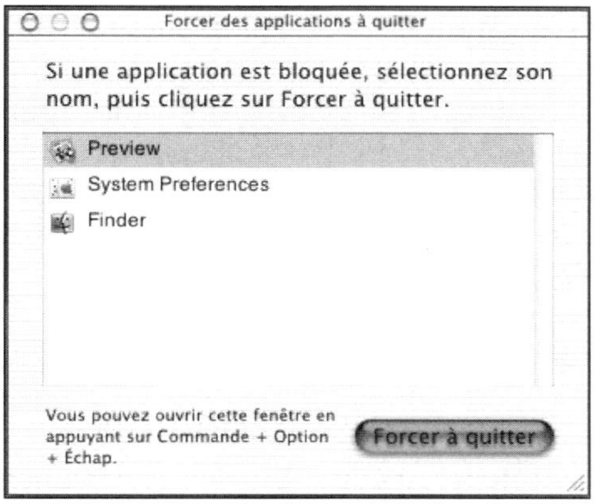

Figure 2.43
En espérant que vous n'ayez pas trop à vous en servir...

Remarque **Relancer**

Le Finder tourne toujours. Aussi si vous le forcez à quitter, il redémarre automatiquement. Le problème est que, lorsque vous sélectionnez le Finder dans la fenêtre **Forcer des applications à quitter**, le bouton passe de "Forcer à quitter" à "Relancer". C'est exactement ce qui se passe : le Finder quitte pour redémarrer aussitôt.

- Tenez la touche Option enfoncée pendant que vous cliquez sur l'icône *Dock*, comme à la figure 2.44.

Figure 2.44
La commande Quitter se transforme en Forcer à quitter lorsque vous appuyez sur la touche Option et sur une icône du Dock

Cette technique fait quitter le programme directement et évite intégralement la fenêtre **Forcer des applications à quitter**, ce qui la rend plus intéressante que les deux exposées précédemment.

Attention **Touche Option**

D'après moi, la technique avec la touche Option ne fonctionne pas aussi sûrement que les deux autres. Quelquefois, je la recommence trois fois avant que cela "marche". D'autres fois, cela ne fonctionne pas du tout et peut même aggraver les choses, dégradant l'état du Dock à chaque tentative.

Prenez mes avertissements comme vous le voulez. J'utilise d'habitude les raccourcis clavier en premier, le menu si le clavier ne marche pas, et l'astuce Option+Dock en dernier ressort après m'être assuré qu'à ce stade ça ne peut rien abîmer.

Forcer à quitter peut vous sortir du pétrin en un instant et sans sueurs froides.

Mais qu'allez-vous faire la première fois que vous serez confronté aux pannes d'une application dite "invisible" comme le Dock ? Le Dock n'a pas d'icône *Dock*. Et il n'apparaît pas dans une fenêtre **Forcer des applications à quitter**. Heureusement, Apple vous fournit un outil qui permet de quitter par la force le Dock et les autres applications invisibles, ainsi que les opérations Unix.

Mais avant cela, un dernier avertissement au sujet de la notion de "force".

Attention **Prudence !**

Si vous êtes connecté comme administrateur, ou que votre Mac vous demande un mot de passe administrateur pour une tâche, RÉFLÉCHISSEZ ! Un glissement maladroit de votre petit doigt d'administrateur peut complètement dérégler votre Mac. Je n'essaye pas de vous effrayer, je vous offre tout juste la meilleure chance d'éviter peines et souffrances sur Mac OS X.

N'utilisez pas les fonctionnalités d'un administrateur si vous n'avez pas compris la force significative qui les accompagne.

Remarque **Administrateur**

Ayant dit cela, je n'applique pas ce conseil judicieux. J'ai besoin d'avoir un compte administrateur, ou je deviens nerveux. Si j'utilise mon autre compte, je me sens frustré. Cela veut dire, qu'à moins d'être un vrai administrateur, vous ne pouvez pas vraiment traiter les choses correctement. Et je sais que vous avez compris que traiter mon Mac et l'ausculter est ma raison de vivre... Aussi, pour une fois, il est sage de faire ce que je dis et non ce que je fais. C'est plus prudent. Si vous choisissez de m'ignorer (comme je le fais), vous ne pourrez pas dire que je ne vous avais pas prévenu.

Forcer les programmes invisibles à s'arrêter

Voici une manière simple de quitter en force, lorsque vous connaissez le nom du programme invisible ou du process que vous voulez quitter avec un simple AppleScript de six mots. Je vais utiliser le Dock dans mon exemple :

1. Ouvrez Script Editor (dans le dossier *AppleScript*, du dossier des applications OS X).

Remarque

AppleScript

Script Editor est le programme que vous utilisez pour écrire des AppleScripts. Vous trouverez tout un chapitre d'instructions sur le sujet dans la suite de l'ouvrage (voir chapitre 13), mais cette petite astuce est simple et suffisamment utile pour avoir sa place ici.

Un script vierge sans titre apparaît, comme le montre la figure 2.45, en haut.

2. Saisissez une courte description dans le champ du haut, ici "Quitter dock".
3. Saisissez le script dans le champ du dessous :

```
tell application "Dock"
       quit
end tell
```

4. Sauvegardez le script.

Le résultat doit ressembler à celui de la figure 2.45, en bas.

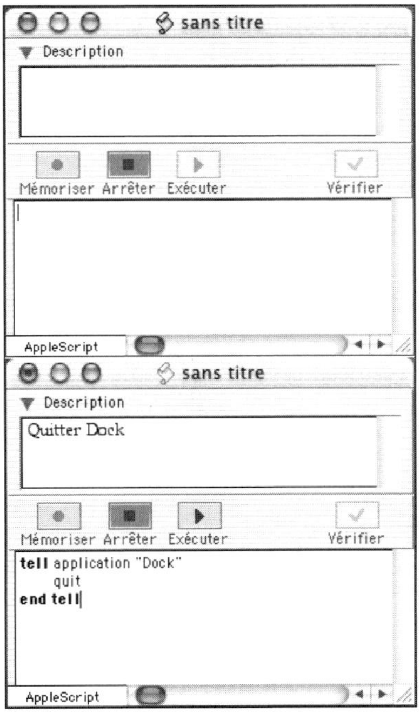

Figure 2.45 Le script "Quitter dock"

Remarque **Script Editor**

Vous n'avez pas besoin de mettre en gras les mots en gras du texte précédent, ni de mettre un espace avant le mot Quit. Script Editor se charge des gras et des espaces pour vous. Appuyez sur le bouton **Vérifier** pour un formatage automatique de votre texte. Si vous avez fait des fautes de frappe, Script Editor vous préviendra.

Utilisez ce script la prochaine fois que vous devrez quitter le Dock. Le Dock disparaîtra un court instant, puis se relancera automatiquement.

Forcer les programmes invisibles à s'arrêter v2.0

La technique qui suit est une de celles "à utiliser avec précaution", une de ces choses dont les administrateurs doivent être informés. Aussi, comme il n'y a rien de dangereux dans Process Viewer, le programme que vous allez pouvoir utiliser, sachez quand même qu'il peut faire des dégâts entre des mains inexpérimentées.

Attention **Process Viewer**

Ne jouez pas avec Process Viewer si vous ne savez pas ce que vous faites. Si vous venez à OS X depuis OS 9 ou une génération plus ancienne, vous avez sans doute déjà utilisé ResEdit, l'éditeur de ressources d'Apple. Si vous voyez de quoi je veux parler, vous devez considérer l'emploi de Process Viewer de la même manière que l'emploi de ResEdit. Utiliser Process Viewer comme je vais vous montrer est comparable à l'emploi de ResEdit sur un fichier du système actif. Il n'y aura pas de sortie pour cette procédure particulière, mais utiliser Process Viewer pour forcer d'autres opérations à quitter pourrait très bien amener une "sortie inattendue" (c'est-à-dire une défaillance).

Cela dit, Process Viewer est une autre façon simple de forcer un programme invisible ou une opération à s'arrêter. À l'inverse du petit script, vous avez une chance d'obtenir l'arrêt, même si vous ne connaissez le nom exact de l'opération.

Je vais continuer à utiliser le Dock comme exemple :

1. Ouvrez Process Viewer. Il se trouve dans le dossier des utilitaires, qui est dans le dossier des applications OS X.

Remarque **Process Viewer**

Process Viewer est un programme utilisé pour gérer toutes les opérations Unix en cours de fonctionnement.

2. Trouvez le Dock à l'intérieur de la liste et double-cliquez sur son nom.

3. Cliquez sur **Forcer à quitter**, comme le montre la figure 2.46.

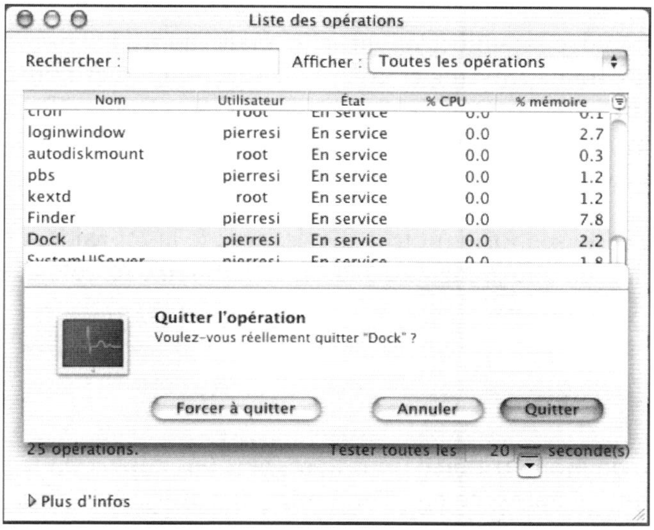

Figure 2.46
Process Viewer, une autre façon de forcer un programme invisible à quitter

Astuce **Et après ?**
Si votre Mac n'est pas remis en état après avoir exécuté ces commandes forcées sur les programmes susceptibles de créer des incidents, vous devez lire le chapitre 8 et essayer quelques-unes de ses astuces de dépannage.

Encore un texte avec une barre sur le côté et ce sera traité. Connaître les faits relatifs au Finder et aux noms longs pourra vous faire gagner des heures la prochaine fois que vous verrez une sortie d'un nom de fichier long.

Ça y est ! C'est tout ce que j'ai comme place pour le Finder, le Dock et la barre d'outils. Vous devez avoir maintenant matière à réflexion.

Maintenant, analysons le fin du fin, un petit nombre de mes programmes favoris pour améliorer le Finder et le Dock, et les rendre plus commodes à utiliser.

Donner du tonus au Finder et au Dock

C'est un travail qui chatouille mon imagination. J'adore les utilitaires sympas, et les programmeurs Mac sont fameux pour leurs inventions et solutions élégantes dans des situations où Apple est un peu court.

Je considère que cela fait partie de mon travail de débusquer les meilleurs logiciels OS X, de les essayer, puis de raconter à mes lecteurs ce que j'ai découvert de mieux. Oui, c'est un travail difficile, mais j'adore le faire. Aussi chaque jour, je fais un point pour télécharger et essayer quelques nouveaux programmes. Mais, plus que cela, je passe du temps chaque jour à lire ma liste de mailings OS X favorite et des groupes de nouvelles pour trouver les programmes dont d'autres utilisateurs avertis sont fous.

Les programmes de cette section sont très spécialisés : je les considère comme la crème des crèmes, ceux que je fais tourner en ce moment. Je détesterais avoir à me séparer de l'un d'eux.

Créer et organiser

Je vous ai déjà parlé de mon attirance pour le clavier. La plupart du temps, je préfère la solution qui ne nécessite pas d'atteindre ni d'utiliser la souris. Lorsque je peux faire quelque chose uniquement à partir du clavier sans toucher la souris, c'est celle qui a ma préférence. D'un autre côté, j'ai un aspect de ma personnalité plus doux, plus créatif, qui aime organiser visuellement les choses, comme les icônes, et apprécie de les faire tourner, de les réarranger, de cliquer dessus et de les faire glisser.

J'utilise deux programmes pour satisfaire ces deux besoins : LaunchBar colle avec la partie qui apprécie les raccourcis clavier, et DragThing répond à mes besoins de créativité et d'organisation des choses. Entre les deux, je réussis à éviter l'emploi des fenêtres du Finder la plupart du temps.

LaunchBar

LaunchBar est un des meilleurs utilitaires pour Macintosh. Son nom (barre de lancement) dit tout. Une fois installé, LaunchBar vous permet d'explorer fichiers, applications, signets web et adresses e-mail à partir du clavier. Il est intelligent, du moins après avoir appris quelques courtes abréviations pour vos fichiers les plus utilisés.

Pour lancer un fichier, appuyez sur la touche privilégiée qui active LaunchBar (chez moi, c'est [Ctrl]+[barre d'espacement]), puis tapez les premières lettres du fichier que vous souhaitez lancer. Par exemple, si je veux lancer Internet Explorer, j'appuie sur Ctrl+barre d'espacement pour activer LaunchBar, puis je tape `int`. LaunchBar apparaît alors avec Internet Explorer sélectionné, comme le montre la figure 2.47.

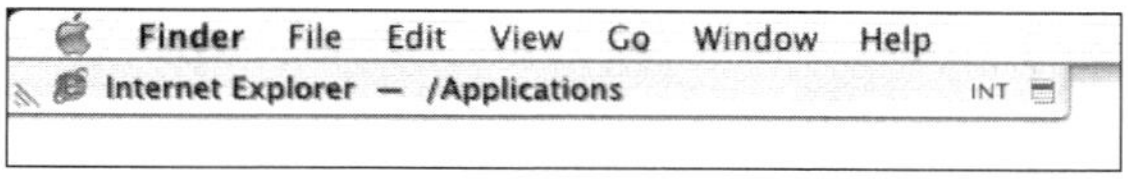

Figure 2.48
Appuyer sur Ctrl+barre d'espacement suivi de i, n et t active LaunchBar avec Internet Explorer prêt à démarrer

Lorsque j'appuie sur Retour ou Entrée, Internet Explorer se lance. Si Internet Explorer est déjà ouvert, il devient l'application active.

Que se passe-t-il si je veux lancer un autre programme qui commence aussi par les lettres "int", tel que Internet Connect ? Je peux taper des lettres complémentaires jusqu'à ce que la bonne application apparaisse dans LaunchBar, ou appuyer sur la touche Flèche vers le bas pour afficher une liste d'objets qui concordent avec le "int" saisi, comme le montre la figure 2.48.

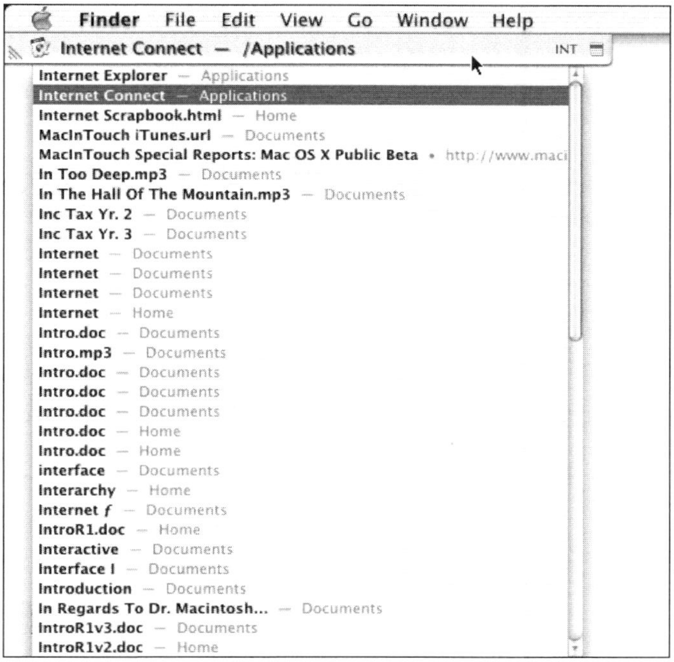

Figure 2.47
En appuyant sur la touche Flèche vers le bas, la liste d'objets qui commence par "int" apparaît

LaunchBar a aussi une fonctionnalité de sélection d'applications. Bien sûr, vous pouvez utiliser les raccourcis du Finder pour vous déplacer parmi les programmes qui tournent, comme Commande+Tab, mais LaunchBar est plus commode car vous choisissez le programme à partir d'une liste plutôt que d'appuyer une douzaine de fois sur Commande+Tab. La liste des applications est présentée à la figure 2.49.

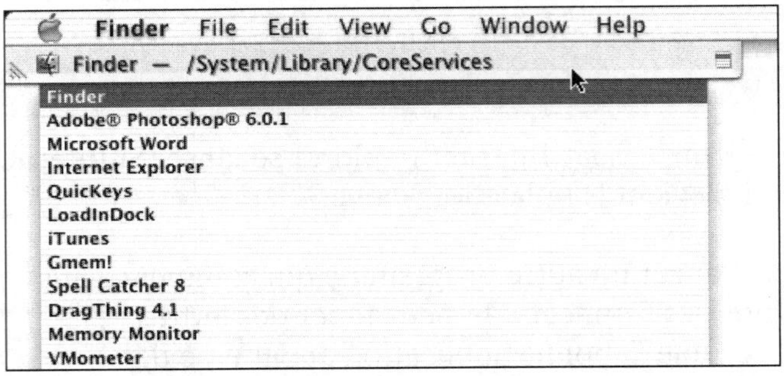

Figure 2.49
Passer d'un programme à un autre est simple avec LaunchBar et sa liste de sélections

Finalement, vous appuyez moins sur les touches avec LaunchBar. À la figure 2.49, j'aurais à appuyer sur Commande+Tab six ou sept fois pour amener le Finder au programme désiré. Faire un choix à partir de LaunchBar demande un nombre de pressions moindre.

Astuce **Précédente application**

Alors que les cycles de Commande+Tab font avancer vers la prochaine application à ouvrir, les cycles Commande+Shift+Tab ramènent à la précédente application ouverte. Je trouve cependant LaunchBar plus simple et plus rapide.

LaunchBar fonctionne partout, à l'intérieur du Finder comme dans tout programme, et notamment dans les applications Classic.

Je déteste les grands discours, mais je dois dire que LaunchBar est bien. Très bien. Extrêmement bien. Il apprend tout seul vos préférences en observant l'utilisation que vous en faites. Vous n'avez rien de particulier à faire, le programme regarde ce que vous tapez et sélectionne intelligemment l'objet que vous demandez.

Par exemple, la première fois que j'ai utilisé LaunchBar, j'ai dû taper "internetex" avant qu'Internet Explorer ne soit sélectionné. Mais les fois suivantes, j'ai juste tapé les trois premières lettres "int" avant qu'il ne sélectionne Internet Explorer.

Rien que cela, c'est déjà très beau. Mais LaunchBar est encore plus intelligent que cela. Il a compris que chaque fois que j'appuie sur la touche [i], je veux presque toujours lancer Internet Explorer et pas Internet Connect, que je n'ai jamais lancé et qui arrive avant Explorer dans l'ordre alphabétique. Et bien, dès que j'appuie sur [i], LaunchBar sélectionne Internet Explorer même si d'autres programmes ont la même première lettre.

Maintenant que nous nous connaissons un peu mieux, pour ouvrir mes programmes favoris, je tape [Ctrl]+[barre d'espacement,] puis :

- [O], [Retour] (ou [Entrée]) pour ouvrir OmniWeb.
- [W], [Retour] (ou [Entrée]) pour ouvrir Microsoft Word (croyez-moi ou pas, LaunchBar réussit même à faire cela).
- [P], [Retour] (ou [Entrée]) pour ouvrir Photoshop...

Je suis totalement accro à LaunchBar. Je l'utilise plusieurs fois par jour et plus que tout autre programme. Si vous appréciez les commandes au clavier, vous saurez également l'apprécier.

La copie d'évaluation gratuite de LaunchBar vous limite à sept objets différents par session. Vous en voudrez plus. Dès que vous serez convaincu, faites le nécessaire pour l'acheter en envoyant à l'auteur, Norbert, la somme de 19,95 dollars. Vous apprécierez la liberté de cette version complète qui devrait vous être vendue au moins le double (les instructions pour le règlement sont dans la rubrique d'Aide de LaunchBar).

DragThing

Je ne vais pas vous faire de grands discours sur DragThing maintenant (je compte en parler beaucoup dans le prochain chapitre, car il permet aussi d'organiser votre travail). DragThing est plus qu'un organiseur, c'est un prolongement du Finder, du Dock, du démarreur de fichier, un fabricant de raccourcis pour clavier, une pâte dentifrice, un vêtement pour le désert tout à la fois, et bien d'autres choses encore.

Comme je l'ai dit, vous aurez tout cela au chapitre 3. Ici, il suffit de parler des détails du coin en bas à droite de mon Bureau (voir figure 2.50), qui montrent DragThing, économiseur d'espace et prolongement du Dock, en action.

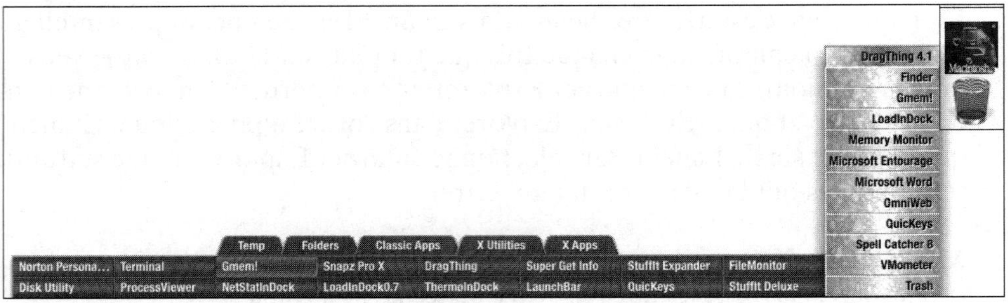

Figure 2.50
L'écran de DragThing

Astuce **DragThing**
Vous pouvez voir DragThing et le Dock arrangés un peu différemment au bas de la figure 2.39.

En parlant du Dock, il est temps que je vous présente les programmes pour lesquels il est prévu.

À la rencontre des docklings

Il n'y a pas de programmes qui améliorent le Dock. Il semble qu'il y ait un "dockling" (c'est bien comme cela qu'on l'appelle) pour améliorer chaque situation, un dockling des calendriers, un dockling du contrôle de volume, un dockling de la fonction musicale, un dockling des nouveaux trucs, etc., avec l'ensemble des fonctionnalités qui font juste leur travail.

Snard et LoadInDock

J'ai déjà décrit Snard et LoadInDock, et même montré à quoi ils ressemblent (voir figures 2.32 et 2.33). Il n'y a pas grand-chose à ajouter. Snard est plus intéressant pour moi grâce à son menu d'accès direct au panneau des Préférences individuelles ; LoadInDock est un outil que je garde sous la main à des fins de dépannage.

D'autres docklings

Si vous avez apprécié LoadInDock, son auteur, Takashi T. Hamada, a créé deux autres docklings "InDock" ThermoInDock et NetStatInDock. L'un vous donne la température à l'intérieur de votre Mac, l'autre traite du trafic sur votre réseau.

La figure 2.51 vous montre les trois docklings InDock et quelques autres.

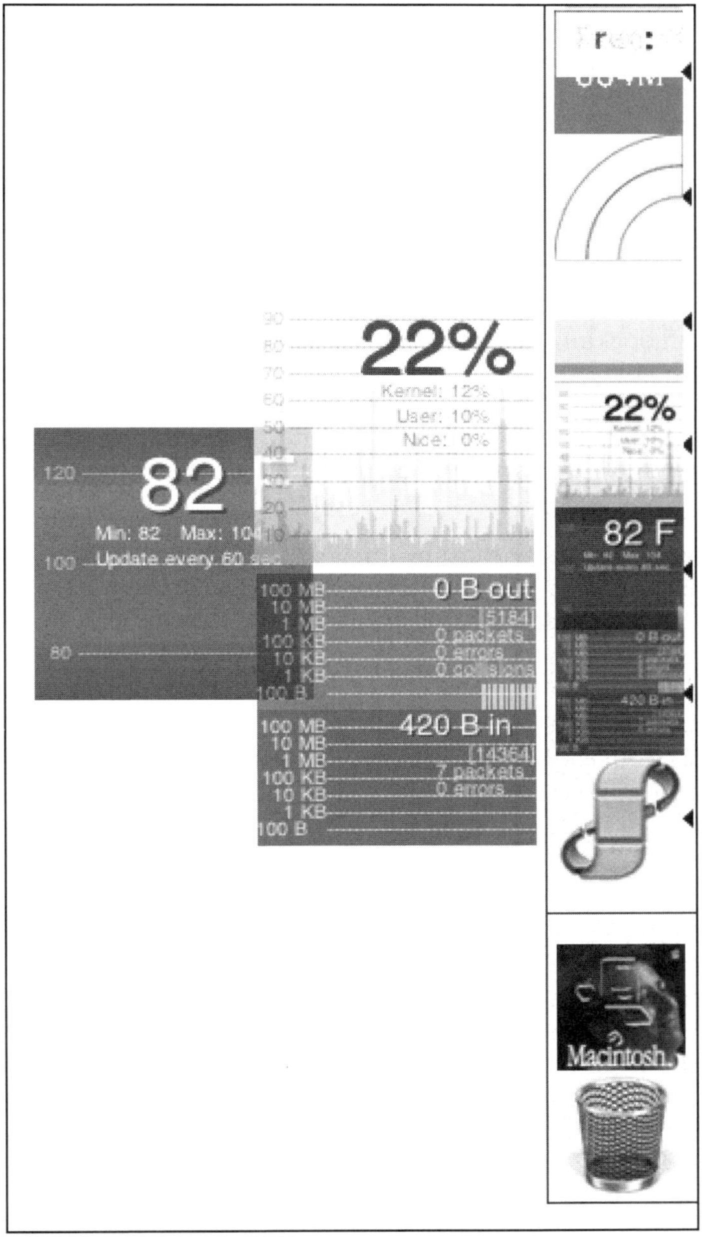

Figure 2.51
Tant de docklings et si peu de place dans mon Dock

En regardant la figure 2.51, vous avez à partir du haut :

- GMem est un dockling de gestion de la mémoire OS X. Il dispose d'une sortie sous OS X 10.1 qui n'était pas disponible lorsque j'ai rédigé ces pages. Ça marche, mais c'est dur à lire, et ses réglages a priori n'aident pas beaucoup. Depuis, j'ai trouvé un autre programme, MemoryStick, que je préfère et qui, bien que n'étant pas un dockling, fait la même chose que GMem sans les "sorties". Et comme GMem, il dispose d'une alarme que vous pouvez régler pour être prévenu lorsque vous sortez de la RAM libre. Cela dit, GMem est une belle application que j'espère voir opérationnelle bientôt.
- Vmometer est un dockling qui gère l'activité de la mémoire virtuelle. Je sais, c'est un nom horrible, mais oubliez-le car il est assez sympathique. Un flash bleu apparaît chaque fois qu'un "page in" de mémoire virtuelle se produit, et un flash rouge pour chaque "page out". Lorsque vous avez un bon nombre de "page out", cela signifie que vous devez accroître la RAM de votre Mac.
- MemoryMonitor est un autre dockling qui gère la mémoire OS X. Il est proche de GMem, mais n'a pas d'édition de texte ni d'alarme. Il est aussi proche de Vmometer, mais présente l'information différemment.
- LodInDock est un dockling qui affiche et présente graphiquement l'activité du processeur.
- ThermoInDock est un dockling qui affiche et présente graphiquement la température à l'intérieur de votre Mac.
- NetStatInDock est un dockling qui affiche et présente graphiquement l'information relative au réseau auquel votre Mac est connecté.
- DragThing, Snard et Trash sont des docklings dont nous avons déjà parlé.

Cela termine la présentation sur les docklings.

Hélas, cela veut aussi dire que les bonnes choses ont une fin et que le prochain chapitre, le chapitre 3, sera consacré à l'organisation de votre Mac.

3

Organiser simplement le disque dur et sa navigation

Lorsque j'ai écrit mon premier livre *Docteur Macintosh : astuces, techniques et conseils pour la maîtrise du Macintosh* en 1989, j'ai commencé un chapitre sur un sujet semblable (qui était "soigner et alimenter les disques durs") avec ces mots :

"Il y a au moins 20 millions de bonnes raisons d'avoir un disque dur (20 millions est le nombre approximatif d'octets sur un disque dur de 20 Mo)."

Je reprends ce propos pour deux raisons :

- Premièrement, pour démontrer combien nous avons parcouru de chemin. En 1989, un disque dur était un article très cher et luxueux. La plupart des utilisateurs de Mac devaient faire avec un ou deux disques souples de 800 Ko. Rendez-vous compte !

Remarque **Les premiers prix**

Mon premier disque dur, acheté en 1988 ou 1989, était un matériel SuperMac DataFrame 40 SCSI. Il coûtait la bagatelle de 2 495 dollars, ce qui, fait très intéressant, était exactement le prix payé pour le Macintosh Plus, sommet de l'art, équipé de 1 Mo de RAM et sans disque dur. Et je pensais que le prix était largement mérité.

- Deuxièmement, pour montrer comment, en 1989, lorsque j'ai acquis mon premier disque dur SCSI, 20 Mo étaient considérés comme énormes et 40 Mo comme gargantuesques. Lorsque DataFrame est arrivé et que j'ai installé mon système de fichiers et autres utilitaires, j'avais encore 30 Mo d'espace libre et je me disais : "Ça ne sera jamais rempli." Je ne savais vraiment pas grand-chose.

Remarque **800 Ko**

À cette époque, le système d'exploitation Macintosh avec une ou deux applications tenait confortablement sur une disquette souple de 800 Ko.

Revenons vite en 2002. Mon G4/500 a été livré avec un disque dur de 30 Go (il est quasi plein) et peut graver CD-R et CD-RW (600 Mo et plus), aussi bien que des disques DVD-R et DVD-RAM (4,7 Go et plus). En 2002, Mac OS X requiert au moins 1,5 Go d'espace disque libre pour son installation et plusieurs des applications qu'il supporte font plus que les 40 Mo de mon premier disque dur !

Il faut constater que les mémoires de masse sont devenues incroyablement bon marché et se trouvent partout. Mais avec ces énormes disques qui arrivent, je vois un important défi s'annoncer : comment garder tous vos "travaux" organisés pour que vous puissiez retrouver ce dont vous avez besoin rapidement et sans souci ?

C'est là, cher lecteur, le sujet central de ce chapitre. Dans les pages à venir, je vous montrerai quelques-unes des façons d'organiser vos fichiers et dossiers pour une efficacité optimale. Puis je vous ferai découvrir quelques-unes de mes astuces favorites ainsi que les raccourcis pour naviguer sur les disques. Et pour finir, je vous présenterai de bons programmes qui aident à s'organiser, à le rester et à trouver facilement ce que vous recherchez.

Commencer par le début

Une fois de plus, vous devez ramper avant de marcher et marcher avant de courir. Alors commençons par le début avant d'entrer dans les détails.

Dans les versions antérieures de Mac OS, la façon dont vous organisiez vos fichiers n'était pas très contraignante. N'importe quel utilisateur pouvait déplacer ou effacer n'importe quel fichier, et tout utilisateur avait accès à tout fichier et dossier sur n'importe quel disque.

Mac OS X étant un véritable OS multi-utilisateur, il apporte quelques règles et contrôles relatifs à la permission d'intervenir dans les fichiers et les dossiers, et aux emplacements où les fichiers et dossiers doivent être stockés.

Aussi, avant de parler de la manière d'arranger vos fichiers et dossiers, regardons comment OS X organise son propre travail, quelques règles du Code de la route, si on peut dire.

Organisation de Mac OS X

3

Un Mac OS X (comportant Mac OS 9.2.1) récemment installé dispose de sept répertoires (dossiers) de niveau le plus élevé (à la racine) sur le disque de démarrage.

Attention **Root et racine**

Le niveau le plus haut dans la hiérarchie de votre disque, là ou se trouve les dossiers que vous voyez lorsque vous ouvrez une icône de disque, a toujours été appelé la racine. Vous rencontrerez parfois la version anglaise de ce terme : root. Malheureusement, le mot root a une signification complètement différente sous Unix (et sous OS X). Vous saurez tout au sujet du compte root (appelé aussi super-utilisateur) au chapitre 11. Rappelez-vous maintenant que la racine, sur un disque, n'a rien à voir avec le compte root ou Unix.

Avant d'étudier ces dossiers, faisons une pause pour parler de "droits d'utilisation" et de la façon dont ils affectent les "possibilités et modes d'intervention sur les dossiers".

Sept dossiers à la racine

Bien. Regardons maintenant ces sept dossiers dont je parlais un peu avant :

- *Applications* : l'ensemble des applications et utilitaires compris avec Mac OS X. Il peut être modifié uniquement avec un nom de compte d'administrateur ou avec un nom de compte racine et son mot de passe.
- *Applications (Mac OS 9) :* l'ensemble des applications et utilitaires compris avec Mac OS 9. Il peut être modifié uniquement avec un nom de compte d'administrateur ou avec un nom de compte racine et son mot de passe.
- *Documents* : un emplacement pour les documents. Ce dossier est accessible à tous les utilisateurs.
- *Library* : certains des fichiers dont OS X a besoin. Les administrateurs ont le droit de changer certains des fichiers et dossiers *Library*, mais d'autres ne peuvent être modifiés que sur la racine.

- *System* : le reste des fichiers dont OS X a besoin. Les administrateurs peuvent changer certains des fichiers et dossiers *System*, mais d'autres ne peuvent être modifiés que sur la racine.

Remarque **OS 9**
Si vous êtes habitué à OS 9, vous pouvez assimiler approximativement *Library* et *System* au Dossier système d'OS 9.

- *Dossier système :* un Dossier système d'OS 9.2.1. Vous pouvez démarrer à partir de là pour lancer votre Mac sous OS 9, l'utiliser pour faire tourner Classic à partir d'OS X, ou les deux.
- *Users* : contient un dossier particulier pour chacun des utilisateurs du Mac.

Remarque **Dossiers au niveau de la racine**
Si vous avez installé le kit développeur fourni avec votre exemplaire de Mac OS X, vous verrez également un dossier *Développeur* au niveau de la racine. Si vous avez mis à jour l'OS 9 de votre Mac avec OS X, vous pouvez voir d'autres dossiers qui existaient dans la racine avant l'installation d'OS X. Le point important est que, si vous avez un nouveau Mac ou une installation d'OS X (et 9.2.1) sur un disque tout juste initialisé, vous ne verrez que les sept dossiers décrits plus haut.

Chacun de ces dossiers compte une variété de sous-dossiers et de fichiers en son sein, mais ils ne sont pas importants à ce niveau de la présentation. Nous allons continuer et examiner les autres groupes de dossiers que vous devez connaître pour organiser votre disque : les huit dossiers que vous allez trouver dans un dossier *Départ* tout juste installé.

Huit dossiers pour Départ

Lorsque vous créez un compte utilisateur, un dossier *Départ* apparaît automatiquement dans le dossier *Users* et comprend les dossiers suivants :

- *Desktop* : contient les mêmes icônes que le Bureau OS X. En d'autres termes, chaque icône du Bureau apparaît aussi dans ce dossier.

Remarque **Plusieurs Bureaux**
Pourquoi ? Parce que OS X est un système opératoire multi-utilisateur et que chaque utilisateur a son propre Bureau.

- *Documents* : archive vos documents de façon que les autres utilisateurs ne les voient pas.

3

- *Library* : contient les fichiers et dossiers système ou applications propres à un seul utilisateur.
- *Movies* : dossier vide.
- *Music* : dossier vide.
- *Pictures* : dossier vide.
- *Public* : le seul dossier de votre dossier personnel que les autres utilisateurs peuvent voir. Lorsque vous souhaitez que d'autres utilisateurs aient accès à des dossiers et fichiers, c'est l'endroit où les mettre.

Astuce **Drop Box**
À l'intérieur du dossier *Public* se trouve un dossier nommé *Drop Box*. D'autres utilisateurs peuvent y mettre des objets, mais vous seul pouvez l'ouvrir. Lorsque vous déplacez ou copiez un fichier vers une autre Drop Box d'utilisateur, vous voyez un message d'alerte de ce type : "Vous n'avez pas l'autorisation de voir les résultats de cette opération. Désirez-vous continuer ?" Si vous cliquez sur OK, le fichier ou le dossier va dans la Drop Box de cet utilisateur, et seul celui-ci peut les consulter.

- *Sites* : utilisé par Apache, serveur web (Unix) pour l'accueil d'un site web sur votre Mac. Vous pouvez explorer les fichiers HTML dans ce dossier à l'adresse : **http://your.computer's.IP.address/~yourshortname/**. Vous choisissez votre nom lorsque vous créez votre compte utilisateur. C'est le même qui apparaît sur votre dossier *Départ*. Le mien, par exemple, est bobl.

Remarque **Explorer le dossier racine**
Vous pouvez chercher les fichiers HTML dans le dossier racine *Library/WebServer/Documents* à l'adresse **http://your.computer's.IP.address/**.

Vous pouvez effacer chacun des dossiers précédents, à l'exception de *Desktop*.

Remarque **Les dossiers à conserver**
Bien que vous puissiez effacer les dossiers *Library* et *Public*, ne le faites pas. Sans le dossier *Library*, OS X ne marche pas correctement, et même certaines applications cessent de fonctionner. Recréer le dossier *Public* demande des compétences Unix. C'est loin d'être simple. Laissez donc ces deux dossiers et tout ira bien.
N'effacez pas non plus le dossier *Documents*, parce qu'il est simple en navigation ; en utilisant le menu **Aller**, vous pouvez le sélectionner avec le menu **Glisser-déposer** dans les deux boîtes de dialogue **Ouvrir** et **Enregistrer** des applications OS X. En fait, comme je vais vous le montrer, c'est là que je vous conseille d'archiver vos documents.

Les bibliothèques

Si vous avez fait attention, vous avez sans doute remarqué qu'il y a deux dossiers différents nommés *Library* (bibliothèque), un à la racine et l'autre dans votre dossier personnel. Si vous les ouvrez, vous constatez qu'ils contiennent des dossiers intitulés *Documentation*, *Favorites*, *Fonts*, *Internet Plug-Ins*, *Internet Search Sites*, *PreferencePanes*, *Preferences*, *Printers*, *Screen Savers*, *Voices* et beaucoup d'autres.

La différence entre ces deux dossiers *Library* semblables est la suivante : le dossier *Library* au niveau de la racine contient des fichiers qui sont disponibles pour tous les utilisateurs, et le dossier *Library* personnel n'est utilisable que par son propriétaire.

Astuce **Bibliothèque publique et bibliothèque privée**
Considérez la bibliothèque à la racine comme étant publique et l'autre comme étant privée.

Ainsi, pour installer une police de caractères ou un économiseur d'écran auxquels tous les utilisateurs peuvent avoir accès, mettez-les dans le dossier voulu dans la bibliothèque au niveau de la racine. Pour installer une police de caractères ou un économiseur d'écran auxquels vous souhaitez accéder seul, mettez-les dans les dossiers appropriés à l'intérieur de la bibliothèque de votre dossier personnel.

Attention **Une troisième bibliothèque**
Pour ajouter à la confusion, il y a un troisième dossier *Library* dans le dossier *System* à l'intérieur de la racine. Heureusement, OS X s'en sert à des fins internes et vous n'avez que rarement à y toucher.

Trois stratégies pour s'organiser

Maintenant que vous connaissez les bases de la structure par défaut des dossiers OS X et que vous savez quels dossiers sont "chez eux", étudions trois stratégies possibles pour organiser vos fichiers et vos dossiers.

Des gens différents organisent leurs disques durs de manière différente. Il n'y a pas qu'une "bonne manière" de faire. Tant que vous gardez tout dans votre dossier personnel, vous pouvez avoir un grand ou un petit nombre de dossiers, comme vous l'entendez, et organisés de la façon qui vous plaît.

Les sections qui suivent présentent trois stratégies générales pour organiser votre disque dur. Dans chacune de ces stratégies, quelques points restent les mêmes. Par exemple, quelle que soit la façon dont vous avez décidé d'organiser les dossiers, vous devrez ranger les icônes les plus couramment utilisées dans un endroit commode, le Dock par exemple, le Bureau, ou dans un de ces utilitaires que nous verrons bientôt. Il sera certainement plus simple de stocker toutes vos applications, les programmes dans un dossier *Applications* au niveau de la racine si vous souhaitez que tous puissent y accéder, ou dans un dossier *Applications* créé dans votre dossier personnel si vous ne voulez pas que d'autres puissent s'en servir.

Astuce **Combien de dossiers ?**

Répartir vos applications et utilitaires à travers une douzaine de dossiers différents partout sur le disque dur complique vite la recherche du bon programme. S'ils sont tous rassemblés dans un ou deux dossiers, vous saurez toujours où regarder.

Après un bref exposé sur les trois stratégies différentes, je vous présenterai mon disque dur et vous expliquerai comment je maintiens l'organisation de mes 20 Go de travaux.

Première stratégie : s'organiser par client/projet

Cette stratégie marche très bien lorsque vous êtes un consultant ou lorsque vous avez une activité professionnelle vous conduisant à travailler sur plusieurs projets ou pour plusieurs clients simultanément.

Après avoir installé le ou les dossiers *Applications*, organisez votre travail par client ou par projet : installez un dossier particulier pour chaque client ou chaque projet. Créez ensuite des sous-dossiers à l'intérieur du dossier du client ou du projet si vous en avez besoin, comme le montre la figure 3.1.

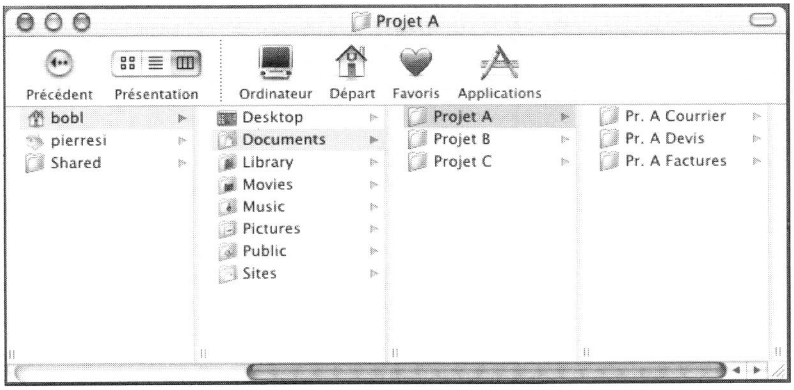

Figure 3.1
Un dossier personnel organisé par client/projet

L'avantage de cette démarche est que toutes les données relatives à un client ou à un projet sont dans un même dossier, où il sera facile de les trouver. Lorsqu'un client appelle ou que votre chef veut parler d'un projet, vous retrouvez très vite tous les fichiers relatifs à ce client ou à ce projet dans le dossier concerné.

Si cette stratégie ne vous convient pas, vous pouvez préférer la deuxième.

Deuxième stratégie : s'organiser par tâche

Une autre façon d'organiser votre disque dur est le classement par tâche. Les documents d'un même type vont dans leurs propres fichiers. Ainsi, vous pouvez créer un dossier pour les mémos, un autre pour les lettres, un troisième pour les propositions commerciales, etc. comme le montre la figure 3.2.

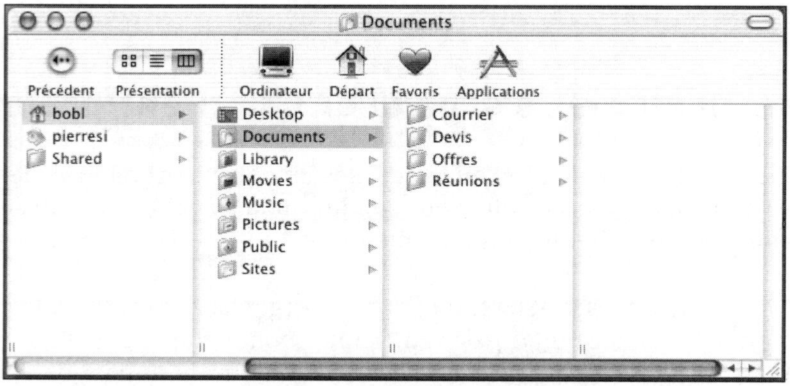

Figure 3.2 Un dossier personnel organisé par tâche

L'avantage ici est que si vous avez besoin de trouver une lettre, sans prendre en compte l'adresse ou le sujet, vous savez qu'elle est rangée dans le dossier *Courrier*.

Enfin, il y a une troisième façon d'organiser votre disque dur.

Troisième stratégie : s'organiser par application

Certaines personnes préfèrent organiser leurs fichiers et dossiers en fonction des applications qui ont créé le document. Vous aurez ainsi un dossier *Word* qui contient l'application Microsoft Word, tous ses fichiers associés (dictionnaires, glossaire, aide en ligne, etc.) et les dossiers contenant tous les documents créés sous Word, comme le montre la figure 3.3.

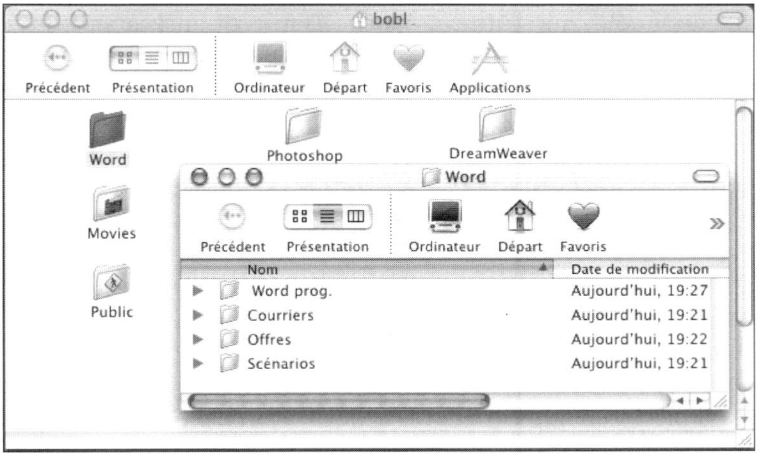

Figure 3.3
Un dossier personnel organisé par application

Astuce **Tri alphabétique**

Notez que les dossiers à l'intérieur du dossier *Word* sont triés par nom. Ne remarquez-vous pas quelque chose d'inhabituel à propos de leur ordre ? La raison pour laquelle les programmes et les dossiers de Word sont en tête de liste est que j'ai mis un "espace" avant le "W". Comme l'espace arrive avant le "A" (au moins dans la logique de tri du Macintosh), le dossier apparaît en tête de liste et non en fin. Lorsque vous voulez qu'un dossier ou un fichier précis apparaisse en tête de liste dans une présentation en liste ou en colonnes, faites précéder son nom d'un espace.

Votre dossier pour Photoshop (une application pour créer graphiques et dessins) pourrait contenir l'application et des dossiers de logos, dessins et autres. Je n'utilise pas ce schéma et ne le recommande pas, mais je connais des utilisateurs qui ne jurent que par lui.

Une fois de plus, j'insiste sur le fait qu'il n'existe pas qu'une "bonne méthode". Peut-être une combinaison de ces stratégies aura-t-elle un sens pour vous. Ou peut-être avez-vous un schéma personnel avec lequel vous êtes à l'aise. Toute méthode qui vous paraît simple pour trouver ce que vous recherchez et pour sauvegarder régulièrement d'importants fichiers est bonne à prendre.

Mes disques durs

Je suis maniaque en ce qui concerne la conservation de mes travaux sur disques durs au fur et à mesure de leur avancement. J'organise aussi mon Bureau de façon obsessionnelle, afin que les fenêtres utilisées régulièrement ne se chevauchent pas.

J'ai plusieurs Mac mais celui que j'utilise tous les jours a un disque dur intégré de 25 Go que j'ai partagé en deux partitions : une partition de 5 Go appelée Das Boot, et une autre de 20 Go appelée Numéro neuf.

Le choix de la méthode de rangement tient à une philosophie très simple. Les Dossiers système Mac OS X et Mac OS 9.2.1 sont les seules choses que je conserve sur Das Boot. Tout le reste, y compris un autre Dossier système Mac OS 9.2.1, se trouve sur Numéro neuf.

J'apprécie ce découpage pour plusieurs raisons, mais la plus importante est que le système d'exploitation est totalement sûr, je peux entrer dans OS 9 depuis la partition Numéro neuf et dépanner Das Boot, ou si cela ne marche pas, je peux initialiser Das Boot et réinstaller OS X et OS 9.2.1 sans rien perdre d'important.

Remarque **Processus de sauvegarde**

Cette démarche simplifie mon processus de sauvegarde, expliqué en détail au chapitre 4. Le seul élément de Das Boot qui nécessite une sauvegarde est mon dossier *Départ* qui, comme vous allez le voir, contient mon seul dossier *Library*. Tout le reste du dossier *Départ* est un alias d'un dossier situé dans Numéro neuf.

Tous mes fichiers de données (les documents) sont dans le dossier *Documents* de Numéro neuf. Les projets en cours d'étude, comme le présent ouvrage, la mise à jour d'OS X 10.1 de *Mac OS X pour les nuls*, et mes articles pour ma rubrique "Docteur Mac" sont dans le dossier *Documents*, mais ils ont également un alias sur mon Bureau pour être facilement atteints. Toutes les applications, les polices et les jeux sont dans des dossiers appropriés sur Numéro neuf. La figure 3.4 montre à quoi tout cela ressemble.

Les seuls dossiers de mon dossier *Départ* qui n'ont pas d'alias sont *Desktop*, *Library* et *Public*. Notez que la plupart des dossiers OS X créés pour moi (*Pictures*, *Movies*, etc.) sont absents ; ils n'ont pas leur place dans ma démarche d'organisation, alors je les ai supprimés.

La racine du volume Numéro neuf contient des dossiers pour chaque application, jeu, utilitaire et police que j'ai et pour chaque document que je n'ai jamais créé.

La racine de Das Boot est une installation Mac OS X sans ajout ni suppression.

Ce n'est peut-être pas la solution la plus élégante au monde mais, pour moi, elle marche bien. Bien sûr, il y a des douzaines de façons d'organiser votre disque dur. Faites des essais et trouvez ce qui fonctionne bien pour vous. Vous pouvez vouloir installer une combinaison de plus d'une méthode. Par exemple, vous pourriez créer un dossier par client, puis un autre à l'intérieur des dossiers pour les lettres, les mémos, les propositions commerciales, etc. Une autre façon plaisante de s'organiser est de disposer d'un fichier pour chaque mois. Ainsi, à l'intérieur de vos dossiers *Lettre*, *Client/projet* et *Propositions*, vous auriez un dossier mensuel.

Quelle que soit la méthode utilisée pour organiser votre disque dur, vous trouverez probablement qu'il est simple de mettre des alias des icônes fréquemment utilisées sur le Bureau (comme je le fais) ou sur le Dock (je ne le fais pas).

Si vous vous demandez pourquoi aucune icône d'application ne se trouve sur mon Bureau (ou dans le Dock, pour la même raison), c'est parce que j'utilise à la place LaunchBar et DragThing. Je vous en dirai plus sur ces deux applications à la fin de ce chapitre.

Vous pouvez voir à la figure 3.4 que les alias des projets sur lesquels je travaille sont bien sur le Bureau de couleur grise, où ils peuvent toujours être ouverts et fermés simplement. (Notez également que les icônes de ces trois dossiers ont des petites flèches dans leur coin en bas à gauche ; elles indiquent qu'il s'agit d'alias.)

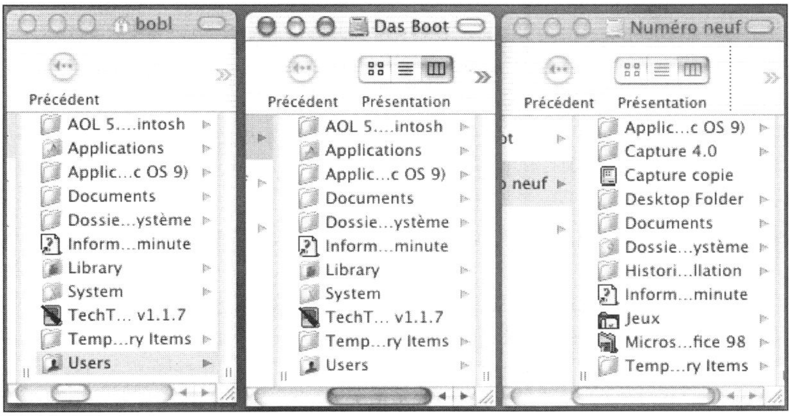

Figure 3.4
Voici mon dossier personnel (bobl) et ses deux partitions de disque dur (Numéro neuf et Das Boot)

Remarque

Aspect de mon Bureau

Mon Bureau n'est pas de couleur grise. C'est une installation mise en place pour la saisie des écrans de ce livre. J'utilise un programme gratuit et sympathique appelé Desktop Randomizer qui présente une image différente en fond de plan à chaque fois que j'enregistre. Desktop Randomizer est décrit aux chapitres 9 et 14.

Raccourcis, astuces et bonnes pratiques

Étant un utilisateur Mac depuis plus de quinze ans, j'ai créé plus que ma part de raccourcis, astuces, conseils et stratégies pour organiser mes fichiers et mes dossiers, et pour me déplacer parmi eux. (Avec plus de 40 000 fichiers et dossiers sur mon disque dur, je suis obligé de rendre mes recherches aussi simples et rapides que possible.)

Astuce **Sherlock**

Bien sûr, vous pouvez toujours recourir à Sherlock (**Fichier/Rechercher** ou Commande+F) pour retrouver un fichier perdu. Mais c'est lent et disgracieux. Les vrais utilisateurs avertis trouvent ce dont ils se servent régulièrement en quelques clics.

Aussi, sans plus de bavardage, voilà quelques-unes des tâches que j'effectue et/ou que je vous recommande.

Utiliser les dossiers et les fenêtres

Parce que les dossiers et les fenêtres sont les points d'appui du Finder, vous vous en servez chaque fois que vous utilisez votre Mac. J'ai rassemblé quelques astuces et techniques susceptibles de vous intéresser. De nouveau, souvenez-vous que votre objectif ultime est de mettre en place un système qui ait tout son sens pour vous, pour que vous trouviez ce dont vous avez besoin en un minimum de temps. Ceci étant dit, voici quelques-unes de mes techniques favorites et des astuces pour utiliser les dossiers et leurs fenêtres.

Ouvrir des dossiers dans une nouvelle fenêtre ou pas : la suite

Comme je l'ai expliqué au chapitre 2, une fonctionnalité qui est différente avec Mac OS X est qu'il essaie de vous forcer à travailler dans une seule fenêtre. Lorsque vous ouvriez un dossier sous OS 9, une deuxième fenêtre apparaissait. Cela peut vous déconcerter, mais rassurez-vous, tout peut s'arranger.

Si cela ne vous plaît pas, vous pouvez le changer pour revenir à la "démarche d'OS 9". Voici comment procéder :

1. Choisissez la commande **Finder/Préférences...**
2. Cochez la case *Ouvrir les dossiers dans une nouvelle fenêtre*.

Et c'est tout. Les choses sont revenues à ce qu'elles étaient sous OS 9. Franchement, je n'aimais pas cette fonctionnalité au début, mais maintenant ça va mieux. Accordez-vous un peu de temps avant de reprendre ce réglage.

Même lorsque la case *Ouvrir les dossiers dans une nouvelle fenêtre* n'est pas cochée, vous pouvez ouvrir les dossiers dans de nouvelles fenêtres quand vous le voulez. Lorsque la barre d'outils présente la fenêtre en cours, Commande+double-clic ouvre un dossier dans une fenêtre séparée. Lorsque la barre d'outils n'affiche pas la fenêtre en cours, un double-clic sur un dossier l'ouvre dans une fenêtre séparée.

3

Astuce **La barre d'outils**

N'oubliez pas que vous pouvez cacher ou présenter la barre d'outils d'une fenêtre de trois manières différentes : utilisez le menu en choisissant **Présentation/Masquer la barre d'outils** (si elle est visible), ou **Présentation/Afficher la barre d'outils** (si elle est cachée), utilisez le raccourci clavier Commande+B, ou cliquez sur le bouton allongé en haut à droite de la fenêtre.

Une dernière chose. Si vous avez sélectionné la préférence *Ouvrir dans une nouvelle fenêtre*, cela n'a pas d'importance que la barre d'outils soit visible ou pas ; l'ouverture d'un dossier crée toujours une nouvelle fenêtre, sans prendre en compte la pression sur la touche Commande ou le fait que la barre d'outils soit visible ou cachée.

Apprenez et utilisez les raccourcis clavier

Mac OS X simplifie la navigation à travers les dossiers en utilisant le seul clavier. Une fois que vous en avez pris l'habitude, l'emploi des raccourcis clavier est plus rapide et plus facile que l'utilisation de la souris. Dans les trois présentations, les touches des flèches vous déplacent d'icône en icône. En plus, voici quelques-uns des raccourcis avec les flèches qui fonctionnent dans les trois présentations du Finder :

- Commande+↓ : ouvre le dossier sélectionné.
- Commande+↑: ouvre le dossier père de la fenêtre active.
- Commande+Option+↓ : ouvre le dossier sélectionné dans une fenêtre séparée et ferme la fenêtre active.
- Commande+Option+↑: ouvre le dossier père de la fenêtre active dans une fenêtre séparée et ferme la fenêtre active.

Voici quelques raccourcis spécifiques aux présentations par liste :

- [→] : indique le contenu du dossier sélectionné.
- [←] : cache le contenu du dossier sélectionné.
- [Commande]+[Option]+[→] : indique le contenu du dossier sélectionné et le contenu de tous ses sous-dossiers.
- [Commande]+[Option]+[←] : cache le contenu du dossier sélectionné et le contenu de tous ses sous-dossiers.

J'utilise rarement la souris avec le Finder. À moins que ma main ne soit déjà dessus, je préfère le clavier.

Une autre façon d'utiliser le clavier pour naviguer est de choisir la commande **Aller/Aller au dossier...** qui ouvre une petite boîte de dialogue où vous pouvez saisir un chemin vers n'importe quel dossier sur n'importe quel disque. Cette boîte de dialogue est élégante et essaie de trouver le dossier que vous recherchez. Le plus simple est de regarder la figure 3.5 pour vous faire une idée.

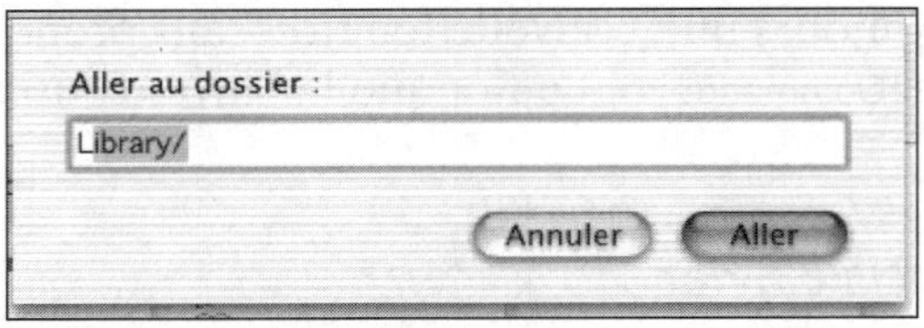

Figure 3.5
La boîte de dialogue Aller au dossier... a affiché les caractères en surimpression à ma place

Astuce **Le tilde**

Le caractère tilde (~) est un raccourci Unix pour désigner le répertoire *Départ*.

Voici ce que j'ai fait (et ce que la boîte de dialogue **Aller au dossier...** a fait à ma place) à la figure 3.5. D'abord, j'ai saisi `~/L`, et la boîte de dialogue a ajouté `ibrary`. Ensuite, j'ai appuyé sur la touche [→] une fois, pour déplacer le curseur vers la droite de la deuxième barre de fraction. Finalement, j'ai saisi `i` et la boîte de dialogue a ajouté `Movie`.

Bien que ce ne soit pas la méthode la plus rapide ou la plus simple pour naviguer, il faut la connaître, spécialement lorsque vous préférez garder les deux mains sur le clavier.

N'enfouissez pas vos dossiers trop profondément

Bien que le Macintosh vous permette d'enfouir vos dossiers (c'est-à-dire de placer des sous-dossiers à l'intérieur des dossiers) avec autant de niveaux que vous le souhaitez, essayez de ne pas dépasser quatre étages en profondeur. Si vous avez à ouvrir quatre dossiers ou plus pour obtenir quelque chose, c'est trop. Créez des dossiers additionnels dans un autre endroit ou des sous-dossiers dans un dossier ayant moins de quatre niveaux.

Si vous détestez comme moi devoir double-cliquer pour trouver votre chemin parmi les dossiers, plusieurs utilitaires offrent d'autres méthodes pour organiser et ouvrir fichiers et dossiers, méthodes que de nombreux utilisateurs avertis préfèrent.

Le problème est moins grave dans les présentations en liste ou en colonnes, parce que vous pouvez voir les contenus de tous les dossiers à l'intérieur d'une fenêtre sans avoir à double-cliquer sur leurs icônes pour les ouvrir. (Consultez le chapitre 2 pour une information complémentaire sur les présentations.) Même ainsi, les fichiers enfouis de plus de quatre niveaux sont moins pratiques.

Utilisez la barre d'outils

Vous pouvez faire glisser une icône de fichier ou de dossier dans la barre d'outils, où un seul clic suffira pour l'appeler. Apple vous fait démarrer avec quelques icônes dans cette barre, mais si vous êtes comme moi, vous y rajouterez bien vite les vôtres.

Astuce **Chevrons**

N'oubliez pas le menu sous l'icône des chevrons qui vous permet d'utiliser facilement les icônes cachées de la barre d'outils. Il est représenté à la figure 2.15, au cas où il faudrait vous rafraîchir la mémoire.

Ouvrir et enregistrer

Vous pouvez utiliser les touches des flèches et les touches lettres dans la boîte de dialogue OS X **Ouvrir** ou **Enregistrer**. Dans la plupart des boîtes de dialogue **Ouvrir** ou **Enregistrer**, saisir une ou deux premières lettres du nom du fichier ou du dossier que vous cherchez vous conduit à ce fichier ou à ce dossier.

Astuce **Bordure bleue**

Assurez-vous que la liste des fichiers est active (c'est-à-dire que le "pointeur" est dessus, et non sur une autre partie de la boîte de dialogue) tels que les champs *Aller au dossier* ou *Enregistrer sous*. Quel que soit l'objet sur lequel se trouve le pointeur, une bordure (généralement bleue) s'affiche tout autour. Lorsque la liste n'est pas surlignée, vous pouvez y cliquer une fois ou appuyer sur la touche Tab une ou plusieurs fois jusqu'à ce qu'elle affiche la bordure bleue.

Vous pouvez également utiliser trois autres techniques extrêmement efficaces pour arriver rapidement à un fichier ou à un dossier, comme les sections à venir vous l'expliquent.

Glisser-déposer

J'aime beaucoup cette commande. Si vous pouvez voir le fichier ou le dossier voulu sur le Bureau ou dans une fenêtre du Finder, vous pouvez le faire glisser jusque dans la boîte de dialogue **Ouvrir**, comme le montre la figure 3.6. Lorsque vous relâchez le bouton de la souris, la boîte de dialogue **Ouvrir** glisse vers ce dossier, comme l'illustre la figure 3.7.

Cette technique marche avec l'enregistrement, mais seulement pour un dossier.

Remarque **Un fichier**

Bien que vous puissiez faire glisser un fichier ou un dossier vers la boîte de dialogue **Ouvrir**, vous ne pouvez faire glisser qu'un dossier vers l'enregistrement. Cela ne marche pas pour un fichier. Ce qui est compréhensible si vous y réfléchissez : vous ne pouvez pas sauvegarder un fichier dans un autre fichier, mais uniquement dans un dossier.

Figure 3.6
Je souhaite ouvrir un fichier qui se trouve dans le dossier prioritaire, je fais glisser ce dossier sur la boîte de dialogue Ouvrir

Figure 3.7
Le dossier prioritaire est accessible en un seul clic

Voici quelques-uns de mes emplois favoris

L'autre façon élégante de naviguer dans la boîte de dialogue **Ouvrir** est d'utiliser la liste des favoris, qui est disponible par un menu déroulant (entre autres). Ce menu vous permet de choisir directement parmi vos dossiers favoris, sans aucune navigation, comme le montre la figure 3.8.

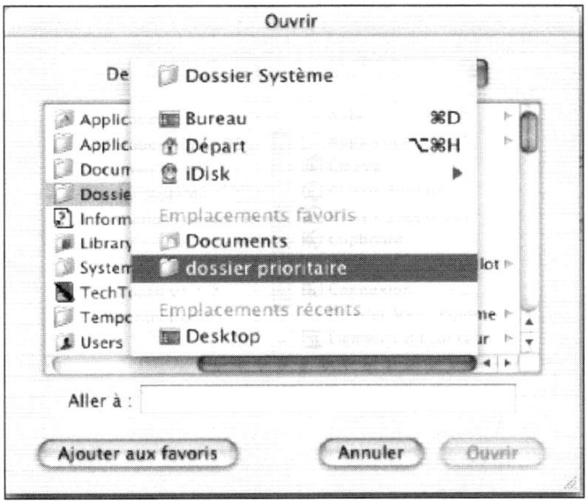

Figure 3.8
Lorsque je relâche le bouton de la souris, je suis dans la fenêtre du dossier prioritaire, qui sinon serait éloignée de quatre ou cinq clics

Vous pouvez ajouter n'importe quel fichier ou dossier à votre liste de favoris en utilisant une des quatre méthodes suivantes :

- Dans la boîte de dialogue **Ouvrir** ou **Enregistrer**, cliquez sur l'icône dont vous voulez faire un favori, puis cliquez sur le bouton **Ajouter aux favoris**.

Astuce **La boîte de dialogue Enregistrer**

Pour élargir (ou rétrécir) la boîte de dialogue **Enregistrer**, et accroître (ou diminuer) les options additionnelles et les choix, cliquez sur le triangle en bas à droite.

- Dans le Finder, sélectionnez l'icône dont vous voulez faire un favori, puis choisissez **Fichier/Ajouter aux favoris**.
- Dans le Finder, sélectionnez l'icône dont vous voulez faire un favori, puis utilisez le raccourci clavier [Commande]+[T].
- Faites glisser un alias de l'icône dont vous voulez faire un favori dans le dossier des favoris qui se situe sous *~/Library/Favoris*.

Vous pouvez également utiliser les favoris directement à partir du Finder. Sélectionnez **Aller/Favoris**, choisissez ensuite un favori depuis le sous-menu, comme la figure 3.9 le montre, ou utilisez le raccourci clavier [Commande]+[Option]+[F] pour ouvrir le dossier des favoris.

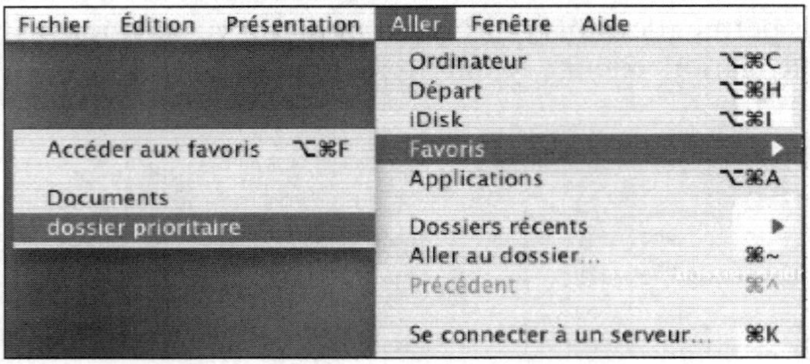

Figure 3.9 Lorsque je relâche le bouton de la souris, la fenêtre du dossier prioritaire apparaît instantanément dans le Finder

Éléments, applications et documents récents

Les menus récents ont un but semblable, mais vous ne pouvez pas y ajouter d'objets. Mac OS X le fait pour vous, en arrière plan, en mémorisant de quels fichiers, de quels dossiers et de quels programmes vous vous êtes servi récemment. Si vous voulez naviguer vers un dossier, un document ou un programme que vous avez utilisé récemment, l'emploi d'un des menus récents peut être la méthode la plus rapide.

Il y en a plusieurs. Les menus **Déposer** dans la boîte de dialogue **Ouvrir** ont un objet *Emplacements récents*. Dans le Finder, **Aller/Dossiers récents** a un sous-menu avec les dossiers que vous avez ouverts récemment, et le menu

Pomme/Eléments récents a un sous-menu relatif aux applications et aux documents récents.

Astuce **Nombre de documents mémorisés**

Bien que vous ne puissiez pas spécifier le nombre de dossiers ou d'éléments récents mémorisés par OS X, vous pouvez lui dire combien d'applications et de documents récents vous voulez qu'il garde en mémoire. Utilisez le panneau des Préférences générales pour spécifier ce nombre. OS X peut mémoriser jusqu'à 50 applications et 50 documents. Hélas, il n'y a pas moyen d'effacer de manière sélective les dossiers ou les éléments indésirables, mais si vous trouvez ces menus encombrés avec des dossiers dont vous ne voulez plus ou dont vous n'avez plus besoin, vous pouvez les faire tous disparaître en sélectionnant l'objet *Effacer le menu* au bas du sous-menu **Eléments récents**.

Utiliser le Dock

Avant que nous passions au sympathique logiciel d'organisation des fichiers que j'utilise et recommande, je me sens obligé de mentionner un autre outil d'organisation et de navigation : le Dock. Vous devez comprendre maintenant que je ne me sers pas du Dock personnellement. Bien qu'il soit bien fait, je ne pense pas qu'il soit efficace. J'utilise donc DragThing pour la majeure partie de ce que le Dock est susceptible de faire (et pour quelques autres travaux également, comme vous le verrez dans la section suivante). En fait, comme je l'ai expliqué au chapitre 2, la première chose que je fais lorsque j'installe OS X sur un de mes Mac est d'enlever tout ce qu'Apple a mis dans le Dock. Seuls, le Finder et la Corbeille survivent, simplement parce qu'il est impossible de s'en débarrasser. Je mets en route le masquage automatique (Commande+D) la plupart du temps. Finalement, je garde le Dock aussi réduit que possible et je le gare dans le coin en bas à droite de mon Bureau.

Remarque **Où placer le Dock ?**

Le panneau des Préférences système du Dock vous permet de choisir Gauche, Bas ou Droite, mais c'est pour placer le Dock au milieu de la zone sélectionnée. Je place le mien dans le coin en bas à droite en utilisant le panneau des Préférences d'un logiciel gratuit qui m'en impose, appelé TinkerTool, dont je vous parlerai aux chapitres 9 et 14.

Utiliser le Dock ou pas est un choix personnel. Vous pouvez très bien l'apprécier. Voici donc quelques astuces le concernant.

Pour placer une icône dans le Dock, faites-la glisser sur le Dock. Pour l'enlever, faites-la glisser à l'extérieur du Dock ; elle disparaîtra avec un "poof", comme le montre la figure 3.10.

Figure 3.10
Faites glisser une icône en dehors du Dock et, poof, c'est fini !

Remarque **Ligne de séparation**

Si l'icône est celle d'un disque, d'un dossier ou d'un document, vous ne pouvez la faire glisser que vers la droite de la petite ligne de séparation blanche (ou vers le bas si le Dock est à droite ou à gauche, comme chez moi). Vous pouvez faire glisser une application ou une icône de dockling n'importe où dans le Dock.

Votre curseur se transforme en flèche avec deux têtes lorsqu'il passe sur le signe de séparation, et si vous faites un [Ctrl]+[clic] sur la ligne blanche de séparation, comme le montre la figure 3.11, vous pouvez changer quelques-unes des Préférences du Dock à partir du menu, ou ouvrir le panneau des Préférences système du Dock pour en changer une ou plusieurs.

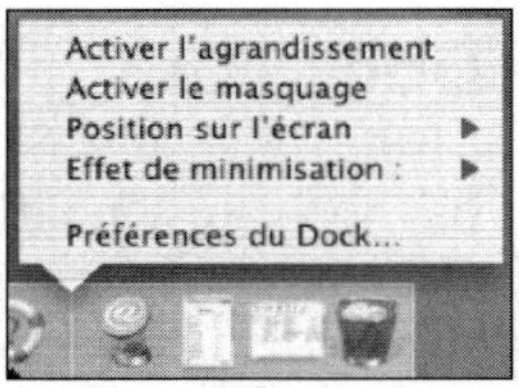

Figure 3.11
Le menu contextuel du Dock

La chose probablement la plus utile que puisse faire le Dock est de vous fournir un menu hiérarchisé de tout dossier ou icône disque que vous y avez placé, comme le montre la figure 3.12.

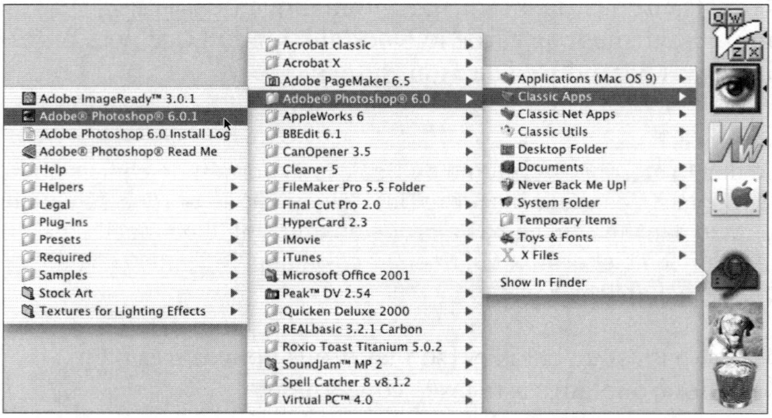

Figure 3.12
Cliquez et maintenez l'appui sur une icône de disque ou de dossier et ne relâchez pas le bouton de la souris avant que le document recherché ne soit surligné

Pour finir, mais c'est important, la plupart des icônes de Dock, même celles qui ne sont pas des dossiers ou des disques d'icônes, ont un menu semblable. Lorsqu'une icône a un menu, il comprend au moins un objet *Afficher* dans le Finder. Sélectionnez-le et la fenêtre qui contient cet objet va s'ouvrir dans le Finder.

Quelques icônes du Dock ont des menus pour faire d'autres choses. Par exemple, lorsque iTunes fonctionne, son menu icône Dock montre le morceau en cours et vous permet de faire une pause, de choisir le morceau précédent ou suivant sans accéder à iTunes lui-même, comme le montre la figure 3.13.

Figure 3.13
L'icône iTunes dans le Dock offre plus d'options que de nombreuses applications

Lorsqu'une application OS X fonctionne, cliquez et amenez-la dans le Dock, et voyez ce que son menu propose ; vous pourriez avoir d'agréables surprises !

L'objet *Maintenir dans le Dock* apparaît pour toute application ouverte dans le Dock, à moins que vous ne l'ayez fait glisser dans le Dock manuellement. En choisissant *Maintenir dans le Dock*, comme à la figure 3.13, l'icône iTunes reste dans le Dock même après que j'ai quitté l'application.

En outre, toutes les icônes Dock ont également une commande **Quitter**.

Comme je l'ai expliqué au chapitre 2, si vous appuyez sur la touche [Option], la commande **Quitter** se transforme en commande **Forcer à quitter**, ce qui est utile lorsqu'une application ne répond plus ou est en panne. Vous pouvez également forcer un programme récalcitrant à quitter en choisissant la commande **Pomme/Forcer à quitter** ou en utilisant le raccourci clavier [Commande]+[Option]+[Echap].

Logiciels qui simplifient la navigation

J'utilise LaunchBar (**www.obdev.at**) à la place du Finder pour ouvrir la plupart des fichiers. Mais comme j'ai déjà présenté longuement LaunchBar au chapitre précédent, je dirai simplement que c'est un des meilleurs utilitaires que je connaisse et que je m'en sers chaque fois que je travaille avec le Mac. Si vous ne l'installez pas pour l'essayer, vous manquez vraiment quelque chose ! (N'oubliez pas, cependant, que c'est un logiciel payant et que vous n'en tirerez tout le profit qu'après l'avoir acquis.)

Au chapitre 2, je vous avais également promis de vous parler davantage de DragThing, un autre utilitaire fantastique que j'utilise tous les jours. Allons-y.

DragThing

Un autre programme que j'emploie quotidiennement est DragThing (**www.dragthing.com**). Il existe depuis des années, a servi avec Mac OS 8 et 9, mais sa version pour Mac OS X est meilleure que jamais. James Thomson, l'humble auteur de DragThing, en parle comme du "véritable Dock conçu pour nettoyer le Bureau de votre Machintosh". Mais c'est bien autre chose que le Dock.

Laissez-moi vous donner un rapide aperçu de DragThing en action ; je vous parlerai ensuite de quelques-unes des fonctionnalités que je préfère et utilise beaucoup. La figure 3.14 vous montre mes deux docks DragThing dans leur état "minimal" dans le coin en bas à droite, et l'onglet **Switching** dans la fenêtre des Préférences de DragThing, sur le dessus. Comme vous pouvez le voir, j'ai désigné le coin en bas à droite comme "point sensible" pour amener DragThing au premier plan sans délai. Vous pouvez vous servir des touches pour activer DragThing, mais comme j'utilise un trackball, c'est simple d'envoyer le curseur dans le coin en bas à droite (voir figure 3.15) pour agrandir les docks.

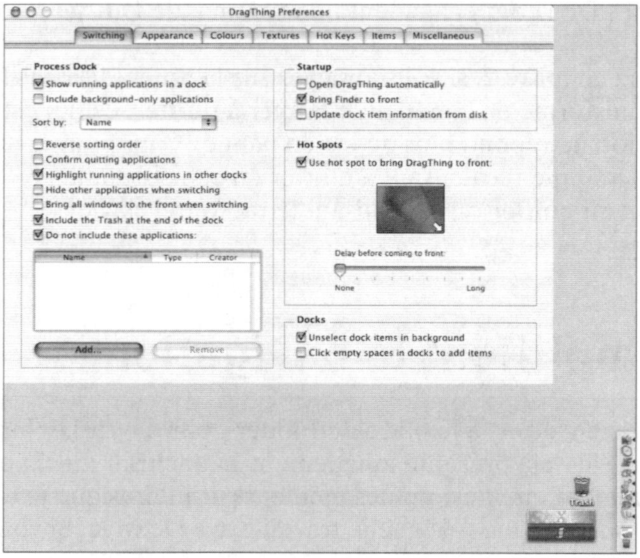

Figure 3.14
DragThing est discret quand il est réduit

Le dock droit est mon dock "opérations", qui affiche les applications en cours. Mais le dock auquel j'ai recours le plus souvent est l'autre, que j'ai nommé avec beaucoup d'imagination MyDock. Vous ajoutez des objets dans le dock DragThing de la même manière que vous les ajoutez au Dock OS X : faites-les simplement glisser dedans. Jusqu'à maintenant, pas beaucoup de différence, n'est-ce pas ?

Mais attendez, voici mieux : les docks de DragThing peuvent avoir autant d'onglets que vous voulez, vous permettant d'engranger encore plus de travail dans encore moins d'espace. MyDock a cinq onglets ; l'onglet **X Apps** est actif à la figure 3.15. Pour utiliser un autre onglet, je clique sur son nom. Mais voici la partie la plus classe : lorsque je veux faire glisser et déposer un fichier dans un objet dock pour un des onglets non actifs, je déplace le fichier au-dessus de l'onglet et celui-ci devient actif, me permettant de déposer le fichier sur l'objet dock approprié dans cet onglet.

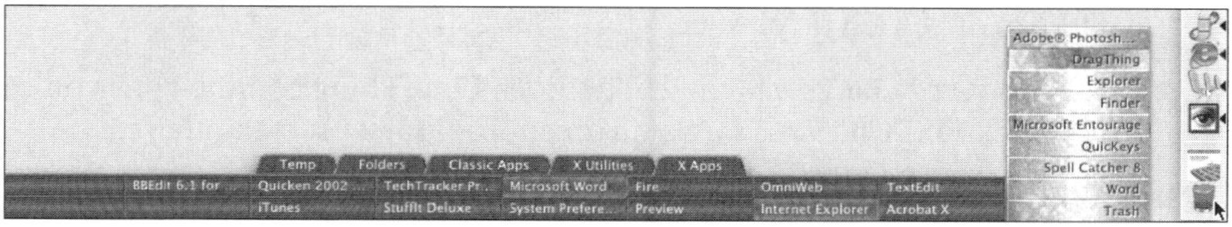

Figure 3.15
Lorsque je déplace le curseur dans le coin, mes docks s'agrandissent et deviennent immédiatement actifs

Par exemple, il m'arrive quelquefois de vouloir regarder un fichier image créé sous Photoshop sans avoir besoin de l'éditer. Je ne veux donc pas ouvrir Photoshop qui utilise beaucoup de mémoire et de ressources système et prend plus de temps que la majorité des programmes à se lancer. Aperçu (Preview) ne peut pas éditer d'images, mais peut en afficher, et il se lance en quelques secondes. C'est pourquoi je fais glisser le fichier image au-dessus de l'onglet **X Apps** (si **X Apps** n'est pas encore actif), le dépose dans l'objet *Aperçu du dock*, et l'image s'ouvre dans Aperçu.

Bien sûr, je pourrais le faire à partir du Dock OS X, mais j'ai plus de 75 applications et dossiers dans MyDock. Le Dock OS X étoufferait si j'essayais de l'alimenter avec 75 objets à la fois. Et, même s'il ne succombait pas, les icônes seraient si petites qu'elles seraient inutilisables.

DragThing fait presque tout ce que le Dock OS X peut faire. Non, il ne fait pas rebondir les icônes lorsque vous lancez un programme, mais c'est le petit prix à payer. À la place, il fait beaucoup de choses bien plus utiles. Voici encore quelques autres raisons qui me font préférer DragThing :

- À l'inverse du Dock OS X, DragThing vous laisse afficher les objets sous forme de texte seul, d'icône seule, ou d'un ensemble de textes et d'icônes. J'utilise le texte seul, qui me permet de rentrer davantage de données dans un espace moindre.
- DragThing a de multiples annulations pour la plupart de ses fonctions ; le Dock OS X n'en a qu'une, voire pas du tout.
- DragThing a une option qui vous permet de disposer d'une Corbeille sur le Bureau, comme vous pouvez le voir à la figure 3.14. Mac OS X n'offre pas même cette possibilité, très parlante pour les anciens utilisateurs d'OS 9 comme moi. Les vieilles habitudes ont du mal à mourir.
- DragThing vous permet d'affecter un raccourci à tous ses objets. Le Dock OS X n'offre rien de ce style.
- Vous pouvez changer la taille d'un dock DragThing comme vous voulez. Le Dock OS X ne vous laisse qu'un choix : long et rectangulaire.
- Vous pouvez déplacer un dock DragThing n'importe où sur l'écran. Le Dock OS X est limité à trois positions gauche, droite et en bas.
- DragThing offre un choix de polices. Le Dock OS X n'en offre aucun.
- DragThing offre un choix d'une centaine de teintes. Le Dock OS X ne propose aucune option de teinte.
- DragThing offre un choix de plus d'une douzaine de textures attrayantes. Le Dock OS X... bon, je pense que vous avez compris maintenant.

Remarque **Petites précisions...**

MyDock est d'un ton brun doré avec une texture bois ; mon dock process est d'une teinte gris argenté avec une texture de pierre. C'est assez joli, je dois le dire. J'en fais état parce que les photos en noir et blanc des pages précédentes ne rendent pas justice aux couleurs et aux textures.

- Vous pouvez quitter complètement DragThing si vous en avez envie. Si vous essayez de supprimer le Dock OS X (en utilisant Terminal, Process Viewer ou AppleScript), il se relance aussitôt.

Remarque **Redevance**

Lorsque vous tomberez amoureux de DragThing, s'il vous plaît, n'oubliez pas d'envoyer la très raisonnable somme (25 dollars) pour l'enregistrement à James. Lancez simplement le programme d'enregistrement dans le dossier *DragThing*. Le prix est largement mérité.

Préférences

J'utilise les Préférences système une douzaine de fois par jour ou plus, mais je n'aime pas avoir à lancer le programme des Préférences système, alors je clique sur l'icône ou je choisis l'objet *Menu* pour le panneau que je veux employer. Cela fait trop d'étapes pour moi, c'est pourquoi j'ai adopté Prefling (**http://homepage.mac.com/asagoo**), un logiciel gratuit, un dockling qui fait une chose et une seule, et bien ; il me permet d'ouvrir tout panneau des Préférences à partir du menu, comme à la figure 3.16.

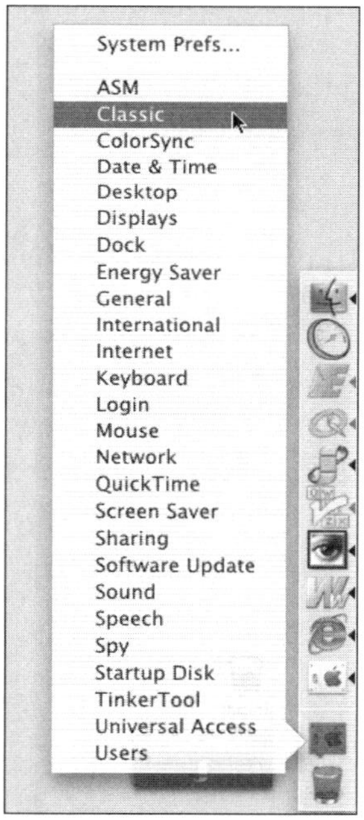

Figure 3.16
Lorsque je relâche le bouton de la souris, Prefling ouvre les Préférences système avec le panneau Classic actif

Snard, mentionné au chapitre 2 et de nouveau au chapitre 9, fait la même chose et bien d'autres encore, mais coûte 10 dollars, alors que Prefling est gratuit. Essayez-les tous les deux ; si vous utilisez souvent les Préférences système, je suis sûr que vous serez séduit par l'un ou par l'autre.

WindowShade X

Si vous étiez un utilisateur du Mac avant qu'OS X arrive, vous vous souvenez sûrement de WindowShade, la fonctionnalité interne pour "enrouler" une fenêtre en ne laissant que sa barre de titre à l'écran. Et vous avez probablement noté qu'OS X n'a pas cette fonctionnalité. À la place, il y a Minimize qui, au lieu de remonter la fenêtre et laisser la barre de titre à la place, déplace la fenêtre entière dans le Dock.

WindowShade était vraiment mieux et beaucoup plus utile. Pendant les deux premiers mois après la sortie d'OS X, cela me manquait terriblement. Heureusement j'ai découvert WindowShade X, un logiciel à 7 dollars de Unsanity (**www.unsanity.com**), qui apporte à OS X cette fonctionnalité merveilleuse de WindowShade que vous connaissez et aimez, et même un peu plus, une option pour faire des fenêtres à moitié transparentes (avec la commande [Ctrl]+[double-clic] sur la barre de titre) mais encore totalement fonctionnelles !

Regardez ce que cela donne à la figure 3.17.

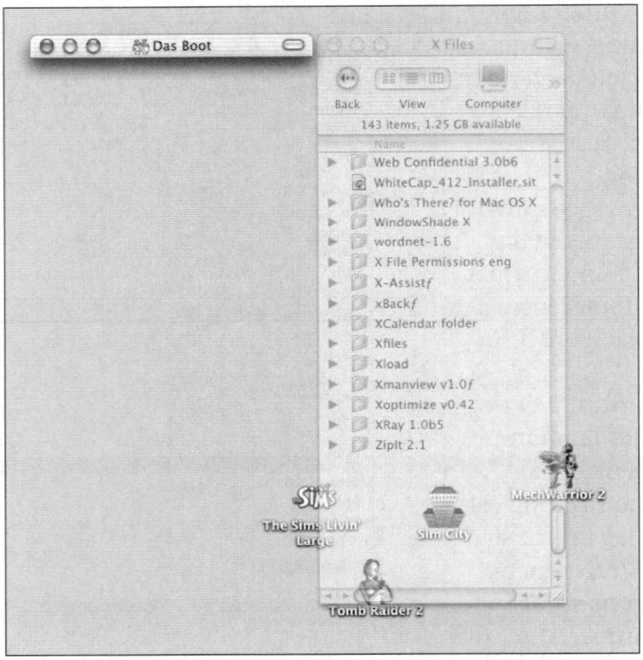

Figure 3.17
Vous pouvez "enrouler" une fenêtre OS X (à gauche) en double-cliquant sur sa barre de titre, ou la rendre transparente (à droite)

Remarque

S'enregistrer ?

Si vous ne vous enregistrez pas et si vous ne réglez pas le logiciel (à l'adresse **www.unsanity.com**), WindowShade X ne marche que pendant une heure.

Si vous avez apprécié WindowShade sous OS 9, vous aimerez WindowShade X et vous paierez 7 dollars sans rechigner pour l'avoir avec OS X.

Protéger votre travail

La protection de votre travail recouvre de multiples aspects. L'un d'eux est une évidence : "sauvegarder tôt et souvent". Le raccourci Commande+S devrait être un réflexe. À la fin d'un paragraphe : Commande+S. Lorsque le téléphone sonne : Commande+S. Lorsque vous vous levez pour un café : Commande+S. Dans ce chapitre, je compte cependant traiter les thèmes de la protection à un niveau plus élevé : les sauvegardes, les pare-feu et la protection contre les virus.

Les ordinateurs, spécialement les disques et tout ce que l'on trouve dessus, ont vocation à tomber en panne : les disques mobiles demandent à être initialisés alors que vous savez très bien qu'ils contiennent des données, le disque dur refuse d'afficher son icône dans le Finder ou plante chaque fois que vous le lancez. Même le Mac peut tomber en panne. La plupart des ordinateurs sont fiables à 99 %. Malheureusement, quand ils tombent en panne, c'est toujours au moment le plus inopportun et le plus inattendu.

C'est pour cela que la sauvegarde a été inventée. Les ordinateurs (et leurs disques durs) suivent leur propre loi de Murphy ; ils tombent en panne lorsque vous êtes confronté à une échéance. Sauvegarder, au cas où vous ne le sauriez pas encore, est le processus d'élaboration de copies (les sauvegardes) de vos fichiers importants. Restaurer, qui est le contraire de sauvegarder, est le processus d'élaboration de fichiers sur votre disque de travail ou votre disque dur à partir de votre disque de sauvegarde. Sauvegarder votre travail vous met à l'abri de la plupart des désastres. Pensez à la sauvegarde comme à un contrat d'assurance sur vos fichiers. Vous ne conduiriez pas sans une assurance automobile, n'est-ce pas ? Utiliser votre Mac sans disposer d'une sauvegarde fiable de vos données est tout aussi dangereux.

Sauvegarder est un travail courant que vous devez penser à effectuer régulièrement, comme de se brosser les dents. Bien que les deux actions puissent être contraignantes à faire régulièrement, les conséquences en cas d'oubli peuvent être extrêmement dommageables. Si vous ne vous lavez pas les dents, elles se carient et tombent ; si vous ne sauvegardez pas vos données, votre disque dur finira par planter et vous devrez recommencer tout votre travail.

Ce chapitre vous dit tout ce que vous devez savoir pour vous assurer que vos fichiers et vos disques sont en sécurité, quelle que soit la catastrophe qui pourrait survenir.

Généralités sur la sauvegarde

Comme d'habitude, nous allons commencer par des informations pour planter le décor avant de présenter les stratégies et les tactiques qui rendent la pratique des sauvegardes plus simple.

Avant d'aller plus loin, une des raisons qui nous poussent à effectuer des sauvegardes est l'existence de dangers comme les virus et l'intrusion via Internet. Mais les implications de la défense contre les virus et la sécurité du réseau sous OS X sont trop importantes pour être traitées ici. C'est pourquoi vous trouverez les développements concernant les virus et pare-feu au chapitre 8 et un peu partout dans cet ouvrage.

Pourquoi sauvegarder ?

Vous devez sauvegarder votre travail pour un certain nombre de raisons. En voici quelques-unes :

- Premièrement, le matériel peut tomber en panne et si la seule copie de vos travaux principaux est sur le disque qui vient "d'ex-plo-ser", vous regretterez vivement de ne pas en avoir une ailleurs.
- Deuxièmement, l'erreur est humaine et vous pouvez (comme moi aussi) effacer accidentellement un fichier dont vous avez encore besoin. Une copie de sauvegarde vous permet de tout récupérer après une erreur de manipulation.
- Troisièmement, quelques individus malades et secoués créent des virus qui peuvent endommager ou effacer vos fichiers et vos disques. Après vous être débarrassé des virus à l'aide d'un antivirus, vous aurez besoin d'une copie propre de vos fichiers pour éviter que le virus ne ressuscite.

Si jamais vous attrapez un virus, vous aurez besoin de sauvegardes propres de vos documents et applications parce que certains virus se répandent lorsque les applications tournent, alors que d'autres se répandent lorsque les documents sont ouverts.

Remarque **Un travail colossal**

Je possède un grand nombre de logiciels, plus de 4 Go, et j'utilise plus de 200 programmes, au moins occasionnellement. Restaurer des centaines de programmes en les rechargeant et en les installant à partir de leurs CD serait colossal.

Souvenez-vous qu'il n'y a que deux types d'utilisateurs d'ordinateurs : ceux qui ont perdu toutes leurs données dans un plantage, et ceux qui perdront toutes leurs données dans un plantage. Je le redirai très probablement dans les chapitres à venir, mais c'est très important. Heureusement, la perte de données lors d'un plantage peut être presque indolore lorsque vous disposez d'une sauvegarde récente.

Examinons maintenant les diverses stratégies de sauvegarde, ainsi que les logiciels et les matériels disponibles pour garder votre travail en sécurité.

Que sauvegarder ?

Voilà une question qui amène de nombreuses réponses. Presque tout le monde s'accorde à dire que les documents (bases de données, feuilles de données, etc.) doivent être sauvegardés. De nombreux utilisateurs estiment que les applications doivent également être sauvegardées, mais d'autres estiment qu'on peut toujours réinstaller un logiciel quand c'est nécessaire. J'ai tendance à pencher pour la sauvegarde de mes applications, mais pas dans leur totalité. Plus j'ai de mises à jour en service sur mes applications et plus je souhaite les sauvegarder parce que effectuer les installations l'une après l'autre puis les mises à jour l'une après l'autre peut devenir un cauchemar. De toute façon, je sauvegarde tous les logiciels que j'ai téléchargés, mais moins souvent. Au chapitre 8, je vous parlerai des fichiers de Préférences et des raisons pour lesquelles vous voudrez les sauvegarder.

À la fin d'une journée, vous pouvez ne rien sauvegarder comme vous pouvez tout sauvegarder. Chaque utilisateur a son seuil d'activité à partir duquel il sauvegarde son Mac et tout ce qui y fonctionne. Le mien commence très bas. Comme je travaille en indépendant, si je ne fais rien, je ne facture rien. Si je perds tout mon travail et si je dois consacrer quelques jours à le reconstituer, ce sont des journées non productives. J'ai donc une véritable obsession concernant les multiples sauvegardes de tout ce qui est vaguement important.

Mon père était tout l'inverse : il sauvegardait son fichier Quicken Data, ses numéros de fax, son dossier AOL et les fichiers Excel et Word sur lesquels il était en train de travailler. Il avait même acheté un disque Zip. Il a perdu ses données une fois. Après cela, il a compris. Mais en fait, seuls quelques fichiers étaient vraiment importants pour lui, il était à la retraite, le temps n'était pas sa préoccupation principale. L'activité de sauvegarde lui prenait tout juste dix minutes par semaine.

Cela m'amène au point suivant : il y a diverses sortes de sauvegardes. La première est la "sauvegarde générale", qui peut être longue car elle prend en compte tout ce que vous lui demandez de protéger. Les sauvegardes ultérieures tiennent compte de cette sauvegarde d'origine pour effectuer une "sauvegarde de mise à jour" où seuls les nouveautés et les changements sont sauvegardés. Vous pouvez (et c'est généralement ce que je vous conseille) utiliser une solution achetée dans le commerce, telle que BackUp Toolkit ou Retrospect, décrits plus loin dans la section *Une analyse des logiciels*. Ces applications prennent en charge la plus grande part du travail de sauvegarde.

Si vous voulez ignorer cette recommandation, au minimum vous devez faire glisser les fichiers importants sur un autre disque, sur un CD ou un DVD, ou sur une cartouche Zip, etc. lors de chaque création et mise à jour. L'inconvénient de cette méthode est qu'elle nécessite un effort conscient et régulier de votre part, alors que ce n'est pas très organisé ni fiable.

Si vous devez ignorer mon conseil d'acquérir un logiciel de sauvegarde dans le commerce, voici une solution économique. D'abord, créez et sauvegardez vos documents dans un dossier maître (le dossier *Documents* par exemple). Utilisez régulièrement Sherlock pour rechercher tous les fichiers qui ont été modifiés depuis votre dernière sauvegarde. Sélectionnez-les dans la fenêtre Sherlock et faites-les glisser sur le système de sauvegarde choisi (cartouche Zip ou CD-R vierge), que vous avez préparé à cet effet. S'il s'agit d'un CD ou d'un DVD, n'oubliez pas de le graver.

Sur quoi sauvegarder ?

Dans les temps anciens, les gens sauvegardaient des disques durs entiers sur des disquettes. Mais, à l'époque, il y a quinze ans déjà, les disques durs faisaient

20 Mo et vous pouviez sauvegarder l'ensemble avec un lot de 15 à 20 disquettes. Aujourd'hui, avec 10 Go pour un petit disque dur, vous auriez besoin de 1 500 disquettes pour faire le travail. Cela est pour beaucoup dans la mise au rancart des disquettes, combiné au fait que la plupart des fichiers d'un utilisateur standard ne tiennent même pas sur une seule disquette. Si vous ne me croyez pas, sélectionnez le critère "Dépassant 1 Mo" dans Sherlock avant de lui demander l'affichage de ces éléments. Des moyens mobiles plus importants, les disques Zip et SuperDisques, ont eux aussi commencé à vaciller. Il faut 100 disques Zip (un peu moins de 100 Mo chacun) ou 80 SuperDisques (à 120 Mo) pour sauvegarder les 10 Go de données d'un disque dur. Mais quand vous considérez le prix de ces disques, vous arrivez à une solution au coût prohibitif. Même à 7 la cartouche Zip, il faut plus de 700 pour mettre en place un moyen de sauvegarde lent et ancien, alors que vous pouvez acheter un autre disque de 60 Go (FireWire) pour presque la moitié du prix. À moins que vous n'ayez à sauvegarder qu'une petite quantité de données, vous trouverez que les Zip et SuperDisques sont vraiment trop coûteux pour les grosses sauvegardes.

L'emploi de CD-R et CD-RW répond à la question précédente. Avec 650 à 700 Mo par disque, et un disque valant moins d'un euro pièce, vous pouvez sauvegarder un disque de 10 Go pour moins de 10 . Une chose est cependant primordiale : comme vos sauvegardes sont importantes, il ne faut pas rechercher d'articles bon marché. Achetez des disques de qualité, éventuellement par lot. Essayez plusieurs marques pour voir celles qui marchent bien avec votre graveur. Personnellement, je fais confiance à TDK, Verbatim et Fuji.

Remarque **Une petite anecdote**

Mon père effectuait ses sauvegardes sur le matériel le moins cher à l'époque, un système Zip à 100 Mo. Je lui ai parlé du coût du support pour l'intéresser au graveur de CD, mais il m'a tout de suite contré : "Pourquoi ? J'ai trois cartouches Zip et aucune n'est vraiment pleine." Pour toute réponse, je lui ai offert un CD audio de ses musiques favorites, tout sur un seul CD réalisé à partir de iTunes. Ce fut le point de non-retour ; il ne pouvait plus attendre de réaliser son propre CD audio. C'était devenu clair que c'était un meilleur outil de sauvegarde.

Un outil de sauvegarde datant d'avant les débuts d'Apple est la bande magnétique. Bien sûr, il n'y a plus de grandes bobines et de platine de commande vaste comme trois iMac. Vous trouvez maintenant des cassettes de bande audio digitales (DAT, *Digital Audio Tape*) à peine plus épaisses que celles qui sont utilisées dans vos lecteurs de cassettes.

Comme je l'ai dit, les disques durs externes peuvent constituer une solution raisonnable. Un de mes équipements de sauvegarde régulière acceptant 30 Go, de FireWire, pèse moins de 500 grammes (Tiny, c'est son nom, vous l'avez sans doute vu en photo, sinon regardez la figure 4.1).

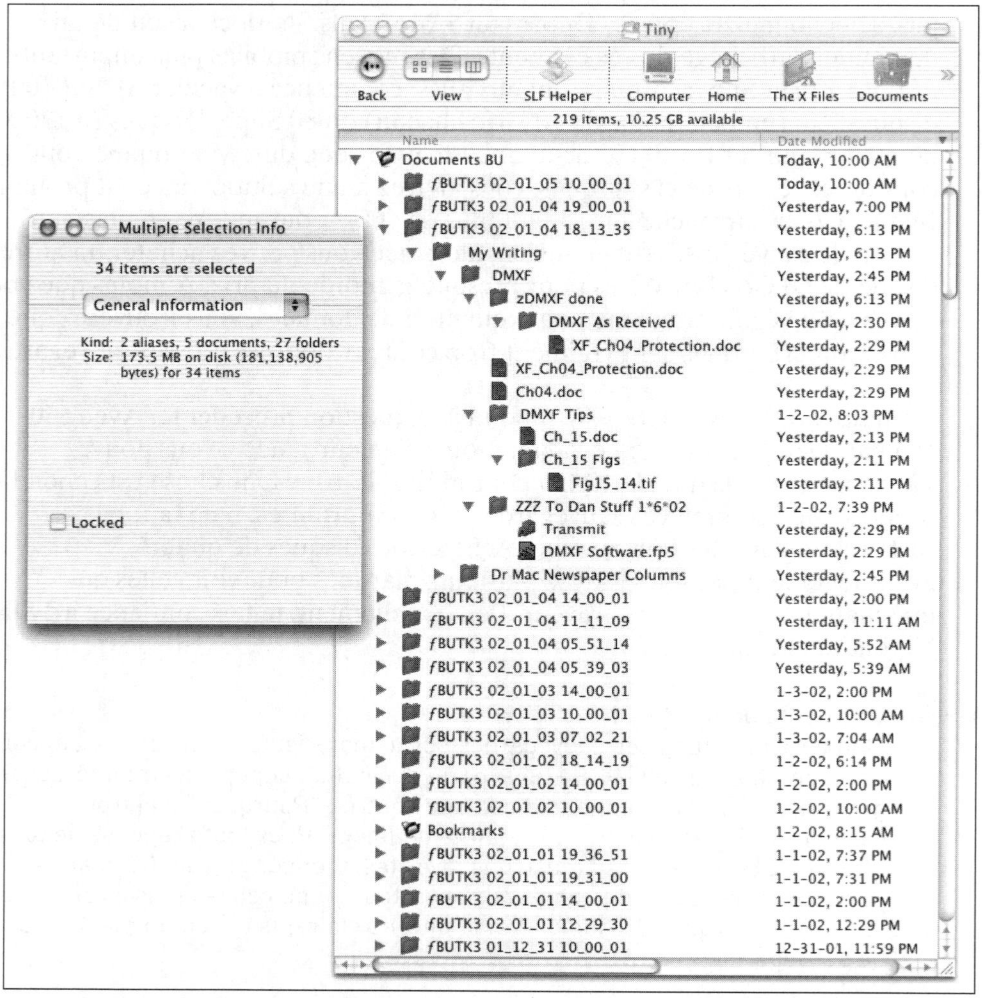

Figure 4.1
Cinq journées de sauvegarde de mise à jour sur Tiny

À la figure 4.1, vous voyez de nombreuses copies compressées d'affaires diverses (comme le montre le terme ƒBUTK3, BackUp ToolKit sur le dossier). Lorsque je travaille sur un dossier pendant quatre jours, je fais de dix à quinze copies sur Tiny. C'est très important pour moi. En dehors de l'aspect sauvegarde, je veux pouvoir revenir à un fichier dans l'état où il se trouvait la veille ou trois heures plus tôt. Quelquefois, je me trompe tellement sur un document que même de multiples annulations ne peuvent me redonner une version correcte. Lorsque cela se produit, j'accède à une ou deux des récentes sauvegardes qui me paraissent être supérieures à ce que j'ai sous le nez. Je copie et colle ensuite les meilleurs morceaux des trois versions pour en constituer une bien faite.

Nous parlerons davantage du logiciel bientôt, mais pour l'instant, sachez que mes scripts ne permettent pas à Tiny de garder de fichier vieux de plus d'un mois (généralement ceux des applications non utilisées dans le mois), et que les fichiers importants n'ont pas plus de trois heures d'ancienneté.

Tout ce qui a de la valeur pour moi est sauvegardé sur ce disque. Avec ce disque dur qui tient dans ma poche, je peux me mettre au travail sur un Mac tout neuf, sans avoir rien perdu, en une demi-heure.

À quel rythme sauvegarder ?

La réponse à cette question dépend de nouveau en grande partie de votre façon d'utiliser votre ordinateur. Vous en servez-vous presque exclusivement pour des jeux, pour votre courrier électronique personnel, ou pour faire des recherches sur Internet ? Si c'est le cas, vous vous en sortez en sauvegardant une fois par semaine environ. Après tout, vous ne créez pas de nombreux fichiers autres que des e-mails et des copies de matches au score flatteur. Cependant, si vous utilisez votre Mac pour créer des documents dans le cadre de votre travail ou de vos études, vous voudrez sauvegarder un peu plus souvent, probablement pendant la nuit.

Le meilleur conseil que je puisse vous donner c'est de vous fixer un schéma et de vous y tenir. Ce schéma doit comprendre une sauvegarde suffisamment fréquente pour que, en cas de panne désastreuse de votre matériel, vous puissiez tout reprendre à partir de la sauvegarde sans trop de peine. Je sauvegarde mes fichiers vitaux sur Tiny, le disque dur de FireWire, au moins toutes les trois heures. Grâce à la très agréable architecture multitâche d'OS X, BUTK (*BackUp ToolKit*) tourne en arrière-plan, et souvent je ne remarque même pas qu'il m'affiche un script.

Combien de jeux de sauvegarde ?

Lorsque vous avez un utilitaire de sauvegarde, c'est-à-dire une application construite pour vous aider dans la réalisation des sauvegardes, vous pouvez recourir à des stratégies de sauvegarde plus sophistiquées. Deux applications sont présentées dans la section *Une analyse des logiciels* dans la suite de ce chapitre. Mais d'abord, laissez-moi définir quelques termes dont vous aurez besoin pour la compréhension de ce qui suit :

- Sauvegarde complète : la sauvegarde de la totalité du contenu d'un disque.
- Sauvegarde de mise à jour : la sauvegarde des seuls fichiers modifiés depuis la dernière sauvegarde complète ou de mise à jour.
- Sauvegarde de type simple : la sauvegarde qui ne conserve qu'une copie de chaque fichier dans le jeu de sauvegardes.
- Sauvegarde de type archive : la sauvegarde qui enregistre toutes les versions successives de chaque fichier dans le jeu de sauvegardes.

Tous les logiciels de sauvegarde peuvent effectuer des sauvegardes complètes et de mise à jour. Ensuite le programme fait son travail d'une manière ou d'une autre, de type simple ou de type archive. Les programmes de sauvegarde modernes, et notamment les deux programmes que je compte vous présenter dans un moment, peuvent travailler dans les quatre types (voire plus). Et cela m'amène à un point important : peu importe le logiciel que vous utilisez, soyez sûr de bien comprendre ce que vous êtes en train de sauvegarder, assurez-vous que les bons fichiers sont vraiment bien sauvegardés, et testez régulièrement votre potentiel à restaurer des fichiers avec succès.

La sauvegarde de type simple crée une image miroir de votre disque dur la première fois que vous l'utilisez. Puis, lorsque vous effectuez des sauvegardes de mise à jour, elles remplacent les fichiers modifiés depuis la dernière opération de sauvegarde par la version actuelle. En d'autres termes, une sauvegarde de type simple ne contient que les versions les plus récentes de chaque document. L'avantage de cette démarche est un emploi moindre des ressources de sauvegarde, concrètement un nombre moins important de disques Zip ou de CD-R. L'inconvénient est que, lorsque vous souhaitez retrouver une version ancienne d'un document, elle ne se trouve plus dans votre jeu de sauvegardes. Seule la version la plus récente s'y trouve. Et si un fichier a été attaqué par un virus, ce document infecté est le seul dont vous disposez.

La sauvegarde de type simple est à utiliser en liaison avec d'autres sauvegardes ; ne l'employez jamais toute seule.

La sauvegarde de type archive, d'un autre côté, ajoute les fichiers modifiés au jeu de sauvegardes sans supprimer les versions antérieures. L'inconvénient est que cela consomme des ressources. L'avantage est que si vous préférez la version d'un document vieille de moins d'une semaine, avant l'édition définitive de celui-ci, vous pouvez la restaurer.

Vous pouvez faire la différence entre un programme qui fait des sauvegardes de type simple et celui qui effectue des sauvegardes de type archive. Lorsque le programme vous demande d'insérer les disques anciens du jeu de sauvegardes, c'est probablement une sauvegarde de type simple ; lorsque le programme vous demande d'insérer des disques nouveaux et vierges, il effectue probablement une sauvegarde de type archive. Consultez votre manuel avec soin, pour savoir comment vos fichiers sont archivés.

Attention **Lire le manuel de sauvegarde**

Je suis fermement convaincu de ce qui suit. Utiliser un programme de sauvegarde moderne sans lire son manuel d'un bout à l'autre, c'est comme vouloir s'opérer soi-même de l'appendicite ou essayer de piloter un jet après avoir joué une heure avec un jeu vidéo d'aéronautique.

Quelques programmes, comme Retrospect, favorisent un type plus qu'un autre. Pour Retrospect, c'est le type archive, pour BUTK, c'est la synchronisation, un autre type de sauvegarde où vous n'archivez pas de multiples copies de fichier, mais juste les plus récents. Les deux programmes vous permettent de créer des scripts pour faire n'importe quelle combinaison des types de base.

Cela conduit à faire un choix entre la sécurité et la simplicité. Si vous sauvegardez sur des supports mobiles chers (disque Zip, cartouche Jaz et SuperDisques), le type simple vous fait gagner du temps et de l'argent. Le revers de la médaille, c'est que vous n'avez qu'un exemplaire de chaque fichier dans votre jeu de sauvegardes. Si vous ne devez avoir qu'un jeu de sauvegardes, cela devrait être une sauvegarde de type archive. Elle consomme davantage de disques (cartouches ou bandes) mais vous permet de restaurer la version la plus récente d'un fichier, ou une version antérieure, au choix.

Les deux sauvegardes vous permettent de restaurer votre disque au complet exactement dans l'état où il se trouvait lors de votre dernière utilisation, ou de restaurer un unique fichier. La plupart des programmes, incluant Retrospect et BUTK, vous permettent de restaurer un groupe de fichiers en utilisant des filtres (tous les fichiers modifiés depuis lundi, tous les documents, tous les fichiers système, etc.).

Attention **Sauvegarde et OS X**

Retrospect et BUTK avaient quelques problèmes à restaurer une partition OS X lorsque l'édition américaine de ce livre a été mise sous presse. Il semble que ces problèmes soient sur le point d'être résolus. Les deux produits ont une version bêta qui permet cette restauration sous OS X. Cependant, vous devez être certain que la version que vous utilisez vous permettra de restaurer un disque de démarrage. Comme je l'ai déjà dit, vous devez effectuer une restauration avant de faire confiance : restaurez un disque OS X complet et démarrez avec succès depuis celui-ci.

Lorsque vous commencerez votre procédure de sauvegarde, vous voudrez réaliser une sauvegarde complète. Puis, les jours suivants, vous effectuerez des sauvegardes de mise à jour : le logiciel ne sauvegardera que les fichiers modifiés depuis la dernière sauvegarde. Si vous utilisez une sauvegarde de type simple, celle-ci remplacera les versions précédentes des fichiers par leur toute dernière version. Lorsque vous utilisez un type archive, la version en cours est ajoutée au jeu de sauvegardes (et donc aux versions antérieures).

Astuce **Plusieurs jeux de sauvegardes**

Quel que soit votre choix, type simple ou type archive, un jeu de sauvegardes n'est jamais suffisant. Si vous optez pour le style simple, assurez-vous que vous avez plusieurs jeux de sauvegardes fonctionnant simultanément. Une unique sauvegarde de type simple n'est jamais une protection fiable. Lorsque vous choisissez un type archive, vous avez besoin d'au moins deux jeux de sauvegardes pour être en sécurité et, de nouveau, j'en recommande un troisième à conserver en dehors du site.

Trois stratégies de sauvegarde

Voici les trois stratégies que vous pouvez mettre en place pour obtenir divers degrés de protection du contenu de vos disques durs.

Première stratégie : un maximum de sécurité et d'agrément

Commencez par effectuer une sauvegarde complète quel que soit le logiciel de sauvegarde choisi. Pour un disque dur de 20 Go, cela devrait prendre moins d'une heure, à condition d'avoir installé préalablement tous les moyens nécessaires. Ensuite, après chaque journée de travail, effectuez une sauvegarde de mise à jour de tout le disque dur, c'est-à-dire des fichiers de sauvegarde des modifications apportées depuis la dernière sauvegarde. Tous les utilitaires de sauvegarde que je connais peuvent effectuer ce travail. À moins que vous n'ayez fait un très grand nombre de mises à jour sur votre disque dur, une sauvegarde de mise à jour ne prend pas plus de 10 minutes par jour. Croyez-moi, c'est du temps bien utilisé.

Pour une protection maximale, alternez entre deux jeux supports au moins et conservez-en toujours un en dehors du site. De cette façon, s'il y a un incendie ou une inondation dans votre bureau, ou si vous êtes cambriolé, vous aurez tout ce qu'il faut pour recommencer à travailler immédiatement. Vous aurez sans doute besoin d'un nouveau Mac et d'un nouveau disque dur. Sans sauvegarde hors du site, non seulement il vous faudrait un nouveau matériel, mais vous auriez à tout recréer à partir de zéro sur votre disque dur. Pas drôle.

Cette stratégie est la plus sûre car, si votre disque dur est endommagé pour une raison ou pour une autre, vous avez deux jeux complets de sauvegarde des applications, fichiers système et documents, que vous pouvez utiliser jusqu'à ce que votre disque dur soit en service. La probabilité que vous n'ayez pas une copie d'un élément sur une des deux sauvegardes est faible tant que vous faites bien vos sauvegardes de mise à jour quotidiennes.

Vous pouvez adopter un code de couleur pour chaque jeu et effectuer des sauvegardes sur un jeu différent chaque nuit. Le jeu le plus récent doit toujours quitter le site le soir. Ainsi, s'il arrivait quelque chose dans votre bureau, vous auriez une copie complète de votre disque dur datant de la veille.

Mais la démarche la plus efficace est d'avoir trois jeux qui tournent de la manière suivante : un jeu est toujours conservé en dehors du site, de préférence dans un coffre-fort résistant au feu. Le jeu hors site est échangé avec un des deux autres une fois par semaine. Les deux autres jeux sont utilisés suivant les principes décrits dans cette section. Vous emmenez le disque du jour hors du site lorsque vous quittez les lieux. Une fois par semaine, vous échangez le disque qui est en lieu sûr contre un des deux autres.

Cette stratégie prend plus de temps que les autres mais vous garantit que, quels que soient les événements, vous avez un jeu de sauvegardes à portée de main, datant de moins d'un jour et contenant tout votre disque dur.

Vous pouvez aussi décider de n'utiliser qu'un jeu de sauvegardes. Si vous faites ce choix, vous devez emmener votre sauvegarde lorsque vous quittez votre bureau. Votre niveau de sécurité baisse alors considérablement. En plus des raisons déjà évoquées, il est possible qu'un de vos disques de sauvegarde soit endommagé et inutilisable, ce qui empêcherait une restauration à partir de ce disque.

Deuxième stratégie : une haute sécurité mais une remise en route moins simple

Cette stratégie demande moins de temps que la première, une sauvegarde de mise à jour pouvant prendre 50 % de temps en moins. En utilisant le logiciel de sauvegarde, suivez ces étapes :

1. Créez un jeu de sauvegardes des fichiers système et des applications uniquement.
2. Créez un autre jeu de sauvegardes et mettez-y votre répertoire et tous vos documents.
3. Pour actualiser les deux jeux, effectuez une sauvegarde de mise à jour du répertoire et des documents tous les jours, et sauvegardez le système et les fichiers d'application toutes les semaines ou deux.

Cette stratégie vous fait gagner du temps parce que le programme de sauvegarde décide de ce qu'il faut mettre dans une sauvegarde de mise à jour en fonction de la date à laquelle les fichiers ont été modifiés. Quelquefois, certains fichiers, généralement les applications ou les Préférences, apparaissent à votre logiciel de sauvegarde comme ayant été modifiés même si vous ne les avez pas utilisés. Cela vient de l'information invisible sur votre Bureau, qui est celle dont tient compte votre utilitaire de sauvegarde. Elle contient une date de modification plus récente que celle de votre dernière sauvegarde. Les applications peuvent donc ne pas avoir changé, alors que votre logiciel de sauvegarde pense le contraire.

La raison pour laquelle vous pouvez sauvegarder moins souvent les fichiers système et applications, c'est que vous devez avoir des copies conservées dans votre coffre ou hors site. Si nécessaire, vous pouvez toujours restaurer les fichiers système et applications à partir des disques d'origine. Souvenez-vous que si vous avez apporté des modifications à votre dossier *Library* (ajout de polices de caractères) ou *Applications* (mise à jour), en cas de restauration, celles-ci sont perdues.

Bien que moins sûre que la première stratégie, celle-ci vous assure de la sauvegarde quotidienne de fichiers irremplaçables : le répertoire et vos documents. Pour une sécurité accrue, vous pouvez créer deux jeux de chaque sorte : fichiers application et système, et répertoire, en tournant et en conservant un jeu en dehors du site comme avec la première stratégie. Vous pouvez ensuite faire tourner le jeu des fichiers application et système hors site une fois par mois, et le jeu répertoire tous les jours.

Troisième stratégie : préférable à l'absence de sauvegarde

Organisez votre logiciel de sauvegarde pour n'y inclure que les documents. La plupart des logiciels l'acceptent. Faites une sauvegarde complète des seuls documents vers le support de votre choix, puis faites ensuite des sauvegardes de mise à jour des seuls documents aussi souvent que vous le souhaitez.

Cette stratégie suppose que vous ayez une copie des CD d'installation d'OS X et de toutes vos applications quelque part, ainsi que les CD originaux. De nouveau, si vous avez apporté des modifications à votre système ou aux applications, vous les perdrez lorsque vous restaurerez à partir du CD d'installation. Mais au moins, vous aurez tous vos documents sauvegardés dans leur dernier état. Et cela, c'est mieux que de tout perdre.

Je ne recommande pas trop cette stratégie à moins que vous ayez peu de travaux importants sur votre disque dur.

Quelle que soit la stratégie retenue, vous devez sauvegarder votre travail. Bien que les disques durs soient, dans la plupart des cas, des animaux fiables, ils choisissent toujours le plus mauvais moment pour rendre l'âme. Et bien qu'un disque dur puisse généralement être réparé ou reconstruit, cela prend des heures et des jours. Croyez-moi, un jour cela vous arrivera. La sauvegarde du disque dur, c'est comme l'hygiène dentaire, vous devez vous sentir coupable lorsque vous la négligez.

Nous allons maintenant analyser quelques logiciels de sauvegarde qui font d'une tâche ennuyeuse mais vitale quelque chose de moins pénible.

Analyse des logiciels

Voici une analyse des deux logiciels phares pour les sauvegardes sous OS X : Retrospect et BackUp ToolKit.

Retrospect, une découverte

Longtemps leader des logiciels de sauvegarde de Macintosh, Retrospect pour OS X de Dantz était en version bêta au moment de la rédaction de ce livre. Comme c'est presque toujours le cas avec les versions bêta, quelques changements mineurs devraient probablement se produire d'ici à la commercialisation du produit. Des modifications majeures sont même prévisibles car de nombreuses fonctionnalités étaient marquées "en cours de développement" dans la version bêta sur laquelle je travaillais.

Retrospect

Pour être honnête, lorsque ce logiciel sera disponible, et Dantz travaille sur sa mise au point, je vais certainement adopter Retrospect et jeter BUTK. Je n'ai rien contre BUTK, loin de là ; c'est la seule application qui a été capable de répondre à mes besoins sous OS X. Mais j'ai déjà employé Retrospect pendant des années et je fais confiance à Dantz. Je sais que c'est une société qui fait bien les choses et qui a de la considération pour ses clients. Essayez leur assistance technique : superbe !

Je ne dénigre pas pour autant BUTK. Le prix est raisonnable, il marche bien et le travail de FWB est correct. Mais j'ai été en relation avec Dantz pendant plus de dix ans (depuis DiskFit). Je compte plus d'un appel paniqué à leur support technique et je sais que leurs techniciens de dépannage sont au top et vous prennent vraiment au sérieux. En plus, je sais où vivent leurs fondateurs, les frères Zulch.

Je ne connais personne chez FWB, et c'est leur premier produit dans le domaine de la sauvegarde. Je ne peux pas évaluer quel sera leur niveau d'implication dans la communauté Macintosh.

En conclusion, c'est parce que je suis habitué à son interface que j'aime utiliser Retrospect.

Je sais que je l'ai déjà dit, mais cette fois j'exprime mon sentiment profond : à cause de tout ce que je sauvegarde et du rythme auquel je le fais, et du nombre de jeux que je dois avoir, je me prépare à revenir à un équipement à bandes haute vitesse et haute capacité. Retrospect est le seul programme que je connaisse qui gère les équipements à bande.

Vous pouvez utiliser Retrospect comme un utilitaire de sauvegarde autonome, ou vous pouvez l'employer sur un réseau où tous les ordinateurs à sauvegarder sont clients de Retrospect. Je parle ici des opérations autonomes, mais ayant fait fonctionner un réseau pendant des mois, c'est simple à installer et ça marche lorsque vous voulez sauvegarder un petit réseau à partir d'un seul Mac.

Après l'installation de Retrospect et son lancement, la première chose visible est la fenêtre de répertoire présentée à la figure 4.2.

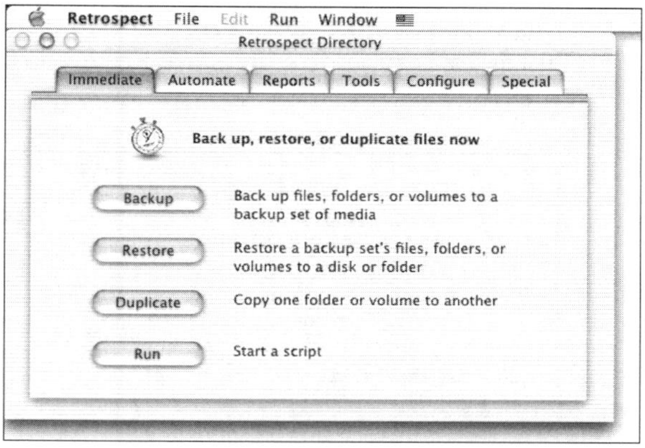

Figure 4.2
La fenêtre Répertoire est le centre de contrôle virtuel de Retrospect

Si vous souhaitez faire simplement une sauvegarde rapide, cliquez sur le bouton **Backup** du volet **Immediate**. La fenêtre de sauvegarde apparaît (au milieu de la figure 4.3). Cliquez sur le bouton **Sources** et toutes les partitions disponibles apparaissent dans la fenêtre **Volume Selection**. Sélectionnez celles que vous voulez à partir de la liste déroulante ou cliquez sur **Subvolume** pour faire une sélection dossier par dossier. Lorsque votre sélection est faite, cliquez sur OK.

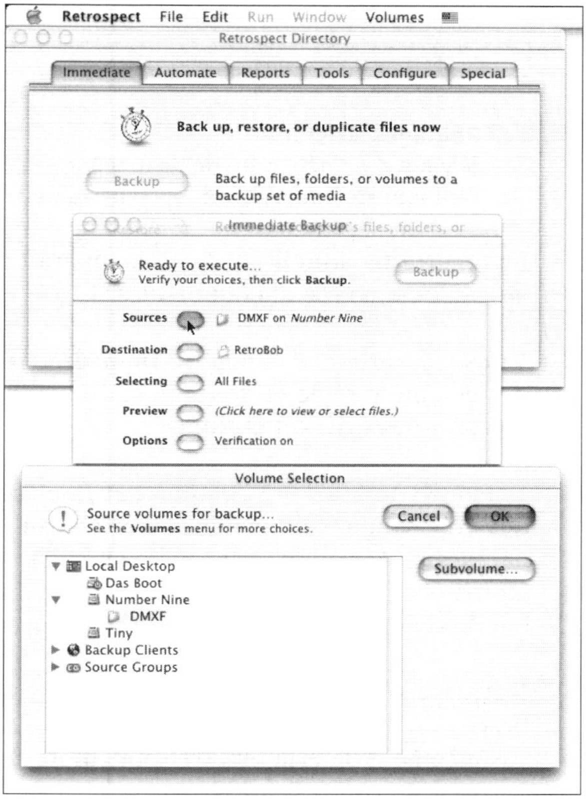

Figure 4.3
La fenêtre Immediate Backup, au centre, et la fenêtre Volume Selection, en bas

Vous voyez ensuite la fenêtre **Backup Set Creation**, présentée à la figure 4.4. Choisissez le type de sauvegarde que vous voulez effectuer et cliquez sur **New** pour l'enregistrer.

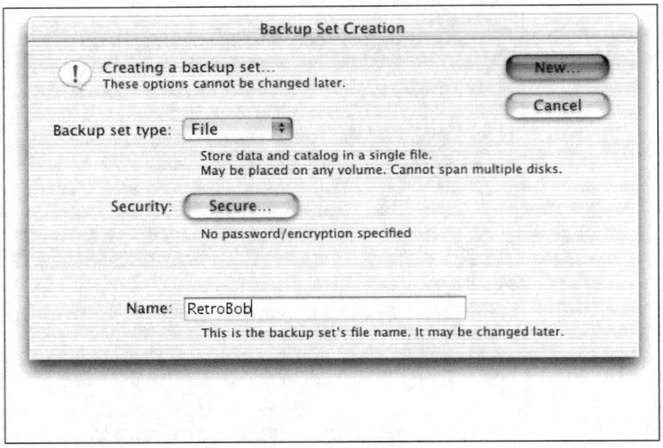

Figure 4.4
La fenêtre Backup Set Creation

Remarque **Réglages existants**
Si vous avez déjà créé des sauvegardes, Retrospect affiche une sélection des réglages de sauvegarde existant au lieu de la fenêtre **Backup Set Creation**.

La fenêtre **Backup Set Selection** apparaît ; sélectionnez le réglage nouvellement créé et cliquez sur OK.

Vous êtes envoyé à la fenêtre **Immediate Backup**. Contrôlez que tout est correctement réglé en cliquant sur les cinq boutons **Sources**, **Destination**, **Selecting**, **Preview** et **Options**.

Lorsque vous êtes prêt, cliquez sur **Backup**. Après avoir confirmé que c'est ce que vous voulez faire, vous devrez choisir le moyen d'enregistrement si nécessaire. Si vous choisissez un autre disque dur ou une partition d'un réseau, Retrospect peut commencer la sauvegarde. Insérez le disque, le CD ou la bande si nécessaire, puis cliquez sur **Proceed**.

Retrospect commence la sauvegarde et vous informe sur les ressources si besoin est. Tout au long de l'opération, Retrospect vous tient au courant de l'avancement dans la fenêtre **Immediate Backup**, comme le montre la figure 4.5.

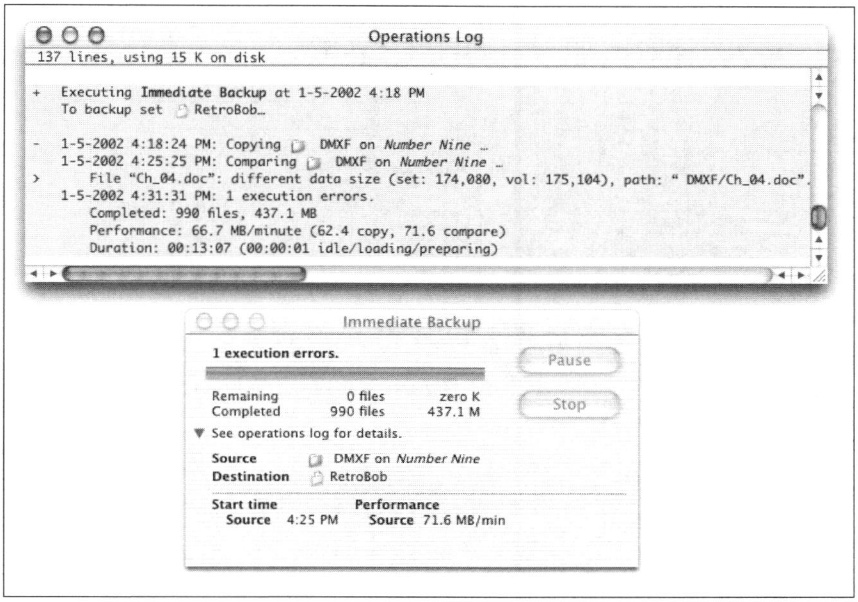

Figure 4.5
Une erreur, comme vous pouvez le voir sur le journal et dans la fenêtre Immediate Backup

La restauration de fichiers est exactement l'inverse de la sauvegarde. Vous cliquez sur le bouton **Restore** du volet **Immediate**, choisissez le jeu de sauvegardes à partir duquel vous allez restaurer, l'emplacement où vous voulez restaurer les fichiers, puis après avoir contrôlé que les réglages sont corrects, vous sélectionnez les fichiers à restaurer sur la fenêtre **Restore From Backup Set**, comme le montre la figure 4.6.

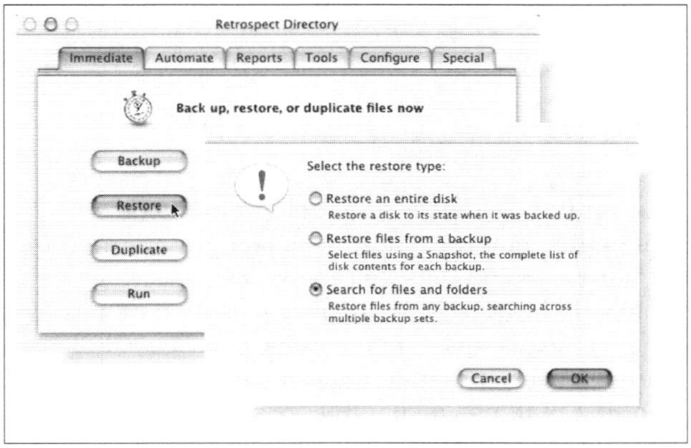

Figure 4.6
La fenêtre du programme de restauration

Il y a encore bien d'autres choses à dire sur Retrospect. Mais je n'ai plus droit qu'à une figure. La voici d'ailleurs, c'est la figure 4.7.

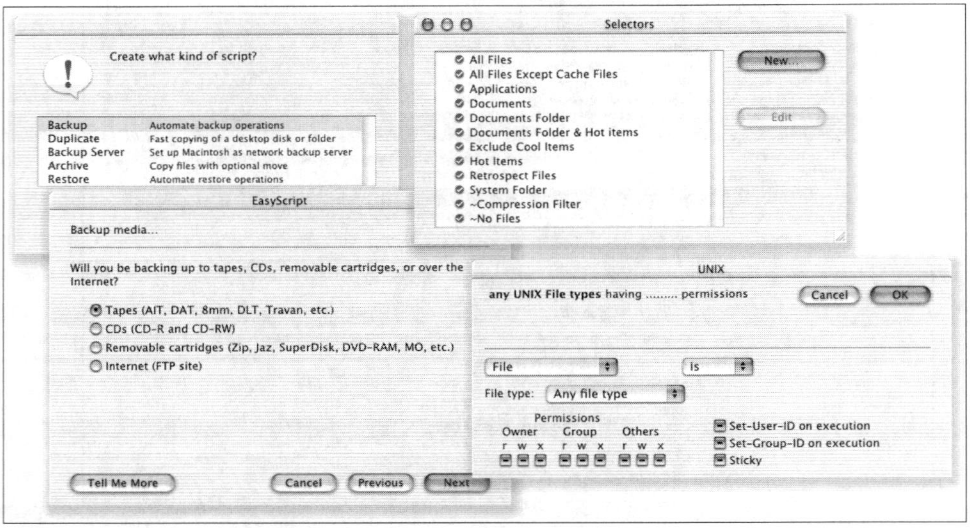

Figure 4.7
Quelques-unes des fonctionnalités les plus intéressantes de Retrospect

Vous pouvez automatiser Retrospect en utilisant un des cinq types de scripts (en haut à gauche de la figure 4.7). Vous pouvez utiliser des filtres, appelés "Selectors", pour la sauvegarde comme pour la restauration (en haut à droite). Restrospect fonctionne avec un plus grand nombre de supports et une plus grande variété de matériel que tout autre programme (en bas à gauche), et la version OS X vous laisse même la possibilité d'utiliser les permissions Unix comme critères du "Selector" (en bas à droite).

Retrospect a des fonctionnalités que vous ne retrouverez pas dans BackUp ToolKit ou dans Retrospect Express.

Remarque **Retrospect Express**

Retrospect Express est une version "allégée" à laquelle manquent quelques-unes des fonctionnalités pointues de Retrospect, notamment la gestion des bandes magnétiques, les options de réseau, certaines automatisations et les options de filtrage. Vous pouvez très bien ne pas avoir besoin de ces fonctionnalités. Lisez ce qui concerne BackUp ToolKit et visitez le site web de Dantz pour actualiser les informations relatives à Retrospect Express pour OS X. Ce produit n'était pas disponible lors de la rédaction de ce livre.

Vous pouvez en savoir plus sur Retrospect en visitant le site **www.dantz.com**. Les prix n'étaient pas disponibles lors de la mise sous presse. La précédente version de Retrospect coûtait environ 150 et celle de Retrospect Express environ 50 .

FWB BackUp ToolKit, un essai

Je vais commencer par un panorama général et essayer de vous donner une impression des similitudes philosophiques et des différences entre les deux programmes. Comme Retrospect, BUTK offre un emploi direct (*immediate*), et un autre avec des scripts (programmes d'actions). Un des avantages qui entraînent l'adhésion de nombreux utilisateurs à BackUp ToolKit est que le format par défaut de sauvegarde n'est, en aucune façon, un format d'archive propriétaire (comme celui qui est utilisé par Retrospect pour la plupart des types de sauvegardes). J'utilise ce format lorsque je sauvegarde sur Tiny. Quand j'ai besoin de restaurer quelque chose, je le fais glisser de Tiny vers Das Boot ou Numéro neuf, et c'est tout. Pas besoin d'employer BackUp ToolKit pour effectuer une restauration.

BackUp ToolKit vous offre quatre types de sauvegardes :

- Incremental backup : sauvegarde les fichiers nouveaux et modifiés.
- Synchronization : synchronise les dossiers et les partitions.
- Mirror backup : copie des partitions entières.
- Evolutive Mirror backup : sauvegarde des contenus entiers avec les versions récentes des documents modifiés.

Non seulement BackUp ToolKit peut sauvegarder des fichiers et des disques, mais il peut encore synchroniser des fichiers et des disques. Cela consiste à conserver des paires de dossier ou de disque en synchronisation l'un avec l'autre de façon que les deux aient des contenus identiques à tout moment.

En plus, les deux structures de répertoire ont la plus récente version de chaque fichier. Vous pouvez employer cette possibilité de synchronisation du contenu de deux ordinateurs. Par exemple, votre Bureau Mac et votre portable. Lorsque vous utilisez cette fonctionnalité, assurez-vous que les horloges système sont correctement réglées (l'emploi d'un serveur réseau est une bonne idée, vous pouvez mettre le vôtre en route dans les Préférences système de l'onglet **Horloge de réseau** de Date et heure).

BackUp ToolKit est plutôt limité quant à ses possibilités de scripts, appelés Programmed Actions. BackUp ToolKit doit tourner pour leur exécution. Il est donc nécessaire de mettre BackUp ToolKit dans vos données d'ouverture au sein du panneau des Préférences système d'ouverture.

Vous pouvez utiliser BackUp ToolKit pour sauvegarder sur un autre disque, un disque réseau ou une ressource extérieure comme un disque Zip ou Jaz. La sauvegarde consiste à faire une copie de tout ce que vous avez choisi, comme si vous aviez utilisé le Finder pour copier les fichiers. Grâce à cela, vous pouvez accéder au contenu de votre sauvegarde dans le Finder et restaurer les fichiers individuels comme les répertoires quand vous le désirez.

Mirror backup crée une copie conforme de la source. Dans les sauvegardes ultérieures, cette copie est mise à jour pour représenter l'état présent de la source. Il s'agit de la sauvegarde de style simple précédemment citée. Evolutive Mirror backup est comparable à Mirror backup, mais elle fournit également une trace d'audit en conservant les versions antérieures des fichiers mis à jour ou supprimés. Le nombre de versions antérieures à gérer est configurable par l'utilisateur. Incremental backup n'écrit que les fichiers qui ont été modifiés ou ajoutés depuis la dernière sauvegarde, mais chacune des sauvegardes a ses propres dossiers.

L'avantage du Mirror backup est que c'est la méthode la plus simple et la plus rapide, surtout lorsqu'il faut restaurer un fichier, un dossier ou une partition. L'inconvénient a déjà été évoqué précédemment. C'est bien si c'est utilisé avec un autre type de sauvegarde, parce que n'avoir qu'une seule copie de sauvegarde d'importants fichiers peut être dangereux.

Evolutive Mirror backup, une sauvegarde proche de l'archivage, est la méthode la plus sûre parce que vous pouvez également restaurer des versions antérieures et revenir en arrière pour trouver la copie qui correspond à vos besoins. L'inconvénient est qu'il vous faut plus de ressources ou d'espace disque pour gérer ce type de sauvegarde.

Incremental backup vous laisse gérer de petites quantités de fichiers modifiés, vous permettant ainsi d'emporter le travail d'une journée (par exemple) à la maison. L'inconvénient est que vous ne pouvez pas faire une restauration totale. Si vous utilisez cette méthode, vous devriez l'employer comme complément à un Mirror backup.

Toutes les stratégies de sauvegarde acceptent l'emploi éventuel des technologies de compression pour sauvegarder les fichiers sur un espace moindre, mais BackUp ToolKit doit être disponible pour décompresser un fichier.

Voilà. Nous sommes maintenant prêt à regarder. BackUp ToolKit est direct et simple à utiliser. Son organe de contrôle, ou fenêtre principale, est appelé sans surprise BackUp ToolKit 3, comme le montre la figure 4.8.

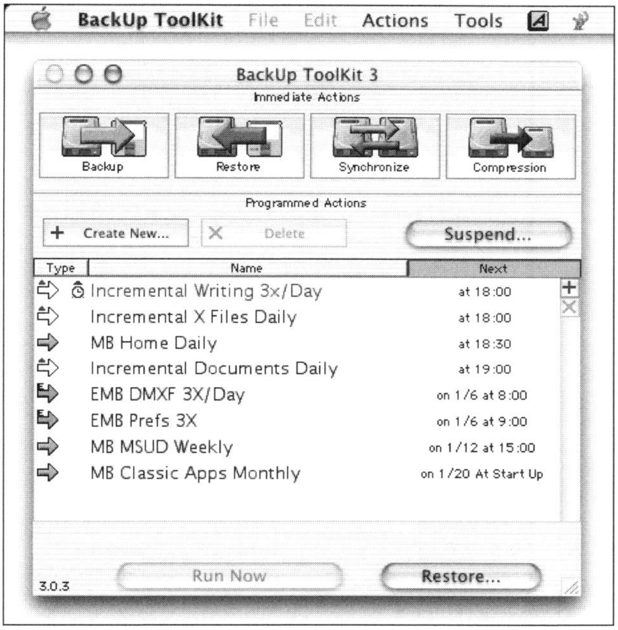

Figure 4.8
La fenêtre principale de BackUp ToolKit

Lorsque BackUp ToolKit n'est pas l'application en cours, elle se recroqueville en une petite icône dans un coin avec un affichage qui montre l'heure à laquelle le prochain script est programmé (18 h 00 à la figure 4.9).

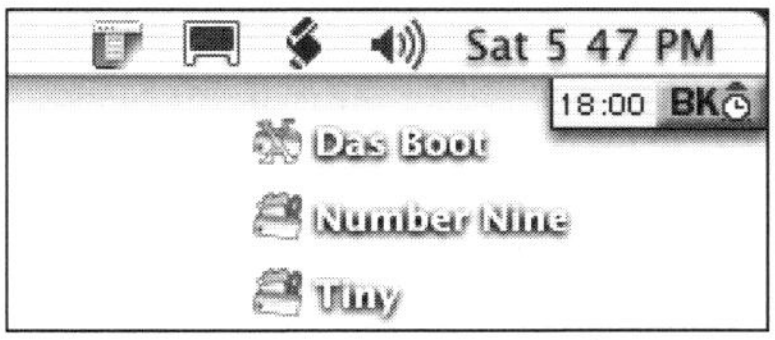

Figure 4.9
BackUp ToolKit ne prend pas beaucoup de place mais vous prévient de l'heure de son redémarrage

Pour effectuer une sauvegarde tout de suite, cliquez sur le bouton **Backup** et regardez la fenêtre **Backup (Immediate)** illustrée à la figure 4.10. Vous choisissez les dossiers ou disques à sauvegarder en les faisant glisser depuis le Bureau vers le panneau approprié. Vous pouvez spécifier diverses options en utilisant les cases à cocher sous la zone de liste.

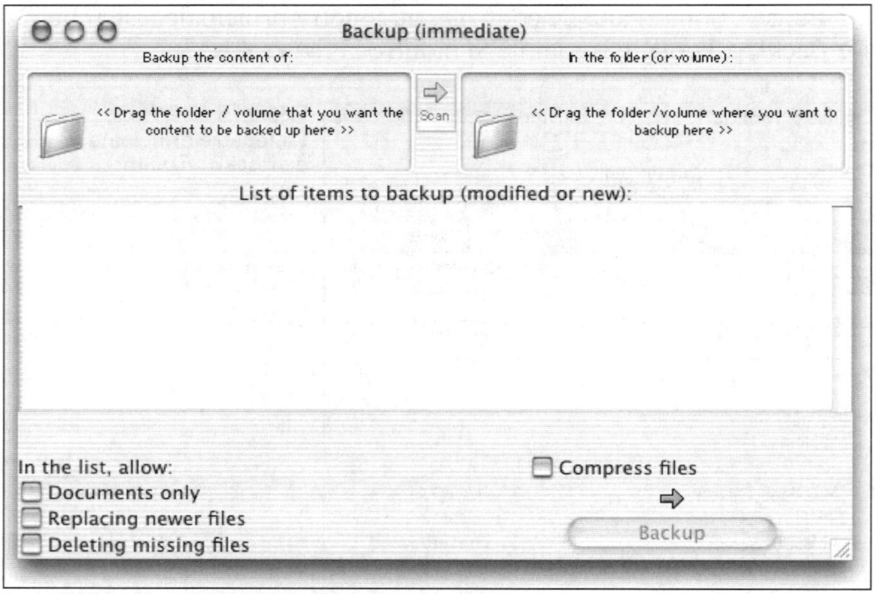

Figure 4.10
La fenêtre BackUp (Immediate) est simple et efficace

Si vous cliquez sur le bouton **Restore** de la fenêtre principale, vous voyez une fenêtre qui ressemble à celle de la figure 4.10, mais qui est nommée **Restore (Immediate)**. Sélectionnez les fichiers ou dossiers à restaurer dans le panneau gauche, et du moment qu'il y a une sauvegarde contenant un dossier du même nom dans le panneau droit, la restauration peut se faire.

La vraie force de BackUp ToolKit réside cependant dans les scripts. En utilisant les actions programmées, vous pouvez automatiser tout le processus de sauvegarde, en ayant une sauvegarde de dossiers particuliers à une heure spécifique, généralement sans intervention humaine (quelquefois, vous devez être présent pour changer des disques si la sauvegarde est trop importante compte tenu de la ressource finale). La figure 4.11 montre la composition d'une action programmée.

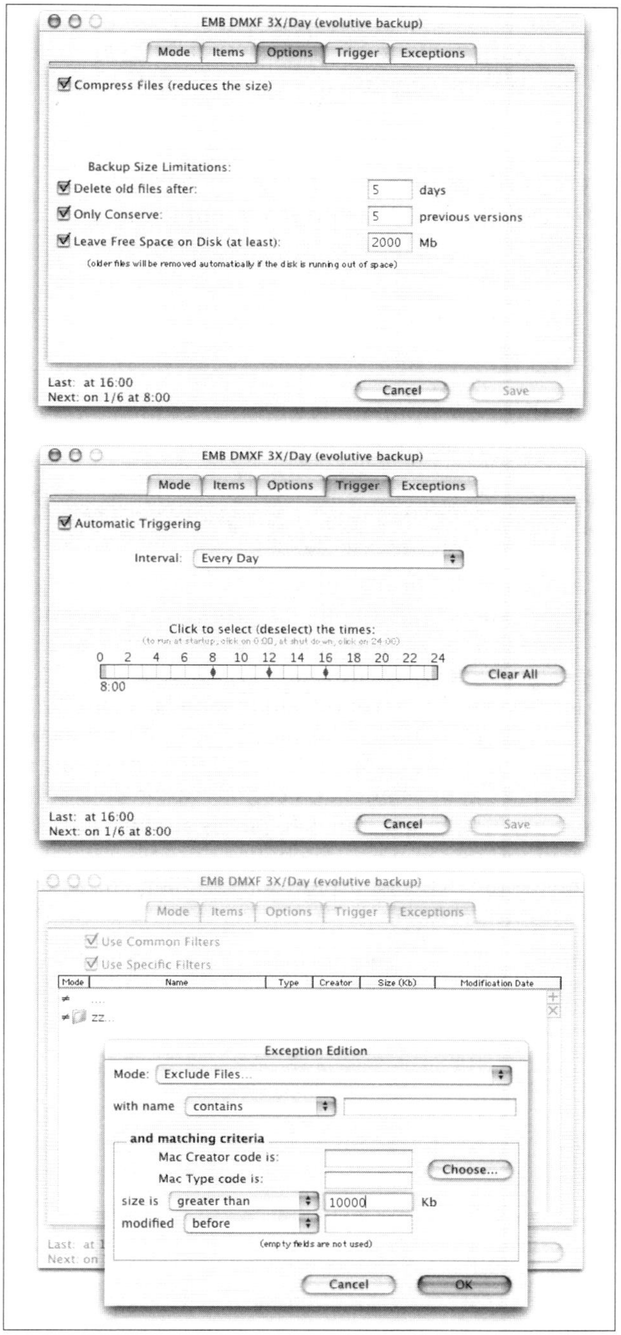

Figure 4.11
Les trois volets Options en haut, Trigger au milieu et Exceptions en bas

Vous pouvez spécifier des options d'actions particulières sur le volet **Options**. Chaque type d'action a son jeu d'options. Cliquez sur le volet **Trigger**, montré au milieu de la figure 4.11, pour spécifier comment et quand l'action doit être effectuée.

Lorsque vous souhaitez exclure certains fichiers ou dossiers particuliers d'une action, vous pouvez les définir avec le volet **Exceptions**, comme le montre la figure 4.11 en bas.

BackUp ToolKit est produit par FWB Software LLC (**www.FWB.com**) ; son prix est d'environ 50 .

Une dernière chose : si votre budget est mini, mais que vous teniez à un logiciel de sauvegarde, le logiciel à partager FoldersSynchronizer coûte environ 30 ..

Mini Caméscope numérique

Ce n'est pas encore prêt pour une émission de "prime time" et ça ne marche qu'avec une ligne de commande Unix, mais une nouvelle solution de sauvegarde s'annonce. Les commandes sont `dvbackup` et `dvrestore`. Vous avez dû deviner à partir des noms que cela a quelque chose à voir avec la vidéo digitale et vous avez raison. Ces commandes effectuent une sauvegarde vers et une restauration à partir d'une bande magnétique digitale vidéo dans un mini Caméscope numérique avec une connexion FireWire. Si vous essayez d'importer le "film" créé dans iMovie, vous devriez voir des images colorées ; certaines sont d'ailleurs assez belles. La configuration courante fait 2 Go de fichiers par session. Ce n'est pas une limite imposée par le support car vous pouvez faire plusieurs sessions sur un même support (une heure de vidéo digitale représente 12 Go de données). Si vous voulez en savoir plus sur ce sujet, consultez les cercles de discussion iMovie sur le site web d'Apple.

Partie II

Devenir un expert

5

Obtenir le maximum d'Internet

Lorsque j'ai commencé à utiliser un Macintosh, il n'y avait rien de comparable au Web, à Internet, aux navigateurs, aux modems, à l'ADSL, au RNIS, à Ethernet, ni à d'autres choses que nous considérons comme normales aujourd'hui et qui n'étaient pas encore inventées. Nous disposions alors de volumineux, lourds et coûteux modems qui tournaient à 300 ou 1 200 bps quand nous pouvions nous les offrir. Les services en ligne (hum !), avec des noms comme CompuServe ou Delphi, proposaient des interfaces pour les commandes en ligne, accessibles en saisissant des commandes dans un programme de communication spécialisé connu sous le nom de Terminal Emulator. Ce qui, incidemment, permet de constater combien le programme Terminal d'OS X est ergonomique. Les interfaces graphiques de télécommunication n'avaient pas encore été inventées et ne disposaient pas de messages instantanés. En fait, bien qu'America Online existât déjà, il s'appelait QuantumLink avec une spécialisation pour les ordinateurs de Commodore. Mais y a-t-il autour de moi quelqu'un d'assez âgé pour s'en souvenir ?

Oui, il y avait bien des e-mails en ce temps-là, mais vous ne pouviez en échanger qu'avec les gens disposant du même service. Ainsi, si votre correspondant utilisait Delphi et vous CompuServe, et bien vous deviez communiquer suivant les vieilles habitudes, par lettre ou par téléphone.

Quinze ans plus tard, nous avons des accès Internet à haut débit, branchés en permanence, dix, vingt ou même cent fois plus rapides qu'avec les modems analogiques. Une entreprise sans site web est de nos jours tout simplement impensable.

Je pense que le progrès est une bonne chose. Communiquer avec un Mac n'a jamais été plus facile, plus rapide ni plus économique. Et le contenu n'a jamais été aussi bon.

Une fois de plus, au risque de voir ma formule "il faut ramper avant de marcher, et marcher avant de courir" vous fatiguer, nous commencerons par les bases. Pensez-y comme à un apéritif avant de manger (des yeux) la suite sympathique de ce chapitre.

Première leçon d'Internet

Mac OS X dispose de quelques-uns des logiciels les plus sophistiqués pour communiquer avec d'autres ordinateurs dans n'importe quel système d'exploitation. Chaque Mac possède les ports voulus pour la connexion à Internet. Fort heureusement, vous n'avez pas besoin d'en savoir beaucoup sur le logiciel ou sur les ports pour accéder à Internet.

Remarque **Port**

Vous ne connectez pas réellement votre ordinateur à Internet, vous connectez un de ses ports (USB, modem ou Ethernet) à un équipement qui communique avec Internet : une ligne téléphonique, un modem câble, un hub, un routeur ou tout autre équipement.

Il y a deux choses que ni OS X ni votre Mac ne vous fourniront :

- L'équipement avec lequel vous connectez votre Mac : une ligne téléphonique (si votre Mac a déjà un modem), un modem et une ligne téléphonique (s'il n'a pas déjà un modem), un modem câble, un routeur ADSL ou tout autre moyen de communiquer avec le monde extérieur.
- Un compte chez un fournisseur d'accès Internet (FAI). Votre FAI est celui qui vous envoie une facture (généralement mensuelle) en contrepartie de votre accès à Internet.

Bien qu'OS X comprenne un logiciel pour e-mail, recherche sur le Net, et autres travaux relatifs à Internet, de meilleurs programmes sont souvent disponibles comme vous pourrez le constater tout au long de ce chapitre.

Le défi est que vous ayez ces deux équipements et votre Mac et OS X feront le reste. Les deux marchent la main dans la main. Certains FAI n'offrent que le service téléphonique. Les sociétés de télévision par câble ne proposent un accès à Internet que par modem câble. Votre compagnie de téléphone peut vous vendre un accès via ADSL, un relais de trame sur fibre optique ou une ligne T1.

À la fin de la journée, cependant, tout est fonction de la largeur de bande : la quantité d'informations que vous pouvez envoyer et recevoir par l'intermédiaire de votre connexion Internet. La largeur de bande détermine la vitesse à laquelle les pages web apparaissent, comment les supports enregistrent, et en combien de temps vous pouvez envoyer ou recevoir des fichiers.

Plus votre largeur de bande est grande, plus les choses se font vite. Et donc, plus vous utilisez Internet, plus vous voudrez (ou aurez besoin) d'une connexion à grande largeur de bande.

Examinons maintenant les connexions et les largeurs de bande.

Ligne téléphonique et modem analogique

Il s'agit là de la connexion avec la largeur de bande la plus étroite, mais c'est également, en général, la moins chère. Vous devez avoir une ligne téléphonique toute simple et un modem. De nombreux Mac sont vendus avec un modem interne à 56 Kbps : tous les Mac avec un petit i au début de leur nom, la plupart des PowerBooks, et de nombreux G3 et G4.

Remarque **Ligne particulière**

Lorsque vous devez être en ligne très souvent, vous pouvez vouloir disposer d'une ligne particulière pour votre modem. Je dispose d'une ligne qui n'est employée que pour deux iMac et un fax. Les iMac sont à ma femme et aux enfants. Comme vous allez l'apprendre, je n'utilise plus le réseau téléphonique.

Si vous n'avez pas encore de modem

Si vous n'avez pas encore de modem et si vous voulez adopter ce type de connexion, vous pouvez vous procurer un modem externe qui se connecte à un port USB pour moins de 100 .

Cependant ne me demandez pas de recommandation. J'ai eu une connexion par câble de TimeWarner RoadRunner ces trois dernières années et j'avais le précurseur de l'ADSL de Bell les cinq années précédentes.

Câble, ADSL et les autres

Mais au pire, j'aurais été de nouveau au travail en moins d'une minute si je n'avais pas décidé qu'il me fallait rechercher d'autres informations pour cette section.

J'ai donc mis en route mon navigateur, mais cette fois en utilisant un de mes moteurs de recherche préférés pour ce type de question, Ask Jeeves (**www.ask.com**). Je l'apprécie particulièrement parce qu'il comprend les questions en "langage naturel". J'ai donc simplement tapé "Quelle est la vitesse de l'ADSL comparée au modem câble", comme vous pouvez le voir en haut de la figure 5.1. Ask Jeeves a compris ce que je voulais dire en me fournissant une liste d'indices, encore nommés "liens vers les pages web répondant à la question".

Une des suggestions de Jeeves m'a paru particulièrement prometteuse : entre autres choses, **www.cablemodemhelp.com** offre un test gratuit de largeur de bande.

J'ai donc cliqué sur ce lien, et c'était exactement ce que je recherchais. En moins de 45 secondes, j'avais appris exactement combien de largeur de bande j'utilisais sur ma connexion, aussi bien que les vitesses moyennes des modems câble, ADSL et T1 comparées à celles de mon matériel.

Vous pouvez voir tout cela dans le bas de la figure 5.1.

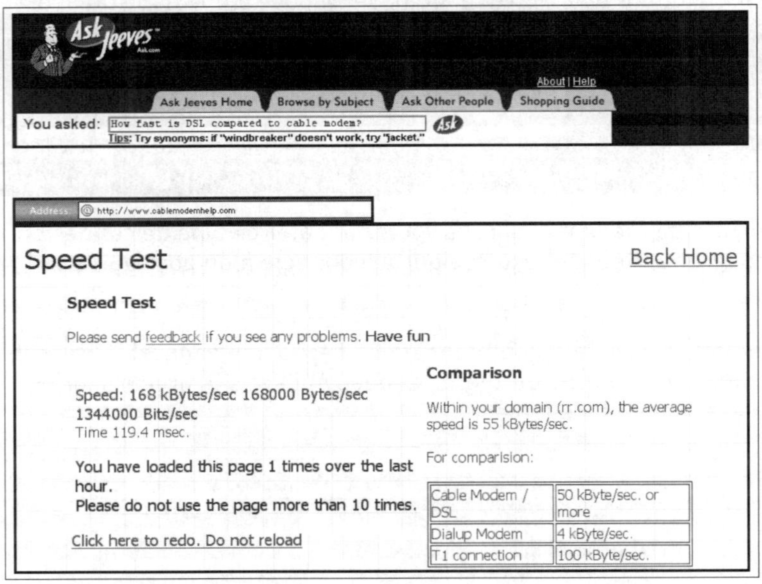

Figure 5.1 Recherche de données sur la largeur de bande sur deux sites

Pas mal pour moins d'une minute de travail ? Internet fait tant de choses si facilement ! Mais il faut connaître le mode d'emploi. Et cela, mes amis, c'est l'objet de tout ce chapitre : vous montrer comment obtenir le maximum de votre connexion Internet.

Ah, oui ! L'ADSL et la connexion par câble sont douze fois plus rapides que les modems analogiques sur les lignes classiques. Et ma connexion par câble a l'air de tourner en ce moment plus vite qu'une connexion T1.

Remarque **Connexion T1**

T1 est une connexion téléphonique à très large bande vers Internet. Cette connexion coûte des centaines, ou même des milliers d'euros par mois.

Vous pouvez vous connecter d'autres manières. La télévision par satellite commence à offrir un accès large bande et sans fils. Et il y a des connexions téléphoniques pour usage intensif lorsqu'une grande largeur de bande est nécessaire (comme T3, une extension de T1 encore plus chère).

Remarque **Connexion T3**

Je ne connais pas grand-chose à tous ces types de connexions, alors je vous laisse vous débrouiller si vous voulez vous aventurer dans cette voie.

Se fixer son objectif d'achat de largeur de bande

N'achetez pas une largeur de bande supérieure à ce que vous pouvez vous offrir ou à ce dont vous avez besoin. Si vous n'utilisez pas beaucoup le Web ou juste pour envoyer quelques malheureux e-mails, une connexion simple peut être la solution du juste prix.

Mais, et il y a toujours un mais, si vous travaillez avec de gros fichiers, appréciez les sites web plein d'animations et les supports d'enregistrement, si vous êtes du genre à vouloir voir les pages web sur votre écran en quelques secondes et non en plusieurs minutes, vous trouverez qu'une connexion par câble ou ADSL mérite bien son prix.

Si la suite de ce chapitre ne suffit pas à vous convaincre de votre besoin, reprenez l'analyse d'une autre manière : le temps c'est de l'argent. Supposez que vous perdiez 30 minutes tous les jours pour rien sur le Web parce que vous avez été radin en choisissant un FAI qui tournent à 14,4 Kbps pour 9.95 par mois, et encore avec quelques restrictions.

Faites un petit calcul. Si votre temps se facture 20 l'heure, alors votre connexion pas chère vous fait perdre 50 par semaine, 200 par mois et 2 500 par an. Est-ce une façon d'économiser de l'argent ? Je ne le crois pas.

Autre chose. Si vous avez une ligne téléphonique séparée pour un modem analogique, vous pourrez très certainement la supprimer lorsque vous aurez un modem câble ou l'ADSL, ce qui vous fera économiser encore davantage.

Si vous en avez besoin ou si vous en tirez un bénéfice, pour l'amour du ciel, prenez une connexion par câble ou l'ADSL, ou n'importe quoi qui soit plus rapide que la connexion simple. Vous devinez à peine combien cela améliore Internet.

À votre service : le fournisseur

L'autre bout de l'équation est votre FAI, votre fournisseur d'accès à Internet. Vous ne devriez penser à lui qu'une fois par mois, lorsque vous lui envoyez votre chèque. Quelques-uns des meilleurs fournisseurs sont AOL, EarthLink, Prodigy, @Home (un important fournisseur qui s'est retrouvé en redressement judiciaire au moment de l'impression de cet ouvrage) et RoadRunner (un autre grand opérateur du câble, qui fait partie du groupe nouvellement fusionné Time-Warner-AOL et qui donc ne risque pas de se retrouver en cessation de paiement).

Remarque **Options**

Il y a quelques endroits aux États-Unis où la connexion simple est encore la seule option possible. Je vous recommande de prendre contact avec votre câble opérateur ou compagnie de téléphone et de leur dire "d'activer le programme" et de vous fournir en accès large bande.

Votre choix d'un fournisseur est fondé la plupart du temps sur les possibilités de votre zone géographique. Lorsque vous avez un fournisseur et que vous êtes connecté à Internet, Apple se fait un plaisir d'effectuer une partie des prestations de fournisseur gracieusement. La difficulté est qu'ils ne fournissent pas d'accès à Internet et qu'il vous faut trouver vous-même ce fournisseur.

Mais une fois que vous serez connecté à Internet, Apple vous fournira une partie des tâches. Les services gratuits de iTools vous apportent :

- Des pages, des images et des films web
- Un compte e-mail (avec la prestigieuse adresse @mac.com)
- Un iDisk (20 Mo de stockage gratuit, le stockage complémentaire étant assez cher)

Remarque **Bon point**

Nous médisons suffisamment sur les erreurs d'Apple pour reconnaître ici qu'ils agissent bien et font de l'emploi d'un Mac une expérience plus plaisante que l'emploi d'un..., si vous voyez ce que je veux dire. En d'autres termes, pensez-vous que Microsoft vous fournirait tout cela gratuitement lorsque vous achetez Windows ? J'en doute.

Je profite de toutes les largesses d'Apple. Bien que je trouve plus simple de faire parvenir mon courrier à **boblevitus@boblevitus.com** et ne contrôle jamais **boblevitus@mac.com**, j'utilise iDisk et le stockage vidéo web.

Je ne crois pas que je m'embêterais à réaliser une page web avec une vidéo QuickTime si Apple n'avait pas rendu cela aussi simple. Je range les films dans un dossier sur mon iDisk, choisis un modèle, et en quelques minutes j'ai construit une page web de bel aspect grâce à l'enregistrement de films QuickTime.

Remarque **Film QuickTime**

J'ai réalisé le film pendant que je testais Final Cut Pro. L'édition du film m'a pris vingt fois plus de temps que la fabrication de la page web. J'ai utilisé un modèle Apple nommé "Home" et le tout tournait au bout de trois minutes.

Vous pouvez voir la page que j'ai réalisée en trois minutes sur **http://homepage.mac.com/boblevitus/iMovieTheater1.html**. La figure 5.2 vous montre à quoi elle ressemble.

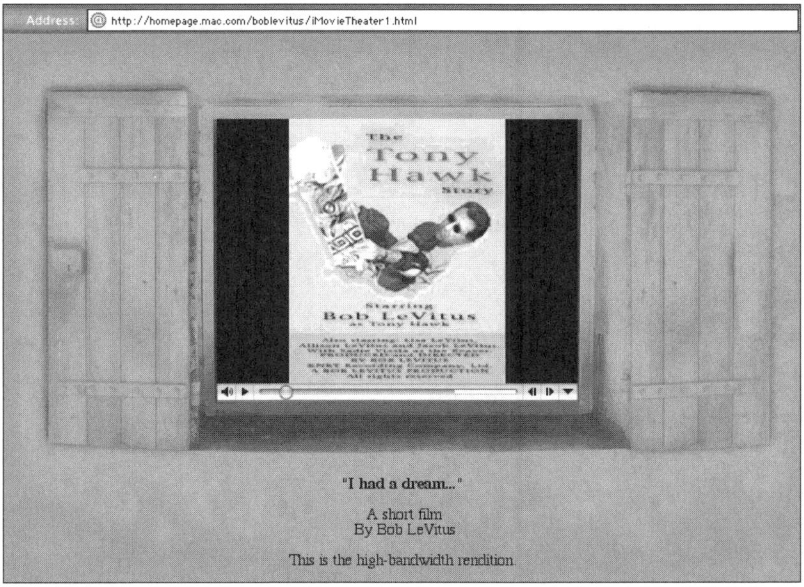

Figure 5.2
Une page web vidéo est disponible avec chaque Mac

Attention **Volume de données**

La page contient un film QuickTime de 5 Mo, aussi n'est-elle exploitable que pour, vous vous en doutez, les connexions à large bande.

N'ayez crainte. J'ai des amis qui ont une connexion avec faible largeur de bande, alors j'ai réalisé une deuxième page et utilisé une copie compressée du film qui ne prend plus que 1 Mo. Cela marche bien avec des connexions avec faible largeur de bande, mais c'est un peu moins net et un peu moins beau que la première version.

Pour ce faire, j'ai utilisé le modèle Apple "City", et cette page m'a pris deux minutes car je savais bien ce que je faisais cette fois. Vous pouvez la voir à la figure 5.3.

Vous pouvez voir cette version sur **http://homepage.mac.com/boblevitus/iMovieTheater.html**.

Si vous n'avez pas d'accès à Internet, vous devrez vous contenter des figures 5.2 et 5.3. Mais sachez que la version filmée est supérieure aux copies d'écran (essentiellement parce que le film est animé).

Figure 5.3
L'hébergement gracieux d'une vidéo grâce à Apple

Profitez de la générosité d'Apple. Après avoir trouvé un fournisseur qui réponde à vos besoins techniques et à votre budget, utilisez le gratuit d'Apple, iTools, pour construire votre page web. Vos amis sous Windows seront verts quand ils verront les excellents résultats obtenus avec un minimum d'effort.

Visiter les sites

J'ai besoin de connaître beaucoup de choses concernant le monde du Mac pour ne pas rester indéfiniment le pouce dans la bouche lorsque j'écris un livre ou un article. C'est pourquoi je passe au moins 30 à 40 minutes tous les jours à surfer sur le Web et à rechercher des logiciels.

Il y a au moins dix sites que je consulte tous les jours, et beaucoup d'autres que je visite presque aussi souvent et qui méritent également le détour. Mais avant de commencer à regarder des pages, laissez-moi dire une chose.

Je parle des navigateurs plus loin dans ce chapitre, mais dès maintenant je veux expliquer une différence fondamentale entre OmniWeb (voir figure 5.4) et Internet Explorer (voir figure 5.5).

Remarque **OmniWeb**

Je pense qu'OmniWeb est le meilleur navigateur que j'ai jamais vu tourner, son texte sans empattement est plus agréable à l'œil (voir figure 5.4) que les caractères lourdauds utilisés par Internet Explorer (voir figure 5.5).

Figure 5.4 Affichage d'une page avec OmniWeb

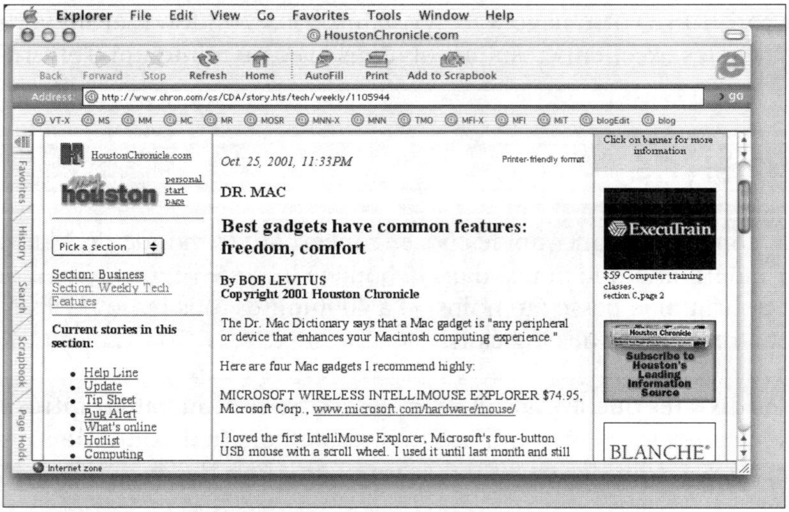

Figure 5.5
Affichage d'une page avec Internet Explorer

Je vous parle de cette différence ici pour trois raisons :

- Parce que mes copies d'écran sont faites sous OmniWeb.
- Parce que vous savez maintenant pourquoi une page change d'aspect à l'écran.
- Parce que je consacre une page ou deux à parler des différents navigateurs dans la section suivante de ce chapitre.

Je compte vous parler de plus d'une douzaine de grands sites web. Mais avant, je veux en distinguer trois qui sont loin au-dessus du lot.

Trois premiers sites

Une chaîne de télévision appelait certaines de ses émissions "À voir absolument à la télé". Ces trois sites web que je veux vous présenter sont ce que j'appelle "À surfer absolument sur le Web".

Si vous êtes un aficionado du Mac, vous voudrez les visiter absolument tous les trois chaque jour, c'est pourquoi ils ont leur propre section et un nombre important de références.

VersionTracker

VersionTracker.com est le site où trouver les nouvelles versions de logiciels Mac, des compléments, des mises à jour et tout type d'informations. Que vous cherchiez des logiciels du commerce, des shareware, des freeware ou des versions de démonstrations, le premier endroit où vous rendre pour en savoir plus est VersionTracker. Je consulte ce site plusieurs fois par jour pour m'assurer que rien de nouveau n'a été diffusé sans que je le sache. À la figure 5.6, vous voyez la page d'accès de VersionTracker et la liste du jour des nouveaux programmes OS X.

Figure 5.6
Page d'accueil de VersionTracker

Regardons sur ce site : iTunes Tool 1.0 m'intrigue. Je clique sur son nom dans la liste et les détails et un lien de téléchargement apparaissent comme le montre la figure 5.7.

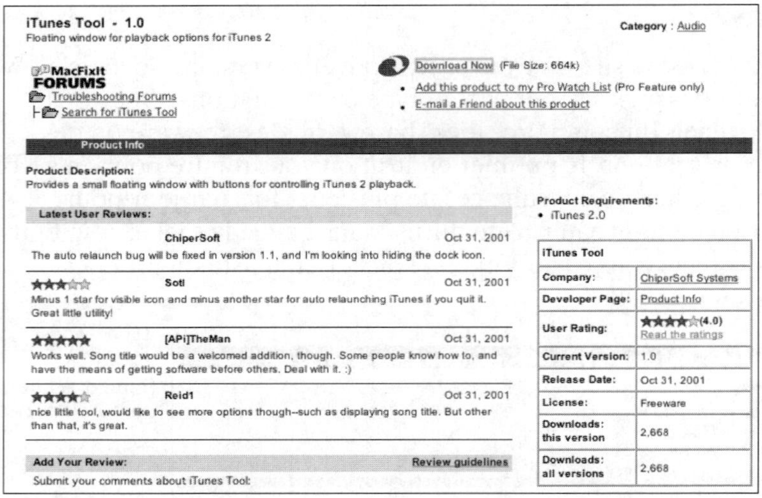

Figure 5.7
Cela me plaît. Je vais cliquer sur "Download now" pour faire un test

Cela prend environ 30 secondes pour télécharger le fichier de 664 Ko, qui s'avère être un petit programme gratuit intéressant qui fournit un contrôleur iTunes qui apparaît en avant des autres applications et fenêtres, comme le montre la figure 5.8.

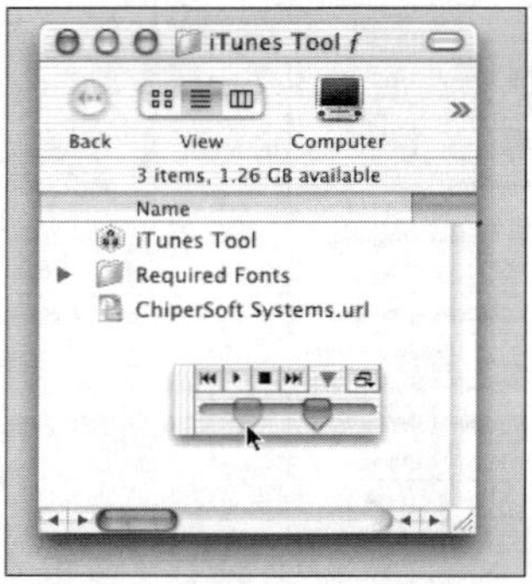

Figure 5.8
La fenêtre du dossier des outils iTunes

Je diminue le volume sans avoir préalablement à activer iTunes.

Attention

iTunes 2

Je peux faire une partie de ce que iTunes Tool effectue en appuyant de façon continue sur l'icône d'iTunes 2 dans le Dock. Le menu déroulant a des commandes **Pause/Play**, **Next Song** et **Previous Song**, ainsi que quelque chose qui manque dans iTunes Tool : le titre du morceau en cours. Mais iTunes Tool a quelque chose que le menu déroulant dans le Dock n'a pas : le contrôle de volume. Je le devine à partir du dessin.

Pour finir, et c'est important, VersionTracker dispose d'un très bon moteur de recherche avancée. Regardez toutes les options possibles à la figure 5.9.

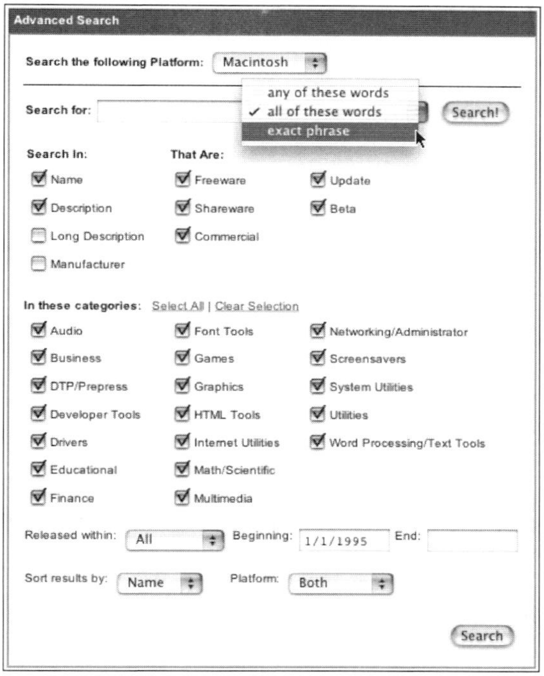

Figure 5.9
La page de recherche avancée de VersionTracker

Pour VersionTracker relatif à Mac OS X, visitez : **www.versiontracker.com/macosx/index.shtml**. Pour VersionTracker relatif à Mac OS 9, visitez : **www.versiontracker.com/macos/index.shtml**.

MacFixIt

MacFixIt.com est le meilleur site de dépannage Mac. Ted Landau est son fondateur, son webmaster et son propriétaire.

Remarque **Ted Landau**

Je connais Ted depuis la fin des années 80. Je lui ai peut-être donné un coup de main pour démarrer, mais par inadvertance. Il a écrit pour feu *MACazine* quand j'en étais le rédacteur en chef. C'est un bon copain, mais ce n'est pas cela l'essentiel. Ce qui est important c'est que Ted en connaît plus sur ce qui peut faire souffrir votre Mac que quiconque. Il est aussi l'auteur du guide de dépannage *Sad Macs, Bombs and Other Disasters* ("Maladies du Mac et autres calamités"), qui en est maintenant à sa quatrième édition (aux éditions

Peachpit). Malheureusement cette quatrième édition ne parle pas de Mac OS X, et une cinquième édition n'est toujours pas annoncée.

Voici ce que MacFixIt présente dans la page qui le concerne :

- Des astuces de dépannage, des indices, des travaux et des solutions de toutes sortes.
- Des informations sur les bogues documentés, les conflits et les problèmes pour les versions existantes de logiciels et matériels à succès.
- L'annonce des mises à jour de produits, particulièrement lorsqu'un produit rencontre des problèmes directs et significatifs dans les versions antérieures.
- Des liens avec d'autres sites qui s'occupent également de dépannage.
- Un accent particulier sur les divers aspects du logiciel système d'Apple, comprenant informations et rumeurs sur les futurs développements lorsqu'ils impliquent les dépannages.

La figure 5.10 vous présente la page d'accueil de MacFixIt. Remarquez la barre de navigation en haut qui concerne les départements de MacFixIt.

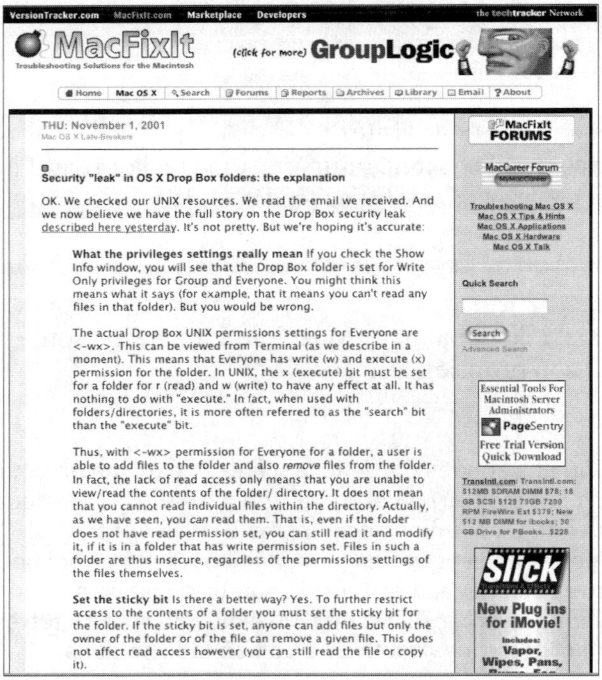

Figure 5.10
La page d'accueil de MacFixIt

Home (**www.macfixit.com/**) et Mac OS X (**www.macfixit.com/macosx.shtml**) sont les deux pages d'accueil de MacFixIt. Home traite des informations générales sur le Mac, et Mac OS X est consacré uniquement à OS X. La recherche vous permet une investigation de tout le site, à l'exception des forums (qui ont leur propre moteur de recherche). Les forums sont des échanges de messages, les "Reports" sont des rapports approfondis sur des sujets spécifiques, et la "Library" est un jeu de liens bien organisé pour le dépannage vers des utilitaires en freeware ou en shareware.

Une équipe avec de vastes connaissances assiste Ted. Les forums MacFixIt sont probablement les échanges de messages les mieux tenus du Web. Ils sont parmi les plus actifs de ceux qui sont consacrés au Mac. Aussi obtenez-vous très vite une réponse à vos questions.

Mac OS X	Threads	Posts	Last post	Forum Moderators
Troubleshooting Mac OS X For the release version of Mac OS X (10.0.x and up). Polite unregistered users welcome.	6940	27190	11/01/01 08:57 AM	darkstranger, dmcadmin, Ilene Hoffman, jcwelch, Ted Landau
Mac OS X Applications For troubleshooting non-OS software running in Mac OS X.	1764	6351	11/01/01 09:00 AM	dmcadmin, Ilene Hoffman, Ted Landau
Mac OS X Hardware For problems getting peripheral devices (printers, scanners, CD-RW drives, etc.) to work with Mac OS X.	769	2493	11/01/01 08:41 AM	dmcadmin, Ilene Hoffman, jcwelch, Ted Landau
Mac OS X Tips & Hints Mac OS X tips and hints. DO NOT leave questions here please! Use OS X Troubleshooting. Solutions only please. You may copy/paste solutions from question threads in other forums.	900	3499	11/01/01 04:59 AM	Ilene Hoffman, Ted Landau
Mac OS X Talk For comments and general information about Mac OS X. Registered users only.	2118	20084	11/01/01 07:56 AM	Ilene Hoffman, Ted Landau
Troubleshooting Mac OS X Public Beta This Forum is read-only.	1502	5830	03/24/01 12:53 AM	Ted Landau

Mac OS	Threads	Posts	Last post	Forum Moderators
Troubleshooting Mac OS 9.2.x Covers Mac OS 9.2 and 9.2.1.	1270	5284	11/01/01 08:13 AM	Ted Landau
Troubleshooting Mac OS 9.1 Covers Mac OS 9.1 only. See also: Forums Today Threads & Solutions forum for special report threads.	4114	16299	11/01/01 08:38 AM	David Knuth, Lee, Shawn Platkus
Troubleshooting Mac OS 9 Covers Mac OS 9.0 through 9.04 problems.	3074	10706	11/01/01 07:15 AM	darkstranger, David Knuth, Ilene Hoffman, Shawn Platkus
Troubleshooting Mac OS Covers System 7 through Mac OS 8.6 problems.	1682	6985	11/01/01 06:30 AM	darkstranger, Ilene Hoffman, Voyager

Figure 5.11
Toutes les questions sont possibles sur les forums MacFixIt

Ces forums sont un des meilleurs endroits possibles sur le Web pour récolter une information utile relative au Mac que vous ne trouverez nulle part ailleurs, ou pour savoir si quelqu'un rencontre les mêmes problèmes que vous. Si vous n'avez jamais essayé les forums ou les échanges de messages, c'est un bon endroit pour s'y mettre.

MacFixIt appartient maintenant au réseau de support TechTracker, dont VersionTracker fait aussi partie. Les deux sites marchent ensemble. Les textes de MacFixIt et de sa library sont liés au logiciel sur VersionTracker, ce qui est une bonne chose car les serveurs de VersionTracker sont en général rapides et fiables.

Les pages Home et Mac OS X sont publiées du lundi au vendredi et quelquefois le samedi ; je les lis chaque jour.

Remarque **Un souhait**

J'aimerais que cela soit publié plus tôt dans la journée, pour pouvoir le savourer avec mon café du matin. En général, ce n'est pas disponible avant 10 ou 11 heures (heure centrale des États-Unis).

MacInTouch

MacInTouch (**www.macintouch.com**) est le site original des nouvelles et des informations consacrées au Mac. C'est ce qui est dit sur la page d'accueil présentée à la figure 5.12.

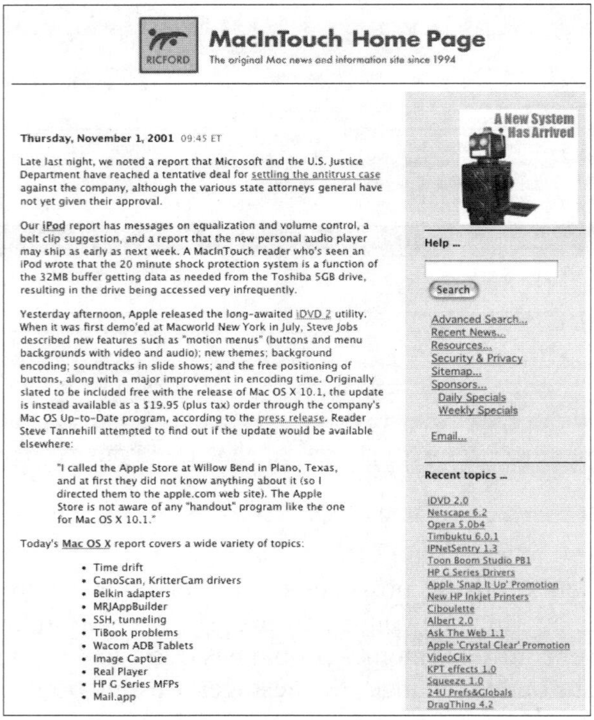

Figure 5.12
MacInTouch

Dans ce cas, ce n'est pas parfaitement exact. Ric Ford, rédacteur en chef, et son partenaire Rick LePage ont traité des informations sur le Mac d'aussi loin que je puisse me souvenir. Cela a commencé en 1985 avec le bulletin d'informations *MacInTouch*. Ce bulletin a évolué pour devenir un magazine populaire nommé *MacWEEK*, jusqu'à ce qu'il soit transformé en site web vers 1994.

MacInTouch est un forum bien géré et édité par un vrai professionnel. Avec une combinaison de faits, d'annonces de produits, d'opinions, de bogues, des rapports effectués par les lecteurs, MacInTouch vous fait sentir que vous êtes dans le coup. C'est un très bon baromètre de la façon dont vont les choses dans la communauté Mac au quotidien.

Rick LePage a un autre travail, en tant que vice-président et rédacteur en chef du magazine *Macworld*, mais Ric Ford continue à gérer le site web, comme il l'a fait depuis des années. J'espère que cette situation se maintiendra.

MacInTouch est le premier site que je visite pour avoir des nouvelles et une analyse de l'univers Mac. C'est concis et les lecteurs et les rédacteurs sont brillants et clairs. Chaque jour apporte des informations utiles et intéressantes.

Autres sites

Les trois sites présentés dans la section précédente ont toujours quelque chose pour l'utilisateur de Mac et ce, presque chaque jour. Mais il y a de nombreux sites que je visite régulièrement. Après ces trois sites, mes choix, comme le gruyère ou le camembert, relèvent d'une préférence toute personnelle et peut-être d'une habitude acquise.

Les sections qui suivent présentent d'autres sites que j'apprécie.

Pour le Mac

Voici quelques sites intéressants et utiles consacrés au Mac que vous pourrez apprécier.

www.macobserver.com

Mac Observer est un site avec des nouvelles, des revues, des éditoriaux, des articles, des liens et des échanges de courrier ayant tous une dose d'humour Mac bon vivant. Appelant souvent la controverse, et un peu bourru, ce site est géré par le rédacteur en chef Bryan Chaffin. Lui et sa cohorte publient leurs discours à la vitesse du Web. Mac Observer publie les nouvelles avant que les autres sites aient commencé à consulter les derniers numéros de la presse.

La figure 5.13 montre une vue des nouvelles présentées sur Mac Observer un jour ordinaire.

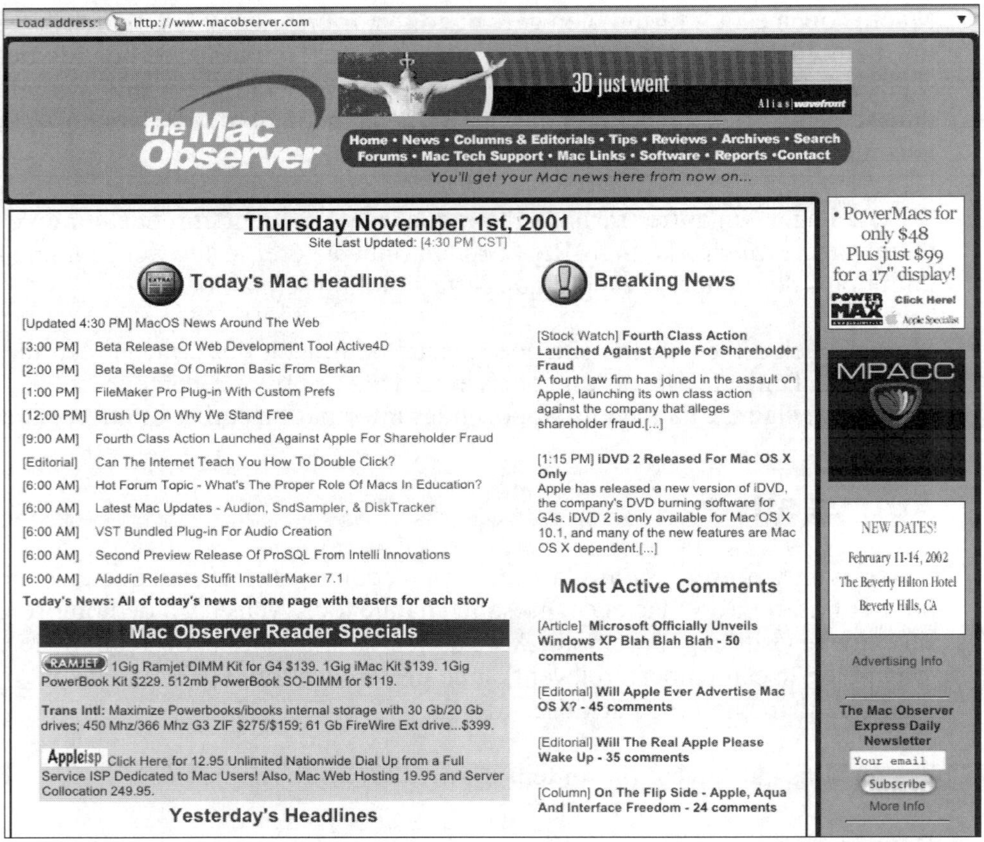

Figure 5.13
Mac Observer

J'apprécie ce site. La qualité des propos peut être inégale, et certains jours sont meilleurs que d'autres. C'est un site qui a une âme, conduit par de vraies personnalités. C'est rarement ennuyeux. J'aime le lire tous les jours.

www.macnn.com, **www.macminute.com**, **www.maccentral.com** et **www.macsurfer.com**

MacNN, MacMinute, MacCentral et MacSurfer sont quatre des meilleurs sites d'information Macintosh. Chacun a son point de vue un peu différent, mais ils couvrent les informations "toutes fraîches" et sont mis à jour régulièrement tout au long de la journée.

MacNN et MacMinute, présentés aux figures 5.14 et 5.15, utilisent la vieille approche "réécrire et éditer les articles de presse, puis s'en servir comme d'un aiguillon". MacMinute est plus professionnel et monde des affaires, mais MacNN est souvent plus intéressant et comprend moins de propos annexes. Les deux sites ont des équipes éditoriales qui rédigent de courts articles, la plupart ne font que réécrire des extraits de presse.

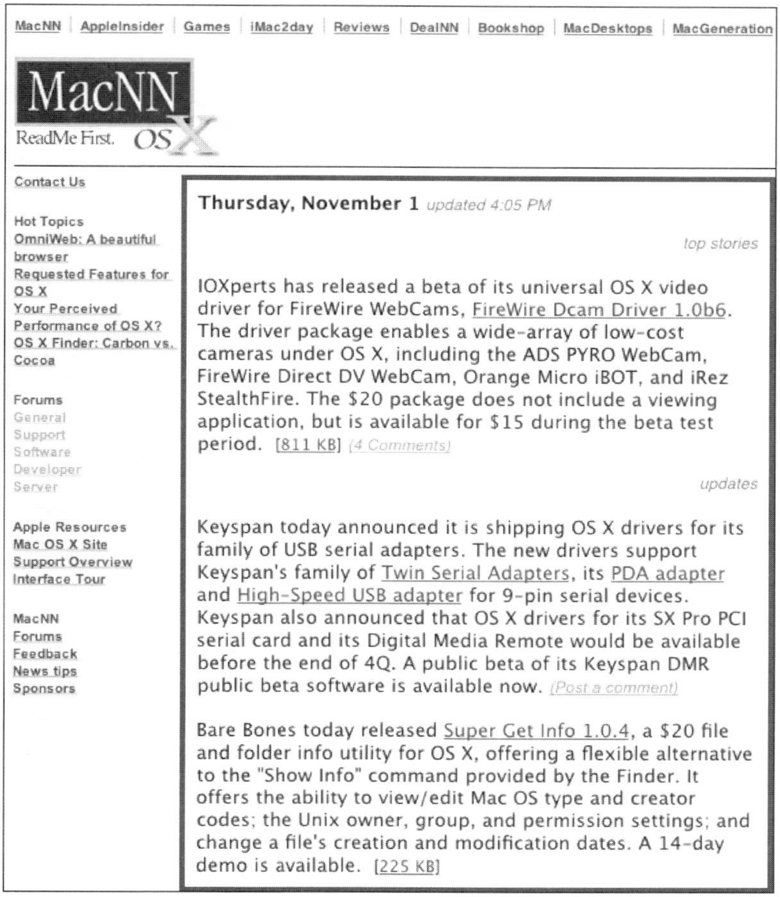

Figure 5.14
MacNN

MacMinute .com

Up-to-the-minute Mac coverage. Around the clock... around the world.

Send Your News | Site Comments | Reader Café | Advertising

Last Updated: Thursday, November 1, 13:21 EDT (17:21 GMT)

WSJ, *Business 2.0* review the iPod
November 1 - 13:21 ET: Apple's iPod continues to receive a warm reception from the press. Today's edition of *The Wall Street Journal* features a review of the iPod by Walter Mossberg, who calls the device "the best digital music player I've seen." *Business 2.0* has also published a very in-depth review of the device in its November edition.

www.macuser.co.uk

Please support MacMinute by visiting our Sponsor

Backyard Basketball, Backyard Football 2002 available now
November 1 - 13:04 ET: Infogrames has announced the release of Backyard Basketball and Backyard Football 2002, two new titles in its popular sports series for kids ages 7 and up. Backyard Basketball lets kids play as junior versions of their favorite NBA and WNBA players, while Backyard Football 2002, building on the success of the number one football CD-ROM for kids, features two returning NFL star quarterbacks—Drew Bledsoe and Brett Favre—as well as eight new players including Terrell Davis, Ricky Williams, Junior Seau, Steve McNair, Jevon Kearse, Rich Gannon, Donavan McNabb and Cade McNown. Both titles are available now for US$19.99 each.

Canadian businesses lose millions to piracy
November 1 - 12:58 ET: The Canadian Alliance Against Software Theft (CAAST), in conjunction with the Business Software Alliance (BSA), has released the results of a study conducted by the International Planning & Research Group (IPR) showing that the national software piracy rate in Canada is 38 percent. While software piracy in Canada has declined over the past two years, the Canadian software industry lost a combined C$457 million in retail sales of business software applications, $1.9 billion in wage and salary loss, and more than 32,000 jobs in 2000. Apple is a member of both CAAST and BSA.

In Case You Missed It...

- Up-to-date CDs arriving
- US$799 iMac shipping
- Fuji drops camera prices
- Excite@home bankrupt
- *Money* "iBook is best"
- Apple's new US$799 iMac
- QuickTime Live! postponed
- Seybold: Photo gallery
- Corel Graphics Suite 10
- Mac OS X 10.1 on Saturday
- Seybold: Keynote coverage
- TN Apple store delayed
- Illustrator 10, InDesign 2
- Hotline closes doors
- Two new Olympus cameras
- Nikon 5 megapixel camera
- Palm's new m125
- StuffIt Deluxe 6.5 announced
- Maya for OS X ships
- Office X due in Nov.
- Macworld Expo NY Wrap-up
- **What is MacMinute.com?**

Executive Briefings...

- Saturday, October 27
- Saturday, October 20
- Saturday, October 13
- Saturday, October 6
- Saturday, September 29
- Saturday, September 22
- Older Briefings...

Figure 5.15
MacMinute

MacCentral est un autre site qui reprend la vieille méthode "réécrire les grandes lignes de la presse et s'en servir comme d'un aiguillon". Comme MacNN et MacMinute, MacCentral a une équipe de rédacteurs pour reprendre les articles de presse. À l'inverse de MacNN et MacMinute, certains rédacteurs de MacCentral écrivent souvent quelque chose d'original et d'intéressant. Leurs copies sont souvent plus longues et plus détaillées. Alors que MacNN et MacMinute recyclent des articles de presse à 100 % chaque jour, chez MacCentral, la proportion n'est que de 90 %, avec 10 % de textes originaux. Deux rédacteurs de MacCentral, Dennis Sellers et Peter Cohen, rédigent la majorité des bons textes. Je préfère souvent leurs propos à ceux des autres. La page d'accueil de MacCentral est illustrée à la figure 5.16.

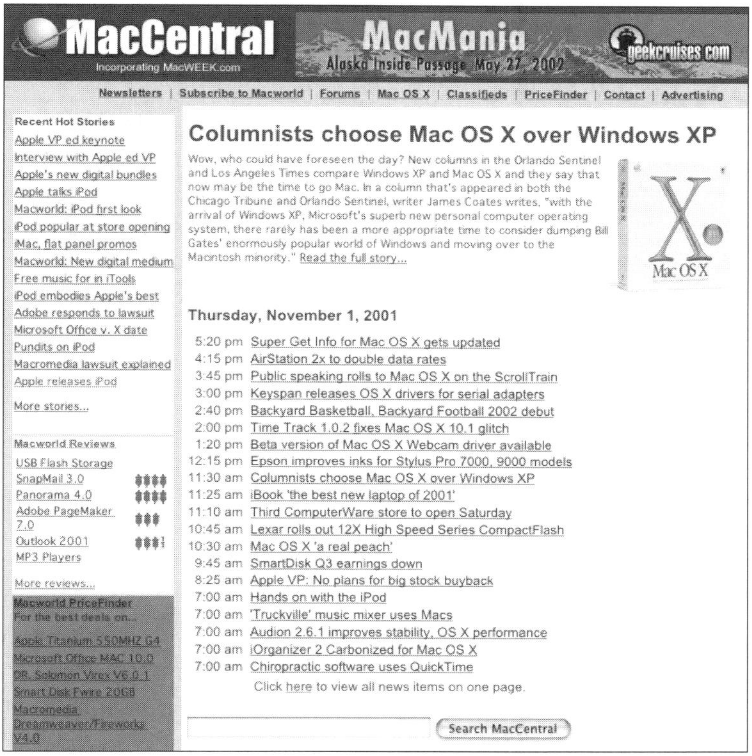

Figure 5.16
MacCentral

MacSurfer, c'est une histoire différente. Il ne se prend pas la tête pour offrir un contenu éditorial original. MacSurfer est un agrégat de nouvelles, purement et simplement, avec des liens régulièrement mis à jour vers des informations récentes concernant le Mac et d'autres sites. Des quatre, MacSurfer est certainement le plus utile. Il offre plus de liens vers une grande variété de propos relatifs au Mac que les trois autres réunis. J'apprécie qu'ils ne jugent pas utile d'ajouter des éditoriaux de leur fait. Lorsqu'une nouvelle sort, je visite MacSurfer plusieurs fois dans la journée pour garder un œil sur ce qui est dit dans d'autres publications et sites.

Je consulte ces quatre sites au moins une ou deux fois par jour. Mais si une nouvelle importante tombe, je vais principalement sur MacSurfer. Il offre davantage de liens avec des mises à jour très fréquentes. J'ai donc une meilleure couverture et plus de points de vue en peu de temps.

www.macosrumors.com, www.macrumors.com et www.thinksecret.com

Si vous aimez des journaux comme *National Enquirer* ou le *Star* ou même le magazine *People*, la presse populaire, vous apprécierez peut-être MacOSRumors, MacRumors et ThinkSecret, un trio de sites qui se font concurrence pour trouver ce qui peut faire l'histoire la plus stupide.

Ils vous font souvent prendre des histoires pour la vérité, mais la plupart du temps ce n'est que de l'intoxication. Les sites véhiculant des rumeurs sont comme les accidents de voiture : vous ne voulez pas regarder, mais vous ne pouvez pas vous en empêcher. Je ne les consulte pas souvent, mais de temps à autre ils me font bien rire.

En partie Mac, mais encore intéressant

Bien que ces sites ne soient pas dédiés au Mac, ils sont cependant très utiles et peuvent vous dépanner en cas de difficultés.

www.google.com

Je vous ai parlé de Ask Jeeves plus avant dans ce chapitre. C'est le moteur de recherche que j'utilise lorsque j'ai une question à poser en "langage naturel", qui est la spécialité de Jeeves. Mais quand je connais les termes exacts ou la phrase que je recherche, je me sers d'un moteur de recherche nommé Google.

Il y a de nombreux moteurs de recherche qui sont excellents, mais je trouve que Google (voir figure 5.18) a une aisance surnaturelle pour trouver le document le plus significatif et pour l'afficher dès la première page, et ce bien plus souvent que les autres moteurs. En moins d'une demi-seconde, Google a trouvé 64 400 pages qu'il considère significatives pour les mots clés "Mac OS X, freeware, shareware".

Mais 64 000, cela fait un paquet de pages, alors j'ai essayé de nouveau, mais cette fois-ci j'ai inclus "Mac OS X" entre guillemets. Cela prévient Google d'interpréter ce qui est à l'intérieur des guillemets comme une phrase et non comme des mots séparés. À la figure 5.18, Google va sélectionner tout document avec l'un des mots "Mac", "OS" et "X", aussi bien que "Mac OS X" dans un ordre quelconque. En limitant la recherche à une phrase, "Mac OS X", Google ne sélectionne que les pages où la phrase entière apparaît, avec ses termes dans l'ordre exact. Cela fait descendre le décompte à 22 000 pages.

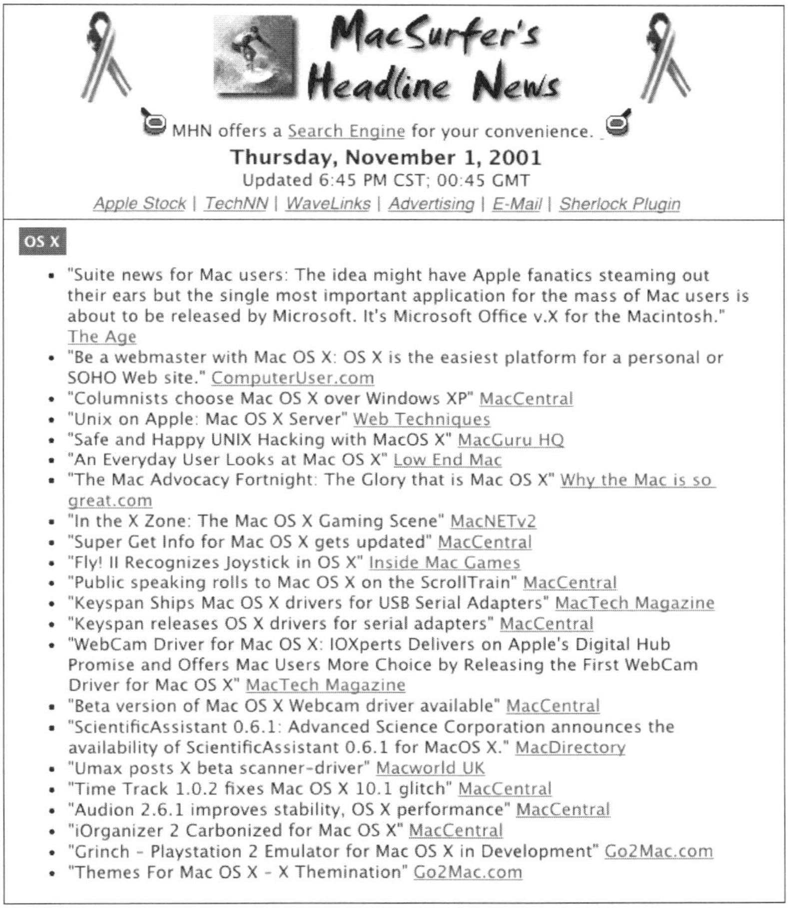

Figure 5.17
MacSurfer

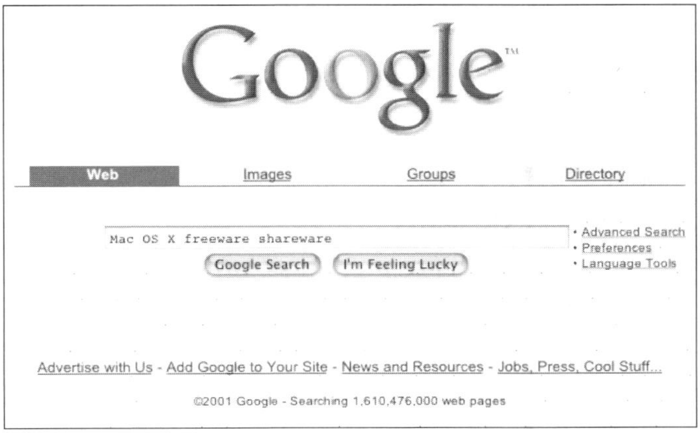

Figure 5.18
Google

Au passage, les deux recherches donnaient VersionTracker comme toute première entrée sur la liste de résultats. Comme vous le savez déjà, c'est le site que je préfère pour trouver les shareware et des freeware pour Mac OS X.

Si vous n'aimez pas Google, voici quelques moteurs de recherche à essayer :

www.altavista.com ("la société spécialiste du moteur de recherche"), **www.alltheweb.com** ("tout le Web et tout le temps"), **www.northernlight.com** ("tout sur l'information") et **www.mamma.com** ("la mère de tous les moteurs de recherche").

Une dernière chose : Sherlock peut faire des recherches sur le Net si vous y tenez vraiment.

Astuce **La recherche avancée**

La plupart des moteurs de recherche ainsi que Sherlock proposent une fonctionnalité de recherche avancée, qui vous permet de spécifier des paramètres de recherche additionnels. Vous gagnerez du temps dans de longues recherches si vous maîtrisez cette fonctionnalité et apprenez à affiner vos demandes.

www.live365.com

Live 365 est une radio du Web au top, avec des centaines de stations qui jouent tous les types de musiques imaginables, et cela gratuitement. iTunes est votre radio, mais Live 365 est encore meilleure. Une image valant mieux qu'un long discours, regardez la figure 5.19.

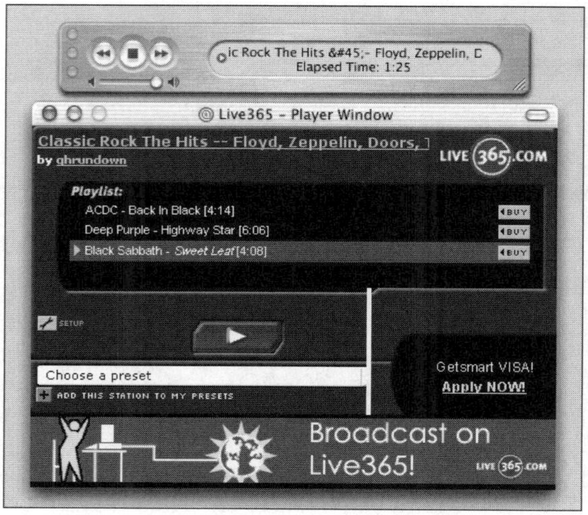

Figure 5.19
La fenêtre détaillant ce que j'écoute

Que puis-je en dire ? Cette petite fenêtre d'affichage du morceau est pour moi la meilleure partie. Comme iTunes n'affiche pas les titres des chansons ou le nom des artistes pour la radio sur le Web, je garde cette fenêtre ouverte. Je sais toujours quel morceau est en cours, et quels étaient les deux précédents. Appréciable, n'est-ce pas ?

www.sci.tamucc.edu/~pmichaud/toast/

Ce site n'a rien à voir avec le Mac ni avec OS X. Mais c'est un vieux classique de 1994, qui a droit à toute ma sympathie. Alors allez y faire un tour pour goûter son humour et vous détendre.

Il n'y a qu'une façon de le trouver, regardez à la figure 5.20.

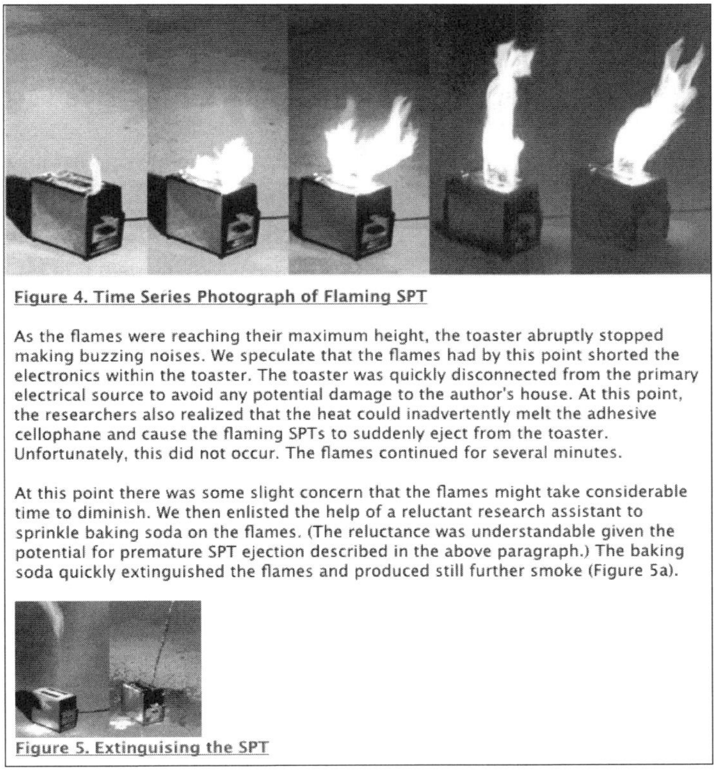

Figure 4. Time Series Photograph of Flaming SPT

As the flames were reaching their maximum height, the toaster abruptly stopped making buzzing noises. We speculate that the flames had by this point shorted the electronics within the toaster. The toaster was quickly disconnected from the primary electrical source to avoid any potential damage to the author's house. At this point, the researchers also realized that the heat could inadvertently melt the adhesive cellophane and cause the flaming SPTs to suddenly eject from the toaster. Unfortunately, this did not occur. The flames continued for several minutes.

At this point there was some slight concern that the flames might take considerable time to diminish. We then enlisted the help of a reluctant research assistant to sprinkle baking soda on the flames. (The reluctance was understandable given the potential for premature SPT ejection described in the above paragraph.) The baking soda quickly extinguished the flames and produced still further smoke (Figure 5a).

Figure 5. Extinguising the SPT

Figure 5.20
La célèbre histoire du grille-pain qui prend feu

Je pourrais écrire un ouvrage entier sur les choses intéressantes à faire avec un navigateur web, mais j'ai encore beaucoup à dire et mon nombre de pages allouées diminue.

Astuce **boblevitus.com**

Pour accéder à d'autres sites de distraction ou de détente que j'apprécie et recommande, d'autres liens sont encore à une portée de clic. Vous en trouverez une longue liste sur ma page de liens sur mon site **www.boblevitus.com/BLCOM2Pages/Links.html**.

Sites francophones

Voici quelques sites francophones pour complèter cette liste :

www.macbidouille.com est un site au graphisme superbe qui vous propose diverses rubriques d'information ainsi que des forums, dont un traitant de Mac OS X et dont le sommaire liste 32 pages de questions traitées.

www.masosxtech.com est un site au graphisme inspiré par Aqua : des nouvelles, des dossiers et des forums consacrés à Mac OS X.

www.frtracker.com est un portail permettant de se tenir informé des logiciels commerciaux, des freeware, des shareware ou des version bêta. Seuls quelques-uns de ces logiciels sont en version française.

http://pointmac.online.fr est le site qui vous dit tout sur les machines d'Apple. Les feuillets "Tous les macs..." vous donnent les caractéristiques des machines anciennes ou actuelles. Quel plaisir de retrouver le SE/30 acheté en 1990 et de découvrir que sa côte avoisine les 60 sur le marché de l'occasion. La liste des revendeurs (les VPCistes) est précieuse, ainsi que la liste des sites indispensables (moins nombreux que dans cet ouvrage).

www.macdepanne.fr.fm est un site cousin de macbidouille : le site de dépannage pour Mac. En s'intéressant à Mac OS X, il prend en compte les diverses versions successives, de l'environnement Classic à Mac OS X 10.1.4. Vous y trouvez une solution pour supprimer un sympathique bogue : le petit nuage qui apparaît lorsqu'un élément du Dock est retiré et qui persiste en restant coincé dans un coin de l'écran.

www.user.mac-fan.com se dit le site des utilisateurs Mac. Il propose dossiers, forums et salons de discussion. Son annuaire référence 71 sites, dont A l'école du Mac présenté ci-dessous. Un seul reproche à faire : une navigation peu agréable.

http://ecoldumac.free.fr est un site d'aide pour les débutants et pour ceux qui se perdent dans les arcanes du système d'exploitation. Une des leçons proposées traite des réactions à avoir lorsque la Corbeille ne veut pas se vider, à travers sept solutions pour éviter l'angoisse.

www.basecomac.net est un site dédié aux débutants. Une liste de 600 FAQ est disponible en français à partir de la bibliothèque technique d'Apple, ainsi qu'un tableau complet des équivalences clavier.

www.macgeneration.com se définit comme l'essentiel du Mac en français. Ce site est conçu en association avec www.macnn.com décrit plus haut. En le consultant, j'y ai appris la toute récente sortie de l'eMac spécialement étudié pour le monde de l'éducation.

www.macplus.net est un site qui offre un magazine et des forums couvrant de nombreux thèmes, dont les métiers et le Mac.

svmmac.vnunet.fr est le site Internet où l'on retrouve les articles parus dans *Science et Vie Micro*. D'autres revues ont également leur site Internet comme *A vos Mac !* (www.avosmac.com).

Jeux de logiciels pour surfer

Maintenant que vous connaissez quelques adresses, parlons de logiciels qui rendent la pratique du Web encore plus intéressante.

Les sections qui suivent donnent une présentation rapide de quelques navigateurs web, suivie de quelques programmes peu connus que je trouve particulièrement utiles.

Tout sur les navigateurs du Web

J'ai interrompu la présentation des navigateurs précédemment dans ce chapitre, lorsque j'ai expliqué pourquoi j'utilisais OmniWeb pour la plupart de mes captures d'écran.

Remarque **OmniWeb**

Une description plus technique sur le meilleur rendu des pages OmniWeb dépasserait les limites de cet ouvrage. La version condensée donnerait : OmniWeb a développé des outils particuliers pour OS X à partir de Cocoa d'Apple. C'est pourquoi OmniWeb profite pleinement du générateur d'images avancé Quartz de Mac OS X. Internet Explorer était un programme OS 9 qui a été "carbonisé" ou "mis à jour", c'est pourquoi il tourne sous OS 9 comme sous OS X. Bien que Microsoft puisse réécrire Internet Explorer pour utiliser Quartz, ils ne l'ont pas encore fait. Voilà pourquoi le rendu des pages OmniWeb est, pour moi, supérieur à celui d'Internet Explorer.

J'ai quatre ou cinq navigateurs sur mon disque dur et je les utilise tous (certains plus que d'autres). Ils ont chacun leurs caractéristiques, je m'en sers en fonction des tâches.

Ainsi, quelquefois seul Internet Explorer fait l'affaire. Souvenez-vous de Live 365 décrit quelques pages plus avant. Pour une raison inconnue, la petite fenêtre de contrôle ne fonctionne pas sur OmniWeb. Wells Fargo Online est un autre site avec lequel OmniWeb rencontre des problèmes.

La vérité, la voici : choisir un navigateur est une question de préférence personnelle. Je ne peux pas en recommander un plus qu'un autre, et je ne veux même pas essayer. Je compte simplement vous dire ce que je sais d'eux. Ce sont des gratuits, ou du moins ils ont une version d'essai gratuite. Essayez-en un ou essayez-les tous. À mon sens, il ne faut pas avoir trop de navigateurs.

OmniWeb

OmniWeb (**www.omnigroup.com/applications/omniweb/**) est comme une petite fille aux jolies boucles. Quand c'est bon, c'est parfait, mais quand c'est mauvais, c'est la catastrophe. Ce n'est pas faute d'avoir essayé, le groupe Omni a mis OmniWeb à jour régulièrement, avec de grosses améliorations à chaque fois. Mais cela plante encore trop souvent, en butant sur des feuillets où Internet Explorer donne de bons résultats.

Alors, je ne peux pas recommander OmniWeb comme navigateur principal. Vous aurez des sites et des pages où OmniWeb ne marche pas du tout. Si vous voulez utiliser OmniWeb, gardez une copie d'Internet Explorer sous la main, à tout hasard.

Internet Explorer

Rien ne va fondamentalement mal avec Internet Explorer (téléchargeable à partir de www.mactopia.com/). C'est le navigateur par défaut de Mac OS X, vous en avez un exemplaire dans votre dossier d'applications. Sur de nombreux aspects, c'est un navigateur supérieur à OmniWeb. Il dispose de nombreuses fonctionnalités utiles et exclusives : l'album, le garde-pages et le gestionnaire d'enchères sont les premières qui me viennent à l'esprit. Et il affiche les pages plus vite qu'OmniWeb. Son utilisation des plug-ins (logiciels complémentaires) est meilleure, et il semble avoir moins de problèmes qu'OmniWeb lors de l'emploi de JavaScript.

Actuellement, Internet Explorer est un bon navigateur avec beaucoup d'accessoires (les cloches et les sifflets) que vous ne trouvez pas sur OmniWeb (ni sur d'autres navigateurs). Je n'ai qu'un petit problème, son rendu typographique des pages est vraiment laid à côté de celui d'OmniWeb.

Les figures 5.4 et 5.5 montrent ces deux navigateurs dans toute leur gloire.

Astuce **Commande+Shift+clic**

Un de mes passe-temps favoris avec Internet Explorer est d'essayer Commande+Shift+clic sur n'importe quel lien. Cela ouvre une nouvelle fenêtre contenant la page liée derrière la fenêtre en cours de lecture. De la sorte, la page se charge pendant que vous continuez à lire la première page. C'est une fonctionnalité précieuse et je l'utilise tout le temps. Le plus fort, c'est que Commande+clic fait la même chose dans OmniWeb.

Je n'en sais pas beaucoup sur les autres navigateurs. Aucun d'eux, Netscape, Opera, iCab ou AOL, n'a de version native pour Mac OS X au moment où j'écris. Tous les quatre sont encore en test auprès du public.

D'un autre côté, tous sauf un s'annoncent prometteurs, alors jetons-y un coup d'œil avant de plonger dans les logiciels pour Internet.

Netscape

Netscape (www.netscape.com) est le grand-père de tous les navigateurs web, mais quand Internet Explorer est arrivé voici quelques années, il l'a repoussé jusque dans sa Virginie natale (Netscape avait été acquis par AOL avant la fusion Time-Warner).

Netscape a été un outil incontournable du Mac pendant des années, mais leur version 6.2 pour OS X me fait reconsidérer ma position. La figure 5.21 montre à quoi le nouveau Netscape ressemble avec sa page d'accueil de la nouvelle génération.

Figure 5.21
Netscape

Je ne l'ai pas encore beaucoup utilisé, mais à chaque fois je n'ai pas eu envie de déclarer que "je déteste".

Remarque **Netscape 6.2**

Après avoir rédigé cette section, la version finale officielle de Netscape 6.2 pour OS X a été mise en service. Les autres sont encore des versions bêta, mais le produit final devrait être disponible quand cet ouvrage paraîtra. Consultez le site web de Netscape pour plus de détails.

Opera

Opera (www.opera.com) est un navigateur très apprécié sur d'autres plates-formes, en fait un des quatre ou cinq navigateurs les plus appréciés du Web. Une version Mac est actuellement en cours de test.

Opera se qualifie lui-même de "navigateur le plus rapide au monde". Après quelques minutes d'utilisation, je le lui accorde : il ouvre les pages très vite. Au moins la majorité du temps, car quelques pages ont posé problème et ont mis plus de temps à sortir qu'avec OmniWeb ou Internet Explorer, mais juste quelques-unes. La plupart du temps, il est rapide. Et comme je vous l'ai déjà expliqué, la vitesse est une bonne chose.

Vous pouvez voir sa page d'accueil à la figure 5.22.

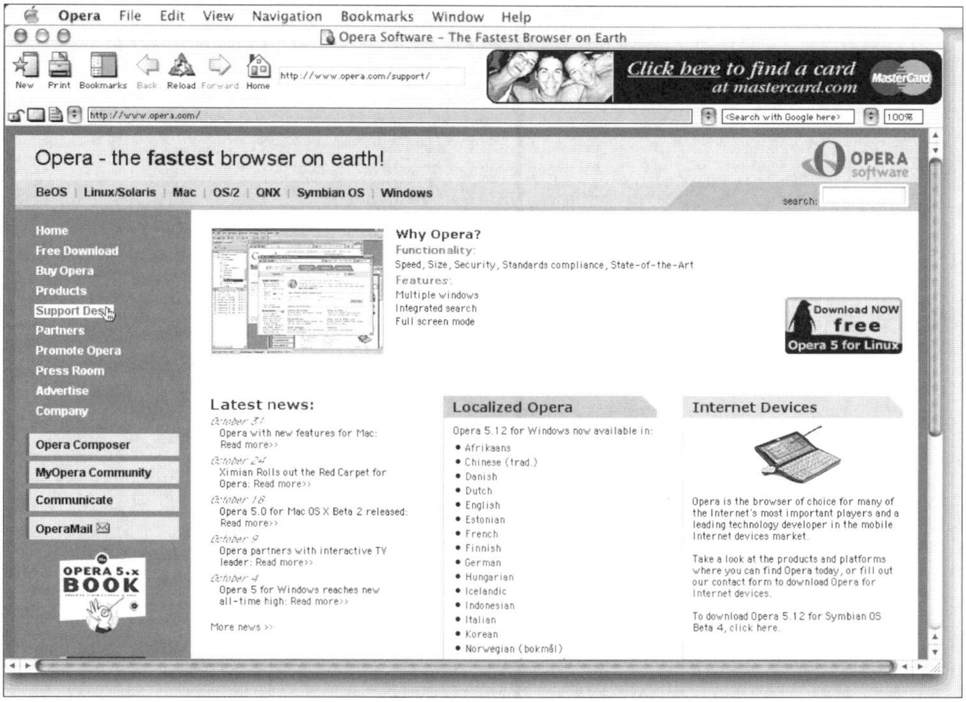

Figure 5.22
Le navigateur qui se dit le plus rapide au monde

Malheureusement, cette version bêta (b) n'est pas suffisamment solide pour être utilisée régulièrement. Un après-midi, elle s'est arrêtée deux fois en cinq minutes et quelques heures après j'ai dû utiliser la commande **Forcer à quitter**.

Ne leur en tenons pas trop rigueur. Quand vous lirez ce texte, une nouvelle version (peut-être une version finale) sera sans doute disponible. Lorsque cela marchera complètement, je pense qu'il pourra être un navigateur que j'apprécierai, du moins pour certains emplois.

iCab

iCab est un nouveau venu dans le monde du Mac, et il a un bel aspect comme le montre la figure 5.23. Il semble avoir quelques fonctionnalités que les autres navigateurs n'ont pas.

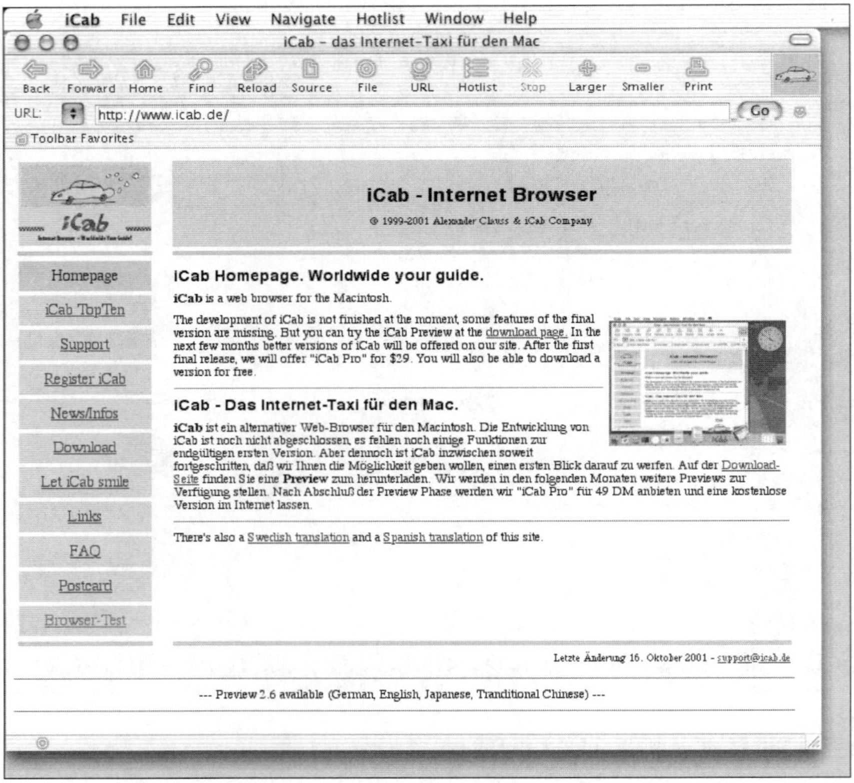

Figure 5.23
iCab

Autre chose sympathique, rarement disponible sur les programmes natifs OS X, c'est ce jeu de menus déroulant, montré à la figure 5.24.

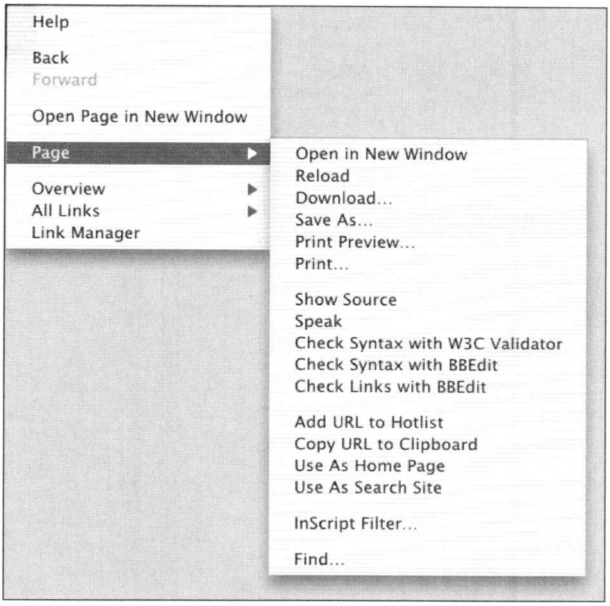

Figure 5.24
Ctrl+clic pour tout faire dans iCab

Je n'ai pu utiliser cette version bêta qu'un court moment, mais j'attends de pouvoir tester les versions à venir. iCab pourrait être un autre bon navigateur lorsque la version finale sera opérationnelle.

America Online (AOL)

Un dernier navigateur, et non des moindres, AOL (**www.aol.com**) est le navigateur integré à leur programme client (voir figure 5.25).

Je m'excuse par avance de ce qui va suivre. Je sais que je risque de froisser les inconditionnels d'AOL (et ils sont nombreux), mais les graphiques et les couleurs d'AOL me dégoûtent. Mac OS X est beau, élégant et raffiné. AOL est une insulte à Aqua. Je n'y peux rien, AOL me déplaît. Il n'y a rien à faire.

Ce n'est pas tout à fait fini. J'ai encore quelques propos à tenir sur les navigateurs, mais ce sera après la section qui commence juste maintenant.

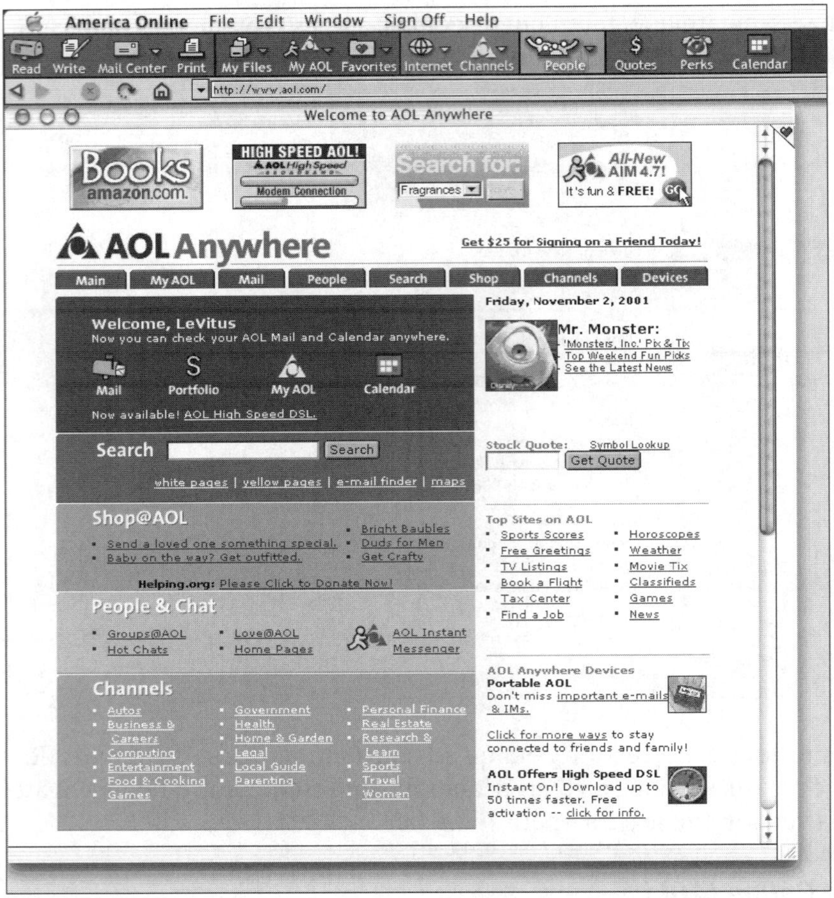

Figure 5.25
AOL

Autres outils du commerce

Internet ce n'est pas que le World Wide Web et les navigateurs, c'est aussi les e-mails, le FTP (protocoles utilisés pour copier des fichiers dont nous parlerons bientôt), les transactions sécurisées et l'accès à l'information rapide et simple, parmi d'autres choses.

Je passe beaucoup de temps à être connecté et j'ai mis du temps à régler le fonctionnement entre OS X et Internet. Considérant que de très nombreuses outils sont encore en version bêta (avant la mise sur le marché) ou en version 1.0, je n'ai qu'une ou deux versions stables et pas mal de plantages sous OS X 10.1.

Cependant, les sections qui suivent traitent de quelques outils que j'utilise aujourd'hui. Cela ne veut pas dire qu'il n'y a pas d'autres outils qui vous conviendraient mieux. Il y en a sûrement un. Mais ce sont ceux que j'ai adoptés et que j'emploie régulièrement, ce qui me donne le droit de les recommander.

Une connexion Internet vous permet d'échanger toutes sortes de choses avec d'autres utilisateurs dans beaucoup d'endroits. Vous voulez échanger des textes avec un Texan ? Aucun problème. Commercer avec un ami à Phoenix ? C'est du gâteau. Partager votre écran avec quelqu'un ? Même cela peut être fait facilement si vous avez les bons outils.

Voici quelques-uns des outils que j'utilise, et la raison pour laquelle je les apprécie.

E-mail : Entourage

Avant de parler de mon principal outil de courrier, Microsoft Entourage, parlons du courrier de façon générale. La plupart des opérations que j'effectue sous Entourage se font facilement avec d'autres programmes de courrier d'un prix moindre : le programme gratuit d'Apple, la version gratuite payée par la publicité d'Eudora, et Outlook Express. Ce sont des programmes de courrier parfaitement utilisables et je n'ai rien contre eux.

Mais Entourage dispose d'une caractéristique que n'a aucun autre programme : il vous permet d'établir un lien avec n'importe quel objet. Cela peut être un fichier, un fichier Word, une présentation PowerPoint, une feuille de calcul Excel, ou n'importe quoi sur le disque dur. Comme Entourage me permet d'établir n'importe quel lien, c'est parfait pour quelqu'un comme moi, spécialiste de la désorganisation. En fait, cette fonctionnalité est vitale pour moi. Sans elle, je suis perdu.

Heureusement, Entourage s'est révélé être un très bon programme d'e-mail, répondant aisément aux besoins sophistiqués, comme le lien.

Il faut que je vous montre cela, regardez la figure 5.26.

La liste à gauche est constituée des dossiers Entourage que j'ai créés pour organiser mes e-mails et autres travaux. La vue en cours de sélection présente l'ensemble des messages échangés avec mon agent littéraire, Carole. L'e-mail en cours de sélection "Few things..." contient diverses questions, et je ne veux pas oublier de suivre chacune d'elles. Les liens constituent la réponse à ce besoin. J'ai lié le message et d'autres sujets significatifs à la tâche "Carole" comme le montre la figure 5.27.

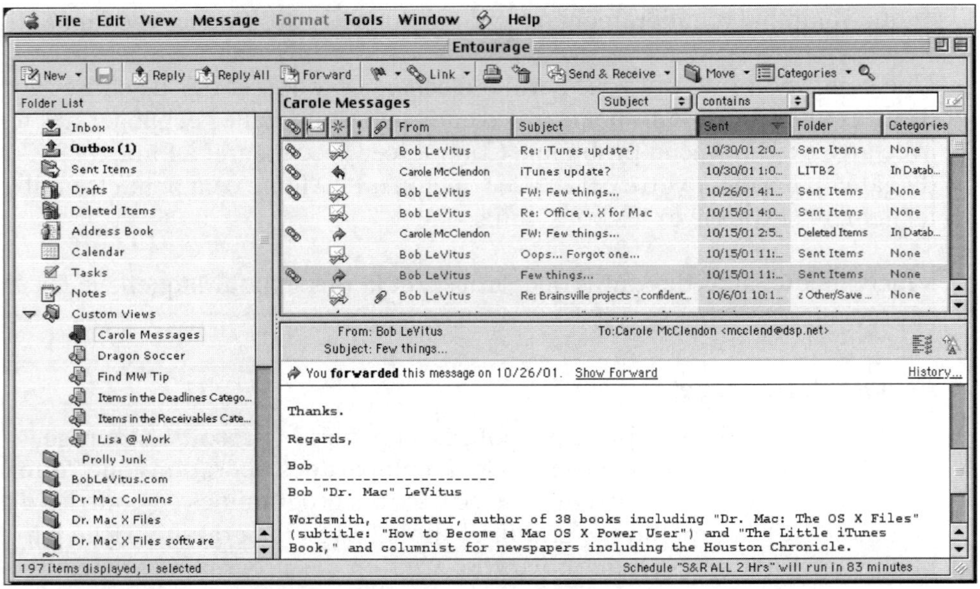

Figure 5.27
La fenêtre principale d'Entourage

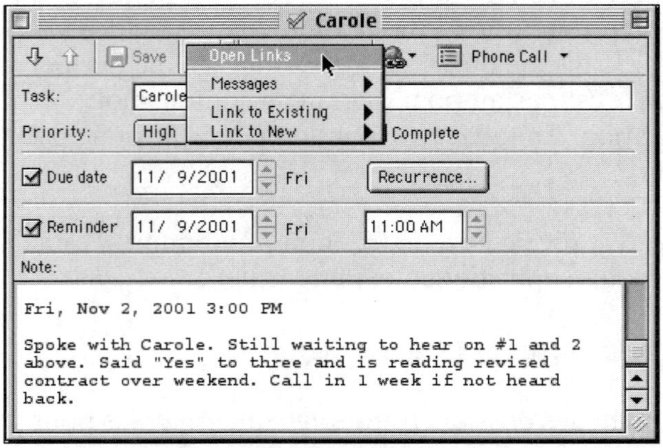

Figure 5.26
Pour ne pas oublier ce qui doit être fait à 11 heures

Chaque fois qu'une tâche est concernée, j'ai un accès instantané aux messages qui lui sont liés, ainsi qu'aux notes et aux fichiers dans la fenêtre des liens de tâches, comme le montre la figure 5.28.

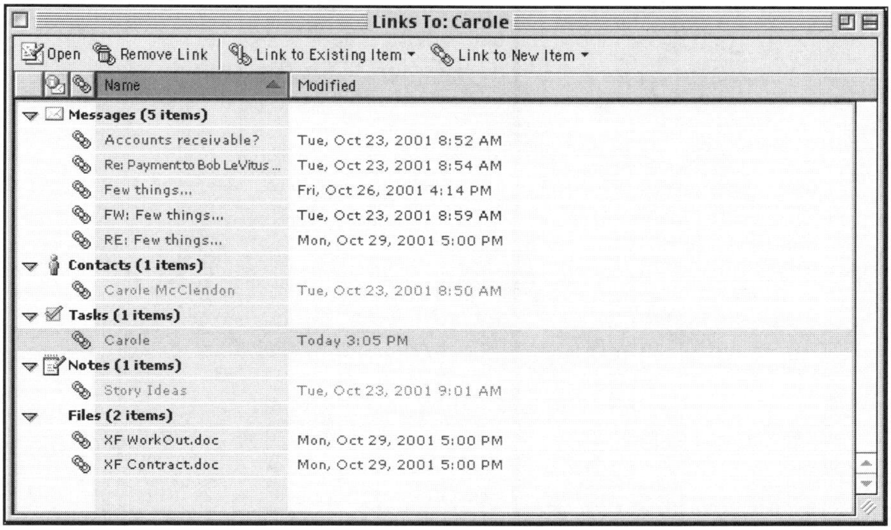

Figure 5.28
Les liens

Pour moi, c'est l'extase. Je ne chante plus "où est passé cet e-mail ?" depuis que j'ai adopté Entourage, voici déjà plusieurs années.

Bien sûr, j'ai ficelé Entourage pour qu'il fasse quelques travaux à ma place. J'ai mes règles pour organiser l'entrée automatique du courrier. J'ai des règles pour effacer le courrier inutile à l'aide d'un filtre spécial. J'ai des règles particulières pour expédier des listes de mailing qui les séparent en plusieurs messages et les répartissent en dossiers. En bref, je suis satisfait d'Entourage comme programme de courrier.

Mais il y a plus : c'est aussi un calendrier planning, une base de données de contacts, et un gestionnaire de tâches et de notes, comme vous le montre la figure 5.29.

Mais ce qui fait sa supériorité reste quand même la possibilité de créer des liens.

L'édition 2001 d'Entourage, comme le montrent les figures 5.26 à 5.29, fonctionne sous OS X en mode Classic. La version native OS X, montrée à la figure 5.30, est sur le point d'être livrée "d'un jour à l'autre" et devrait être disponible bien avant que vous ne lisiez ces lignes.

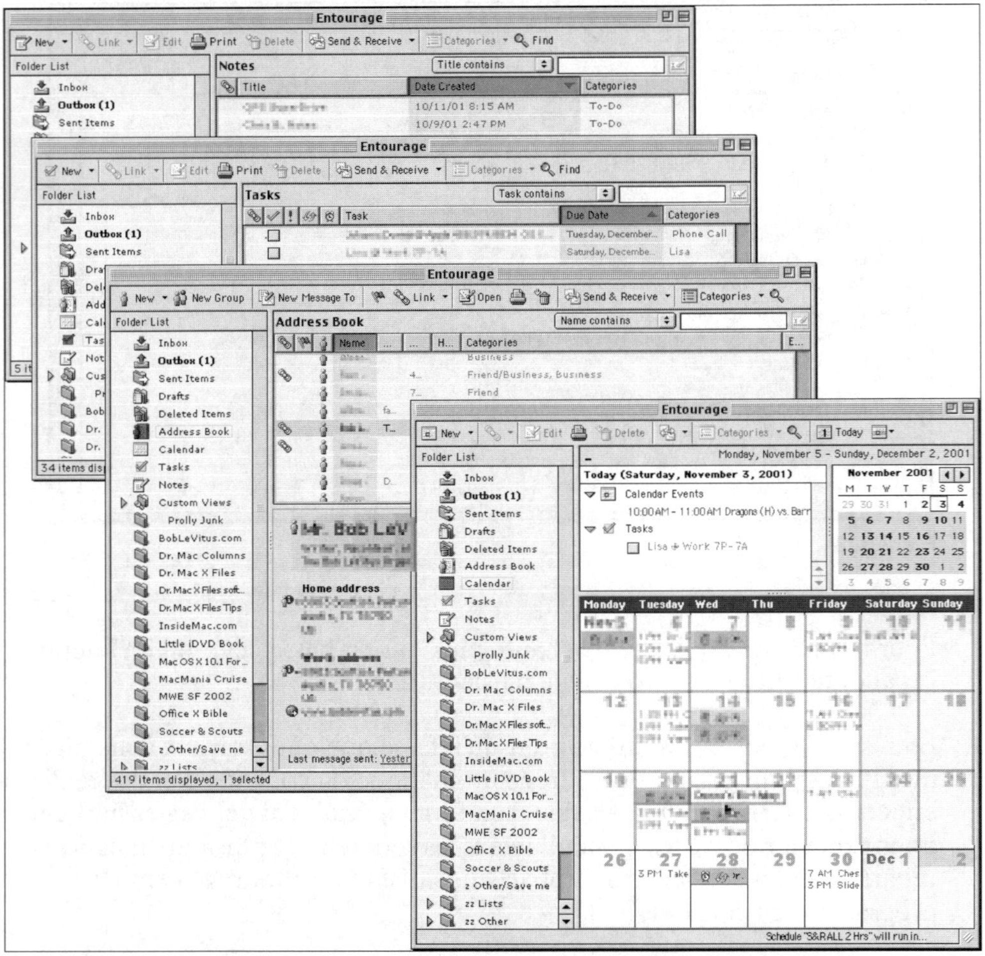

Figure 5.29
Entourage et sa gestion

La seule mauvaise nouvelle concernant Entourage est son prix. Vous ne pouvez l'acquérir qu'avec Microsoft Office (du moins pour l'instant), et Office v.X n'est pas donné. La version complète d'Office v.X (ou 2001, elles sont toutes les deux disponibles) se situe autour de 499 , ou 299 pour une mise à jour d'une version antérieure. C'est beaucoup ! Vous pouvez en savoir encore plus en consultant le site **www.mactopia.com**.

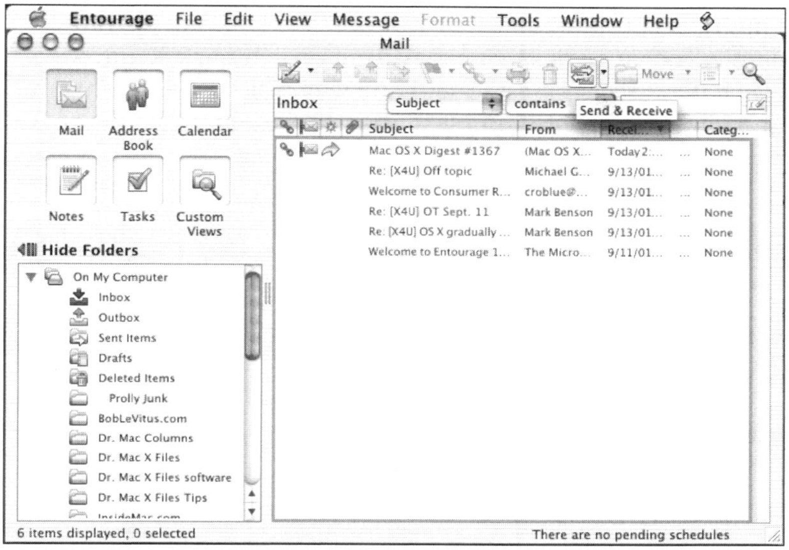

Figure 5.30 Entourage v.X, une plus belle interface

FTP : Transmit

FTP est un protocole employé pour envoyer et recevoir des fichiers. Si vous employez FTP seulement de temps à autre, votre navigateur web est sans doute suffisant pour le travail. Mais si vous utilisez davantage FTP, comme je le fais, vous avez besoin d'un programme FTP dédié tel que Transmit (**www.panic.com**).

J'utilise Transmit pour échanger des fichiers avec mon éditeur et pour transférer des fichiers de et vers mon site web. Je l'emploie également en liaison avec mon navigateur (voir l'astuce à la fin de cette section).

Un programme dédié FTP offre plusieurs avantages par rapport à l'emploi d'un navigateur :

- Les programmes FTP sont plus rapides que les navigateurs pour le téléchargement.
- Les programmes FTP peuvent effectuer de multiples chargements en même temps.
- Les programmes FTP peuvent relancer un téléchargement interrompu.
- Les programmes FTP peuvent naviguer dans des listes de fichiers pour les télécharger et se déplacer dans la hiérarchie des dossiers.

J'ai utilisé de multiples programmes FTP pour effectuer ce qui devrait être une tâche toute simple, l'échange des fichiers avec un ordinateur distant. Mais quand il faut l'acheter, Transmit est le seul que je choisisse. Il est fiable, rapide et dispose d'une interface propre, simple à utiliser, présentée à la figure 5.31.

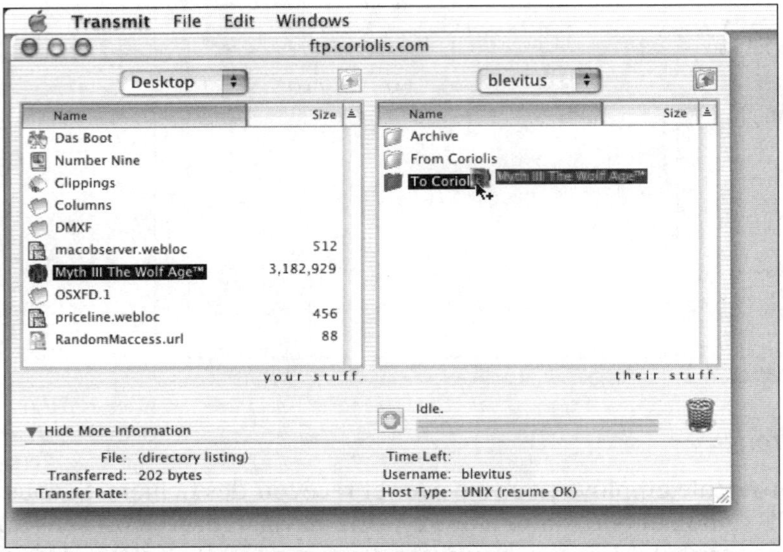

Figure 5.31
Transfert d'un fichier de 3 Mo avec Transmit

Après plus d'un mois d'usage intensif, je ne trouve qu'une seule récrimination à formuler. Transmit fonctionne bien, est rapide, simple et élégant ; si vous l'utilisez pour charger et décharger des fichiers, Transmit vaut son prix, 25 que j'ai acquittés.

Astuce **Transmit**

Vous pouvez forcer Internet Explorer à utiliser Transmit chaque fois qu'il rencontre un lien FTP, en lançant Transmit et en chargeant le fichier automatiquement. Dans Internet Explorer, choisissez *Préférences*, puis sélectionnez l'objet *Protocol Helpers* ("types de protocoles") dans la liste sur la gauche. Éditez la ligne *Protocol Helper for FTP* ("protocole FTP") de façon que ce soit Transmit, assurez-vous que la case *Use Current Application If Possible* ("utiliser si possible l'application en cours") n'est pas cochée. La prochaine fois que vous rencontrerez un lien vers un fichier à télécharger, Internet Explorer passera la main à Transmit.

Partage d'écrans : Timbuktu Pro

Timbuktu Pro (**www.netopia.com**) est une commande à distance d'ordinateurs. Lorsque vous gérez une session Timbuktu, vous commandez une souris et un clavier à distance et vous les exploitez à partir de vos propres souris et clavier. Timbuktu effectue aussi des échanges de fichier (plus rapides que le partage de fichiers incorporés), plus des fonctions de dialogue et d'intercommunication. Cela fonctionne avec Windows comme avec Macintosh via Internet, un réseau local, un réseau local étendu, le téléphone ou les connexions point à point. Je l'utilise depuis des années et la nouvelle version OS X est très bien.

Quel usage en ai-je ? Il y en a deux principaux.

D'abord, je m'en sers sur les deux Mac de mon bureau, mon Mac de tous les jours et mon Cube G4, celui qui me sert pour faire tourner les versions bêta de logiciels dans un environnement sous contrôle sans risque d'endommager l'autre Mac. Je ne m'inquiète pas si le logiciel plante ou endommage mon disque dur. Je ne m'inquiète pas non plus que toutes mes données partent en fumée. Parce qu'avec Timbuktu, je peux contrôler tous les programmes depuis le deuxième Mac.

Regardez la figure 5.32. Tout ce qui est à l'intérieur du liseré noir tourne sur le Cube, à 5 mètres de là ; tout ce qui est à l'extérieur du liseré, c'est mon ordinateur, le Tower 500.

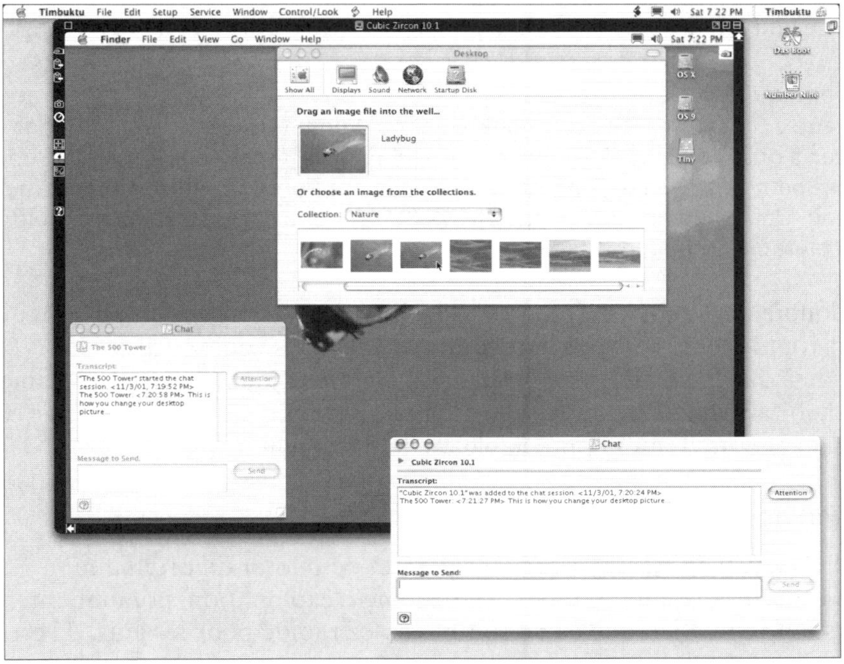

Figure 5.32 Timbuktu travaille avec un utilisateur fictif

J'envoie un message "This is how you change your desktop picture" (voici comment changer le fond de plan du Bureau), puis je clique sur l'image "Ladybug" de la collection, comme vous pouvez le voir à la figure 5.32.

Le Bureau de l'ordinateur à distance s'est transformé avec l'image "Ladybug" en fond de plan sous les yeux de l'observateur fictif. C'est magique.

Remarque **Timbuktu**

Netopia, le producteur de Timbuktu, offrait une version de Timbuktu appelée House Call (and Doctor). Pour environ 30 $ (si ma mémoire est bonne) vous pouviez contrôler un ordinateur via un modem. J'ai acheté ce produit, installé le docteur de mon côté, et House Call sur l'iMac de mon père. La première fois qu'il a redémarré son ordinateur, je lui ai dit "redémarre, attends et regarde". J'ai alors utilisé House Call pour nettoyer son Bureau, enlever quelques extensions supprimées et mettre en place quelques alias. Quelques mois plus tard, il parlait encore avec admiration de "mon pilotage de son Mac". Je ne sais pas si Netopia propose toujours ce "mini Timbuktu", mais vous pouvez obtenir la même chose (pour un peu plus cher) avec Timbuktu Pro.

Et la deuxième utilisation me direz-vous ? Lorsque je voyage, j'ai une copie sur mon PowerBook et une autre sur le Mac de mon bureau. Si j'ai oublié quelque chose pendant que je suis sur la route, je peux me connecter au Mac du bureau et le contrôler. Combien de fois avez-vous souhaité faire de même en étant en voyage ?

Astuce **Forcer à quitter**

Une autre fonctionnalité de Timbuktu est qu'il peut envoyer une commande **Forcer à quitter** à OS X à distance. Lorsqu'un programme plante sur le Cube à l'autre bout de la pièce, je peux donner un ordre **Forcer à quitter** depuis mon bureau. Cela veut dire que je peux travailler sur deux Mac sans avoir à quitter mon fauteuil. Sympa, n'est-ce pas ?

Un jeu double de Timbuktu (pour deux ordinateurs) coûte moins de 200 . Je m'en sers tout le temps et vous le recommande si vous voulez utiliser la commande à distance. Si vous faites l'assistance technique d'un ami ou d'une relation habitant dans une autre ville, demandez-leur d'en avoir une copie. Cela vous fera gagner un temps appréciable en déplacement.

Émulation de Windows : Virtual PC

Virtual PC (**www.connectix.com**) vous permet de piloter un ordinateur Pentium utilisant presque tout type de système d'exploitation, notamment Windows et Linux. Bien que ce ne soit pas assez rapide pour les jeux, il l'est suffisamment pour l'utilisation que j'en aie.

Je ne l'utilise pas très souvent, mais surtout pour trois choses :

- Visualiser un site web dans un navigateur Windows sans avoir à quitter le confort de mon fauteuil, comme le montre la figure 5.33.
- Faire tourner ces fichiers *.exe* que les utilisateurs de PC m'envoient, en pensant qu'un exécutable Windows va "tourner" sur mon Mac (maintenant avec Virtual PC, cela fonctionne).
- Essayer un programme qui sort en étant uniquement ou d'abord pour Windows.

Figure 5.33
Internet Explorer tournant sur mon Mac

Virtual PC est très bien pour toutes ces choses. Vous pouvez faire tourner un programme de base de données à une vitesse correcte si nécessaire. Simplement n'essayez pas le temps réel et la haute définition pour les jeux.

Virtual PC est sympathique parce qu'il permet de faire cet échange que les utilisateurs de Windows ne peuvent pas s'offrir. C'est à prendre en considération lorsque vous avez besoin occasionnellement d'une compatibilité PC ou Windows et que vous ne voulez pas encombrer votre Bureau.

Gérer les signets : URL Manager Pro

Parce que je change souvent de navigateurs, cela me rend malade d'avoir à importer et exporter des signets. J'apprécie de pouvoir prendre tous mes signets avec moi pour les utiliser avec le navigateur que j'ai choisi. C'est pourquoi je me sers du gestionnaire de signets d'Alco Blom, URL Manager Pro, depuis des années. Je vais en parler en employant l'abréviation URLMP, c'est plus simple à taper.

Lorsque je selectionne **Read All,** Internet Explorer ouvre une fenêtre pour chacun des sites du dossier *Read Daily*. Accèder et lire toutes ces pages se fait rapidement, puisqu'elles sont déjà chargées et disponibles.

Mon second menu favori, à droite de la figure 5.35, est aussi un menu URLMP partagé qui contient tout mon fichier de signets organisés comme je l'entends. Je peux ajouter de nouveaux signets à n'importe quel dossier quand j'en ai envie et à partir de n'importe quel navigateur.

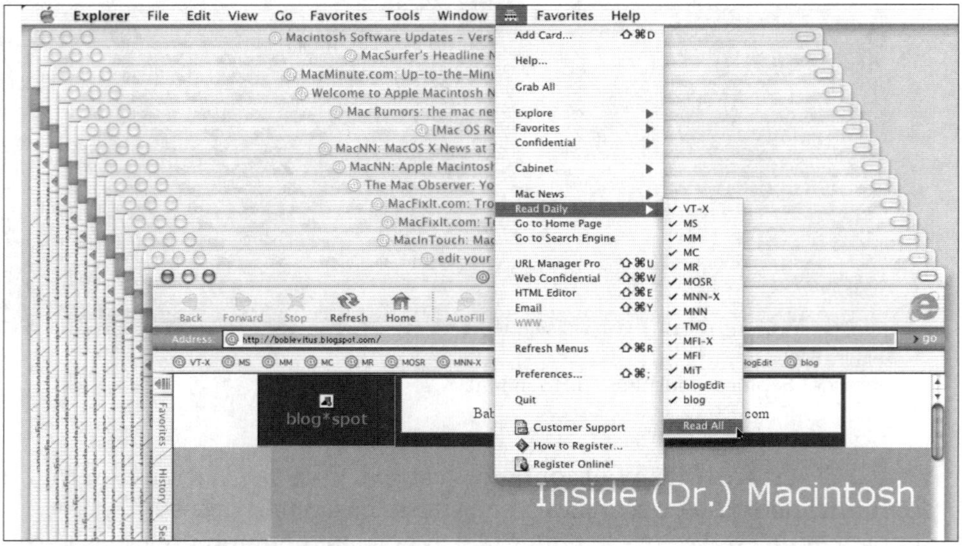

Figure 5.34
URL Manager Pro

Figure 5.35 Ajout d'un site intéressant

La prochaine fois que je vais me précipiter pour visiter ce site de nouveau, le signet sera disponible quel que soit le navigateur utilisé.

Une dernière chose : bien qu'il ne soit pas nécessaire de faire tourner le programme URLMP pour utiliser les menus partagés, lorsqu'il tourne, vous disposez également du menu des Favoris dans le Dock, comme le montre la figure 5.36.

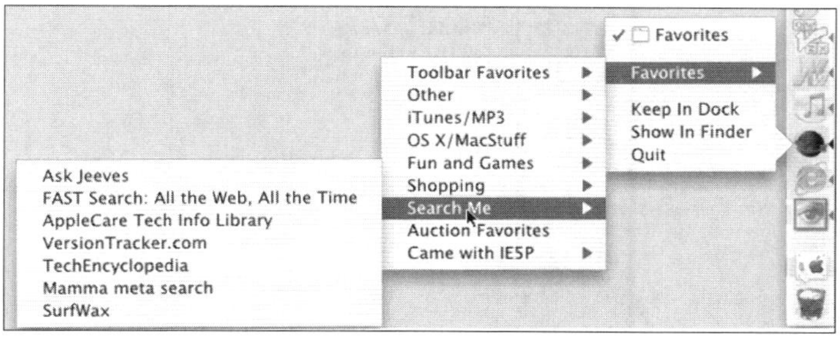

Figure 5.36 Des signets dans le Dock

C'est agréable si vous êtes un utilisateur du Dock.

Alco propose également un programme complémentaire qui utilise le même menu partagé. C'est un gestionnaire de mot de passe, appelé Web Confidential. Comme j'ai une mémoire d'éléphant, je ne m'en sers pas.

Remarque **Ma méthode**

Au cas où vous me croiriez, la raison pour laquelle je n'utilise pas ce très bon programme est que j'ai adopté une autre méthode voici déjà longtemps pour conserver la trace des mots de passe et autres codes secrets. Pour reprendre la phrase d'un inconnu célèbre, "je veux bien vous l'expliquer, mais après il faudra que je vous tue".

De nombreux utilisateurs ne jurent que par Web Confidential : il s'intègre bien à OS X, à URLMP et à leurs menus partagés.

URLMP et Web Confidential sont encore en versions bêta, mais je fais tourner la version actuelle (3.0b19) depuis des semaines sans problème.

Le menu partagé ne fonctionne pas avec OmniWeb ou Netscape 6, mais par contre il fonctionne très bien avec Internet Explorer, iCab et Opera en versions bêta. J'ai payé le mien environ 11 (mise à jour de la version 2). Vous devez aider les bons logiciels, URLMP est un programme qui mérite son prix. Visitez les sites **http://url-manager.com/** ou **www.web-confidential.com/** pour les essayer.

N'oubliez pas les gratuits

Des milliers de programmes gratuits existent et ont été créés par de brillants programmeurs pour leur plaisir ou leurs besoins propres, pour la satisfaction d'apporter quelque chose à la communauté Mac, pour la gloire et la notoriété, que sais-je !

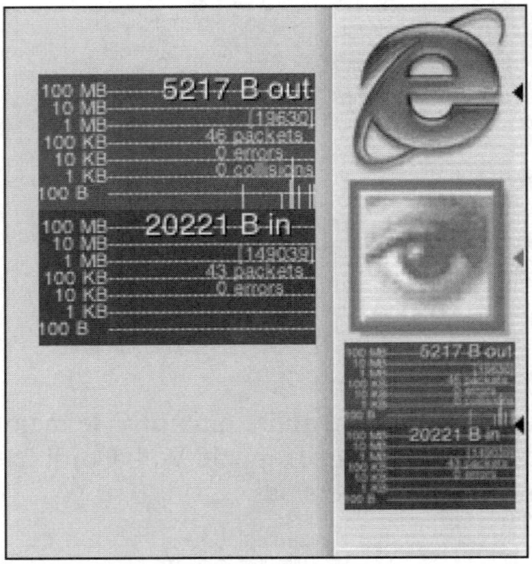

Figure 5.37
NetStatInDock

Voici cinq de ces programmes que vous devriez apprécier :

- NetStatInDock (voir figure 5.37) : créé par Takashi T. Hamada, dont vous pouvez consulter le site web **www.lisai.net/~hamada/**, NetStatInDock vous montre les statistiques du trafic entrant et sortant sur votre Mac. Vous remarquerez sur la figure que le trafic est élevé (zéro en l'absence de trafic). Cela vient de ce que je suis en train de charger des pages web et de contrôler mes e-mails en arrière-plan.

- Perfboard (voir figure 5.38) : créé par Pepsan et associés (**www.pepsan.com**), Perfboard est un autre outil de statistiques, mais avec davantage de petits trucs dans tous les coins que NetStatInDock (des données sur la CPU, les chargements, la mémoire, les entrées-sorties disque). Perfboard est un outil qui s'ouvre à chacun de mes démarrages et il tourne en permanence. Quelquefois, je peux deviner à partir de ses affichages que mon Mac va planter.

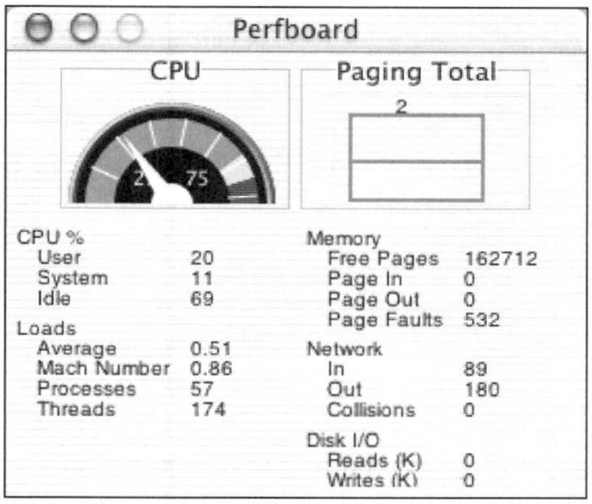

Figure 5.38
Perfboard

- Son of Weather Grok (voir figure 5.39) : rédigé par John Schilling et StimpSoft (**www.stimpsoft.com**), ce programme se connecte à la NOAA (l'administration en charge des océans et de l'atmosphère) et à son centre de données par Internet, et vous permet de disposer de prévisions météo pour pratiquement toutes les régions du monde.

- Ticker (voir figure 5.40) : rédigé par R. Fronabarger et Soporific Software (**http://homepage.mac.com/soporific/**), Ticker est un gratuit qui sert de minuteur lorsque vous travaillez sur les cours de la Bourse.

- Tea Timer (voir figure 5.41) : rédigé par Herwig Henseler (**www.herwig-henseler.de/teatimer**), ce programme n'a qu'une relation lointaine avec Internet. Mais c'est un outil important cependant. Quelquefois je m'implique tellement dans le surf sur le Web que j'en oublie une casserole sur le gaz. J'utilise donc ce petit gratuit pour éviter de mettre le feu à la maison.

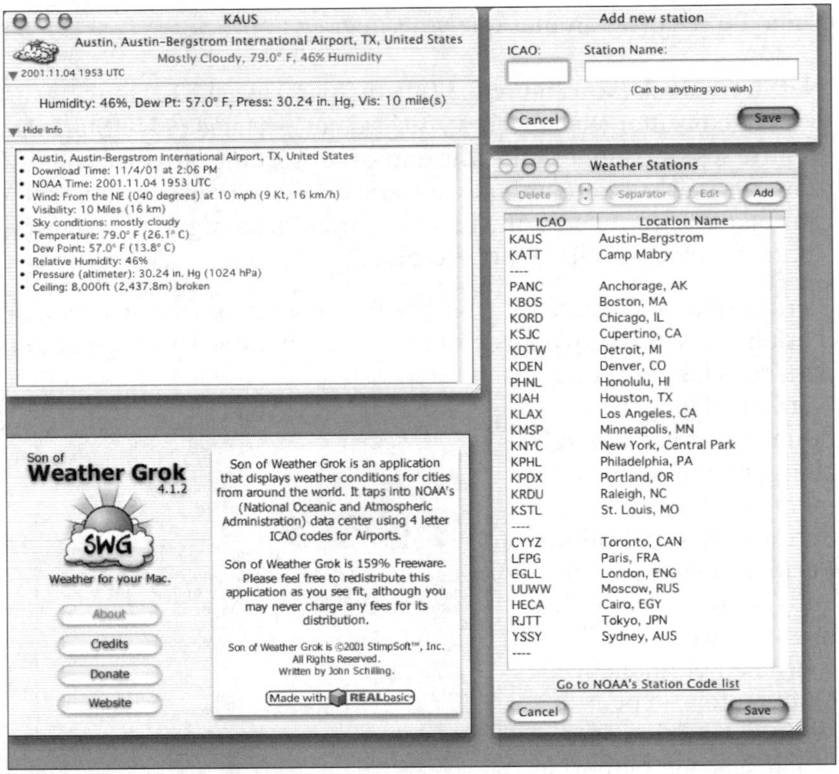

Figure 5.39
Vous voulez la météo ? Son of Weather Grok

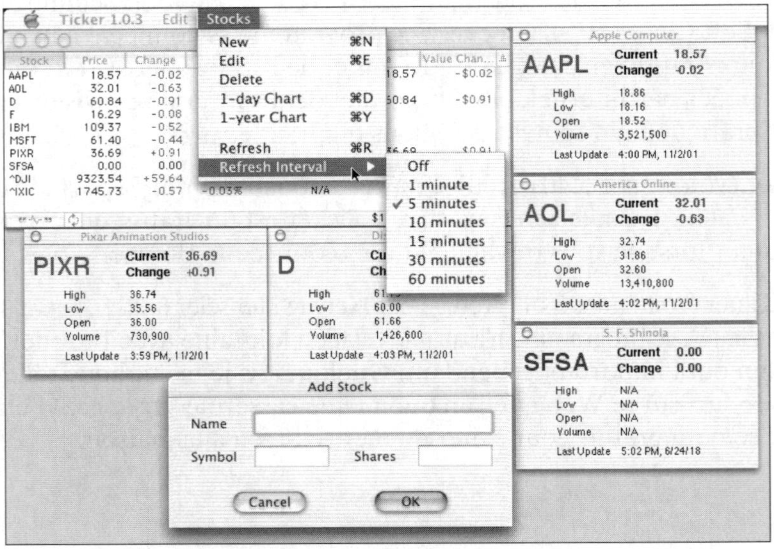

Figure 5.40
Ticker

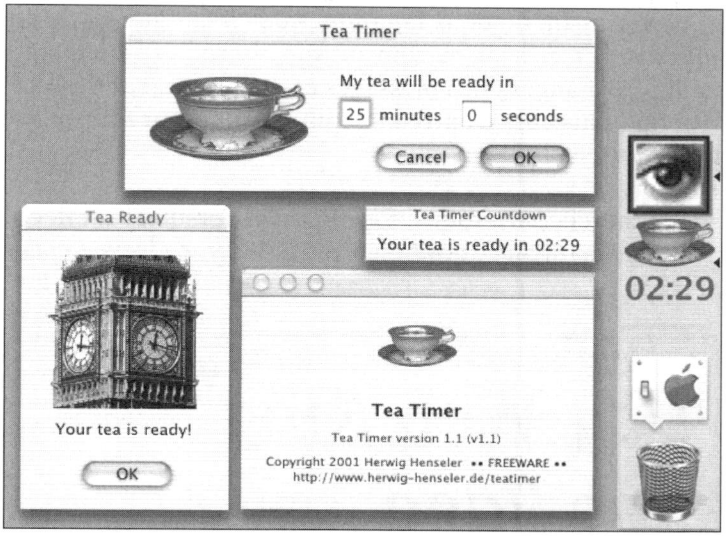

Figure 5.41
Tea Timer

Vous connaissez ce vieux proverbe qui dit "si vous donnez un poisson à un homme, vous l'avez nourri pour une journée, si vous lui apprenez à pêcher, vous le nourrissez pour la vie". J'espère que vous avez trouvé quelques techniques de pêche dans ce chapitre. Mais, comme Steve Jobs aime bien le dire, en général vers la fin d'un exposé dans les conventions de Macword Expo : "Il y a encore une dernière chose..."

Pour finir

Tout le monde parle d'outils, de sites, de Java et de Flash, de vidéo et de son, etc. Mais vous n'entendez pas grand-chose sur la communauté du Web. Et, au moins pour moi, la communauté a une grande part dans le succès du Web. Les gens que vous y rencontrez font que le Web est si merveilleux. Je pourrais même ajouter que les gens que l'on rencontre sur Internet font Internet.

Communauté du Web

Internet est parfait pour trouver des gens ayant les mêmes affinités sans tenir compte de la géographie. Si vous avez une passion, il y a de fortes chances que d'autres personnes aient la même.

Ainsi, même si vous n'avez qu'un ou deux fanatiques de vizslas autour de vous, des centaines d'amoureux de vizslas se retrouvent sur Internet. Ils tiennent à jour des listes de mailing, échangent des messages et dialoguent sur des sites dédiés aux vizslas. En fait, plusieurs d'entre eux font tourner leur propre site consacré au, devinez qui, vizsla !

Google, le moteur de recherche, m'a fourni 591 réponses lorsque j'ai effectué une recherche sur "Vizsla Web Ring", dont un à l'adresse **www.blayne.com/v_ring/** (voir figure 5.42).

Figure 5.42 Web ring parlant des vizslas

Remarque **Web ring**

Un Web ring (anneau thématique) est un groupe informel de sites, traitant tous d'un même thème, et liés ensemble.

Mais qu'est-ce que c'est exactement un vizsla ? Je suis heureux que vous me posiez cette question. C'est un chien de chasse hongrois, proche du weimaraner avec un superbe pelage roux (synonyme de pointeur hongrois).

Vizsla

Le plus intéressant dans tout cela est la façon dont j'ai trouvé la Liste du vizsla dans **www.dict.org**, instantanément via Internet. Je suis en train de tester OmniDictionnary (voir **www.omnigroup.com/**) qui fonctionne comme un service OS X.

D'abord vous mettez OmniDictionnary dans le dossier Services soit dans votre Library personnelle (~/Library ; vous seul pourrez vous en servir), soit dans la Library du système (/System/Library/Services/ dont tous les utilisateurs de ce Mac ont le droit de se servir).

Surlignez ensuite le mot dont vous voulez trouver la Liste et tapez le raccourci clavier Commande+=. Cela fonctionne avec n'importe quelle application OS X qui a un sous-menu Services. À la figure 5.43, j'utilise OmniWeb et j'ai sélectionné "Vizsla".

OmniDictionnary m'a affiché la Liste comme le montre la figure 5.44.

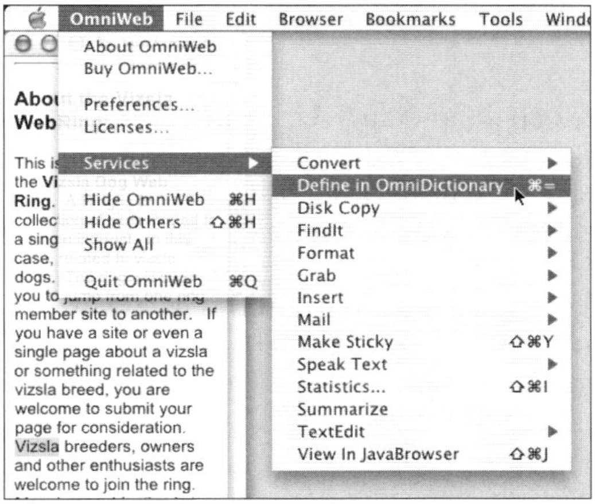

Figure 5.43
Regarder dans le dictionnaire

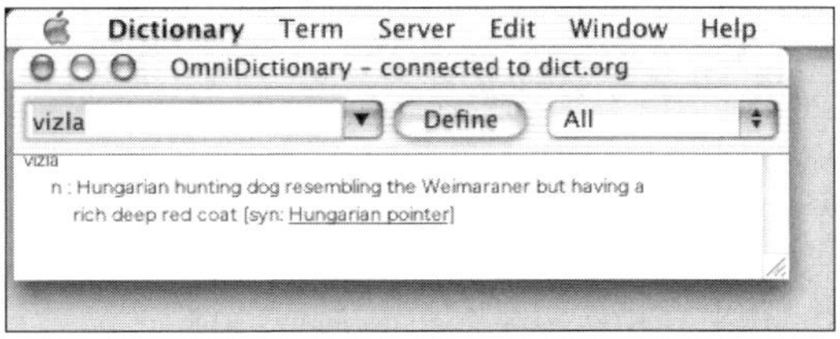

Figure 5.44
Définition du vizsla par OmniDictionnary

Trouver une communauté à votre goût

C'était plus qu'un aparté relatif à une race de chien peu connue et adorable. C'était la preuve que, quels que soient vos centres d'intérêts, vous trouvez sur le Web énormément de personnes qui partagent votre passion.

Si le dépannage du Mac est votre truc, consultez les messages de MacFixIt ou de tout site web spécialisé sur le Mac. Vous y découvrirez une communauté d'enthousiastes disponibles pour vous aider, voulant bien répondre à toute question sur ce qui est cassé et comment le réparer. Essayez, vous serez agréablement surpris.

Si vous êtes utilisateur d'AOL, essayez leurs forums, ils en ont plusieurs. Si vous avez un pôle d'intérêt plus ésotérique, commencez par un moteur de recherche.

Si vous voulez trouver des personnes sur le Web qui partagent vos passions, maintenant vous savez comment faire.

Mais il y a des communautés connectées en dehors du Web. L'une d'elles est la toute simple liste de mailing, que vous utilisez avec l'e-mail sans avoir à naviguer. C'est, comme son nom l'indique, une liste d'e-mails de gens qui posent des questions et fournissent des réponses de façon très courtoise.

Une bonne chose c'est que vous pouvez installer un filtre pour les listes sur votre programme d'e-mail, les sauvegarder toutes dans un fichier et les lire comme vous le souhaitez quand vous avez le temps. Vous pouvez également y faire une recherche par mot ou par phrase.

Depuis qu'OS X est en place, j'ai archivé et lu plusieurs listes Mac OS X tenues par Eric Prentice, un garçon de Portland (**listmom@themacintoshguy.com**).

Remarque **Eric Prentice**
Eric est aussi le directeur de Dr. Bott LLC (**www.drbott.com**), un distributeur de produits et accessoires Mac. Sa liste est très bien.

Il y a au moins sept listes OS X : utilisateurs, nouveaux venus, serveurs, applications, matériel, Unix et projets. J'en lis trois ou quatre de temps en temps et j'y apprends beaucoup de choses. Ils ont répondu aux questions lorsque j'en ai posé, et j'ai pu aider d'autres lecteurs lorsqu'ils ont migré sous OS X. C'est une très bonne ressource, et la majorité des dialogues a été utile et constructive.

Remarque **Astuces de lecteurs**

De nombreux lecteurs de liste m'ont envoyé les astuces présentées au chapitre 15 en réponse à mon offre : un livre gratuit en échange d'une astuce ou d'une image pour le Bureau.

Ceci étant dit, comme la plupart des forums, ces listes ont plus que leur part de gens contrariants (on les appelle les "trolls") qui aiment dénigrer, se battre et empoisonner les autres. À une époque, j'appuyais sur la touche Effacer très régulièrement. Il semble que maintenant cela se soit un peu calmé.

5

Attention **Les listes de mailing**

Dans les listes de mailing et autres forums publics, les émotions jouent beaucoup, le langage et le contenu peuvent souvent choquer quelques lecteurs non avertis.

Pour de plus amples informations sur les listes d'Eric, visitez le site **www.themacintoshguy.com/lists/X.html**, et pour d'autres listes, utilisez le moteur de recherche de votre choix pour trouver des "mailing-list Macintosh". Il y en a beaucoup, certaines sont meilleures que d'autres. Vous avez la possibilité de choisir avant de trouver la communauté qui vous plaît.

La seconde communauté non Web est faite de newsgroups (groupes de news). Pour les newsgroups, vous avez besoin d'un programme appelé un newsreader (logiciel de lecture de news).

Remarque **Newsreader**

J'utilise Entourage comme newsreader. Si j'étais vous, je ferais une recherche sur **www.versiontracker.com** pour le terme "newsreader". Je sais que vous trouverez au moins une demi-douzaine de freeware et de shareware. Essayez-en un ou plusieurs.

Servez-vous de votre logiciel newsreader pour filtrer les newsgroups avec le mot "Mac". Lorsque j'ai fait cela, j'ai obtenu 619 références qui avaient "Mac" dans leur nom, sur un total de plus de 62 000 comme le montre la figure 5.45.

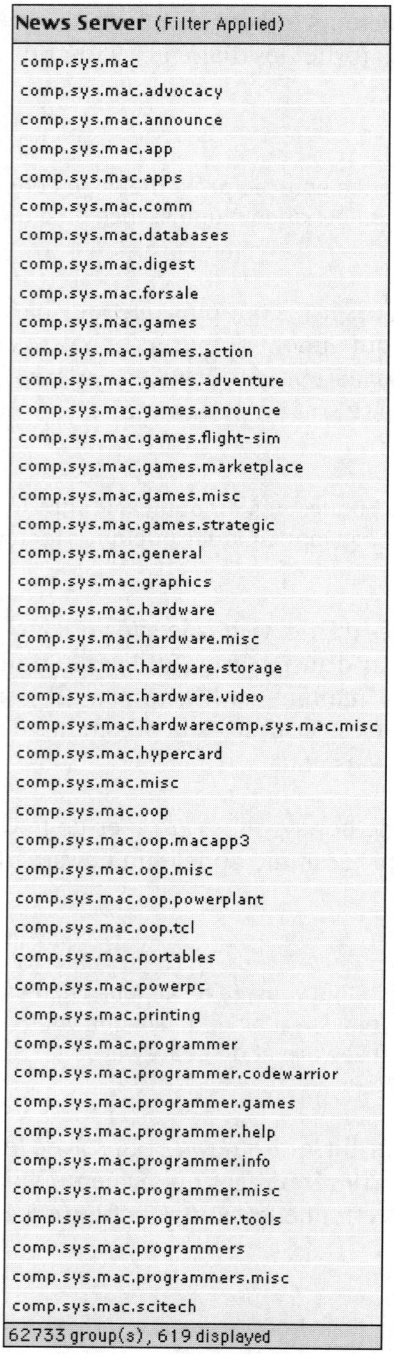

Figure 5.45
Quarante newsgroups

Lorsque vous avez un logiciel newsreader, le fonctionnement des newsgroups est proche de celui des messages du Web, sauf que vous n'avez pas besoin d'un navigateur web pour y participer. La figure 5.46 vous montre à quoi ressemble un programme newsreader tel qu'Entourage.

Figure 5.46
Un recueil de messages lus par Entourage

Entourage est très bien : il permet de filtrer ou de rechercher dans une collection de messages, puis de lire, rechercher et répondre à un message existant, ou de proposer votre propre message.

Remarque

Newsgroup

La société qui gérait les archives des newsgroups, Deja.com, a été rachetée récemment par la société Google.com spécialiste des moteurs de recherche. Google offre une interface de recherche de newsgroup sur sa page web **groups.google.com**. C'est probablement le meilleur endroit où commencer votre recherche d'un groupe ou d'une communauté qui vous convienne.

6

Classic et son environnement

Classic est l'émulateur de Mac OS 9 incorporé dans Mac OS X, la partie de Mac OS X qui vous permet de faire tourner les logiciels Max OS 9 sous Mac OS X. C'est un petit bijou de technologie et sans lui, je suis sûr que Mac OS X n'aurait eu aucun succès. Ça, c'est la bonne nouvelle. La mauvaise nouvelle est que Classic ressemble beaucoup à la petite fille gâtée aux cheveux bouclés : quand ça va, c'est très bien, mais quand ça va mal c'est à vouloir jeter son Mac par la fenêtre. Ou à vouloir migrer vers Windows.

Mais il y a plus de bonnes nouvelles que de mauvaises. Les dernières mises au point d'OS X et de Classic sont vraiment supérieures aux versions 10.0.x. Et nous les utilisateurs avertis, nous en savons maintenant un bout sur la manière d'apprivoiser Classic, les méthodes pour éviter les plantages et l'art d'éviter de s'en servir.

Même ainsi, je considère Classic comme un mal nécessaire. Je suis heureux de l'avoir, mais j'essaie de le lancer le moins souvent possible, et j'attends avec impatience le jour où je pourrai effacer OS 9 complètement de mes disques. À la fin de l'année 2001, j'ai rarement à me servir de Classic (ou d'OS 9), mais je ne peux pas encore m'en passer. Par contre, j'espère pouvoir le faire bientôt.

Actuellement, je peux pendant plusieurs jours ne pas utiliser Classic mais, assez souvent, j'ai besoin d'Adobe Photoshop (aucune version OS X n'est annoncée actuellement) ou d'Adobe GoLive (pareil pour ce logiciel). Et quand j'ai besoin d'utiliser Final Cut Pro 2, même Classic ne peut rien. Je dois le recharger sous OS 9 car Final Cut Pro 2 ne démarre pas avec Classic. Fort heureusement, Final Cut Pro 3, qui marche sous OS X, est annoncé pour bientôt.

Continuons pour voir non seulement comment utiliser Classic, mais aussi comment éviter de l'utiliser. Comme d'habitude, nous commencerons par les généralités avant de nous plonger dans des questions plus intéressantes.

Classic, les bases

Vous pouvez atteindre Classic et le faire démarrer de deux manières différentes. Vous pouvez utiliser le bouton **Démarrer** du panneau des Préférences système de Classic. Sinon, vous pouvez lancer un programme Classic. Si Classic ne tourne pas déjà, il démarre automatiquement.

Panneau des Préférences système Classic

Jetons un coup d'œil à ce que l'on peut faire à partir du panneau des Préférences système de Classic, montré à la figure 6.1.

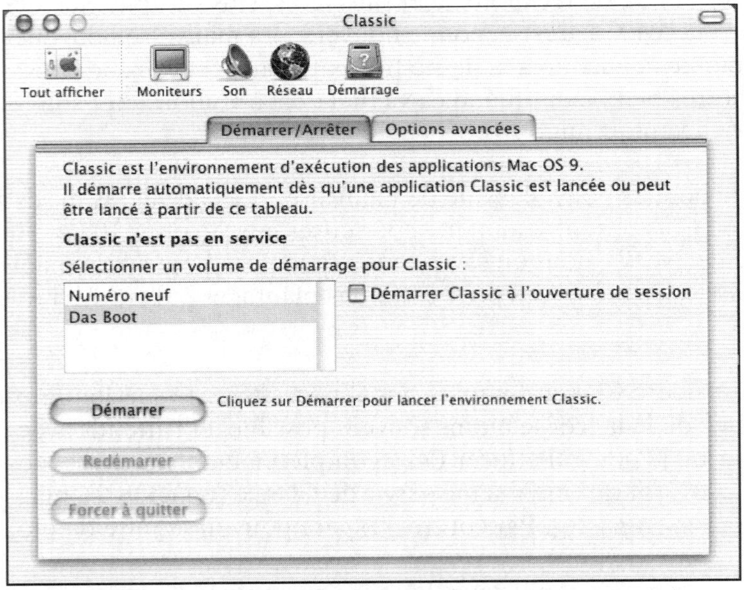

Figure 6.1
Le volet Démarrer/Arrêter du panneau des Préférences de Classic

Volet Démarrer/Arrêter

La liste des volumes de démarrage présente les disques et volumes disposant d'un dossier de démarrage système OS 9 (9.2.1 ou plus récent). J'en ai deux : Das Boot est celui que j'utilise exclusivement pour Classic ; Numéro neuf est celui dont je me sers lorsque je dois démarrer OS 9. J'explique ma démarche dans la prochaine section.

Cliquez sur le disque ou le volume que vous désirez (ou sur le seul que vous avez), puis cliquez sur le bouton **Démarrer** pour lancer Classic.

Remarque **Durée du démarrage**

Ne quittez pas, le démarrage prend une minute ou deux en fonction de la vitesse de votre Mac et du nombre d'extensions et de panneaux de contrôle autorisés.

Si vous utilisez souvent Classic, vous voudrez cocher la case *Démarrer Classic à l'ouverture de la session*. Lorsque vous le faites, chaque fois que vous démarrez, redémarrez ou ouvrez une session, Classic se lance de lui-même automatiquement.

Astuce **Autre méthode**

Vous arrivez au même résultat en faisant d'une application Classic l'objet d'une ouverture de session. Cette façon de faire est plus utile. La case à cocher démarre Classic sans lancer aucun programme Classic.

De toute façon, lorsque vous configurez votre Mac pour que Classic tourne tout le temps, vous n'avez pas à attendre une ou deux minutes pour qu'il se lance. Il tourne déjà. Jusqu'à maintenant c'est comme cela que je faisais. Comme j'essaie de me passer de Classic, j'ai récemment arrêté. Maintenant, je veux bien accepter un temps d'attente lorsque Classic démarre. Comme je reste quelquefois un jour ou deux sans recourir à Classic, ne pas le faire tourner m'évite des chagrins, des besoins en RAM et quelques cycles de microprocesseur.

Volet Options avancées

Le volet **Options avancées** des Préférences de Classic offre trois fonctionnalités d'emploi.

La section du haut offre trois options de démarrage à choisir dans un menu déroulant, comme le montre la figure 6.2. Le menu déroulant propose trois choix : *Désactiver les extensions*, *Ouvrir Gestionnaire d'extensions* et *Combinaison de touches*, lesquels sont utilisés en liaison avec le bouton **Redémarrer Classic**.

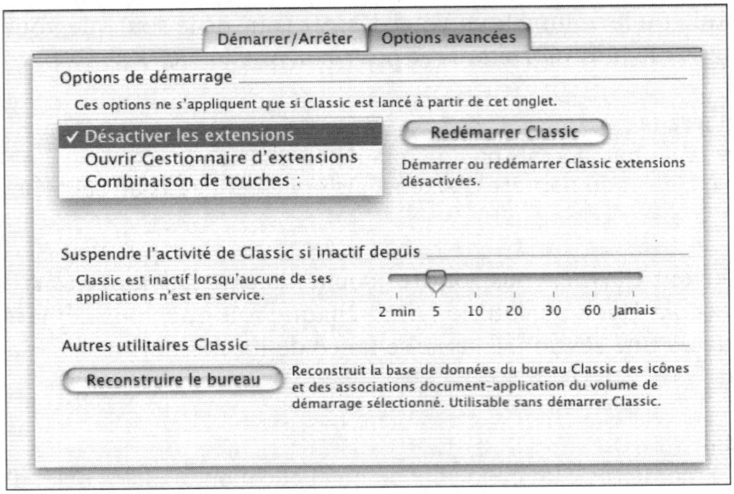

Figure 6.2
Le volet Options avancées du panneau des Préférences de Classic

Remarque **Redémarrer**

Lorsque Classic ne tourne pas, le bouton affiche **Démarrer Classic** et non **Redémarrer Classic** comme vous le voyez à la figure 6.2. Vous pouvez donc en conclure que Classic tournait lorsque j'ai effectué ma capture d'écran.

L'option *Désactiver les extensions* équivaut à démarrer sous OS 9 tout en enfonçant la touche [Shift] en continu. Cela garde toutes les extensions et panneaux de contrôle hors du chargement. Dans ce cas, Classic peut démarrer un peu plus vite, mais vous allez perdre certaines possibilités, et certains programmes peuvent ne pas fonctionner.

L'option *Ouvrir Gestionnaire d'extensions* équivaut à lancer OS 9 tout en enfonçant la [barre d'espacement] en continu. La fenêtre du Gestionnaire d'extensions apparaît, vous permettant de sélectionner ou pas, un à un, les extensions et les panneaux de contrôle avant le lancement de Classic.

L'option *Combinaisons de touches* est réservée pour ces rares fois où vous savez quelle touche précise enfoncer lorsque vous démarrez votre Mac. Ainsi, enfoncer une ou plusieurs touches particulières durant le démarrage peut changer la façon dont fonctionnent certaines extensions et divers panneaux de contrôle. Si jamais vous tombez sur une extension ou un panneau de contrôle qui a une instruction telle que "pour démarrer en mode Turbo, enfoncer les touches [Commande]+[Option]+[Shift]+[T] pendant le démarrage", vous devez faire comme le montre la figure 6.3. Je ne m'en suis servi qu'une ou deux fois, mais sachant où cela se trouve et comment cela marche, il est possible de s'y habituer en très peu de temps.

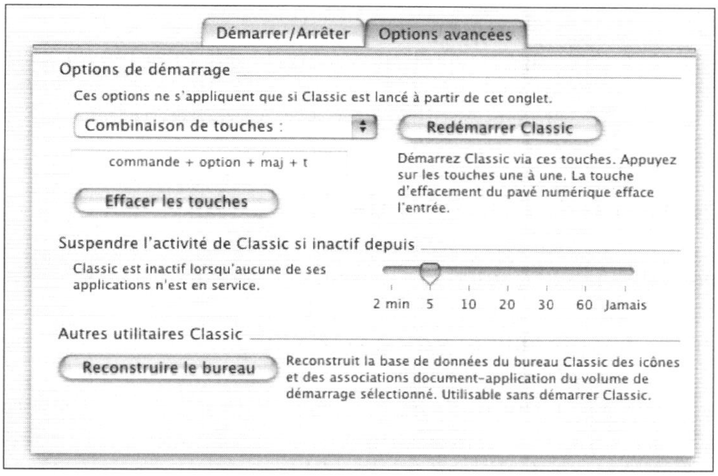

Figure 6.3
Appuyez sur les touches Commande+ Option+Shift+T

Le curseur *Suspendre l'activité de Classic si inactif depuis* vous permet de mettre Classic en sommeil après une période d'inactivité. Lorsqu'il est en veille, Classic utilise moins de cycles CPU (mais autant de RAM), par contre ce sommeil ne peut survenir que lorsque aucune application Classic ne tourne. Le contrôle porte donc sur le temps depuis lequel la dernière application Classic a été fermée. Le désavantage de cette situation est que lorsque Classic est en sommeil, l'ouverture d'une application prend un peu plus de temps que d'habitude.

Pour terminer, le bouton **Reconstruire le bureau** permet d'effectuer une reconstruction du Bureau avec les habitudes de Mac OS 9, mais seulement pour le disque ou le volume qui contient le Dossier système Classic.

Astuce **Reconstruire**

Lorsque vous voulez reconstruire le Bureau d'un autre disque ou d'un autre volume, utilisez la combinaison de touches détaillées quelques paragraphes auparavant, en appuyant sur les touches [Commande]+[Option]. Cela relance Classic et reconstruit le Bureau du ou des disques concernés. Ou relancez OS 9 avant de faire cette reconstruction.

Comment savoir que le Bureau a besoin d'être reconstruit ? Apple vous le dit une fois tous les mois, que ce soit nécessaire ou pas. Lorsque les icônes commencent à ressembler à de grandes feuilles de papier vierges (voir figure 6.4), une reconstruction du Bureau est la bonne prescription.

Figure 6.4
Une icône générique indique qu'il est temps de reconstruire votre Bureau

Remarque **Feuilles vierges**
Une autre raison expliquant l'apparition d'une icône de document incorrecte est l'ouverture d'une mauvaise application pour utiliser ce document. Nous en reparlons davantage au chapitre 8.

Optimiser les performances de Classic

Maintenant que vous connaissez quelques éléments concernant Classic, examinons les diverses façons de le faire mieux fonctionner. Dans cette section, nous verrons quelques trucs qui simplifient son emploi.

La meilleure façon de faire fonctionner mieux Classic est de ne pas s'en servir. Mais pour diverses raisons un programme dont vous ne pouvez pas vous passer peut ne pas avoir d'équivalent OS X, ou vous sembler trop cher à l'achat. Un panneau de contrôle ou une extension peut nécessiter l'emploi d'un équipement périphérique sous Classic, ou n'importe quoi. De nombreux utilisateurs continueront à démarrer Classic dans les années à venir. Voici donc trois façons de le faire travailler mieux et plus vite.

Accélérer la vitesse de votre Mac

Une façon de rendre Classic (et OS X) plus rapide est de rendre votre Mac plus rapide. Bien qu'OS X tourne correctement sur un Mac équipé d'un processeur G3, il tournera plus vite sur un G4. Et si votre processeur, G3 ou G4, tourne à 300, 500 ou 600 MHz, OS X et Classic tourneront vraiment plus vite.

Deux approches sont possibles :

- Acheter un nouveau Mac plus rapide
- Faire une mise à jour du processeur sur votre Mac actuel

Quel est le mieux ? Cela dépend de votre budget, de votre désir de faire tourner OS X sur un système non supporté (les mises à jour de processeur sur Mac ne sont pas supportées par Apple), et du supplément de vitesse que vous recherchez.

J'ai une opinion très précise sur la question de la vitesse, mais il vous faudra patienter jusqu'au chapitre 7 avant que je ne vous la présente.

Augmenter la RAM

Une autre façon de faire tourner Classic (et OS X) plus vite est de lui donner suffisamment de RAM. Apple affirme que 64 Mo sont suffisants pour faire tourner Mac OS X sans Classic et que 128 Mo sont nécessaires pour fonctionner avec Classic. Techniquement, c'est exact. Le système d'exploitation fonctionne. Mais si vous voulez utiliser tout autre logiciel, vous devez avoir au moins le double, 128 Mo sans Classic ou 256 Mo avec. Et si, comme moi, vous voulez faire tourner six ou neuf ou douze programmes à la fois, vous avez besoin de bien plus. Depuis qu'OS X est sorti, aucun de mes Mac n'a moins de 384 Mo, et le système que j'utilise tous les jours dispose de 1,2 Go.

Astuce **Coût**

Les RAM n'ont jamais été moins chères, alors achetez-en dès que vous en avez besoin.

Si vous n'avez pas assez de RAM, Mac OS X utilise votre disque dur comme substitut des RAM, ou pour parler techniquement, comme mémoire virtuelle. Mais comme les RAM sont purement électroniques, sans pièces mobiles, elles sont infiniment plus rapides que le plus rapide des disques durs. Plus vous faites tourner de programmes, plus votre Mac doit consulter de "pages" du disque dur, et plus les choses vont lentement.

Remarque **Mémoire virtuelle**

Comme l'impact des RAM et de la mémoire virtuelle prédomine face à Classic, nous continuerons cette discussion en profondeur au chapitre 7.

Utiliser un minimum d'extensions et de panneaux de contrôle

Les extensions et les panneaux de contrôle utilisent au moins un peu de RAM, certains beaucoup plus. Comme ils sont chargés au démarrage, plus vous en avez, plus Classic met de temps à se lancer. Finalement, certains utilisent du temps de processeur, qu'ils travaillent ou pas. Pour obtenir de meilleures performances de Classic et d'OS X, il vous faut désactiver toute extension et panneau de contrôle qui n'est pas nécessaire.

Remarque **Coût**

À l'inverse des deux suggestions précédentes, celle-là ne vous coûtera pas un centime.

Par exemple, il est bien connu que si vous désactivez toutes les extensions ATI (dont vous n'avez pas besoin lorsque vous faites tourner OS X), quelques applications Classic vont tourner plus vite. Mais si vous stoppez tout ce dont vous n'avez pas besoin, presque tout va marcher mieux dans Classic et il se lancera plus vite.

Astuce **Améliorations**

Un autre aspect agréable (de la diminution du nombre d'extensions et de panneaux de contrôle) est que Classic va démarrer et tourner plus vite, mais aussi que les plantages seront moins nombreux.

Pour faire ce travail, vous avez besoin du Gestionnaire d'extensions. Vous pouvez le lancer à partir du dossier *Panneaux de contrôle* du Dossier système, ou vous pouvez utiliser le panneau des Préférences système pour le lancer lorsque vous démarrez ou redémarrez Classic, comme vous l'avez vu dans la précédente section. D'une façon ou d'une autre, vous allez devoir faire ce que je vais vous expliquer.

Attention **Mon Mac**

Je vais vous expliquer ce que j'ai fait sur mon Mac. Mais attention, cela peut ne pas marcher sur le vôtre. Je ne peux pas savoir quels logiciels et matériels vous utilisez avec Classic, ni quels panneaux de contrôle et extensions vos logiciels et matériels exigent. Vous devrez donc faire des essais pour trouver les extensions et les panneaux de contrôle qui correspondent à votre configuration.

Remarque **OS 9.2.1**

Je fais référence à Mac OS 9.2.1 dans cet ouvrage parce que c'est la version en cours d'OS 9 au moment où j'écris et celle que vous verrez dans les figures. Si votre version est plus récente, avec un chiffre plus élevé (Apple continue à mettre à jour OS 9), remplacez OS 9.2.1 par OS 9.2.2 dans le texte (ou par la version que vous employez).

Voici comment procéder :

1. Lancez le Gestionnaire d'extensions.
2. Choisissez Mac OS 9.2.1 Base comme configuration.
3. Sélectionnez **Fichier/Dupliquer**, comme le montre la figure 6.5.

   Cette étape est nécessaire parce que Mac OS 9.2.1 est verrouillé, ce qui signifie que vous ne pouvez pas le modifier. Et comme notre objectif est d'y apporter des modifications...
4. Donnez un nom significatif au jeu dupliqué (pour moi, c'est "Base for Classic").

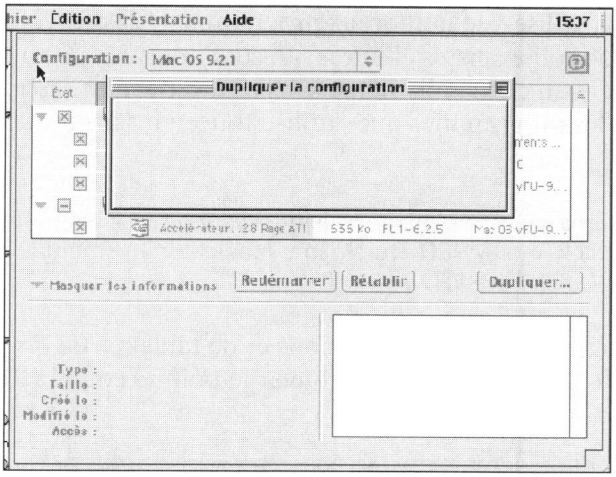

Figure 6.5
Dupliquer le jeu de base Mac OS 9.2.1

Maintenant démarrez ou redémarrez Classic, et testez ce jeu pendant un moment. Travaillez normalement avec Classic et utilisez vos programmes habituels. Si quelque chose ne va pas, autorisez les tableaux de bord et les extensions voulues, redémarrez et essayez de nouveau.

Une fois que vous disposez d'une base de réglage qui marche bien pour vous, si vous voulez essayer d'améliorer encore plus la performance, lancez le Gestionnaire d'extensions et fermez tous les tableaux de bord et les extensions dans votre jeu "Base for Classic" personnel (ou du nom que vous lui avez donné tout à l'heure) dont vous pensez ne pas avoir besoin.

Ces essais vont donner lieu à quelques erreurs, mais cela vaut le coup. Désélectionnez d'abord quelques extensions et quelques tableaux de bord, relancez Classic et essayez vos programmes Classic habituels. Si cela marche, désélectionnez de nouveau quelques extensions et tableaux de bord, relancez Classic et essayez de nouveau vos programmes habituels. Répétez le processus jusqu'à ce que vous en ayez assez ou qu'il n'y ait plus d'objet à désélectionner sans affecter l'emploi des programmes Classic.

Remarque **Deux OS 9**

Comme promis, voilà la raison pour laquelle je conserve deux Dossiers système OS 9 : un dans Das Boot pour utiliser avec Classic, l'autre dans Numéro neuf pour démarrer sous OS 9 (c'est-à-dire sans OS X).

Rappelez-vous que j'utilise rarement Classic ; j'ai juste quelques programmes, Adobe Photoshop et Adobe GoLive essentiellement, que je dois encore faire tourner sous Classic. Si vous utilisez de nombreux programmes Classic, vous devrez avoir quelques-uns des objets listés ci-après qui sont autorisés. Ceci étant dit, Classic fonctionne bien chez moi, même sans eux. Il démarre assez vite, se plante rarement, et les programmes que j'utilise tournent sans eux.

Astuce **Extensions**

Si Adobe GoLive ne les demandait pas, je pourrais aussi supprimer les extensions QuickTime, QuickTime MPEG, QuickTime Musical Instruments, QuickTime PowerPlug et QuickTime VR.

L'objectif c'est qu'en réduisant le nombre d'extensions et de tableaux de bord, vous augmentez la vitesse de Classic. À vous de trouver le point d'équilibre si vous ne l'avez pas déjà fait.

Conflict Catcher

J'ai une confession à faire. Je vous ai menti dans la section précédente lorsque j'ai parlé du Gestionnaire d'extensions. Je ne l'utilise pas ; à la place je préfère Conflict Catcher de Casady et Greene (**www.casadyg.com**). C'est un gestionnaire d'extensions nettement meilleur, il a une fonctionnalité qui vaut son pesant d'or : je peux savoir automatiquement si j'utilise OS 9 ou Classic, et disposer d'un jeu d'extensions en conséquence. Il me permet d'économiser du temps car je ne vais pas démarrer accidentellement Classic avec le jeu d'OS 9, ni démarrer OS 9 avec le jeu de base de Classic.

Je parle plus en détail de Conflict Catcher et de mes préférences au chapitre 14.

Astuces, tours de main et conseils

Voici quelques-unes des astuces et techniques que j'ai engrangées depuis que j'utilise OS X, c'est-à-dire depuis un an, sans compter les tours de main et les conseils pédagogiques.

Remarque **Sources**

Ces astuces et techniques proviennent de diverses sources. Je vous ai présenté la plupart de ces sources au chapitre 5. J'ai fait mon possible pour citer les personnes et les sites web quand je m'en souvenais, mais l'essentiel de ce qui compose cette section vient de textes reçus et non de mon cerveau. En tout cas, il s'agit d'éléments qui sont sur mon Mac depuis si longtemps que je ne me souviens plus de leur origine. C'est vrai que cela provient d'une page web, d'une mailing liste ou de l'e-mail d'un ami, mais je ne peux plus dire de qui émane la première idée. En tout cas, les descriptions qui suivent sont bien les miennes.

En avant et en arrière : d'OS X à OS 9 et retour

Quelquefois, pour une raison quelconque, vous êtes obligé de lancer OS 9. Pour ce qui me concerne, c'est surtout lorsque j'utilise Final Cut Pro 2, ou alors mon vieux scanner qui bafouille quand il tourne sous Classic.

Si vous devez vous servir d'OS 9, voici deux astuces pour faire du passage d'OS X à OS 9 quelque chose de plaisant.

Script de démarrage de disque

Comme je l'ai dit, je ne sais plus où je l'ai trouvé, mais j'ai un petit AppleScript très commode qui change mon disque de démarrage vers OS X quand je suis sous OS 9, puis redémarre mon Mac sous OS X. Voilà à quoi il ressemble :


```
tell application "Startup Disk"
    activate
     set startup system folder alias to alias "Das Boot:System:Library:
                                               CoreServices:BootX"
     quit
end tell
tell application "Finder"
     restart
end tell
```

Bien sûr, il vous faudra remplacer Das Boot par le nom de votre disque de démarrage OS X. Mais c'est commode de changer le disque de démarrage et de redémarrer avec un seul mouvement du poignet.

Remarque **AppleScript**

Si vous êtes un habitué d'AppleScript, essayez-le maintenant, sinon attendez d'avoir lu le chapitre 13.

J'ai essayé de créer le script inverse pour OS X : ouvrir le panneau des Préférences système du disque de démarrage, choisir le Dossier système OS 9, puis redémarrer. Actuellement, je n'ai toujours pas réussi. Si vous avez une idée sur la façon de faire, prévenez-moi.

Stopper Classic avant de redémarrer sous OS 9

Si vous recevez un message annonçant que votre Mac est fermé incorrectement lorsque vous lancez OS 9 (à partir d'OS X), essayez de stopper Classic avant de lancer OS 9. Bien que cette anomalie soit réglée dans la version 10.1, il semblerait qu'elle apparaisse encore occasionnellement. Si cela vous arrive, arrêter Classic avant de démarrer sous OS 9 devrait régler la question.

Le logiciel qui améliore Classic

Bien sûr, tout programme, extension ou tableau de bord qui marche sous OS 9 doit marcher sous OS X. Techniquement, votre vieux logiciel Classic est capable de vous rendre l'emploi de Classic plus agréable.

Voici trois programmes OS X qui améliorent Classic et apportent un aspect OS 9 à OS X.

WindowShade X

Est-ce que la fonctionnalité WindowShade d'OS 9 vous manque ? Pour moi c'était le cas jusqu'à ce que je découvre WindowShade X, un petit "tâcheron" pour OS X. Il est tellement bien que j'aie accepté de régler les 7 de ce shareware dès le deuxième jour de son essai.

Sans WindowShade X, le double-clic sur la barre de titre d'une fenêtre la réduit et la projette dans le Dock. Bien que ce soit quelquefois le but, le vieil effet d'OS 9 me manquait.

WindowShade X est un composant du panneau des Préférences système. Après son installation, vous avez trois choix de réduction des fenêtres : **WindowShade**, **Make Window Transparent** et **Hide Application**. La figure 6.6 montre mon panneau de Préférences WindowShade X.

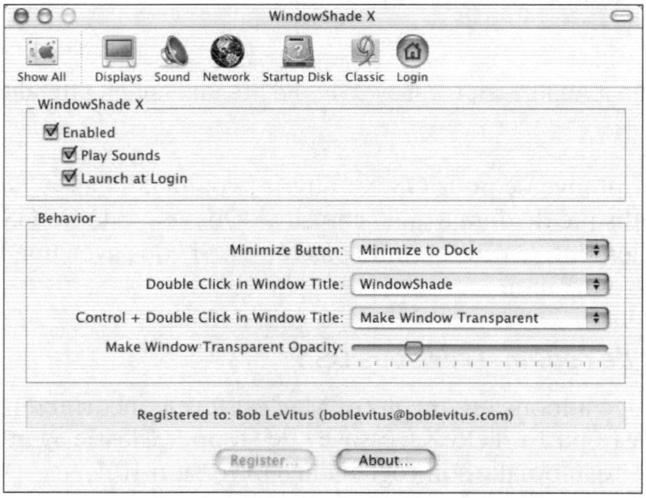

Figure 6.6
Mes réglages WindowShade X

Quand je clique sur le bouton jaune, la fenêtre rétrécit suivant la vieille méthode pour s'installer dans le Dock sans rien laisser sur l'écran. Mais maintenant, lorsque vous double-cliquez sur la barre de titre d'une fenêtre, elle s'enroule ; si vous double-cliquez après avoir enfoncé la touche [Ctrl], cela rend la fenêtre transparente et je peux voir ce qu'il y a derrière.

La figure 6.7 montre ce qui se passe lorsque je double-clique sur la barre de titre d'une fenêtre (la fenêtre du dossier *WindowShade X* est en dessous) et lorsque je double-clique après avoir enfoncé la touche [Ctrl] (la fenêtre **WindowShade X ReadMe.rtfd** est en dessous). L'important est que la fenêtre transparente soit totalement utilisable ; je peux sélectionner du texte, le copier, le coller ou faire la même chose qu'avec une fenêtre non transparente. C'est la grande amélioration de la fonctionnalité WindowShade d'OS 9 qui était déjà de bon niveau.

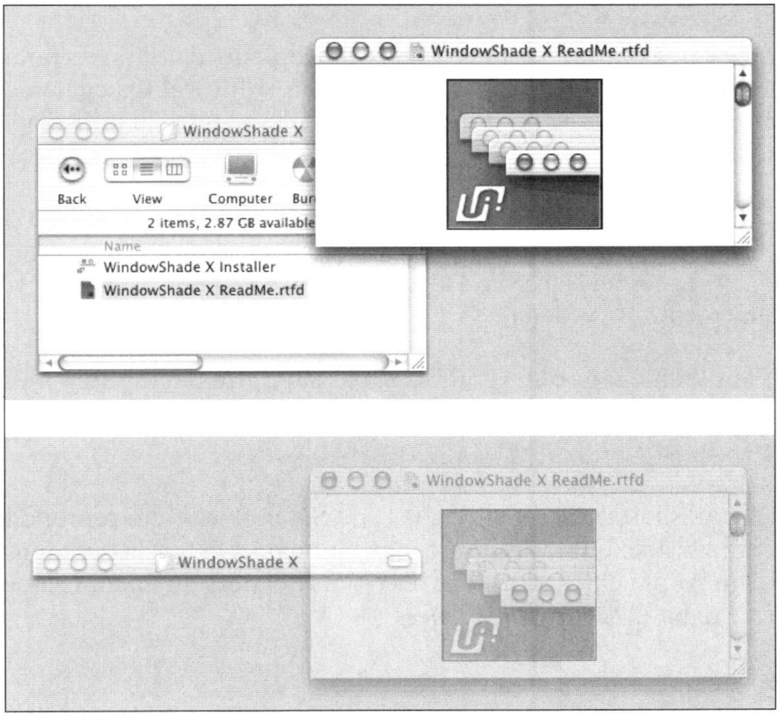

Figure 6.7
Avant et après l'emploi de WindowShade X

J'aime bien ce petit "tâcheron" et l'utilise tout le temps, il mérite les 7 que j'ai payés.

Classihack

Classihack est un autre petit "tâcheron" qui tourne sur une caractéristique cachée d'OS X, appelée Classic window buffering. Autorisez-le et les fenêtres d'applications Classic se redessineront diablement plus vite. C'est magique.

Attention **Risques**

Si Classihack est autorisé, lorsque vous changez les réglages couleur du moniteur (entre 100 et le million) ou lorsque vous changez la résolution du moniteur, toutes les applications en cours s'interrompent ; c'est probablement pour cela qu'Apple n'exploite pas cette fonctionnalité. Je pense que cela améliore Classic et je n'ai jamais eu de problème. Mais comme je dis : vous l'utilisez à vos risques et périls.

Pour supprimer Classihack, fermez la session, éteignez votre ordinateur ou redémarrez.

Classihack a été rédigé par un des plus grands concepteurs d'utilitaires pour Mac de tous les temps : Andrew Welch de Ambrosia Software. Il a également conçu Snapz Pro X, le fabuleux utilitaire de saisie d'écran que j'ai utilisé pour les figures de cet ouvrage.

Remarque **Écran**

En parlant de saisie d'écran, Classihack n'avait rien d'extraordinaire sur une illustration, c'est pourquoi il n'y a rien ici. Faites cependant un essai pour voir ce que "diablement vite" veut dire.

Classihack est entièrement gratuit (mais n'est pas supporté par Andrew).

Classic Menu

Classic Menu est un shareware (environ 10) de Sig Software qui reprend le menu Apple configurable que vous appréciiez tant dans OS 9. Classic Menu remplace le menu Apple OS X et affiche les objets dossiers du menu Classic que vous trouvez dans *~/Library/Preferences*.

Astuce **Menu OS X**

Si vous voulez retrouver le menu Apple OS X au lieu de Classic Menu, enfoncez la touche choisie pour la modification sélectionnée dans la zone de dialogue **Préférences** de Classic Menu.

Une illustration valant mieux qu'un long discours, regardez la figure 6.8 pour voir à quoi ressemble ce Classic Menu.

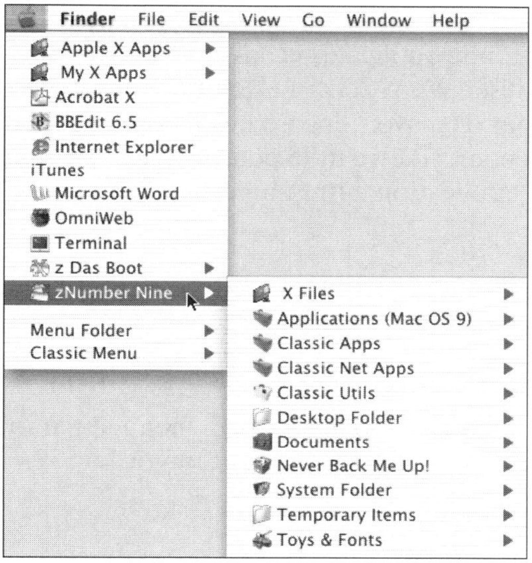

Figure 6.8
Classic Menu et ses icônes à l'ancienne

Je n'utilise pas Classic Menu. Ce n'est pas que je lui reproche quoi que ce soit, mais j'ai déjà LaunchBar et DragThing. Je n'ai donc pas besoin d'un autre programme pour garder les objets fréquemment utilisés à portée de main. Mais pour ceux d'entre vous qui se cramponnent au menu Apple OS 9 (ce n'est pas mon cas, DragThing fonctionnait sous OS 9 bien des années avant l'apparition d'OS X), vous pouvez le préférer à tout autre programme de lancement ou d'organisation.

Astuce **Préférences**

Si c'est une de vos préférences, n'oubliez pas de l'ajouter au panneau des Préférences système d'ouverture afin qu'il soit toujours disponible.

Autres astuces et conseils

Voici deux autres astuces utiles pour travailler avec Classic.

Documents continuant à essayer de lancer une application Classic

Tôt ou tard, vous tomberez sur un document qui, lorsque vous double-cliquez dessus, voudra ouvrir un programme Classic. C'est particulièrement vexant lorsque Classic ne tourne pas et que vous ne voulez pas que ce programme ouvre ce dossier en aucune manière.

Voici un exemple précis : pendant longtemps, mon traitement de texte principal a été Microsoft Word 2001, une application Classic. Puis Word v.X est arrivé et je ne souhaitais plus utiliser Word 2001. La solution aurait été d'effacer Word 2001, mais j'avais peur d'en avoir encore besoin par la suite. J'ai donc trouvé une autre solution, qui pourrait être utile pour tous les documents que vous souhaitez ouvrir avec une application autre que celle que vous employez habituellement :

1. Sélectionnez le document récalcitrant et choisissez **Fichier/Afficher les infos** (ou utilisez le raccourci clavier Commande+I).
2. Choisissez *Ouvrir avec l'application* dans le menu déroulant.
3. Cliquez sur l'icône à gauche du nom de l'application. Un menu apparaît avec d'autres programmes qui peuvent être choisis pour ouvrir le document, comme le montre la figure 6.9.

Figure 6.9
Choisir un programme différent pour ouvrir un document

Je choisis Microsoft Word 10.0.0, c'est-à-dire Word v.X. À partir de ce moment, dès que je double-clique sur l'icône du document, il sera ouvert avec Word 10 et non Word 2001 (ou Classic).

De plus, comme je veux que tous les documents Word s'ouvrent sous Word 10.0.0, j'ai cliqué sur le bouton **Tout modifier...** Maintenant, chaque fois que j'ouvre un fichier Microsoft Word, la version OS X démarre et plus la version Classic.

Lorsque le programme recherché n'est pas dans le menu, choisissez *Autre...* dans le menu et sélectionnez l'application voulue.

Une solution pour les imprimantes qui ne sont pas reconnues par OS X

Voici une astuce qui vous sauvera la mise quand vous ne pouvez pas employer votre imprimante avec OS X. Lorsque j'ai commencé à utiliser OS X, j'avais une vieille imprimante Epson Stylus Photo 750 qui n'était pas reconnue par Apple ni par Epson sous OS X. Cela voulait dire que je ne pouvais rien imprimer à partir d'une application OS X. L'impression à partir de Classic marchait par contre correctement. La solution a été d'utiliser le support PDF incorporé dans OS X (partie de Quartz) pour sauvegarder un fichier PDF, puis d'ouvrir ce fichier avec la version Classic d'Adobe Acrobat, qui me l'imprimait rapidement et sans peine.

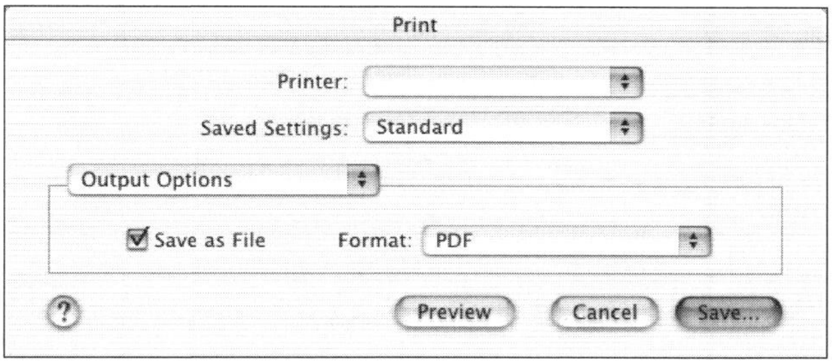

Figure 6.10
Impression d'un fichier PDF

6

La marche à suivre est la suivante :

1. Dans le programme OS X et avec le document concerné, sélectionnez **Fichier/Imprimer** (ou utilisez le raccourci clavier Commande+P).
2. Choisissez *Options de sortie* à partir du menu déroulant.
3. Cochez la case *Sauvegarder*.
4. Choisissez PDF à partir du menu déroulant **Format**.

La figure 6.10 montre le résultat.

C'est la première partie de la solution. La seconde est d'ouvrir PDF dans une application Classic pour l'imprimer. Il ne vous reste plus qu'à ouvrir la version Classic d'Acrobat Reader.

Astuce **Acrobat Reader sous OS X**

La version d'Acrobat Reader qui est fournie avec OS X 10.1 (dans le dossier *Applications*) est réservée à OS X uniquement. Si vous n'en avez pas une version OS 9 sur votre disque dur, téléchargez-en une chez Adobe (**www.adobe.com**). C'est gratuit.

Si vous avez Adobe Acrobat Reader 4, vous êtes verni. Faites glisser le document tout juste créé sur l'icône d'Adobe Acrobat Reader 4. Classic se lancera (s'il ne tourne pas déjà). Choisissez la commande **Fichier/Imprimer** (ou utilisez le raccourci clavier Commande+P). Et c'est fait.

Si vous avez Adobe Acrobat Reader 5 (mais pas la copie fournie avec OS X qui, je le répète, est pour OS X uniquement), il y a une étape supplémentaire. Sélectionnez l'icône Acrobat Reader, puis choisissez **Fichier/Afficher les infos** (ou utilisez le raccourci clavier Commande+I). Dans la fenêtre **Affichage des informations**, cliquez sur la case à cocher *Open In The Classic Environment*, comme le montre la figure 6.11.

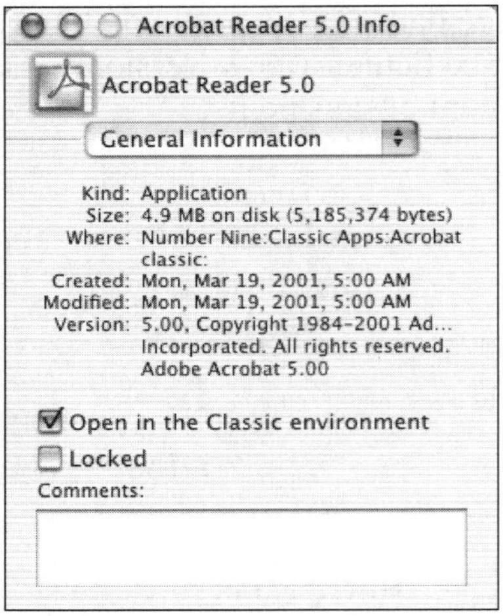

Figure 6.11 Demander à Acrobat Reader 5 d'ouvrir Classic

Remarque **Imprimante**

Pour ces travaux, votre imprimante doit avoir été déclarée sous OS 9.

Astuce **Open...**

Bien que la case à cocher *Open in The Classic Environment* soit une fonctionnalité intéressante, tous les programmes ne l'ont pas. Elle n'existe que pour les programmes "Carbonized dual-boot", ceux qui sont capables de tourner sous OS 9 comme sous OS X. Le seul moyen de savoir si vous pouvez forcer un programme spécifique à lancer Classic est de sélectionner l'icône de l'application puis de cliquer sur **Afficher les infos** (Commande+I). Si la case à cocher est là, c'est le jackpot ; sinon désolé !

Fermez ensuite la fenêtre d'affichage des informations (optionnel), faites glisser le document PDF récemment créé sur l'icône d'Acrobat Reader qui est sous Classic et choisissez la commande **Fichier/Imprimer** (ou utilisez le raccourci clavier Commande+P).

Accroître la puissance de votre Mac

On dit que l'on est jamais "ni trop riche ni trop mince". Je ne sais pas si c'est vrai, mais en ce qui me concerne, je transformerais plutôt la formule en "vous n'avez jamais trop de RAM, ni trop d'espace de stockage, ni un processeur trop rapide".

Trop de RAM, ça n'existe pas, un trop grand disque dur non plus, de même qu'un processeur trop rapide. Du moins, je n'ai jamais entendu quiconque se plaindre de cela. Les RAM, les disques et les processeurs ont beau ne pas être canon, ils sont absolument vitaux et constituent le tout premier poste à considérer au moment de dépenser l'argent si durement acquis. C'est seulement après avoir mis au meilleur niveau RAM, disque et processeur que vous pouvez envisager de dépenser un peu d'argent pour des matériels souvent inutiles.

Quelques matériels fabuleux sont disponibles pour le Mac. Certains vous font gagner du temps, d'autres vous font économiser de l'argent, et d'autres sont juste agréables à posséder. Les meilleurs, quand vous avez de la chance, ont les trois qualités à la fois. Mais le matériel en général n'est pas économique, et à l'inverse du logiciel, vous ne pouvez pas l'essayer avant de l'acheter. Il n'y a pas de démonstration téléchargeable, et vous ne trouverez pas de RAM ou de graveur de CD sur le CD qui accompagne votre magazine Mac préféré.

Voici donc la loi intangible de Docteur Mac pour l'achat du matériel : "Vous devez impérativement résister à la tentation d'acheter tout équipement Mac que vous voyez dans *MacAddict* ou *Macworld*." Interrogez les vieux utilisateurs de Mac sur les achats de matériels qu'ils souhaiteraient n'avoir jamais faits. La plupart vont vous regarder longuement, tourner les yeux vers le ciel et se lancer dans une ou deux histoires horribles (si ce n'est pas trois ou quatre).

Bien sûr, je reçois un nombre important de matériels à évaluer et à présenter. Sauf s'ils sont très chers, le fournisseur souhaite que je les conserve (avec l'espoir que je les utilise). J'ai donc actuellement deux cagibis et un demi-grenier remplis de matériels tellement épouvantables que je ne peux me résoudre à les donner à un autre utilisateur de Mac.

Remarque **À qui les donner ?**

Je pourrais les passer à quelqu'un que je déteste, mais il y a peu de gens que je hais, et encore moins parmi les utilisateurs de Mac.

Ce chapitre doit vous aider à éviter les erreurs qui pourraient vous coûter beaucoup d'argent. Nous présenterons un spectre large de produits et de matériels, mais nous commencerons par le trio que je considère vital pour votre potentiel : les RAM, le stockage et les processeurs.

Se gaver de RAM

C'est assez simple : si vous n'avez pas installé de RAM additionnelle sur votre Mac, vous n'en avez pas suffisamment. Même les Mac les mieux équipés d'Apple, le sommet de la gamme, qui arrivent avec 256 Mo, n'en ont pas assez. Du moins, ils n'en ont pas suffisamment pour profiter pleinement des deux forces de Mac OS X : la protection mémoire et l'exécution simultanée de plusieurs tâches.

Astuce **La quantité de RAM**

Si vous ne savez pas combien de RAM vous avez dans votre Mac, choisissez la commande **Pomme/A propos de ce Mac**. La quantité de mémoire RAM s'affiche en dessous du numéro de version, comme le montre la figure 7.1.

Figure 7.1
Un Mac équipé de 124 Mo de RAM, alors que mes besoins sont de 1,2 Go

Mon Mac a été livré avec 256 Mo de RAM et en a maintenant 1,2 Go ; le Go de mémoire additionnelle m'a coûté environ 100 et mérite vraiment son prix.

Si vous êtes un ancien utilisateur d'OS 9, vous avez probablement remarqué que la fenêtre **A propos de ce Mac** n'affiche plus l'allocation mémoire et les niveaux d'utilisation des programmes individuels. Cela vient de ce que Mac OS X gère lui-même la mémoire et son emploi (victoire !). C'est une différence majeure avec les versions antérieures de Mac OS.

Remarque **Allocation mémoire**
Si ce genre de question vous intéresse, je compte vous montrer dans un moment où trouver les allocations mémoire et les niveaux d'utilisation d'OS X.

Bien que cela soit un peu hors sujet, pendant que cette fenêtre **A propos de ce Mac** est ouverte, cliquez sur le numéro de version, comme le montre la figure 7.2. Vous voyez le numéro de version apparaître (fenêtre gauche de la figure 7.2). Cliquez de nouveau et le numéro de série de votre Mac apparaît (fenêtre droite de la figure 7.2). Bien que cette astuce ne soit pas indispensable dans la vie courante, vous aurez un jour besoin de ce type d'information. Vous savez maintenant où la trouver.

Figure 7.2
En cliquant, vous voyez le numéro de version, avec un deuxième clic, le numéro de série

Mémoire et mémoire virtuelle

Avec Mac OS X, la mémoire (RAM) est une bonne chose, alors que la mémoire virtuelle (VM) en est une mauvaise. Même ainsi, la mémoire virtuelle s'est améliorée par rapport à ce qu'elle était sous OS 9, et ce de façon incommensurable. Mais faites quand même tout votre possible pour éviter son emploi.

Comme je l'ai expliqué au chapitre 6, lorsque vous n'avez pas suffisamment de RAM pour le système d'exploitation et toutes les applications ouvertes, OS X se sert de votre disque dur comme substitut. Les disques durs sont bien plus lents que la RAM. Pour éviter ce ralentissement, vous avez besoin de beaucoup de RAM. Je vais vous montrer comment gérer l'emploi des RAM dans la prochaine section, et comment savoir si votre Mac utilise la VM. Mais pour l'instant, effectuons un rapide tour d'horizon.

Mac OS X, comme je l'ai dit au chapitre 6, peut tourner avec 64 Mo de RAM lorsque Classic ne fonctionne pas, ou avec 128 Mo lorsque Classic fonctionne. Mais vous projetez d'utiliser votre Mac autrement que pour faire tourner OS X, n'est-ce pas ? Vous voulez vous servir d'au moins une ou deux applications ? Dans ce cas, il vous faut plus de RAM que ce qu'Apple nomme "le minimum système requis".

Mac OS X utilise déjà 64 Mo (ou 128 Mo avec Classic) à lui seul. Si c'est tout ce que vous avez comme RAM, dès que vous commencez à lancer des applications, la VM est employée, substituant un disque dur lent à une RAM rapide que vous n'avez pas.

Lorsque vous n'avez pas assez de RAM disponible, plus vous ouvrez de programmes et de documents, plus votre Mac tourne lentement. Vous percevez un temps d'attente lorsque vous passez d'un programme à un autre, et le curseur laisse des traînées lorsque vous vous déplacez dans les pages, que vous faites des recherches dans un document ou quoi que ce soit d'autre.

Si vous avez suffisamment de RAM, d'un autre côté, et que vos programmes et documents tournent sur la RAM et non sur la mémoire virtuelle, votre Mac va vous paraître vraiment plus rapide. Les programmes vont se lancer plus vite, les fonctionnalités de vos programmes, telles que Rechercher, Remplacer et Formater dans les traitements de texte, ou les filtres et les transformations dans les traitements graphiques, vont tourner bien plus vite. Passer d'un programme à l'autre vous paraîtra aussi plus rapide. Pour résumer, plus vous donnez de RAM, mieux OS X fonctionne.

Optimiser l'emploi de votre RAM

Pour connaître la quantité de mémoire virtuelle employée, vous devez savoir combien de RAM est utilisée par le logiciel système, les applications et les opérations. Heureusement, divers outils peuvent vous aider pour savoir ce qui se passe sous le capot, dont deux que vous possédez déjà, fournis avec OS X, et d'autres que vous trouverez sur Internet.

Voici comment effectuer ce contrôle. Nous commencerons par les programmes fournis avec OS X : Process Viewer et Terminal. Puis nous poursuivrons avec les logiciels gratuits et à partager que vous pouvez préférer. De toute façon, vous en apprendrez suffisamment sur les différentes méthodes pour contrôler ce que fait votre Mac avec sa RAM à tout moment.

Process Viewer pour visualiser l'utilisation de la RAM

Nous commencerons par Process Viewer (visualiseur d'opérations) parce que son emploi et sa compréhension sont un peu plus faciles que pour Terminal :

1. Ouvrez l'application Process Viewer située dans le dossier *Utilities* de votre dossier *Applications*, qui doit se trouver à la racine de votre disque.
2. Regardez la colonne de droite, % mémoire, qui indique le pourcentage actuel de RAM utilisée par une application ou une opération.

La figure 7.3 vous montre l'aspect de ma liste d'opérations alors que je rédige ce texte.

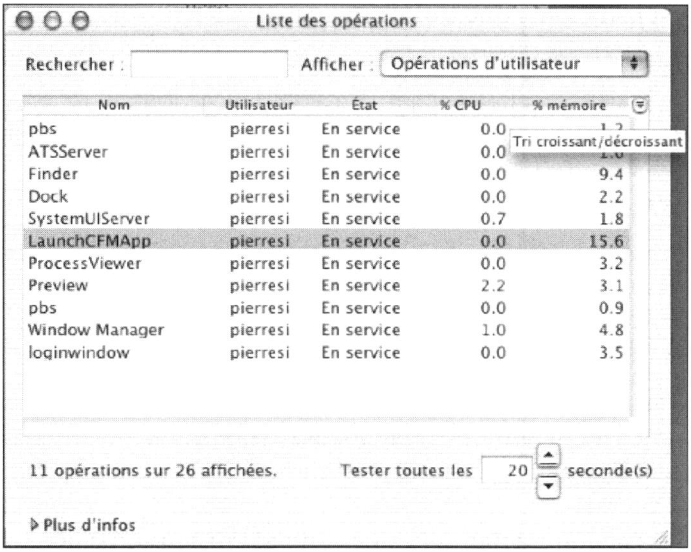

Figure 7.3
Process Viewer sur ma machine

Voici quelques astuces et observations relatives à Process Viewer et à la figure 7.3 :

- Quelques opérations utilisent 0,0 ou 0,1 %. C'est normal.
- L'utilisation de la mémoire évolue en fonction de ce que font les opérations et les applications à l'instant où Process Viewer les examine (les échantillonne). C'est également normal.
- Toutes les applications n'affichent pas leur véritable nom. Par exemple, la ligne Launch CFM qui est surligné comme employant 0 % de mon processeur et 15,6 % de ma RAM est actuellement Microsoft Word v.X. Ce nom me rend fou, mais c'est une caractéristique Unix de Mac OS X et il est impossible de la changer.

Remarque **Quantité de mémoire**

Bien que 1 % semble peu, n'oubliez pas que mon Mac est équipé de 1,280 Mo de RAM. 1 % fait donc 12 Mo de RAM. Vous voyez ce que je voulais dire avec les besoins importants en mémoire.

- Toutes les applications sous Classic et l'environnement Classic lui-même apparaissent comme une seule opération appelée TruBlueEnvironne. Comme vous le voyez, cela consomme une quantité substantielle de CPU et de RAM.
- Process Viewer est listé parce que c'est l'application en cours de fonctionnement.
- Vous pouvez trier la liste en cliquant sur l'en-tête de la colonne. À la figure 7.3, j'ai cliqué sur *% mémoire* et la liste est triée du plus fort au plus faible. Pour inverser l'ordre de tri, vous devez cliquer sur le petit curseur en forme de flèche (à côté du message *Tri croissant/décroissant*).
- Vous pouvez ignorer le volet dans le bas **Process ID et statistiques**. Ce n'est utile que lors de l'emploi de Terminal pour agir sur une opération, chose que vous ne ferez probablement jamais.
- Vous pouvez "tuer" une opération en choisissant la commande **Opérations/Quitter l'opération** ou en utilisant le raccourci clavier [Commande]+[Shift]+[Q]. Une boîte de dialogue apparaît, vous offrant le choix entre **Quitter**, **Forcer à quitter** ou **Annuler**.

À la figure 7.3, vous voyez uniquement mes opérations utilisateur, 26 des opérations en train de tourner. Pour voir les autres opérations, faites la sélection voulue dans la case *Afficher* : *Toutes les opérations*, *Opérations d'administrateur* et *Opérations NetBoot*. Le résultat apparaît à la figure 7.4.

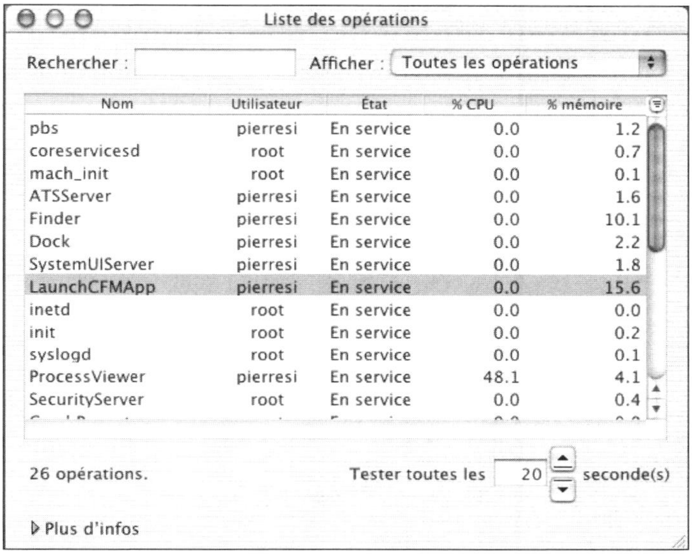

Figure 7.4
Voir les opérations avec le visualiseur

Astuce **RAM et CPU**

Vous ne pouvez pas tuer d'opérations qui ne vous appartiennent pas. Mais vous pouvez savoir si l'administrateur ou NetBoot consomment beaucoup de RAM ou de CPU.

Lorsque vous avez terminé, utilisez la commande **Visualiseur d'opérations/Quitter Visualiseur d'opérations** ou le raccourci [Commande]+[Q] pour quitter.

Emploi de Terminal (top) pour visualiser l'emploi des RAM

Nous allons maintenant voir comment utiliser le programme Terminal et l'utilitaire Unix top. Ils fournissent une information encore plus détaillée sur l'emploi de votre RAM.

Remarque **Une opération simple**

Si vous n'avez jamais utilisé Terminal précédemment, ne vous inquiétez pas. Cette opération vous amène à vous servir de quatre touches et personne n'a jamais été blessé. Si vous êtes nerveux à l'idée d'employer Terminal ou Unix, lisez les chapitres 10 et 11, et revenez ensuite ici. Mais ce n'est pas indispensable. C'est simple et sans danger.

1. Ouvrez l'application Terminal située dans le dossier *Utilities* de votre dossier Applications, qui doit se trouver à la racine de votre disque.
2. Saisissez `top`, puis appuyez sur la touche [Entrée].

C'est tout ce qu'il y a à faire. Vous venez d'ouvrir l'utilitaire Unix top dans la fenêtre Terminal.

La figure 7.5 montre à quoi cette fenêtre ressemble.

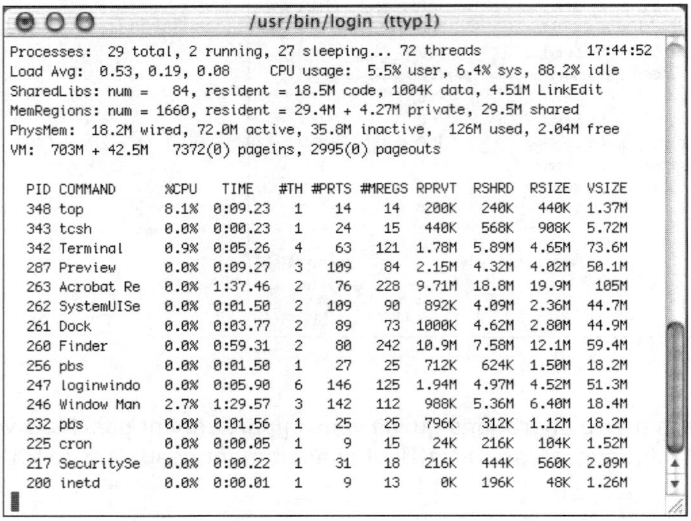

Figure 7.5
C'est simplement l'utilitaire Unix top

Les cinquième et sixième lignes, à partir du haut de la fenêtre, sont nommées PhysMem et VM. Ce sont les deux plus importantes pour vous. PhysMem indique la RAM physique utilisée et VM vous informe sur la mémoire virtuelle employée.

En dessous, vous voyez une série de colonnes. Les deux colonnes à droite, RSIZE et VSIZE, vous informent de la mémoire physique et virtuelle utilisée par chaque application ou opération. RSIZE vous indique combien de RAM physique est employée par l'application ou l'opération en mégabits (M) ou en kilobits (K). VSIZE vous dit combien de mémoire virtuelle Mac OS X est affectée à cette opération ou à ce programme, en mégabits (M) ou en gigabits (G).

Ne vous inquiétez pas si vous pensez que vous utilisez beaucoup de VM. Comme vous pouvez le voir, même sur mon Mac avec 1,2 Go de RAM physique, la plupart des programmes et opérations se servent d'une quantité substantielle de VM. C'est comme cela qu'Unix fonctionne, mais ce n'est pas cela qui est important. Ce qui importe c'est si VM est "paging out" ou pas, car c'est ce qui ralentit votre Mac. Si vous regardez encore cette sixième colonne (VM), vous verrez que pendant que j'utilise une tonne de VM, il n'y a aucune page out, ce qui ne peut pas être mieux.

L'autre chiffre important à observer est le nombre à la fin de la cinquième colonne. Il vous indique combien de RAM physique est encore disponible. Dans mon cas, je dispose encore de 3,3 Mo, ce qui veut dire que je ne peux pas ouvrir grand-chose avant de voir des "pages out" me ralentir. Ce n'est pas grave, ce Mac ne sert que pour la saisie de figures.

Lorsque vous en avez fini avec top, appuyez sur la touche [Q] pour sortir de l'utilitaire, puis choisissez la commande **Terminal/Quitter Terminal**, ou le raccourci [Commande]+[Q] pour quitter le programme Terminal.

Voici quelques astuces et observations concernant top et la figure 7.5. Si certains traits vous paraissent redondants, c'est parce que top et Process Viewer se ressemblent beaucoup et prennent leurs informations à la même source Unix :

- Certaines opérations utilisent peu de RAM, par exemple 64 Ko. C'est normal.
- Toutes les applications n'affichent pas leur véritable nom. Par exemple, Microsoft v.X apparaît sous le nom Microsoft. Ceci étant dit, top emploie des noms plus parlants que Process Viewer pour la plupart des programmes et opérations.
- Comme avec Process Viewer, toutes les applications Classic et l'environnement Classic apparaissent dans une seule opération libellée TruBlueEnv. Comme vous pouvez le voir, cela emploie une quantité significative de CPU et de RAM.
- Top est listé parce que c'est l'opération Unix en cours.
- Saisissez `man top` à l'ouverture de la fenêtre pour avoir des informations complémentaires sur top.

Remarque **man top**

`man` est une commande Unix pour afficher le manuel utilisateur d'un programme ou d'une opération. Ainsi `man top` vous affiche le manuel utilisateur de l'utilitaire top. Vous trouverez une présentation de la commande `man` au chapitre 10.

Pour conclure cet exposé, je dois vous dire que j'ai appris l'essentiel de ce que je sais concernant Process Viewer et top à partir de la base de connaissances d'Apple (**http://kbase.info.apple.com**). Cette base de connaissances est très utile et gratuite. Elle vous permet d'accéder à des articles intéressants en utilisant une combinaison de recherche en langage naturel et de questions. Si vous ne l'avez pas encore essayée, faites-le et enregistrez son signet tout de suite.

Utilitaires de gestion des RAM

Je connais au moins trois utilitaires gratuits ou à partager qui, entre autres, surveillent ce qui se passe au niveau des RAM et VM. Je les ai tous utilisés à divers moments l'année dernière et pour chacun d'eux j'ai une recommandation (sinon je ne m'en préoccuperais pas ici). J'ai même adopté l'un d'eux, Perfboard (précédemment Dashboard), pour qu'il tourne 7 jours sur 7. Il est dans mes préférences d'ouverture, je ne le quitte jamais, il est toujours là.

Perfboard fait un topo sur ce qui se passe sous le capot du Mac : l'emploi des CPU (avec une jauge, pas moins), les charges (l'occupation d'Unix), la mémoire, le réseau et les entrées-sorties disque.

Astuce **Manuel de Perfboard**
Perfboard comprend un manuel au format PDF qui explique le fonctionnement de chaque mesure avec quelques détails. Si vous vous intéressez à ce que Perfboard mesure et à ce que cela signifie, c'est un texte très intéressant.

La figure 7.6 montre à quoi ressemble la petite fenêtre Perfboard.

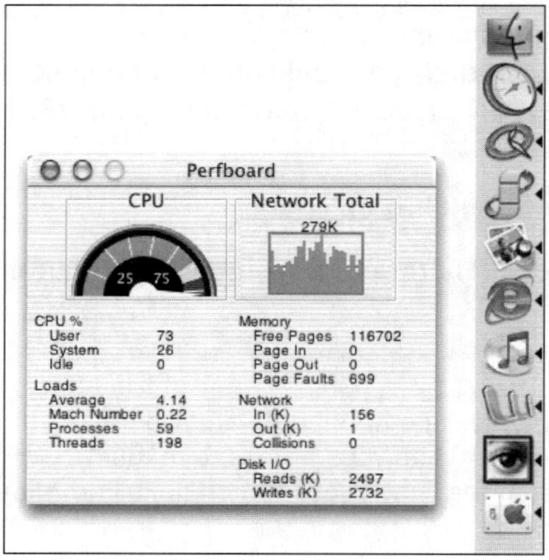

Figure 7.6
Perfboard donne de nombreuses informations dans une petite fenêtre

Comme vous pouvez le constater, j'ai inclus le Dock dans la figure pour que vous vous rendiez compte que j'ai dix applications en train de tourner (en fait j'en ai plus, mais les autres, comme Snapz Pro X et StuffIt Deluxe's Magic Menu, n'apparaissent pas dans le Dock). Depuis le haut, ces programmes sont : Finder, Perfboard, QuicKeys, DragStrip, Preview, Internet Explorer, iTunes, Word, Photoshop (tournant sous Classic) et les Préférences système.

Voilà donc comment j'utilise mon Mac alors que j'écris. Voyons ce que Perfboard en dit et comment l'interpréter.

Dans le sens inverse des aiguilles d'une montre à partir de CPU à la figure 7.6 : l'aiguille CPU est sur la ligne rouge (tout à fait à droite). En dessous, vous pouvez voir que 0 % de ma CPU est disponible. Cela signifie que j'utilise tout le potentiel d'opération du Mac à cet instant.

Je ne suis pas sûr de l'interprétation possible des chiffres "Loads" (charge), alors je préfère les ignorer. Je vois que 59 opérations sont en cours, comme c'était le cas précédemment lorsque j'ai interrogé Process Viewer. Le manuel en dit un peu plus, mais cela ne me parle pas beaucoup.

Les chiffres de Disk I/O (Input/Output pour lecture/écriture) sont élevés parce que je suis en train de copier un dossier de 200 Mo d'un volume dans un autre en arrière-plan.

Le chiffre Network In est élevé parce que je fais tourner une vidéo de Pink Floyd en arrière-plan (sous Internet Explorer).

Astuce **Le chiffre Out**

Si j'étais en train d'envoyer des mails ou d'échanger des fichiers via FTP, le chiffre Out serait également élevé.

Pour finir, voici les deux choses dont je me préoccupe le plus : "Free Pages" et "Page Out". Free Pages est comparable à Free RAM dans top : plus on est proche de zéro, moins il y a de RAM disponible et plus de Page Out apparaissent. À la figure 7.6, je n'ai aucune Page Out, ce qui signifie que j'ai encore de la mémoire disponible. Pensez à Free Pages et à Page Out comme aux deux extrémités d'une balançoire : quand l'une est en haut, l'autre est en bas, et vice versa.

Le graphe Network Total au-dessus des statistiques mémoire est configurable par l'utilisateur. Vous pouvez choisir une statistique présentée en dessous et la transformer en graphique.

Deux autres programmes du même style sont GMem et Vmometer (déjà cités au chapitre 2). Si vous êtes à court de place sur votre écran, l'un comme l'autre affichent leurs informations à la droite du Dock, comme le montre la figure 7.7.

Figure 7.7
Vmometer et GMem affichent leurs résultats dans le Dock

Remarque **Bogue**
Malheureusement, GMem souffre d'un bogue qui touche l'affichage du texte en couleurs : l'absence de prise en compte des choix de GMem Préférences le rend souvent illisible. Des e-mails envoyés au développeur pour demander si une mise au point était envisagée sont restés sans réponse. Vous pouvez consulter le site web **http://g-utilities.com** dans l'attente d'une mise à jour.

Abordons maintenant la question de l'achat de RAM complémentaires.

Comment et où acheter les RAM

La chose la plus importante qu'il ne faut pas oublier c'est que les RAM sont un élément de commodité. Ce qui veut dire que cela n'a aucune importance de savoir qui les a fabriquées. Elles sont toutes aussi belles. Si vous faites l'acquisition de RAM chez un fournisseur réputé, elles peuvent fonctionner très bien lorsque vous les installerez, ou pas. Si elles ne marchent pas, ce qui est rare, votre fournisseur arrangera la situation en vous faisant parvenir un autre jeu ou en vous remboursant.

Les RAM sont fournies à différentes "sauces". Vous entendrez des mots comme SDRAM, EDO, DRAM, PC100, PC133, ECC, et beaucoup d'autres. Ignorez-les. La seule chose à savoir c'est le modèle de Mac dont vous disposez. Les vendeurs vous fourniront la bonne RAM à partir du moment où vous leur donnerez le modèle dans lequel elle doit être installée.

Remarque **Compétences**

Si votre vendeur n'a pas de réponse, choisissez-en un autre qui connaît Macintosh et saura vous conseiller.

La seule chose à prendre en considération est que certains Mac utilisent des RAM qui ont deux vitesses différentes, mesurées en nanosecondes (ns). Voici un exemple : mes Mac Power G4 (un G4/500 et G4 Cube) ont une RAM PC 100 comme spécification. Cela signifie qu'ils utilisent des boîtiers à 100 ns. Mais les deux modèles peuvent aussi employer des RAM PC 133, qui tournent à 133 ns. Il y a un facteur à prendre en compte : les boîtiers PC 100 ne peuvent pas être employés dans les modèles G4 de la prochaine génération (connus sous le nom de "QuickSilver"), alors que les boîtiers PC 133 le peuvent.

Lorsque j'ai acheté des RAM pour mes G4, j'ai commandé des boîtiers PC 133. L'inconvénient c'est que mes Mac en service ne peuvent pas utiliser les 33 ns de vitesse supplémentaire, aussi ai-je payé un peu plus que nécessaire. L'avantage c'est que, quand j'aurai un nouveau Mac, je pourrai récupérer les RAM de mon ancienne machine pour les installer sur la nouvelle.

Les magasins sur Internet proposent de très bons prix. Même si vous ne projetez pas d'achat par Internet, consultez les prix avant de sortir le moindre centime. Beaucoup de vendeurs au détail, ont des tarifs plus élevés que les vendeurs par Internet

Les meilleurs sites que j'ai trouvés sur le Net pour acheter des RAM sont DealRam (**http://dealram.com**) et RamSeeker (**www.ramseeker.com**). Aucun des deux ne vend actuellement de RAM, mais ils gèrent les prix de dizaines de vendeurs du Net et les affichent dans une grille simple à lire avec des liens vers le vendeur. La figure 7.8 présente la page de garde de RamSeeker.

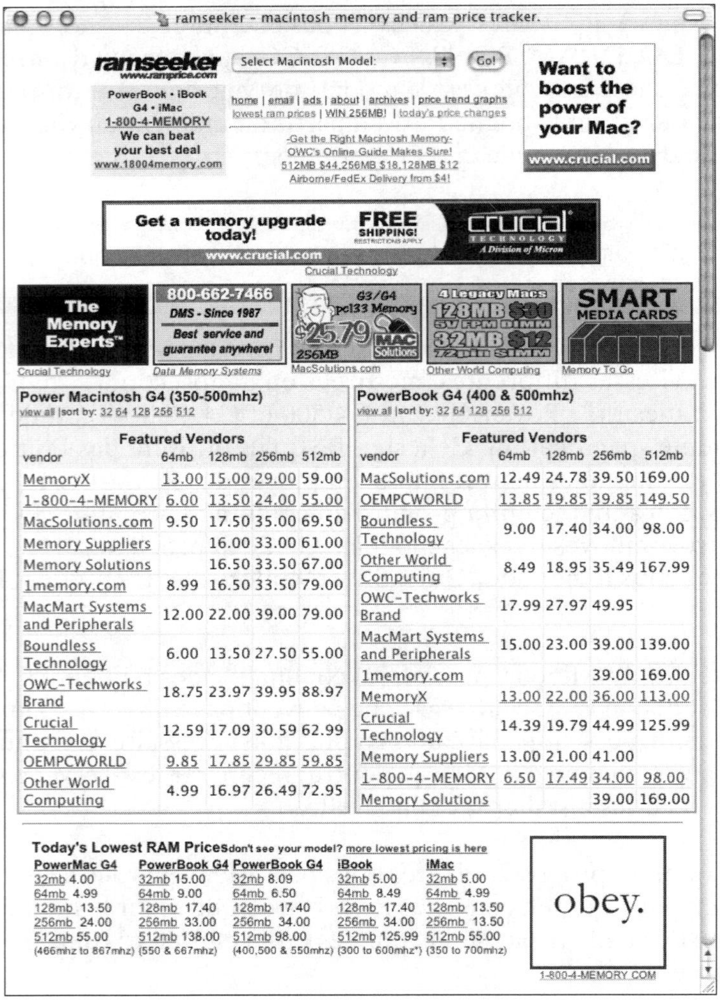

Figure 7.8
La page de garde de Ramseeker.com

Voici donc ce que je vous recommande pour l'achat de RAM : visitez d'abord le site de RamSeeker ou de DealRam et contrôlez quelques-uns des tarifs les plus bas avant de commander à un vendeur qui vous plaît. Pour la plupart, ils vendent les mêmes boîtiers fabriqués dans les mêmes usines. Vous remarquerez que certains vendent des RAM d'une marque connue à un prix plus élevé. Pour ma part, je ne les achète jamais. Si le boîtier marche lors de son installation, il marchera pendant toute la vie du Mac. J'ai toujours acheté des RAM génériques au prix le moins cher et je n'ai jamais eu de problème. Si vous êtes sensible à la marque, allez-y et dépensez plus d'argent. Mais je peux vous dire que cela fonctionne exactement de la même manière.

Une chose que vous devez éviter à tout prix est d'acheter des RAM chez Apple. Leurs prix sont parmi les plus élevés de la planète. Lorsque vous faites l'acquisition d'un nouveau Mac, prenez-le avec la RAM minimale et achetez-en ailleurs pour moins cher.

Enfin, payez toujours par carte de crédit.

Remarque **Carte de crédit**

Ce conseil s'applique à tous les achats de matériel et pas seulement aux RAM. De cette façon, si vous avez un souci quelconque, vous avez plusieurs recours. Lorsque vous payez par chèque ou en espèces, en cas de désaccord, vous n'êtes pas en position de force. Avec une carte de crédit, vous pouvez presque toujours faire intervenir la société de la carte de crédit en contentieux à votre place.

Mes excuses pour avoir été aussi long

7

Vous vous demandez sans doute pourquoi j'ai été aussi bavard sur les RAM et pourquoi j'ai pris la moitié du chapitre pour en parler. Je peux vous répondre qu'il s'agit d'un livre qui doit vous aider à devenir un utilisateur averti. Comprendre le fonctionnement de la RAM et qui plus est de votre RAM est quelque chose d'essentiel pour tout utilisateur averti. De plus, je voulais vous expliquer ce qui se passe "sous le capot", et quel meilleur endroit que cette section ? Pour finir, je me serais senti coupable si je vous avais seulement dit "vous aurez probablement besoin de compléments", avant de passer à autre chose.

Stockage de masse

Cette section est plus courte que celle qui concerne la mémoire RAM. Je sais que votre Mac a été livré avec un disque dur d'au moins 4 Go.

Remarque **4 Go**

Comment est-ce que je le sais ? Si votre Mac est capable de faire tourner OS X, votre disque dur fait au moins 3 Go. Et comment est-ce que je sais cela ? D'après la base de données des produits Apple (**www.info.apple.com/applespec/applespec.taf**), le plus petit disque dur monté sur un G3, le modèle le plus ancien acceptant OS X, fait 4 Go.

Pour de nombreux utilisateurs, il faudra une vie entière pour remplir 4 Go, mais pour d'autres, 40 Go ne sont même pas suffisants. Et si vous travaillez avec de la vidéo, de l'audio ou des images haute résolution, vous aurez des besoins encore plus importants.

Multiples aspects du stockage de masse

Les utilisateurs de Mac ont de nombreuses options pour ajouter du stockage à leur ordinateur : des disques durs FireWire, USB, SCSI, ATA, des supports magnétiques amovibles, des systèmes optiques, des systèmes à bandes, et bien d'autres. Mon but est de vous présenter les options de stockage les plus répandues et de vous aider à évaluer s'il vous faut davantage de stockage, et si oui, quel type répond le mieux à vos besoins.

Externe ou interne ?

La première chose est de savoir si cet ajout de stockage sera interne ou externe. Si vous avez un iMac, un iBook ou un Cube G4, ce n'est pas la peine de réfléchir, vous ne pouvez pas ajouter de stockage interne car il n'y a aucune place pour l'installer. Vous pourriez remplacer votre disque dur existant par un plus important, mais je ne le recommande pas, à moins que vous n'ayez pas de FireWire, comme je vais vous l'expliquer dans un instant.

Si vous avez un PowerBook, vous pouvez avoir une "baie" qui vous permet de glisser un équipement de stockage. Mon vieux PowerBook avait un module CD-ROM et un module de disquettes. Mais les modules pour PowerBook sont beaucoup plus chers qu'un équipement FireWire, il vous faut donc savoir si la solution interne mérite vraiment ce surcoût.

Enfin, si vous possédez un modèle de bureau G3 ou G4, vous avez des emplacements internes pour ajouter une unité de stockage. Je ne le recommande pas à moins que l'espace de votre bureau ne soit très restreint et qu'ajouter un équipement extérieur ne soit une épreuve.

Je suis opposé à l'installation de matériels internes de stockage à moins qu'il n'y ait pas d'autre solution possible. Lorsque votre équipement interne tombe en panne, vous devez démonter votre Mac pour le récupérer, et je considère cela comme un travail ennuyeux. Mais, plus important, si vous avez choisi un équipement interne, vous ne pouvez l'utiliser que sur le Mac sur lequel vous l'installez. D'un autre côté, vous pouvez déplacer un matériel externe d'un Mac à un autre rapidement et facilement. Lorsque vous vendez votre vieux Mac, vous pouvez conserver le matériel et l'employer avec votre nouvelle machine.

Aujourd'hui, vous n'avez même plus besoin d'éteindre et de redémarrer pour connecter ou déconnecter un équipement extérieur, la plupart des matériels USB et FireWire étant "connectables à chaud".

Attention **Démonter un matériel**

Vous devez éteindre le disque dur ou éjecter le disque ou la disquette avant de déconnecter le matériel, sinon vous risquez d'endommager le lecteur ou le support. Consultez le manuel du constructeur pour savoir comment démonter proprement le matériel concerné.

Je n'installe jamais d'équipement de stockage à l'intérieur de mes Mac. Je choisis toujours un équipement externe.

IEEE 1394 (FireWire) USB, SCSI, ATAPI, plus que des sigles

Avant de parler des équipements spécifiques de stockage, regardons comment un matériel de stockage se connecte à un Macintosh.

Commençons par les définitions :

- Universal Serial Bus (USB) : un standard pour la connexion de périphériques aux ordinateurs personnels. C'est surtout réservé aux équipements peu gourmands tels que clavier, souris et tablette graphique. Vous pouvez l'utiliser pour le stockage, mais si vous choisissez d'autres bus internes, FireWire ou SCSI, ce sera plus rapide. Tous les Mac capables de faire tourner OS X ont des ports USB.
- FireWire : l'application par Apple du standard IEEE 1394 High Performance Serial Bus (c'est le même que Sony appelle iLINK). C'est un standard pour la connexion et l'emploi d'équipements périphériques digitaux (comme les DV Caméscopes numériques) et de stockage (tous types). C'est très rapide et c'est probablement le choix le plus répandu pour un stockage externe. La plupart des Mac susceptibles de tourner sous OS X ont des ports FireWire.
- Small Computer Systems Interface (SCSI) : le bus grande vitesse employé sur Mac avant FireWire. Il peut être plus rapide que FireWire, mais pour l'utiliser sur un Mac de bureau, vous avez besoin d'une carte PCI dite "contrôleur SCSI". SCSI n'est plus un standard sur Mac, il n'est disponible que pour un ajout sur un matériel ancien.

- AT Attachment (ou IDE ATA) : une famille de bus interne qui accepte deux ou trois équipements internes. On en trouve divers types, ATA-2, ATA-3, ATA-4 et ATAPI, chacun ayant des caractéristiques légèrement différentes. Tous les Mac de bureau ont des bus ATA d'un type ou d'un autre pour les connexions internes.

Remarque **Manuel du Macintosh**
Tous les Macintosh de bureau disposent d'un manuel où sont détaillés tous les bus ATA dont vous disposez et la façon d'installer un équipement interne.

Je viens de passer plus d'une heure à chercher une comparaison des divers bus et de leurs vitesses, mais ce que j'ai trouvé de mieux est un tableau de la base de connaissances d'Apple ; il n'y a rien sur la famille ATA. C'est cependant mieux que rien ; la figure 7.9 vous donne ce tableau.

Below is a comparison of speeds of different technologies, from slowest to fastest. Please note that these are theoretical maximum throughputs of the different technology.

Technology	Theoretical Maximum Throughput
Apple Desktop Bus (ADB)	0.01 Mbps or 10 Kbps
Serial Port	0.23 Mbps or 230 Kbps
Geoport Port	2 Mbps
USB at low data transfer rate	1.5 Mbps
USB at high data transfer rate	12 Mbps
FireWire	400 Mbps
SCSI	1-40 MB/sec
Fast SCSI	8-80 MB/sec
Ultra SCSI-3	18-160 MB/sec

Document Information
Product Area: iMac
Category: USB
Sub Category: Features
Keywords: kimac

Figure 7.9
Tableau de comparaison des vitesses de transfert

La plupart des utilisateurs choisissent FireWire pour les connexions externes et ATA pour l'interne. Bien que l'USB puisse être moins cher pour un équipement externe, c'est cependant beaucoup plus lent. Vous pouvez employer SCSI en interne comme en externe, mais les matériels sont plus chers qu'avec FireWire et vous devrez également acheter une carte contrôleur PCI SCSI. À moins que vous ne soyez très exigeant pour le graphique, l'audio et la vidéo et leurs traitements, FireWire est le meilleur choix et le moins cher.

Quelques vendeurs offrent des matériels de stockage avec les deux connexions USB et FireWire. Vous ne pouvez pas les utiliser toutes les deux à la fois, mais ce réglage offre une flexibilité complémentaire et ne coûte souvent pas plus cher que le seul équipement FireWire. Ces hybrides sont à prendre en compte, surtout si votre Mac n'a pas de FireWire.

Passons maintenant à l'analyse des divers types de matériels de stockage.

Disque dur

Comme je l'ai dit au chapitre 3, en 1989, j'ai payé environ 2 500 dollars pour un disque dur externe SCSI de 40 Mo, et je considérais que c'était une affaire. Aujourd'hui, vous pouvez acheter un disque dur externe FireWire de 40 Go (mille fois la taille de mon premier disque dur) pour 10 % (environ 250) de ce que j'ai payé pour le premier. Ou même moins.

La vitesse du disque se mesure de diverses manières : en taux de transfert, en taux de transfert continu, en temps de recherche, en tours par minute (RPM), et bien d'autres façons. C'est totalement confus et rend les comparaisons très difficiles (bien que depuis longtemps Apple ne vende plus de produits de stockage qui ne soient préinstallés). À mon avis, la plupart des utilisateurs ne peuvent pas dire la différence qu'il y a entre un équipement qui tourne à 7 200 RPM et un autre qui tourne à 10 000 RPM à partir de leur seule utilisation.

Je vous conseille de rechercher une machine peu chère et de grande capacité, avec un pilote FireWire chez un fournisseur de confiance, qui tourne à 5 400 ou 7 200 RPM. Ce sera suffisamment rapide, et un disque plus rapide ne fera pas tourner votre Mac plus vite. Employez plutôt l'argent économisé pour acheter des RAM additionnelles.

L'exception concerne les utilisateurs qui effectuent un travail très gourmand en entrées-sorties, tel que l'ouverture et la sauvegarde de gros fichiers (100 Mo et plus,) ou qui travaillent avec de gros supports digitaux. Si vous êtes ce type d'utilisateur, vous pouvez tirer parti d'un disque plus rapide. Et bien entendu, si vous appartenez à cette catégorie, vous avez déjà probablement une tonne de RAM dans votre Mac.

Disque optique

Les pilotes de disques optiques, ceux qui lisent ou écrivent des données avec un laser, sont devenus un standard aussi bien pour déplacer des masses de données importantes d'un Mac vers un autre que pour créer des disques de musique (CD audio) ou de vidéo (DVD).

Remarque **Un peu de vocabulaire...**
Enregistrer des données sur tout type de disque optique se dit "graver". Par conséquent, ne dites pas "je vais enregistrer un CD", mais "je vais graver un CD". Faites-le au moins si vous ne voulez pas que les gens se moquent de vous.

Les disques optiques sont notés en employant un facteur "X". Ce facteur X représente la vitesse maximale théorique de gravure. Bien que vous utilisiez votre disque pour graver des données aussi bien que des disques audio qui marchent dans des lecteurs de CD, la visualisation de ce facteur X est plus simple en employant un CD audio comme exemple. Ainsi, un pilote de CD-R 4X grave en théorie un CD contenant 60 minutes de musique en 15 minutes, ce qui est 4X "temps réel". Un pilote 8X va théoriquement le graver en 7,5 minutes, etc. Beaucoup de pilotes arrivent près de cette limite théorique. Mon pilote de CD-RW 8X grave un CD audio de 60 à 80 minutes en environ 10 minutes. Vous verrez des résultats comparables lorsque vous graverez des disques de données. Un disque avec 650 à 700 Mo se grave en 20 à 25 minutes avec un pilote 4X, mais en seulement 10 à 12 minutes sur un pilote 8X.

Voici un rapide tour d'horizon des différents types et de leurs capacités :

- CD-R (CD enregistrable) : un pilote de CD-R grave des disques CD-R de 650 à 700 Mo. Les CD-R ne peuvent être gravés qu'une fois. Une fois que vous les avez gravés, vous ne pouvez pas leur ajouter ou enlever de données. Il ne se vend plus beaucoup de pilotes de CD-R. Actuellement la plupart des pilotes vendus ont les deux capacités CD-R et CD-RW sur le même matériel.
- CD-RW (CD réenregistrable) : un pilote de CD-RW grave des CD-R de 650 à 700 Mo tout comme un pilote CD-R, mais il peut aussi graver des disques CD-RW de 650 à 700 Mo. Un disque CD-RW, à l'inverse d'un disque CD-R, peut être effacé et réutilisé plusieurs fois de suite. Ce sont là les différences entre CD-R et CD-RW.
- La gravure de données sur un CD-RW prend deux fois plus de temps qu'une gravure sur CD-R.
- L'effacement d'un CD-RW dure quelques minutes. On ne peut pas effacer le contenu d'un CD-R.
- Les disques CD-R sont moins chers que les disques CD-RW.
- DVD-R (DVD enregistrable) : un pilote DVD-R grave jusqu'à 4,7 Go de données sur un disque DVD-R et peut aussi graver des DVD vidéo qui fonctionnent sur les lecteurs DVD domestiques.

La plupart des pilotes acceptent deux ou plusieurs de ces types. Le SuperDrive d'Apple accepte les trois types de disques : CD-R, CD-RW et DVD-R.

Les autres types comprennent les DVD-RAM qui lisent des disques DVD et gravent des cartouches DVD de 4,7 Go réenregistrables. Les DVD-RAM semblent être passés de mode, aussi je ne recommande pas leur achat, et les DVD-RW font tout juste leur apparition et je ne peux pas vous en parler davantage.

Mac OS X dispose du potentiel d'origine pour graver des données sur des disques CD-R, CD-RW et DVD-R sans logiciel complémentaire. iTunes grave des CD audio qui peuvent fonctionner sur le lecteur CD de votre salon ou de votre voiture, et iDVD grave des DVD que vous pouvez regarder sur pratiquement tout type de lecteur de DVD. Ça, c'est la bonne nouvelle. La mauvaise c'est que cela n'est garanti fonctionner qu'avec les CD-R, CD-RW et SuperDrive interne d'Apple.

Attention **Pilote externe**

Bien que la plupart des pilotes de disques optiques puissent graver des disques de données sous OS X sans logiciel complémentaire, iTunes et iDVD peuvent ou non supporter un pilote extérieur. Le site web d'Apple dispose d'informations sur les pilotes externes qui sont supportés. Consultez-le avant d'acheter un lecteur optique externe.

Achetez toujours des disques de marque connue et des supports qui acceptent la vitesse maximale prévue ou plus. Les disques pas chers et sans marque ont souvent des défauts, de même qu'un disque 8X lorsqu'il est gravé sur un matériel 24X. Dans de telles situations, vous vous retrouvez avec ce qu'on appelle des "sous-bocks".

Remarque **Les sous-bocks**

Ce nom vient du fait que le seul emploi possible pour un disque qui ne marche pas est de le placer sous un verre.

Le prix des supports tend à varier, mais pour vous donner une idée, à la fin de 2001, les disques CD-R coûtaient moins de 1 par lot de 30 ou plus. Les disques CD-RW coûtent généralement moins de 2 chacun achetés en gros, et les disques DVD-R sont descendus récemment de 10 à 6 pièce.

Remarque **Se renseigner avant d'acheter**

Ces évolutions vont continuer. Quand vous lirez ce livre, il est très possible que des CD-RW de 1,2 Go ou des DVD-RW de 9 Go soient sur le marché et même d'autres produits totalement nouveaux. C'est pourquoi vous ne devez pas prendre de décision fondée uniquement sur le rapide panorama de cette section.

Support magnétique amovible

Les supports magnétiques amovibles utilisent des technologies magnétiques comparables à celles de votre disque dur, mais les disques sont à l'intérieur de cartouches amovibles. Avec le stockage optique qui devient de plus en plus présent, les jours des supports magnétiques amovibles sont comptés. Bien que Ioméga souhaite faire croire que les équipements Zip, Jaz ou Peerless sont une alternative viable aux CD-R, CD-RW, DVD-R et autres supports de stockage optique, je ne les achète pas. Les CD-R, CD-RW et DVD-R peuvent être lus par presque tous les utilisateurs de Mac ; les cartouches magnétiques amovibles ne peuvent être lues que si vous possédez le même type de lecteur. De plus, les cartouches magnétiques sont bien plus chères que les disques optiques vierges.

À moins que quelqu'un ne vous y force (parce que c'est ce qu'il utilise), ou parce que vous avez besoin d'une plus grande vitesse que celle des supports optiques (les supports magnétiques sont plus rapides que les supports optiques, c'est leur seul avantage), je vous conseille d'éviter ces dinosaures et de dépenser votre argent pour un lecteur optique.

Cartouche de bande

Les lecteurs à bande sont un type spécial de matériel de stockage qui écrit les données sur une cartouche de bande comparable à une cassette audio ou à une cassette vidéo. Les lecteurs à bande sont relativement chers (de 500 à plusieurs milliers d'euros) et vous ne pouvez les utiliser qu'avec des logiciels spécialisés tels que Retrospect de Dantz Development. Ils ont deux avantages sur les autres supports. D'abord, vous pouvez stocker 20, 40 et même 80 Go de données sur une seule bande peu chère. Ensuite, si vous avez de nombreuses données à archiver ou à sauvegarder, vous pouvez les employer sans surveillance.

Franchement, avec ces disques DVD-R qui acceptent 4,7 Go pour à peu près 6 , un lecteur de bande est trop lourd pour la majorité des utilisateurs. La seule raison, à mon avis, pour laquelle vous pourriez envisager d'en avoir un est d'avoir la responsabilité de sauvegarde de plusieurs Mac sur un réseau sans avoir envie de passer votre temps à changer des disques.

Processeurs plus rapides

Vous avez deux options pour augmenter la vitesse de votre processeur : mettre à jour votre processeur ou acheter un nouveau Mac. Je ne veux pas dénigrer les fabricants de mise à jour de processeur, mais la vérité est que je ne fais jamais de mise à jour. Si j'ai besoin de plus de vitesse, je vends mon vieux Mac et j'en achète un nouveau. Je le fais tous les 12 à 18 mois, et je pense que, financièrement, c'est une bonne démarche.

Voici quelques-unes des raisons pour lesquelles je préfère acheter un nouveau Mac que d'en mettre à jour un vieux :

- Les mises à jour peuvent s'avérer caractérielles. Divers équipements et logiciels qui marchaient sur le vieux Mac peuvent ne plus fonctionner après une mise à jour de processeur. J'admets que cela est plus rare que dans le passé, mais je préfère ne pas courir le risque.
- Une mise à jour rend votre processeur plus rapide, alors qu'un nouveau Mac améliore la vitesse de nombreux composants (vitesse du bus, des disques optiques, des disques durs, etc.). Un Mac est un assemblage de sous-systèmes. En rendre un plus rapide sans s'occuper des autres n'a pas beaucoup de sens pour moi.
- Les Mac actuels sont moins chers qu'il y a dix ans. Il y a quelques années, quand un Mac haut de gamme coûtait 5 000 dollars ou plus, les mises à jour de processeurs et les cartes accélératrices étaient souvent une solution rentable. Aujourd'hui, avec les modèles G4 les plus simples commençant à 1 500 $, il semble plus prudent d'adopter cette démarche que de dépenser des centaines d'euros pour des évolutions risquées sur un vieux Mac.
- Pour que l'accroissement de la vitesse soit vraiment significatif, il faut que le nouveau processeur soit vraiment plus rapide que le précédent. Par exemple, si vous passez du G3/300 au G3/400, vous ne remarquerez aucune différence pour la plupart des tâches.

N'oubliez pas non plus que les iMac, PowerBook et iBook sont plus compliqués à mettre à jour que les modèles de bureau ou minitour, lorsqu'ils peuvent être mis à jour (pour certains modèles, c'est impossible). De plus, lorsque vous trouvez une mise à jour, elle est plus chère que pour un modèle de bureau (par exemple G3 ou G4).

J'ai toujours vendu mes vieux Mac sur eBay (**www.ebay.com**). J'ai souvent obtenu plus que je n'espérais pour du matériel ancien, et de plus ce n'est vraiment pas grand-chose d'inscrire un produit à la vente.

En parlant d'eBay, lorsque vous regardez les Mac d'occasion, vous trouvez souvent du matériel récent (vendu par des gens comme moi) à un prix raisonnable. Et parfois, il y a également des personnes qui proposent un "package" comprenant logiciels, moniteur, périphérique d'entrée et accessoires divers à des prix très raisonnables.

D'un autre côté, le plan économique prime souvent. Si vous avez un budget très serré, une mise à jour de processeur peut être votre seule solution. Si c'est le cas, assurez-vous au préalable que vous avez toute la RAM voulue, car cela donne plus de résultats pour un prix moindre qu'une mise à jour de processeur.

Autres matériels

Nous avons vu les trois principaux matériels. Mais il y en a encore plein d'autres pour lesquels vous pouvez dépenser de l'argent pour améliorer votre Mac. Faisons le tour de ces derniers.

Équipements d'entrée

Je ne suis plus satisfait des claviers et souris d'Apple depuis le vieux clavier étendu ADB, qui était énorme (nous l'avions surnommé le "cuirassé Saratoga") mais très agréable. Ils n'ont d'ailleurs jamais proposé de souris que j'apprécie.

Je dois admettre que les dernières productions, le clavier Pro semi-transparent et sa souris, sont ce qu'Apple nous a offert de mieux. Mais je préfère les claviers prétendument ergonomiques et les souris à multiples boutons ou les trackballs. C'est pourquoi je passe plus d'heures et dépense plus d'argent que la plupart des utilisateurs à la recherche de claviers et souris parfaits. Rien que l'année dernière, j'ai utilisé plus d'une douzaine d'entre eux.

Les équipements d'entrée sont vraiment un choix personnel. Vous devez les essayer pour savoir s'ils vous conviennent ou pas. Cela étant dit, je vais vous exposer quelques-unes de mes préférences dans les sections qui suivent.

Claviers

Je pourrais certainement m'habituer au clavier Apple si j'y étais contraint. Mais, comme je n'ai pas cette obligation, je ne m'y habitue pas. J'essaye des claviers depuis que j'utilise un Mac et je crois que j'ai presque fini par trouver celui qui me semble parfait. C'est un clavier ergonomique appelé Natural Keyboard Pro et il est fabriqué, vous n'êtes pas obligé de me croire, par Microsoft (**www.microsoft.com**).

Il dispose du meilleur retour tactile que je n'ai jamais trouvé. Les touches ont la bonne dose de rebondissement et ne cliquettent pas trop. Le dessin du clavier partagé convient à ma main et ne me demande pas trop d'efforts lors d'une utilisation de longue durée.

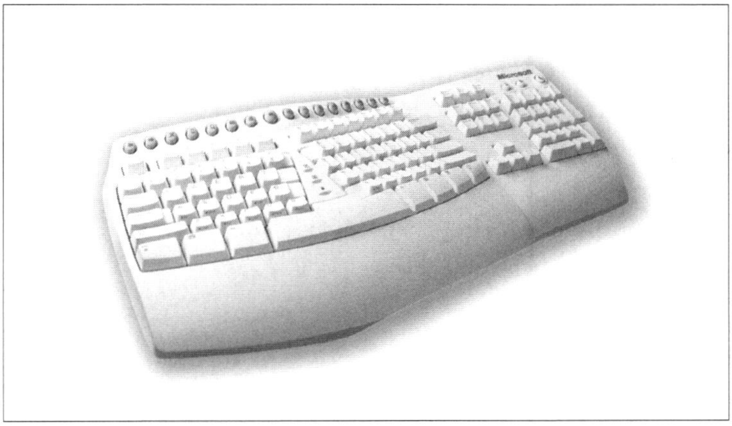

Figure 7.10
Le clavier Natural Keyboard Pro

Maintenant la mauvaise nouvelle. Alors que je rédige ce texte, il n'existe pas de pilote pour OS X. Aussi, alors que le clavier marche bien, les touches [Commande] et [Option] sont inversées ([Option] près de la barre d'espacement et [Commande] à côté), et aucun des boutons que vous voyez en haut ne fonctionne (flèche avant, flèche arrière, etc.). Ils ne fonctionnent pas non plus sous Classic. Bien plus, la touche [Option] dit "Alt" et la touche [Commande] ont un logo Windows, alors que le logo Apple devrait y apparaître. Révoltant !

Un second clavier est celui d'Adesso (**www.adessoinc.com/**) Tru-Form, qui est très proche du modèle Microsoft. Il n'a pas tous ces boutons de commande (qui ne marchent pas sous OS X) et est un peu moins cher. Il existe également pour Mac. La touche [Commande] a bien ce symbole en forme de bretzel et se trouve au bon emplacement.

Cependant, j'apprécie le clavier Natural Pro de Microsoft suffisamment et je compte le conserver, au moins jusqu'à ce que je trouve quelque chose de mieux. Je passe un temps incommensurable avec les mains sur le clavier, aussi le confort est-il le premier de mes critères de sélection, et il s'agit du clavier le plus confortable que je n'ai jamais eu.

J'ai cherché pendant un an et je n'ai rien trouvé, à l'exception peut-être d'Adesso Tru-Form qui arrive en second.

Souris et trackball

J'ai toujours été un féroce utilisateur de trackball. La Kensington Turbo Mouse ADB a été ma préférée pendant des années. Puis j'ai découvert une souris que j'apprécie beaucoup, et comme pour mon clavier préféré, Microsoft la fabrique. L'IntelliMouse Explorer et la Wireless IntelliMouse Explorer (voir figure 7.11) comptent parmi les meilleures souris que je connaisse, au point que j'en ai abandonné mon trackball.

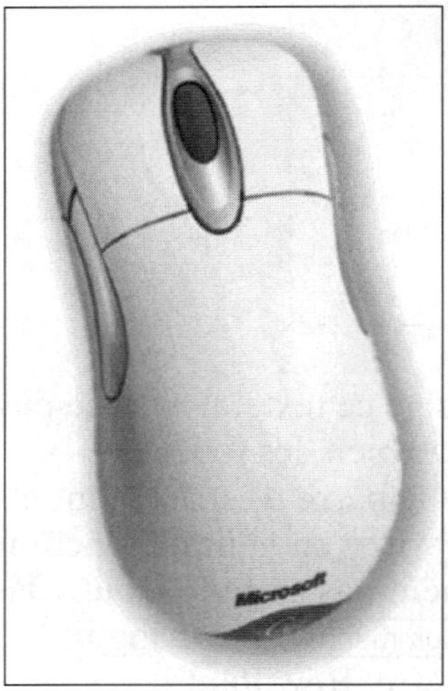

Figure 7.11
La souris sans fil IntelliMouse Explorer

La souris Wireless IntelliMouse Explorer a quatre boutons, une roue de défilement, un déplacement optique très doux et, le top, pas de fil.

Hélas, Microsoft n'a toujours pas fourni les pilotes pour OS X. Et, à l'inverse du clavier, la souris n'est pas utilisable sans pilote. La roue de défilement ne fonctionne qu'avec la moitié des programmes et deux des quatre boutons ne servent à rien. Alors, je l'ai abandonnée, au moins jusqu'à ce que les pilotes OS X arrivent.

Mais je ne me plains pas. J'ai découvert autre chose que j'apprécie tout autant (peut-être même plus). C'est la Kensington Turbo Mouse Pro Wireless (voir figure 7.12), un respectable trackball avec d'excellents pilotes OS X (**www.Kensington.com**).

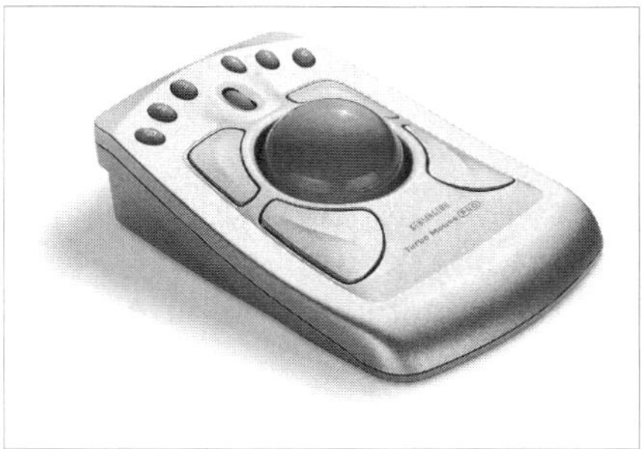

Figure 7.12
La souris sans fil Turbo Mouse Pro

Avec cinq boutons, une roue de défilement qui marche avec tous mes programmes, et six boutons qui démarrent ou activent mes six programmes les plus employés (voir figure 7.13), c'est le rêve. Et la grosse boule est bien proportionnée pour ma main.

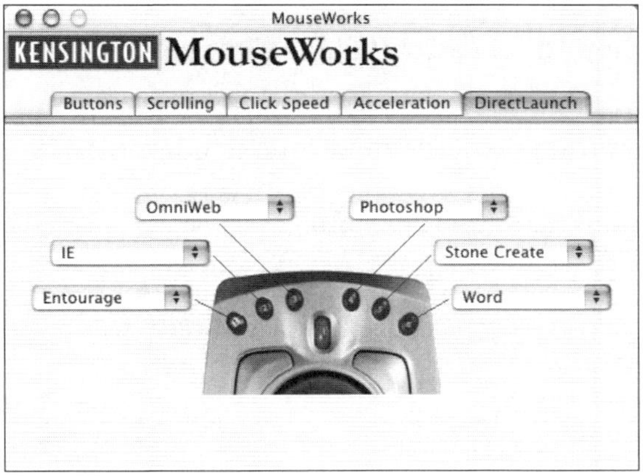

Figure 7.13
Les boutons d'accès direct de la souris Kensington

Si jamais Microsoft propose des pilotes pour l'IntelliMouse, j'aurais du mal à me décider entre l'une et l'autre. Jusque-là, je suis pleinement satisfait de la Kensington Wireless Turbo Mouse Pro.

Remarque **Les équipements sans fil**

Je préfère les équipements sans fil parce que j'embrouille les câbles plus vite que quiconque. Si j'ai deux fils sur mon bureau, ils seront emmêlés au bout de quelques minutes. Si j'en ai trois ou plus, n'insistons pas. Ceci étant dit, Microsoft et Kensington offrent le même matériel, avec fil, pour un prix un peu inférieur.

Tablette graphique

Je ne suis pas dessinateur, mais je fais plus que ma part de travail graphique. Jusqu'à l'an dernier, je n'ai pas regardé les équipements de dessin, ils étaient trop volumineux (je n'avais pas la place pour l'un d'eux sur mon bureau). De plus, ils n'étaient pas donnés.

Mais le Graphire 2 de Wacom (**www.wacom.com**) a un prix raisonnable pour des utilisateurs occasionnels comme moi, avec moins de 100 . Il est suffisamment petit, 25 cm par 25 cm, pour ne pas gêner sur mon bureau.

Sa valeur ajoutée est incroyable. Pour 100 vous disposez des matériels suivants :

- La tablette Graphire 2, un support de crayon amovible et un transparent pour le tracé de dessins et d'images.
- Le crayon électronique Graphire 2 avec une gomme intégrée et une sensibilité de 512 niveaux de pression.
- Les logiciels Adobe Photoshop LE et Corel Painter Classic (rien que les logiciels valent plus de 100 .).
- Une souris à trois boutons et roue de défilement (que je déteste).

La figure 7.14 vous montre à quoi ressemble l'ensemble.

Figure 7.14
La tablette Wacon Graphire 2

C'est amusant, ce n'est pas cher, et les deux programmes qui l'accompagnent valent largement le prix si vous n'avez pas déjà un exemplaire (la version complète) de Painter ou Photoshop.

Saisie vocale

Je vais être bref. Je n'ai pas vu la dernière version de ViaVoice pour OS X d'IBM, mais j'ai testé toutes les versions antérieures, sans compter iListen, PowerSecretary et plusieurs autres dont j'ai oublié le nom. Actuellement, la reconnaissance vocale n'est pas encore assez bonne. J'ai toujours voulu une dictée vocale continue depuis que j'utilise des ordinateurs. Tous les ans cela s'améliore un peu, mais ce n'est pas encore assez bon pour un emploi en continu. Et même, ce n'est pas encore assez au point pour mériter d'être installé.

Mon point de vue est le suivant : économisez votre argent. Ne dépensez rien en matériel ou logiciel de reconnaissance vocale. À moins que vous en ayez besoin à cause d'un handicap qui vous empêche d'utiliser un clavier ou une souris, vous serez certainement déçu.

Haut-parleurs

Je ne sais pas pour vous, mais mon Mac a remplacé ma vieille installation stéréo comme premier équipement d'écoute. Avec iTunes et iPod, j'ai transformé mon Mac en ce qu'Apple appelle mon "centre d'activité digitale". J'ai plus de 8 Go de musique pour iTunes sur mon disque dur et je transporte avec moi 4 Go de chansons sur mon iPod.

Le point clé pour l'écoute musicale sur un Mac est d'avoir de bons haut-parleurs. J'en ai deux jeux et je les recommande de tout cœur : le système audio avec panneaux plats Sonigistix Monsoon iM-700 est de loin mon préféré (**www.sonigistix.com**), mais les SoundSticks d'Harman-Kardon (**www.harmanmultimedia.com**) sont également agréables.

La figure 7.15 présente les Monsoons, et la figure 7.16 les SoundSticks. Les deux sont des systèmes en trois pièces : une paire de haut-parleurs que vous mettez sur votre bureau, et un subwoofer (égaliseur de basses) que vous pouvez placer n'importe où. Les Monsoons sont disponibles avec un port USB ou des connexions classiques, les SoundSticks n'ont qu'un port USB.

Figure 7.15
Les haut-parleurs Monsoon

Les Monsoons sont mes favoris parce qu'ils ont un timbre plus grave, une très bonne réponse aux basses et que leur sonorité est agréable même lorsque vous n'êtes pas assis entre les deux haut-parleurs. Ils disposent d'une petite commande à distance, ce qui est bien commode lorsque le téléphone sonne pendant que Led Zeppelin joue à plein régime.

Les SoundSticks sont également bons et plus jolis que tous les autres haut-parleurs du marché. Une teinte bleutée émane du subwoofer et c'est tellement beau que vous voudrez le placer dans un endroit bien visible (le subwoofer du Monsoon a un boîtier noir, mais sa sonorité est très bonne). Ce qui est le plus problématique pour moi, en dehors d'un son qui n'est pas assez fort, c'est qu'ils dépendent beaucoup de l'endroit où ils sont placés. Si vous n'êtes pas assis juste entre les deux, ils n'ont pas une sonorité excellente. Mais lorsque les haut-parleurs sont correctement dirigés vers vous, leur son est excellent et ils sont si beaux !

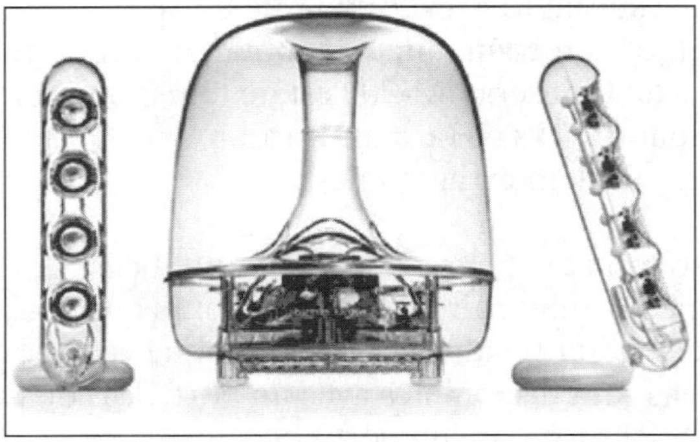

Figure 7.16
Les haut-parleurs SoundStick

Avec l'un ou l'autre, vous faites le bon choix.

Lecteurs MP3

J'ai un peu laissé tomber les lecteurs solides MP3. Lorsque j'ai écrit *Le Petit Livre iTunes*, j'ai eu l'opportunité d'en essayer plusieurs. À la fin, je me suis rendu compte qu'ils n'étaient pas faits pour moi. Leur plus grand intérêt était leur taille. Bien sûr, ils étaient petits, mais ils ne contenaient pas assez de musique (une heure ou deux), coûtaient cher (au moins 100 euros pour l'équipement plus l'enregistrement solide de 64 ou 128 Mo) et mettaient bien longtemps pour être chargés via un port USB.

Je suis ensuite tombé sur le SP250 de RioVolt (www.riohome.com), qui ressemble à un lecteur de CD personnel (comme le DiscMan de Sony) mais peut, en plus de jouer des CD audio standards, jouer des CD MP3 que vous gravez avec iTunes 2.0 (ou plus). Cela signifie que vous pouvez enregistrer plus de 20 heures de musique sur un seul disque CD-R ou CD-RW qui ne vous coûte presque rien. Maintenant, on peut parler. J'ai tous les enregistrements des Beatles (que j'ai recopiés depuis des CD que j'ai achetés, je ne suis pas un pirate !) sur un seul disque CD-RW. C'est prodigieux. La figure 7.17 vous montre à quoi ressemble un RioVolt.

Figure 7.17
Le lecteur MP3 RioVolt

Voici mes caractéristiques préférées du RioVolt :

- Un module de commande à distance : j'ai apprécié de pouvoir utiliser la plupart des fonctions pendant que le matériel était dans son sac de transport, dans mon sac à dos, ou passé sur l'épaule à l'aide de l'attache spéciale. Il y a un fil, mais c'est quand même très bien.
- Jusqu'à huit minutes de protection contre les chocs : je l'ai souvent cogné en marchant ou en courant, et je n'ai jamais entendu le moindre son défectueux.

- FM radio : tous les lecteurs MP3 ne l'ont pas (iPod notamment). Je m'en sers au maximum.
- Batteries rechargeables : tous les lecteurs MP3 n'en ont pas et croyez-moi vous en aurez besoin.
- Égaliseur : mes vieilles oreilles n'entendent plus les hautes fréquences aussi bien qu'avant, aussi est-ce le bienvenu même si c'est un peu difficile à utiliser.

Il offre aussi des modes Répétition et Saut, des listes programmables et un écran LCD pour afficher le nom de l'artiste et du morceau et d'autres données.

J'ai deux remarques à formuler. D'abord, je regrette que RioVolt ne soit pas assez puissant pour mes vieilles oreilles. Vous pourriez penser qu'ils ont mis un bon amplificateur dans un matériel qui est presque parfait autrement, mais ce n'est pas le cas.

Ensuite, je note que ni un logiciel pour graver un CD ni même la moindre information sur la manière de graver un CD MP3 ne sont fournis. Heureusement, iTunes 2.0 (ou plus) le fait facilement, et vous pouvez apprendre à le faire en employant la commande **Aide/Aide iTunes** (voir figure 7.18).

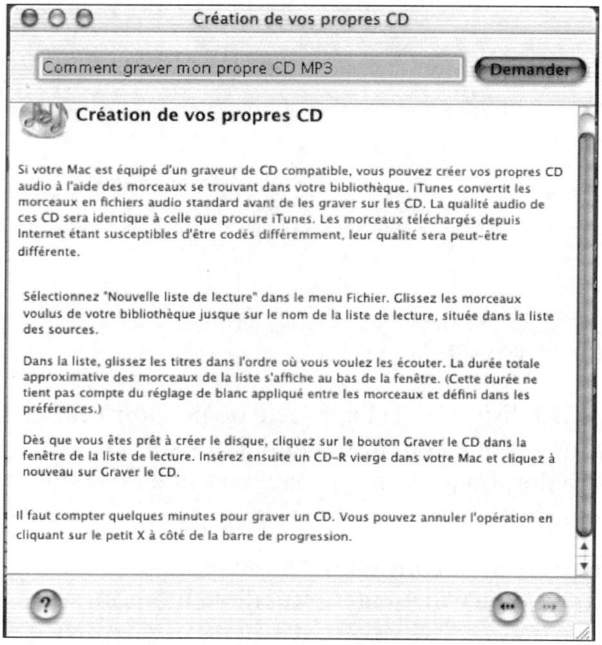

Figure 7.18
Les explications d'Apple

RioVolt est d'un bon rapport qualité/prix ; il est fourni avec un lecteur de CD, deux paires d'écouteurs, un chargeur de batterie et une housse de transport, le tout pour environ 175 . J'avais l'habitude de le recommander, mais maintenant j'utilise un iPod.

Un iPod, pour ceux qui vivent dans leur caverne, est le lecteur de musique MP3 d'Apple. Il est représenté à la figure 7.19.

Figure 7.19
iPod est magnifique

Un iPod fait la moitié de la taille et du poids d'un RioVolt, contient dix fois plus de musique sur son disque dur de 5 Go (qui peut servir comme disque dur FireWire portable pour des fichiers Macintosh), se synchronise automatiquement avec iTunes 2.0 via FireWire, et recharge sa batterie au lithium (10 heures) automatiquement lorsque vous le connectez à votre Mac via FireWire.

En tant qu'amateur de musique et ayant possédé des douzaines de petits équipements pour en écouter, il ne me paraît pas possible de faire mieux.

iPod est étonnant. Il contient jusqu'à 1 000 morceaux en qualité CD. Vous pouvez charger un CD dans iPod en moins de 10 secondes, soit 1 000 morceaux en environ 10 minutes. C'est dix fois plus rapide que mon vieux Rio de 32 Mo qui utilise le port USB et non FireWire.

iPod s'intègre sans peine à iTunes 2.0 (fourni). Ainsi, quand vous connectez iPod sur votre Mac avec un câble FireWire (fourni), iTunes 2.0 démarre automatiquement et met à jour iPod avec un tout nouveau morceau ou avec une liste de morceaux. L'opération prend juste quelques secondes, à moins que vous n'ayez des centaines de nouveaux morceaux.

Une petite batterie au lithium rechargeable dure jusqu'à 10 heures. Elle met une heure pour se recharger à 80 % et trois heures pour atteindre les 100 %.

L'écran de 160 x 128 pixels est clair et agréable à l'œil. Son interface est aussi très bien. Il dispose de cinq grands boutons et d'une large roue de défilement. Vous tournez la roue pour naviguer dans vos morceaux, qui sont organisés en une liste classée par artiste et par titre. C'est très simple d'effectuer une recherche d'une main, la roue dispose d'une vitesse accélérée qui vous permet d'arriver au morceau voulu en quelques secondes, même si vous devez vous déplacer de plusieurs centaines de morceaux.

Mais il y a encore mieux. iPod est capable de stocker autant de musique grâce à son disque 5 Go ultraplat, que vous pouvez également employer comme disque dur portable FireWire. En plus d'être le meilleur lecteur de musique de tous les temps, c'est aussi un disque de démarrage que je peux emmener avec moi dans ma poche. Il possède un dossier complet OS 9.2.1 et tous mes utilitaires de diagnostic : DiskWarrior, Norton Utilities, Norton Anti-Virus et TechTool Pro. Même avec plus de 750 morceaux stockés, il reste plus d'un gigabit d'espace libre disponible.

Pour finir, je peux dire qu'il est presque parfait. Le son est suffisamment puissant et clair pour me plaire, et c'est supérieur à tout ce que j'ai pu connaître.

Des défauts ? Rien de significatif, mais je n'aime pas le dos du boîtier. La face avant du iPod (voir figure 7.19) est belle, mais le dos ressemble à une boule disco des années 80 qui étincelle dans tous les sens. Aucun sac de transport n'est fourni, ni quoi que ce soit d'autre pour le mettre à la ceinture.

iPod a un meilleur son et est très simple d'emploi. Quand vous prenez en compte le disque dur de 5 Go FireWire, c'est vraiment donné à 549 .

De tous mes matériels accessoires, iPod est devenu mon favori et je ne quitte plus la maison sans lui.

Par contre, si votre budget est serré, le RioVolt SP250 est également une belle machine et ne coûte que la moitié du prix d'un iPod.

Astuce **Adaptateur CD**

Vous pouvez écouter votre iPod dans les voitures pourvues d'un lecteur de cassettes. Achetez un adaptateur CD vers cassette, installez-le dans votre lecteur de cassettes et connectez-le à la prise de casque du iPod. Cela marche parfaitement et c'est fabuleux.

Encore du matériel

Cette section est assez courte car je n'ai pas grand-chose à vous dire concernant les cartes vidéo, les moniteurs, les caméras digitales et les hubs. Mais j'ai quand même un petit quelque chose sur chacune de ces questions. Allons-y.

7

Imprimantes

Il existe une si grande variété d'imprimantes compatibles OS X que je ne peux rien vous recommander. Votre choix dépend entièrement de vos besoins. Il se trouve que je fais moins d'éditions qu'avant : j'expédie mes articles et les chapitres de mes livres par e-mail et je n'imprime que rarement mon travail "définitif". La majorité de mes éditions est en couleurs : des invitations, des notes et divers travaux de ce type. Lorsque je devais envoyer des éditions papier de mon travail, j'avais besoin d'une imprimante laser monochrome rapide ; maintenant je me contente d'une imprimante jet d'encre, plus lente, économique et en couleurs.

J'ai encore deux conseils. Lorsque vous êtes sur le point d'acheter une nouvelle imprimante, assurez-vous qu'OS X l'accepte. Une façon de le savoir est de consulter le guide des produits Mac sur **http://guide.apple.com**. Il recense les produits "compatibles OS X" avec une petite icône X.

Astuce **Compatibilité**

Le guide des produits est un excellent moyen de contrôler si un matériel ou un logiciel est compatible OS X ou pas.

J'ai actuellement une Epson Stylus Color 740i et je n'ai toujours pas fait la moindre édition sous OS X avec cette machine. Ma seule remarque concerne le prix des cartouches d'encre d'Epson.

Ceci m'amène à mon deuxième conseil. Il n'est pas indispensable d'acheter des cartouches d'encre (OEM) très chères pour votre imprimante. Vous pouvez trouver des douzaines de fournisseurs après-vente sur le Web. J'ai acheté des cartouches chez plusieurs vendeurs et je n'ai jamais eu de problème. Récemment, j'ai fait un achat auprès d'une société appelée Ink4Art (**www.ink4art.com**) et j'en ai été très satisfait.

Remarque **Garantie**

Les sociétés affirment que leurs cartouches ne suppriment pas la garantie. Cela ne me préoccupe guère car il y a longtemps que mes imprimantes ne sont plus sous garantie, mais c'est bon à savoir.

Les cartouches me coûtent le quart de ce qu'Epson demande et, à mon avis, marchent tout aussi bien. J'imagine que si vous êtes un artiste avec un œil parfait (quelqu'un qui différencie deux couleurs semblables quand personne n'y arrive), vous trouverez quelque remarque à faire. Mais personnellement, j'ai toujours été satisfait de mes impressions.

Vous pouvez trouver des tas d'autres marchands d'encre et je suis sûr qu'ils ont de bons produits. Si vous recherchez les bonnes affaires, vous trouverez sûrement des prix encore plus bas. Lorsque vous l'aurez découvert, mettez-moi un mot. Nous consommons beaucoup d'encre chez les LeVitus.

Hubs

C'est une très courte section. Je veux juste mentionner le fait que si vous avez plus d'équipements que de ports, vous pouvez acheter des hubs pour Ethernet, USB et FireWire. Un hub n'est rien d'autre qu'un multiplicateur de port. Vous connectez une extrémité sur le port de votre Mac et, à l'autre extrémité, vous disposez de deux ou plusieurs ports additionnels. Certains demandent une alimentation en continu, d'autres pas.

Je ne connais pas grand-chose aux hubs et je ne peux pas en recommander un plus qu'un autre. J'en ai quelques-uns au bureau, de divers types, et ils ont l'air de bien marcher, tous de la même façon.

Si vous avez besoin d'un hub, renseignez-vous et suivez bien les conseils pour trouver un vendeur et une marque dont les autres utilisateurs OS X ont été contents.

8

Quand les gentils Mac deviennent méchants

Il se peut qu'un jour quelque chose de terrible arrive à votre Mac. Excusez-moi, mais ce n'est pas une menace, c'est une promesse. En l'allumant un de ces jours, vous verrez un point d'interrogation clignoter, une application plantera, vous ne pourrez pas redémarrer ou votre souris ne répondra plus. Ou je ne sais quoi d'autre.

Je ne vais pas être capable de vous apprendre tout ce qu'il faut savoir pour dépanner Mac OS X en un seul chapitre. Et puis zut, plein de livres sont sans doute écrits sur ce sujet. Mais n'ayez pas peur, je vais faire une bien meilleure chose. Souvenez-vous du proverbe que je vous avais cité au chapitre 5, qui disait "si vous donnez un poisson à un homme, vous l'avez nourri pour une journée, si vous lui apprenez à pêcher, vous le nourrissez pour la vie". Comme je ne peux pas couvrir tous les cas de figure dans ce chapitre, je vais vous apprendre à pêcher, en vous fournissant les outils et techniques pour imaginer comment gérer la plupart des problèmes de votre Mac, y compris ceux dont je ne parle pas ici.

Relax, pas de souci à avoir ! 99 % des problèmes que vous êtes censé rencontrer avec Mac OS X peuvent être résolus en quelques minutes tant que vous savez comment les choses fonctionnent et ce que vous avez à faire. C'est ce que vous allez apprendre dans ce chapitre : comment prévenir les problèmes et comment les résoudre quand ils surviennent.

Dans la première partie, je vais vous apprendre les connaissances de base sur le fonctionnement des choses, et je vous indiquerai des façons de prévenir les problèmes. Puis, je vous présenterai des techniques spéciales pour le dépannage.

Prévenir les incidents

Avant même que je ne commence à parler de dépannage, il y a un tas de choses que vous devriez connaître et mettre en place avant que les incidents se produisent, et qui vous en préserveront. Mac OS X est tellement différent des autres versions du système que vous avez beau savoir comment rendre Mac OS 9 docile et le réparer en cas de pépin, la plupart de ces connaissances ne sont plus d'actualité. Par exemple, il ne faut plus ajuster la mémoire des applications. Vous ne choisissez plus d'activer ou non la mémoire virtuelle (elle l'est ou non). Et vous n'avez plus besoin de reconstruire le Bureau pour Mac OS X, alors que c'est le cas pour Classic et/ou Mac OS 9.

Ayant utilisé Mac OS X pendant près d'un an, j'aimerais croire que j'ai appris une ou deux choses sur ce qu'il faut faire et sur ce qu'il ne faut pas faire pour le garder stable. Alors commençons avec quelques astuces qui vous aideront tout de suite à éviter les problèmes. Si vous suivez mon conseil, je suis sûr que vous ferez moins de dépannage.

Ce qu'il ne faut jamais renommer, déplacer ou effacer

Si vous vous êtes fait les dents sur Mac OS 9 ou ses versions antérieures, vous avez l'habitude de stocker les fichiers et sous-répertoires dans les dossiers que vous souhaitez. À l'exception de certains fichiers et dossiers (panneaux de contrôle, extensions, polices et assimilés, lesquels doivent se trouver dans un sous-répertoire du Dossier système de Mac OS 9 pour fonctionner), vous pouvez placer à peu près tout à votre convenance. Quels que soient les applications, les documents, les AppleScripts, les mémos (s'ils se trouvent sur tel ou tel disque et que ce disque apparaît dans le Bureau du Finder), ils fonctionneront.

Mac OS X est en quelque sorte moins flexible sur l'emplacement des éléments. Certains fichiers et dossiers ne doivent jamais être déplacés, renommés, effacés ou changés de quelque façon que ce soit sur le fonds ou sur la forme. Violez ce principe et vous rendrez facilement Mac OS X inopérant. Certaines applications ne marchent bien que si elles sont installées à la racine de votre disque dans le dossier *Applications*. Et n'oubliez pas : il y a des dossiers installés par Mac OS X qui vous laissera y placer des éléments mais ne vous autorisera pas à en retirer, à moins d'effectuer un rituel vaudou pour utilisateur expérimenté. De plus, presque tous ces éléments sont protégés par les autorisations de Mac OS X (voir plus loin), si bien que vous ne pouvez pas les mettre en désordre. Si vous démarrez avec Mac OS 9, la protection disparaît totalement et vous pouvez effacer, renommer ou déplacer les fichiers et dossiers sans aucune alerte.

La figure 8.1 montre ce qui arrive quand vous essayez de déplacer les dossiers installés par Mac OS X (*Applications*, *Développeur*, *Documents*, *Bibliothèque*, *Système* et *Utilisateurs*) vers la Corbeille alors que ce système est en marche.

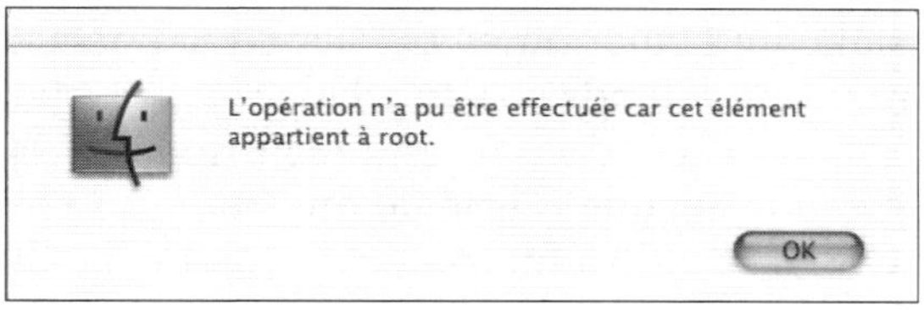

Figure 8.1
Mac OS X se fait du mal pour vous protéger de vous-même

Mais si vous redémarrez avec Mac OS 9, non seulement vous pouvez faire glisser ces fichiers et dossiers dans la Corbeille, mais des fichiers importants normalement invisibles sous Mac OS X deviennent visibles sous OS 9, et vous pouvez également les effacer. La figure 8.2 montre mon disque de démarrage (Das Boot) tel qu'on peut le voir quand les systèmes OS X et OS 9 sont en marche.

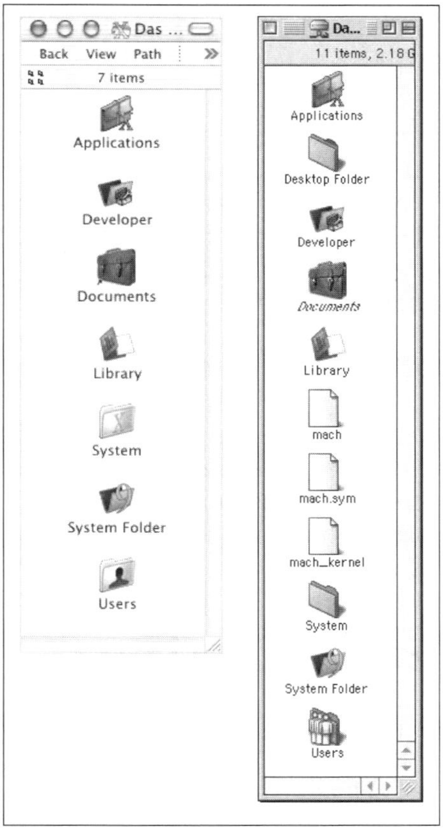

Figure 8.2
Mon disque de démarrage vu par OS X (gauche) et OS 9 (droite)

Résistez à la tentation de déplacer, renommer, effacer ou changer ces fichiers quand vous êtes sous Mac OS 9. Bien que cette situation procure nombre d'avantages, comme vous le verrez plus tard dans ce chapitre, elle peut aussi provoquer de grands ravages si vous n'êtes pas prudent. Vous penserez alors que vous avez dû méchamment déranger quelque chose quand vous redémarrerez avec Mac OS X et que rien n'arrivera, ou que vous verrez l'horrible point d'interrogation clignoter, ou que vous serez accueilli par un écran rempli de textes incompréhensibles au lieu du logo réconfortant d'Apple et de l'écran de démarrage Mac OS X.

Alors voici la règle : si OS X a installé un fichier ou un dossier en dehors de votre répertoire *Home*, vous devrez vous défendre d'y toucher. Si votre Mac a des utilisateurs multiples, il y a quelques exceptions à cette règle, mais si vous en êtes le seul détenteur, il n'y a presque aucune raison de toucher aux fichiers et aux dossiers installés par Mac OS X, ce qui inclut tout le niveau racine du disque de démarrage, sauf le dossier *Documents*.

Qui peut faire quoi ?

Pour mieux appréhender cet exemple, vous devez vraiment comprendre qui peut utiliser des éléments dans le dossier racine, et qui peut se servir de ceux qui sont dans le répertoire *Home*. C'est vraiment très simple mais nécessite de changer d'état d'esprit si vous étiez sous Mac OS 9.

Voici comment cela marche.

Si un fichier ou un dossier est dans un répertoire au niveau de la racine, il est disponible pour tout utilisateur de ce Mac. Inversement, s'il est dans votre répertoire *Home*, personne ne pourra y accéder à part vous. Utilisez alors le dossier *Applications* au niveau racine pour stocker les programmes que vous souhaitez laisser à la disposition de tous les utilisateurs, et employez un dossier *Applications* dans votre répertoire *Home* (*Départ*) pour les programmes dont vous avez le seul privilège.

De multiples bibliothèques

L'autre point qui devrait retenir votre attention est qu'il y a au moins quatre différentes bibliothèques (Library) installées par OS X, plus d'autres de type additionnel pour chaque utilisateur créé. Les dossiers *Library* contiennent des éléments comme les Préférences, les polices, les économiseurs d'écran, les fichiers d'aide, les plug-ins, et bien plus. Voici à quoi correspond chaque dossier de bibliothèque :

- Le dossier *Library* au niveau racine contient les éléments utilisés par tout le monde sur le Mac. Vous devez être l'administrateur du système pour ajouter ou supprimer des fichiers de cette bibliothèque. Si vous voulez que tout le monde puisse accéder à tel économiseur ou à telle police, placez-les dans cette bibliothèque.
- La bibliothèque dans votre dossier *Home* (*Départ*) est réservée à votre usage propre. Si vous voulez utiliser un économiseur d'écran et être le seul autorisé à le faire sur ce Mac, vous devez le mettre dans ce dossier *Library* personnel. Son accès est limité à l'administrateur et à l'utilisateur propriétaire du dossier, et les autres ne peuvent y toucher.
- La bibliothèque dans le *Dossier système* au niveau racine est utilisée exclusivement par Mac OS X. Vous n'aurez presque jamais besoin de toucher aux fichiers ou aux répertoires de cette bibliothèque, et même les administrateurs du système ne pourront pas y toucher sans au préalable se contorsionner sous Unix (voir plus loin dans ce chapitre).
- La bibliothèque dans le dossier *Réseau* contient des éléments communs à tous les utilisateurs de ce réseau. Vous devez être l'administrateur pour pouvoir ajouter ou retirer des fichiers de ce répertoire. Si vous voulez que tous les gens connectés à ce réseau emploient un même économiseur d'écran ou une police, il faudra les placer dans ce dossier de bibliothèque.

OS X préfère marcher 24 heures sur 24 et 7 jours sur 7

Unix a été conçu pour fonctionner 24 heures sur 24, 7 jours sur 7, et ses créateurs l'ont prévu ainsi pour qu'il fasse quelques travaux de "ménage" pendant la nuit, toutes les semaines ou tous les mois. Mac OS X, ayant un cœur Unix, agit de même. Si bien que les fans d'Unix pensent qu'il faut faire tourner votre Mac pour que les tâches planifiées par le système s'effectuent, généralement au milieu de la nuit.

Franchement, je n'en suis pas ravi. Premièrement, je n'aime pas gaspiller de l'énergie. Oui, je connais les économiseurs d'énergie et la mise en veille, mais certains jours je ne touche pas à mon Mac et je n'aime vraiment pas penser que j'utilise de l'électricité, même en quantité infime. Deuxièmement, mon bureau a tendance à devenir un peu chaud avec tout cet équipement électronique, qui inclut plusieurs Mac. Les éteindre permet au bureau de se rafraîchir rapidement. Enfin, ici au Texas, il y a fréquemment des orages. La meilleure défense contre les dégâts de la foudre est de débrancher les Mac (et de les déconnecter de toute ligne téléphonique, la foudre attaquant aussi bien par les câbles électriques que par ceux d'un modem). La deuxième bonne défense est de disposer d'un onduleur (UPS). La troisième est, selon moi, d'éteindre votre Mac dès que le tonnerre gronde.

J'éteins donc mes Mac pendant la nuit ou quand je prévois de ne pas les utiliser pendant huit heures ou plus. Et si un orage est attendu, je débranche tout.

Bien sûr, je n'ai pas à les faire fonctionner 24 heures sur 24 et 7 jours sur 7. Mais que dire de ces tâches de maintenance qu'Unix veut faire dans le milieu de la nuit ? Heureusement, l'as de la programmation Brian Hill a créé un petit logiciel freeware appelé MacJanitor, qui lance des tâches quand vous voulez. Je les ai aussitôt lancées, avec une fréquence quotidienne, hebdomadaire et mensuelle, ce qui a pris cinq minutes. Bien sûr, je pouvais continuer à travailler pendant qu'elles tournaient ; le multitâche préemptif n'est-il pas merveilleux ? Quoi qu'il en soit, la figure 8.3 montre ce qui se passe quand MacJanitor s'est exécuté.

Astuce **Maintenance**

J'ai un pense-bête (créé dans Microsoft Entourage v.X) qui surgit sur mon écran tous les trois jours et qui demande : "Avez-vous lancé MacJanitor aujourd'hui ?" Avec ce message, j'oublie rarement. Vous pouvez aussi ajouter MacJanitor à vos éléments de connexion pour qu'il se lance à chaque fois que vous redémarrez, mais selon moi, c'est une option trop lourde.

Si vous n'oubliez pas de lancer régulièrement MacJanitor, vous pouvez comme moi ignorer le conseil de faire tourner le Mac 24 heures sur 24 et 7 jours sur 7.

Une dernière chose : rien d'horrible n'arrivera si vous ne lancez pas ces tâches. Vous sacrifierez juste un peu d'espace disque, et quelques processus Unix tourneront un petit peu plus lentement, mais rien de plus. Cela dit, ces corvées de ménage régulières, comme le brossage de vos dents ou la reconstruction du Bureau de Mac OS 9 tous les mois ou deux, sont des bonnes habitudes à prendre.

Figure 8.3
MacJanitor réalise les tâches de maintenance Unix par jour, par semaine ou par mois, ce qui vous évite de laisser tourner le Mac 24 heures sur 24. Cool !

Forcer à quitter est souvent une imprudence

Dans OS 9, vous pouvez parfois forcer une application à quitter, qu'elle fasse des siennes ou qu'elle soit gelée, en utilisant la combinaison secrète qui force à quitter [Commande]+[Option]+[Echap]. Malheureusement, quand vous forcez un programme à s'arrêter, une alerte stridente est déclenchée par le système, qui dit en substance : "Redémarrez votre Mac dès que possible ou assumez-en les conséquences imprévisibles." Ces conséquences se résument souvent en un sérieux plantage ou une immobilisation totale qui arrive en quelques minutes. Si bien que les utilisateurs de Mac OS 9 ont pris l'habitude d'éviter la sortie forcée et ne l'invoquent qu'en dernier ressort.

Oubliez ça. OS X vous laisse quitter de force tout programme, y compris le Finder, sans aucune conséquence et sans redémarrage. Si une application fait des siennes, utilisez simplement [Commande]+[Option]+[Echap], ou choisissez le **Menu Pomme/Forcer à quitter**. Une petite fenêtre apparaît comme le montre la figure 8.4.

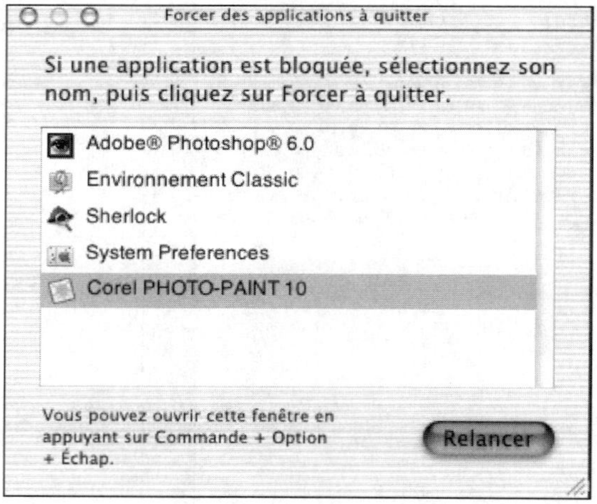

Figure 8.4
Choisissez le programme récalcitrant et cliquez sur Forcer à quitter

Astuce

Annulation

Si vous changez d'avis et que vous décidez de ne plus quitter de la sorte, cliquez juste sur le bouton **Fermer Fenêtre**, comme je suis sur le point de le faire à la figure 8.4.

Si vous choisissez le Finder dans cette fenêtre, le bouton **Forcer à quitter** vous suggérera de redémarrer au lieu de quitter. Car à chaque fois que vous quittez le Finder (ou qu'il le fait tout seul comme cela arrive parfois), il se relance tout de suite après. Pour tous les autres programmes, il s'agira de quitter de force.

Si vous cliquez sur **Forcer à quitter**, une boîte de dialogue apparaîtra au-dessus de la fenêtre des applications, comme le montre la figure 8.5, vous donnant une seconde chance de changer d'avis.

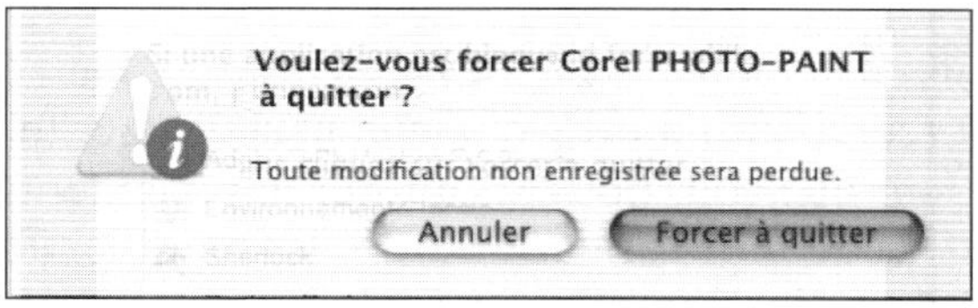

Figure 8.5
Cette fois, si vous cliquez sur Forcer à quitter, le programme va vraiment s'arrêter

Si vous choisissez **Forcer à quitter maintenant**, vous perdrez tous les changements depuis votre dernière sauvegarde, et l'application s'arrêtera. Si vous cliquez sur **Annuler**, la boîte de dialogue disparaîtra et vous reviendrez au stade de la figure 8.4.

Si l'utilisation de cette fenêtre ne fait pas l'affaire, du moins parfois, vous pouvez toujours employer une autre méthode. Appuyez sur la touche Option en cliquant sur l'icône du programme dans le Dock, comme c'est indiqué à la figure 8.6.

Figure 8.6
Une autre façon de forcer l'arrêt d'un programme

Je trouve que la méthode de la fenêtre marche plus souvent que celle du Dock, mais si une des deux échoue, j'essaie l'autre juste au cas où.

Astuce **Processus**
Si aucune méthode ne marche, vous pouvez essayer d'utiliser Process Viewer (voir chapitre 7) pour forcer un programme ou un processus à s'arrêter. C'est un bon plan à garder en réserve car certains programmes et processus qui tournent à l'arrière-plan, y compris le Dock, peuvent être forcés à quitter de toutes les façons dont j'ai parlé.

Je sais que j'ai parlé plusieurs fois de ce point et excusez-moi donc de me répéter. Mais cette histoire de forcer à quitter est globalement si différente dans Mac OS X que je veux être sûr que vous pouvez l'utiliser impunément, à tout moment, et que le seul effet secondaire serait de perdre les modifications effectuées depuis la dernière sauvegarde. Bien sûr, si vous forcez un programme à quitter, c'est qu'il est probablement déjà à l'agonie, et vous auriez perdu ces modifications de toute façon. Le fait est qu'il ne vous est plus nécessaire de redémarrer ou d'éteindre après un arrêt de force, et c'est bien plus commode qu'avant. Utilisez-le. Ça marche !

Éviter les extensions inutiles et les panneaux de contrôle dans Classic

J'ai parlé en détail de ce sujet au chapitre 6 mais il faut en tenir compte ici : n'activez pas des extensions et des panneaux de contrôle qui ne sont pas absolument vitaux pour votre usage de Classic. Ce chapitre traite de la façon d'éviter les problèmes : suivre ce conseil va réduire significativement les incidents potentiels avec Classic ; ne pas le suivre vous exposerait à des heures de plantage inutiles.

Deux astuces de plus pour certains utilisateurs

Tout ce dont j'ai parlé jusqu'ici s'applique à chacun et à tous les utilisateurs de Mac OS X. Mais j'ai encore deux astuces de plus pour à l'avenir vous éviter des chagrins. Hélas, elles ne sont pas aussi universelles que les précédentes et ne vous concernent pas forcément.

La première astuce traite de la sécurité réseau et ne sera importante que si vous êtes en réseau ou si vous disposez d'un accès partagé à Internet. Si vous utilisez un modem pour vous connecter, la discussion ne vous concerne pas. Malgré tout, je vous demande de la lire quand même ; c'est court, facile et d'une aide précieuse. Mais je veux vous mettre en garde pour que les utilisateurs de modem ne soient pas confus ou bouleversés. La seconde astuce, qui parle des outils pour développeurs qui accompagnent Mac OS X, est un peu difficile, et leur installation va occuper un quart de giga d'espace disque. Cela dit, je suggère que vous lisiez cette partie pour ensuite décider si l'installation de ces outils est la pire des choses à faire.

La sécurité réseau et les virus

Si vous utilisez Mac OS X tel qu'Apple l'a fourni, vous vous exposez à guère plus de risques d'intrusion que sous Mac OS 9, même si vous avez un accès Internet permanent, tel que le câble (comme moi) ou l'ADSL. Mais si vous activez certaines options, notamment l'accès à la racine (voir chapitres 10 et 11), l'accès FTP, le partage web ou la connexion à distance (qui sont inactives par défaut quand vous installez Mac OS X), vous augmentez l'éventualité d'attaques malveillantes.

Si vous n'avez pas l'intention de vous connecter à distance sur votre machine ("Autoriser l'accès distant"), de partager les fichiers à travers un réseau ("Partage de fichiers"), de lancer un serveur web ("Partage web"), ou de laisser les gens utiliser FTP ("Autoriser l'accès FTP"), assurez-vous que ces services sont inactifs dans le panneau Partage du système. Ces services n'occupent que peu de ressources du processeur et de la mémoire vive, mais l'aspect inquiétant est qu'ils ouvrent aussi des failles potentielles de sécurité dont vous ne devez pas vous soucier si vous ne les utilisez pas. Sur ma machine, je les valide et les invalide régulièrement, selon que j'ai besoin ou non de ces services. Bien qu'il soit généralement sans danger d'utiliser ces services quand vous en avez besoin, vous devez connaître la problématique de sécurité pour chacun d'entre eux avant de les activer. Une explication complète sur les firewalls matériels et logiciels, la conversion d'adresse automatique (NAT), les routeurs et les autres mesures de sécurité dépasse mes compétences, alors voici quelques bons sites web que vous pouvez visiter pour plus d'informations :

- **www.macintouch.com/security.html**
- **http://developer.apple.com/internet/macosx/securityintro.html**
- **www.securemac.com**
- **www.macwrite.com/macsecurity**

Voici l'essentiel : si vous êtes connecté par le câble, l'ADSL ou par d'autres connexions permanentes à haute vitesse, vous pouvez être exposé. Je ne veux pas vous effrayer, mais si vous utilisez Mac OS X et Internet, il vous faut prendre les mesures appropriées pour protéger votre Mac.

Pourquoi j'ai un firewall personnel

Après m'être fait ma propre opinion, en me renseignant sur la sécurité de Mac OS X et sur les modems câble, j'ai été convaincu qu'il me fallait un firewall (pare-feu) personnel. J'en ai essayé plusieurs (un très bon firewall shareware nommé BrickHouse se trouve sur le CD de ce livre), mais j'ai finalement opté pour Norton Personal Firewall qui était le plus facile à configurer comme à utiliser, et qui offrait des versions séparées pour me protéger à la fois sous Mac OS 9 et OS X.

Après avoir installé le firewall, j'ai découvert que des douzaines de tentatives d'accès indésirables se produisaient chaque jour sur mon Mac. Par chance, ils ne cherchent que des machines Windows, c'est pourquoi ils ne me font pas de mal. Mais disposer de ce pare-feu me rassure. Je suppose ici que je dois aussi traiter des virus car ils font partie du problème global de sécurité et n'inquiètent pas forcément les utilisateurs.

D'abord les bonnes nouvelles : seule une petite partie des virus informatiques concerne les Macintosh et seulement une partie infime marche sous Mac OS X. Pourquoi ? À cause de la façon dont les virus sont fabriqués. Certains utilisent Visual Basic pour nous attaquer, mais comme ces programmes ne tournent pas sur Mac, seuls les PC sous Windows sont infectés. D'autres virus exploitent les failles de sécurité dans le partage de fichier Windows. Là encore, les Mac en sont démunis et ces virus ne nous blessent pas. D'autres se jettent sur leurs victimes par le client mail Microsoft Outlook, lequel (comme vous l'avez souhaité) est disponible sur Mac (Outlook Express bien que fonctionnant sur Mac n'est pas affecté par les virus Windows). Mais cela soulève la question de la vulnérabilité des Mac face aux virus en général, vulnérabilité qui est réelle, absolue et claire. Bien que les virus qui attaquent les Mac soient plus rares que ceux qui attaquent Windows, il y en a suffisamment qui peuvent vous empoisonner la vie s'ils se perdent quelque part sur votre disque. Je recommande donc la protection contre les virus si vous risquez d'y être exposé. Alors quelle est la population à risque ? Le premier groupe comprend tous ceux qui utilisent des disques (disquettes, CD-R, CD-RW, cartouches DVD-RAM, DVD-R, Zip, Jaz ou ORB, cartouches optiques ou tout autre média disponible en lecture-écriture) qui ont déjà été insérés dans un autre Mac. Si vous êtes dans ce cas, utilisez absolument la protection antivirus. Tout disque qui a déjà été inséré dans un Mac est potentiellement infecté. Le fait de le mettre à votre tour dans votre lecteur vous expose à une contamination sans aucune protection.

Les personnes qui téléchargent des fichiers constituent un autre groupe à risque pour les attaques de virus. Bien que les services en ligne commerciaux comme America Online et les très populaires sites web**Tucows.com**, **VersionTracker.com** ou **Shareware.com** inspectent leurs fichiers avec soin et ne laissent que rarement passer les virus, beaucoup de sites web, FTP et autres dépôts ne sont pas aussi protégés. Donc, si vous téléchargez des fichiers provenant de sources inconnues, utilisez la protection antivirus.

Le dernier groupe de personnes à risque est celui qui reçoit des e-mails avec des pièces jointes. Bien entendu, vous ne pouvez attraper aucun virus en lisant un mail, mais beaucoup de virus attaquent quand l'utilisateur ouvre les pièces jointes. Ainsi, si vous utilisez des e-mails avec pièces jointes, vous avez besoin d'un antivirus.

Enfin, si vous utilisez Microsoft Office et si vous ouvrez des documents que vous n'avez pas créés, vous devez connaître les virus de type "macro" qui vous infectent en utilisant l'utilitaire de macro-commandes inclus dans les programmes d'Office. Bien qu'il y ait plus de macro-virus pour Windows que pour Mac, vous devez le savoir et vous en rappeler. Office vous informe de ce risque lorsque vous ouvrez un document avec des macros incorporées, mais si vous êtes comme la plupart des utilisateurs ou comme moi, vous ignorez souvent l'alerte et vous cliquez sur OK. Alors, si vous ouvrez des documents Word, Excel, PowerPoint créés par d'autres, sachez qu'ils peuvent infecter votre Mac avec un macro-virus.

8

Remarque **Macro-virus**

Un des dangers de ne pas utiliser d'antivirus est que vous contaminiez d'autres utilisateurs Windows sans même le savoir. Après tout, peu vous importe. Un scénario plus probable et plus embarrassant serait d'envoyer à vos clients ou à votre patron un document Office infecté et que leur antivirus vous grille.

Je suis plutôt content de Norton Antivirus pour Macintosh. Il a une très bonne fonctionnalité, "Live Update", qui me permet de télécharger et d'installer automatiquement les dernières définitions de virus, ce qui signifie que mon Mac est toujours protégé des derniers virus découverts. Il vous protège quand vous utilisez Mac OS X, Mac OS 9 et même Classic. De même, il scanne tous les fichiers que je télécharge ou tous les disques que j'insère. Je suis heureux d'affirmer qu'en un an d'utilisation de Norton Antivirus, je n'ai jamais été infecté. Tout le monde n'a pas besoin d'un firewall, d'un antivirus ou d'un routeur. Mais ne faites pas comme l'autruche avec la tête dans le sable. Si vous en avez besoin, faites le nécessaire pour l'acquérir.

Pourquoi voulez-vous installer les outils de développement ?

Je recommande d'installer et d'inspecter les outils de développement livrés avec Mac OS X (ils sont sur le troisième CD que vous avez probablement mis dans un tiroir en voyant son nom). Si vous avez de la place sur votre disque dur (vous avez besoin de 250 Mo), les outils de développement incluent quantité de bonnes choses, avec plusieurs très utiles si votre Mac ne fonctionne pas bien.

Les outils de développement contiennent à la fois des outils sur lesquels on peut double-cliquer "Faits pour Mac OS" (dans le dossier *Developer/Applications*) et des outils Unix à utiliser dans la ligne de commande (dans le dossier *Developer/Tools*).

Comme je ne peux que les évoquer faute de place, la figure 8.7 montre une image des deux dossiers. Par exemple, l'application PropertyListEditor vous permet de regarder à l'intérieur des fichiers de Préférences, de changer les options (comme les meilleurs scores), et d'autres fichiers d'options utiles. La commande Unix `SetFile` vous permet de changer les attributs, le créateur, la date de création, la date de modification, ou le type de tout fichier depuis la ligne de commande du Terminal. Sans l'installation des outils de développement, vous ne pourrez en disposer (comme bon nombre d'autres choses intéressantes).

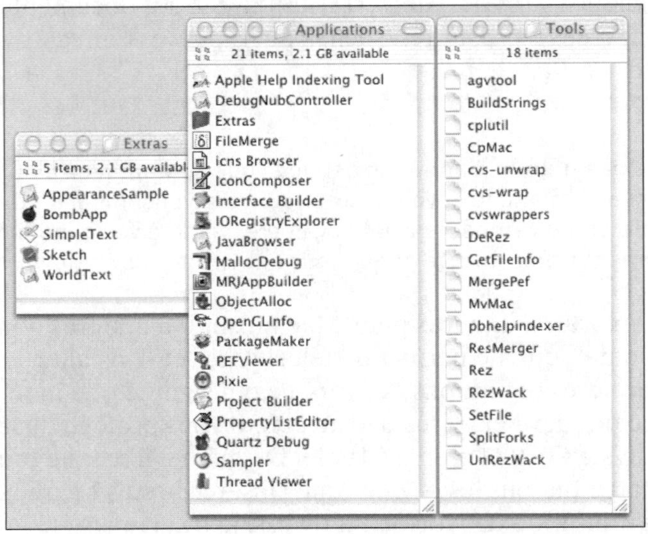

Figure 8.7
Regardez juste tous ces outils gratuits

Vous allez apprendre plus que vous ne le souhaiteriez sur Unix aux chapitres 10 et 11, alors laissez-le là : si vous avez de l'espace disque, installez les outils de développement et inspectez-les. Si vous ne les trouvez pas pratiques, faites-les glisser dans la Corbeille et vous n'aurez rien perdu si ce n'est quelques minutes de votre temps.

Remarque **Extras**

Bien que cela n'ait rien à voir avec le dépannage, et avant de quitter le sujet (les outils gratuits sur le CD des outils développeurs), j'ai pensé bien faire avec cette indication. Un des éléments dans le dossier *Developer/Applications/Extras* est un petit éditeur graphique sympa nommé Sketch (voir figure 8.8).

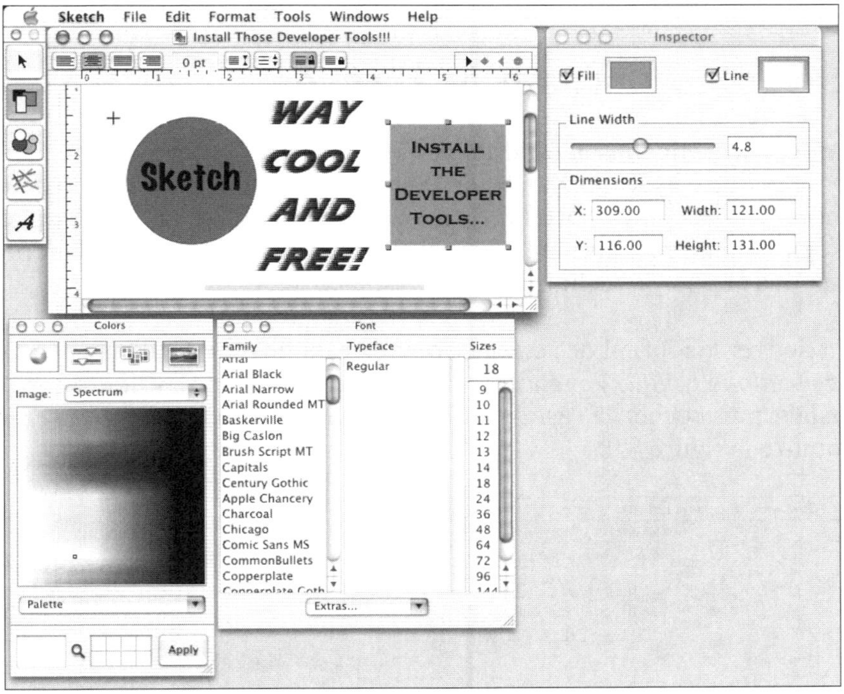

Figure 8.8
L'application Sketch. Ce n'est pas Photoshop mais elle ne coûte pas 500 euros

Bien, c'est tout pour les astuces pour le moment. Maintenant, passons aux choses sérieuses...

Quand les bons Mac deviennent un peu méchants

Dans cette partie, je vous parlerai de quelques-uns des problèmes les plus courants qui se produisent avec Mac OS X, ainsi que de la façon de les résoudre rapidement et sans douleur.

Mon premier petit conseil est le suivant : ne paniquez pas ! Si quelque chose ne va pas avec votre Mac, il y a de bonnes chances de le réparer, et vous y arriverez si vous ne faites pas l'imbécile au départ.

Activer les journaux de crashes

Mon second petit conseil est d'activer les journaux (log) d'incidents intégrés dans le système Mac OS X, lesquels sont par défaut inactifs. Ce procédé essaye de noter des détails importants quand une application ou le Finder plante. Ce n'est pas la panacée, mais c'est assez utile pour trouver l'origine d'un problème, pour vous et pour le technicien de l'assistance téléphonique.

Pour activer le journal des crashes, ouvrez l'application Console (*/Applications/Utilities*) et choisissez **Console/Préférences**. Cliquez sur l'onglet **Crashes**, puis cochez la case *Log Crash Information in ~/Library/Logs/* comme le montre la figure 8.9.

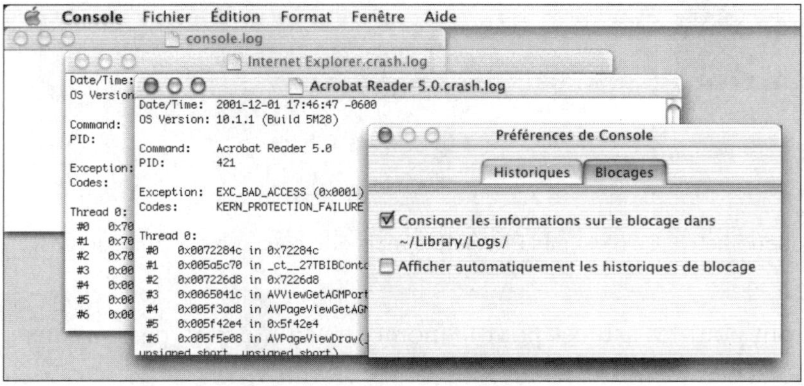

Figure 8.9
Voici comment activer le journal des crashes

La seconde case à cocher *Automatically display crash Logs* affiche le journal d'une application juste après qu'elle s'est crashée. Comme parfois les programmes plantent sans pour autant s'arrêter ou ne plus répondre, le fait que ces journaux s'affichent aussitôt est une alerte anticipée. Si vous en voyez une, notez quel est le programme défectueux et sauvegardez aussitôt votre travail (s'il n'est pas déjà trop tard), quittez-le et redémarrez-le. J'ai trouvé parfois cet affichage automatique des journaux ennuyeux, mais je l'ai quand même laissé activé.

Remarque **Faux crash**

Beaucoup de ces prétendus crashes que le journal vous indique automatiquement ne semblent pas si offensifs. En temps et en heure, vous saurez lesquels ignorer en toute sécurité. Si un programme se crashe à chaque fois que vous faites quelque chose de particulier, comme ouvrir une boîte de dialogue ou choisir un élément précis du menu, lisez la section à venir *Gérer les Préférences*. Si cela ne résout pas le problème, faites-en part au développeur initial et si nécessaire, envoyez-lui le journal des crashes.

Pour examiner tout journal à tout moment, ouvrez le dossier *Home/Library/Logs/*, puis un des journaux qu'il contient. L'application Console s'ouvrira (si elle ne l'est pas déjà) et affichera le journal.

Une autre astuce que vous trouverez de bon secours, surtout si votre Mac plante quand vous n'êtes pas là pour voir l'affichage automatique du journal des crashes, est d'ouvrir le dossier *Logs* des journaux en mode Liste et de les trier par date de modification. Le journal le plus récent est certainement celui du programme qui a planté (Acrobat Reader 5.0 à la figure 8.10). Je ne prétends pas que les informations de ces fichiers log vous seront utiles ; c'est souvent incompréhensible pour le commun des mortels (comprenez les non-programmeurs). Mais ils peuvent mettre en évidence des problèmes que vous n'auriez pas remarqués, et ils sont essentiels si vous voulez faire état d'un bogue à Apple ou à un autre développeur d'application.

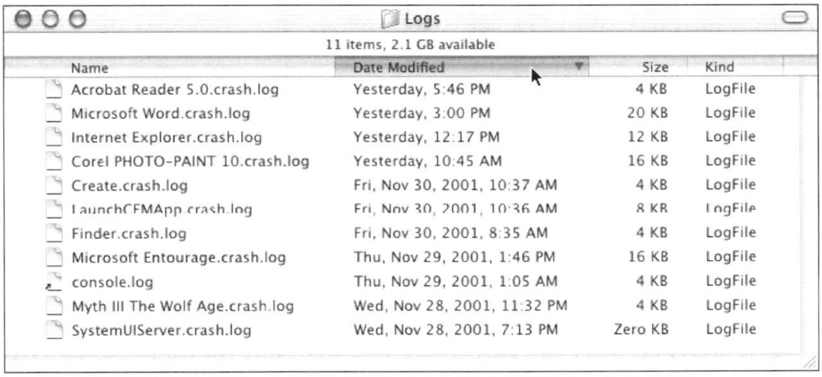

Figure 8.10 Acrobat Reader a planté hier...

Astuce **Nettoyage**

Vous pouvez jeter les journaux à la Corbeille quand vous le souhaitez. Je nettoie mon dossier *Library/Logs* toutes les deux semaines. À ce moment, j'ai amassé 10 à 20 fichiers log. Parfois, je ne réalise pas qu'un programme a planté avant de regarder dans ce dossier. En faisant le ménage dans ce dossier, je peux plus rapidement savoir quel nouveau programme plantera dans mon dos en créant un nouveau fichier log. Encore une bonne raison de laisser de tels journaux activés.

Les plantages pas fatals et autres petits inconvénients

Avant de nous attaquer aux choses sérieuses (les plantages qui neutralisent l'ensemble de votre ordinateur ou du moins vous empêchent de travailler), je vais vous décrire quelques scénarios moins catastrophiques et plus probables. Mon raisonnement est simple : si un problème survient, vous devrez d'abord éliminer ce dont je parle ici, puis opter pour des mesures plus drastiques abordées dans la prochaine partie.

Je commence par un cas vraiment simple : que faire si vous avez oublié votre mot de passe ?

Votre mot de passe oublié ?

Vous n'oublierez probablement pas le mot de passe de votre compte d'administrateur, mais certainement ceux des autres utilisateurs. Voici comment gérer tous les types d'incidents liés à l'authentification. S'il s'agit d'un autre utilisateur que vous-même (c'est-à-dire un autre que l'administrateur qui a installé ce Mac) avec un mot de passe oublié :

1. Connectez-vous comme d'habitude.
2. Ouvrez le panneau Utilisateurs du système.
3. Cliquez sur le nom de l'utilisateur, puis sur **Modifier l'utilisateur**.
4. Cliquez sur l'onglet **Mot de passe**.
5. Tapez et confirmez un nouveau mot de passe.

Voilà. Mais attendez, ce n'est pas tout : le CD d'installation de Mac OS X peut réinitialiser vos mots de passe.

Attention **Faille de sécurité**

Relisez cette phrase attentivement. Cela signifie que n'importe qui peut s'approprier tous les droits sur votre Mac avec un CD de Mac OS X.

C'est une clé maîtresse pour l'accès à votre machine. Gardez-le sous clé ou caché si vous êtes avez peur que votre Mac soit hacké "localement" (par opposition à "hacké en ligne" via Internet, ce qui ne peut être réalisé par un CD d'installation, mais reste possible moyennant plus de compétences). N'oubliez donc pas qu'un "cambrioleur" déterminé peut utiliser son propre CD pour s'introduire dans votre Mac. Si vous vous inquiétez vraiment de cette possibilité, la seule solution est de mettre votre Mac sous clé.

Remarque **Fausses solutions**

Vous pouvez aussi retirer le lecteur de CD-ROM mais cela ne fera que ralentir un cambrioleur (qui peut amener son propre lecteur) et sera peu pratique pour vous.

Quoi qu'il en soit, voici un moyen très facile de réinitialiser le mot de passe principal d'un Mac :

1. Démarrez à partir du CD de Mac OS X (insérez le CD, redémarrez ou démarrez, puis enfoncez la touche C jusqu'à ce qu'une icône de visage souriant apparaisse au milieu de l'écran).
2. Choisissez **Installer/Réinitialiser mot de passe**.
3. Quand la fenêtre **Réinitialiser mot de passe** apparaît, choisissez un disque et un utilisateur, puis tapez le nouveau mot de passe dans les champs concernés.
4. Cliquez sur **Enregistrer**.
5. Choisissez **Réinitialiser mot de passe/Quitter Réinitialiser mot de passe** (Commande+Q).
6. Choisissez **Installer/Quitter Installer** (Commande+Q).
7. Cliquez sur **Redémarrer**.

Dernier point, souvenez-vous que toute personne malintentionnée peut utiliser cette technique pas seulement pour forcer votre Mac, mais aussi pour changer votre mot de passe de telle sorte que vous ne puissiez plus vous connecter sans avoir recours au procédé décrit précédemment.

Vous êtes donc prévenu de l'usage abusif que l'on peut faire du CD Mac OS X et de la façon de vous en protéger.

8

Gérer les documents qui lancent le mauvais logiciel

Avez-vous déjà remarqué des documents qui à l'ouverture lancent une application autre que celle que vous visiez ? Ou un document qui affiche la mauvaise icône ? Ces deux problèmes sont intimement liés et peuvent être facilement résolus. Plutôt que de m'étaler, laissez-moi vous raconter une expérience personnelle. J'ai toujours employé Photoshop pour mes images. Et durant les six premiers mois où j'ai disposé de Mac OS X, j'ai fait tourner Photoshop en mode Classic (avec succès je dois l'avouer). Mais après, plusieurs logiciels sont arrivés avec leur étiquette "Fait pour Mac OS X" et n'exigeaient plus Classic. Comme Photoshop était la dernière application Classic qui m'était indispensable (Office v.X était livré un mois avant), j'ai décidé de passer à un programme graphique natif en laissant complètement de côté Classic si je le pouvais et d'apprendre Corel PHOTO-PAINT.

Remarque **Traitement d'image**

J'ai essayé un paquet d'autres traitements d'image, Canvas 8, GraphicConverter, TIFFany3, CreatePainter 7 et quelques autres dont j'ai oublié le nom, mais Corel PHOTO-PAINT se rapprochait le plus de mes besoins.

J'en arrive au cœur du problème : j'ai des centaines de fichiers Photoshop sur mon disque dur et à chaque fois que je clique sur l'un d'eux, Classic démarre et lance Photoshop, ce qui est justement ce que je veux éviter. Heureusement, Mac OS X offre une solution sans peine.

D'abord j'ai cliqué sur un document Photoshop, puis j'ai sélectionné **Fichier/Lire les informations**, et enfin j'ai choisi **Ouvrir avec l'application** dans le menu pop-up que montre la figure 8.11.

Figure 8.11
C'est l'image d'avant

J'ai cliqué sur l'icône Photoshop, laquelle offre un menu, et j'ai choisi Corel PHOTO-PAINT 10, comme l'illustre la figure 8.12.

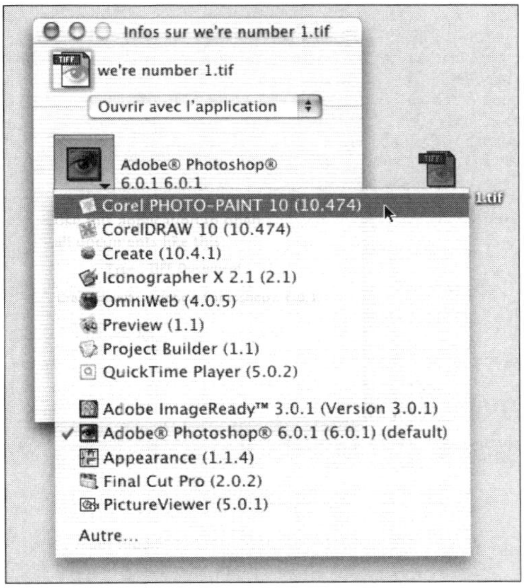

Figure 8.12
Le petit triangle noir (dans le bas à droite de l'icône Photoshop) indique que cette icône offre maintenant un menu

Si l'application voulue n'apparaît pas dans ce menu, je pourrais choisir **Autres** et sélectionner des applications dans la boîte de dialogue **Choisir d'autres applications** qui s'affiche.

Attention **Logiciels recommandés**

Il est bon de suivre les recommandations de Mac OS X dans la liste qui est proposée, mais si vous savez ce que vous faites, vous pouvez choisir **Toutes les applications** dans le menu **Montrer** et ainsi sélectionner un programme différent. Mais soyez prudent, tous les programmes ne peuvent ouvrir n'importe quel type de document. Par exemple, si vous essayez d'ouvrir un fichier JPEG avec Microsoft Excel (un tableur), cela finira par un écran chaotique comme le montre la figure 8.13.

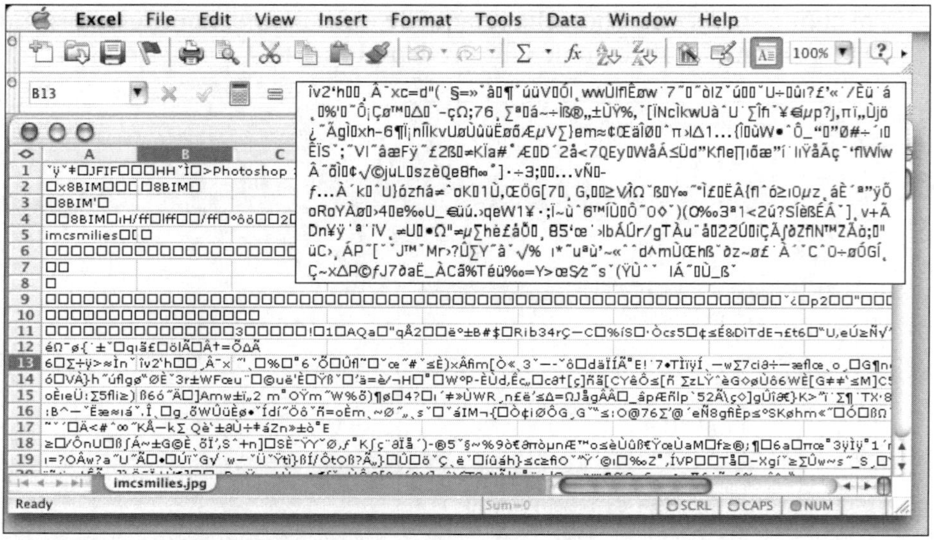

Figure 8.13
Voici ce qui se produit quand vous essayez de faire ouvrir un document par un programme inapproprié qui ne peut le gérer (ici une image JPEG dans un tableur)

Enfin, j'ai cliqué sur **Changer tout** pour informer Mac OS X que je voulais que tous les fichiers Photoshop soient ouverts par Corel PHOTO-PAINT 10. Une boîte de dialogue m'a demandé si j'étais sûr de ce que je voulais. J'ai confirmé en cliquant sur **Continuer**, et l'icône est comme par magie passée de document Photoshop à Corel, comme vous le voyez à la figure 8.14. À partir de là, quand j'ouvrais un fichier TIF, il lançait Corel PHOTO-PAINT dans OS X et plus Photoshop dans Classic.

Figure 8.14
Le bouton Changer tout détermine si le changement s'applique à ce document ou à tous les documents analogues

Comme Photoshop et Corel PHOTO-PAINT sont tous deux capables d'ouvrir nombre de formats de fichiers, j'ai été obligé de répéter ce processus à quelques reprises pour mes documents JPEG, PICT, GIF, entre autres. Mais en quelques jours, j'ai réglé cette histoire et je n'ai plus lancé accidentellement Classic en ouvrant mes images, maintenant gérées par Corel PHOTO-PAINT.

Astuce **Compatibilité**

Vous pouvez aussi changer les relations entre applications et documents, substituer une application Mac OS X à une autre, plus capable, par exemple voir les fichiers PDF dans Acrobat Reader plutôt que dans Preview, ou lancer les fichiers texte dans BBEdit ou Microsoft Word v.X plutôt que dans TextEdit.

Voilà, si vous avez un document qui lance la mauvaise application, vous savez quoi faire. Plus vous passez de temps avec Mac OS X, moins vous devrez passer de temps avec ce problème car presque tous les documents s'ouvriront dans votre programme préféré.

Vous n'avez pas les autorisations ?

Très souvent, vous tomberez sur un fichier ou un dossier qui, quand vous essayez de le bouger ou de l'effacer, vous indique poliment que "vous n'avez pas assez d'autorisation d'accès" pour cela. Ou que ce fichier est la "possession de l'utilisateur root". Ou encore que vous ne pouvez pas vider la Corbeille car "vous n'avez pas assez de privilèges pour certains des éléments".

Bienvenue chez Unix. Bien que Mac OS X fasse de son mieux pour vous cacher ses dessous Unix, il y a tout le temps quelque chose qui refait surface avec fracas, et vous avez un message comme celui que j'ai décrit précédemment à propos d'un fichier ou d'un dossier que vous avez créé et que vous devez "posséder".

Une explication complète de la gestion de ce problème n'entre pas dans les objectifs de ce chapitre, mais je peux vous donner des astuces qui vous aideront à vous en sortir sans peine (rappelez-vous, je vais vous apprendre à pêcher).

Si l'usage de la ligne de commande dans le programme Terminal ne vous gêne pas, les chapitres 10 et 11 expliquent les principes sous-jacents d'Unix derrières ces conflits et comment les résoudre.

Mais je préfère éviter Unix tant que je peux et je choisis la facilité avec l'une des nombreuses applications "Made for Mac OS X" qui peuvent octroyer des autorisations (parfois évoquées comme des "permissions") sans taper (ou apprendre) une seule commande Unix confuse. Je vais illustrer leur fonctionnement avec un exemple. À la figure 8.15, vous pouvez voir la fenêtre **Afficher les informations du Finder** sur un fichier graphique que j'ai créé. En théorie, je pourrais l'ouvrir, mais je ne peux pas car ce stupide fichier pense que c'est "Newbie" son propriétaire et que personne d'autre n'est autorisé à y accéder.

Figure 8.15
C'est à moi, je l'ai créé, rends-le-moi !

Remarque **Autorisations**

Pourquoi et comment ces privilèges sont mauvais ne sont pas au cœur de la discussion. Il suffit de savoir que cela risque de vous arriver. Ce qui est important est de découvrir comment arranger cela, ce que je vais vous montrer tout de suite.

J'ai appelé à la rescousse Super Get Info de BareBones Software (une démo à 17,6 sur **www.barebones.com**), ouvert le fichier récalcitrant et cliqué sur l'onglet **Autorisations** comme à la figure 8.16. J'ai changé le propriétaire à mon profit en donnant au groupe et au monde entier la permission de lire et d'écrire dans ce fichier, pour enfin enregistrer. Super Get Info m'assure que je suis bien autorisé à faire ces changements en me demandant un login et un mot de passe administrateur (voir figure 8.17).

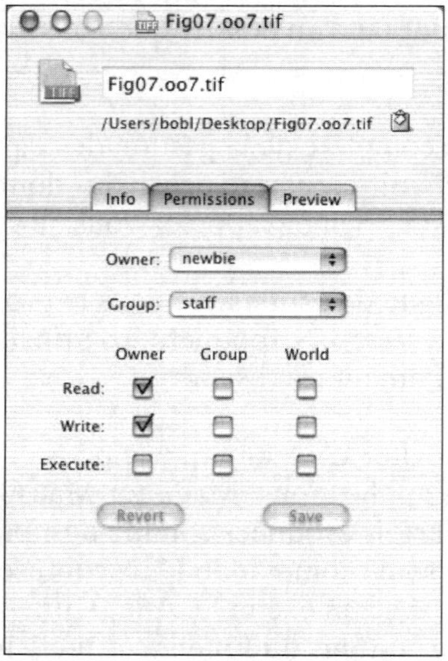

Figure 8.16
Super Get Info est une version améliorée de la commande "Afficher les informations" du Finder

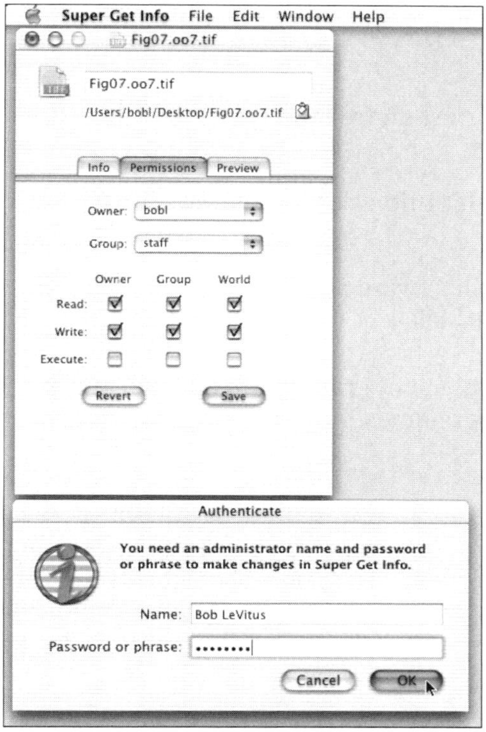

Figure 8.17
Tout le monde ne peut pas utiliser Super Get Info, il faut être l'administrateur

Et c'est tout. Je quitte Super Get Info et le fichier devient ce qu'il aurait dû être. La fenêtre **Afficher les informations du Finder**, telle que vous l'aviez vue auparavant à la figure 8.15, a maintenant une autre apparence après cet acte chirurgical (voir figure 8.18).

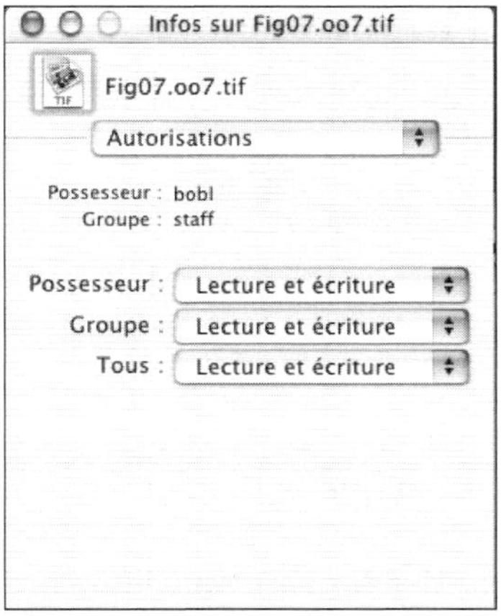

Figure 8.18
Aaaah ! C'est mieux

Super Get Info n'est pas le seul programme à utiliser pour cette tâche, loin de là. Entre autres, il y a :

- BatChmod de Renaud Boisjoly : c'est un freeware ; **http://homepage.mac.com/arbysoft.**
- Get Info de Gideon Softworksí Get Info : c'est un shareware à 8,8 ; **www.gideonsoftworks.com**.
- xFiles de Brian R. Hill : c'est un shareware à 17,6 ; **http://personalpages.tds.net/~brian_hill.**

BatChmod a pour avantage d'être totalement gratuit bien que plus dur à maîtriser, mais chacun des autres programmes offre des fonctionnalités avancées.

Remarque **Dysfonctionnement**

Vous en saurez plus sur ces quatre programmes au chapitre 14. Ils peuvent changer vos privilèges et cela peut causer des dysfonctionnements du système. Soyez sûr de ce que vous faites avant de les utiliser, et redoublez de prudence si vous les employez sur l'un des fichiers ou dossiers installés par défaut par Mac OS X.

Les ennuis avec la Corbeille

La plupart des ennuis liés à la Corbeille peuvent ou non être liés aux privilèges. Parfois ils le sont, parfois non. Quoi qu'il en soit, voici la plupart des cas de figure et leurs solutions.

Le premier problème arrive quand vous faites glisser un élément dans la Corbeille et que vous obtenez le message d'erreur terrifiant de la figure 8.19.

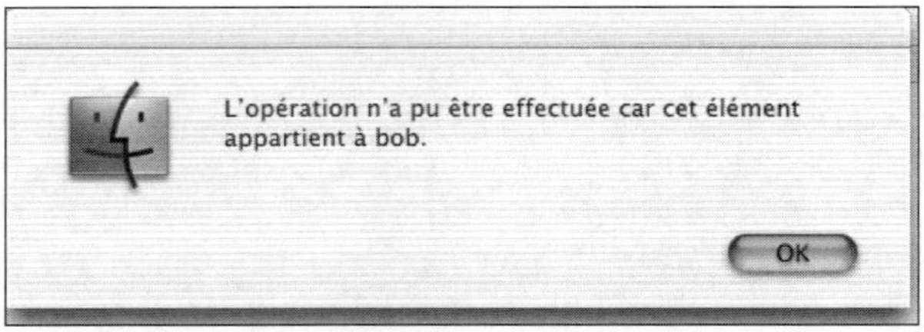

Figure 8.19
Que voulez-vous dire ? C'est mon fichier et je peux le jeter si je veux !

L'une des raisons les plus courantes de ce message est que le fichier est verrouillé, et on peut facilement y remédier dans le Finder. Cliquez juste sur l'icône du fichier récalcitrant et choisissez **Fichier/Lire les informations**, puis choisissez *Information générale* dans le menu pop-up si elle n'est pas déjà sélectionnée. Si la case *Verrouillé* dans le coin gauche inférieur est cochée, cliquez-y. Vous êtes désormais capable de faire glisser le fichier dans la Corbeille.

Si cela ne marche pas, il peut s'agir d'une question de privilèges. Utilisez donc les techniques décrites dans la partie précédente, ou celles des chapitres 11 et 12 pour récupérer vos droits sur un fichier, puis jetez-le.

Si vous avez de multiples fichiers verrouillés, vous pouvez tous les débloquer avec Golden Key, (c'est un freeware que vous trouverez à cette adresse **www.trinfinitysoftware.com**).

Le second problème lié à la Corbeille survient quand vous tentez de la vider et qu'un message mentionnant vos privilèges apparaît. Cela signifie souvent qu'un fichier verrouillé s'est glissé dans la Corbeille d'une façon ou d'une autre, et la première chose à faire est donc d'utiliser **Fichier/Lire les informations**. Vous savez comment faire. Mais si ce n'est pas le cas, il y a plusieurs choses à essayer.

La méthode la plus simple est d'employer un outil Mac OS X comme Super Get Info ou BatChmod pour faire le sale boulot. Avec Super Get Info, lancez le programme, choisissez alors **Super Get Info/Empty Trash**. Après lui avoir fourni un nom et un mot de passe administrateur, il videra totalement la Corbeille des fichiers les plus rebelles, même si vous n'en avez pas le droit (alors soyez prudent).

Si aucun de ces programmes ne fonctionne, vous pouvez essayer une technique qui nécessitera le Terminal Unix. Vous devriez au préalable lire les chapitres 10 à 12. D'un autre côté, cette tâche est relativement facile à exécuter et vous devriez vous en sortir même sans expérience du Terminal.

Voici comment procéder :

1. Lancez le Terminal (*/Applications/Utilitaires*).
2. Tapez `cd /.Corbeille/` à l'invite `%`. Le respect de la casse est de rigueur et il y a un point avant le mot Corbeille. Cette commande change le dossier courant (*cd*) pour celui de la Corbeille.
3. Tapez `sudo chflags nouchg *` à l'invite `%`. Tenez compte de la casse, n'oubliez pas les espaces entre les mots ni avant l'astérisque. Cette

commande désactive le drapeau nouchg dont la fonction est d'indiquer au système si un fichier peut être modifié par tout utilisateur.

4. Tapez votre mot de passe administrateur à l'invite %.
5. Quittez le Terminal.
6. Videz la Corbeille.

La figure 8.20 montre la séquence complète dans une fenêtre de Terminal, avec ce que j'ai tapé dans les étapes 2, 3 et 4 en surligné.

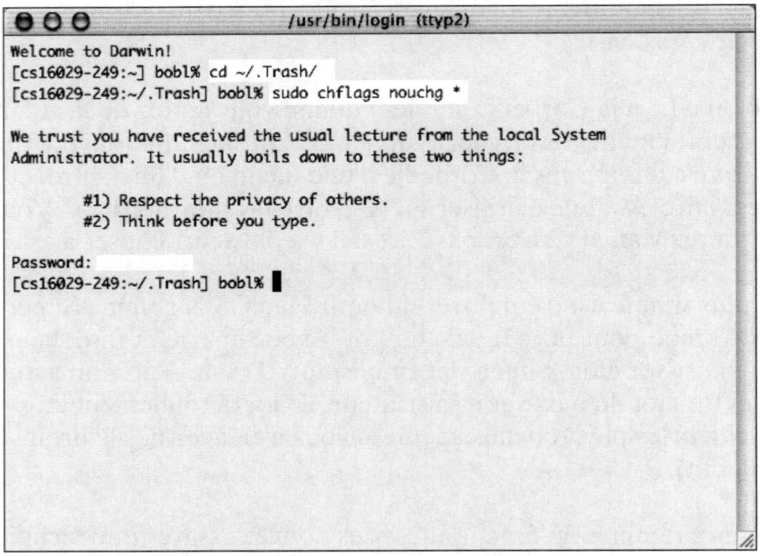

Figure 8.20
Voici à quoi ressemblera le Terminal si vous vous y prenez bien

Si pour une raison ou pour une autre, vous ne pouvez toujours pas vider la Corbeille, redémarrez avec Mac OS 9, trouvez le fichier problématique (*/Users/Home/.Corbeille*), glissez-le sur l'icône de la Corbeille de Mac OS 9, puis choisissez **Spécial/Vider la Corbeille**.

Astuce **Recherche**

Si aucune de ces techniques n'a fonctionné, essayez de chercher sur vos sites de logiciels préférés (par exemple **www.versiontracker.com** ou **www.tucows.com**) avec les mots clés "Corbeille" ou "Vider la Corbeille". Peut-être qu'un nouvel outil est apparu depuis le moment où j'ai écrit ces mots.

Quand les applications marchent dans les dossiers

Assez souvent, vos applications ne marchent que dans des dossiers. Cela ne m'est arrivé qu'une seule fois et c'est assez effrayant. Heureusement c'est relativement simple à régler. Voici comment procéder :

1. Ouvrez votre dossier Préférences (*User/UserName/Library/Preferences*).
2. Trouvez ces trois fichiers : *LSClaimedTypes*, *LSSchemes* et *LSApplications*.
3. Videz-les dans la Corbeille.
4. Déconnectez-vous.
5. Reconnectez-vous.

Vos applications redeviendront normales.

Quand les gentils panneaux de Préférences deviennent méchants

Il arrive fréquemment que les panneaux de Préférences système deviennent agités. Cela veut dire qu'ils fonctionnent lorsque vous lancez l'application Préférences système mais pas quand vous les lancez d'une autre façon. La plupart du temps, j'ai remarqué ce problème quand je les lançais de la barre des réglages, mais ce désordre se manifeste aussi quand vous choisissez les Préférences du Dock dans le menu **Pomme/Dock**. Cela s'est produit plusieurs fois, je ne sais pas comment cela peut arriver, mais je sais y remédier.

8

Remarque **Association**

Cette technique vous sera familière si vous lisez la partie précédente sur la façon de "gérer les documents qui lancent le mauvais logiciel". Il y a une petite différence, aussi je vais vous guider dans les étapes.

1. Ouvrez le dossier */System/Library/PreferencesPanes* sur votre disque de démarrage.
2. Choisissez n'importe quel panneau, puis **Fichier/Lire les informations**, ou utilisez les raccourcis clavier [Commande]+[I].
3. Choisissez **Ouvrir avec l'application** dans le menu pop-up.
4. Cliquez sur l'icône avec le petit triangle noir dans son coin inférieur gauche et choisissez **Autre** dans le menu déroulant qui apparaît.

Remarque **Panneau dans le panneau**

L'icône peut dire "Pas applicable" ou afficher une application autre que les Préférences système. Ne vous en souciez pas, c'est ce que nous allons régler.

5. Choisissez **Montrer/Toutes les applications** au-dessus de la boîte de dialogue **Choisir une autre application**.
6. Choisissez **Préférences système** (elle se trouve dans le dossier *Applications* au niveau de la racine de votre disque de démarrage) et cliquez sur **Ajouter**. L'avertissement est montré à la figure 8.21.
7. Cliquez sur **Continuer**.

Et c'est tout.

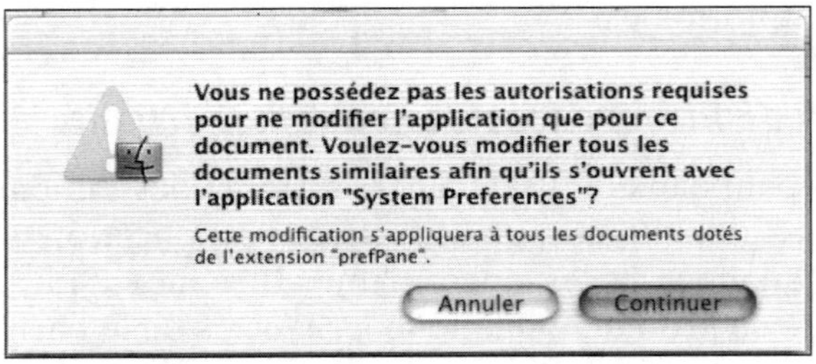

Figure 8.21
C'est exactement ce que vous voulez faire, alors cliquez sur Continuer

Pourquoi ces services ne marchent pas ?

Vous avez probablement remarqué le sous-menu **Services** dans le menu **Applications du Finder** et tous les programmes non Classic. Mais si vous avez essayé d'utiliser l'un de ces services, vous avez dû vous étonner de leur dysfonctionnement apparent. Mais ils marchent plutôt bien, et c'est là une bonne nouvelle.

La mauvaise nouvelle est que ces services ne fonctionnent qu'avec une poignée d'applications Mac OS X. Ils fonctionnent automatiquement avec les logiciels développés avec l'environnement Apple nommé Cocoa et marchent dans des programmes "carbonisés" si leur concepteur a implémenté les dits services. Malheureusement, peu de développeurs ont fait ce choix.

Avant que je vous en dise plus sur les services, lisez cette petite note qui essaie de définir Cocoa, Carbon et Classic.

Cocoa, Carbon et Classic

Voici une brève mise au point sur la façon dont les logiciels Mac sont élaborés. Je ne suis pas un programmeur, j'ai récupéré ces Listes dans la Developer Connection d'Apple et leurs publications PDF Mac OS X, an overview for developers, ce qui explique qu'elles apparaissent en italique.

L'environnement d'application Cocoa est conçu spécialement pour les applications natives de Mac OS X. Il se compose d'un ensemble de frameworks orientés objet qui facilitent le développement rapide et une grande productivité. L'environnement Cocoa inclut un jeu complet de classes conçues pour créer des applications robustes et puissantes pour Mac OS X. L'orientation objet simplifie le développement de logiciels et leur débogage.

Cocoa permet aux développeurs qui commencent des projets dédiés à Mac OS X de trouver la façon la plus rapide et complète d'implémenter. Les applications provenant d'Unix ou d'autres Mac OS peuvent aussi s'importer dans Cocoa pour construire dans les règles de l'art des interfaces Aqua en retenant la plupart du code existant.

Les API Carbon peuvent être utilisées pour écrire des logiciels Mac OS X qui fonctionneront également avec les versions antérieures de Mac OS (8.1 ou ultérieures). Ce logiciel est conçu pour fournir une migration en douceur aux programmeurs qui passent d'OS 9 à OS X. Comme la plupart des API de Carbon sont gérées sous Mac OS 9, les programmeurs peuvent étendre les logiciels pour Mac OS X tout en continuant le support utilisateur sur les versions antérieures. Carbon permet également aux développeurs de garder leurs langages de prédilection pour programmer sous Mac OS X.

L'environnement Classic est en fait une version complète de Mac O 9.1 tournant dans une mémoire protégée sous Mac OS X. Ainsi, la plupart des applications compatibles Mac OS 9 tourneront parallèlement avec celles de Mac OS X. Cela évite de migrer vers ce nouveau système avec la crainte d'incompatibilités. Carbon est un environnement Mac OS X natif qui offre au programmeur l'accès aux fonctionnalités les plus avancées de ce système tout en préservant la compatibilité avec la base installée des Mac tournant sous Mac OS 8.1 ou supérieur.

Il y a de multiples façons de développer sous Mac OS X. Les compétences individuelles, les langages et les outils préférés, l'utilisateur ciblé et le délai de livraison vont influencer l'approche du développeur.

Les API de Carbon s'inspirent des API antérieures de Mac OS. Quand Carbon donne aux logiciels les avantages de Mac OS X, comme le multiprocesseur et l'interface Aqua, il est spécialement conçu pour une compatibilité ascendante avec les versions antérieures de Mac OS. L'environnement Cocoa tourne nativement sous Mac OS X. Pour ceux qui veulent développer sous Mac OS X en mode de développement rapide (RAD) avec une orientation objet, le framework de Cocoa est l'un des meilleurs moyens de le faire.

(Suite)

> Malheureusement, il n'y a pas de façon rapide de savoir si une application est Cocoa ou Carbon, si bien que si vous déroulez le menu Services et que vous constatez que l'un des services est actif, vous pouvez plus facilement dire que c'est fait en Carbon. Par contre, les programmes en Classic sont faciles à identifier car, quand on les ouvre, ils lancent l'environnement Classic s'il n'est pas déjà actif.
>
> Certains des programmes Cocoa que je connais pour leur support des services sont TextEdit, Mail, Stickies, Notes, Fire, OmniWeb et ProjectBuilder. La seule application Carbon gérant ces services est BBEdit 6.5.

Quand les choses tournent vraiment mal

Nous arrivons maintenant à un certain niveau de compétence. Je vous ai parlé des solutions aux petits problèmes tenaces que vous pourriez rencontrer sous Mac OS, mais nous allons nous attaquer au cœur du problème : que faire quand votre Mac a totalement planté ? Un assortiment de techniques à utiliser dans différents contextes de pannes va suivre. Je les présenterai grossièrement dans l'ordre dans lequel vous devriez les rencontrer, mais honnêtement certaines techniques seront plus appropriées à certaines situations que d'autres. Quand vous serez plus habitué à Mac OS X, vous développerez une sorte de sixième sens qui vous dira quelle technique utiliser pour un problème donné, mais avant cela, vous pouvez essayer chaque technique dans l'ordre où je les donne.

Remarque **Keep cool**

Notez que toutes ces techniques sont inoffensives.

Avant de décrire les techniques, je vais d'abord donner quelques astuces à mettre en place avant que le problème apparaisse, pour faciliter le dépannage.

Si votre Mac est déjà passé de vie à trépas, vous devrez démarrer à partir d'un autre disque que le disque d'amorce habituel.

Le plus important des disques est celui qui est fourni avec Mac OS X ou avec votre ordinateur. Les CD d'installation de Mac OS X et Mac OS 9 sont tous deux dotés d'une amorce (appuyez sur la touche [C] au démarrage), et ils contiennent chacun des logiciels utiles pour résoudre les problèmes. Soyez sûr de l'emplacement de ces disques avant que le désastre arrive, car vous en aurez besoin.

Une autre option consiste à créer des partitions de votre disque dur et à disposer de plus d'un volume pour démarrer votre Mac, ou encore d'avoir un disque externe avec le système installé. Le redémarrage avec un de ces moyens est plus facile qu'avec le CD mais nécessite que vous effaciez (par le reformatage) votre disque dur, ou que vous en achetiez un autre. Je recommande ces façons de configurer si vous pouvez les adopter.

Il est tout aussi important de sauvegarder tous vos fichiers vitaux. Croyez-moi, quand je vous dis que votre disque dur sera un jour en panne. En étant vigilant sur la sauvegarde, cela ne vous fera qu'un petit bobo, mais si vous ne l'êtes pas, vous en serez très affecté. J'ai déjà abordé l'importance de la sauvegarde au chapitre 4, aussi je n'y reviendrai pas.

Enfin, disposer d'au moins un utilitaire complet pour le disque dur dans votre arsenal est toujours une bonne idée. J'en parlerai plus loin dans ce chapitre.

Votre Mac peut devenir inutilisable pour plusieurs raisons. Parfois un problème se produit en pleine utilisation, ou il se manifeste au premier démarrage ou au redémarrage du Mac, et certains problèmes vous empêchent même de le mettre en marche. Les techniques suivantes sont adaptées à de telles situations.

Commençons par ce que j'entends par "inutilisable", soit :

- Votre Mac s'arrête pendant que vous travaillez. On appelle cela le gel ou le verrouillage.
- Votre Mac ne démarre pas ou ne redémarre pas.

Comment gérer le gel, le verrouillage ou le plantage

Si votre Mac s'immobilise pendant que vous travaillez, la première chose à tenter est la commande **Forcer à quitter** abordée précédemment.

Si cela ne marche pas (cela peut arriver), la prochaine chose à essayer est l'activation du Finder. Cliquez sur son icône dans le Dock ou encore utilisez le commutateur d'applications avec [Commande]+[Tab]. Aucune de ces commandes n'est censée marcher mais il vaut mieux essayer avant de poursuivre. Si vous pouvez (ou pas) utiliser le Finder, choisissez le Menu **Pomme/Redémarrer**.

Si cela ne marche pas, vous devez tenter de forcer le redémarrage du Mac. Il y a plusieurs façons de procéder et elles ne marchent pas toutes à tous les coups. Voici dans quel ordre je les essayerais :

1. Utilisez le raccourci clavier de redémarrage forcé Commande+Option+Shift+Alimentation ou Commande+Option+Alimentation. Si aucune commande ne marche, passez à l'étape 2.
2. Enfoncez le bouton Alimentation de votre Mac en le maintenant plus de cinq secondes. C'est censé éteindre votre Mac et si ça marche, réappuyez pour le redémarrer, sinon passez à l'étape 3.
3. Appuyez sur la touche Reset, un petit bouton marqué d'un triangle dans le Mac. Référez-vous à la documentation de votre Mac pour connaître son emplacement car il est différent pour chaque modèle. Il peut être sur la face (G3/G4), le côté (iMAc), le dos (iBook, PowerBook) ou à un autre endroit. Si cela ne marche pas, passez à l'étape 4.
4. Débranchez le cordon d'alimentation pendant cinq secondes et remettez-le.

Remarque **Bonne étoile**

Dans beaucoup de cas, le problème disparaît aussitôt après que vous redémarrez avec l'une de ces techniques. C'est donc la première chose à essayer quand votre Mac ou un logiciel se comporte d'une façon bizarre. C'est uniquement si le dysfonctionnement se reproduit que vous avez effectivement un problème. Si le problème est résolu au redémarrage, remerciez votre bonne étoile et retournez au travail.

Si aucune de ces techniques ne marche, reportez-vous à la partie *Dépannage, techniques et astuces* de ce chapitre. Si l'une d'elles fonctionne, essayez de retrouver le contexte dans lequel votre Mac s'est immobilisé. S'il se fige à nouveau, reportez-vous à la partie suivante. Si tout paraît normal, respirez et retournez à vos moutons.

Les différents échecs au démarrage

Avant d'étudier les techniques spécifiques de dépannage, jetons un coup d'œil aux différents types d'échecs au démarrage et aux réactions à avoir quand ils se produisent.

Le point d'interrogation clignotant

Si vous voyez une icône affichant un point d'interrogation clignotant, cela signifie que votre Mac ne peut trouver un disque de démarrage valide. La première chose à faire dans ce cas est d'en sélectionner un :

1. Bootez à partir du CD Mac OS 9, puis ouvrez le panneau de contrôle Disque de démarrage pour en sélectionner un.
2. Redémarrez.

Remarque **Éjection forcée**

Si vous ne pouvez pas sortir le plateau du CD, vous empêchant ainsi d'insérer un CD de démarrage, essayez de redémarrer en gardant le bouton de la souris enfoncé jusqu'à ce que ce plateau sorte, quitte à vous impatienter.

Si les problèmes persistent, reportez-vous à la partie *Dépannage, techniques et astuces*.

Le démarrage est figé

Un autre problème possible c'est quand votre Mac ne va pas jusqu'à bout du démarrage. En d'autres termes, entre le moment où vous appuyez sur la touche Alimentation et le moment où le Finder apparaît, vous êtes planté ou figé.

Dans le temps, sous Mac OS 9, vous pouviez maintenir la touche Maj (Shift) durant le démarrage pour inactiver les extensions ou les panneaux de contrôle, ce qui vous autorisait souvent à restaurer votre Mac pour le démarrage. Mac OS X ne le permet pas.

Un démarrage figé peut s'expliquer par plein de facteurs, que vous découvrirez par vos propres moyens ou en vous reportant à la section *Dépannage, techniques et astuces*.

Le Mac triste

Une icône de Mac triste au démarrage est souvent le signe d'un gros ennui, un grave dysfonctionnement du matériel. Vous pouvez toujours essayer des manipulations ou vous référer à la partie *Dépannage, techniques et astuces*, mais il y a de fortes chances pour que votre Mac ait besoin d'une réparation auprès d'un professionnel.

Le carillon maudit

Si vous entendez un ensemble de sons inhabituels ou des sons s'approchant de ceux d'un accident de voiture plutôt que du doux carillon mélodique du démarrage, c'est comme pour le Mac triste : probablement une défaillance du matériel. Parfois, vous entendez le carillon maudit, puis la funeste icône apparaît. À moins de vous débrouiller par vos propres moyens ou de trouver de l'aide dans la section *Dépannage, techniques et astuces*, il faudra là encore amener votre Mac en réparation chez un professionnel.

L'écran noir

Si l'écran de votre Mac reste totalement noir au démarrage et si vous n'entendez aucun son, vous avez probablement un problème matériel. Soit c'est ça, soit c'est votre Mac qui n'est pas bien branché (vérifiez le cordon et la prise). Je sais que ça vous rend malade de m'entendre le répéter tout le temps, mais c'est la dernière fois... Essayez de résoudre ce problème vous-même, ou de chercher une solution dans la section suivante, mais le mieux serait d'emmener votre Mac chez un réparateur qualifié.

Dépannage, techniques et astuces

Premièrement, avant d'essayer l'une de ces techniques, vérifiez tous les branchements de votre Mac sans oublier le cordon d'alimentation. Il n'y a rien de plus embarrassant que de constater que votre problème vient de l'absence de branchement du Mac.

Si vous avez quelques périphériques qui ne sont pas nécessaires au dépannage, débranchez-les. On ne peut pas savoir si un matériel USB ou FireWire n'est pas la source de votre problème. Enfin, si vous avez récemment installé quelque chose, de la mémoire vive, une carte PCI, un périphérique de stockage ou autre, vérifiez bien que la carte ou la mémoire sont bien enfichées dans leur slot et que les câbles internes sont bien connectés.

Bien, attaquons le dépannage.

Zapper la PRAM

La première chose que j'essaie quand j'ai un problème est d'inactiver la PRAM. Qu'est-ce que c'est ? Il s'agit de l'acronyme de Parameter Random Access

Memory. Qu'est-ce qu'elle fait ? C'est une petite quantité de mémoire qui est continuellement alimentée par une batterie au lithium à l'intérieur du Mac et qui garde son contenu même quand l'ordinateur est éteint. La PRAM sauvegarde des informations comme la couleur d'arrière-plan, le mode vidéo par défaut, l'information réseau et du port série, et la couleur de soulignement par défaut.

Parfois, pour des raisons inconnues, le contenu de la PRAM est corrompu (en désordre, cassé, brouillé). Nettoyer (réinitialiser, zapper) votre PRAM ne fera pas de mal et peut souvent redonner la vie à un Mac agonisant, en restaurant la configuration d'usine, si bien que tout ce que vous aviez personnalisé (couleur du Bureau...) sera perdu et que vous retrouverez votre Mac comme le premier jour où vous l'avez eu.

Voici comment procéder :

Remarque **Claviers compatibles**

Apple dit qu'on ne peut pas employer d'autres claviers que le clavier Apple dans cette manipulation, mais je le fais depuis des années et cela a toujours marché.

1. Assurez-vous que les majuscules ne sont pas verrouillées, puis allumez ou redémarrez votre Mac en enfonçant les touches Commande+Option+P+R.

2. Gardez ces touches enfoncées jusqu'à ce que vous entendiez le carillon de démarrage trois ou quatre fois. Plusieurs secondes peuvent s'écouler entre les carillons, donc ne lâchez pas les touches trop tôt.

3. Après le troisième ou quatrième carillon, vous pouvez retirer vos doigts du clavier. Votre Mac devrait démarrer normalement maintenant.

Souvenez-vous que le fait de zapper la PRAM restaure toutes les choses paramétrées en usine. Vous devrez donc réajuster votre configuration de date, d'heure et de zone horaire, bien qu'elle puisse subsister après cette opération. Il faudra également revoir les paramètres AppleTalk, ceux du clavier, de la souris, du haut-parleur, de la résolution écran et/ou le disque de démarrage. Tout ou partie de ces paramètres peut parfois rester inchangé. Généralement, après cette opération, j'ouvre les Préférences du système pour tous les vérifier, juste au cas où.

Vérifier vos disques

Si un zapping de PRAM ne résout pas votre problème, ce qui est souvent le cas, la prochaine étape consiste à s'assurer que votre ou vos disques ne sont pas endommagés. Mac OS X utilise quantité d'éléments invisibles sur le disque dur pour garder la trace de fichiers ou de dossiers qu'il contient. Si un ou plusieurs d'entre eux sont endommagés ou corrompus d'une quelconque façon, votre Mac fonctionnera mal. Quels sont ces éléments ? Ils portent des noms comme profondeur d'arborescence, nœud d'en-tête, nœud de carte, taille de nœud, compte de nœud, liens de nœud, index ou autre. Mais peu importe, l'essentiel étant que vous vous assuriez de leur intégrité en les vérifiant.

Vous pouvez le faire de différentes façons, chacune ayant ses avantages, et aucune n'ayant plus d'un inconvénient. Parfois, une méthode marchera où une autre aura échoué, ou l'une verra un problème là où l'autre l'aura ignoré. L'option la plus sûre est de les essayer toutes.

Beaucoup des résultats trouvés par les utilitaires du disque de réparation et de recherche suivants sont le fait de mauvais arrêts, de redémarrages forcés ou d'une alimentation coupée. Si une de ces choses se produit, vous devrez lancer un ou plusieurs de ces utilitaires, même si tout paraît correct. Si vous avez des problèmes de démarrage, Mac OS X comprend des outils qui peuvent examiner vos disques et réparer la plupart des dommages qu'ils peuvent constater.

`fsck` (*File System Check*) est un utilitaire Unix que vous lancez en tapant son nom dans la ligne de commande au démarrage. Il est inutile de booter à partir du CD pour l'utiliser. L'Outil Disque Dur est un logiciel graphique de Mac OS X (c'est-à-dire qu'il dispose d'une interface utilisateur, contrairement à `fsck`), mais il nécessite que vous démarriez du CD Mac OS X pour toute réparation de vos disques. Enfin, plusieurs logiciels du commerce sont disponibles, Disk Warrior de Alsoft, Disk Doctor de Norton et TechTool Pro, lesquels ne se contentent pas d'inspecter et de réparer votre disque, mais offrent différentes fonctions de maintenance et de dépannage. Je vais vous en parler maintenant.

File System Check (fsck)

L'Outil Disque Dur et `fsck` sont censés faire les mêmes choses mais, selon le cas, `fsck` sera préférée :

- Votre lecteur de CD-ROM est cassé ou du moins est indisponible.

- Votre CD de Mac OS X n'est pas à portée de main (je vous en avais parlé quelques pages auparavant).
- Vous êtes un cador d'Unix et vous aimez la ligne de commande.

Comme je vous l'ai dit, Apple annonce que l'Outil Disque Dur et `fsck` font la même chose, mais l'expérience m'a prouvé le contraire. Plusieurs fois les mois passés, l'Outil Disque Dur a redonné une santé de fer à mon disque, mais quand j'ai passé `fsck`, il a trouvé plusieurs problèmes et les a réparés. Apple dit qu'il faut d'abord passer l'Outil Disque Dur sur le CD Mac OS X avant `fsck`, mais j'aurais tendance à vous conseiller le contraire pour plus de succès.

Pour lancer `fsck`, vous devez redémarrer votre Mac en mode Mono-utilisateur :

1. Redémarrez votre Mac.
2. Maintenez les touches [Commande]+[S] enfoncées jusqu'à ce que vous voyez sur votre écran un paquet de texte défiler. Au bout de quelques secondes, vous verrez la ligne de commande Unix et son invite (#).

8

Félicitations, vous êtes maintenant en mode Utilisateur simple. J'espère que vous n'avez jamais vu l'écran de votre Mac dans un tel état (je vous aurais volontiers montré une capture de cet écran, mais sauf erreur de ma part, c'est impossible).

Maintenant que vous êtes à l'invite #, voici comment lancer `fsck` :

1. Tapez `fsck -y` (comprenez `fsck`, espace, tiret, y).
2. Appuyez sur [Entrée].

   L'outil `fsck` va inonder votre écran de texte. S'il y a des dégâts sur votre disque, vous verrez un message qui dit ****FILE SYSTEM WAS MODIFIED**** (le système de fichier a été modifié). Si vous voyez ce message, c'est extrêmement important, répétez les étapes 1 et 2 autant de fois que nécessaire pour qu'il n'apparaisse plus. Le fait de lancer `fsck` plusieurs fois est normal car la première exécution ne couvre pas les problèmes additionnels. Quand finalement `fsck` rapporte qu'il n'y a plus de problème et que l'invite # réapparaît :
3. Tapez `reboot`.
4. Appuyez sur [Entrée].

Votre Mac devrait alors démarrer normalement avec la fenêtre de login et le Finder.

L'Outil Disque Dur

Si vous en avez l'option, vous pouvez préférer l'Outil Disque Dur à `fsck`. Mais comme je l'ai dit, ce dernier obtient de meilleurs résultats. D'un autre côté, la saisie de ces mots Unix est quelque peu intimidante et je peux comprendre que vous souhaitiez l'éviter. Donc, voici comment procéder avec l'Outil Disque Dur :

1. Insérez le CD Mac OS X.
2. Redémarrez votre Mac en maintenant la touche [C] enfoncée. Cela oblige votre Mac à démarrer à partir du CD (pour peu qu'il y ait bien un système dessus, c'est ce que Mac OS 9 et X feront).
3. Quand le premier écran d'installation apparaît, choisissez **Installer/Ouvrir Outil Disque Dur**. Ne cliquez pas sur **Continuer** où vous serez obligé de quitter l'installateur et de redémarrer pour obtenir cet utilitaire, auquel on arrive uniquement à partir du premier écran.
4. Cliquez sur l'onglet **S.O.S. Disque** sur le haut de la fenêtre et sélectionnez votre disque de démarrage dans la liste sur la gauche, comme le montre la figure 8.22.
5. Cliquez sur **Réparer**.

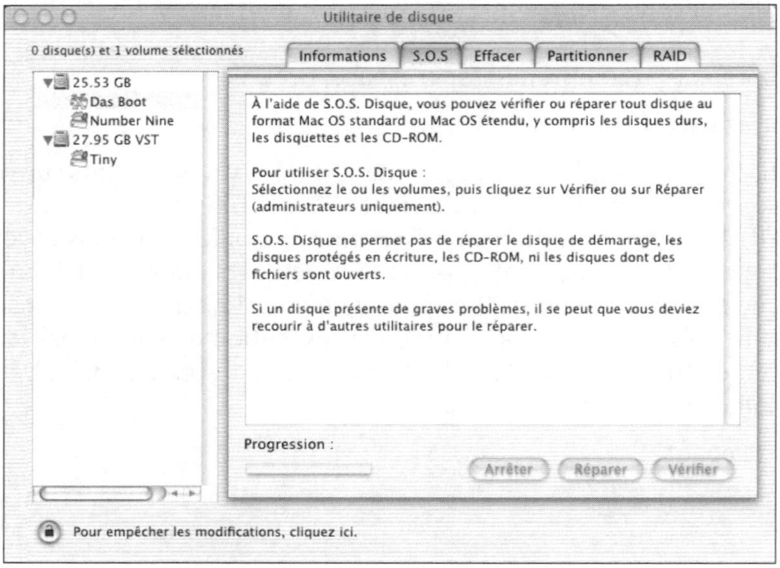

Figure 8.22 Réparer un disque avec l'Outil Disque Dur

Du texte va défiler dans la fenêtre de l'Outil Disque Dur : *"Réparation du disque Das Boot, vérification du volume HFS Plus, vérification des fichiers étendus overflow, vérification du catalogue, vérification de la hiérarchie du catalogue, vérification des données du volume, vérification des informations du volume."*

Si des problèmes apparaissent, vous verrez des messages d'erreur se glisser entre le texte. Lisez-le. S'il est marqué "résolu" après une erreur, répétez les étapes 4 et 5. Si un message vous dit que S.O.S. Disque ne peut pas résoudre ce problème, lancez `fsck` (si vous ne l'avez pas déjà fait) ou essayez l'un des outils du commerce décrits dans la prochaine section.

Répétez les étapes 4 et 5 jusqu'à ce que le problème soit résolu et que vous lisiez : *"Le Volume + le nom de votre disque + semble être en bon état. Réparation terminée."*

Choisissez **Outil Disque Dur/Quitter Outil Disque Dur** ([Commande]+[Q]), ce qui vous ramènera au premier écran d'installation. Choisissez alors **Installer/Quitter Installer** ([Commande]+[Q]) et une fenêtre apparaîtra avec deux boutons. Cliquez sur **Redémarrer** et votre Mac procédera à un démarrage normal, avec la fenêtre de connexion et le Finder.

8

Si l'Outil Disque Dur ou `fsck` trouvent des erreurs sans pouvoir les réparer, ils vous avertiront. À ce stade, vous avez deux possibilités : vous pouvez aussi bien effacer (formater) votre disque pour réparer le problème, ce qui marche la plupart du temps mais détruit toutes les données, ou vous pouvez essayer l'un des outils du commerce, lesquels parviennent parfois à réparer là où les outils Apple ont échoué.

Trois outils concurrents, Norton Disk Doctor, DiskWarrior et TechTool Pro, offrent chacun l'équivalent des fonctionnalités de l'Outil Disque Dur, de S.O.S. Disque ou de `fsck`. Mais ils peuvent parfois réparer des choses que ces utilitaires ne gèrent pas. Notez que je dis "parfois" car je ne peux garantir leur succès. Hélas, contrairement à l'Outil Disque Dur ou à `fsck`, aucun de ces outils n'est gratuit. Alors je vous dirais juste de les "lancer". Parfois, ces outils vous sauvent la peau, et dans ce cas on regarde moins à la dépense. La plupart des utilisateurs expérimentés en ont un ou deux. Je les ai tous les trois. Chacun a ses fans et ses détracteurs. Je vais vous dire ce que j'en pense, en me fondant sur des années d'expérience.

DiskWarrior

Disk Warrior de Alsoft serait celui que j'achèterais si je n'en avais qu'un à acheter. Les deux autres programmes ont des atouts, fournissent plus de tests et de fonctions, mais DiskWarrior a sauvé plusieurs disques, les miens et ceux des autres, quand les autres programmes ne pouvaient le faire.

DiskWarrior est comme un poney qui ne sait faire qu'une seule balade, mais il la fait extrêmement bien. La seule chose qu'il sait faire est de réparer votre disque en reconstruisant son arborescence. Les problèmes d'arborescence sont les plus fréquents pour les utilisateurs de Mac OS, et DiskWarrior s'emploie à éliminer presque tous les problèmes causés par ces erreurs et à restaurer les fichiers qui étaient perdus ou inutilisables.

DiskWarrior dispose d'une autre corde à son arc : PlusOptimizer, un programme qui optimise les disques en défragmentant les fichiers et l'espace libre. Plus un disque ou un fichier est fragmenté, plus il est lent. Un tel outil accélère donc le disque dur, et plus votre disque sera fragmenté, plus vous tirerez bénéfice de cette optimisation. La plupart des utilisateurs avertis défragmentent leurs disques plusieurs fois par an, et beaucoup le font encore plus souvent. Sachant que les trois logiciels ont tous un défragmenteur, je trouve PlusOptimizer aussi bon que les autres, si ce n'est meilleur.
Site web : **www.alsoft.com**.

Norton Utilities

Norton Utilities est une suite d'utilitaires qui préviennent et guérissent les problèmes de disque en les optimisant ou en récupérant des fichiers. Norton SystemWorks comprend tout ça, plus Norton Antivirus, Dantz Retrospect Express pour sauvegarder les fichiers et les disques (seulement sous OS 9 au moment où j'écris) et Aladdin's Spring Cleaning, un logiciel qui retire les vieux programmes, les Préférences obsolètes, et les déchets d'Internet. Il comprend aussi une superbe fonction "Live Update" qui met à jour les programmes et les définitions de virus via Internet.

Comme je le disais, si je devais n'en acheter qu'un, ce serait DiskWarrior, mais Norton est un bel assortiment d'outils pratiques, et comme tous les utilisateurs ont besoin d'un antivirus, SystemWorks est une valeur sûre pour vous protéger. Si vous pouvez vous le permettre, achetez à la fois DiskWarrior et SystemWorks, comme beaucoup d'utilisateurs. Si l'un ne peut résoudre un problème, l'autre le pourra sûrement. Site web : **www.norton.com**.

TechTool Pro

TechTool Pro 3 de Micromat est une autre suite spécialisée dans le diagnostic et la protection. Comme Norton, c'est une valeur sûre qui inclut des tests complets pour votre disque et d'autres éléments de votre Mac, en proposant la réparation des disques, le recouvrement de données, l'optimisation et la protection antivirus. Un autre programme de Micromat, Drive 10, ressemble à DiskWarrior mais en même temps s'en distingue ainsi que de Norton car tous deux exigent de booter à partir de leur CD 9.2.1 quand Drive 10 est une application Mac OS X. Mais n'en tenez pas trop compte car il faut toujours booter à partir de son CD pour l'utiliser (comme c'est le cas pour tous ces utilitaires). Franchement, je pense que DiskWarrior et Norton sont plus performants pour la réparation de disque. Micromat a beaucoup de fans, et ses utilisateurs pensent qu'il est meilleur que Norton. Je n'en suis pas sûr. Durant des années, j'ai obtenu plus de succès avec DiskWarrior, suivi de peu par Norton. TechTool Pro a de jolies fonctionnalités, mais il est comme une première ligne de défense contre les dommages de disques, et je mettrais les autres en renfort. Et Drive 10 n'a pas marché les deux fois où j'en ai eu besoin, alors que j'ai entendu d'autres utilisateurs se vanter qu'il avait sauvé leurs disques.

Donc, si vous pouviez opter pour les trois, je recommanderais d'abord DiskWarrior, ensuite Norton SystemWorks, et enfin TechTool Pro si vous avez encore de l'argent à dépenser. Je ne peux vous conseiller Drive 10 dans les deux versions que j'ai essayées (1.0 et 1.0.2). Site web : **www.micromat.com**.

Gérer les Préférences

Si aucun de ces utilitaires disque n'a résolu votre problème, c'est peut-être un fichier de Préférences ou autre qui est corrompu. Pour comprendre comment un mauvais fichier de Préférences peut causer un plantage, vous devez savoir de quoi ils sont faits, ce qu'ils font, et dans quelle logique globale ils s'inscrivent.

La plupart des programmes ont une boîte de dialogue **Préférences** qui vous laisse configurer à votre goût les fonctionnalités spécifiques du logiciel. À la figure 8.23, vous pouvez voir la boîte de dialogue des Préférences de Word v.X (du moins une parmi les dix qu'il met à votre disposition). Les Préférences sont donc des options de logiciels. Et les fichiers de Préférences sont l'endroit où les logiciels stockent vos options. Quand vous quittez le programme, il s'en souviendra en créant généralement un petit fichier sur votre disque. Quand vous relancez le programme, il va lire ce fichier et remettre les choses telles qu'elles étaient à la dernière utilisation. C'est une belle idée qui généralement marche très bien.

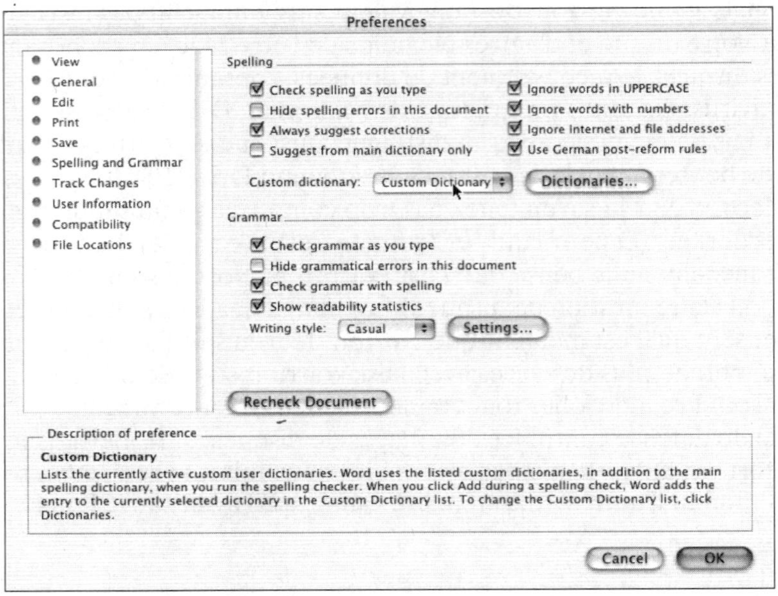

Figure 8.23 Word v.X a neuf autres boîtes de dialogue de Préférences comme celle-ci et les stocke dans un fichier de Préférences

Mais des fois, cela plante car si le programme se crashe pendant qu'il est en train d'écrire le fichier de Préférences, celui-ci peut être corrompu ou endommagé. Si vous avez de la chance, tout ce qu'il y aura à faire sera de reparamétrer les Préférences. Mais avec moins de chance, ce fichier abîmé causera quantité de problèmes.

Voici quelques symptômes d'un programme qui aurait un fichier de Préférences corrompu :

- Un programme qui quitte de façon inopinée, même quand vous le lancez ou quand vous réalisez une action précise, comme choisir un élément du menu ou ouvrir une boîte de dialogue.
- Un programme qui cesse de se comporter de façon logique, par exemple si vous ne pouvez plus cliquer sur un bouton ou une case à cocher, ou si tel ou tel élément de menu n'est plus accessible.
- Un programme qui se fige au lancement, ou qui ne se lance pas malgré les doubles-clics.
- Un programme qui affiche beaucoup de données impropres.

Mac OS X stocke lui-même des fichiers de Préférences, et si l'un d'eux s'avérait corrompu ou endommagé, le Mac ne fonctionnerait plus aussi bien. De mauvais fichiers de Préférences peuvent empêcher le Mac de démarrer, le figer ou le planter durant le boot ou quand vous essayez d'activer un panneau de Préférences système. Si vous avez des éléments qui se chargent automatiquement à l'ouverture, un fichier de Préférences abîmé peut bloquer le Mac durant leur lancement.

En somme, quand quelque chose ne marche pas bien, il faut en premier lieu suspecter un fichier de Préférences vérolé. Voyons comment nous en tirer.

Sauvegarder votre dossier Préférences

Même si vous ne sauvegardez rien d'autre, vous devriez sauvegarder votre dossier de Préférences quand tout va bien. Vous le trouverez dans */Users/votre_nom/Library* et il s'appelle *Preferences*. Laissez-moi vous raconter comment la restauration de ce dossier m'a sauvé de nombreuses heures d'agonie.

Un jour, j'ai allumé mon Mac et je suis allé me faire un café dans la cuisine comme toujours. C'est parce que j'ai dix éléments lancés à l'ouverture et que cela occupe mon Mac pendant quelques minutes. Quand je suis revenu quelques instants après, je me suis aperçu qu'aucun de mes logiciels n'était lancé et que le curseur continuait de tournoyer. Quand j'ai essayé de bouger la souris, rien ne s'est passé. Le clavier ne marchait pas non plus, si bien que je ne pouvais pas forcer à quitter ou redémarrer avec. Alors j'ai appuyé sur le bouton [Reset], en espérant que ce n'était qu'un incident ponctuel.

Mais je n'ai pas eu cette chance, et ça a recommencé trois fois de suite. Je n'avais rien installé de nouveau ni mis de nouveaux éléments associés à ma connexion. J'en ai donc déduit que le problème venait d'ailleurs. J'ai eu l'intuition que c'était un problème de fichier de Préférences et j'ai forcé mon Mac à démarrer sur mon autre disque en maintenant la touche [Option] pendant le démarrage, puis en choisissant ce disque dans le gestionnaire de démarrage, comme je l'ai décrit au chapitre 2.

J'ai ouvert mon dossier *Library* et j'ai déplacé le dossier *Preferences* sur mon Bureau. Puis j'ai recréé un dossier du même nom dans le répertoire *Library*. J'ai imaginé qu'il serait facile de vérifier si le problème venait bien des Préférences. Si mon Mac démarrait maintenant, je pouvais facilement en être convaincu, mais s'il plantait toujours avec un dossier de Préférences vide, je devrais continuer à chercher d'autres causes.

8

J'ai donc redémarré Mac OS X et il a marché parfaitement, comme les dix logiciels se lançant automatiquement que j'ai lancés manuellement avec succès. "Ha, ha" me suis-je exclamé, c'était sans doute à cause des fichiers de Préférences.

Mais j'ai presque 300 fichiers dans mon dossier *Preferences*. Comment pouvais-je déterminer celui qui était corrompu ? Je décidais de ne pas m'en préoccuper. Comme je l'avais sauvegardé quelques jours avant, j'ai simplement remplacé le dossier du disque par celui de la sauvegarde, et j'ai redémarré. Après cela, tout est redevenu normal, comme par magie.

Sans cette sauvegarde, j'aurais passé des heures à chercher le fichier de Préférences corrompu. Et si je n'avais pas voulu m'y résigner, j'aurais jeté le dossier à la Corbeille et j'aurais passé quelques heures à rétablir mes Préférences dans les 300 programmes, panneaux et outils du disque. Au lieu de cela, j'ai pu reprendre mon travail en moins de 15 minutes.

Mon Mac a parfaitement bien marché ces derniers temps, je n'ai pas eu un seul crash, ni une fin inopinée, ni un écran immobile, ni aucune autre bizarrerie. J'ai alors gravé à nouveau mon dossier de Préférences sur un CD que j'ai mis en lieu sûr. Si vous n'êtes pas bête, faites-le tout de suite, sachant que votre Mac doit sembler fonctionner parfaitement.

Si votre Mac ne marche pas bien et si vous ne disposez pas d'une sauvegarde des fichiers de Préférences, voici quelques astuces qui vous aideront à déterminer si des Préférences sont défectueuses ou non, et comment les réparer.

Chasser les Préférences corrompues

Si vous avez configuré votre Mac pour plusieurs utilisateurs, essayez de démarrer sous un autre nom. Si vous n'avez pas de second compte sous la main, passez au paragraphe suivant (et quand les choses rentreront dans l'ordre, pensez comme moi à créer un compte bidon à utiliser pour le dépannage). Si cela marche, vous pouvez être sûr que vous avez un mauvais fichier de Préférences.

Si vous pouvez utiliser un autre compte avec succès, ou si vous n'en avez pas, la prochaine chose à tenter est de démarrer sur un CD Mac OS 9 (en maintenant la touche [C] enfoncée). Déplacez maintenant votre dossier de Préférences (*/Users/votre_nom/library*) de la *Library* vers le Bureau. Redémarrez le Mac sans la touche [C] et en utilisant votre connexion habituelle. Si cela marche, vous devez soit chercher le fichier incriminé, soit vous résigner à reparamétrer tous les logiciels, panneaux et outils durant les heures et les jours à venir.

J'ai quelques astuces qui pourraient vous faciliter la chasse aux Préférences vérolées. La première est de créer un dossier sur le Bureau en le nommant de façon explicite, par exemple *Préférences en quarantaine*. Maintenant, ouvrez le dossier *Préférences*, choisissez la visualisation par liste et cliquez sur la colonne Date de modification pour trier les fichiers. Vous avez besoin de voir les tout derniers fichiers modifiés, et si besoin, cliquez une deuxième fois sur la colonne pour en inverser l'ordre.

Maintenant, souvenez-vous de la dernière fois où votre Mac marchait correctement, cliquez ensuite sur le premier élément de la liste (le plus récemment modifié), maintenez la touche Shift enfoncée et faites défiler vers le bas jusqu'à ce que vous arriviez à une date antérieure à votre problème. Sans lâcher la touche Shift, cliquez. Cela sélectionnera tous les fichiers entre le premier de la liste et celui datant d'avant votre problème.

Par exemple, si je sais que mon Mac a planté ce matin, le résultat sera identique à celui de la figure 8.24. Déplacez maintenant cette sélection de fichiers dans le dossier *Préférences en quarantaine*, redémarrez votre Mac et connectez-vous. Si tout va bien, vous saurez lequel des fichiers en quarantaine est coupable. Vous pouvez alors affiner vos recherches ou toutes les jeter en assumant les conséquences. À la figure 8.24, j'ai sélectionné 30 éléments modifiés aujourd'hui, ce qui veut dire que je ne devrais reparamétrer que 30 logiciels au lieu des 310 présents dans mon dossier *Preferences*. Comme vous le voyez, cette option est bien meilleure que de jeter tout le dossier. Alors essayez donc cette technique en cas de problème avec les Préférences.

Ma seconde astuce est bien plus courte et facile. Si vous avez un problème au démarrage, redémarrez comme précédemment, mais cette fois-ci en ne retirant qu'un seul fichier, *loginwindow.plist*, en dehors du dossier *Preferences*. Si tout se passe bien, un de vos éléments à l'ouverture automatique a un problème avec son fichier de Préférences. Trouvez-les et jetez-les quand vous en serez sûr. Il faudra recréer votre liste d'éléments à ouvrir automatiquement, mais c'est un faible prix à payer comparé au temps gagné.

C'est tout pour les aspects relativement douloureux. Si vous avez essayé tout ce que j'ai dit dans ce chapitre et que votre Mac ne démarre toujours pas bien, il ne reste plus qu'une chose à faire, et c'est...

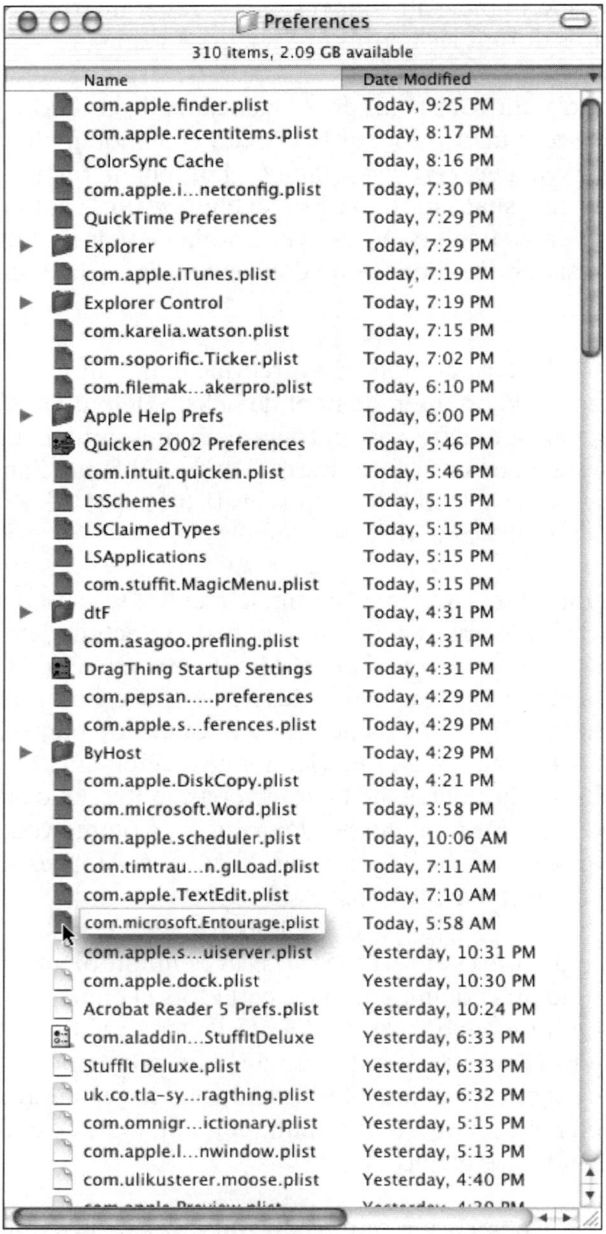

Figure 8.24
J'ai sélectionné tous les fichiers de Préférences modifiés aujourd'hui

Réinstaller Mac OS X

Ce n'est pas si terrible. Contrairement à Mac OS 9 et les versions ultérieures, le fait de réinstaller Mac OS est virtuellement facile et répare presque tout ce qui ne pouvait l'être avec les techniques précédemment décrites. De plus, Mac OS X est assez intelligent pour ne pas toucher à votre dossier *Applications* ou à votre dossier personnel *Départ*.

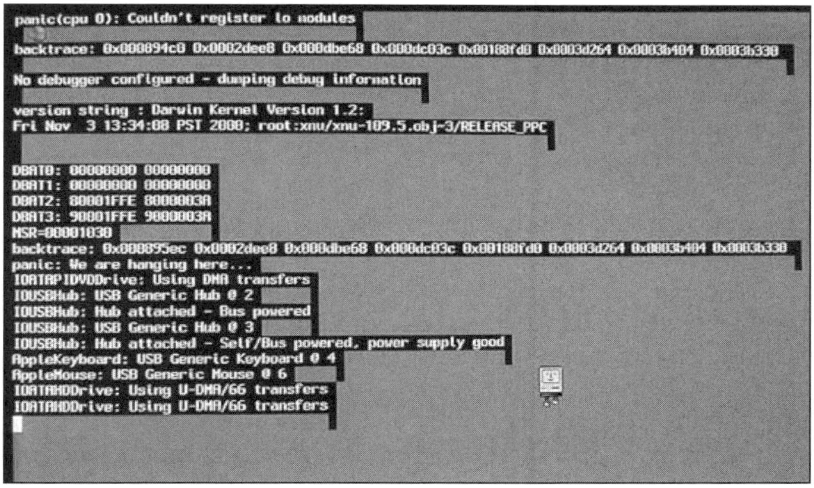

Figure 8.25
Une panique de Kernel capturée en direct live

Des fois, cela ne sert à rien de réinstaller Mac OS X, et d'autres fois c'est plus facile que d'essayer de trouver ce qui ne va pas. En tout cas, c'est rapide, facile et presque toujours efficace.

Cela dit, je vous encourage à sauvegarder votre dossier *Départ* et tout ce que vous pouvez avant de lancer l'installation. Je n'ai jamais rien perdu ni jamais entendu parler de gens ayant perdu quelque chose en installant Mac OS X, mais deux précautions valent mieux qu'une.

Donc, quand est-ce qu'on doit réinstaller ? Si malgré toutes les techniques abordées dans ce chapitre, vous avez toujours un problème, c'est le bon moment pour essayer. Si vous ne pouvez pas démarrer votre Mac sans en trouver la raison, c'est également une bonne occasion. Enfin, si vous avez déjà vécu une panique de kernel, une erreur qui se produit quand le cœur du système d'exploitation est défectueux, la réinstallation s'impose.

8

Si vous avez déjà subi une panique de kernel, vous le saurez (c'est un écran de texte blanc défilant sur un fond noir, quelle que soit l'image qu'il y avait affichée, avec le clavier comme la souris qui restent bloqués).

Remarque **Photo d'écran d'une panique de kernel**

Bien sûr, il n'y a aucun moyen de faire de photo d'écran d'une panique de kernel. Si le cœur de Mac OS X est malade, il ne va pas s'ennuyer à vous laisser le capturer dans cette situation si compromettante. Alors ce que vous voyez est une photo d'écran que j'ai découverte en lisant les notes techniques d'Apple sur ce problème.

Je n'ai pas connu de panique de kernel pendant des mois et certains utilisateurs n'en ont jamais vu de leur vie. Mais le kernel ne pète jamais les plombs quand vous vous y attendez. Vous êtes prévenu.

Quand vous avez une panique du kernel, je vous suggère d'essayer de redémarrer votre Mac deux ou trois fois pour voir si elle se répète, sachant qu'elles sont relativement rares et ne se produisent souvent qu'une fois. D'un autre côté, si elle survient à chaque fois que vous démarrez votre Mac, il n'y a plus qu'une seule chose à faire : réinstaller Mac OS X.

La procédure est simple, insérez votre CD d'installation Mac OS X, redémarrez en maintenant la touche C et en suivant les instructions de l'installateur. Réinstaller n'a rien d'exceptionnel, c'est exactement comme installer. L'installateur est suffisamment intelligent pour ne pas effacer votre dossier de *Départ* ainsi que votre compte d'administrateur qui demeurera intact.

La seule chose que vous puissiez faire qui compromette votre installation serait d'effacer le disque auparavant. Pour éviter cela, quand vous obtenez l'écran de sélection de la destination de l'installateur, quoi que vous fassiez, ne choisissez pas les options Effacer destination et Formater. Tant que vous ne faites pas cette erreur, vous pourrez reprendre le travail au bout de 15 minutes au plus.

9

Personnaliser Mac OS X

Pourquoi personnalisons-nous nos Mac ? Probablement parce que nous en avons la possibilité. Plus vous passez de temps avec votre Mac, plus il devient une extension de votre personnalité. De la même façon que nous construisons nos maisons pour en faire des endroits confortables, nous faisons de même avec nos Mac. Vous pouvez lui donner l'apparence que vous souhaitez, le son voulu, et surtout le faire travailler à votre façon.

La seule chose à savoir est la manière dont il fonctionne. Et cela, vous êtes sur le point de l'apprendre, avec des méthodes diverses et variées pour ajuster finement votre Mac pour qu'il satisfasse le moindre de vos désirs.

Apple, dans son infinie bonté, a fourni quantité de composants personnalisables dans Mac OS X. Vous pouvez changer l'apparence et le comportement de chaque facette de votre système d'exploitation, et dans la plupart des cas, vous pouvez le faire sans écrire la moindre ligne de code, ni utiliser d'autres programmes que ceux qui sont proposés par Apple. Mais attendez, ce n'est pas tout : au-delà des éléments qu'Apple vous laisse personnaliser, il y a des tonnes d'autres logiciels vraiment sympas. Les programmeurs ont depuis toujours mis au point des outils et des astuces pour arranger à leur guise plein de petites choses en dépassant les limites fixées par Apple. Et sur Internet, vous trouverez de merveilleux sites où télécharger des icônes à la pelle, des fonds d'écran, des sons, et bien d'autres choses pour rendre votre Mac encore plus intéressant et performant.

Ce chapitre n'est qu'amusement. Nous allons commencer par de simples astuces pour donner à Mac OS X une attitude et une apparence de votre convenance, et cela sans dépenser un centime de plus. Puis, nous verrons comment personnaliser encore plus votre Mac en utilisant une sélection de logiciels de provenances diverses. Et à mon humble avis, c'est la partie la plus amusante.

Outils gratuits d'Apple

Je suis sûr que vous le savez, le Finder est au cœur de votre Mac. Vous vous en servez à chaque fois que vous allumez le Mac, et vous passez plus de temps à l'utiliser que n'importe quel autre programme. L'essentiel de cette première partie est donc consacré à la façon d'apprivoiser cet animal en n'employant que les outils Apple. Quand vous l'aurez fait, votre Mac se comportera comme vous aimez (avec en prime un super look). Une partie des points abordés dans ce chapitre a déjà été vue précédemment. À part la personnalisation des icônes, du Dock et de la barre d'outils étudiée dans cette section, je vous ai déjà parlé de l'essentiel des astuces au chapitre 2 et aussi un peu dans les autres. Nous allons passer beaucoup de temps avec les panneaux de Préférences système, mais avant, voici quelques astuces sur l'utilisation des barres de réglage. Pourquoi en parler maintenant ? Parce que la première astuce traite de la fenêtre **Préférences système** et qu'elle facilitera son utilisation.

Astuces de la barre d'outils

Vous pouvez personnaliser la barre d'outils de la fenêtre **Préférences système** de la même manière que celle du Finder. Si vous trouvez que vous utilisez plus fréquemment les préférences de l'économiseur d'écran que celles de l'affichage et du son, il paraît logique de les placer dans la barre d'outils pour qu'elles soient à portée de main. J'ai remplacé les icônes rarement utilisées, comme celles de l'affichage et du son (avec leur menu génial), par d'autres d'un usage plus courant, par exemple celles de l'économiseur d'écran, du Bureau, de la connexion et du partage de fichiers (voir figure 9.1). Pour ajouter une icône dans une barre d'outils, il suffit de la faire glisser dessus, comme le montre la figure 9.1. Pour la retirer, faites-la glisser vers l'extérieur et elle disparaîtra tout simplement.

Figure 9.1
Personnaliser la barre d'outils avec les icônes les plus utilisées

Ou alors, si vous ne voulez pas du tout de la barre d'outils dans vos Préférences système, maintenez simplement la touche [Maj] enfoncée et cliquez sur le bouton **Afficher/Cacher** dans le coin en haut à droite de la barre. Cela vous débarrassera de cette satanée barre d'outils jusqu'à ce que vous renouveliez l'opération. Voici un autre truc peu connu concernant la barre d'outils du Finder (je l'ai évoqué au chapitre 2, mais cela vaut la peine de le répéter). Vous pouvez retirer ces icônes de barre d'outils personnalisées (*Précédent*, *Visualiser*) ou les quatre icônes semi-permanentes (*Ordinateur*, *Départ*, *Favoris* et *Applications*) sans vous embêter avec ces astuces de barre d'outils. Il suffit de maintenir la touche [Commande] enfoncée et de faire glisser l'icône en dehors de la barre. Et hop, elle est partie.

Enfin, Apple a créé une série de scripts AppleScript qui sont incroyablement utiles dans votre barre d'outils, ou séparément lorsque vous double-cliquez dessus dans un dossier. Ce sont les Toolbar Scripts et ils sont téléchargeables sur **www.apple.com/applescript/macosx/toolbar_scripts/**.

Voici mes préférés :

- Snapshot : peut-être le meilleur de tous, ce petit script se souvient de la disposition des fenêtres et les rappelle par un simple clic. Pour l'utiliser, vous disposez les fenêtres dans le Finder comme vous le souhaitez, puis vous cliquez sur le script en choisissant soit l'option de sauvegarder cette disposition, soit de restaurer l'ancienne. Ne le manquez pas, l'essayer c'est l'adopter !
- Stack : redimensionne et empile toutes les fenêtres ouvertes dans le Finder derrière celle de l'avant-plan. Si vous êtes un maniaque de l'ordre, vous l'aimerez.
- Open Tandem Browser Windows : mon autre grand favori, car je l'aime simplement. Cliquez sur la barre d'outils et il ouvre deux nouvelles fenêtres du Finder et les dispose en colonne, l'une au-dessus de l'autre, comme le montre la figure 9.2. C'est parfait pour trouver et copier des choses d'un endroit à l'autre.
- Browse Images : également très sympa, il crée un catalogue HTML des images qui se trouvent dans la fenêtre de premier plan, puis ouvre ce catalogue dans votre navigateur web !

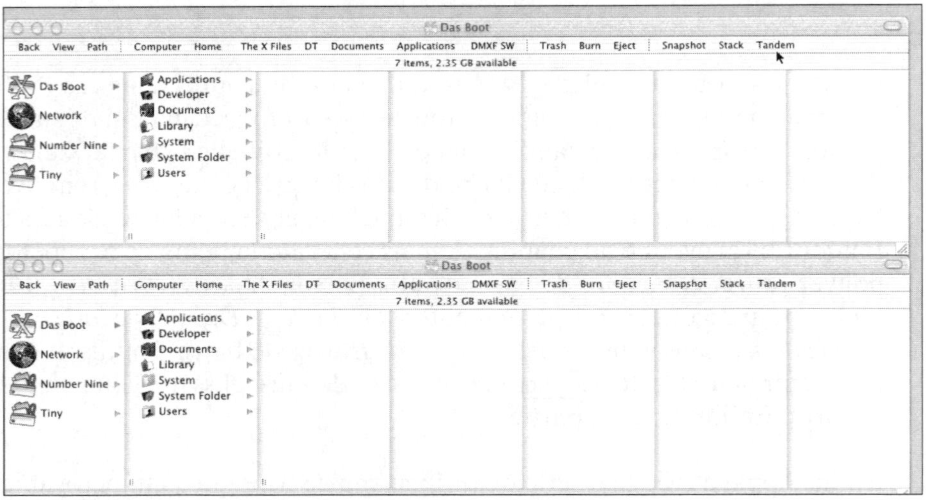

Figure 9.2
Le script de la barre d'outils Tandem dispose deux fenêtres en colonne, l'une au-dessus de l'autre

Et ce n'est que le sommet de l'iceberg. Vous pouvez choisir parmi plus d'une douzaine d'autres scripts, tous aussi impressionnants et capables de vous faire gagner du temps. Vous faites une erreur si vous ne téléchargez pas les quatre dont je vous ai parlé, mais vous en trouverez peut-être d'autres à votre goût. Allez-y maintenant.

La joie des Préférences système

La façon la plus rapide, facile et économique de façonner votre Mac à votre image est d'utiliser ses panneaux de Préférences système. Les sections suivantes montrent les meilleurs ajustements possibles.

Fonds d'écran et motifs

Bien que le fond d'écran Aqua Blue soit le plus beau proposé par défaut sur Macintosh, comme je le disais au chapitre 2, il est facile de le changer. Voici comment faire :

1. Lancez les Préférences système et cliquez sur l'icône *Bureau*.
2. Choisissez une collection, les images de fond Apple, la Nature, l'Abstrait, les Couleurs solides, ou des images depuis le menu pop-up.
3. Cliquez sur celle que vous préférez et votre Bureau affichera cette image instantanément.

Mais Apple ne fournit que 45 images avec Mac OS X. Si vous voulez utiliser vos propres images, il y a deux façons de procéder :

1. Lancez les Préférences système et cliquez sur l'icône *Bureau*.
2. Glissez-y l'image souhaitée, comme à la figure 9.3.

La deuxième méthode est peut-être meilleure si vous voulez changer souvent d'images, car elle vous laisse y accéder directement depuis les Préférences système. Voici comment faire :

1. Lancez les Préférences système et cliquez sur l'icône *Bureau*.
2. Choisissez un dossier plein d'images dans le menu pop-up **Collection** comme à la figure 9.4.

Figure 9.3
Faites glisser une image dans ce cadre, et voilà, c'est sur le Bureau

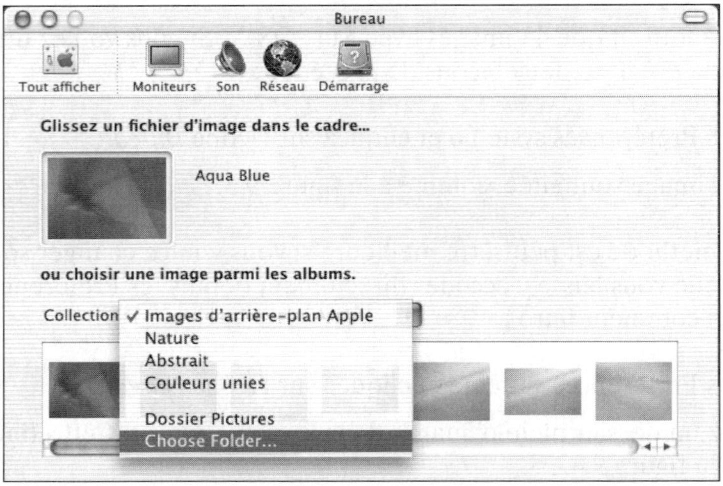

Figure 9.4
J'ai ajouté le dossier "Fonds d'écran" pour un accès plus rapide

Voici deux astuces pour obtenir de meilleurs résultats avec vos fonds d'écran. La première consiste à s'assurer que ces images sont dans un format courant, comme TIF, JPEG ou PICT, sinon elles ne marcheront pas.

Remarque **Incompatibilité**

En d'autres termes, les images sauvegardées en formats natifs Photoshop, Painter, Illustrator ou Corel PHOTO-PAINT ne fonctionneront pas. Utilisez **Fichier/Enregistrer sous** pour les convertir dans un format compatible.

La seconde astuce tient dans le fait que les fonds d'écran ont une meilleure apparence quand ils sont de la même taille ou d'une dimension analogue à votre résolution graphique. À la figure 9.3 vous voyez que mes images ont les chiffres 1 024 ou 1 280 dans leur nom. C'est parce que je préfère la résolution 1 280 x 1 024. Si vous tentez d'utiliser une image qui mesure 400 x 300 sur un Bureau aussi grand, elle sera déformée et de grossière qualité.

Astuce **Retoucher les fonds d'écran**

Vous pouvez utiliser GraphicConverter pour redimensionner les images et les adapter à la résolution de l'écran.

Une dernière chose, si vous êtes comme moi fan de fonds d'écran, il existe plusieurs programmes qui les changent de façon aléatoire à chaque démarrage ou à chaque connexion. Pour plus de détails, voyez la section consacrée aux randomizeurs de Bureau, plus loin dans ce chapitre.

Général

Le panneau Général permet plusieurs réglages utiles, mais le plus appréciable est le menu des couleurs de contraste qui change la couleur du texte et des listes sélectionnés. À mon âge, ma vue n'est pas aussi perçante qu'avant, aussi je préfère une couleur de contraste bien différente de celle de l'arrière-plan aux couleurs prédéterminées. Je choisis donc *Autres* dans le menu **Couleur** et je sélectionne un orange clair, comme le montre la figure 9.5.

Le résultat est que, lorsque je sélectionne un texte dans un document ou un menu, mes vieux yeux le discernent mieux qu'avec les couleurs par défaut fournies par Apple. Dans le panneau Général, vous voudrez sans doute explorer les autres options, flèches et barres de défilement, le nombre d'éléments récemment utilisés (j'aime en avoir 30 plutôt que les cinq qui sont proposés), et le lissage de texte.

Remarque **Lisser les polices**

TinkerTool, un panneau freeware sympa dont je vous parlerai plus tard dans ce chapitre, vous offre plus d'options sur le lissage de polices d'écran que le simple menu par défaut dans Général, alors cela vaut le coup de l'essayer avant de s'attaquer à ce réglage.

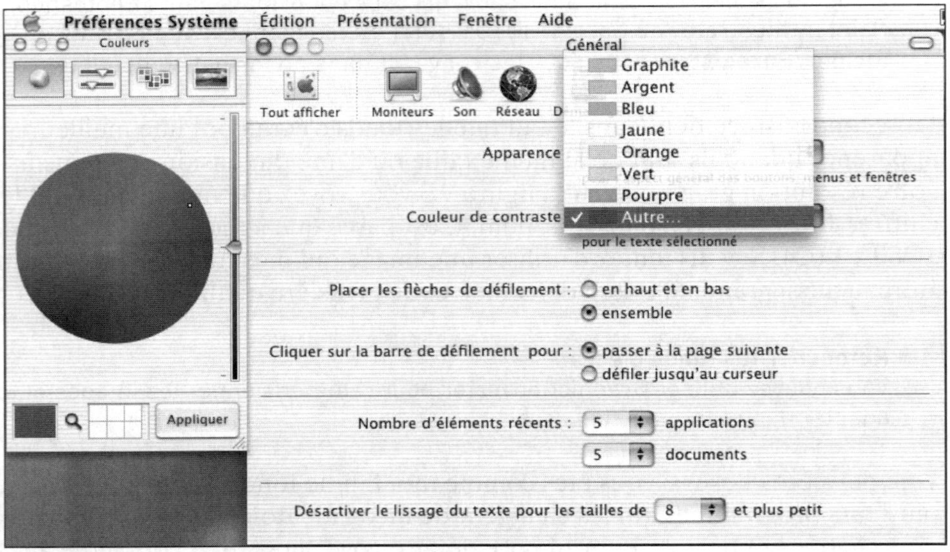

Figure 9.5
Il n'est pas facile de bien le discerner en noir et blanc, mais j'ai choisi une couleur orange clair dans le nuancier

Ouverture

Comme je dispose de pas mal de mémoire vive, j'aime ouvrir automatiquement les logiciels que je dois utiliser à chaque fois que j'ouvre mon Mac, si bien que je les ajoute à l'onglet **Ouverture à la connexion** dans le panneau Ouverture. Tout ce que vous ajoutez ici se lancera automatiquement à chaque ouverture de session. Vous pouvez même ouvrir des dossiers, ce que je fais à la figure 9.6, en faisant glisser le dossier *OuvreMoiAlaConnexion* sur l'onglet **Ouverture à la connexion**.

Plutôt que de faire glisser les documents, dossiers et applications sur l'onglet **Ouverture à la connexion**, comme à la Figure 9.6, vous pouvez utiliser le bouton **Ajouter** et les sélectionner.

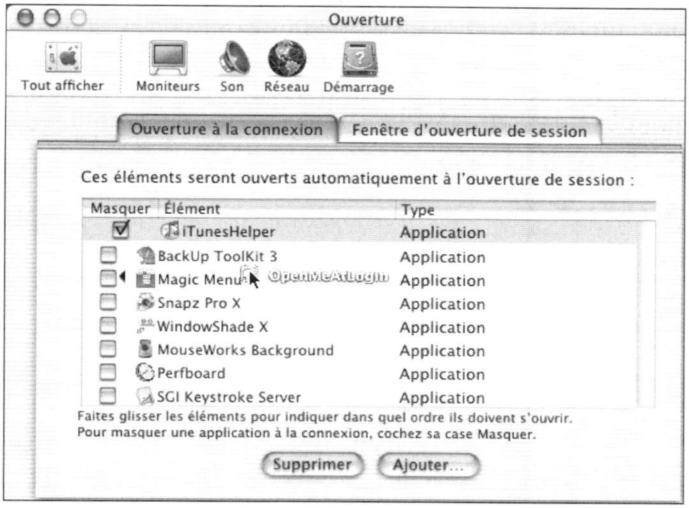

Figure 9.6
J'ajoute un dossier aux nombreuses applications qui s'ouvrent automatiquement à ma connexion

Les éléments de connexion sont pratiques. Je n'ai pas besoin de les chercher ou de les attendre, car tout ce dont j'ai besoin est disponible dès que je me connecte.

Attention **Ouverture**

Mac OS X 10.1.1 a un bogue qui rend inutilisables les éléments d'ouverture, plantant souvent le Mac jusqu'à ce que vous effaciez l'un ou l'autre de vos fichiers de préférences de l'ouverture (*com.apple.loginwindow.plist* et *loginwindow.plist*). Je suis à peu près sûr que ce problème a été résolu, mais si vous vous trouviez un jour dans la situation où votre Mac est figé ou que le curseur ne cesse de tournoyer alors qu'il devrait charger vos éléments de connexion, c'est le seul moyen de corriger le problème. Démarrez sous Mac OS 9 et effacez ces deux fichiers de préférences. Vous devrez remettre tous vos logiciels favoris dans les *Eléments de connexion*, à moins que vous ne disposiez d'une sauvegarde de ces fichiers de préférences, mais c'est un petit prix à payer pour que votre Mac fonctionne à nouveau.

Utilisateurs

Il y a une autre façon de personnaliser la fenêtre de connexion. Vous savez sans doute que vous pouvez attacher une image, un chien, un chat, un oiseau, une fleur, un cactus ou autres à votre nom de connexion, mais saviez-vous que vous pouvez choisir votre propre photo pour que votre login soit plus à votre image ?

Pour réaliser cette opération, ouvrez le panneau Système, cliquez sur votre nom d'utilisateur, puis choisissez le bouton **Modifier Utilisateur**. Si vous voulez être un chat, un chien ou une fleur, faites glisser la photo sur le cadre de l'image de connexion. Mais si vous voulez utiliser un de vos portraits, cliquez sur le bouton **Choisir** pour le trouver avec la boîte de dialogue **Ouvrir**, ou bien faites-le glisser du Finder vers le cadre de l'image de connexion, comme je le fais à la figure 9.7.

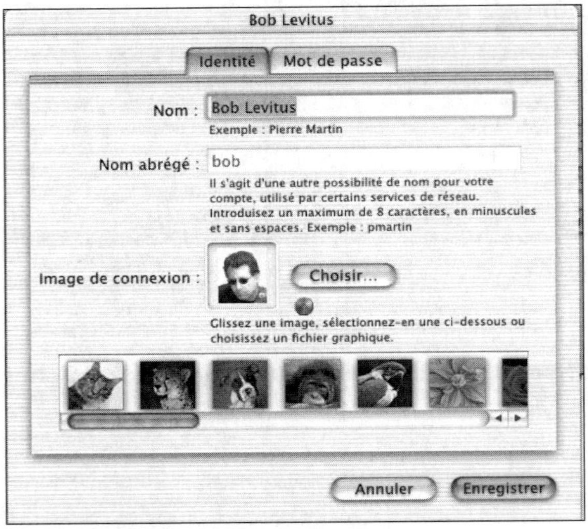

Figure 9.7
La prochaine fois que je me connecterai, mon visage souriant m'accueillera. Mignon, non ?

Accès universel

Si vous êtes comme moi, vous préférez utiliser le clavier autant que possible pour éviter d'avoir à prendre en main la souris. Ne serait-ce pas génial de pouvoir se servir du clavier pour naviguer dans les menus ou choisir des éléments du Dock ?

La bonne nouvelle est que cette fonctionnalité a été prévue par Apple dans l'OS X version 1.1, ce que peu d'utilisateurs ont remarqué. Pour l'activer, ouvrez le panneau Clavier et cliquez sur l'onglet **Accès complet au clavier**. La mauvaise nouvelle est que je n'ai pas réussi à comprendre comment il marche et je l'ai laissé inactif. Il marche bien avec le Finder et le Dock, mais très mal avec les menus des autres programmes, les barres d'outils ou les palettes. J'ai fait le maximum pour tirer parti de cet accès complet au clavier, avec une macro nommée QuicKeys que je décris à la fin de ce chapitre.

Parole

Si vous n'avez jamais fait l'expérience de parler à votre Mac ou qu'il vous parle, cela vaut le coup d'essayer. C'est dans le panneau Parole que la magie s'opère.

La première chose est de parler à votre Mac pour qu'il reconnaisse votre voix et obéisse à vos ordres. Vous n'avez besoin que d'un microphone.

Si vous en avez un à disposition et que vous n'avez jamais essayé, voici comment procéder.

D'abord, branchez votre microphone, puis ouvrez le panneau Parole et cliquez sur l'onglet **Reconnaissance vocale**. Cliquez sur **Activer** pour le mettre en marche et vous verrez apparaître une fenêtre de forme ronde inhabituelle, appelée fenêtre de retour, comme l'illustre la figure 9.8.

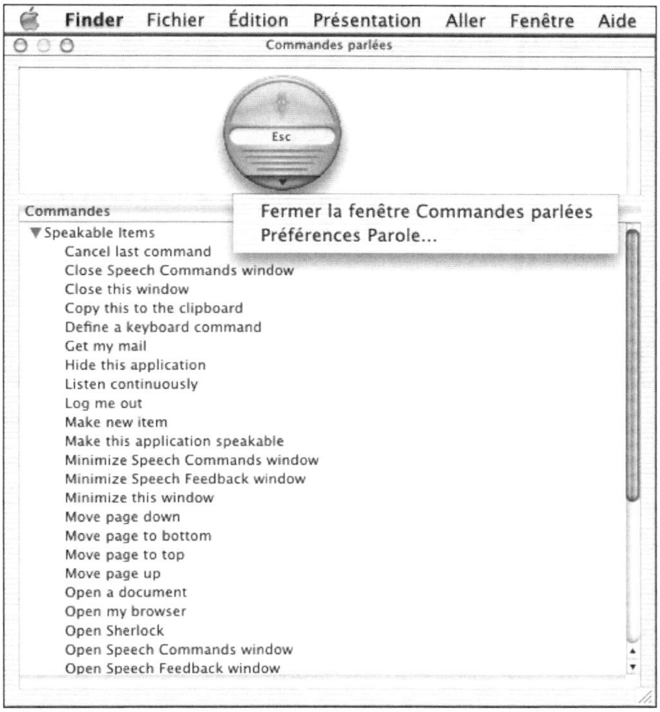

Figure 9.8
Cette fenêtre ronde et les commandes vocales sont au cœur des fonctionnalités de reconnaissance de la parole du Mac

Remarque **En parlant d'éléments**

Cliquez sur la petite flèche noire dans le bas de la fenêtre ronde et choisissez *Ouvrir le dossier Speakable items* si vous ne voyez pas encore cette fenêtre.

Maintenez la touche [Echap] appuyée en disant "racontes-moi une blague". Votre Mac, croyez-moi ou non, vous racontera une blague. Vous pouvez répéter chacune des phrases affichées dans la fenêtre **Eléments prononçables**, c'est-à-dire de **Commandes vocales**, et votre Mac y obéira.

Astuce **Utilité des astuces**

Avant d'aller plus loin, cliquez sur le bouton **Astuces utiles** dans l'onglet **Reconnaissance vocale** et lisez-les. Il serait également judicieux de consulter l'Aide en cherchant les "éléments prononçables".

Il existe une autre astuce qui n'est pas mal. Elle consiste à faire lire votre Mac avec une voix un peu mécanique, mais tout de même assez humaine. Elle est activée par défaut, et pour l'entendre il faut lancer TextEdit (dans le dossier *Applications*) et le tester en saisissant des mots ou en copiant-collant du texte provenant d'autres applications. Sélectionnez le texte que vous voulez entendre ou rien si vous voulez écouter tout le document, puis choisissez *Edition/Parole/Commencer à parler*, comme le montre la figure 9.9.

Figure 9.9 Voici comment faire pour se faire lire un texte avec une voix de robot presque humaine

Notez deux derniers points à propos de cette fonctionnalité.

1. Vous pouvez changer le son et la vitesse de la voix dans le panneau Parole et son onglet **Synthèse vocale**.
2. Cette fonctionnalité marche en arrière-plan (merci à Mac OS X pour ses capacités de multitâche préemptif), si bien que vous pouvez comme moi copier la page texte d'un site web dans TextEdit, puis lancer la lecture en passant à un autre logiciel. C'est comme écouter la radio, sauf que vous choisissez exactement ce que vous voulez entendre.

Je n'ai jamais été capable d'utiliser la reconnaissance vocale plus de cinq minutes, car ce n'est pas encore au point selon moi. Mais je me sers souvent de la synthèse vocale comme je l'ai décrit précédemment, surtout quand je suis pressé et que je ne veux pas m'arrêter de travailler pour lire quelque chose. Je laisse mon Mac me le lire. C'est loin d'être parfait, mais ça me suffit.

Son

Une autre façon de personnaliser votre Mac est de changer les sons que vous entendrez quand il fait bip. Ouvrez les Préférences système et cliquez sur l'icône *Son*, puis sur l'onglet **Alerte**. Cliquez sur les sons de la liste (grenouille, funk, verre, pop, sous-marin ou autre) pour les écouter et choisir votre alerte préférée. Elle restera sélectionnée à la fermeture de l'onglet **Son**. J'ai bien une préférence pour le son d'alerte Purr, mais vous pouvez en chercher un plus à votre goût. Dans le cas peu probable où vous n'en trouveriez pas de satisfaisant, il est assez facile d'en rajouter de votre cru. Vous avez seulement besoin d'un son au format standard AIFF téléchargeable sur de nombreux sites web. J'ai trouvé une imposante liste de sons à télécharger sur **http://dmoz.org/Arts/Music/Sound_Files/Samples_and_Loops/**. Et j'ai découvert plus d'une douzaine de sons d'alerte AIFF intéressants sur **www.zakcomm.com/Gallery/noize/nhtml/sndaif.html**.

Une fois que vous avez un ou plusieurs sons AIFF, vous devez juste les rendre disponibles vis-à-vis du **Son** dans les Préférences système.

9

1. Certains fichiers AIFF utilisent l'extension *.aif* (avec un seul f) et vous devrez leur rajouter le f manquant pour qu'ils fonctionnent. Votre Mac vous demandera de confirmer le changement d'extension de ces fichiers.
2. Il faut déplacer les sons dans le bon dossier de Mac OS X, qui se trouve dans le dossier *Library* (*System/Library/Sounds*). Si vous les réservez à votre usage personnel, placez-les dans votre dossier *Library* personnel (*/votreprenom/Library*).

Remarque **Sons système**

Si vous mettez ces fichiers dans *System/Library/Sounds*, il faudra lire les étapes qui suivent, alors que si vous les placez dans votre dossier *Library* personnel, c'est inutile, vous pouvez déjà tester les nouveaux sons dans les Préférences système.

3. Le dossier *Sounds* dans le dossier *Library* du système est la propriété de root, si bien que lorsque vous tentez de faire glisser des fichiers dans ce répertoire, un message vous avertit qu'il ne peut être modifié.

Vous pouvez résoudre ce problème de deux, voire de trois façons si vous comptez la très difficile méthode manuelle sous le Terminal Unix.

1. Démarrez avec OS 9. Placez les sons dans le dossier */System/Library/Sounds*.
2. Sinon, utilisez un programme de type Super Get Info, Get Info ou Xray.

Attention **Possession des sons**

N'oubliez pas, utiliser ce type de programme (ou Unix) pour changer le propriétaire ou les permissions de mauvais fichiers ou dossiers peut achever Mac OS X. Si vous n'êtes pas sûr du fonctionnement des logiciels ou de ce que vous faites, démarrez plutôt sous Mac OS 9. Et après que vous avez déplacé les fichiers son, vous devrez probablement changer le propriétaire au bénéfice de root.

Économiseurs d'écran

Le panneau Economiseur d'écran des Préférences système vous laisse choisir parmi ceux qui sont proposés avec Mac OS X ; certains sont convenables. Mais vous pouvez facilement en ajouter à votre guise.

Vous devez placer tous les fichiers de screen saver dans le dossier du même nom, dans un sous-répertoire dans *Library*. Si vous voulez que tout utilisateur puisse y accéder, mettez-les dans le dossier principal */System/Library/Screen Savers*. Si vous les réservez à votre propre usage, placez-les dans votre dossier de départ (*/votreprenom/library/*). Si vous les rangez dans le répertoire */System/Library/Screen Savers*, il faudra suivre les étapes décrites précédemment dans la section sur le son, en remplaçant le mot "son" par "screen savers". Si vous les placez dans votre répertoire personnel, inutile de continuer. Ouvrez le panneau Economiseur d'écran des Préférences système et testez-les.

Beaucoup d'économiseurs peuvent être ajoutés, pour la plupart des freewares. Vous pouvez en télécharger à foison sur les sites **www.versiontracker.com**, **www.tucows.com** (ou sur votre site de logiciels Mac OS X favori), ou cherchez avec le mot clé "savers" dans la partie téléchargement de Mac OS X. Vous en trouverez plein.

Remarque **Mauvaises économies**

Comme ils sont gratuits et souvent adaptés de vieux programmes Unix, j'ai remarqué que certains économiseurs peuvent planter quand vous les sélectionnez dans le panneau des Préférences système, ce qui rendra son utilisation impossible jusqu'à ce que vous désactiviez les fichiers défectueux. Si cela se produit, retirez juste ces mauvais fichiers *.saver* que vous veniez d'ajouter dans le dossier. Vous retrouverez ainsi l'usage du panneau Economiseur d'écran.

Une dernière chose que vous savez peut-être déjà mais que je répète au cas où. Quand vous choisissez l'économiseur "basic" par défaut, votre nom d'ordinateur rebondit à l'écran. Si vous n'aimez pas ce nom, ouvrez les Préférences système et le panneau Partage pour le changer.

Un dernier bonus d'Apple

Est-ce que vous avez un jeu ou un logiciel qui a besoin d'un CD qu'on insère pour être lancé ? Si c'est votre cas et si vous voulez éviter de chercher ce CD et de l'insérer à chaque fois que vous voulez jouer, voici comment faire. L'inconvénient de cette méthode, c'est que cela occupe 650 Mo d'espace disque, l'avantage étant d'exécuter un jeu plus vite puisqu'il sera sur un disque rapide plutôt que sur un lecteur de CD-ROM plus lent.

Remarque **Pertinence pour les jeux**

Cette astuce ne relève pas de la personnalisation, mais je ne savais pas où la caser, et elle utilise un logiciel fourni avec Mac OS X, qui ne vous coûtera pas un sou. Je suppose donc qu'elle est malgré tout pertinente.

Cette astuce implique de créer une "image" de votre CD et de la sauvegarder sur votre disque, pour l'utiliser à l'avenir comme si c'était l'original. Voici comment procéder étape par étape :

9

1. Insérez le CD-ROM.
2. Ouvrez l'application Disk Copy (dans *Applications/Utilitaires*).
3. Choisissez *Image/Nouvelle image* à partir d'un périphérique (ou utilisez le raccourci clavier [Commande]+[Shift]+[I]).
4. Choisissez le CD-ROM dans le sélecteur de périphériques et cliquez sur *Image* comme à la figure 9.10.
5. Copiez le nom du CD-ROM et collez-le dans le champ *Enregistrez sous* de la boîte de dialogue **Enregistrer**, si bien que votre image aura exactement le même nom que le CD dont elle est l'imposteur.
6. Choisissez *Lecture seule* dans le menu **Format d'image** de la boîte de dialogue **Enregistrer**.
7. Cliquez sur *Image* pour enregistrer l'image sur votre disque comme à la Figure 9.11.

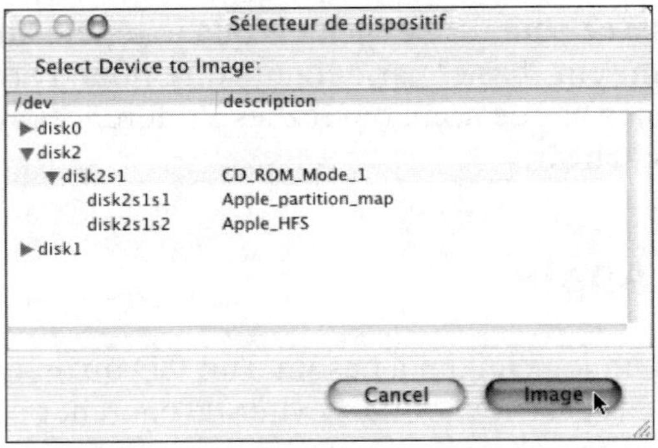

Figure 9.10
Sélectionner le CD-ROM dans le sélecteur de périphériques

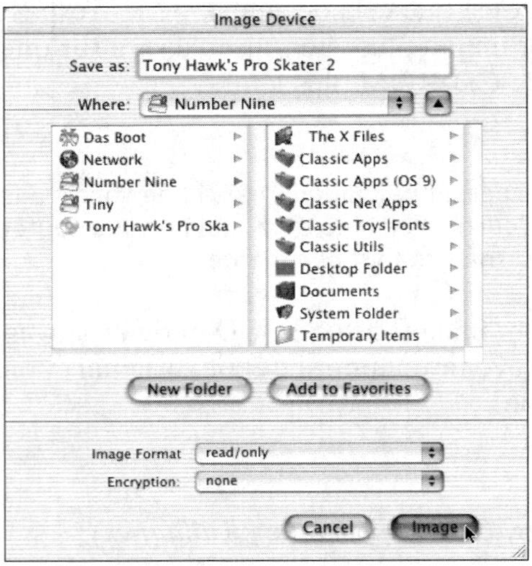

Figure 9.11
Enregistrement du fichier d'image sur Number Nine

Maintenant allez faire du café ou un tour, car cela va prendre du temps de créer ce fichier d'image. Quand c'est fini, Disk Copy affiche un message vous informant que l'image a été créée avec succès, et vous aurez un fichier d'image de plus de 500 Mo (se distinguant par l'extension *.dmg*) sur votre disque dur.

Vous pouvez éjecter le vrai CD maintenant et le ranger car vous n'en avez plus besoin. La prochaine fois que vous voudrez lancer un jeu, ouvrez le fichier DMG et Disk Copy le transformera dans une copie parfaite du CD et le montera sur votre Bureau, comme le montre la Figure 9.12. Cool, non ?

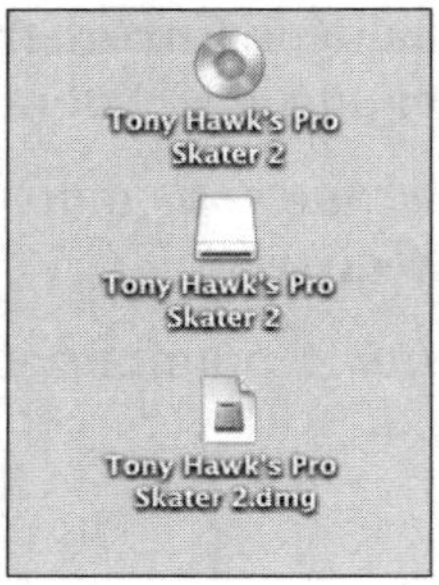

Figure 9.12
Le vrai CD en haut, la réplique au milieu, et le fichier .dmg qui la crée et la fait apparaître en bas

Ce qui n'est pas fourni par Apple

Apple s'emploie à mettre à votre disposition un environnement de travail que vous pouvez vous approprier. Mais il y a beaucoup d'autres astuces, de techniques et de produits additionnels pour le personnaliser encore plus. Dans cette partie, nous verrons un certain nombre.

Nouveaux menus

L'une des premières choses que l'utilisateur de Mac OS 9 remarque sous OS X est que les menus sont différents. Certains ont la nostalgie du vieux menu **Applications** que l'on avait dans le coin supérieur gauche. D'autres trouvent que le Dock n'est pas un remplaçant intéressant de ce bon vieux menu **Pomme** dans Classic. Pour beaucoup d'entre nous ce n'est pas suffisant, nous voulons toujours qu'il fasse plus. N'en demandons-nous pas trop ?

La partie suivante détaille des fonctionnalités avancées des menus qui rendent Mac OS X plus facile, et les deux premiers cas, les menus ASM et Classic sont plus comme les menus de Mac OS 9 que vous connaissez et aimez tant.

ASM

9

ASM est une élégante résurrection du vieux menu **Application** Classic avec plein de fonctionnalités avancées pour Mac OS X. À la figure 9.13, vous pouvez à la fois voir le menu ASM (le menu cool de Bob) et l'onglet principal du panneau ASM dans les Préférences système.

Ce qui rend ASM si bon est la profusion d'options originales que vous trouverez dans le panneau des Préférences système. Comme vous le voyez, les **Options de Barre des menus** vous permettent de l'activer ou de la désactiver, de choisir si une icône ou un titre apparaissent ensemble ou non dans cette barre, de déterminer la largeur du menu, son alignement, son ordre, et d'activer ou non ces jolies ombres portées.

Astuce **Tuer les ombres**

En parlant de ces ombres, elles sont bien jolies mais demandent beaucoup de temps processeur pour se redessiner au vol. Si votre Mac n'est pas aussi musclé que vous le souhaiteriez, je vous suggère de les désactiver dans certains logiciels ou d'utiliser ShadowKiller (un freeware de brillants programmeurs de Unsanity, que vous trouverez sur le CD du livre) pour désactiver les ombres de façon globale. Les utilisateurs de G3 y trouveront leur compte, mais faites de même avec votre G4. Cela ne coûte rien et vos performances en dépendent.

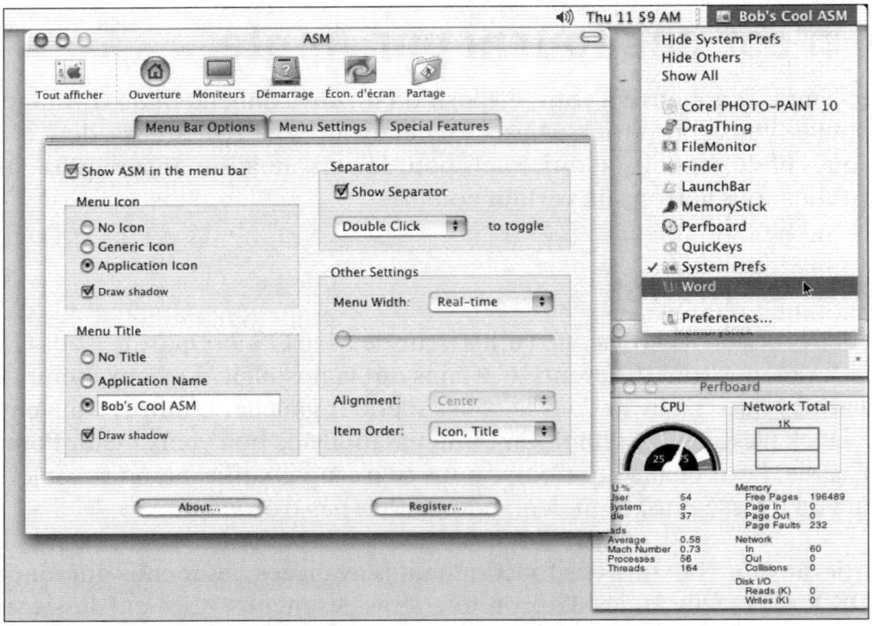

Figure 9.13
ASM n'est pas comme le menu Application de Classic, mais bien meilleur

Quoi qu'il en soit, revenons à ASM. Plutôt que d'expliquer toutes les autres options qu'il offre, les Figures 9.14 et 9.15 illustrent deux autres onglets dans les Préférences système, **Réglages de menu** et **Fonctions spéciales**.

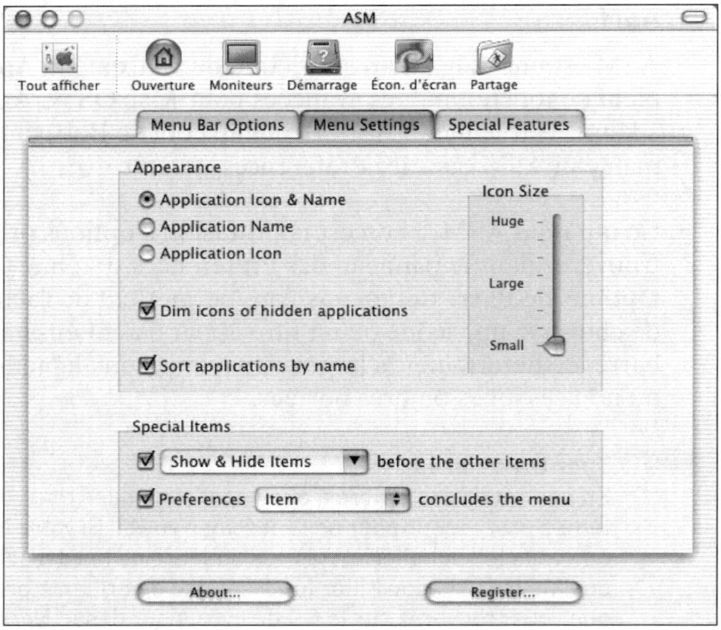

Figure 9.14
L'onglet Réglages de menu gère toute l'apparence des menus ASM

Ces images expliquent tout, donc je ne vous parlerai que d'un aspect que je considère intéressant. Il s'agit du mode Application simple, que j'ai activé dans le Finder. Il permet de cacher toutes les autres applications quand j'utilise le Finder. Une case à cocher peut empêcher certaines applications de se cacher dans le mode Application simple. C'est ce que j'ai fait avec Perfboard, MemoryStick et DragThing à la figure 9.15. Quand j'utilise le Finder, ces trois logiciels demeurent visibles en permanence. J'aime particulièrement cette fonctionnalité si bien pensée par Apple pour son OS X. Comme ASM est gratuit, c'est une bonne raison de l'essayer et je prédis que vous l'aimerez.

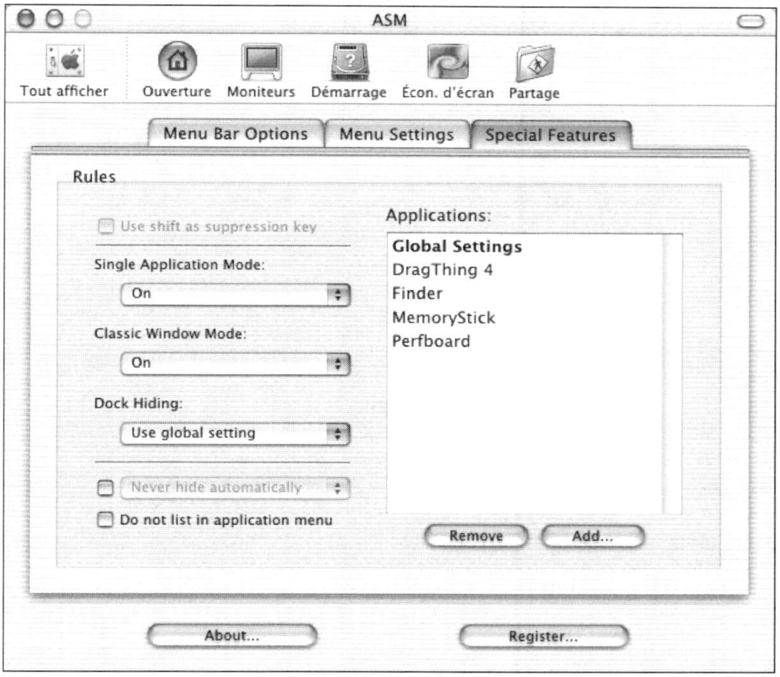

Figure 9.15
L'onglet des fonctionnalités spéciales vous laisse les activer globalement ou application par application

Menu Classic

Le menu Classic fonctionne à l'opposé de la barre de menus ASM, dans le coin supérieur gauche, en remplaçant le menu **Pomme** de Mac OS X par celui que vous connaissiez et que vous aimiez dans Mac OS 9. Contrairement au menu **Pomme** statique, non configurable d'OS X, le menu Classic vous laisse ajouter ce que vous voulez dans le menu **Pomme**.

Contrairement à ASM, le menu Classic est une application. Quand vous le lancez pour la première fois, il installe un répertoire appelé *Eléments du menu Classic* dans votre dossier *Preferences*. À partir de là, tout ce que vous placez dans ce dossier apparaîtra dans le menu **Pomme**, comme le montre la figure 9.16.

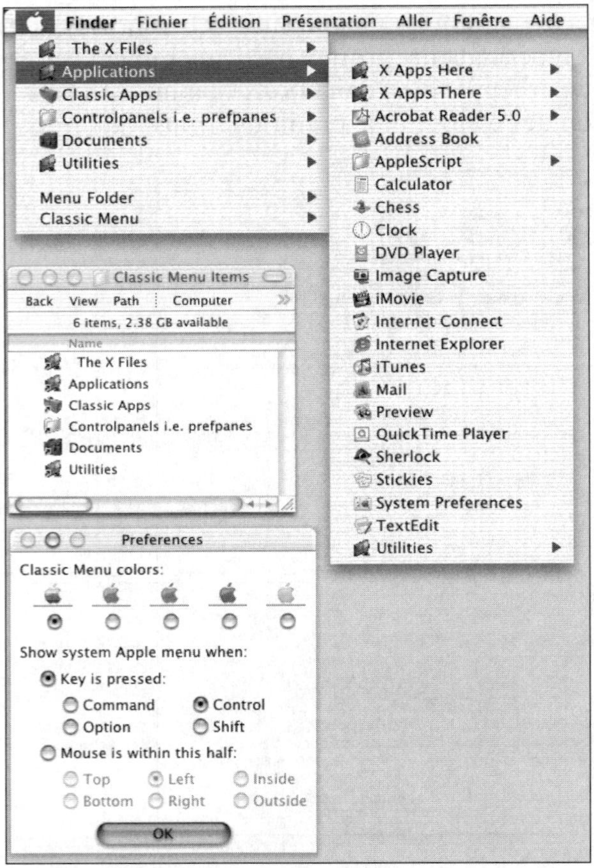

Figure 9.16
Mon dossier Eléments du menu Classic, une version du dossier Eléments du menu Pomme, et la boîte de dialogue de ses préférences

Si vous voulez utiliser un de ces éléments dans le menu **Pomme** d'OS X, appuyez sur la touche Ctrl, puis cliquez sur **Pomme**. Le menu **Pomme** d'OS X se déroule au lieu de celui de Classic.

Entre ces deux menus étendus, ASM et Classic, vous récupérez l'essentiel des fonctionnalités des menus de Mac OS 9 sans quitter le confort de Mac OS X. Vous pouvez utiliser ASM et Classic en même temps si vous les aimez tous les deux. Une dernière chose avant de poursuivre, Classic Menu n'est pas gratuit.

Si vous l'aimez, payez-le. La version non enregistrée est pleinement utilisable, mais affiche régulièrement un rappel pour acheter la licence.

Je parlerai plus de Drop Drawers X, qui est aussi très bien, au chapitre 14.

Menu contextuel de Stuffit Deluxe Magic Menu

Si vous envoyez et recevez des fichiers, en déchargez ou en téléchargez, vous connaissez certainement Stuffit, le standard de compression pour Macintosh de longue date. Stuffit Expander, une version gratuite se contentant de décompresser, a été livrée sur chaque Mac pendant des années. Mais peu de gens connaissent son grand frère plus cher et imposant, Stuffit Deluxe, un ensemble de logiciels d'Aladdin Systems (**www.aladdinsys.com**).

Stuffit Deluxe est une solution complète de compression-décompression pour Mac OS X. Si vous n'êtes pas sûr de savoir de quoi il s'agit, pas de panique, j'en parlerai plus au chapitre 14. Mais pour l'instant, je voudrais vous parler de la fonctionnalité que j'utilise le plus, le Magic Menu. Il vous permet de décompresser, d'encoder ou de compresser un fichier ou un dossier, cela sans recourir au lancement d'une application séparée. De plus, il marche avec tous les formats de compression populaires sous Mac, PC et Unix, dont les Stuffit (*.sit*), les archives auto-extractibles (*.sea*), MacBinary (*.bin*), BinHex (*.hqx*), Zip (*.zip*), Unix Encode (*.UU*), Tape archive (*.tar*), Unix compress (*.Z*), Bzip, Gzip et autres.

Voici une petite démonstration. Disons que j'ai un dossier contenant 80 éléments pour un total de 20,9 Mo d'espace disque. Le fait de les "stuffer" va me donner un seul fichier de taille moindre. Je sélectionne alors le dossier et j'utilise l'un des Magic Menu, comme l'illustrent les figures 9.17 et 9.18.

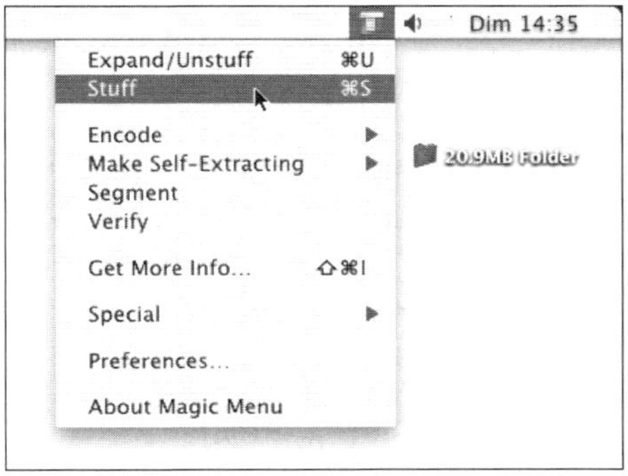

Figure 9.17
Stuffer un dossier en utilisant le Magic Menu dans la barre de menus

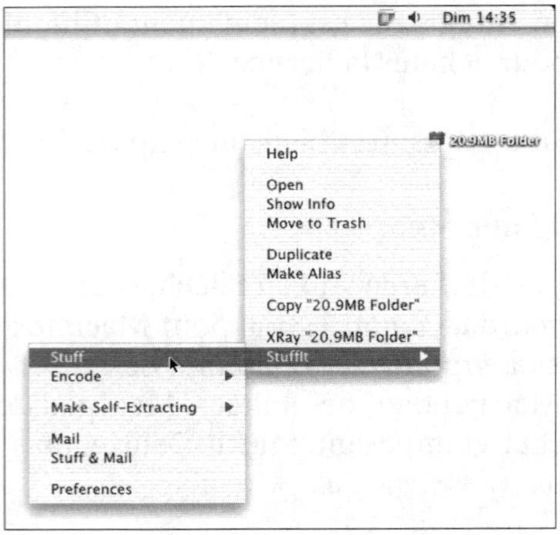

Figure 9.18
Stuffer le même dossier en utilisant le menu contextuel (Ctrl+clic) de Magic Menu

Dans les deux cas, on parvient au même résultat. J'obtiens un fichier d'archives Stuffit (*.sit*) qui occupe à peine 2,4 Mo d'espace disque, comme le montre la figure 9.19.

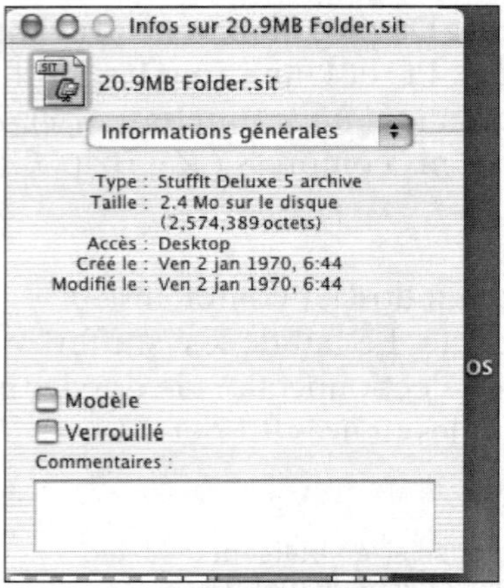

Figure 9.19
Le fait de "stuffer" ce dossier réduit sa taille de 90 %

Comme vous pouvez vous en douter, envoyer un fichier de 2,4 Mo sur Internet comme pièce jointe d'un e-mail prendra moins de temps que d'envoyer 80 fichiers totalisant 20,9 Mo.

Une autre fonctionnalité clé consiste à utiliser le menu contextuel pour encoder les fichiers dans plus d'une douzaine de formats de compression, dont des variantes de Zip, Tar, UU BinHex et autres (voir figure 9.20).

Figure 9.20
Une douzaine de choix de compression devraient vous satisfaire

Et cela, mon ami, est le grand avantage de Magic Menu. Je peux tout faire par l'un des menus sans lancer un programme séparé. Et bien que l'on n'observe pas toujours des résultats aussi spectaculaires (30 à 60 % de réduction de taille sont plus courants), on créera toujours des fichiers plus petits.

Script Menu

Avant de passer à autre chose, laissez-moi vous présenter un dernier menu, le versatile Script Menu, disponible sur **www.apple.com/macosx/script_menu/**.

Astuce **Plein de ressources**
Vous trouverez également à cette adresse un paquet de scripts à utiliser dans Script Menu.

Ce Script Menu, comme les Toolbar Scripts précédemment cités, facilite l'usage d'AppleScript. Activez la barre de menus et effectuez une douzaine d'opérations en un tour de main, comme le montre la figure 9.21.

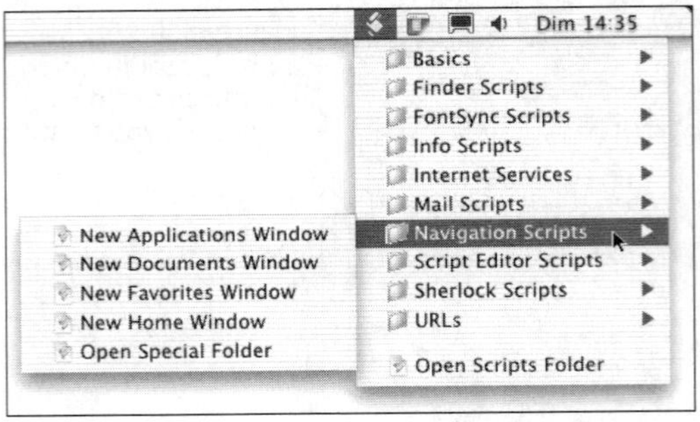

Figure 9.21 C'est rapide, pratique et gratuit, c'est Script Menu

Pour l'utiliser, il faut le télécharger (un fichier *ScriptMenu.menu*), ainsi que d'autres scripts, sur le site Apple que je viens d'indiquer. Faites ensuite glisser l'icône de *ScriptMenu.menu* dans la barre de menus.

Astuce

Faire glisser le menu script

Pour déplacer l'icône de Script Menu dans votre barre de menus, appuyez sur [Commande], puis cliquez sur l'icône dans votre barre de menus et faites-la glisser. Malheureusement, vous ne pouvez que la faire glisser dans les coins gauches ou droits dans la barre d'icônes d'autres menus, vous ne pouvez pas la placer au milieu ou dans la partie gauche la plus éloignée.

Enfin, ouvrez soit le dossier *Library* du niveau root, soit votre dossier *Library* de départ, créez un dossier appelé *Scripts* s'il n'existe pas déjà, et placez-y vos scripts ou des sous-répertoires en contenant. Quand vous déroulerez le menu script, vous verrez le contenu de ce dossier comme à la figure 9.22.

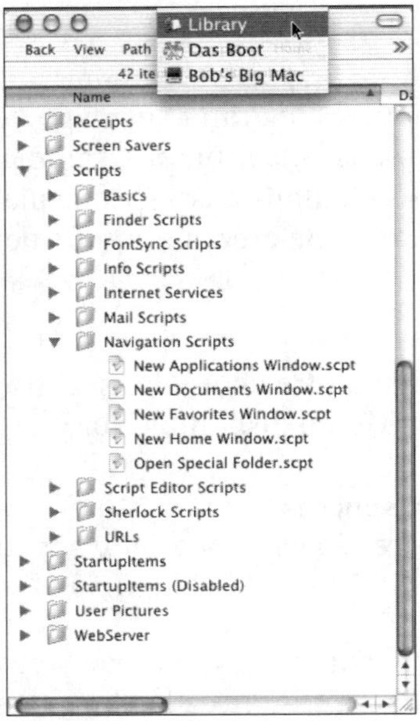

Figure 9.22 Voici les éléments que vous voyez dans le Script Menu de la figure précédente

Bureau et Dock

Le Bureau et le Dock sont deux aspects facilement personnalisables dans Mac OS X, et vous trouverez beaucoup de logiciels tiers pour vous y aider. Vous découvrirez de nombreux habillages (icônes, docklings et autres utilitaires) au chapitre 14, mais pour le moment, voici quelques-uns de ceux que j'aime beaucoup.

N'oubliez pas, comme vous l'avez appris dans la section *Rapide diversion sur les icônes* du chapitre 2, vous pouvez remplacer n'importe quelle icône ou image par une autre de votre choix. C'est encore un autre moyen d'embellir votre Bureau, mais comme je vous ai déjà dit comment procéder, je n'y reviendrai pas.

Randomizeur de Bureau

Aimez-vous utiliser des images comme fond d'écran du Bureau ? Aimeriez-vous que ces images alternent automatiquement, dans un ordre aléatoire ? J'ai le freeware qu'il vous faut : Desktop Randomizer. Il ne peut pas être plus facile à installer et à utiliser.

Remarque **Installation**

En fait, aucune installation n'est nécessaire, et si vous placez Desktop Randomizer dans vos éléments d'ouverture, vous ne l'utiliserez pas vraiment non plus, il change juste votre image de fond quand vous vous connectez.

Voici comment il fonctionne (cela ne prendra qu'une seconde) :

1. Lancez Desktop Randomizer.
2. Cliquez sur le bouton **Choisir Dossier**, comme le montre la figure 9.23.
3. Explorez un dossier contenant plus d'une image dans les formats populaires dont GIF, TIF, JPEG. Après avoir sélectionné le dossier dans la boîte de dialogue **Ouvrir Fichier**, cliquez sur **Choisir**.
4. Fermez Desktop Randomizer.

C'est tout. Désormais, à chaque fois que vous lancerez Desktop Randomizer, une nouvelle image sera choisie de façon aléatoire dans le dossier spécifié à l'étape 3 pour devenir votre fond d'écran.

Pour changer le dossier à partir duquel vos images sont choisies, maintenez la touche Option quand vous lancez Desktop Randomizer et la fenêtre de la figure 9.23 réapparaîtra. Si vous n'utilisez pas la touche Option, cet utilitaire changera juste l'image de fond sans afficher la fenêtre.

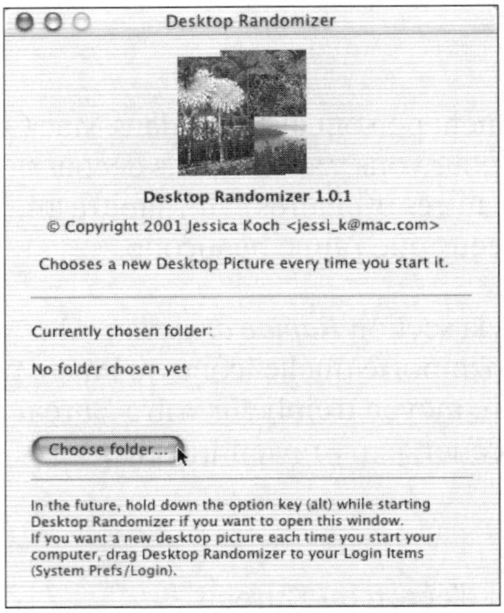

Figure 9.23
C'est tout le programme. Simple, hein ?

Si vous voulez que tout soit totalement automatique, faites glisser juste Desktop Randomizer dans l'onglet **Eléments d'Ouverture** des Préférences système, et à chaque fois que vous vous connecterez, vous serez accueilli par une nouvelle image. À la figure 9.24, vous pouvez voir quatre images de mon Bureau placées immédiatement après que j'ai lancé Desktop Randomizer.

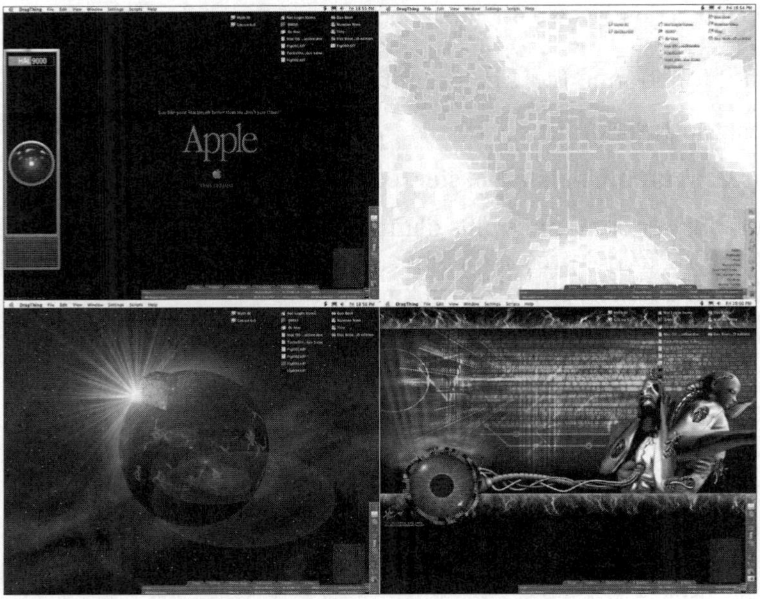

Figure 9.24
Quatre des 200 images dont je dispose

Astuce **Dans le fond**

Comme je le disais au chapitre 2, je trouve la plupart de mes fonds d'écran sur **www.macdesktops.com**. Je réalise le reste moi-même en utilisant soit Photoshop, soit GraphicConverter.

Saluons la charmante et talentueuse Jessica Koch qui a écrit Desktop Randomizer et l'a rendu gratuit pour la communauté Mac.

Snard

Qu'est-ce qu'un Snard ? La réponse la plus courte est que le Snard est un dockling qui rend le Dock plus puissant. Une autre explication plus longue et technique dirait que le Snard est un lanceur aux fonctions multiples. Vous pouvez le faire travailler comme un menu Système (comme Son, Affichage ou Script) ou comme un dockling (un logiciel qui vit dans le Dock). Réalisé par Gideon Softworks, il est plutôt facile d'emploi. Il réduit le désordre du Dock et de l'écran en remplaçant beaucoup de dossiers et d'icônes par un menu pratique auquel vous accédez par le Dock et/ou la barre de menus.

Mais résumer Snard à un lanceur serait comme résumer le Texas à un État. C'est un lanceur et bien plus. En plus de lancer des logiciels, voici ce qu'il fait :

- Autoriser l'accès direct à chaque panneau de Préférences système (de loin ma fonctionnalité préférée)
- Lancer des applications en tant qu'administrateur
- Faire une recherche locale ou Internet via Sherlock
- Personnaliser des environnements de travail, en lançant d'un seul clic plusieurs programmes ou en ouvrant plusieurs documents
- Accéder aux éléments récemment utilisés par les menus **Aller** ou **Pomme**

Je crois fermement au vieux dicton "Une image vaut mieux qu'un long discours". La figure 9.25 vous décrira donc Snard comme un dockling, quand la figure 9.26 vous le montrera comme un menu Système, la figure 9.27 affichera Snard accédant aux panneaux des Préférences système, et la figure 9.28 montrera sa facilité d'utilisation avec sa fenêtre **Config**, par laquelle la magie se produit.

J'avoue que je n'utilise que la partie dockling au détriment du menu Système. C'est-à-dire que tous mes éléments de navigation et d'organisation se trouvent dans la partie inférieure droite de mon écran. Je veux donc y trouver Snard. Mais indépendamment de la façon dont vous l'utilisez, c'est un petit programme qui réalise de grandes choses sans prendre de l'espace à l'écran.

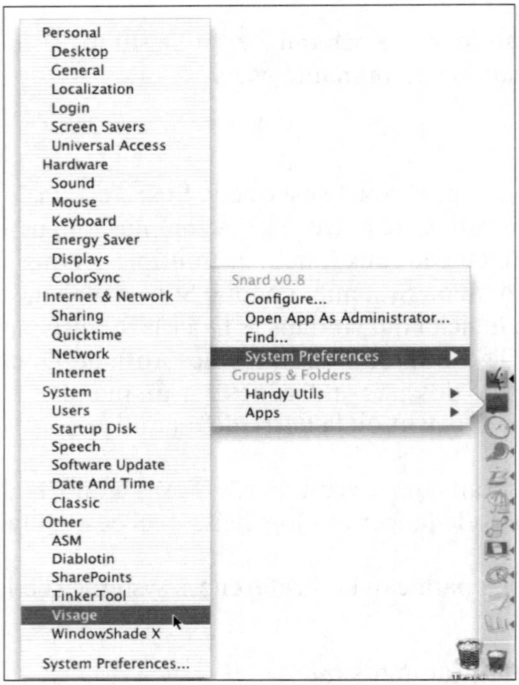

Figure 9.25
Snard travaille comme un dockling (ici affichant le menu des Préférences système)

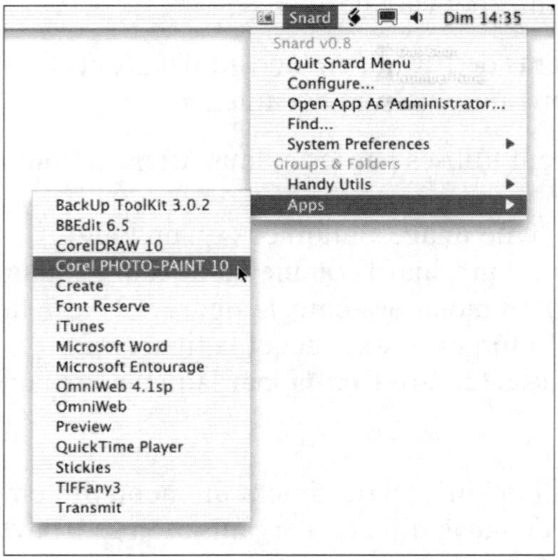

Figure 9.26
Snard peut aussi fonctionner comme un menu Système (montrant ici le menu Apps que j'ai créé pour accéder à mes logiciels favoris)

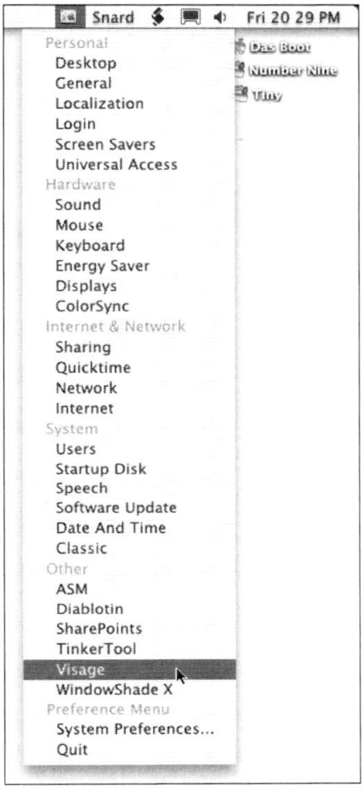

Figure 9.27
Snard a un accès séparé et direct au menu Préférences système si vous le souhaitez (les deux menus sont en option)

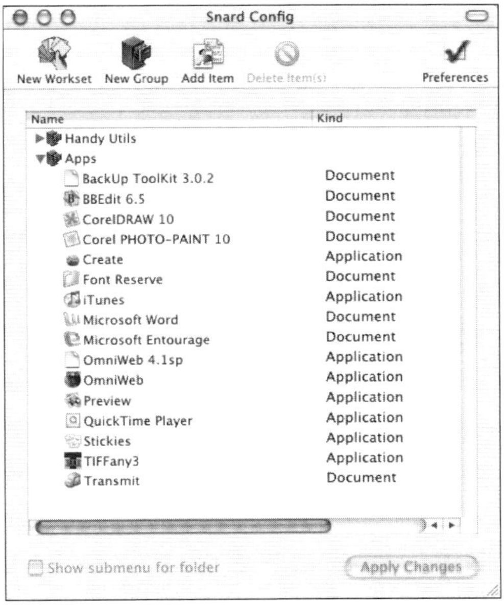

Figure 9.28
Snard est facile à paramétrer, en glissant des icônes dans sa fenêtre Config

Cliquez sur la case à cocher *Préférences* dans la fenêtre **Config** de Snard et vous pourrez sélectionner une nouvelle icône. Vous en trouverez de belles sur le site de Gideon (**www.gideonsoftworks.com/snard.html**) pour commencer. J'en ai téléchargé plein comme vous le verrez à la figure 9.29.

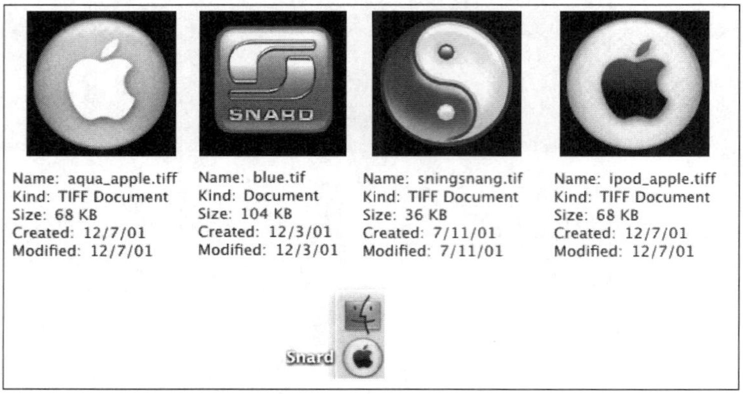

Figure 9.29
Aperçu des icônes Snard (en haut) et ce à quoi elles ressemblent une fois installées (bas)

Snard est un shareware pleinement fonctionnel, mais il coûte seulement 8,8 $. Si vous l'essayez et devenez un inconditionnel, faites une bonne action et envoyez à l'auteur le prix qu'il demande, il l'a bien gagné. Double-cliquez sur le document d'enregistrement dans le dossier *Snard*. C'est rapide, facile et suffisamment bon marché pour que vous en preniez un pour vous et un pour l'un de vos amis. ("Qu'as-tu acheté à Bob pour son anniversaire ? Ben, je lui ai offert des chaussettes et un Snard...")

Pas de gain sans peine

Les trois outils de personnalisation qui suivent sont parmi mes préférés pour Mac OS X. Ils ont tous des panneaux de Préférences système, modifient l'apparence de votre Mac, et deux d'entre eux (WindowShade X, TinkerTool) lui ajoutent des fonctionnalités.

Remarque **Redevance**

J'utilise ces trois programmes depuis le jour où ils sont apparus, et je me suis acquitté de la redevance shareware pour les deux qui l'exigeaient sans les avoir essayés pendant des heures.

Avant de continuer, faisons un peu d'histoire. Quand Mac OS X est apparu le 24 mars 2001, ce n'était qu'une question de jours pour que les utilisateurs expérimentés découvrent les nombreuses options du Finder, du Bureau, du Dock des polices ou les autres pièces du système d'exploitation qui pouvaient être bricolées, mais Apple ne fournissait rien à cet effet. Si vous vouliez modifier ces éléments cachés, vous deviez vous servir de la ligne de commande du Terminal.

Mais alors, des programmeurs ont pris conscience que beaucoup d'utilisateurs de Mac ne voulaient pas utiliser la ligne de commande. Et ainsi, des programmes visuels sont apparus pour débloquer ces fonctionnalités cachées sans galérer dans le Terminal.

Avec la présentation de Mac OS X 10.1 en octobre 2001, Apple a pensé l'architecture des Préférences système en trois parties. Dès lors, les programmeurs ne devaient pas seulement écrire des programmes visuels pour tirer parti des fonctions cachées, ils pouvaient aussi créer des panneaux de Préférences système avec ces mêmes fonctions inédites. Dans cette partie, vous trouverez trois des meilleurs exemples de panneaux de Préférences système ajoutés.

Installer d'autres préférences système

Quelques panneaux de Préférences système incluent une procédure d'installation (WindowShade X et ASM). Si c'est le cas, utilisez-la. Mais si vous tombez sur un qui n'en a pas (comme TinkerTool et Visage), suivez ces instructions simples pour les installer.

Vous pouvez les identifier grâce à leur extension *.prefPane*, *ASM.prefPane*, *TinkerTool.prefPane*, *Visage.prefPane*, et ainsi de suite.

Pour installer tout panneau de Préférences système additionnel à la main :

- Faites-le glisser dans le dossier *PreferencePanes* dans /Users/votredossier_de_départ/Library.

Si vous n'avez pas encore de dossier *PreferencePanes*, créez-en un maintenant et glissez-y les fichiers *.prefPane*. Assurez-vous de bien nommer *PreferencePanes* comme vous le lisez ici, deux P majuscule et sans espace, et mettez-le dans le dossier *Library* (par le sous-répertoire), sinon il ne sera pas reconnu par Mac OS X et son panneau de Préférences système.

Nous commencerons par l'outil gratuit TinkerTool.

9

TinkerTool

Ne vous méprenez pas, ce n'est pas parce que TinkerTool est gratuit qu'il n'est pas bon de l'utiliser. C'est un bel ouvrage et j'en ai utilisé dix à douze versions (le créateur de cet outil, Marcel Bresink le met à jour régulièrement pour éliminer les bogues et ajouter de nouvelles fonctionnalités). Et il figure toujours parmi mes outils préférés pour Mac OS X.

TinkerTool n'implémente pas de fonctionnalités par lui-même. Il débloque juste des fonctions non documentées qu'Apple a créées dans les applications de Mac OS X. En d'autres termes, tout ce qu'il fait est d'activer ou de désactiver des fonctionnalités qu'Apple avait prévues sans en laisser le contrôle à l'utilisateur.

Voici quelques opérations que vous pouvez faire avec TinkerTool sans utiliser la ligne de commande :

- Activer/désactiver le Bureau Mac OS
- Désactiver l'effet d'animation à l'ouverture d'un fichier
- Afficher les fichiers cachés dans le Finder
- Gérer les options d'échelle pour les images de fond d'écran
- Établir la position et l'attache du Dock
- Sélectionner l'effet d'animation du Dock
- Utiliser des icônes transparentes pour lancer des applications cachées
- Sélectionner différents styles pour l'affichage des applications Cocoa
- Rendre la fenêtre du Terminal semi-transparente
- Contrôler le lissage de texte dans toutes les applications de Mac OS X

Remarque **Au choix**

Je vous laisse explorer la plupart de ces options mais je ne vous en montre que les plus pratiques.

Comme vous l'avez observé tout à long de ce livre, je préfère placer mon Dock dans le coin droit inférieur de mon Bureau. Apple vous donne le choix entre la gauche, le bas, la droite dans les Préférences système du Dock, mais ne vous laisse pas décider exactement de l'endroit où vous voulez le placer. TinkerTool vous laisse attacher le Dock au début et à la fin de chaque position. La mienne est donc à la fin de la position droite, comme vous l'avez vu dans d'innombrables captures d'écran. La figure 9.30 montre TinkerTool avec mes options de Dock. Vous aimerez sans doute d'autres combinaisons, essayez-les donc toutes.

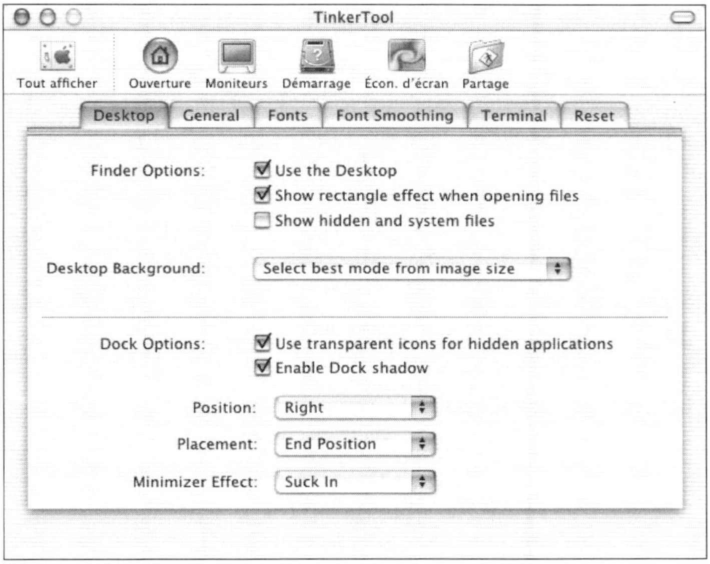

Figure 9.30
Ce sont les paramètres de Bureau que je préfère avec TinkerTool

Astuce **Effets ralentissants**

L'effet Minimizer Genie par défaut semble plus ralentir votre Mac que les autres effets. Vous devriez essayer les effets Suck In et Scale.

L'autre option de TinkerTool que j'apprécie le plus est celle du Terminal transparent dans l'onglet **Terminal**. Le mien est visible à 35 %, si bien que je peux voir ce qu'il y a derrière sans le bouger ou le minimiser. Comme vous le verrez à la figure 9.31, Perfboard et MemoryStick peuvent être vus à travers la fenêtre de Terminal transparente.

Remarque **Prise d'effet des options**

Certaines options de TinkerTool exigent que vous vous déconnectiez puis que vous vous reconnectiez pour prendre effet. Si c'est le cas, TinkerTool affichera un message dans le bas de sa fenêtre.

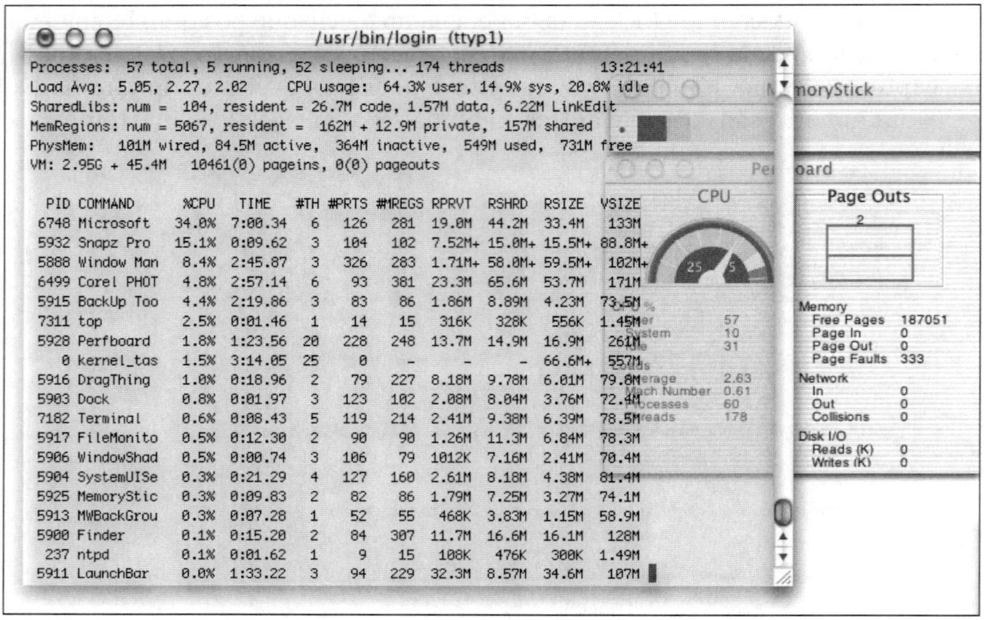

Figure 9.31
L'astuce de la fenêtre de Terminal transparente est top, non ?

WindowShade X

Quand j'ai commencé à utiliser Mac OS X, je n'ai pas pu croire qu'Apple avait retiré la merveilleuse fonctionnalité WindowShade que nous aimions tant sous Mac OS 8 et 9. Mais ils l'ont fait, et elle est partie sans laisser de trace. Mac OS X n'a pas de fonction WindowShade cachée, et vous ne pouvez donc pas l'activer par la ligne de commande ou par un autre moyen. Pendant des mois, je n'ai pu que la regretter amèrement.

Mais un jour WindowShade X est apparu sur la page Mac OS X de **VersionTracker.com**. Je ne pouvais attendre de la télécharger et de l'installer. Cet outil restaure pleinement les fonctionnalités de WindowShade, et de plus apporte une nouvelle astuce comme vous allez le voir dans un moment.

La figure 9.32 montre le panneau de Préférences système de WindowShade X.

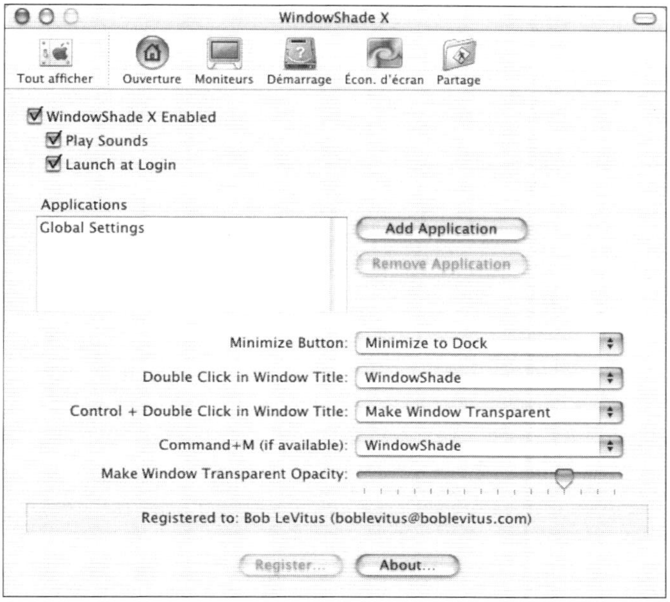

Figure 9.32
Si simple mais superflu, WindowShade X me fait sauter de joie et chanter "alléluia"

Quand je double-clique sur la barre de titre d'une fenêtre, elle se referme comme un WindowShade.

Figure 9.33
Avec des remerciements à Bruce Springsteen, avec WindowShade X, vous pouvez refermer les fenêtres et laisser le vent souffler dans vos cheveux ("Let the wind blow back your hair")

Vous devez apprécier, mais attendez, si je double-clique sur la barre de titre d'une fenêtre en maintenant la touche Ctrl enfoncée, cette fenêtre devient transparente, mais demeure active et utilisable comme le montre la figure 9.34.

C'est très cool et cela ne fait pas partie de la fonctionnalité de l'antique WindowShade dans OS 8 et 9.

Quelle que soit la façon dont vous l'appelez, WindowShade est super. Si vous aimiez WindowShade dans OS 9, vous adresserez à Unsanity leurs 6,16 de redevance shareware pendant les cinq minutes de son installation.

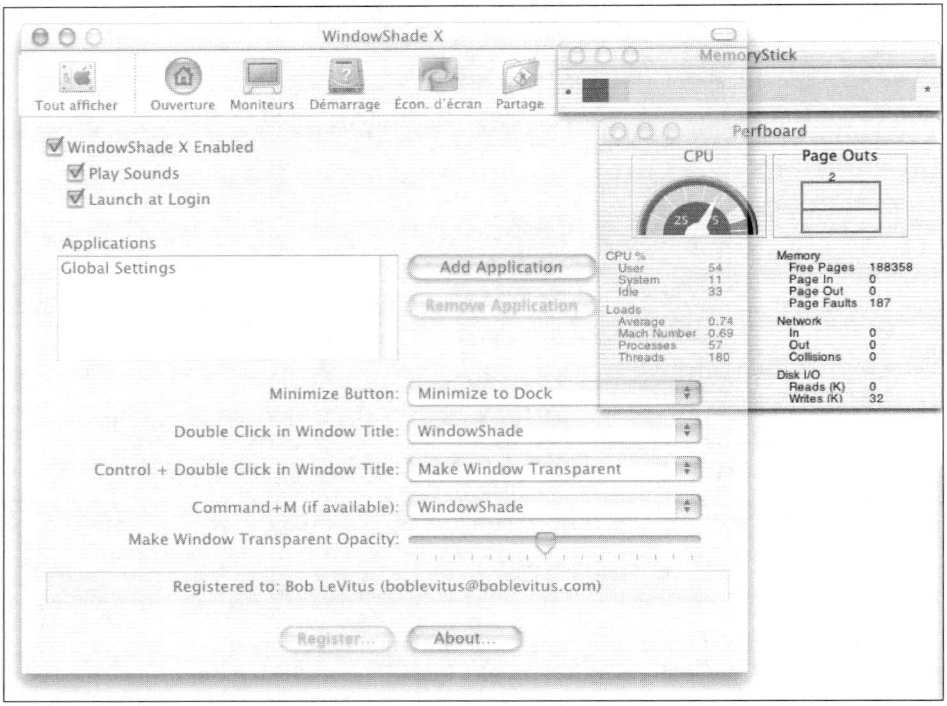

Figure 9.34
Notez comment je peux toujours voir MemoryStick et Perfboard à travers la fenêtre des Préférences système, qui curieusement fonctionne comme si elle était opaque

Remarque **Désactivation**

Bien sûr, si vous ne le faites pas, WindowShade X ne fonctionnera que 30 minutes après son lancement lors de votre connexion, puis il se désactivera lui-même.

Je suis d'habitude opposé au crippleware (un shareware qui n'offre pas toutes ses fonctionnalités tant que vous ne l'avez pas payé), mais dans le cas présent, je ne blâmerai pas Unsanity. Je n'aurais pas payé aussi vite si le programme continuait à fonctionner gratuitement. Mais la fois que j'ai double-cliqué sur la barre de menus d'une fenêtre et que j'ai vu le message "WindowShade X s'est désactivé", je ne pouvais pas ouvrir mon portefeuille assez vite ! C'est l'un de ces programmes dont je ne pourrais supporter l'absence. Merci Unsanity !

Visage

Laissez-moi d'abord vous dire que Visage est totalement inutile mais incroyablement fun, si bien que je l'ai payé le premier jour, même s'il n'est pas limité. La seule chose que vous recevez contre un paiement est du relief dans les écrans qu'il offre (outre la sensation réconfortante d'avoir fait une bonne action).

Visage vous permet de personnaliser l'apparence de la séquence de démarrage de Mac OS X. Dans Mac OS 9, vous pouvez changer l'écran de démarrage en plaçant une image PICT sous forme de fichier ressource dans le *Dossier Système*. Dans Mac OS X, ce n'est pas aussi simple. Changer le look du démarrage nécessite des fichiers TIF ou PDF qui sont exactement de la même taille, et avec l'accès root vous pouvez remplacer les fichiers Apple, renommer des fichiers et d'autres choses moins plaisantes. Je l'ai déjà fait à la main deux ou trois fois, mais ce n'était pas amusant et cela m'a pris beaucoup de temps pour arriver à ce que je voulais. Visage a changé ma vie. Les figures 9.35 et 9.36 montrent les deux premiers onglets du panneau de Préférences système de Visage, nommés respectivement **Boot Panel** et **Boot Springs**.

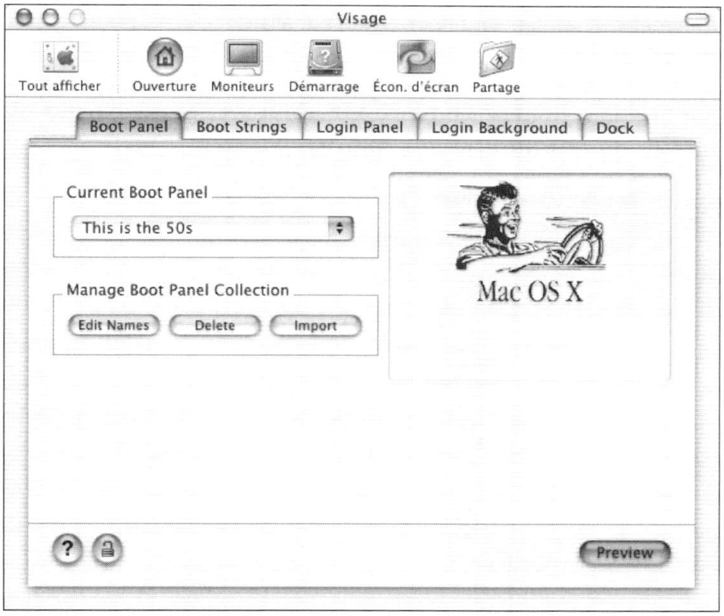

Figure 9.35
Le Boot Panel vous laisse remplacer le panel de boot que vous voyez au démarrage

9

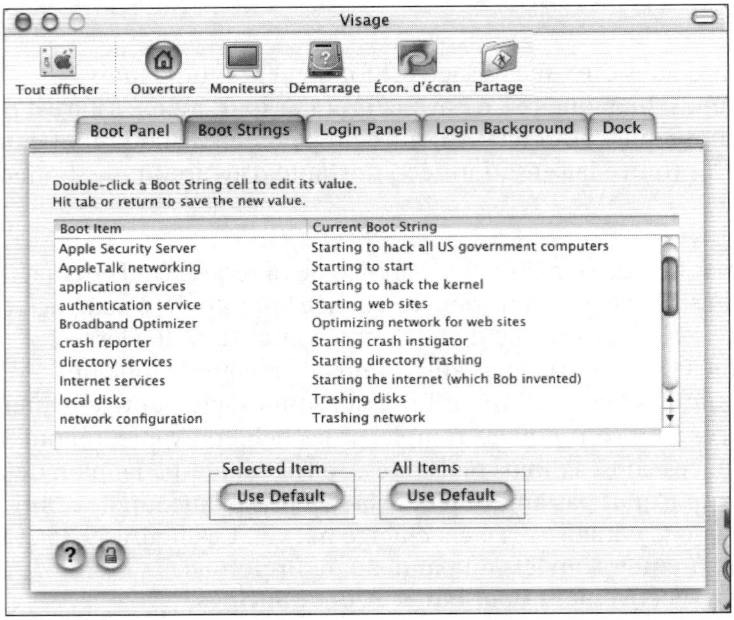

Figure 9.36
Le Boot Springs vous permet de changer tout le texte qui apparaît dans le Boot Panel au démarrage

Alors maintenant, quand je démarre Mac OS X, je vois ce qui est illustré à la figure 9.38 plutôt que ce qui est montré à la figure 9.37.

Figure 9.37
Un panel de boot OS X typique

Mieux encore, toutes les phrases terribles que vous voyez à la figure 9.36 passent rapidement à mon écran quand je démarre, ce qui bluffera les utilisateurs Mac qui ne connaissent pas Visage.

Figure 9.38
Mon panel de boot après Visage

Mais attendez, ce n'est pas fini ! Je peux aussi choisir un nouveau panel de connexion avec un nouvel arrière-plan. Quand l'écran de démarrage disparaîtra, vous verrez la figure 9.40 au lieu de la figure 9.39.

Figure 9.39
Un panel de login et son arrière-plan normal dans Mac OS X

Figure 9.40
Un panel de login et son arrière-plan après Visage

9

Enfin, je ne dirais pas comme Steve Jobs "il y a encore une chose", mais Visage vous permet aussi de modifier plusieurs attributs du Dock, dont l'animation "poof" que vous voyez quand vous faites glisser un élément en dehors du Dock. La figure 9.41 montre l'onglet **Dock** avec le "poof" d'Apple sélectionné, et la figure 9.42 affiche les "poofs" optionnels qui pourraient le remplacer. Maintenant, pour ce qui est des bonnes nouvelles (comme si tout le passage sur Visage n'en était pas), je n'ai créé aucune des ressources graphiques dans cette démonstration de Visage. Je les ai toutes trouvées, sauf le fond d'écran de login, sur un site web merveilleux appelé ResExcellence (**www.resexcellence.com**). La figure 9.43 montre les meilleures choses à découvrir sur ce site.

Remarque **Hommage**

Je voudrais rendre hommage aux artistes qui ont créé les panels de boot, de connexion et les poofs, mais après les avoir téléchargés, je les ai tous rassemblés dans un dossier appelé *Trucs de Visage* et maintenant je ne sais plus qui a créé quoi. Alors laissez-moi dire à ces créateurs merci, merci, merci !

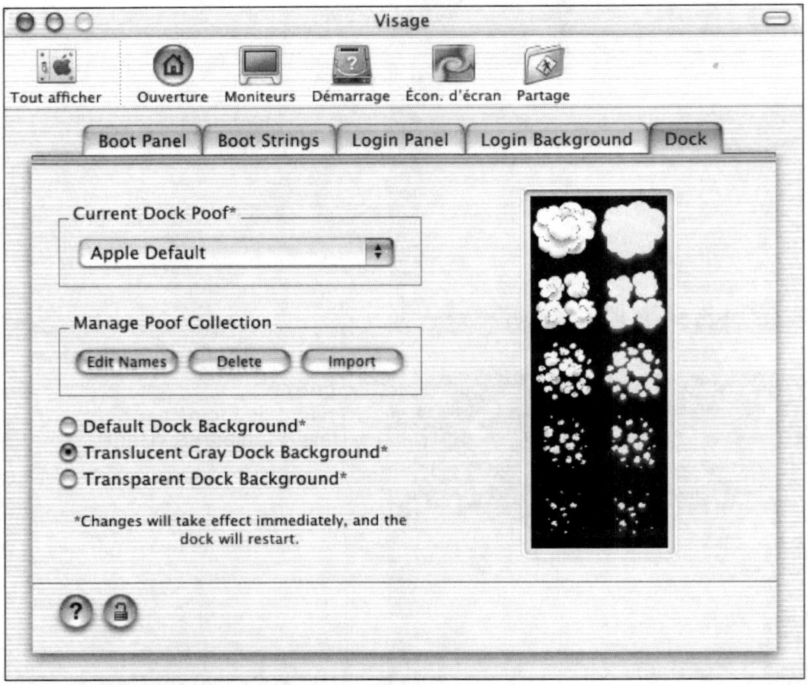

Figure 9.41
L'onglet Dock vous permet de le personnaliser

Figure 9.42
Voici les quelques "poofs" de remplacement

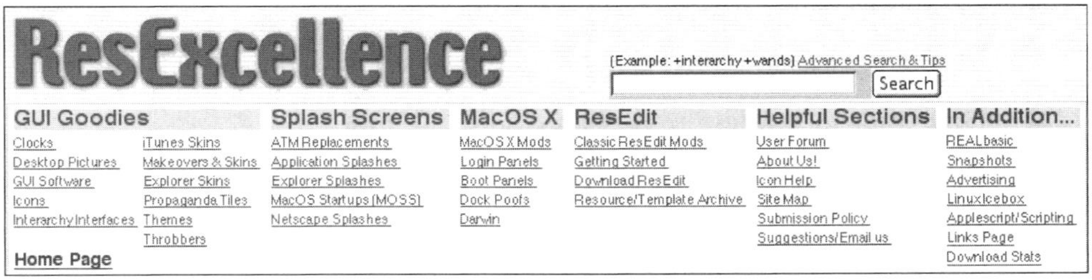

Figure 9.43
ResExcellence est l'endroit rêvé où trouver des boot panel, des login panel et poofs, et bien plus

Quatre de plus à chérir

Voici quatre personnalisations supplémentaires qui comblent des lacunes laissées par Apple dans Mac OS X.

QuicKeys

Bien qu'Apple ait depuis longtemps intégré AppleScript dans ses systèmes d'exploitation et que ce soit sans aucun doute une solution pratique pour automatiser les tâches (voir chapitre 13), il est établi qu'il est beaucoup trop compliqué pour nombre d'utilisateurs et qu'il ne constitue pas une bonne solution si vous ne pouvez pas vous investir dans un tel apprentissage.

Honnêtement, je sais un petit peu l'utiliser, mais j'écris rarement des scripts. Si je ne trouve pas un script déjà écrit par quelqu'un d'autre que je peux adapter à mes besoins, j'essaye généralement une autre solution. Écrire des AppleScripts va au-delà de mes souhaits et de mes compétences.

C'est pourquoi je suis fan de QuicKeys depuis Mac OS 6 (Système 6). QuicKeys de CE Software (**www.quickeys.com**) est un utilitaire de macro-commande qui vous permet d'accomplir des tâches avec une seule touche de clavier. Je peux réaliser plein de choses normalement impossibles ou du moins difficiles à partir du clavier, et c'est maintenant disponible pour Mac OS X. Par exemple, sans toucher à la souris, QuicKeys vous permet de :

- Copier et déplacer des fichiers
- Taper du texte
- Montrer, cacher, passer d'une fenêtre ou d'une application à l'autre
- Ouvrir les programmes, dossiers et documents
- Insérer la date et l'heure partout où vous pouvez taper
- Exécuter des commandes Unix
- Arrêter ou redémarrer votre Mac
- Lancer votre navigateur vers n'importe quel site
- Se connecter à un serveur
- Enregistrer les actions de la souris

Dans le jargon de QuicKeys, chacune de ces actions est appelée "raccourci", et vous pouvez relier plusieurs d'entre eux pour élaborer une "séquence".

Comme je l'ai déjà dit, QuicKeys vous permet d'exécuter des raccourcis au clavier, mais si ce n'est pas votre genre, vous pouvez les lancer à partir d'un menu aussi bien dans le Dock ou dans la barre de menus, à partir d'une barre d'outils QuicKeys ou bien avec un Timer. La figure 9.44 montre certains de mes raccourcis affichés de trois façons différentes : menu **Dock** (droite), la fenêtre d'édition principale de QuicKeys (milieu) et une barre d'outils *QuicKeys* (haut).

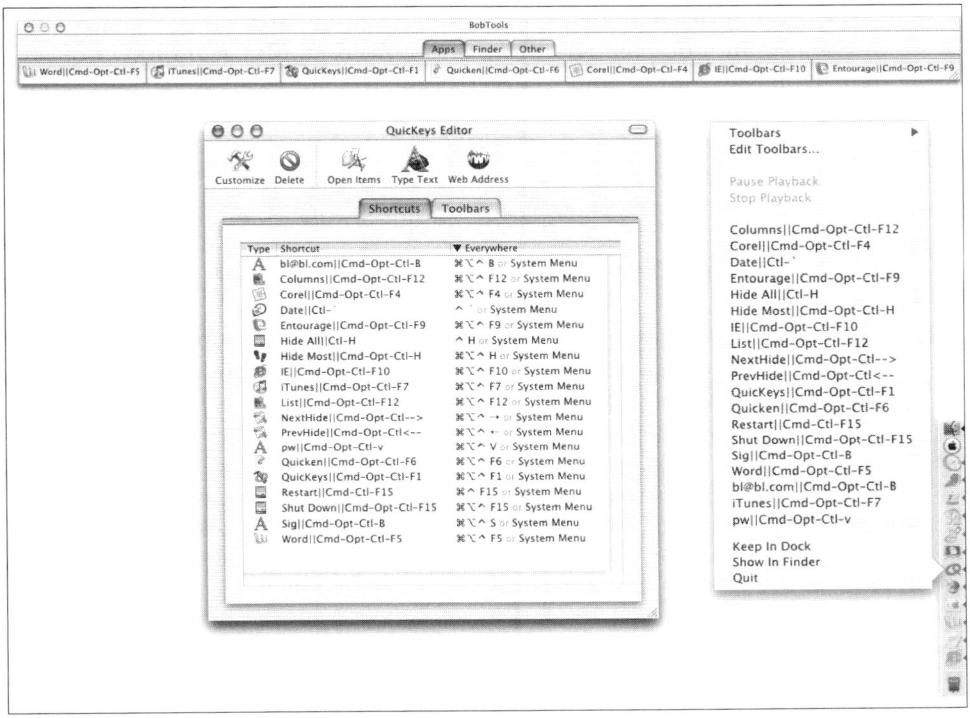

Figure 9.44
Quelques-uns de mes vieux raccourcis QuicKeys vus de trois façons différentes

Que font tous ces raccourcis ? Merci de poser la question.

- System Shortcuts : colonnes et listes (toutes deux accessibles par [Commande]+[Option]+[Ctrl]+[F12]) réalisent des tâches liées au système. Cette paire de raccourcis choisit la visualisation par liste ou par colonne pour la fenêtre active dans le Finder. À chaque fois que j'emploie les raccourcis [Commande]+[Option]+[Ctrl]+[F12], ces modes de visualisation alternent, si bien que je profite de mon affichage favori sans toucher à la souris. J'utilise beaucoup ce raccourci.
- Open items shortcuts (Corel, Entourage, Quicken, Word, iTunes... tous déclenchés par la combinaison [Commande]+[Option]+[Ctrl]+[touche fonction]). Cela ouvre un programme, un document ou un dossier quand j'appuie sur les touches de déclenchement. Si le document ou le logiciel est déjà ouvert, cela le rend actif.

- Type Text Shortcuts. Sig tape la signature que j'utilise pour mes mails, pw saisit mon mot de passe administrateur pour ce Mac (un raccourci particulièrement pratique), bl@bl.com tape mon adresse e-mail. Tous ces raccourcis sont activés par :
  - Commande+Option+Ctrl+Touche de lettre, ce qui donne mon e-mail.
  - Commande+Option+Ctrl+B, ce qui donne mon mot de passe.
  - Commande+Option+Ctrl+V, ne me demandez pas pourquoi V...
- Hide Most (Commande+Option+Ctrl+H). Il cache tous les programmes ouverts, excepté les trois que je veux laisser en permanence, DragThing, Perfboard et MemoryStick.

Attention Vous ne voudrez peut-être pas de ce mot de passe si d'autres personnes utilisent votre Mac. Je ne le ferais jamais si je travaillais dans un bureau où quelqu'un pourrait facilement deviner que Commande+Option+Ctrl+V saisit mon mot de passe. Mais je fais confiance à ma femme et à mes enfants pour cela et je n'ai donc pas de problème. En fait, j'ai trouvé ce raccourci incroyablement pratique, vu le nombre de programmes qui vous demandent votre mot de passe dans la journée.

Pour créer un raccourci, vous choisissez les actions individuelles à partir du menu **Create** ou vous cliquez sur ses icônes dans la barre d'outils de l'éditeur QuicKeys. Pour ajouter une autre étape, choisissez d'ajouter une autre action. La figure 9.45 montre mon raccourci Hide Most.

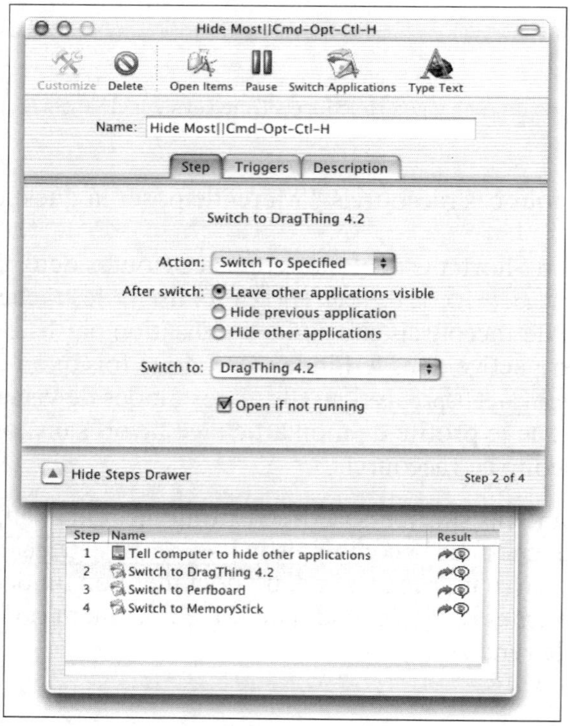

Figure 9.45 C'est simple de créer des raccourcis qui obéissent au moindre de vos désirs

Pour ce raccourci, la première étape est de cacher toutes les applications sauf l'application courante, puis de passer à DragThing, puis sans le cacher de passer à Perfboard, enfin, sans cacher ces deux derniers logiciels, de passer à MemoryStick. Le résultat final est que tous les programmes disparaissent, sauf celui que j'utilisais et les trois permanents, cela en une seule combinaison clavier.

Je considère QuicKeys comme mon "simplificateur" et mon "accélérateur" et avant qu'il arrive sous Mac OS X, j'étais très déprimé. Mais c'est fini depuis plusieurs mois maintenant, et bien qu'il manque toujours des fonctions de la vieille version de QuicKeys pour OS 9 (par exemple, je ne peux pas sélectionner un élément du menu comme c'était possible auparavant), il est toujours aussi pratique et je l'utilise un million de fois par jour.

QuicKeys est un programme commercial de CE Software (**www.cesoft.com** ou **www.quickeys.com**). Un logiciel shareware nommé Keyboard Maestro était en bêta test (prototype) au moment où j'écrivais ce chapitre. Écrit par Michael F. Kamprath, il ressemble à QuicKeys et il comprend un très bon module de changement de programme plus performant que la Commande+Tab d'Apple. Il est probablement disponible à l'heure où vous lisez ces lignes, alors allez l'essayer sur **www.keyboardmaestro.com** ou **www.versiontracker.com**, sites où circulait la version bêta.

9

PTHPasteboard

Ce petit bijou est vraiment facile à utiliser. Vous savez que Mac OS X a un Presse-papiers vraiment simple, qui ne se souvient que du dernier élément que vous avez copié. Mais PTHPasteboard vous offre autant de presse-papiers que vous souhaitez et peut se souvenir des 10, 20, 30 derniers éléments coupés ou collés.

Lancez-le juste et sa magie opère. À la figure 9.46 vous pouvez voir la fenêtre d'historique du Presse-papiers avec les cinq derniers éléments que j'ai coupés ou copiés. Pour afficher la fenêtre d'historique du Presse-papiers, clichez sur l'icône dans la barre de menus, puis sélectionnez l'élément que vous voulez coller avec la souris, les flèches du clavier ou les touches de 0 à 9. La touche Echap ferme la fenêtre d'historique du Presse-papiers sans rien coller. C'est simple, élégant, pratique et son prix est imbattable : c'est un freeware !

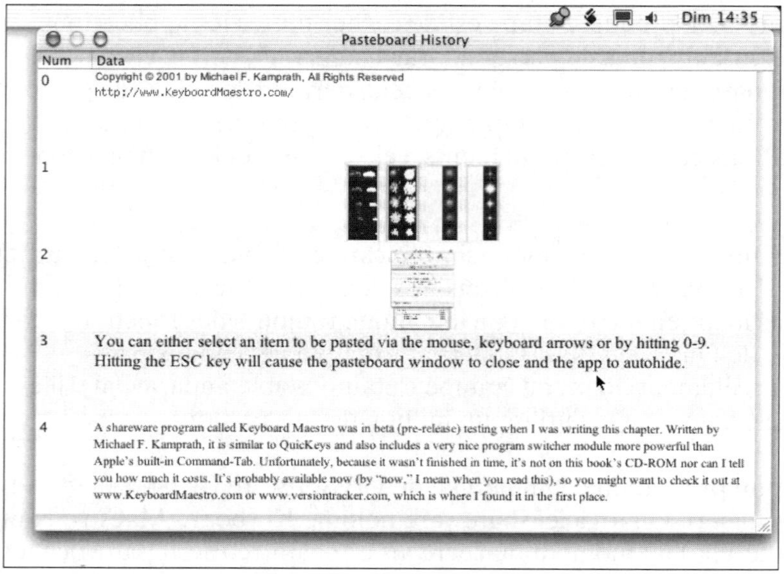

Figure 9.46
Comme le disait mon oncle Yogi LeVitus "Trois Presse-papiers valent mieux qu'un seul"

X Font Info

Si vous avez utilisé le Système 9 ou d'autres ultérieurs à X, vous vous rappelez combien il était pratique de pouvoir double-cliquer sur une police pour qu'une petite fenêtre apparaisse pour montrer l'apparence de cette police. Apple n'a pas inclus cette fonctionnalité dans OS X pour une raison inimaginable. Quand vous cliquez sur une fonte dans Mac OS X, vous voyez un message ennuyeux comme à la figure 9.47 au lieu d'un échantillon typographique.

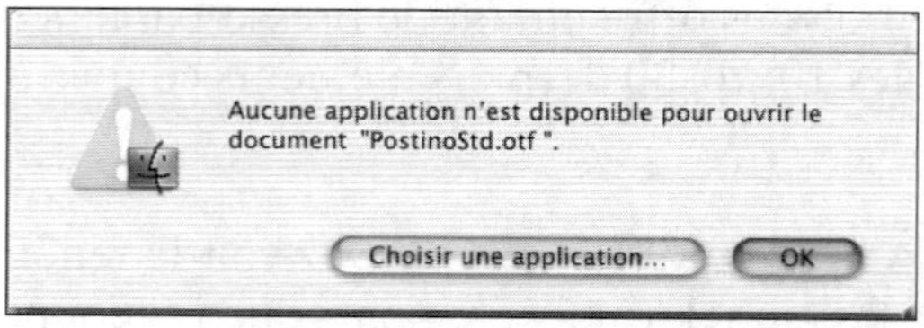

Figure 9.47
Je déteste quand ça arrive

Alors, voilà ce qu'il faut faire. D'abord procurez-vous le programme X Font Info. Puis cliquez sur *Choisir Application* dans la boîte de dialogue du message ennuyeux de la figure 9.47. Explorez votre disque dur jusqu'au dossier de X Font Info et choisissez-le. Illico presto, cet utilitaire se lance et une petite fenêtre s'affiche avec une démonstration de la police sélectionnée, comme le montre la figure 9.48.

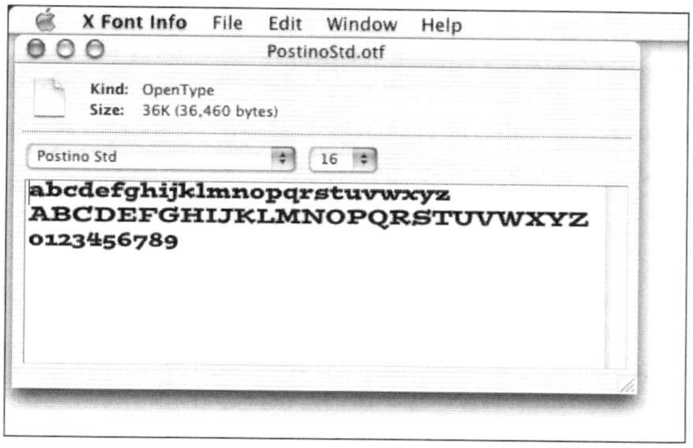

Figure 9.48
N'est-ce pas meilleur qu'à la figure 9.47 ?

Mais attendez, ce n'est pas tout. Si vous voulez qu'un échantillon soit disponible n'importe où quand vous double-cliquez, voici ce qu'il faut faire :

1. Cliquez une fois sur une police pour la sélectionner.
2. Choisissez **Fichier/Lire les informations** (ou utilisez le raccourci Commande+I).
3. Dans la fenêtre **Lire les informations**, sélectionnez *Ouvrir avec l'application* et choisissez X Font Info.
4. Cliquez sur le bouton **Changer tous**, comme à la figure 9.49.

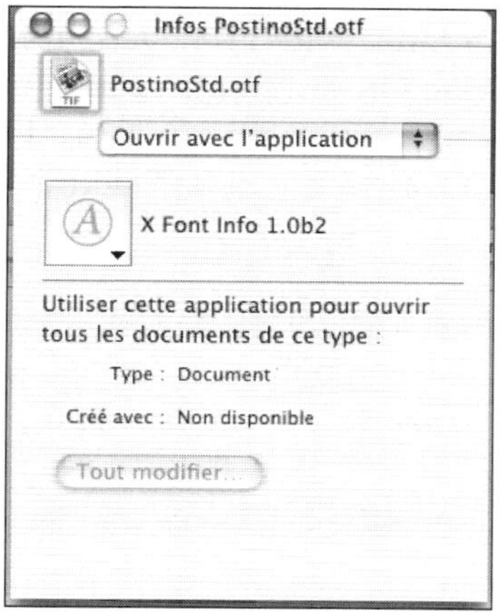

Figure 9.49
Maintenant toutes mes polices affichent une petite fenêtre de démonstration quand je double-clique dessus

9

Remarque **Remerciements**

Je voudrais profiter de l'occasion pour remercier l'auteur de X Font Info, Vincent Jalby (**http://members.aol.com/vjalby/**), pour avoir su résoudre l'une des rares omissions d'Apple dans Mac OS X. Et je le remercie encore de l'avoir rendu disponible en freeware.

Cette souris qui rugit

Au chapitre 7, je vous ai parlé de tous les matériels que vous pouviez ajouter à votre Mac. Je ne suis pas sûr d'avoir assez insisté sur le fait que j'apprécie ces souris à plus d'un bouton et avec des roues de défilement.

Remarque **Guerre des boutons**

Pourquoi Apple persiste avec des souris à un bouton ? Cela dépasse l'entendement. La raison originale invoquée pour justifier le bouton unique (pour la simplicité du Mac) n'est plus probante. J'ai observé que la plupart des utilisateurs avertis optent pour une souris à deux boutons ou plus, avec une roue de défilement. Apple pourrait donc nous donner satisfaction et la proposer, ne serait-ce qu'en option à la commande du Mac (voulez-vous un ou deux boutons à votre souris ?).

Quoi qu'il en soit, Mac OS X inclut le support pour les souris à deux boutons et les roues de défilement, et donc, pour ces deux fonctionnalités, vous n'avez pas besoin de drivers. Branchez juste une souris ou un trackball doté de telles caractéristiques sur un port USB et cela marchera merveilleusement dans le Finder et dans la plupart des applications (Classic ne reconnaît pas la roue de défilement, du moins pour l'instant, mais c'est un faible prix à payer).

Le bouton droit de la souris est configuré par défaut pour être un Ctrl+clic, si bien que vous accédez aux menus contextuels sans maintenir cette touche enfoncée. Quant à la roue de défilement, elle fait défiler les pages vers le bas ou vers le haut dans toutes les applications Mac OS X, dont les navigateurs web, Microsoft Word v.X (les deux endroits où j'en ai le plus besoin). Et bien sûr, le clic droit comme la roue de défilement fonctionnent dans le Finder et les applications fournies par Apple.

Lisez à nouveau la section sur les souris et les trackballs du chapitre 7 si le besoin s'en fait sentir et descendez alors au magasin pour acheter une souris à boutons multiples avec roue de défilement. Vous ne le regretterez pas.

Apprendre à pêcher

J'espère que ce chapitre vous a donné envie de personnaliser Mac OS X pour qu'il s'adapte à vos goûts et à votre façon de faire.

Mais on ne s'arrêtera pas là. Si vous avez la maladie de la personnalisation, de nouveaux programmes intéressants sont créés chaque jour.

Pêcher sur le Web

Voici quelques sites web sur lesquels vous pouvez constamment chercher des nouveautés :

- www.iconfactory.com
- www.macaddict.com/osx/
- www.macdesktops.com
- www.macosxhints.com
- www.resexcellence.com
- www.tucows.com
- www.versiontracker.com
- www.xicons.com
- http://osx.hyperjeff.net/Apps/

Pêcher par e-mail

Une autre excellente ressource pour apprendre à personnaliser votre Mac sont les listes de discussion sur Mac OS X, maintenues par le Macintosh Guy :

- Mac OS X for Users offre des discussions, des astuces de support et des techniques dédiées à la problématique quotidienne de l'utilisateur final de Mac OS X.
- Mac OS X for Unix offre des discussions sur l'infrastructure Unix de Mac OS X, la ligne de commande et la discussion est généralement trop pointue par rapport aux autres listes.
- Mac OS X for Hardware propose des discussions sur le matériel compatible Mac OS X, les ordinateurs supportés, les pilotes et leur configuration.
- Mac OS X for Newbies fournit une aide à l'installation, à la configuration, à l'utilisation basique du Finder et le dépannage pour l'utilisateur novice.
- Mac OS X for Servers parle aussi bien des serveurs intégrés que des autres pouvant tourner sous Mac OS X.
- Mac OS X for Apps traite des programmes pour Mac OS X, qu'il s'agisse de logiciels natifs, Classic, Cocoa ou Carbon.

- Mac OS X for Dreams parle de l'avenir de Mac OS X, avec des fonctionnalités attendues et les supports pour le matériel Intel.

En plus de ces listes sur OS X, le Macintosh Guy (Eric Prentice, CEO de Dr Bott, un bon endroit où acheter des haut-parleurs, des microphones, des hubs et d'autres matériels intéressants **www.drbott.com**) détient plus d'une douzaine d'autres listes pour les PowerBook, iBook, G3, G4, le business, l'utilisation domestique et autres. Vous saurez tout sur ces fameuses listes sur **www.themacintoshguy.com/lists**.

Apple propose aussi une sélection de listes de discussion sur **http://lists.apple.com**. Elle comprend aussi bien des discussions gérées par Apple que cent autres listes proposées par des sociétés tierces. Vous y trouverez une excellente section illustrant la responsabilisation des colistiers, avec des liens vers de bons articles sur la façon d'être un bon citoyen (netiquette). Si vous n'avez jamais pris part à une liste de discussion auparavant, je vous demande de lire ce qui suit si vous ne voulez pas vous faire "flamer" dès votre premier message.

Remarque **Gare aux connectés**

Vous pouvez être "flamé" quand vous dites quelque chose de stupide (ou qui paraît stupide aux membres de la liste) dans un mail à la liste. Ce n'est pas drôle car vous serez la risée d'autres membres dans de nouveaux messages à la liste. Mieux vaut prévenir que guérir.

Une dernière chose

Les personnes qui concoivent les sharewares et les freewares mentionnés dans ce chapitre aussi bien que ceux qui maintiennent les listes méritent de la reconnaissance pour leurs bons services. La plupart d'entre eux ne le font pas pour de l'argent et encore moins pour la gloire. Ils le font car ils aiment le Macintosh. Ils le font car c'est fun. Ils le font parce qu'ils veulent contribuer à cette chose merveilleuse que l'on appelle "communauté Macintosh".

Pour témoigner votre reconnaissance, agissez ainsi la prochaine fois :

- Si vous trouvez un joli bout de freeware, laissez au créateur un mot en lui faisant savoir combien vous appréciez son travail.
- Si vous trouvez un joli bout de shareware, envoyez de l'argent au programmeur.
- Si vous trouvez une liste de discussion que vous aimez, envoyez à l'administrateur de la liste un mot pour lui dire combien vous appréciez le temps qu'il passe à gérer la liste.

Fin du sermon.

Partie III

La puissance d'UNIX et d'applescript

Plus d'Unix qu'il n'en faut

Derrière l'interface Aqua d'Apple mielleuse et très agréable, il y a les battements de cœur d'un vieux système d'exploitation établi appelé Unix. Véritable révolution parmi les systèmes d'exploitation, il est maintenant actif depuis trois décennies, dix ans de plus que le PC et quinze de plus que le Macintosh. Unix date même d'avant les interfaces graphiques du Xerox PARC, les toutes premières qui, selon la légende, ont poussé Steve Jobs et ses associés d'Apple à créer Lisa et le Macintosh.

Mais au lieu d'utiliser des interfaces graphiques, comme dans Mac OS, vous communiquez avec Unix en tapant des commandes via l'interface de la ligne de commande (LCI). Une LCI, pour les plus jeunes d'entre vous, signifie que le système d'exploitation n'a pas d'éléments graphiques du tout, ni d'icônes, ni de barres de défilement, ni de menus, ni de souris supportée. Vous contrôlez tout en tapant des commandes de texte, puis en appuyant sur Entrée.

Pourquoi et comment du shell Unix ?

Cette LCI est appelée un shell (environnement) Unix. Une grande variété de shells Unix sont communément utilisés et beaucoup sont inclus dans votre Mac OS X. Apple a choisi par défaut le shell `tcsh`, mais vous pouvez toutefois en changer pour `sh`, `csh`, `ksh`, `zsh` ou `bash` avec peu d'efforts.

Remarque **Experts, passez votre chemin**

Si vous savez ce que sont les shells et comment s'en servir, vous pouvez passer à un autre chapitre.

Je vais limiter mon propos dans ce chapitre au seul shell `tcsh`, non parce qu'il est meilleur ou pire que les autres, mais par souci d'être bref, concis et clair.

Remarque **Les espèces de shells**

La différence entre ce shell et les autres est la même qu'entre l'anglais des Américains et celui des Britanniques : quelques différences de syntaxe et de langage, mais les mêmes fondements.

Il est fort probable que vous n'ayez jamais besoin du shell Unix, mais si c'est le cas, il vous sera d'une utilité critique. Au niveau de la maintenance de votre système, vous ne pouvez rien tirer d'Aqua qui soit comparable à ce que fait le shell, bien que les méthodes employées soient assez différentes. Mais la comparaison n'est pas bonne. Jusqu'à ce que quelqu'un écrive une interface graphique, par exemple, la seule façon de dire où le Dock se positionnait était d'utiliser la ligne de commande avec une commande appelée `defaults`.

Remarque **Extension**

Apple a grandement étendu cette fonctionnalité dans le panneau des Préférences système version 10.1

Éventuellement, on peut envisager de remplacer toutes les fonctionnalités de la ligne de commande par une interface graphique, mais malgré tout, certaines manipulations resteront plus pratiques à réaliser par ce biais. Par exemple, créer un script qui change des occurrences de texte dans plusieurs fichiers est plus pratique que d'ouvrir individuellement tous ces fichiers dans un éditeur pour effectuer ces modifications à coups de **Rechercher-Remplacer**.

Unix comprend une grande collection de commandes, certaines sont intégrées au shell, d'autres sont des binaires et certaines sont des scripts. En plus de toutes les commandes que vous espériez, comme celle qui liste un dossier (`ls`), celle qui établit le répertoire courant (`cd`), celle qui indique votre dossier personnel (`pwd`), celle qui affiche un fichier texte (`cat`), celle qui efface un fichier (`rm`), celle qui copie un fichier (`cp`), celle qui déplace ou renomme un fichier (`mv`), etc., il inclut aussi des outils pratiques comme `cal` qui affiche un calendrier pour toute année comprise entre 1 et 9999, `diff` qui compare deux fichiers, et `crypt` qui encode des données.

En plus des commandes disponibles, un shell peut exécuter des scripts, c'est-à-dire une séquence de commandes préconfigurées. La plupart des scripts peuvent réaliser ce que ferait un logiciel Macintosh. Par exemple, quand vous démarrez le programme Terminal, une série de scripts se lancent pour établir les variables courantes du shell. Cela comprend quelle invite (prompt) vous voyez à la ligne de commande, quel sera le chemin d'accès aux répertoires des commandes que vous voulez exécuter, et dans quel ordre de priorité.

Débuter avec Unix et le Terminal

Dans votre dossier *Utilitaires* (dossier *Applications*), vous trouverez un programme se nommant Terminal, véritable fenêtre sur le monde Unix.

Remarque **Stade Terminal**
Quand vous lancez le Terminal, vous exécutez le shell Unix.

Quand vous lancez le Terminal, vous voyez une fenêtre presque vide comme à la figure 10.1. Le message d'accueil est "Bienvenue sur Darwin !".

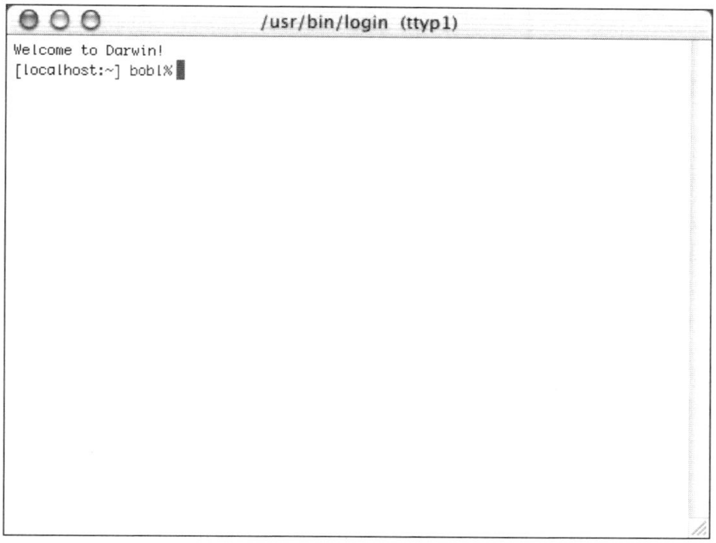

Figure 10.1
Cette toute nouvelle fenêtre du Terminal n'est pas très parlante

Remarque **Serveur**
Darwin est le nom de l'environnement opensource BSD qui est au cœur de Mac OS X. Bien que Mac OS X avec toutes ses applications et ses graphismes exubérants nécessite un processeur G3, Darwin peut être téléchargé sur le site Apple et installé sur presque tous les Power PC. Si vous avez un vieux Mac qui prend la poussière dans un coin, vous pouvez le convertir en une machine Unix décente en lui installant Darwin. Il ne serait plus vraiment un Mac, mais il sera très utile comme serveur si vous prenez la peine d'apprendre Unix.

La ligne suivante, `[localhost:~] bobl%`, est connue sous le nom de prompt (invite) Unix. Le chemin d'accès du répertoire courant est donné entre les crochets, et votre nom d'utilisateur version courte est indiqué avant le `%`.

Que se passe-t-il au lancement du Terminal ?

Le prompt, votre chemin de recherche par défaut et autres sont établis quand vous lancez un shell (c'est-à-dire quand vous lancez le Terminal sous Mac OS X).

La première chose que `tcsh` fait est d'exécuter les commandes d'un certain nombre de fichiers. Il commence par exécuter les commandes dans le système de fichiers */etc/csh.cshrc* et */etc/csh.login*. Après cela, il regarde dans un fichier nommé *.tcshrc* dans votre dossier *Home* (de départ), et s'il ne le trouve pas, il regarde alors le fichier *.cshrc*. Ensuite, il cherche dans votre dossier home s'il y a un fichier *.history*, puis *.login*, puis *.cshdirs* en exécutant ce qu'ils contiennent.

Les commandes Unix fréquemment utilisées

Une des abréviations pratiques d'Unix est ~, qui signifie dossier *Home* (départ). Le fait de taper `cd ~` change le répertoire courant pour votre répertoire personnel. Mais ~ est encore plus flexible. Si vous tapez `cd ~ newbie`, vous serez dirigé vers le dossier *Home* de l'utilisateur `newbie` (à supposer que ses privilèges vous laissent la liberté d'y accéder).

Astuce **Home sweet Home**

Cette abréviation fonctionne aussi avec la commande **Aller** du Finder (qui curieusement s'active avec le raccourci [Commande]+[~] et aussi dans les tableaux d'ouverture de fichier de Mac OS X. Malheureusement, cela ne marche pas avec les boîtes de dialogue **Ouvrir** des programmes Classic.

Vous pouvez lancer de multiples sessions de shell en employant la commande **Shell/Nouveau** ([Commande]+[N]). Vous pouvez les sauvegarder, les rouvrir et les réutiliser. Vous pouvez même leur demander de s'ouvrir automatiquement quand vous lancez le shell en cochant la case indiquée à la figure 10.2.

Astuce **Session de côté**

Sauvegarder la session shell avec une commande fréquemment utilisée est vraiment une bonne idée. Comme le Terminal supporte le copier-coller, vous pouvez copier les commandes dont vous avez besoin dans le Terminal. Cela évite les erreurs de frappe qui sont dangereuses sous Unix, vous fait gagner du temps et vous évite des frayeurs.

Comme vous le voyez à la figure 10.2, le Terminal n'essaye pas de sauvegarder les fichiers dans le dossier *Documents* comme toutes les autres applications. Au lieu de cela, il essaye de les mettre dans le répertoire *Application Support*, lequel se trouve dans le sous-répertoire *Library* de votre dossier *Départ* (home). Le menu pop-up **Enregistrer ceci** (qui n'est pas déroulé dans la figure) vous donne le choix entre la fenêtre principale d'avant-plan ou toutes les fenêtres.

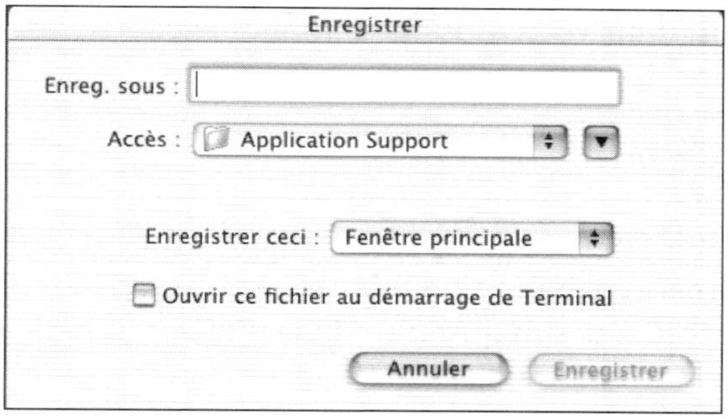

Figure 10.2
La boîte de dialogue Save du Terminal a une apparence différente de celle en tableau du Mac OS X

Remarque

Save qui peut

Comme la commande `save` n'est pas nécessairement dédiée à la fenêtre d'avant-plan, le Terminal affiche une boîte de dialogue **Save** plutôt que la douce fenêtre à laquelle nous étions habitué dans la plupart des applications Mac OS X.

Unix a la juste réputation d'être énigmatique. Les noms de commande sont abrégés et la plupart sont loin d'être limpides. Après tout, `ls` pour lister les répertoires, `cat` pour concaténer (ce qui affiche aussi un fichier) et `mv` pour renommer (elle sert aussi à déplacer mais est majoritairement utilisée pour le changement de nom) ne sont pas vraiment des noms explicites pour un observateur ponctuel. Ajoutez à cette opacité les caractères génériques qui permettent de spécifier des ensembles de caractères dans des chaînes ou des noms de fichiers, et vous pourrez obtenir des choses comme tous les fichiers qui ont un "e" dans le troisième caractère de leur nom en tapant ceci :


```
Is ??e*
```

Astuce

Générique

L'astérisque (*) est le caractère générique le plus courant sous Unix. Cela signifie "toute chaîne de 0 à n caractères". Un autre caractère générique fréquent est le point d'interrogation (?), qui remplace un seul caractère. Les deux sont faciles à retenir.

Unix appelle globbing le fait d'utiliser ces caractères génériques de remplacement pour les noms de fichiers. Leur utilisation avec le Terminal et la commande open facilite l'ouverture de tous les documents Microsoft Word dans le répertoire courant. Il suffit de taper dans la ligne de commande :

```
open *.doc
```

Pour ouvrir tous vos fichiers TIFF dans votre dossier d'images avec GraphicConverter, vous taperez :

```
open -a /Applications/GraphicConverter ~/pictures/*.tif
```

Une autre chose importante dont il faut vous souvenir est que, contrairement à Mac OS et au Finder auxquels vous êtes habitué, Unix est sensible aux majuscules/minuscules. Si vous mettez des majuscules dans une commande qui ne devrait pas en contenir, le shell ne saura qu'en faire.

Vous pouvez même faire en sorte que la sortie d'une commande aille dans l'entrée d'une autre avec le caractère pipe d'Unix, c'est-à-dire la barre verticale. Par exemple,

```
cat foo.txt | tr "[A-Z]" "[a-z]"
```

affichera le contenu du fichier *foo.txt* avec tous les caractères alphabétiques en minuscules. Bien sûr, c'est un exemple simpliste qui aurait pu être effectué avec une commande de redirection d'entrée plutôt qu'avec le caractère pipe, de la façon suivante :

```
tr "[A-Z]" "[a-z]" < foo.txt
```

Le signe inférieur (<) dit au shell de prendre son entrée (input) à partir du fichier indiqué plutôt que dans son entrée standard (habituellement le clavier). De même, le signe supérieur (>) demande au shell d'envoyer la sortie du fichier spécifié plutôt que sa sortie standard (normalement la fenêtre du Terminal). Évidemment, cela s'appelle une redirection de sortie. Deux signes supérieurs consécutifs disent au shell d'ajouter la sortie au fichier spécifié.

Astuce **Commandes multiples**
Vous pouvez lancer plusieurs commandes successivement dans la même ligne en les séparant par des points-virgules.

Comme Unix est un système d'exploitation multitâche, vous pouvez lancer des commandes qui prennent du temps en tâche de fond pendant que vous continuez votre travail. Mettre un et commercial (&) à la fin d'une commande indique au shell de l'exécuter en tâche de fond. Vous serez prévenu quand elle sera terminée, comme l'illustre la figure 10.3.

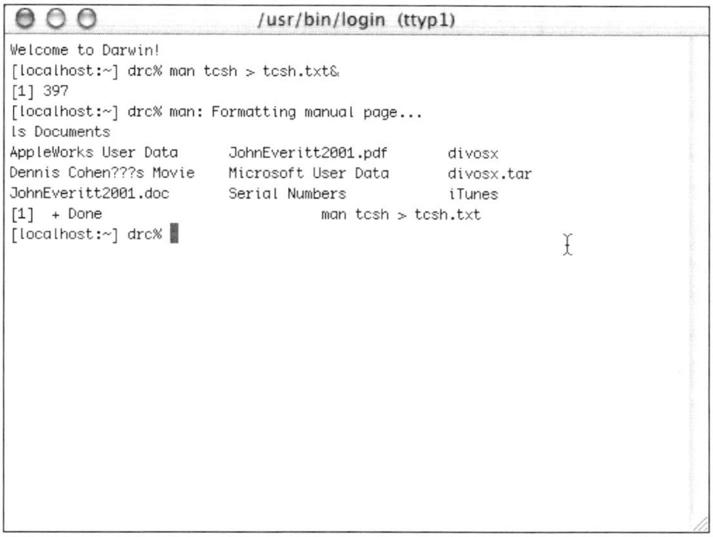

Figure 10.3
Le shell vous indique quand une tâche de fond a été accomplie

Remarque **Qui est drc ?**

Vous vous demandez peut-être qui est drc et ce qu'il fait dans le prompt de ma ligne de commande. C'est Dennis R. Cohen, mon ami et collaborateur, qui a écrit le premier jet de ce chapitre. Il en sait plus sur Unix que je ne saurai jamais.

D'autres commandes utiles

Vous avez déjà été initié aux commandes les plus courantes sous Unix : `cat`, `more`, `ls`, `cd`, `mv` et `rm`. Mais il y en a d'autres qui vous seront bien utiles :

- `man` : affiche les manuels Unix pour la commande donnée en argument.
- `head` : affiche les 20 premières lignes d'un fichier ou d'autres si vous indiquez un argument différent.
- `tail` : affiche les 20 dernières lignes d'un fichier ou d'autres si vous indiquez un argument différent.
- `grep` : cherche des chaînes de caractères ou des séquences (voir la partie suivante).

- `find` : localise des fichiers dans votre arborescence de répertoires.
- `mkdir` : crée un dossier (répertoire).
- `rmdir` : supprime un dossier (répertoire) à condition qu'il soit vide.

Vous trouverez une liste complète de commandes en tapant :

```
ls /bin /usr/bin  /usr/local/bin
```

Si vous voulez vraiment vous plonger plus dans Unix, la commande `man` sera l'une de vos meilleures amies. Plusieurs utilitaires freeware affichent les pages de `man` pour vous dans un environnement un peu plus sympathique.

Remarque **Hey man**
Deux programmes OS X peuvent être utilisés pour lire les pages de `man`, ManOpen et Xmanview, qui sont largement détaillés au chapitre 14.

Ces logiciels Mac OS X sont meilleurs que le Terminal pour visualiser les documentations de `man`. Dans le Terminal, vous devez taper le bon texte pour obtenir les bonnes informations de syntaxe et d'option sur telle ou telle commande. Dans l'un de ces programmes, on se sent plus sur un Mac et c'est donc plus facile.

Dernière chose, pour quitter une session dans le shell, il faut activer le caractère de fin de fichier Unix [Ctrl]+[D]. Après cela, choisissez **Quit Terminal** dans le menu **Terminal** ou encore [Commande]+[Q], et une boîte de dialogue vous demandera de confirmer si vous voulez quitter ou pas.

Astuce **Quitter proprement**
Bien sûr, vous pouvez cliquer sur la case à cocher pour que le Terminal ne vous le demande plus, à moins qu'il y ait des processus actifs, mais le simple fait de faire un [Ctrl]+[D] après votre session est une bonne précaution.

S'agripper à grep

Les expressions régulières élèvent les caractères génériques à un niveau inédit. Ces expressions régulières sont des chaînes de caractères qui représentent des séquences de lettres par l'usage de métacaractères. Ces derniers peuvent comporter des caractères génériques, des caractères d'échappement, des caractères de groupement ou des indicateurs de répétition.

Si vous avez utilisé un éditeur de texte comme BBEdit, vous y avez constaté des références à grep (*global regular expression print*). Cette commande se trouve au cœur de tout le système de gestion d'expression dans Unix, dans la ligne de commande, dans un éditeur, ou partout ailleurs.

Remarque **Listes**

Certains guides Unix affirment que grep signifie global regular expression parser. Alors quelle est la Liste correcte ? Franchement, on s'en moque car grep, c'est grep. Je glisse cette note pour apaiser toute polémique et évider d'être assailli de mails.

Dans le but de rendre grep un peu moins obscure, Apple a introduit une de ses variations dans son atelier du programmeur Macintosh (MPW) depuis la fin des années 80 (presque tous les métacaractères sont différents, généralement ceux qui sont obtenus avec la touche Option).

Malheureusement, la syntaxe d'une expression varie légèrement selon qu'elle est parsée par la ligne de commande ou par un éditeur Unix sous le Terminal, par exemple vi ou ed. Comme je le disais plus tôt, un astérisque représente une chaîne de 0 à n caractères. C'est valable dans la ligne de commande, mais pour le même résultat dans un des éditeurs dont je parlais, il faut taper un point, suivi d'un astérisque. Ici l'astérisque indique 0 ou plus itérations, et le point tout caractère. Vous êtes perdu ? Si c'est le cas, ne vous en souciez pas trop, c'est normal au premier contact avec grep.

La forme la plus basique d'une expression régulière est une simple chaîne de caractères, comme la plupart des chaînes que vous saisissez dans le champ *Rechercher* d'une boîte de dialogue. Pour rechercher toutes les instances de la chaîne "Bob" dans tous les programmes qui se terminent par *.txt*, vous devrez taper `grep Bob *.txt` dans le prompt du shell. Notez que les recherches grep sont sensibles aux majuscules et aux minuscules. En d'autres termes, la recherche précédente ne trouvera que les "Bob", pas les "bob" ni les "bobbin". Vous pouvez utiliser l'option -i avec la commande grep pour que la recherche soit insensible à la casse. Par exemple, `grep -i bob *.txt` trouvera les trois résultats précédents aussi bien que "bOb" ou toute autre variation.

Vous pouvez même être plus fantaisiste avec les expressions en utilisant les caractères génériques et les possibilités de séquences. Par exemple, vous pourriez taper `grep [Bb]ob *.txt` et n'obtenir ainsi que les occurrences où seule la majuscule de l'initiale "b" serait absente. En tapant `grep ^Bob *.txt`, vous ne trouveriez que les endroits où "Bob" n'apparaît qu'en début de ligne, quand `grep Bob$ *.txt` vous dirait uniquement quand il se trouve en fin de ligne. Pour obtenir seulement les instances où "Bob" est suivi d'un seul chiffre, vous devrez taper grep Bob[0-9] *.txt. La commande grep vous laisse même trouver des instances où l'une des variétés de la séquence est présente. La ligne suivante affichera toutes les lignes qui contiennent les mots "Bob", "Carol", "Ted" ou "Alice" :

```
grep Bob|Carol|Ted|Alice *.txt
```

Comme Unix en général, grep supporte des caractères spéciaux et des combinaisons. Par exemple, \t indique une tabulation et \n un caractère de nouvelle ligne. À chaque fois que vous voulez traiter littéralement un caractère qui serait sinon considéré comme un caractère générique ou un caractère spécial, vous le faites précéder par un antislash. Ainsi, si vous voulez rechercher un point, il faudra le signaler par un antislash car sinon ce serait le signe générique de tout caractère. Et, bien entendu, si vous vouliez chercher un antislash, il faudrait même le faire précéder par un autre antislash.

Certains de ces caractères sont appelés caractères de répétition. Il y a * (0 à n instances), + (1 à n instances) et ? (0 ou 1 instance). Un autre caractère spécial est ^, l'accent circonflexe, dont la signification dépend du contexte. S'il apparaît au début d'une expression (comme dans un exemple précédent), cela signifie qu'il faut regarder le texte en début de ligne. S'il apparaît comme le premier caractère entre deux crochets, il demande d'exclure la série de caractères incluse. Par exemple, grep ^[^0-9] *.txt trouvera une instance dont le début de ligne n'est pas un chiffre. Bien, et maintenant que se passe-t-il si on ne veut chercher que des chaînes avec des mots complets ? Les expressions régulières répondent à ce besoin en entourant ces mots par les signes \< (antislash et inférieur) et \> (antislash et supérieur). Par exemple, grep \<can\> *.txt ne trouvera que le mot "can" et pas le mot "cantaloupe" ni "pecan". Vous pouvez combiner toutes ces techniques de façon virtuellement illimitée. Avec la grande versatilité d'Unix et de grep, vous pouvez rechercher les lignes qui ne contiennent pas les mots plutôt que celles qui le contiennent.

Ce n'est pas là tout ce que les expressions régulières peuvent faire. Vous pouvez aussi tagger des sous-expressions pour les réutiliser dans certains outils en les entourant de parenthèses. Par exemple, vous pourriez les placer dans une boîte de dialogue **Rechercher-Remplacer** dans un éditeur de texte compatible avec grep, comme BBEdit.

```
Dans la boîte Rechercher : (.+)\t(.+)\t(.+)
Dans la boîte Remplacer : \2\t\3\t\1
```

Cela prend un fichier avec trois colonnes délimitées par des tabulations et les réorganise pour que la seconde colonne devienne la première, la troisième la seconde, et que la première soit la dernière. Comme vous le voyez, c'est d'une flexibilité et d'une puissance plus significative en comparaison à ce que nous faisons avec notre petite souris, mais c'est aussi extrêmement archaïque. Cela explique sans doute pourquoi les experts Unix sont souvent appelés des magiciens, ils font des incantations bizarres pour arriver à des choses géniales.

Les raccourcis de la ligne de commande

L'un des aspects appréciables de `tcsh` est qu'il peut se remplir de texte, ce qui vous évite de tout taper ou retaper, et vous pouvez glisser des éléments à partir du Finder sur le Terminal pour obtenir leur chemin d'accès. Je vais présenter quelques-uns des raccourcis les plus pratiques et de plus vous indiquer comment éditer de façon interactive la ligne de commande en utilisant des combinaisons fondées sur la touche [Ctrl].

Vous pouvez obtenir la liste complète des raccourcis en tapant `bindkey` dans la ligne de commande. Beaucoup, la plupart même, n'ont pas des noms très clairs pour ceux qui ne se sont jamais plongés dans le jargon Unix, mais les pages `tcsh` de `man` contiennent de brèves descriptions de tous ces noms bizarres. Souvenez-vous que les pages de `man`, bien qu'assez sèches et remplies de jargon, sont d'une aide précieuse.

Ne tapez pas tout, utilisez le glisser-déposer

Ouvrez une fenêtre du Finder et faites glisser l'icône du dossier *Images* dans la fenêtre du Terminal comme à la figure 10.4. `tcsh` remplira le chemin d'accès complet pour vous, comme le montre la figure 10.5. Quand vous appuyez sur [Entrée], une liste de fichiers et de dossiers (rappelez-vous, c'est ce que la commande `ls` réalise) dans votre dossier *Images* apparaîtra dans la fenêtre du Terminal.

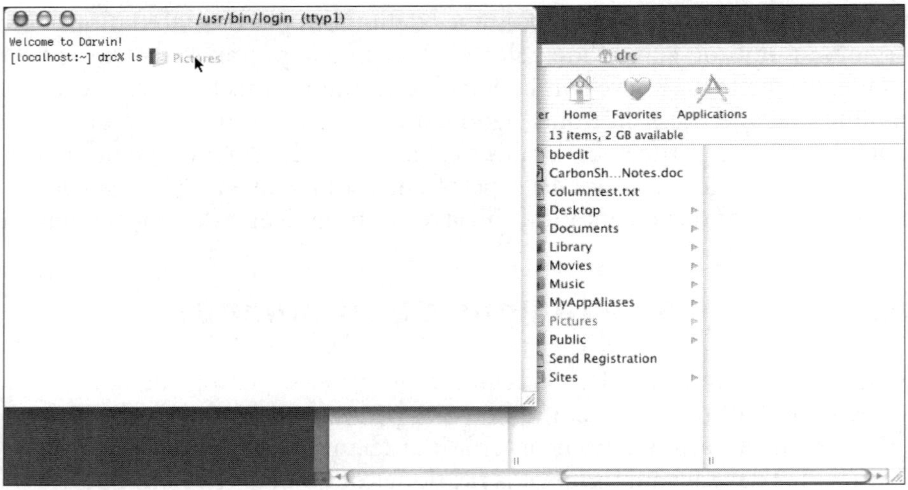

Figure 10.4
Glissez une icône du Finder vers la fenêtre du Terminal

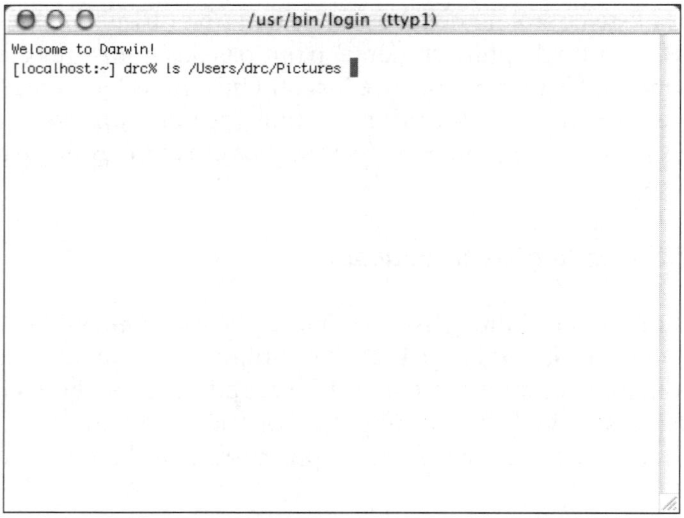

Figure 10.5
Le shell remplit le chemin complet pour vous

Le shell vous aidera le long du chemin

Si vous ne voulez pas vous ennuyer à localiser un fichier avec le Finder, pour ensuite utiliser le glisser-déposer, le shell peut vous aider. Entrez le nom de commande, un espace, une lettre ou deux, et appuyez sur Tab. tcsh va essayer de compléter la commande s'il y a au moins une possibilité, sinon il vous décrira toutes les solutions. Tapez une ou deux autres lettres, puis appuyez de nouveau sur Tab. Continuez ces itérations jusqu'à ce que vous obteniez le nom de fichier complet avec l'assistance du shell.

Vous n'avez pas à retaper une commande

Pour répéter la même commande, tapez deux points d'exclamation à la suite. Et s'il faut rajouter des arguments à la nouvelle commande, tapez-les après les deux points d'exclamation et un espace. Si vous voulez saisir une dernière commande `ls` mais si ce n'est pas la dernière commande entrée, tapez juste un point d'exclamation suivi de `ls`.

Les flèches gèrent l'historique des commandes

Vous pouvez appuyer sur la flèche vers le haut pour remonter l'historique des commandes précédemment tapées. Si vous allez trop loin, utilisez la flèche vers le bas pour revenir en arrière. Quand vous arrivez à la commande souhaitée, vous pouvez l'exécuter ou la modifier dans la ligne de commande.

Les logiciels Unix que vous voudriez essayer

Unix est une sorte de pouponnière pour les plus puissants et les plus efficaces logiciels pour Internet et la publication. Avant l'arrivée de PageMaker et de PostScript, Donald Knuth et ses compères avaient créé TeX et Metafont. Perl, l'outil de prédilection du webmaster, est né d'Unix. Comme je le disais précédemment, `grep`, qui est utilisé dans les éditeurs les plus puissants, a également des origines Unix.

Perl

Apple a inclus la distribution BSD standard Unix de Perl (*Practical Extraction and Report Language*) dans Mac OS X. À l'installation du système, vous trouverez plus de 100 fichiers liés à Perl dans *System/Library/Perl* sur le disque de démarrage.

Bien que Perl ne soit pas aussi clair qu'AppleScript, il est bien plus puissant quand il s'agit de manipuler du texte et des fichiers, et vous pouvez l'utiliser pour appeler AppleScript ou les scripts du shell. Il sera nécessaire de l'apprendre si vous avez l'intention d'exploiter le serveur web Apache intégré à Mac OS X.

Avi2Mov

Appartenant aux freewares Unix dédiés au DivX, cet outil de ligne de commande convertit les fichiers vidéo encodés en format AVI vers les MOV de QuickTime, alors visibles dans son lecteur. Au moment où j'écris ces mots, Avi2Mov gère les fichiers 3ivx (la variante Microsoft du MPEG-4) ainsi que les autres nouveaux formats de fichiers MPEG-4 populaires sous Windows. Vous pouvez utiliser cet outil pour les visualiser et lancer le compresseur vidéo Toast 5 Titanium pour les convertir en VideoCD (MPEG-1), lesquels sont gravés pour être lus par la plupart des lecteurs de DVD, ou sur Mac ou PC par un player VCD.

Astuce **Players gratuits**

Pour trouver un player VCD en shareware, recherchez "VideoCD" sur votre site web favori de téléchargement de logiciels. Je vais généralement sur **www.versiontracker.com** dont j'ai parlé plus en détail au chapitre 5. Vous trouverez un paquet de logiciels à télécharger et à essayer. Un autre site spécialisé, **www.vcdhelp.com**, sera idéal pour piocher quelques players.

Gimp

Gimp (*GNU Image Manipulation Program*) est un freeware généralement appelé le Photoshop du pauvre. Vous pouvez voir sa palette d'outils à la figure 10.6.

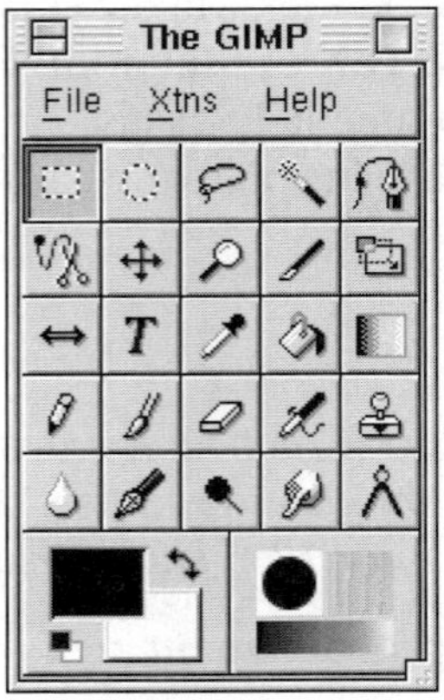

Figure 10.6
Gimp offre l'essentiel des outils graphiques de Photoshop, mais pour un prix moindre

Gimp est opérationnel pour le traitement d'images, la création d'infographies et de GIF animés. Il est compatible avec les plug-ins de Photoshop, lesquels sont pour la plupart inclus à l'installation. De plus, il est gratuit pour peu qu'on prenne la peine de le télécharger et de rassembler les éléments qui peuvent le compléter, ce qui n'est pas toujours une partie de plaisir. Gimp n'est pas vraiment facile à installer ou à désinstaller. En plus de l'application elle-même, il faut ajouter plein de programmes Unix complémentaires. Une version native Mac OS X, installée en un seul clic, sera sans doute disponible un jour, mais ce n'est pas le cas pour l'instant. Vous pouvez télécharger Gimp et ses compléments sur VersionTracker, mais c'est énorme. Il pèse au moins 200 Mo et cela sans les autres programmes dont vous avez besoin. Une autre option consisterait à commander Gimp sur CD-ROM. Pour ce prix abordable, vous disposerez de tout ce qu'il faut pour faire tourner Gimp sous Mac OS X. Ce projet est géré par MacGimp (**www.macgimp.com** et/ou **www.macgimp.org**). Le CD inclut la procédure d'installation la plus simple qui soit et elle gère tout en une seule fois : Free86, Oroborus, GTK en plus de Gimp. En outre, le CD contient les codes sources, des gestionnaires graphiques alternatifs, des packs de polices et beaucoup de documentation.

Si vous ne pouvez vous permettre d'acheter Photoshop, Gimp est le remède qu'il vous faut. J'ai essayé de l'installer à partir du CD MacGimp et je n'ai constaté aucun problème. Bien que je préfère Photoshop, je dois reconnaître que pour les petits budgets, Gimp est imbattable.

TeX

Avez-vous déjà écrit des textes avec des formules mathématiques, des données scientifiques ou des références complexes ? Si c'est le cas, TeX serait l'outil à maîtriser. Il y a à ce jour deux versions pour Mac OS X, CMacTeX et OzTeX, et d'autres suivront.

Astuce **Plus de TeX**

Pour trouver un shareware ou un freeware fondé sur TeX, recherchez "TeX" sur votre site préféré de téléchargement, en prenant soin de saisir exactement "TeX" avec l'option "Phrase exacte" pour être sûr de ne pas tomber sur tous les utilitaires ou traitements de texte.

VersionTracker propose l'option "Phrase exacte" dans la recherche avancée, comme le montre la figure 10.7. Cette recherche donne des logiciels TeX à télécharger et à expérimenter. Vous en aurez trouvé probablement bien plus au moment de lire ces mots.

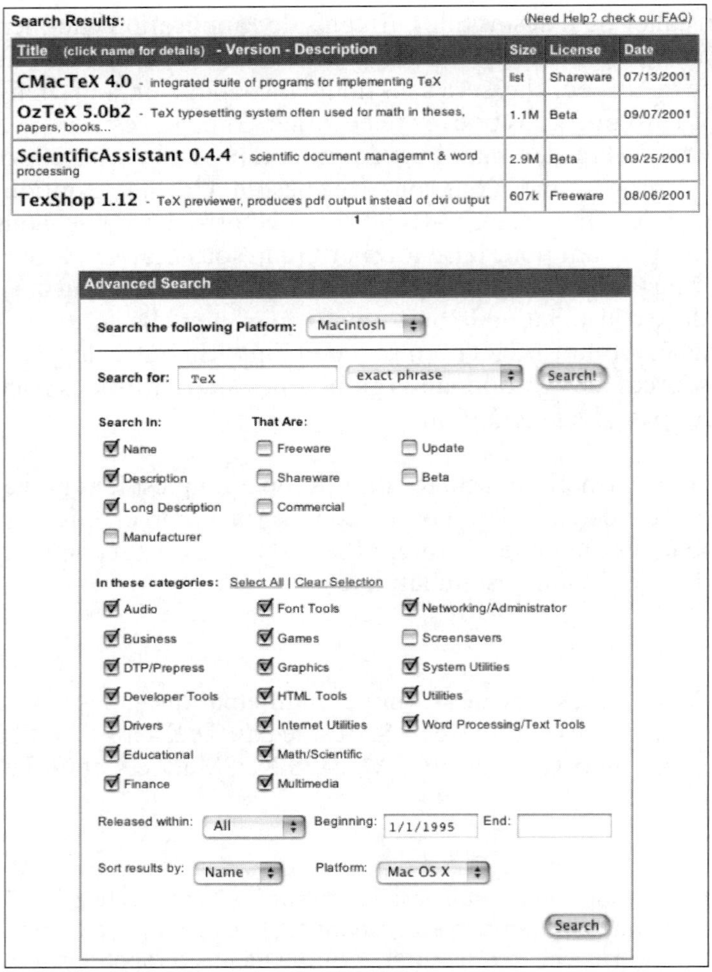

Figure 10.7
Cochez la case Longue Description et saisissez TeX entre guillemets pour un résultat plus précis

11

Plus d'Unix pour les utilisateurs avertis

Ce fut un chapitre très dur à écrire. Virtuellement, tout ce que vous pouvez écrire avec la ligne de commande, vous pouvez également le faire avec un outil visuel pour Aqua, avec une vraie interface graphique, des menus au lieu de commandes manuelles, à condition qu'il existe. Et si aucun n'existe, des solutions comme AppleScript ou RealBasic (**www.realsoftware.com**) peuvent rendre cela très facile pour quelqu'un d'un peu déterminé.

Les techniques expliquées dans ce chapitre montrent comment accomplir des tâches utiles avec la ligne de commande.

Remarque **Manuel versus Graphique**

Des utilisateurs avertis, surtout ceux qui sont déjà habitués à Unix, auront tendance à préférer cette méthode manuelle à un logiciel graphique existant. Alors essayez, vous pourriez aimer ça. Quoi qu'il en soit, si j'avais un outil graphique qui fait la même chose, je n'en dirais pas autant. Si vous en connaissez un ou si vous en avez créé un nouveau, faites-moi signe, cela m'intéresse. J'aimerais tellement ajouter une interface graphique à toutes les lignes de commande que je fais chaque jour de la semaine.

Voyons maintenant quelques commandes utiles, mais avant intéressons-nous à un aspect important concernant les privilèges et au compte root.

Le mal nécessaire de l'accès root

Quand vous configurez pour la première fois le système Mac OS X, vous créez un compte et c'est toujours un compte administrateur. Cela signifie que le fait d'entrer son mot de passe en diverses situations (débloquer par exemple toutes les icônes, installations, préférences et autres boîtes de dialogue) vous permet de faire des manipulations que votre Mac pourrait vous interdire à défaut de bons privilèges. Quoi qu'il en soit, même avec le compte administrateur dans le Terminal, plein de choses vous sont encore interdites. Par exemple, vous ne pouvez changer le propriétaire ou le groupe possédant un fichier.

Le mal nécessaire de l'accès root

Mais il y a un compte que n'importe quel système Unix peut activer où et quand il veut. Ce compte omnipotent appartient à l'utilisateur root, alias le super-utilisateur ou le "compte de Dieu". Utiliser ce compte vous donne des pouvoirs illimités, mais présente aussi certains risques. Comme root peut faire ce qu'il veut, de simples mots tapés peuvent avoir des effets dévastateurs, par exemple la suppression de fichiers sensibles.

Bien que son utilisation soit potentiellement dangereuse, root est nécessaire pour l'exécution de commandes spécifiques. C'est ainsi qu'est né le sudo (*switch user and do* ou super-user do). En tapant sudo, suivi par la commande du niveau root, vous pouvez continuer à agir en votre nom mais en utilisant des commandes réservées à root. Dans une session de shell, la première fois que vous tapez sudo, on vous demandera le mot de passe de l'administrateur, alors que les commandes suivantes ne le demanderont plus. Voici quelques exemples indicatifs et sans conséquence de l'usage que vous pouvez faire de la commande sudo. Pour changer tous les propriétaires des fichiers DOC dans le répertoire courant au bénéfice de l'utilisateur bob1, tapez :

```
sudo chown bob1 *.doc
```

Et la commande suivante changera tous les privilèges des fichiers DOC dans le dossier courant :

```
sudo chmod 750 *.doc
```

Je reparlerai de chmod au chapitre 12, mais voici ce que la commande précédente signifie. Le 750 représente en réalité trois commandes : le 7 donne au propriétaire les droits de lecture, d'écriture et d'exécution, le 5 donne au groupe les droits de lecture et d'exécution, et le 0 prive toute autre personne de privilèges, sachant enfin que *.doc signifie tous les fichiers DOC dans le répertoire courant.

Il y a une façon d'utiliser sudo dans le Finder, avec une interface graphique au lieu de l'accès root et de la ligne de commande. Il faut pour cela un shareware nommé Pseudo. Avec cet outil, vous pouvez lancer n'importe quelle application Mac OS X avec les droits de l'utilisateur root.

Remarque **Changer de répertoire**

Dans ce chapitre, je partirai du principe que vous savez utiliser le changement de répertoire (cd) du dossier courant vers celui qui est nécessaire à un fichier, ou que vous savez spécifier un chemin d'accès complet. Comme dans l'interface graphique du Mac où vous devez parcourir l'arborescence des dossiers pour accéder à un fichier, la ligne de commande a besoin du chemin d'accès complet à un fichier, à moins qu'il ne soit déjà dans le répertoire courant.

Il est un peu difficile sous Unix de savoir par cœur où chaque commande se trouve. Vous devriez indiquer leurs chemins d'accès dans la variable `PATH` du shell pour éviter de le préciser à chaque fois que vous les utilisez. Je vous rappelle que le répertoire courant ne figure pas nécessairement dans votre PATH et que pour indiquer son chemin d'accès, par exemple avec la commande `macommande`, vous taperez `./macommande` avec les bons arguments et options à la suite. Tous les fichiers dont vous n'indiquez pas le chemin d'accès sont censés se trouver dans le répertoire courant ou y seront créés. Tant que vous n'utiliserez pas `cd` pour passer à un autre répertoire, ce sera votre dossier *Départ* (home).

Se connecter dans le shell plutôt que dans Aqua

Si vous voulez vous sentir comme un cador d'Unix utilisant un Terminal avec des caractères blancs sur fond noir, vous pouvez simplement ignorer toutes les facilités offertes par le nouveau shell, qui apparaissent quand vous lancez le mode Console : faire glisser des fichiers du Finder, lancer des applications Mac OS X, et faire tout pour vous passer de commandes Unix.

Les avantages de ce mode sont le temps de réponse, la rapidité, car toute la lourdeur et les enrichissements de Mac OS X ne sont pas actifs.

Pour configurer votre Mac pour qu'il démarre avec la ligne de commande Unix, suivez ces étapes :

1. Établissez vos Préférences système pour un compte administrateur afin que les autres utilisateurs constituent un choix dans votre fenêtre de connexion, ce que vous ferez dans l'onglet **Fenêtre d'ouverture de session** dans les Préférences système de l'Ouverture.
2. Déconnectez-vous d'OS X.
3. Cliquez sur *Autre utilisateur* dans la fenêtre de connexion.
4. Tapez `>Console` dans le champ du nom et ne tapez rien dans celui du mot de passe. Puis cliquez sur **Connexion**.
5. À l'invite du shell, entrez le nom de l'utilisateur et son mot de passe. Vous êtes maintenant dans la ligne de commande Unix traditionnelle et complètement séparée de Mac OS X et de ses applications. L'écran de votre Mac est maintenant ramené dans les temps obscurs (voir figure 11.2).

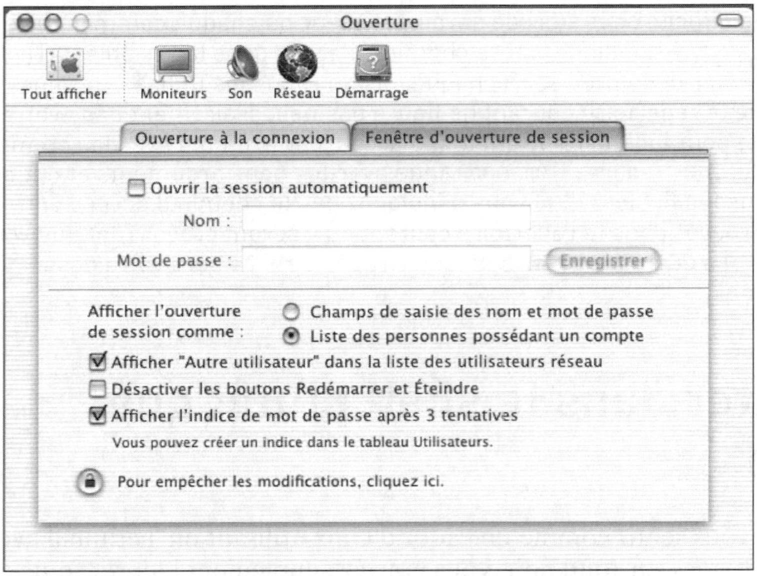

Figure 11.1
Dites à OS X de proposer d'autres utilisateurs dans la fenêtre de connexion

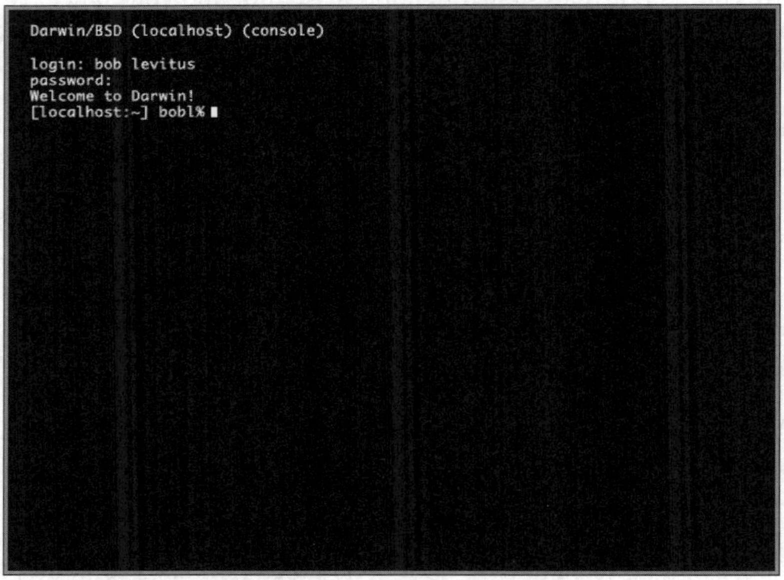

Figure 11.2
Je suis sûr que vous n'avez jamais vu votre Mac dans cet état auparavant !

Remarque

Reconstitution

Les lecteurs attentifs auront remarqué que l'image est une reconstitution, car la capture d'écran ne fonctionne pas dans le shell. Ainsi, la figure 11.2 qui montre à quoi ressemble un Mac bootant sous le shell a été bidouillée dans Photoshop.

Pour retourner à l'environnement Aqua de Mac OS X, déconnectez-vous du shell par une de ces trois méthodes : en appuyant sur Ctrl+D, en tapant `logout` ou `exit`. Alors, quand l'invite de connexion réapparaît, recommencez un Ctrl+D. La fenêtre de connexion habituelle de Mac OS X réapparaît. Connectez-vous donc comme d'habitude.

Page up et Page down de chaque côté

OS X 10.1 ajoute une option dans les Préférences système générales pour que vous ayez, dans le bas des pages de défilement, page up et page down. C'est le paramètre par défaut, mais si vous voulez les mettre de chaque côté, il faut démarrer une session de Terminal avec un compte administrateur et taper la commande suivante :

```
defaults write "Apple Global Domain" AppleScrollBarVariant DoubleBoth
```

Vous devez ensuite vous déconnecter et vous reconnecter, ou utiliser **Forcer à quitter** pour voir les changements. Vous constaterez alors, comme à la figure 11.3, que vous avez effectivement des page up et page down de chaque côté des barres de défilement.

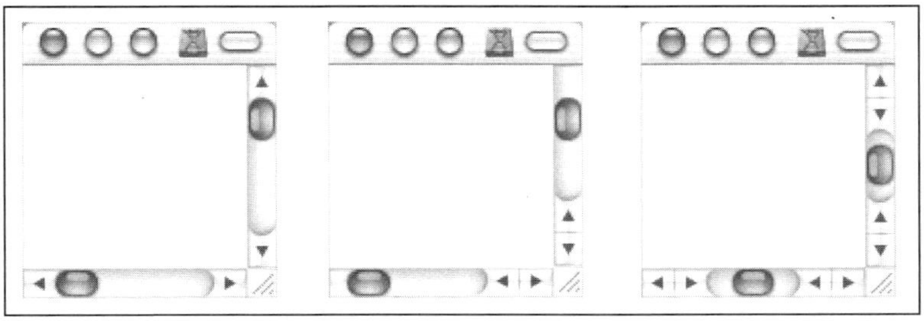

Figure 11.3
Choisissez l'emplacement des doubles flèches soit en haut et en bas (à gauche), soit ensemble (milieu) dans les Préférences système générales, ou activez l'option DoubleBoth (à droite)

Cette méthode fonctionne dans le Finder, les applications Cocoa, Carbon et toutes les autres applications où les programmeurs utilisent la barre de défilement standard du système. Pour revenir à la barre de défilement standard (flèches de chaque côté), tapez la ligne suivante dans la session du Terminal :

```
defaults write "Apple Global Domain" AppleScrollBarVariant Single
```

11

Vous pouvez aussi cocher *En haut* et *En bas* dans les Préférences système générales. Pour placer les deux flèches ensemble en bas, tapez ceci :

```
defaults write "Apple Global Domain" AppleScrollBarVariant DoubleMax
```

Cela équivaut à cliquer sur *Ensemble* dans les Préférences système générales. Si vous voulez que ces flèches soient ensemble en haut ou à gauche de la barre de défilement, il suffit de taper :

```
defaults write "Apple Global Domain" AppleScrollBarVariant DoubleMin
```

C'est toujours un mystère pour moi qu'Apple n'ait intégré qu'une partie de ces options dans le panneau Général des Préférences système. Ils ont aussi caché cette information dans Mac OS 9, où il fallait recourir à un utilitaire gérant les apparences de la barre de défilement, la proc : la routine définissant la description de cette barre pour les programmeurs d'applications Mac standards.

Après que cette partie a été rédigée, un excellent freeware, TinkerTool, est sorti. Il peut paramétrer votre barre de défilement et bien d'autres choses sans recourir au Terminal. Vous le trouverez sur le CD d'accompagnement.

Remarque **Options secrètes**

OS X comporte quantité d'options non documentées semblables. Vous les découvrirez au fur et à mesure que les programmeurs les auront trouvées et exploitées. Alors gardez un œil sur les nouveaux programmes, les AppleScripts et les instructions de ligne de commande qui débloquent ces fonctionnalités et ces options cachées. On peut en découvrir chaque jour par exemple sur le site de VersionTracker (**www.versiontracker.com**).

Changer les attributs d'un fichier

Bien qu'il soit possible de changer le type d'un fichier, son propriétaire et d'autres attributs par le biais d'utilitaires comme xFiles, Super Get Info et autres, la ligne de commande est bien plus facile et efficace.

Rappelez-vous ce joli petit livret qui accompagnait Mac OS X, celui qui explique son installation. Il indique que le Developer Tools CD ne s'adresse qu'aux programmeurs et conseille de l'ignorer. Mais ce CD contient des commandes Unix très pratiques, surtout cette paire que j'ai trouvée très commode : `SetFile` et `GetFileInfo`.

Attention **Bonus des développeurs**
Vous devez d'abord installer les outils de développement à partir du CD, copier le contenu du répertoire *Developer/Tools* (où se trouvent `GetFileInfo` et `SetFile`) dans un autre répertoire inclus dans le Path par défaut d'Unix, par exemple *local/bin*, sinon les commandes ne fonctionneront pas.

Après avoir installé les outils de développement, lancez le Terminal et tapez :

```
cp /Developer/Tools/* /usr/local/bin
```

Si vous êtes un gourou d'Unix, vous connaissez au moins trois autres moyens de faire la même chose. Utilisez-les si vous préférez, mais la copie des fichiers dans *local/bin* est pour moi la méthode la plus simple.

SetFile

Je reçois beaucoup de mails, dont beaucoup ont des pièces jointes. Certains contenus sont datés en tenant compte du système de fuseaux horaires. Si vous avez le même problème, une simple commande `SetFile` s'occupera de ces dates ainsi :

```
SetFile -d . -m. LeFichier
```

Cette commande mettra les dates de création (`-d`) et de modification (`-m`) du fichier à l'heure et à la date courante. Si vous voulez indiquer une autre variable que "maintenant", mentionnez-la dans une chaîne de caractères entre guillemets :

```
SetFile -m "09/11/2001 09:23 AM" Vizsladogs.jpg
```

Et cela datera le fichier JPEG pour 9 h 23 le matin du 11 septembre 2001.

11

Les options `-c` et `-t` vous permettent respectivement d'établir le créateur et le type du fichier, mais l'option la plus pratique est `-a`, car elle gère les options du Finder si le fichier est invisible, si c'est un alias, s'il est stationnaire ou verrouillé. Tous ces attributs ont une lettre qui les code. En minuscules, ils sont désactivés, et la majuscule les active. Si vous commettez une erreur de modification d'attribut, il restera inchangé. Par exemple :

```
SetFile -a Lv Spenser.jpg
```

rendra le fichier JPEG visible s'il ne l'est pas déjà et le verrouillera. En d'autres termes, l'option `-a` dit de "changer un attribut du Finder", le `L` majuscule signifie "verrouille" et le v minuscule veut dire "visible" (il ne change l'attribut que s'il est opposé, c'est-à-dire invisible).

Le complément de SetFile est GetFileInfo, lequel saura dire quels sont les attributs d'un fichier, son type, son créateur. Ok, je sais à quoi vous pensez. Vous pouvez écrire un script qui compare les attributs et en déduit les changements que l'on peut effectuer sur le créateur, le type ou autre. On pourrait par exemple changer seulement les JPEG créés par Photoshop dans un répertoire qui appartient à GraphicConverter :

```
foreach i (*.jpg)
    set foo = 'GetFileInfo -c $i'
    if ('expr $foo = \"8BIM\"') SetFile -c "GKON" $I
end
```

Bien sûr, nous aurions pu compliquer ce code encore plus en supprimant la variable intermédiaire foo, mais quel en serait l'intérêt ?

Sherlock

Sherlock est excellent pour chercher des fichiers sur le disque, et beaucoup d'entre vous sont habitués aux options de personnalisation pour affiner les recherches. Mais savez-vous comment imprimer dans un fichier texte les résultats produits par Sherlock ?

La réponse est : vous ne pouvez pas. À part prendre une capture d'écran de la fenêtre de résultat, je ne connais pas de moyen de le faire. Ce logiciel ne dispose pas de commande **Imprimer**, et vous pouvez seulement sauvegarder les critères de recherche, pas les résultats.

Peut-être ne l'avez-vous pas remarqué, mais il n'y a pas de commande **Imprimer la fenêtre** dans Mac OS X (ni dans le Finder d'ailleurs). Si bien, qu'une fois de plus, la réponse viendra en se plongeant dans les entrailles d'Unix, pour utiliser la commande find qui est probablement la plus habilitée. Pour tout savoir à propos de cette commande, reportez-vous aux pages qui lui sont consacrées dans man, dont je parle au chapitre 10.

```
find projdossier/ -type f -name '*.doc' | sed -e 's;.*/;;' -e
's/\.doc$//' > mondocindex.txt
```

Cette commande bizarre dit à `find` d'aller chercher dans le répertoire *projdossier* tous les éléments qui sont des fichiers (pas des dossiers, pas des alias, le `type -f`) et dont les noms finissent par `.doc` (argument `-name`). Le résultat de cette commande est "pipeliné" (c'est la barre verticale dont je parlais au chapitre 10) vers l'éditeur de stream (`sed`) quand la principale information sur les chemins d'accès est réduite en utilisant des commandes de substitution (les arguments `-e s`), ce qui ne laisse que les noms de fichiers. Enfin, le résultat est écrit dans un fichier texte *mondocindex.txt* (notez le > qui est une redirection de sortie, comme je le décris au chapitre 10).

Astuce **Le symbole pipe en option**

Si vous ne voulez pas supprimer l'information sur les chemins d'accès des fichiers recherchés, retirez le symbole pipe "|" et tout ce qui le suit, sauf à partir de >.

Passer à PGP (Pretty Good Privacy)

Apple fournit OpenSSL, le package de chiffrement intégrant le Secure Sockets Layer (SSL v2/v3) et le protocole réseau Transport Layer Security (TLS v1), avec tous les standards de cryptographie nécessaires. La commande `openssl` vous donne accès à toutes les fonctionnalités de chiffrement, déchiffrement et création de clés.

Une grande variété de chiffreurs est disponible avec, parmi tant d'autres, Base64, Blowfish, DES, Triple-DES, RC4 et RC5. Pour encoder le fichier *confidential.doc* vers *confidential.rc5* avec le chiffreur RC5, vous devez taper ceci :

```
openssl rc5 -e -in confidential.doc -out confidential.rc5
```

Et pour déchiffrer *confidential.rc5* vers son original, procédez ainsi :

```
openssl rc5 -d -in confidential.rc5 -out confidential.doc
```

Visualiser des fichiers DivX dans QuickTime

Il y a quelques années, Microsoft a bidouillé le standard MPEG-4 et a créé sa propre mouture nommée DivX. Heureusement, Jamby, une petite entreprise, a développé un composant QuickTime gratuit se fondant sur l'effort de développement ffmpeg (**http://ffmpeg.sourceforge.net**). Même avec cette implémentation, QuickTime ne synchronise pas correctement le son et les images, alors Jamby a prévu de joindre deux outils pour la ligne de commande : Avi2Mov et getMp3. Avi2Mov prend un fichier DivX (ils portent l'extension *AVI*) en entrée, puis en sortie sépare le son et la vidéo pour les resynchroniser, puis les réassemble pour former un fichier QuickTime (extension *.mov*).

getMp3 récupère la bande-son Mp3 dans un fichier séparé. À la figure 11.4, vous voyez Avi2Mov convertir un fichier DivX pour le format *Mov* (sachant que le codec ffmpeg doit exister soit dans */Library/QuickTime*, soit dans le même répertoire à partir de votre dossier de départ). Maintenant, vous disposez d'un fichier visible, audible, et vous pouvez l'ouvrir dans QuickTime Player. Bien que ce qui suit ne requière pas une ligne de commande, c'est plus que jamais une astuce pratique. Si vous voulez voir vos films numériques partout de par le monde, vous avez besoin d'une version de Roxio's Toast Titanium. Ce n'est pas uniquement parce que Toast est le meilleur outil de gravure de CD et de DVD pour Mac, mais il intègre un convertisseur pour changer les films en format MPEG-1, pour les réencoder et les multiplexer. Ainsi, vous pouvez visualiser les films sur presque tous les ordinateurs, mais avec l'option de gravure en VideoCD, les lecteurs DVD de salon les accepteront, du moins ceux qui sont compatibles CD-R. Cette procédure de conversion est loin d'être rapide. Elle prendra de 5 à 15 minutes pour chaque minute de vidéo sur un G4 (selon la vitesse du processeur).

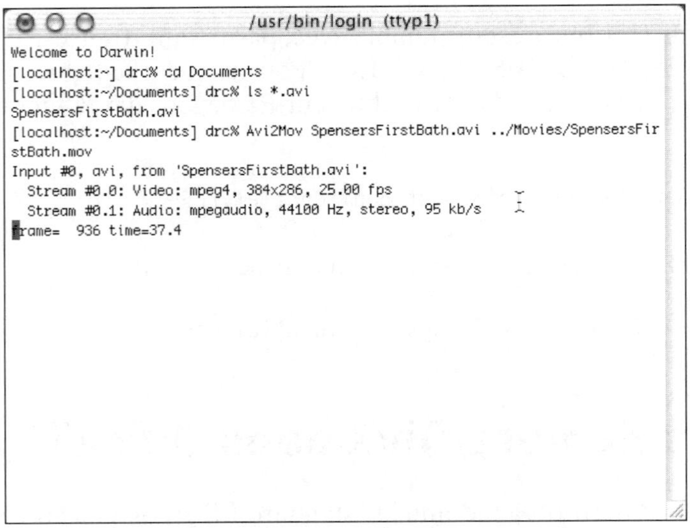

Figure 11.4
Utilisez la commande freeware Avi2Mov pour pouvoir visualiser des films DivX

Après avoir rédigé ce paragraphe, je suis tombé sur une application graphique qui semble faire la même chose. C'est un logiciel freeware appelé DivosX Tool.

Ainsi, vous aurez le choix entre faire cet exercice par la ligne de commande ou avec la souris dans une interface graphique.

Exterminer le bogue de la multiplication des serveurs

Utilisez-vous d'autres Mac dans un environnement réseau ? Si c'est le cas, cela a certainement dû vous arriver un jour alors que vous ouvriez la boîte de dialogue **Se connecter à un serveur** (menu **Aller/Se connecter à un serveur**) ou que vous appuyiez sur [Commande]+[K] : un ou plusieurs de vos Mac se sont "multipliés". Si vous voyez des entrées multiples pour le même ordinateur dans cette boîte de dialogue, comme à la figure 11.5, vous êtes confronté à ce bogue, lequel est présent dans toutes les versions de Mac OS X à ce jour.

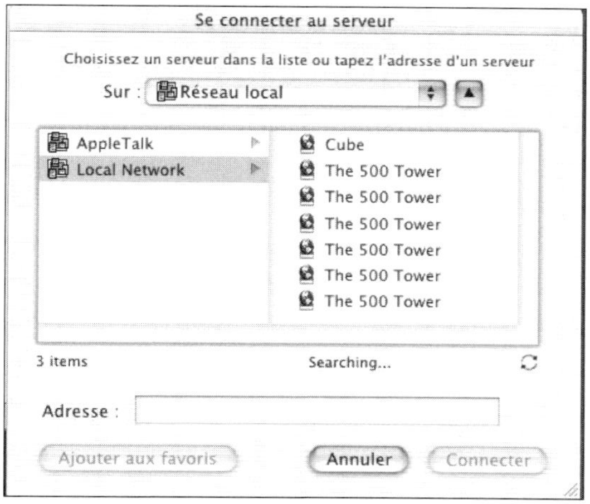

Figure 11.5
Je ne dispose que d'un seul Mac nommé The 500 Tower, alors les six autres entrées sont factices, générées par le bogue des serveurs multiples

Ce serait un moindre mal si toutes les entrées fonctionnaient, mais ce n'est pas le cas. Rien n'est indiqué, alors il faut essayer et se tromper.

Remarque **DHCP coupable**

Je suis persuadé que ce bogue est lié au DHCP (*Dynamic Host Configuration Protocol*), le moyen qui permet aux modems, câbles, routeurs de donner à votre Mac une adresse IP dynamiquement, c'est-à-dire au vol. Ainsi, votre Mac n'a pas besoin d'une adresse permanente. Je pense que le module de connexion à un serveur ne comprend plus rien s'il voit une adresse IP différente de celle de la veille ou d'un autre jour pour le même Mac. Avec une connexion par modem, vous n'avez certainement pas ce bogue, et c'est tant mieux car c'est vraiment la poisse.

Voici comment réparer tout ça dans le Terminal :

```
cd.. <enter>
cd.. <enter>
cd var <enter>
Sudo rm slp.regfile <enter>
```

On va alors vous demander un mot de passe administrateur. Tapez-le et redémarrez votre Mac. Les choses ne seront pas aussi chamboulées, comme le montre la figure 11.6. Voici un résumé de ce que les commandes ont fait. La première commande `cd..` (c, d, point, point) change de répertoire pour vous faire remonter d'un niveau dans l'arborescence. La seconde commande est identique. Le résultat est que vous vous trouvez maintenant au niveau root de votre volume de démarrage. Avec la troisième commande `cd var`, vous allez dans un répertoire nommé *var*, lequel est de type invisible sous Unix, et donc encore plus à partir du Finder. Enfin, la dernière commande efface le fichier *slp.regfile* qui stocke les informations sur les serveurs disponibles.

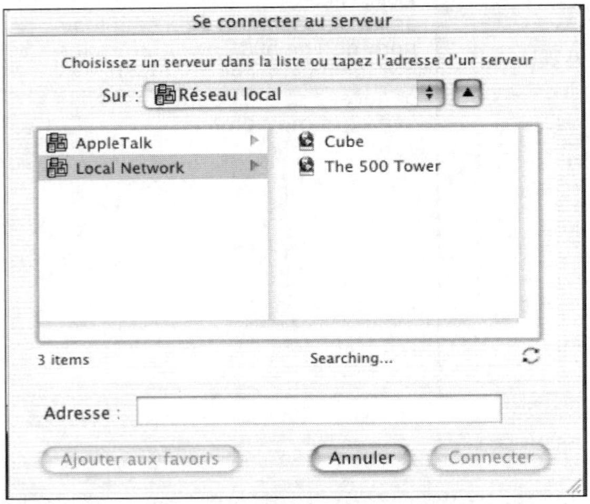

Figure 11.6
La boîte de dialogue Se connecter à un serveur, après que vous avez effacé le fichier slp.regfile et redémarré

Trois façons de voir votre RAM

Vous pouvez savoir ce qu'il se passe avec la mémoire vive installée dans votre Mac en recourant à l'utilitaire top dans le Terminal, mais il y a deux autres moyens qui n'impliquent pas d'aller sous Unix. Comme ces trois méthodes sont couvertes en détail au chapitre 7 dans la section *Optimiser l'emploi de votre RAM*, je ne m'étendrai pas plus sur la question.

Utilisateurs, groupes et NetInfo

Comme vous l'avez probablement remarqué, la plupart (si ce n'est pas toutes) des vieilles méthodes de management dans Classic et dans Mac OS 9 ont changé à cause d'Unix qui se trouve maintenant à la base de Mac OS X. Il n'y a plus d'utilisateur simple que l'on peut mettre en situation "d'utilisateurs multiples" avec des artifices comme dans Mac OS 9. Aujourd'hui, votre Mac est un ordinateur pour utilisateurs multiples même si vous êtes le seul à l'utiliser.

Ce chapitre explique comment employer les outils pour une gestion collective des utilisateurs. Comme de coutume, nous commencerons en douceur avec ce qui est prévu par Unix pour partager les fichiers, les disques, les ordinateurs et la base de données *NetInfo*. Après cela, nous aborderons des tutoriaux pour créer des utilisateurs, des groupes, et nous verrons comment gérer les autorisations sous Unix avec le Terminal. Enfin, nous explorerons des façons plus simples de gérer ces autorisations.

Le gestionnaire NetInfo et ce qu'il fait

Traditionnellement, l'administrateur d'un système Unix va gérer une grande variété de fichiers aux noms et aux formats obscurs pour prendre en main les utilisateurs, les groupes et les ressources du système. Beaucoup de ces données sont interdépendantes. *NetInfo* est une base de données (ou système de répertoires) qui peut être exploitée par les applications et le système pour placer ou récupérer des informations. Le gestionnaire NetInfo, comme son nom le suggère, est une interface graphique qui vous permet de gérer les services de *NetInfo*, comme le montre la figure 12.1.

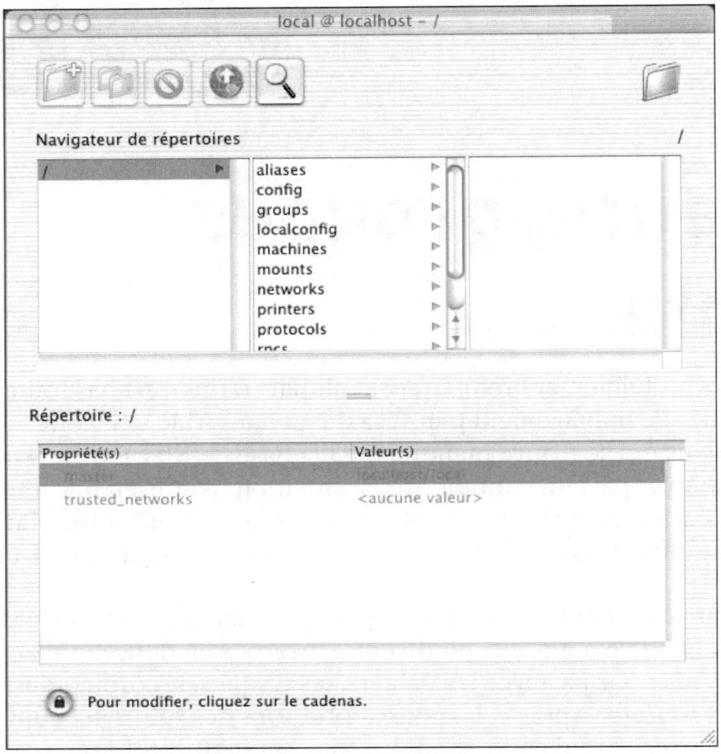

Figure 12.1
Voici ce que l'on voit en lançant NetInfo Manager

Je ne vous dirai pas que le gestionnaire NetInfo dispose de l'interface la plus belle que vous n'ayez jamais vue, car je ne serais pas crédible. Tout ce que je peux dire, c'est que les tâches du gestionnaire NetInfo sont tellement diverses et complexes que son interface n'est pas si mauvaise, vu la polyvalence requise.

Voici quelques exemples de ce que NetInfo peut faire :

- Créer et gérer un groupe d'utilisateurs
- Distribuer des répertoires de login sur différents ordinateurs et disques
- Assigner des imprimantes réseau à des domaines spécifiques (voir plus loin)

Le premier élément, créer et gérer les groupes, est l'usage le plus classique que l'on fera de NetInfo. J'en parlerai, mais avant voyez cet encadré sur les domaines.

Comprendre les domaines

Chaque collection d'informations stockée par NetInfo est appelée domaine. Chaque ordinateur Mac OS X a au moins un domaine local. Il est le premier à être consulté quand vous effectuez un login ou que vous tentez d'accéder à toute autre donnée de NetInfo.

La première fois que vous lancez l'installation de Mac OS X, ou la première fois que vous le démarrez, le domaine local de NetInfo est créé avec son fichier de données. Certains de ces enregistrements comprennent le nom d'utilisateur et le mot de passe (encodé) que vous avez choisis pendant l'installation, avec aussi le nombre UID (*User ID number*) que l'on vous attribue, et l'endroit où votre dossier de départ (home) a été créé.

Généralement, le domaine local est le seul que vous utiliserez. Mais la vraie puissance de NetInfo est de créer des domaines partagés entre plusieurs ordinateurs qui vont pouvoir mettre en commun des informations d'administration. Quand votre Mac est configuré pour partager des domaines, une hiérarchie est établie pour que, lors d'une recherche d'informations, on consulte d'abord le domaine local, puis les domaines partagés.

Si vous voulez vraiment tout savoir sur ce niveau d'administration, Apple a réalisé un document PDF de 62 pages, *Comprendre et utiliser NetInfo*, que vous pouvez télécharger sur **www.apple.com/macosx/server/pdf/UnderstandingUsingNetinfo.pdf**.

J'ai parlé de distribuer des répertoires de connexion et d'assigner les imprimantes réseau uniquement pour illustrer les autres choses que l'on peut faire avec le gestionnaire NetInfo. Si elles ne vous intéressent pas, voyez le PDF précité. Comme elles sont hors du propos de ce livre, je n'en parlerai plus.

Gérer les groupes pour partager les fichiers

Dans Mac 0S 9, la configuration et l'administration du partage de fichiers étaient quelque peu légères, mais elles se trouvaient principalement dans le tableau de bord Utilisateurs et groupes et la section partage dans la fenêtre **Lire les informations**. Comparé à ce qui est nécessaire dans Mac OS X, nous appellerons cette période "le bon vieux temps".

À la belle époque, vous donniez l'autorisation aux éléments souhaités pour le partage, et cette autorisation n'était valable que si le partage était activé et uniquement dans le cadre du partage. Tout change avec Mac OS X. Maintenant, tous les fichiers et répertoires ont un propriétaire et des privilèges, que l'on partage ou non. De plus, le panneau Utilisateurs et groupes est maintenant remplacé par Utilisateurs dans les Préférences système, sachant qu'il faut utiliser NetInfo pour créer les groupes et y ajouter des utilisateurs.

Pour compliquer le tout, vous ne pouvez plus décider du propriétaire d'un fichier ou du groupe y ayant accès dans la fenêtre **Afficher les infos**. Vous devez le faire par le biais de la ligne de commande et du Terminal (voir chapitre 10), ou utiliser un logiciel qui donne une interface graphique aux commandes `chown` et `chgrp`.

Remarque **Fan de xFiles**

C'est pour cela que j'aime xFiles (prononcez "ten files"), conçu par Brian Hill. Je vous montrerai comment il fonctionne dans la section intitulée *La façon de faire Mac, plus chère mais plus cool*.

Étape 1 : créer des utilisateurs

Avant de partager avec d'autres utilisateurs, il faut leur créer un compte dans Utilisateurs des Préférences système, comme le montre la figure 12.2.

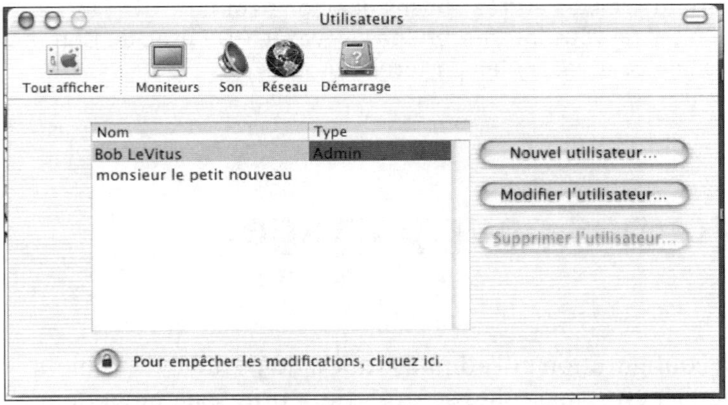

Figure 12.2
Créer des comptes utilisateur dans Utilisateurs des Préférences système

Attention **Être administrateur**

Bien que vous n'ayez pas besoin d'être connecté en tant qu'administrateur pour créer des comptes utilisateur, vous aurez besoin d'un tel identifiant et de son mot de passe.

Contrairement à Mac OS 9, où les comptes utilisateur ne permettaient que d'accéder à certains fichiers ou dossiers, les comptes utilisateur sous Mac OS X sont de vrais comptes. Chacun d'eux aura son dossier de départ (home) et pourra se connecter à l'ordinateur par le clavier ou à distance. Autrement dit, il est impossible de partager avec quelqu'un sans lui avoir préalablement ouvert un compte. Et une fois que c'est fait, l'utilisateur agit de plein droit sur le Mac, avec ses préférences personnelles, ses fichiers, ses dossiers et autres qui se trouvent dans son dossier *Départ* (home). Pour créer un utilisateur, cliquez sur *Nouvel utilisateur* et remplissez les champs comme à la figure 12.3.

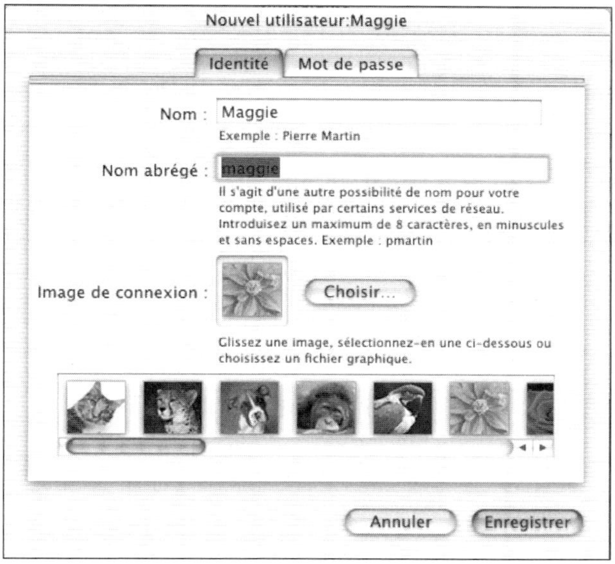

Figure 12.3
Donnez au compte un nom, un prénom et en option une image de connexion

Remarque **Image en option**

Vous pouvez choisir une image de connexion, mais cela n'a rien à voir avec le sujet de ce chapitre.

Quand vous avez décidé d'une identité d'utilisateur (et de son image de connexion si vous le souhaitez), cliquez sur l'onglet **Mot de Passe** et saisissez le mot de passe initial pour cet utilisateur. À moins de vouloir lui donner des droits d'administrateur, vérifiez que la case à cocher *Autoriser l'utilisateur à administrer cet ordinateur* est bien désactivée.

Étape 2 : créer le groupe

Vous utilisez le gestionnaire NetInfo (*Applications/Utilitaires*) pour créer les groupes et l'appartenance de membres. En le lançant, vous cliquez dans le coin en bas à gauche pour débloquer la sécurité, et vous entrez votre mot de passe d'administrateur.

Astuce **Cadenas**

Si vous ne débloquez pas le gestionnaire NetInfo, vous ne pourrez pas y effectuer des changements.

Si vous cliquez sur l'élément Groupes, dans la seconde colonne, vous verrez une liste se composant des différents groupes qui existent sur la machine locale dans la troisième colonne (voir figure 12.4).

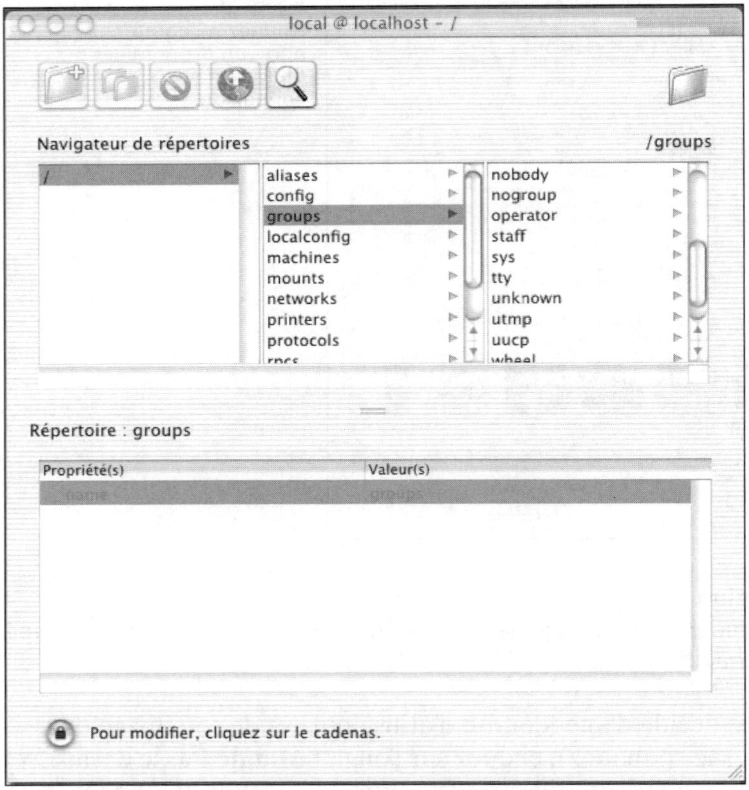

Figure 12.4
Sélectionner les groupes dans la deuxième colonne présente une liste des groupes dans la troisième colonne. Incroyable, non ?

Il est temps de créer un nouveau groupe pour le partage de fichiers, que nous appellerons *sharegroup*.

La façon la plus simple de créer un groupe est d'en dupliquer un, puis d'en éditer les propriétés. Donc, en prenant la liste des groupes (troisième colonne de la figure 12.4), choisissez le groupe *Staff* et dupliquez-le avec le bouton dont l'icône contient deux dossiers. Le gestionnaire NetInfo vous demandera une confirmation. Les propriétés du groupe apparaissent dans la partie basse de la fenêtre, comme à la figure 12.5. Cliquez sur le nom *Copie de Staff* que vous changerez pour *sharegroup*. Ensuite, vous devrez donner au groupe un numéro unique d'identification (gid). C'est un peu complexe car vous devez être sûr que ce numéro n'est pas déjà attribué. Après vérification, j'ai choisi 333.

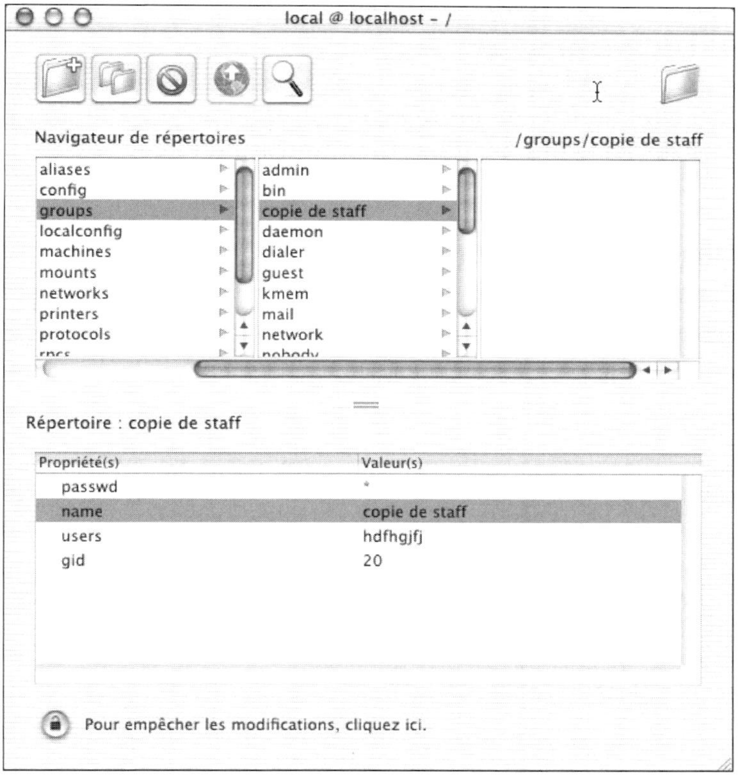

Figure 12.5
Renommez le nouveau groupe fraîchement dupliqué dans la partie basse de NetInfo Manager

Étape 3 : populariser le groupe

Le compte root est déjà inclus dans la liste des membres. Laisser ce compte Unix intact n'a aucun effet car il peut tout faire partout quand il veut, mais vous devez juste ajouter des comptes utilisateur pour établir les conditions de partage dans ce groupe. Vous ajoutez un utilisateur en choisissant **Directory/Insert Value** (Commande+Option+I), puis en tapant son prénom dans le champ texte (le nom long ne marchera pas). Répétez cette étape jusqu'à ce qu'il y ait tous les utilisateurs souhaités. Après cela, vous n'aurez plus besoin du gestionnaire NetInfo. Quittez-le donc.

Étape 4 : établir les autorisations sur le répertoire partagé

La façon la plus facile (et donc la moins Mac) de gérer les autorisations et la propriété du groupe sur tel fichier ou tel dossier est d'utiliser la ligne de commande. Je vous décrirai d'abord cette méthode, puis d'autres plus visuelles.

La méthode la "moins" Mac mais la plus rapide

Lancez le Terminal et utilisez la commande `cd` pour vous rendre dans le répertoire où se trouvent les éléments dont vous voulez changer les autorisations pour le partage.

> Astuce **Lister le contenu**
> Si vous voulez être sûr que les éléments se trouvent bien dans le répertoire courant, tapez `ls -l` qui les listera.

Pour changer les autorisations, il faut être l'utilisateur root, ce qui implique d'utiliser notre vieil ami sudo. Donc, si le dossier où vous devez changer les autorisations s'appelle *dossierpartage*, vous devrez taper :

```
sudo chgrp sharegroup dossierpartage
```

Et on vous demandera le mot de passe administrateur.

Si vous voulez que les utilisateurs puissent lire, écrire, exécuter des éléments dans le dossier du groupe, tapez :

```
sudo chmod 770 dossierpartage
```

À propos de 770

Le 770 que vous trouvez dans `chmod` se fonde sur le code octal qu'Unix utilise pour désigner les autorisations. L'autorisation d'exécuter a pour valeur 1. L'accès en écriture a pour valeur 2. L'accès en lecture a la valeur 4. Quand vous regardez les trois chiffres résultant de la commande `ls -l`, vous voyez trois catégories de trois autorisations : propriétaire, groupe, ou tout le monde (parfois appelé "world"). `chmod` utilise le même shéma. Ainsi 770 signifie "donner au propriétaire et au groupe les droits de lecture, d'écriture et d'exécution (4 + 2 + 1 = 7) et ne donner aucun accès à tout le monde". De même, un 750 signifierait lecture, écriture, exécution pour le propriétaire, et lecture, exécution pour le groupe, et aucun privilège pour tout le monde, et serait affiché comme `rwxr-x` dans une commande `ls -l`.

Félicitations, vous avez maintenant créé un groupe de partage sous Mac OS X.

La façon de faire Mac, plus chère mais plus cool

Si vous voulez éviter la ligne de commande, vous pouvez établir les privilèges dans la fenêtre **Afficher les infos** du Finder ([Commande]+[I]). Mais malheureusement, vous ne pouvez pas changer de propriétaire ou assigner des groupes par ce biais.

C'est là que xFiles de Brian Hill entre en jeu. XFiles est un shareware qui est le moyen le moins cher d'éviter la ligne de commande. Vous en trouverez une copie sur le CD d'accompagnement.

XFiles ne présente aucune limitation, mais si vous utilisez les sharewares, vous devez en payer la redevance. Si vous ne le faites pas, des gens comme Brian n'auront plus de raisons de continuer à produire des outils aussi bons. Brian est aussi l'auteur de Pseudo, qui prend le statut de root et effectue ses commandes sans entrer dans la ligne de commande. Je vous encourage à aller sur **http://personalpages.tds.net//~brian_hill/** pour voir tout son travail. 12

Quand vous lancez xFiles, la fenêtre **Change File Attributes** apparaît, comme à la figure 12.6. Glissez-y le dossier dont vous voulez changer les autorisations et il affichera les paramètres courants comme à la figure 12.7.

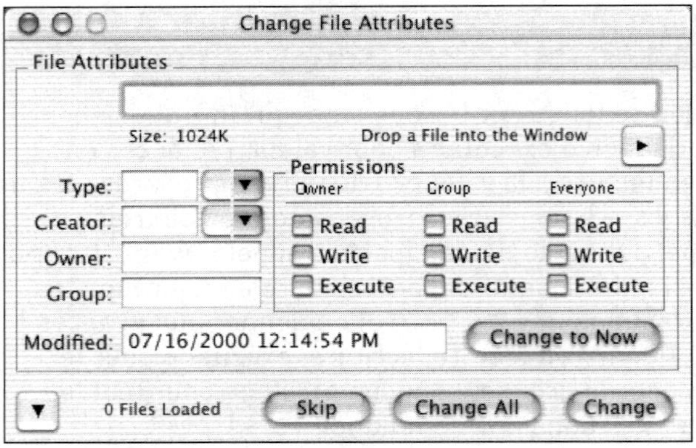

Figure 12.6
La fenêtre changeant les attributs apparaît après le lancement de xFiles

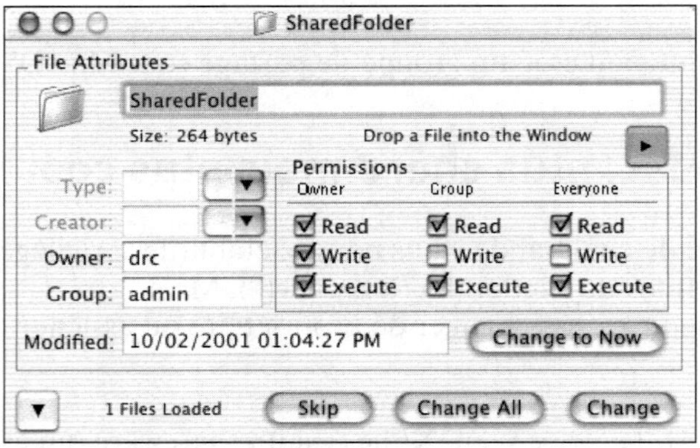

Figure 12.7
Voici à quoi cela ressemble une fois que vous y avez glissé le dossier dont il faut changer les autorisations

Changez les autorisations en remplissant les champs de texte, puis cliquez sur **Change**. C'est fait, et cela sans mettre les mains dans le cambouis de la ligne de commande.

13

AppleScript pour OS X

Quand Apple et Steve Jobs ont présenté le Macintosh comme l'ordinateur "pour tout le monde", l'industrie informatique, les hackers et autres communautés de techniciens l'ont considéré comme un jouet. Ils se plaignaient que le Finder et les programmes Mac étaient limités au niveau de la personnalisation et du contrôle. Si vous vous souvenez bien des temps éloignés, les Apple II et les ordinateurs DOS avaient tous deux des lignes de commande, mais pas le Macintosh. Les Apple II et les PC DOS avaient leurs langages de programmation intégrés, pas les Mac. En fait, cela fait si longtemps, que Bill Gates n'a même pas rêvé de voler le concept de l'interface graphique Mac en l'appelant Windows, et encore moins de livrer une première version boguée.

En 1986, les choses ont changé avec une première version (légèrement boguée) d'un programme révolutionnaire dont le nom de code était WildCard. Écrit par Bill Atkinson, il a peut-être été le programme le plus important jamais sorti, que l'on se repassait par les BBS, sur disquettes, à des rencontres d'utilisateurs et à d'autres occasions.

Remarque **Bill Atkinson**

Atkinson, devenu maintenant photographe (**www.natureimages.com**), a été un programmeur de génie qui a écrit une grande partie de MacPaint et de QuickDraw.

Bien qu'il ne fût pas prêt dans un premier temps, les aficionados du Mac ont tout de suite vu le potentiel du programme. Tout le monde pouvait créer un projet sous forme de piles avec la première version boguée. Apple a officiellement livré le programme sous un nom différent, HyperCard.

Ce qui rendait HyperCard si spécial, ce n'était pas seulement les outils graphiques intégrés par le père de MacPaint, mais aussi le langage de script facile à comprendre car se rapprochant de l'anglais se nommant HyperTalk.

Tout le monde pouvait créer un script HyperTalk sous forme de piles avec toutes les fonctionnalités d'un vrai programme Mac : bouton, saisie de données, menus et plus. C'était un environnement de développement suffisamment facile pour être compris même des non-programmeurs et se présentant dans une interface Mac conviviale.

Quand le Système 7 est arrivé en 1989, offrant une communication entre logiciels par le biais des AppleEvents, on a rêvé d'un langage semblable à HyperTalk se destinant aux utilisateurs qui pourraient contrôler leurs applications en envoyant ou en recevant des AppleEvents. C'est ainsi qu'est né AppleScript.

Qu'est-ce qu'AppleScript et que peut-il faire ?

En utilisant AppleScript avec une application scriptable comme AppleWorks, vous pouvez réaliser des choses aussi sympas que de placer un texte sur une courbe à l'intérieur d'un dessin. En fait, AppleWorks 6 a été commercialisée avec une collection de scripts par une société australienne nommée T&Boone, dont l'un était le fameux script qui place le texte dans une courbe.

Le support d'AppleScript se décompose en trois niveaux :

- Les applications scriptables vont répondre aux commandes des scripts quand elles sont envoyées par d'autres applications (comme ScriptEditor dans le dossier *Applications/AppleScript*).
- Les applications enregistrables ne se contenteront pas de répondre aux commandes de scripts, mais vous laisseront aussi enregistrer une série d'opérations et les sauvegarder en script dans ScriptEditor, que vous pourrez aussi bien lancer plus tard, modifier ou tester tout de suite.
- Les applications "attachables", que vous pouvez personnaliser en attachant des scripts à des objets (par exemple attacher des actions quand on touche aux dossiers du Finder).

Apple fournit donc un outil pratique pour éditer et compiler les AppleScripts qui se nomme ScriptEditor. C'est dans sa fenêtre que vous écrivez et éditez les scripts, et il vérifiera que ce que vous écrivez est bien conforme quand vous cliquerez sur **Vérifier** ou quand vous le sauvegarderez. Voyez la section *Bonnes nouvelles et mauvaises nouvelles* pour obtenir une première explication sur le fait que les AppleScripts légaux ne garantissent pas que le script va bien faire ce que vous souhaitiez.

Avec ScriptEditor, vous pouvez sauvegarder votre application pour qu'on puisse y double-cliquer, comme sur un script compilé ou un texte. Vous savez déjà ce qu'est une application, mais les scripts compilés ne peuvent se lancer qu'à partir du ScriptEditor ou du ScriptRunner (voir dossier *Applications/AppleScript*). Quand vous le sauvegardez comme texte, vous pouvez aussi ouvrir ce script dans d'autres applications, comme votre traitement de texte. Le ScriptEditor vous permet aussi de sauvegarder les applications ou les scripts compilés pour l'exécution seulement, ainsi d'autres personnes ne pourront pas voir ni modifier votre code.

Bonnes nouvelles et mauvaises nouvelles

Commençons par une mauvaise nouvelle. Les AppleScripts sont des programmes, si bien que pour en créer qui font plus que répéter des actions enregistrées sur écran, vous devez vous mettre un peu à la programmation. Pour les bonnes nouvelles, Apple et d'autres sociétés ont réalisé des AppleScripts complexes mais gratuits pour le téléchargement.

Jetez un coup d'œil sur **www.apple.com/applescript** pour vous relier à toutes les ressources sur ce thème.

La première chose qu'il faut savoir en programmation est que les ordinateurs sont stupides. Oui, vous avez bien entendu. Même votre G4 Cube ou le très puissant G4/800 à deux processeurs sont aussi bêtes que des poteaux. Bien qu'ils soient stupides, ils sont d'une obéissance absolue, littérale, rapide et complète. Quand vous les programmez, ils font exactement ce que vous avez demandé, ni plus ni moins, et ils le font incroyablement vite. Mais si vous laissez quelque chose d'incomplet dans un programme, si vous n'arrivez pas à bien spécifier un objet, vous pouvez être sûr que l'ordinateur traitera mal ce passage ou qu'il sera perdu pour manipuler l'objet.

Remarque **Naissance d'un bogue**

Ainsi naissent les bogues... les programmes oublient des choses, des objets de référence qui n'existent pas ou sont mal spécifiés, ou des instructions que l'ordinateur ne comprend pas.

Éliminer les ambiguïtés est dans la vocation des langages de programmation. Même l'AppleScript se rapproche de l'anglais plutôt que d'être de l'anglais pur. Il s'en approche plus que tous les autres langages (excepté le fameux HyperTalk).

Je ne peux pas vous donner un cours complet sur AppleScript dans ce livre. Heureusement, Apple offre un très bon document PDF gratuit, appelé *Le guide du langage AppleScript*. Il est visible sur **www.developer.apple.com/techpubs/macosx/Carbon/pdf/AppleScriptLanguageGuide.pdf**.

Remarque **Manuel de poids**

Ce guide fait 416 pages, dans un format identique à celui de ce livre, et c'est la façon la plus économique d'apprendre AppleScript.

Créer vos premiers scripts

La meilleure façon de savoir à quoi ressemble un AppleScript est probablement d'en ouvrir un qui a déjà été créé. Par chance, Apple en fournit quelques-uns dans le dossier *Example Scripts*. L'un des plus simples dans ce dossier est l'AppleScript Help que ScriptEditor affiche à la figure 13.1.

Figure 13.1
Un script très simple qui va chercher tout ce qui concerne AppleScript dans l'Aide

La première ligne indique que vous voulez envoyer les commandes à Help Viewer. La deuxième demande à ce logiciel de s'activer. L'activation en jargon AppleScript signifie que, s'il tourne déjà, il viendra à l'avant-plan, et si ce n'est pas le cas, cela le lancera. La troisième ligne dit à Help Viewer de chercher dans sa base de données pour toutes les instances "AppleScript". Le résultat en cliquant sur **Run** est le même qu'en tapant `AppleScript` directement dans l'Aide, comme le montre la figure 13.2.

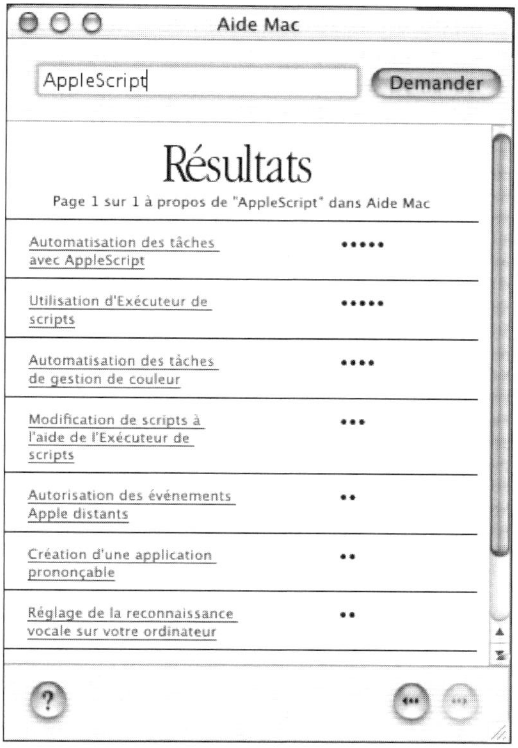

Figure 13.2
Voici ce qui arrive en lançant le script

La dernière ligne informe AppleScript que vous en avez fini avec Help Viewer. Décider de l'endroit où vous envoyez vos commandes est fondamental pour AppleScript. Si vous ne le faites pas, AppleScript ne le devinera pas et vous n'obtiendrez aucun résultat.

Votre premier script

Vous pouvez modifier votre script pour chercher tout ce qui concerne AppleWorks, QuickTime, les Préférences système ou tout autre programme ou technologie, pour en obtenir la liste de références dans l'Aide. Il suffit de changer "AppleScript" dans la troisième ligne. Cliquez sur **Run**. Félicitations, vous avez écrit votre premier script.

13

Astuce **Guillemets**

Le mot que vous recherchez doit être compris entre guillemets. Si vous oubliez l'un ou l'autre, le script ne marchera pas, en affichant un message d'erreur sur une variable indéfinie.

Le premier exemple était un peu simpliste, mais souvent en programmation tout est une variation d'une autre chose. Le fait est que si vous trouvez un script qui corresponde à peu près à ce que vous voulez, il vous suffit parfois de changer un mot ou deux pour qu'il fasse exactement ce que vous souhaitez. Le truc est de savoir quoi changer.

Beaucoup d'applications sont scriptables, et leur nombre augmente chaque jour. Ainsi, iTune 1.1 (la première version) n'était pas scriptable et l'est devenue dans la version 2.

Remarque **Playlist**

Il y a une astuce sympa, dans la section *AppleWorks* du chapitre 14 concernant l'usage d'un script gratuit pour iTunes, qui vous permet de créer un écrin dans AppleWorks, avec le titre des chansons, leur longueur, et cela en se fondant automatiquement sur une playlist d'iTunes.

Comment devenir scriptable ?

Vous pouvez savoir si une application est scriptable et comment, et quelles commandes et objets elle comprend en l'ouvrant dans ScriptEditor. Il y a deux façons de le faire :

- Choisissez **Fichier/Ouvrir dictionnaire** dans ScriptEditor, puis sélectionnez l'application comme à la figure 13.3.
- Glissez l'icône de l'application dans ScriptEditor et lâchez-la.

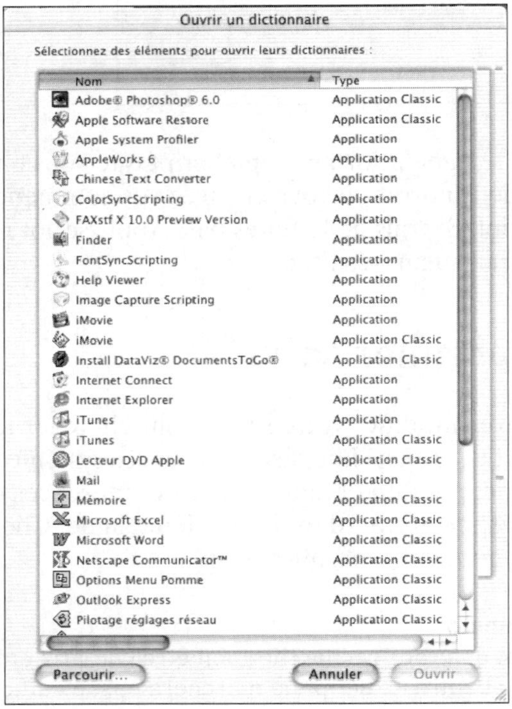

Figure 13.3 Sélectionnez une application dans la fenêtre Ouvrir dictionnaire pour savoir ce qu'elle contient

Dans un cas comme dans l'autre, vous verrez la fenêtre de dictionnaire de cette application. La figure 13.4 montre le dictionnaire AppleWorks. Les objets apparaissent en italique quand les commandes sont en texte normal. Il y a des groupes de commandes et d'objets en gras, appelés suites.

Figure 13.4
AppleWorks a un dictionnaire très complet

Quelques formules de contrôle, appelées parfois verbes, font partie intégrante d'AppleScript. Vous en utiliserez deux souvent pour écrire vos propres scripts, *tell* que vous avez déjà vu, et *set* qui demande à AppleScript d'assigner une valeur à une variable ou à un objet.

En savoir plus sur le scripting

AppleScript ne s'y connaît pas en couleurs, mais il sait gérer les Arrays (listes ou tableaux de valeurs). Comme les couleurs Mac sont représentées par trois nombres des composants qui les décrivent, le rouge, le vert, le bleu (RVB), vous pouvez écrire :

```
set orange to {65535, 13107, 0}
```

et dire à AppleWorks d'établir la couleur de remplissage de telle cellule dont la valeur est négative en orange. Ce script et son résultat sont affichés à la figure 13.5. Une variation de ce script vous permet de spécifier une couleur de texte rouge pour les valeurs négatives, comme à la figure 13.6. Notez que j'ai exclu les cellules qui ne contiennent pas de nombres pour ce test, car AppleScript produirait une erreur de description si vous tentiez de comparer des valeurs qui ne sont pas numériques avec zéro. Souvenez-vous que les ordinateurs sont très stupides.

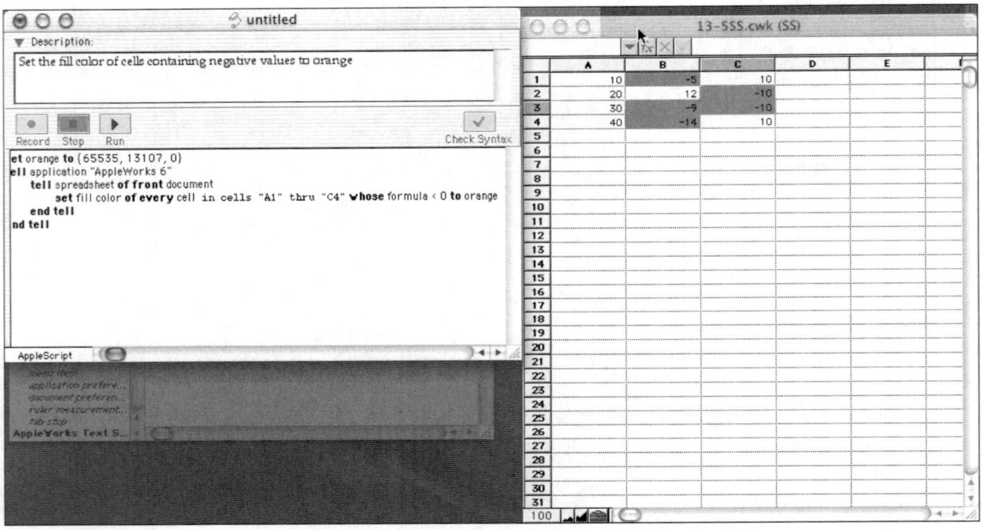

Figure 13.5
Rendre les cellules négatives orange

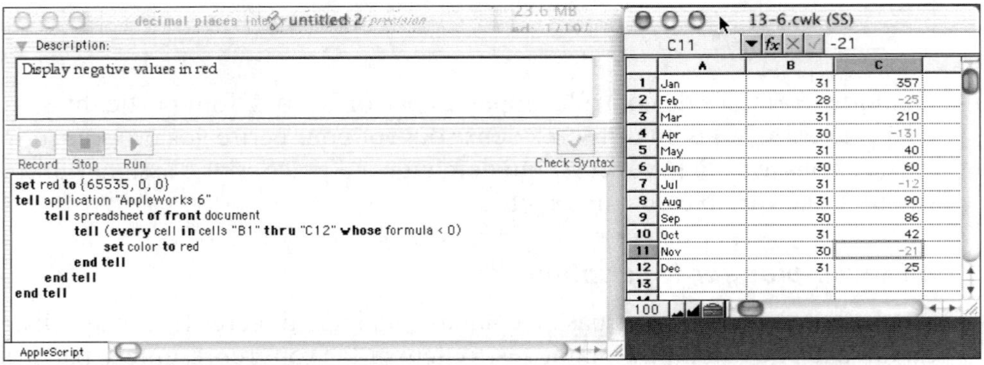

Figure 13.6
Afficher les valeurs négatives en rouge

AppleWorks comme BBEdit et les autres applications qui promeuvent AppleScript contiennent un menu **Script**, qui a généralement un petit bouton de défilement à la gauche du menu **Aide**. Si vous placez des scripts dans le dossier *Scripts* d'AppleWorks, ils apparaîtront dans ce menu.

Remarque **Précieuses techniques**

Vous pouvez aussi trouver des notes d'utilisation d'AppleScript dans le dossier de support des scripts qui se trouve dans les AppleWorks Essentials. Ce document contient toutes les précieuses techniques pour optimiser l'usage des scripts dans AppleWorks. Les applications qui supportent le menu **Script** préfèrent les stocker dans leur dossier *Support* de *~/Library/Application*.

Je suppose que je vous ai suffisamment embrouillé pour que vous restiez pensif et que vous soyez découragé à l'idée d'écrire vos propres scripts, mais n'oubliez pas d'exploiter ceux qui sont déjà rédigés par les autres.

Un menu Script pour toutes les saisons

Au temps de Mac OS 8, un programmeur intelligent doublé d'un chic type, nommé Leonard Rosenthol, a créé une extension populaire appelée menu OSA (*Open* Scripting *Architecture*). C'était un framework (plate-forme) général pour les langages de scripts. L'idée était d'installer un menu **Script** dans toutes les applications compatibles. Malheureusement, il n'y a pas d'OSA dans Mac OS X pour le moment.

Mais Apple a bien aimé cette idée et a intégré un add-on gratuit pour Mac OS X 10.1, se nommant Script Menu (**www.apple.com/applescript/macosx/script_menu**), qui vous permet d'invoquer les AppleScripts (Perl ou Unix également) en les choisissant à partir d'une application Mac OS X, qu'elle soit scriptable ou non. Vous pouvez le voir à la figure 13.7.

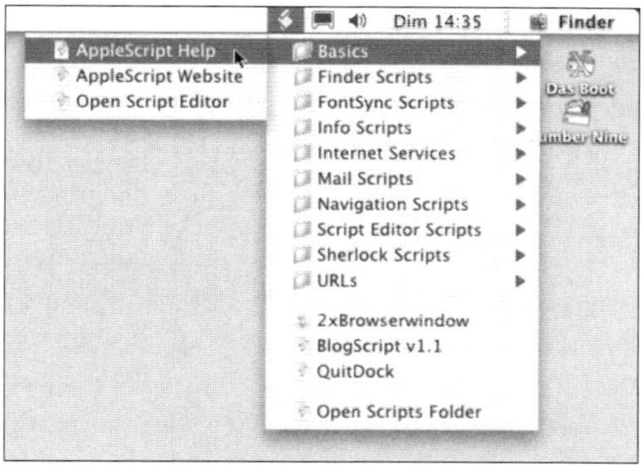

Figure 13.7
Choisissez le script que vous voulez lancer dans le menu Script

En plus de ce menu, Apple a créé une grande collection (croissante) de barre d'outils (**www.apple.com/applescript/macosx/toolbar_scripts**). Vous glisserez juste les scripts dans la barre d'outils sur toute fenêtre du Finder, comme à la Figure 13.8.

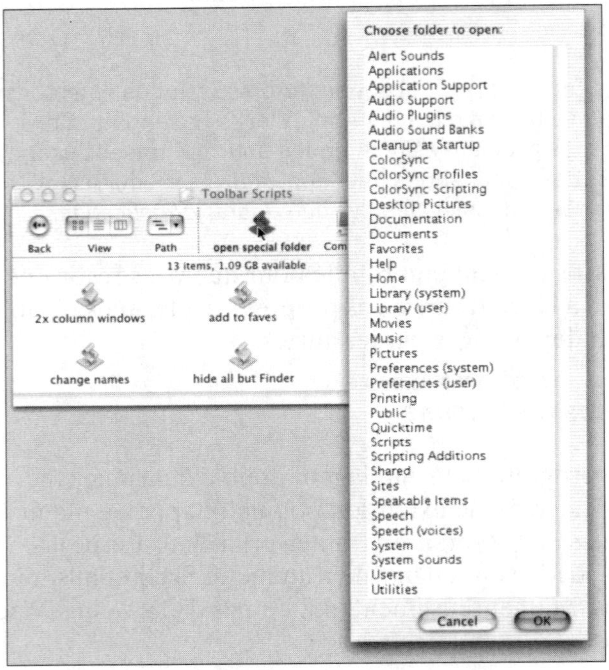

Figure 13.8
Quand je clique sur la barre d'outils Script, la boîte de dialogue Choisir Dossier apparaît

Ces scripts fonctionnent avec tout élément sélectionné dans la fenêtre du Finder ou sur la fenêtre elle-même. Certains donnent un accès rapide à des dossiers spéciaux, à vos favoris, créent des pages web avec des fichiers graphiques sélectionnés, effectuent des rotations graphiques sur la base de fichiers, ou alignent deux fenêtres du Finder.

ScriptRunner ressemble à Script Menu, mais il apparaît sous forme de pop-up dans une mini-fenêtre qui flotte au-dessus des autres, comme le montre la figure 13.9.

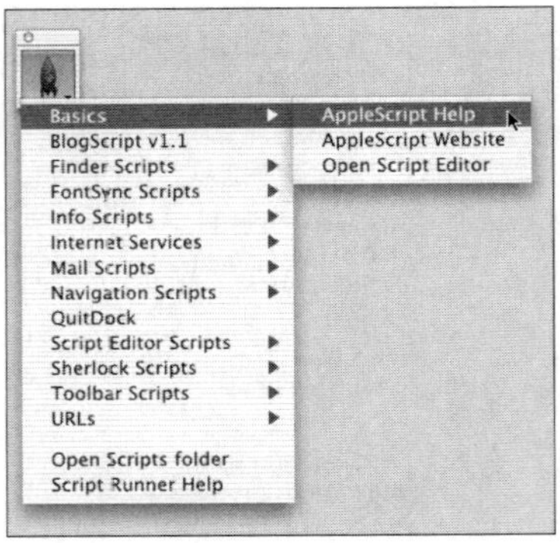

Figure 13.9
ScriptRunner, une autre façon de lancer les scripts que vous collectionnez

Où apprendre le scripting ?

Le meilleur endroit pour commencer est **www.apple.com/applescript**, et pour avoir une information spécifique sur Mac OS X, allez sur **www.apple.com/applescript/macosx**. Vous y trouverez des liens vers des sites comme MacScripter regorgeant d'exemples, de tutoriaux, de scripts pratiques et d'outils spécialisés dans la création ou le débogage de scripts.

Un autre site excellent est **www.applescriptcentral.com**, une ressource fantastique pour trouver des scripts contrôlant des applications comme Entourage v.X, iTunes 2, AppleWorks 6, GraphicConverter et d'autres applications scriptables. Les experts Microsoft ont notamment ajouté des scripts autour d'Office v.X et d'Entourage.

Enfin, le newsgroup **alt.comp.lang.applescript** est une ressource fabuleuse. Comme c'est un groupe alt, il n'est pas géré par tous les serveurs de news. J'espère que vous pourrez le voir car les choses qui y sont échangées sont très utiles, et on peut poser des questions ou échanger des techniques.

Bientôt disponible

Apple a annoncé un nouvel environnement de développement nommé AppleScript Studio. Il donne accès à tous les éléments d'interface et les outils pour créer des applications Cocoa.

Remarque **À relire**

Relisez l'encadré *Cocoa, Carbon et Classic* au chapitre 8 pour savoir de quoi il retourne.

Malheureusement, ce studio n'était pas encore prêt pour que j'en parle plus en détail, les démos étant indisponibles et le site d'Apple ne proposant aucune information. Si vous voulez créer des applications où vous pouvez double-cliquer, avec les boutons, les listes, les barres de défilement, les barres d'outils pour obtenir une vraie application Aqua, il faudra suivre cela de près.

Partie IV

Logiciels et astuces d'experts

Logiciels recommandés

Logiciels recommandés

En fin de compte, tout dépend du logiciel, car le système d'exploitation n'est bon que si on a quelque chose de sympa à utiliser dessus. Donc, maintenant que nous avons vu le système en détail, regardons tous les bons logiciels conçus pour Mac OS X.

La première partie couvre les logiciels du commerce, que l'on achète en boîte dans les magasins. La seconde partie traitera des freewares, absolument gratuits, et des sharewares que l'on essaye avant de payer. Il y en a énormément, alors attaquons tout de suite.

Remarque **Ordre alphabétique**

Dans les deux parties, les logiciels sont classés par ordre alphabétique. Pourquoi ? Je n'ai pas trouvé de meilleure solution pour les organiser (application ou utilitaire ?, productivité ou frivolité ?, jeu ou puzzle ?).

Logiciels commerciaux

Depuis que j'ai écrit ces mots, huit mois après la sortie de Mac OS X 10.0, il y a toujours moins de logiciels natifs que de logiciels pour Classic. Et comme cela nous rappelle des souvenirs, il est plus que jamais important de savoir quels logiciels valent le coût d'être achetés ou non.

Il n'y a pas assez de place pour vous dire lesquels sont mauvais (c'est un livre entier qu'il faudrait leur consacrer), mais je vous parlerai de ceux que j'utilise depuis longtemps et que j'ai suffisamment testés pour pouvoir vous les recommander.

Il n'y a pas assez d'espace pour vous dire tout ce que ces logiciels font, mais j'utiliserai beaucoup d'images et cela vous renseignera sur ce qu'ils sont. Si vous en avez besoin, soyez assuré de leur bon rapport qualité/prix.

AppleWorks

AppleWorks est peut-être le logiciel Mac OS X le plus inclassable. Ce n'est pas que je dise qu'il pourrait rivaliser avec Microsoft Office pour ceux qui veulent des outils professionnels, mais pour beaucoup d'utilisateurs il offre assez de fonctionnalités pour créer tous types de documents. De plus, AppleWorks peut importer et exporter des fichiers Word ou Excel.

Mais il ne s'agit pas que de traitement de texte. Il est aussi capable de faire des dessins, des images, des présentations et bases de données, avec un renfort de cliparts sympas. Ma femme par exemple ne veut pas affronter la complexité de Word, même si elle vit avec un expert sur le sujet. Elle crée presque tout sous AppleWorks, par exemple un annuaire de l'école de ma fille, avec 40 pages et 1 000 familles listées. Elle a commencé avec le module de base de données pour trier et organiser les informations. Puis elle a peaufiné le tout dans le traitement de texte, sans jamais me demander de l'aide (ou presque).

Cela ne prendra pas beaucoup de temps de le prendre en main, avec tous ses assistants et modèles comme le montre la figure 14.1.

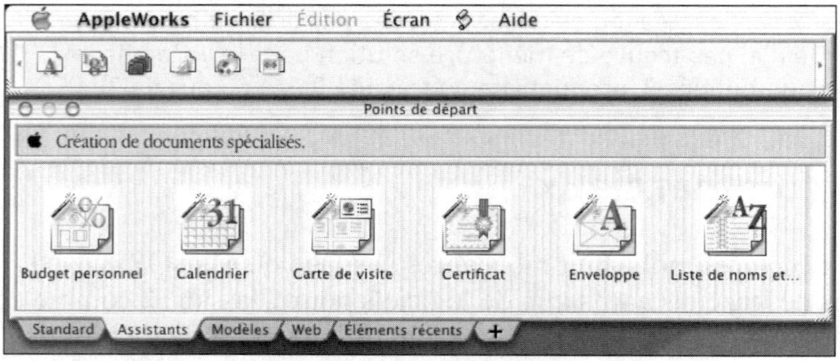

Figure 14.1 Les assistants d'AppleWorks à votre service

Voici comment marche l'assistant pour les cartes de visite. Cliquez sur lui et sa fenêtre apparaîtra comme à la figure 14.2, en haut à gauche.

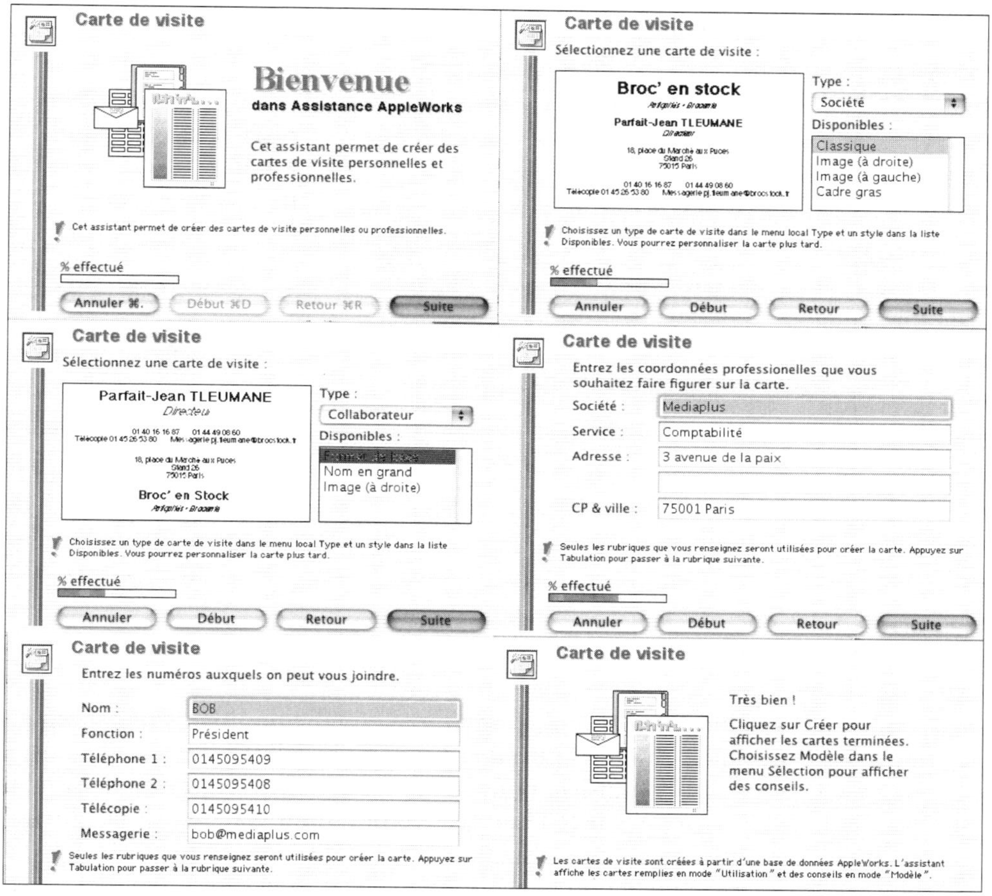

Figure 14.2
L'assistant des cartes de visite, du début (en haut à gauche) à la fin (en bas à droite)

Faites ce qu'il veut, puis cliquez sur **Suivant**. Quand c'est fini, cliquez sur **Créer** et rapidement vous obtenez vos cartes de visite, comme à la figure 14.3, à imprimer sur le papier standard Avery que l'on pourra acheter un peu partout. J'ai mis à peine deux minutes pour créer ce qu'il y a à la figure 14.3, car j'ai utilisé les fonctions pratiques d'AppleWorks pour chercher sur le Web une image de vampire convenable, comme vous le verrez dans le bas de la figure. Car en plus de fournir 100 cliparts et 30 modèles, il peut vous laisser chercher sur le serveur Apple parmi 25 000 images photographiques ou vectorielles en haute définition, lesquelles sont gratuites et librement téléchargeables. C'est d'autant plus agréable qu'il n'est pas nécessaire de lancer un navigateur, car vous ferez tout cela directement dans AppleWorks.

Figure 14.3
La carte de visite terminée. Pas mal pour deux minutes, non ?

Ce n'est pas seulement pratique, c'est simple comme bonjour. Par exemple, l'autre jour je voulais concevoir un nouveau papier à lettres et j'avais pensé à une machine à écrire fantaisiste pour le décorer. Ne trouvant rien de semblable dans le clipart, j'ai cliqué sur **Rechercher le contenu web** dans AppleWorks, et j'avais alors le choix entre une douzaine de modèles de machine à écrire. J'ai choisi celle qui me convenait et je l'ai fait glisser vers le traitement de texte, comme vous le voyez à la figure 14.4. Une ou deux minutes après, mon papier à lettres était prêt.

Il y a une autre chose que j'apprécie dans AppleWorks et qui concerne deux autres logiciels Apple, à savoir des AppleScripts gratuits associés à iTunes. L'un d'eux crée une jaquette de CD automatiquement d'après une playlist de iTunes. Il suffit d'ouvrir un modèle de CD dans AppleWorks, de créer parallèlement une playlist dans iTunes, puis dans son menu **Script** de lancer le bon script, comme à la figure 14.5. En moins d'une minute la jaquette est créée dans AppleWorks, sans copier, sans coller, sans mesure, ni rien d'autre. Vous verrez le résultat à la figure 14.6. La collection entière des scripts pour iTunes est disponible sur **www.apple.com/applescript/itunes/**.

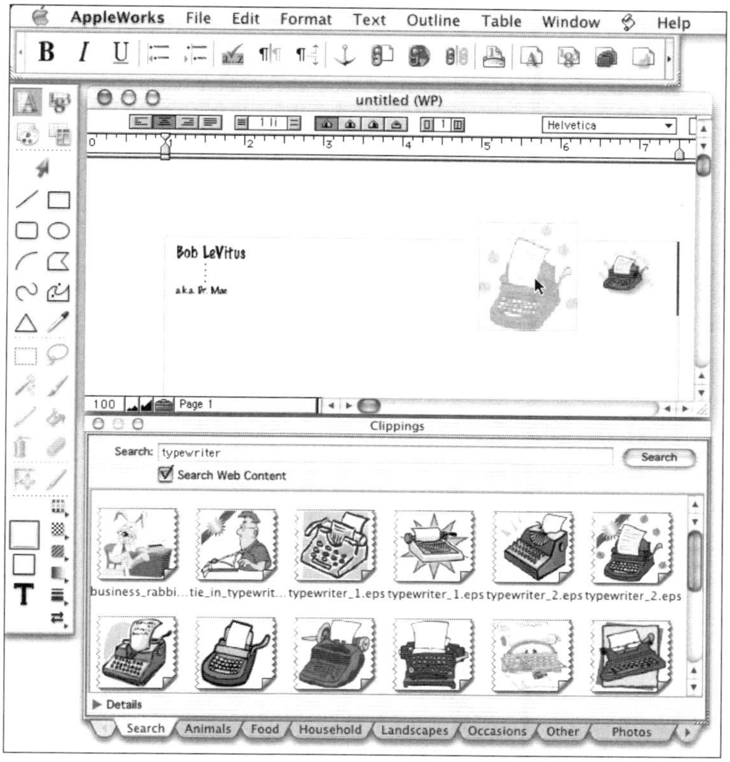

Figure 14.4 AppleWorks offre le glisser-déposer un peu partout, ce qui est pratique et amusant

Figure 14.5 Faites votre playlist et choisissez ce script

14

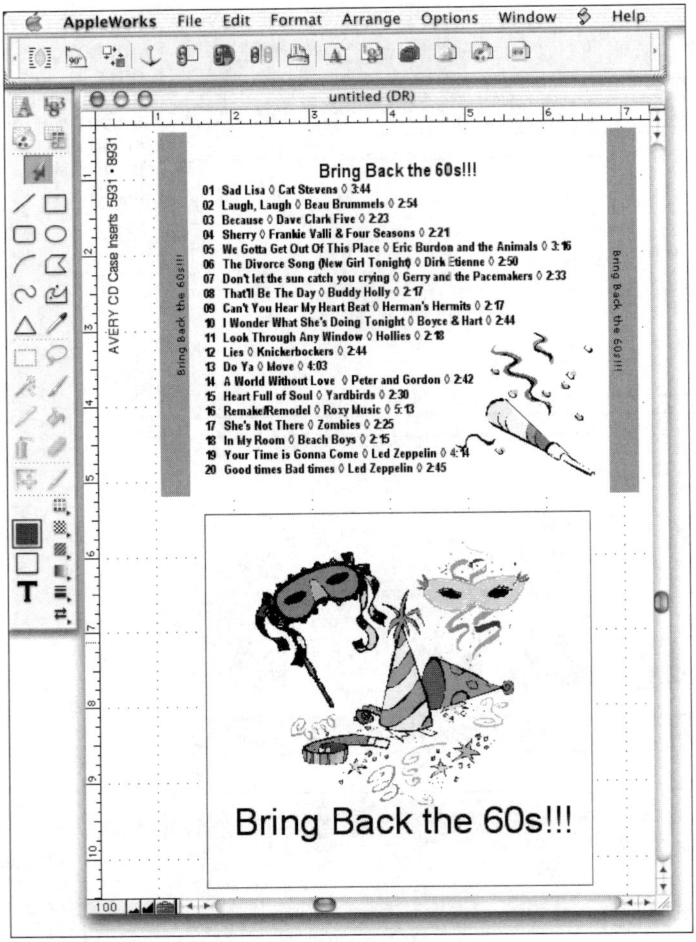

Figure 14.6
En moins d'une minute, la jaquette est créée automatiquement. Vous aimerez forcément. Moi qui le faisais manuellement depuis que je grave des CD, je pense que c'est vraiment mieux

Mais je ne veux vous laisser avec l'impression qu'AppleWorks est parfait. Ce n'est pas le cas, il peut tourner lentement même sur un G4/500 comme le mien. Et même si l'aide en ligne est assez bonne et que ce programme est facile à utiliser, je regrette l'absence d'un manuel imprimé. Et il existe souvent des bogues figeant l'écran ou quittant de façon inattendue, d'où l'importance de sauvegarder souvent votre travail. C'est un bon logiciel au prix imbattable, notamment si vous ne pouvez vous offrir Microsoft Office ou si vous n'avez pas besoin d'un logiciel avec mille et une options.

AppleWorks en détail

Éditeur : Apple Computer
Web : **www.apple.com**
Prix public : 70,4 $

BBEdit

Parce que je ne pourrais pas le décrire en quelques mots de façon éloquente comme son créateur Bare Bones Software, je reprendrai la définition du site web :

"BBEdit est un éditeur de texte et de HTML de haute performance pour le Macintosh. Il est conçu pour l'édition, la recherche, la manipulation et la transformation de texte. Il propose un large éventail de fonctionnalités basiques, utiles dans de nombreuses circonstances, et souvent, elles répondent aux besoins spécifiques des concepteurs web ou des développeurs."

Mais contrairement à ce que dit la définition, il ne faut pas le voir comme un outil pour développeur ou webmaster. C'est un logiciel s'adressant à toute personne manipulant du texte, et il est sans conteste l'un des meilleurs éditeurs de code HTML au monde. Ce qui le rend si spécial est l'abondance de fonctionnalités dédiées à Mac OS X.

Remarque **Distinguo**

BBEdit n'est pas vraiment un traitement de texte, du moins d'après la définition que nous en avons. Si vous avez besoin de mises en page sophistiquées, de colonnes, de tableaux, d'images, il ne constitue pas le bon choix. Mais si vous travaillez essentiellement avec du texte, il offre tout ce dont vous aurez besoin, et plus. Je connais beaucoup de rédacteurs qui ne travaillent qu'avec lui et laissent à d'autres personnes le soin de gérer la mise en page.

Je ne passerai pas beaucoup de temps à en parler. Je n'en montrerai que les plus beaux atouts et les fonctions spéciales pour Mac OS. Je vous encourage à l'essayer, moi qui suis totalement ferré à cet outil versatile, et je détesterais ne pas l'avoir sur mon disque dur.

Remarque **Version Lite**

Si vous ne pouvez vous l'offrir mais que vous l'aimez, jetez un coup d'œil à sa version freeware, BBEdit Lite. Il contient quelques fonctions de la version complète mais il ne vous coûtera pas un sou. J'en parlerai plus en détail dans la section suivante *Sharewares et freewares*

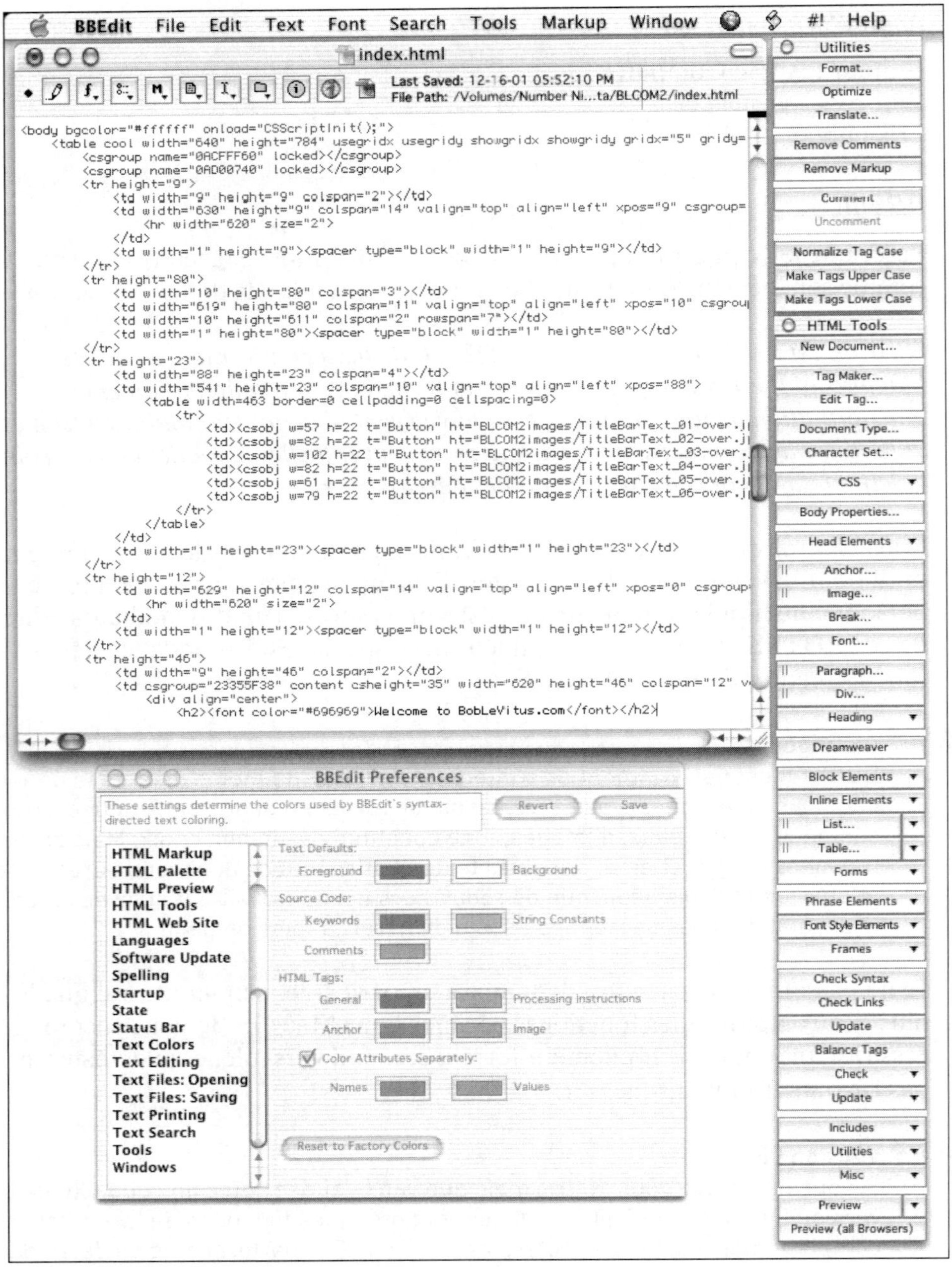

Figure 14.7
Ma page personnelle en HTML, deux des nombreuses palettes, et un panneau de Préférences parmi d'autres

Regardons d'abord les fonctions HTML qui tuent à la figure 14.7. Laissez-moi vous démontrer en quelques points pourquoi BBEdit est le meilleur moyen d'éditer du code HTML brut (sans le côté visuel de DreamWeaver, GoLive ou HomePage). De plus, il supporte tous les standards importants, comme le HTML 4.01, le XHTML 1.0, le WML 1.1 et 1.2. Avec cet outil, vous pouvez :

- Utiliser tous les outils HTML à partir d'un menu ou d'une palette
- Appliquer les balises HTML à partir d'un menu contextuel
- Vérifier la conformité d'une page ou d'un site complet avec tel ou tel standard
- Les prévisualiser dans un ou plusieurs navigateurs
- Appliquer des couleurs selon la syntaxe (voir figure 14.7)
- Créer un glossaire des textes ou des tags personnalisés
- Automatiser les rechercher-remplacer
- Vérifier l'orthographe avec l'outil HTML intégré

Et bien d'autres choses qui pourraient faire l'objet d'un livre (c'est d'ailleurs ce que j'ai fait avec *The Official BBEdit Book*, en cours d'impression).

Oubliez un instant le HTML et regardez la figure 14.8 où vous verrez l'incroyable puissance de recherche de BBEdit. Si vous ne le trouvez pas avec cet outil, le texte n'existe sûrement pas.

Une autre fonctionnalité intéressante est le Shell WorkSheet, qui permet de lancer des commandes Unix et de voir leur résultat directement dans BBEdit. À la figure 14.9, j'ai sélectionné la commande Unix `ls -l` dans la fenêtre du dessus (pour lister un répertoire) et j'ai appuyé sur [Commande]+[Retour] pour la lancer. Vous voyez le résultat dans la fenêtre du bas. C'est vraiment bien de travailler avec Unix sans passer par le maudit Terminal.

Enfin, notez que BBEdit a des sauvegardes authentifiées, ce qui signifie que vous pouvez enregistrer un fichier sans en être le propriétaire, ou sans avoir les bonnes permissions (à condition, bien sûr, d'avoir un mot de passe administrateur). Si vous éditez beaucoup de fichiers Unix avec des permissions différentes, cela rend les choses moins pénibles.

Comment pourriez-vous ne pas aimer une entreprise qui a déposé comme marque "It doesn't suck" ?

BBEdit en détail

Éditeur : Bare Bones Software
Web : **www.barebones.com**
Prix public : 88 $

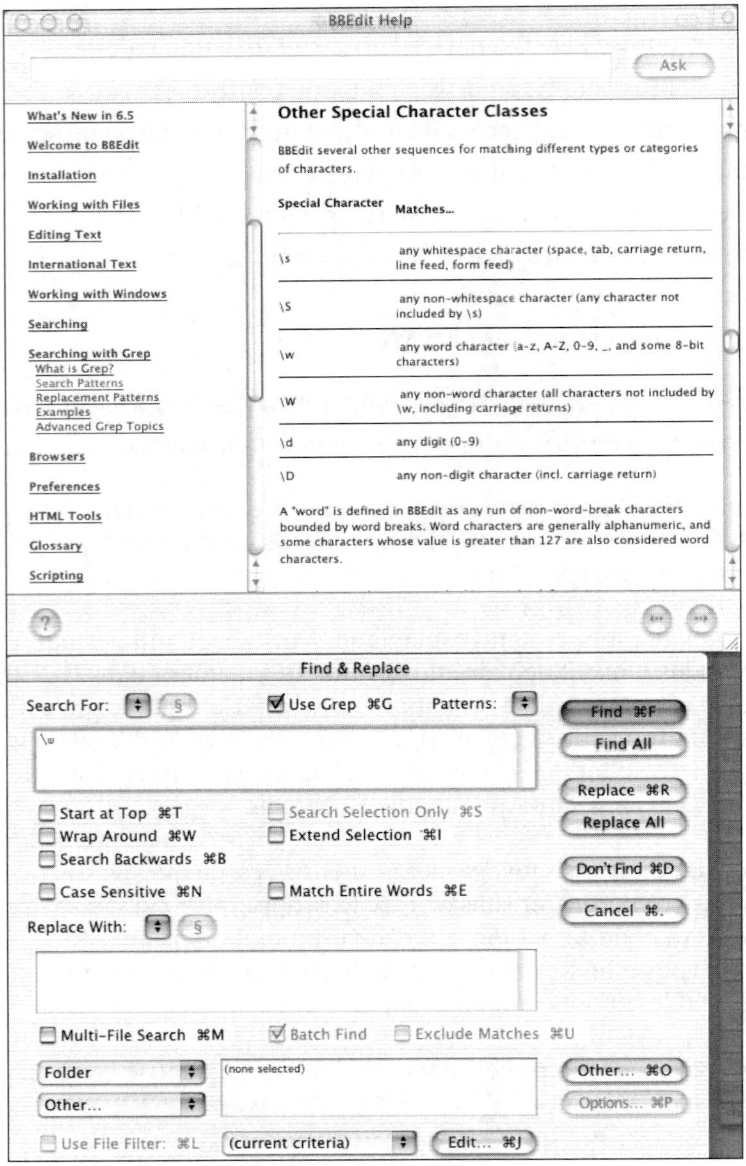

Figure 14.8
La boite de dialogue "Cherche Remplacer" (en bas) et l'aide en ligne (haut)

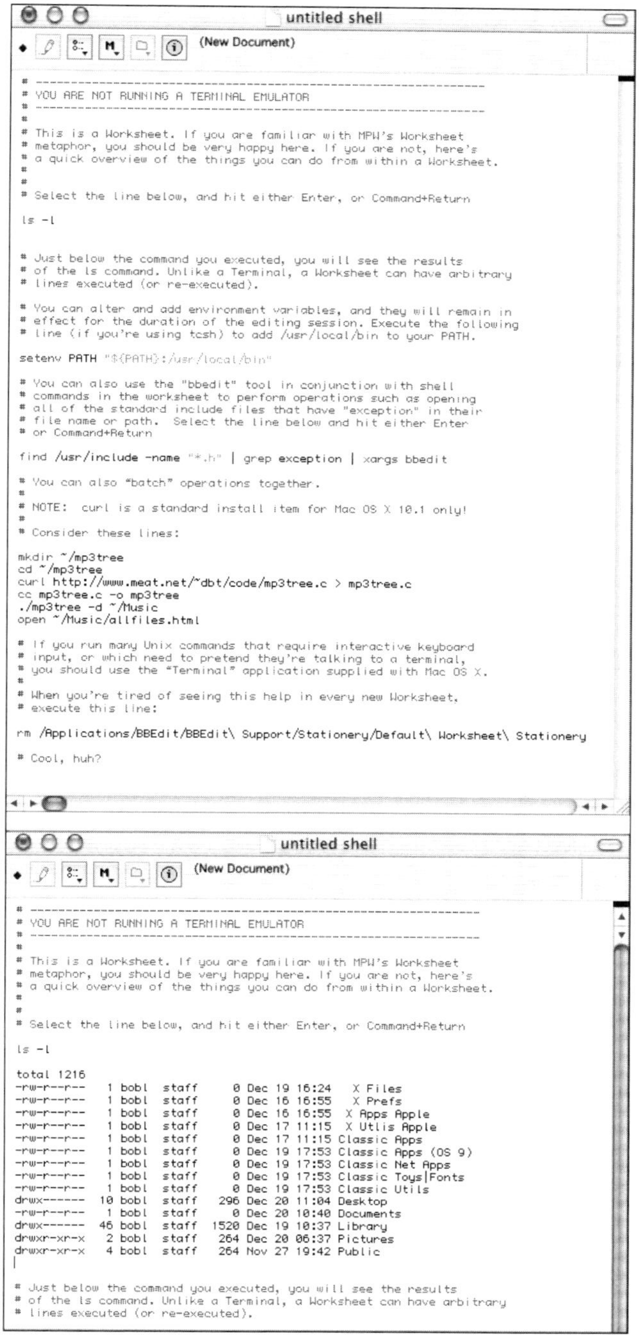

Figure 14.9
Ce n'est pas le Terminal, mais BBEdit qui prétend l'être

14

Conflict Catcher

Cet outil est comme le gestionnaire d'extension Apple mais en version enrichie aux vitamines.

Remarque **Classic mais pratique**

Hé oui ! J'ai inclus un programme qui n'est pas natif Mac OS X. Si vous utilisez souvent des programmes Classic et si vous n'avez pas créé de partitions, cela vaut le coup de l'acheter, et je le prouverai à grand renfort d'arguments.

Une de ses vocations est de gérer les extensions et les panneaux de contrôle, cette série de petites icônes apparaissant au démarrage de Mac OS 9 ou de Classic. Elles sont nécessaires à OS 9 car elles fournissent de quoi se connecter à Internet, de quoi utiliser un CD ou le réseau. Mais à chaque fois qu'on en charge une, cela augmente les problèmes potentiels, les écrans figés, les plantages et les applications qui quittent sans raison.

Outre la gestion des extensions, Conflict Catcher prend en charge :

- Une base de données recensant des milliers d'extensions et de panneaux de contrôle en les décrivant. C'est pratique pour savoir laquelle désactiver dans Classic. Des liens vers les sites d'origine vous permettront de les mettre à jour sur le Web.
- Une automatisation du processus de dépannage quand vous rencontrez un conflit sous Mac OS 9 ou Classic. Même si, comme moi, vous avez des centaines de fichiers de démarrage, cet outil facilitera l'identification de celui ou ceux qui posent problème.
- L'organisation du dossier système, après une réinstallation, avec la fonction clean install qui met les polices, les extensions, les panneaux de contrôle aux bons endroits, comme les éléments du **Menu Pomme** ou autres qui se trouveront enfin bien installés.

Pour les utilisateurs de Mac OS X, car il y a encore deux fonctions de choix :

- Choisir le démarrage automatiquement en fonction du système sélectionné, ce qui permet de personnaliser le jeu de logiciels pour Classic, pour Mac OS 9 sans plus vous soucier du choix.
- Choisir le volume d'amorce au démarrage.

Conflict Catcher choisit le profil approprié quand je démarre avec Classic, et un autre quand je démarre avec OS 9, comme vous le verrez à la figure 14.10.

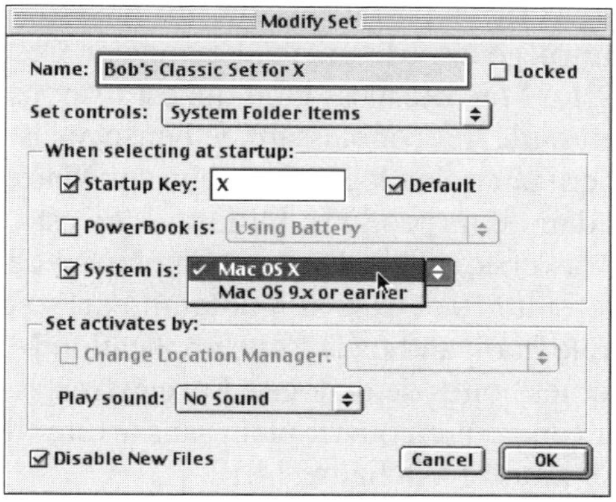

Figure 14.10
Je dis à Conflict Catcher de choisir ce profil si le système est Mac OS X (pour l'usage de Classic)

Et le menu **Startup** vous permet de choisir un volume d'amorçage avant que les icônes d'extensions et de panneaux de contrôle apparaissent, comme vous le verrez à la figure 14.11.

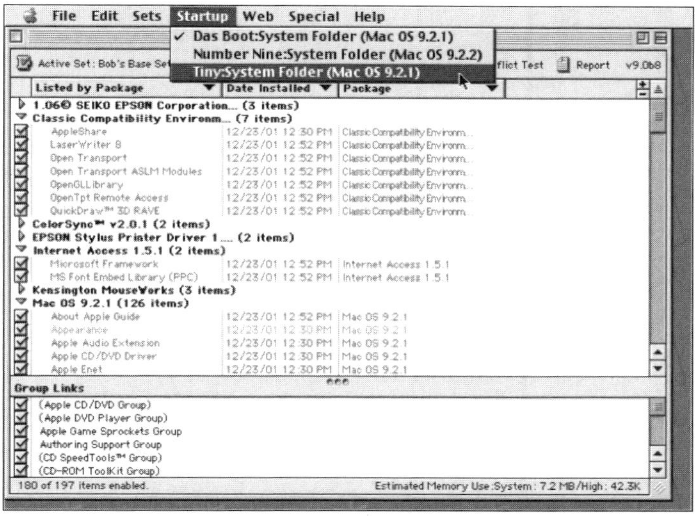

Figure 14.11
Bootez d'un disque de démarrage OS 9 ou n'importe quand avec le menu Startup

Conflict Catcher en détail

Éditeur : Casady & Greene
Web : **www.casadyg.com**
Prix public : 61,6 $

Microsoft Office v.X

Bien que je n'apprécie pas beaucoup leur monopole dans le monde Windows, j'essaie de ne pas y penser pour ce qui concerne la partie Mac du Business Microsoft. Celui qui construit le meilleur piège à souris gagne. Et souvent, c'est Microsoft qui fait les meilleurs produits. La Mac Business Unit qui est responsable d'Office v.X a cette volonté, et leur ayant parlé, les connaissant, je pense qu'ils y sont parvenus. Je pense qu'ils savent ce qui fait qu'un logiciel est bon sur Mac et qu'ils tentent de l'intégrer au maximum dans leurs produits. Office v.X en est l'illustration, car il est bien meilleur que la version 2001. Bien que la plupart des applications portées de Mac OS 9 (Corel suite 10 et Canvas 8 notamment) soient peu satisfaisantes, Office v.X a vraiment le "look and feel" d'une application Mac OS X, à en juger par la façon d'employer les boîtes de dialogue **Enregistrer**, lesquelles ne dépendent pas d'un fichier (on peut en ouvrir plein sans arrêter de travailler sur un document), comme je le montre à la figure 14.12.

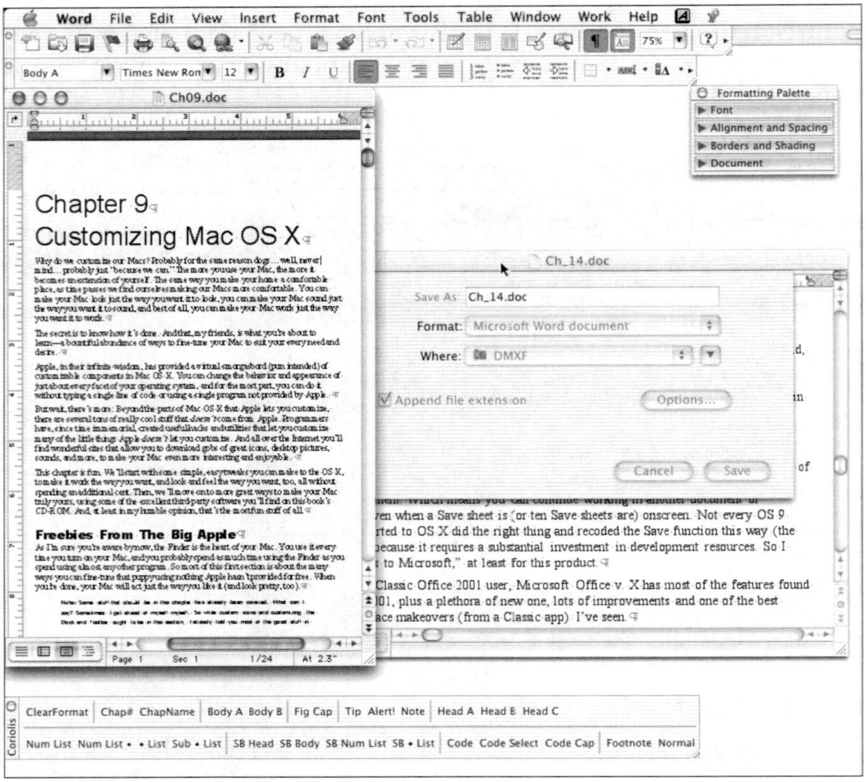

Figure 14.12
J'ai un premier document, mais je passe à un autre et j'active la fenêtre de sauvegarde pour démontrer que c'est possible

Tous les programmes venant d'OS 9 sont loin d'avoir implémenté la fonction **Enregistrer** de cette façon, la plus conforme, car cela implique un investissement important en programmation. Alors, je dis bravo à Microsoft pour ce produit. Si vous utilisez Office 2001 dans Classic, sachez que la version v.X en a toutes les fonctions, plus quantité de nouvelles qui sont présentées dans une superbe interface Aqua.

Les nouveautés incluent plus de 700 icônes en haute définition, des boutons, des éléments d'interface, des boîtes de dialogue et bien d'autres choses dans le style de Mac OS X.

Remarque **Œil de lynx**

Vous verrez toutes ces nouveautés en regardant attentivement la figure 14.12.

Microsoft a bien fait avec son Office, qui a une réelle interface Aqua et qui semble être en grande partie vraiment pour Mac OS X. On n'a pas l'impression qu'il a été vite adapté dans Carbon pour être aussi compatible avec Classic.

Remarque **Cuisine carbonisée**

Ne le prenez pas mal. Les applications "carbonisées" à la hâte permettent de fonctionner dans Classic à tout moment. Il y a même certains de ces logiciels qui reprennent des éléments d'Aqua, le style des fenêtres, le multitâche préemptif et la mémoire protégée. Mais pour moi, les développeurs devraient passer plus de temps pour rendre leur application vraiment conforme à l'esprit de Mac OS X plutôt que d'effectuer un portage rapide via Carbon.

Une autre fonctionnalité mise en commun entre les programmes d'Office v.X (sauf Entourage) est la palette de mise en forme qui, de façon contextuelle, peut remplacer des douzaines (ou des centaines) de commandes normalement situées dans les menus, boîtes de dialogue, barre d'outils, comme vous le constatez à la figure 14.13. Vous voyez comment elle permet de n'ouvrir que le strict nécessaire et d'économiser de la place à l'écran.

Remarque **Manipulation**

La figure 14.13 est une manipulation. Vous n'aurez jamais deux palettes de mise en forme en même temps à l'écran. Mais pour mettre en évidence leurs côtés pratiques, j'ai usé du copier-coller pour vous dévoiler leurs différents aspects, palettes déroulantes ou extensibles selon le contexte.

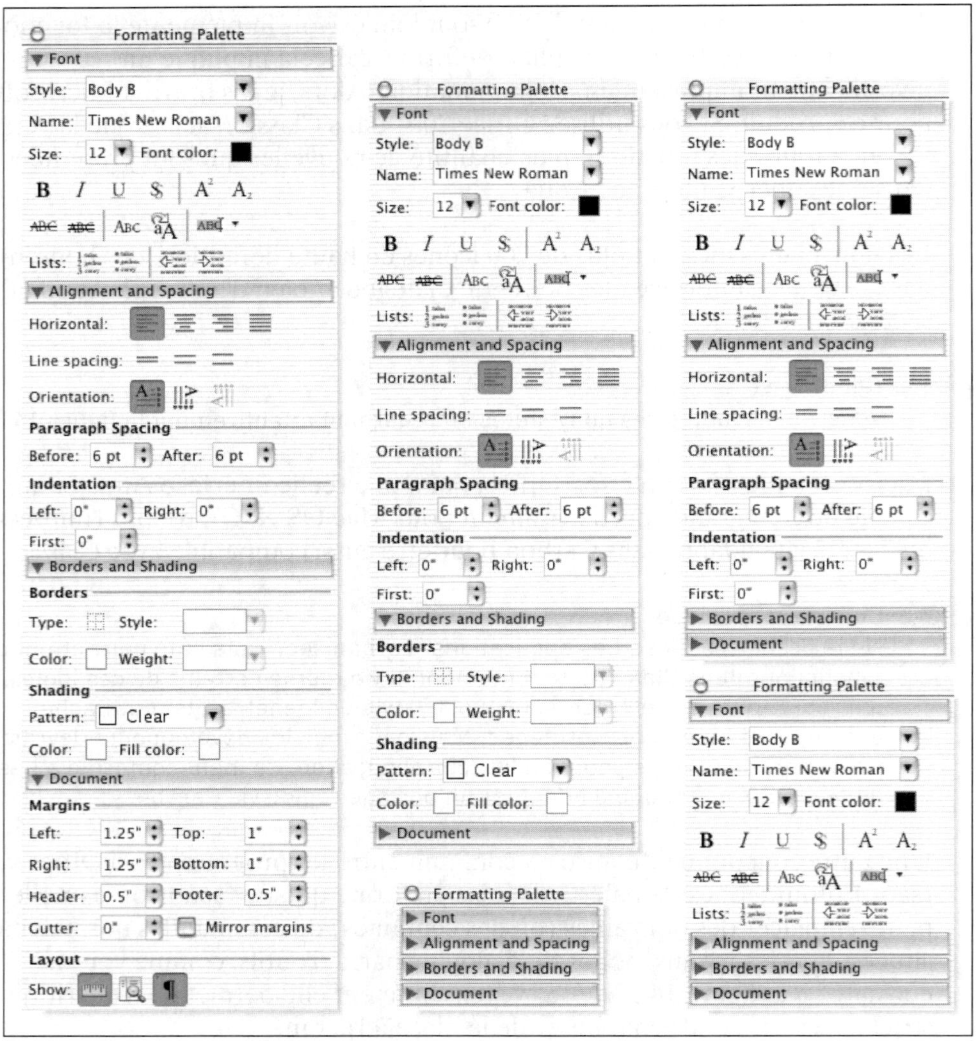

Figure 14.13
La palette de mise en forme peut être toute petite (comme dans le bas) ou aussi grande que vous voulez

On dit qu'il est difficile d'avoir une bonne aide. Dans Office v.X, cela se vérifie. Bien que le système d'aide soit assez au point dans chaque programme (voir la table des matières à la figure 14.14), il est assez souvent confus et obtus. Et trop souvent, il n'est d'aucun secours. Enfin, il n'y a plus de manuel imprimé depuis belle lurette.

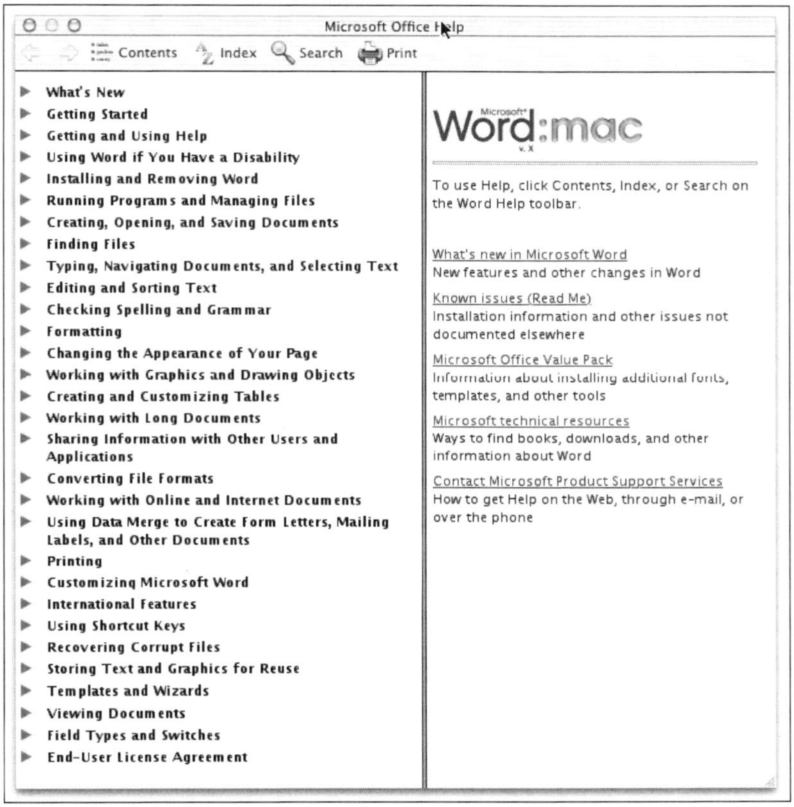

Figure 14.14
L'aide n'est pas parfaite, mais toujours meilleure qu'avant

Remarque

Assistant stupide

Je me suis efforcé d'éviter l'icône Clippy et son animation d'aide stupide. Bien que je l'aie désactivée de façon permanente, je sens qu'elle est là quelque part. Mais... non, ce n'est pas possible... Elle apparaît à la figure 14.15.

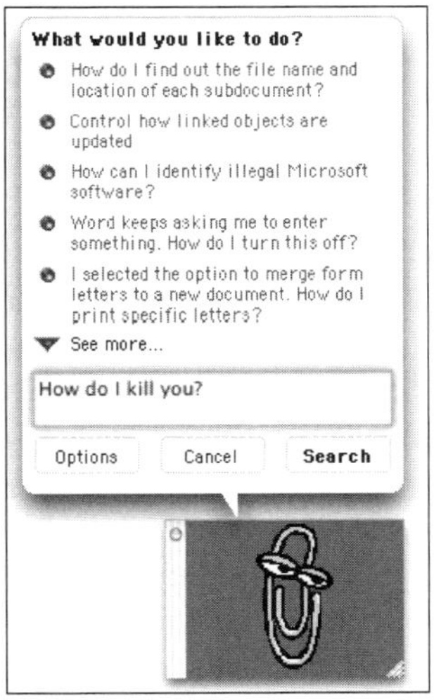

Figure 14.15
Clippy fait une apparition imprévue

Voici comment vous débarrasser de cette idiotie. Faites-lui un Ctrl+clic, puis choisissez **Cacher l'assistant**. **Aide/Utiliser l'assistant d'Office** est actif s'il a un signe de validation, et si ce n'est pas le cas, l'assistant n'est pas activé.

Je pense que l'une des meilleures fonctionnalités d'Office v.X est dans Word et ses possibilités de sélections multiples (voir figure 14.16).

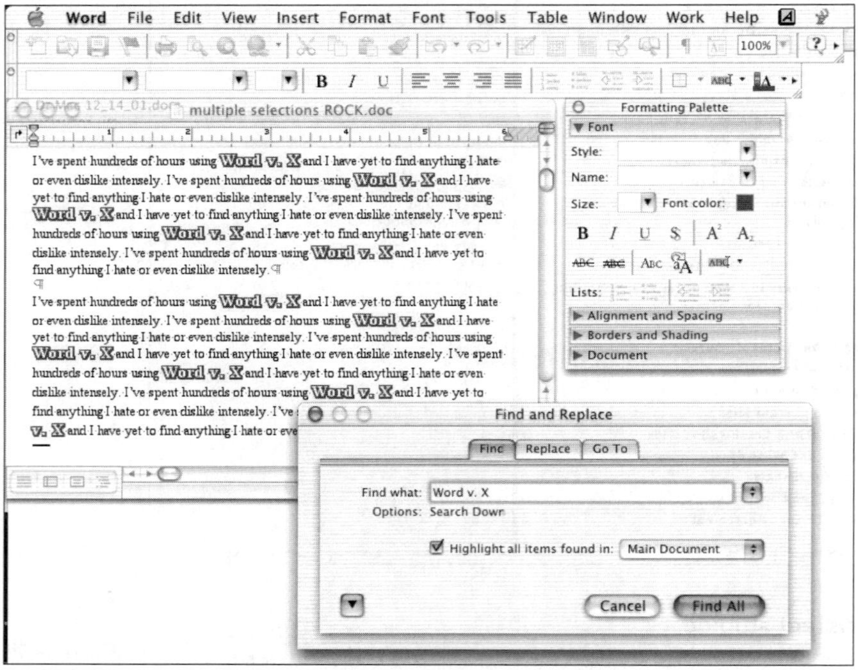

Figure 14.16
J'ai cherché et surligné tous les "Word v.X" en une seule fois, puis j'ai employé la palette de mise en forme pour les modifier d'un coup

C'est une très belle fonctionnalité et vous lui trouverez des millions de possibilités une fois que vous la maîtriserez. J'ai passé des centaines d'heures sous Word v.X sans trouver de points que je déteste (sauf Clippy). Le traitement de texte est l'outil par excellence, celui de tous les jours, et Word vous laisse joindre l'utile à l'agréable.

De plus, Word v.X utilise le même format que ses versions Windows/XP/2000/98 ou pour Mac Office 2001, si bien que je n'ai aucun problème pour échanger des centaines de fichiers avec mon éditeur qui se sert de Windows, ni avec les modèles que j'ai créés dans la version précédente.

Entourage, l'assistant personnel d'Office (e-mail, calendrier, pense-bête, répertoire...), est très bien conçu. Il tourne en permanence et je l'utilise pour presque tout, comme vous le verrez à la figure 14.17, avec la fenêtre de notification d'Office dans le coin droit en haut. J'aime le petit programme pense-bête qui apparaît même quand aucun programme d'Office n'est actif, et je ne peux m'en passer. Il ne lui manque que la synchronisation avec un Palm ou autre, ce qui ne devrait pas tarder.

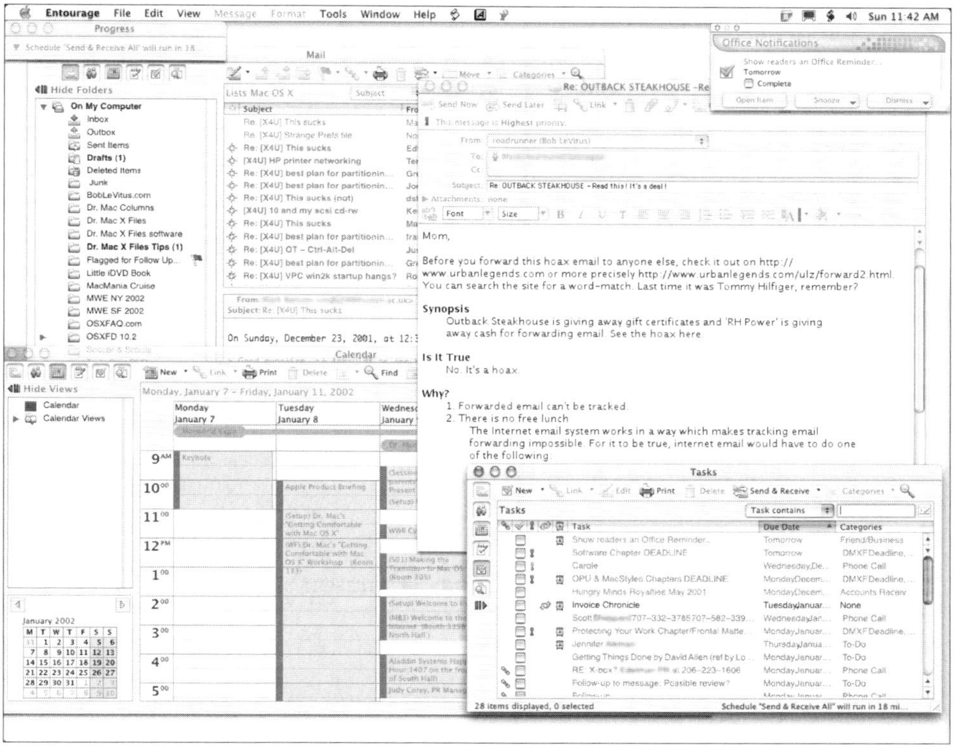

Figure 14.17

J'utilise Entourage pour les rendez-vous, les événements, (calendrier en bas à gauche), les deadlines, les coups de fil, les choses à faire (Tâches en bas à droite), les e-mails (en

Remarque

Passeport requis

J'ai appris qu'il fallait un passeport .NET pour s'enregistrer en ligne alors qu'il n'y a pas de carton d'enregistrement pour la voie postale. Que faire si vous ne voulez pas de ce passeport ? Que faire si vous ne voulez même pas savoir ce que c'est ? À quoi pensaient-ils ? Peut-être que vous l'avez déjà et qu'un jour ils supprimeront cette obligation stupide et intéressée. Mais pour l'instant, elle me rend ivre de rage.

Je suis toutefois prêt à m'enregistrer pour Word et Entourage, les deux versions les plus magnifiques que j'ai vues depuis les temps immémoriaux que j'utilise Office. Je ne me sers pas assez d'Excel (tableur) et de PowerPoint (présentation) pour en vanter les mérites avec tant de conviction, mais ils semblent pouvoir satisfaire mes besoins, aussi petits soient-ils.

Office v.X en détail

Éditeur : Microsoft
Web : **www.microsoft.com**
Prix public : 396 $, mise à jour 131,12 $

MouseWorks

Il s'agit du logiciel Mac OS X qui contrôle mon trackball sans fil nommé Turbo Mouse Pro. J'en ai parlé à un moment au chapitre 7, avec des images à l'appui. C'est un bon logiciel qui fait l'objet de mises à jour régulièrement, avec correction de bogue.

MouseWorks en détail

Éditeur : Kensington
Web : **www.kensington.com**
Prix public : gratuit avec les souris ou les trackballs

Timbuktu Pro

J'en ai parlé au chapitre 5. Ne quittez pas la maison sans lui.

Timbuktu Pro en détail

Éditeur : Netopia
Web : **www.netopia.com**
Prix public : 88 $ par nœud

D'autres logiciels commerciaux qui valent le coup

Ne vous faites pas des idées sur la douzaine de programmes suivants. Ils sont tous bons. Si j'avais plus de place, j'en parlerais plus longuement. Dans la partie précédente, il s'agissait des logiciels que je considère comme indispensables. Ceux que je me payerais avec mon propre argent. Mais ces trois derniers mois, je me suis consacré à vérifier les sharewares et les freewares dont je parlerais ici. Sur les 1 000 analysés, je n'en ai trouvé que 150 qui sortent du lot. Et je me suis consacré aux tests un peu au détriment des nouveaux logiciels commerciaux. Donc, bien que certains des programmes dans cette section puissent faire partie de mes favoris, je ne les ai pas utilisés assez pour les recommander avec enthousiasme. Ce ne sont que des programmes apparus pendant la réalisation de ce livre, ou après. Je les étudierai plus en détail une autre fois. En attendant, je vous en donne une brève description, images à l'appui.

BackUp ToolKit

J'en ai déjà parlé au chapitre 4 et je le cite juste pour que vous ne l'oubliiez pas. Vous avez absolument besoin d'un logiciel de backup, à moins de disposer d'une mémoire fabuleuse. À moins que vous n'ayez jamais oublié quelque chose d'important de toute votre vie, achetez une copie de Back Up ToolKit ou de Retrospect.

FWB Software, **www.fwb.com**, prix public : 35,2 $

Corel Graphics Suite

La suite de Corel se compose de trois applications : CorelDRAW (dessin vectoriel, illustration, mise en page), Corel PHOTO-PAINT (traitement d'image et dessin), Corel R.A.V.E. (animation de vecteur semblable à Flash). On trouve aussi dans la boîte CorelTRACE (un outil de traçage de bitmap à vecteurs), Font Reserve Corel Edition (gestionnaire de polices pour Mac OS X) et Canto Cumulus Desktop LE (gestionnaire de médias ne fonctionnant que dans Classic, bien qu'une version native risque d'être disponible maintenant). Les deux derniers sont particulièrement jouissifs avec 2 000 images en clipart, 500 photos et 2 000 polices. Dans la sphère Windows, les logiciels de la suite Corel ont fait du bruit et sont aussi fameux que ceux d'Adobe. Mais les efforts de Corel pour captiver les cœurs comme les esprits des utilisateurs de Mac n'ont jamais porté leurs fruits, supplanté à ce niveau par Adobe. La plupart des gens ne se souviennent de Corel que comme l'entreprise qui a sorti WordPerfect pour Mac d'une situation misérable. Mais le marketing de la suite Corel l'annonce un peu comme des secondes mains de PageMaker, de Photoshop, de Flash et de Suitcase, tous réunis dans une seule boîte et optimisés pour Mac OS X. J'en ai demandé une copie et je ne l'ai obtenue qu'au milieu de la réalisation du livre. Comme je suis superstitieux, je n'aime pas beaucoup changer de logiciel de production en plein projet, et je le fais rarement. Mais Corel PHOTO-PAINT a été la seule alternative à Photoshop qui soit native pour Mac OS X. Et comme je ne voulais plus employer Classic (Photoshop étant le seul qui m'y forçait), je l'ai essayé. J'ai alors soumis quelques fichiers de test à mes collaborateurs qui utilisent des PDF, et comme ils ne se sont pas plaints, j'ai employé PHOTO-PAINT pour la sauvegarde d'images dans toute la seconde moitié de ce livre.

Remarque **Fan de Corel**

Je l'utilise pour tout faire sur les images, découpage, composition, ajout de texte, ombres portées, édition et retouche. Par exemple, la figure 14.13 a été entièrement réalisée dans ce logiciel, y compris l'ombre typiquement Mac OS X (sauf la capture qui vient de Snapz Pro X).

J'ai à peine touché à CorelDRAW et aux autres logiciels de la suite, et tout ce que je appris, c'est comment utiliser PHOTO-PAINT pour les images de ce livre. Quand j'aurai du temps, je l'explorerai plus et je testerai les fonctions originales que Photoshop n'a pas (sélectionner et opérer directement sur plusieurs calques, sélectionner, aligner et distribuer directement plusieurs calques, et l'outil d'ombres portées interactives) tout en employant les mêmes raccourcis que cet outil de référence. Vous en avez un aperçu à la figure 14.18.

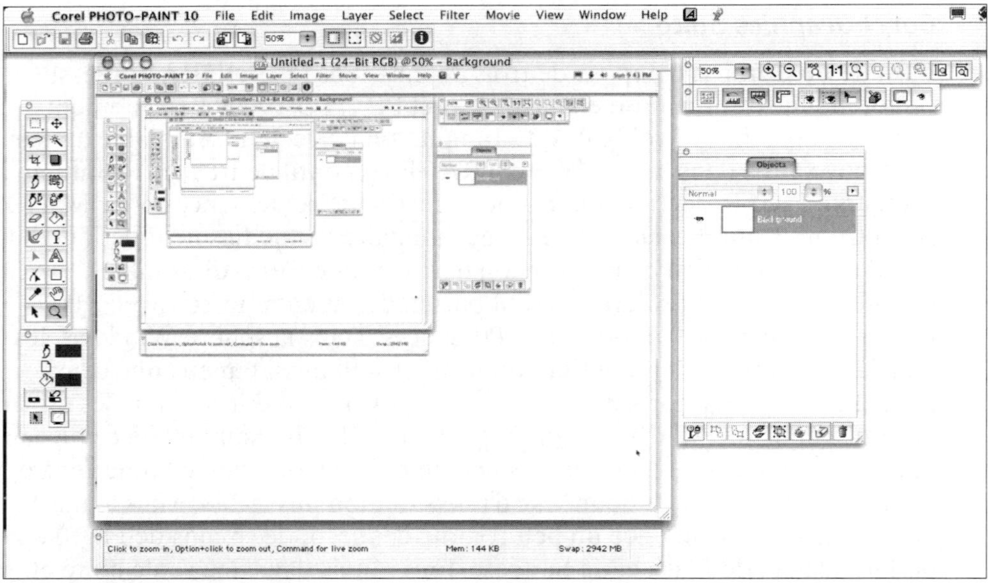

Figure 14.18
Corel PHOTO-PAINT a des faux airs de Photoshop

Je ne le connais pas assez pour le vanter, mais je trouve que PHOTO-PAINT s'est bien défendu, même s'il était un peu lent sur mon G4/500. Je ne peux pas en dire autant d'autres logiciels, et je trouve que la collection de polices plus les cliparts sont corrects. L'un dans l'autre, cela paraît une bonne opération pour un logiciel graphique natif, si vous ne voulez pas attendre la sortie de Photoshop.

Corel Corporation, **www.corel.com**, prix public : 440 $

FileMaker Pro

La base de données relationnelle la plus facile tourne déjà sur Mac OS X depuis des mois, elle était d'ailleurs parmi les premiers logiciels disponibles. Si vous le connaissez déjà, il n'y a pas de surprises, toujours puissant et en même temps facile. C'est un sacré logiciel si vous avez beaucoup de données à gérer. Je l'utilise pour la gestion de la base de données des auteurs des programmes que j'utilise comme vous le verrez à la figure 14.19.

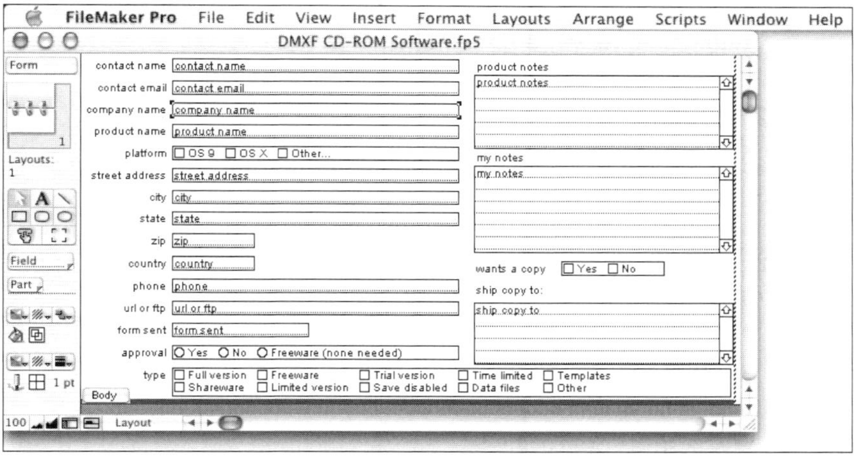

Figure 14.19
Ma petite base de données avec FilMaker Pro

Cela ne m'a pris qu'une demi-heure à planifier, à concevoir et à construire. Et je peux maintenant trouver tous les programmes et leurs auteurs facilement, en obtenant à l'instant les douzaines de petites informations qui leur sont propres. Je peux savoir tout de suite quels auteurs ont donné leur accord de diffusion. Si vous n'avez que peu de données à gérer, le module d'AppleWorks devrait vous suffire car il se rapproche de la philosophie de FileMaker Pro, allégeant les tâches de gestion des bases de données.

Remarque **Besoin ponctuel**

Pour être honnête, j'ai rarement besoin d'une base de données pour mon travail. La plupart de mes besoins sont gérés par Entourage. Quand j'ai un projet sur le feu et quelques jours de délai, FileMaker ne m'a jamais laissé tomber. Je l'utilise depuis la version 1.0, et je pense qu'il est meilleur que jamais sous Mac OS X. Mais qui suis-je si ce n'est un dilettante qui joue de temps en temps avec des données ?

FileMaker, **www.filemaker.com**, prix public : 198 $

Photoshop X

J'attends avec impatience cette version qui n'a pas été annoncée et encore moins livrée au moment où j'écrivais ces mots. J'ai bien essayé d'autres produits de substitution sous OS X, mais il n'y a rien de meilleur pour le traitement d'image de haut de gamme. Connaissant Adobe, je suis certain que cette version sera excellente.

Adobe, **www.adobe.com**, prix public : environ 528 $

Quicken 2002 Deluxe

J'utilise depuis longtemps le logiciel de finance personnelle Quicken. Je peux faire mes comptes manuellement, mais depuis que je le connais je n'en vois plus l'intérêt, bien que toutes les versions ne soient pas toujours superbes. Heureusement, la dernière pour Mac OS X est assez satisfaisante et j'apprécie vraiment ces fonctionnalités :

- Le revenu annuel et les dépenses sont classés pour les impôts
- Téléchargement des relevés bancaires
- Portefeuille d'actions et graphes
- Reporting visuel de mes revenus avec recettes/dépenses classifiées
- Toujours légal (ce qui n'est pas toujours le cas des comptes faits à la main)

Mais ma fonctionnalité préférée est de loin le paiement électronique de facture. Ce n'est pas pour régler les courses et le plein d'essence, mais pour des achats dont j'entre l'ordre de paiement pour que Quicken le réalise. C'est tellement pratique que je ne comprends pas pourquoi les gens peuvent encore s'en passer. Je n'ai plus besoin d'acheter des enveloppes et des timbres, je n'oublie plus de les poster, je ne perds plus mon courrier, et il y a moins d'erreurs possibles. Avec le pense-bête de Quicken, je n'oublie plus jamais les échéances. Vous verrez ses nombreuses fenêtres à la figure 14.20.

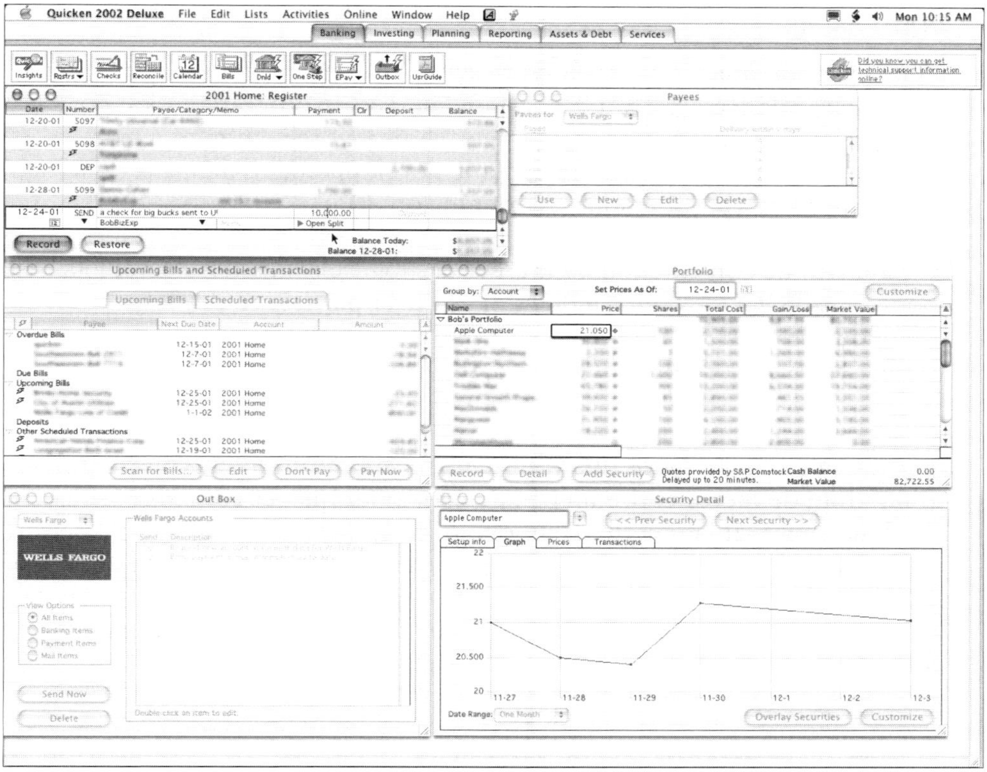

Figure 14.20
Quicken 2002 Deluxe

Je ne l'utilise que deux fois par mois, ce qui ne me donne pas beaucoup d'heures de vol avec. Mais quoi qu'il en soit, il me satisfait surtout qu'il ne s'est jamais trompé dans les transactions. Cela me suffit pour le garder.

Intuit, **www.intuit.com**, prix public : 52,8 $

QuicKeys X

Un très bon outil de macro-commande, certes concurrencé par les sharewares et freewares Keyboard Mastro ou TypeIt4Me, mais qui s'avère robuste et performant pour un usage quotidien. Je l'ai détaillé au chapitre 9.

CE Software, **www.quickeys.com**, prix public : 52,8 $

REALbasic

À peu près un quart des logiciels présentés ici ont sans doute été créés avec REALbasic de Real Software. C'est un langage de programmation pour les non-programmeurs. Même moi je peux comprendre comment il marche, et c'est un bon logiciel pour commencer le développement, même si on n'est pas expert en POO (programmation orientée objet).

C'est un kit de construction pour créer des logiciels puissants, complets, visuels pour Mac 0S 9, OS X ou Windows. Il sait tirer parti de toutes les fonctionnalités de votre ordinateur et supporte toutes les grandes technologies professionnelles (ODBC, SQL, TCP/IP, Visual Basic, QuickTime...).

Et il est amusant à utiliser, car c'est avec le glisser-déposer de composants à partir d'une barre d'outils que vous construisez votre projet (voir figure 14.21). Il faut tout de même écrire un peu de code pour que les composants fassent quelque chose, et la fenêtre d'édition apparaît à la figure 14.21. Cela ne sert à rien de passer la nuit à essayer de devenir un grand programmeur avec REALbasic, mais en vous appliquant, vous pouvez sûrement écrire l'un des prochains logiciels à succès sur Mac. Vous pouvez le découvrir pendant 30 jours avec la démonstration disponible sur le Web.

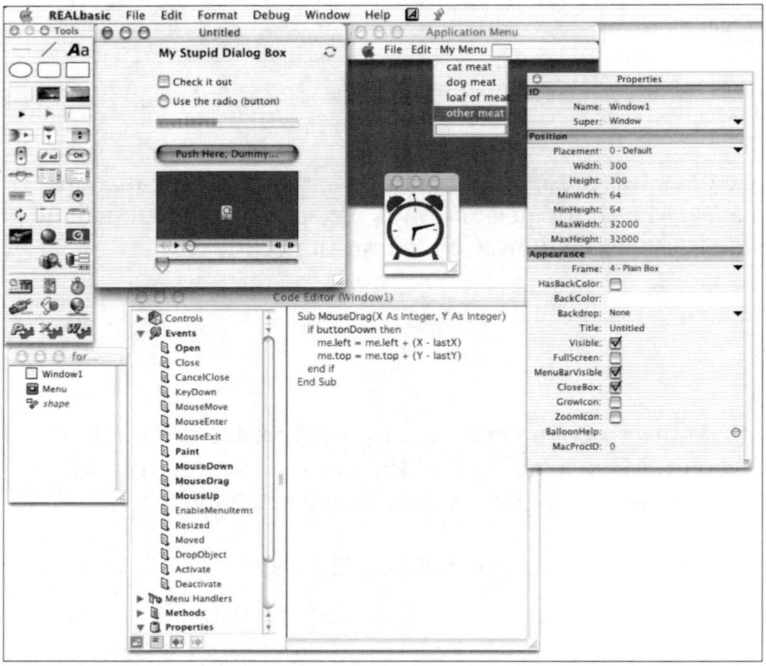

Figure 14.21
J'ai construit cette boîte de dialogue stupide en deux minutes

Remarque **Regrets**

Il y a deux choses que je regrette : ne pas savoir encore assez bien programmer avec REALbasic, et ne pas savoir encore bien monter des films avec Final Cut Pro.

Real Software, **www.realbasic.com**, prix public : standard 132 $ pro 308 $

Retrospect

J'en ai parlé longuement au chapitre 4 et je le cite pour vous rafraîchir la mémoire. Vous avez absolument besoin d'un programme de sauvegarde.

Dantz Development, **www.dantz.com**, prix public : 132 $

Stone Studio

J'ai découvert cette suite de logiciels il y a quelques semaines, ce qui ne m'a pas laissé beaucoup de temps pour les connaître. Ils figurent parmi les premiers à être développés avec Cocoa, ce qui leur donne les meilleures fonctionnalités de Mac OS X, mais pas sous Mac OS 9.

Sept logiciels composent cette suite :

- Create : un outil de mise en page, d'illustration et de conception web, avec des fonctionnalités avancées mais une interface incroyablement simple.
- PhotoToWeb : permet de placer vos photos sur des sites web, de faire des présentations, de prévisualiser les banques d'images, de créer des vignettes et de gérer pleinement des albums.
- GIFfun : réalise des images animées par glisser-déposer, soit automatiquement, soit image par image.
- SliceAndDice : transforme des images en pages web cliquables, en leur ajoutant des barres de défilement ou des barres de navigation en JavaScript.
- PackUp&Go : un shareware pour la compression et la décompression par glisser-déposer, respectant les standards tar.gz et tar.z.
- Pstill : un outil PostScript qui transforme les fichiers EPS ou PS en PDF sans aliasing.
- TimeEqualsMoney : permet de suivre les sessions de travail en les documentant et de créer une facture automatiquement. Idéal pour les indépendants.

Remarque **Infos du créateur**

Ces descriptions viennent directement du site web de Stone Design, car qui peut mieux décrire un produit que son créateur ?

Andrew Stone, le président et créateur de cette suite, disait que c'était "la vraie puissance de Mac OS X quand on utilise les applications ensemble. Glissez les documents SliceAndDice et GifFun dans Create pour créer des pages web dynamiques. Utilisez-le pour créer des fonds d'écran pour les pages de PhotoToWeb. Installez Pstill et glissez alors les documents EPS directement dans Create. Créez votre site web avec Create ou PhotoToWeb et glissez dans le dossier résultant dans PackUp&Go pour créer une archive facilement transférable pour publier le vrai site."

Vous vous rendrez mieux compte de Create à la figure 14.22. Notez que monsieur Stone, fort aimable, s'occupe d'une liste de discussion sur son Studio, fédérant une petite communauté d'utilisateurs qui semblent vraiment apprécier ces outils. De plus, l'éditeur est très réactif en ajoutant rapidement les fonctionnalités demandées dans cette liste.

Stone Design, **www.stone.com**, prix public : 264 $

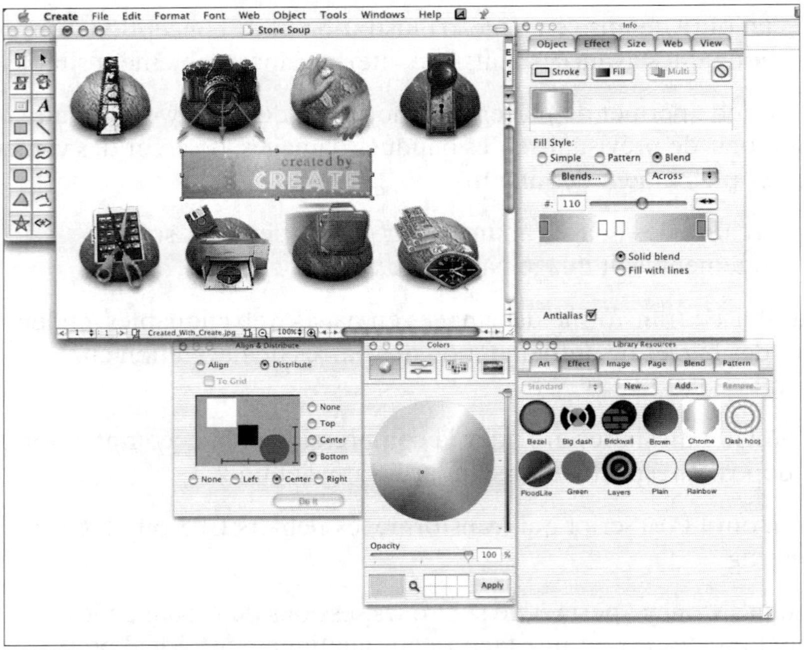

Figure 14.22
Mise en page, illustration et création de pages web en un seul logiciel

StuffIt Deluxe

Vous connaissez déjà les fichiers SIT et la compression. Et vous en saurez encore plus en lisant la partie les concernant au chapitre 9 (*Magic menu/Menu contextuel*). Vous avez déjà vu un petit fichier SIT devenir un énorme dossier plein de fichiers grâce à StuffIt Expander qui est livré avec Mac OS X. Mais vous ne connaissez pas le grand frère de cet outil, vendu séparément et appelé StuffIt Deluxe. Avec la version 6.5.1, on obtient un logiciel exemplaire pour Mac OS X, avec un menu Système, des raccourcis clavier et des menus contextuels.

Voici ce qu'il peut faire pour vous :

- Accéder à n'importe quel fichier, téléchargement ou pièce jointe.
- Envoyer plus rapidement les fichiers sur le réseau ou Internet.
- Envoyer par mail un fichier que l'on compresse d'un simple clic.
- Visualiser, compresser, décompresser et accéder à des éléments à l'intérieur de fichiers déjà compressés.
- Chercher rapidement des fichiers dans des archives.
- Encoder des fichiers de données confidentielles.
- Scanner les archives contre les virus.
- Automatiser toutes vos tâches de transfert de fichiers.
- Menu Magic pour Mac OS X.
- Décompresser et installer des fichiers pour Palm automatiquement.

Le menu Magic, dont j'ai déjà parlé au chapitre 9, est ma fonctionnalité favorite.

J'ai deux raisons supplémentaires d'aimer cet utilitaire :

Premièrement, j'ai beaucoup de fichiers dont je ne me sers pas souvent mais que je veux laisser sur mon disque dur. Compresser de vieux projets peut réduire leur taille de 30 à 75 %, comme à la figure 14.23.

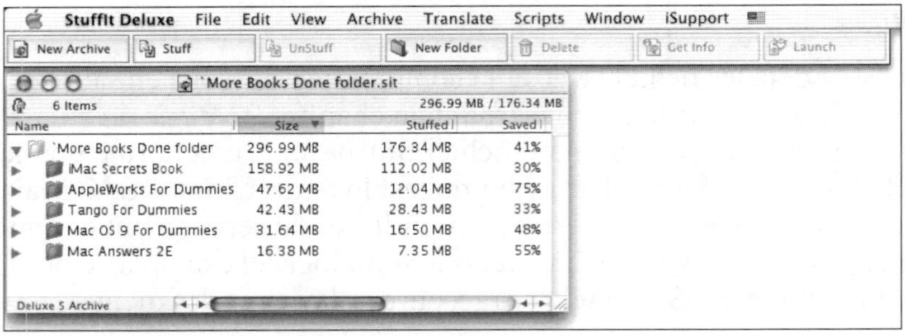

Figure 14.23 Voyez comment on économise de l'espace disque par la compression de dossiers

Et bien sûr, tout ce que j'ai envoyé par e-mail en pièces jointes ou transféré par FTP a été compressé par StuffIt. Cela m'amène à la deuxième raison de l'aimer.

StuffIt peut compresser et décompresser avec la plupart des formats standards de fichiers, et j'en rencontre une grande variété.

La figure 14.24 montre les différentes méthodes de compression-décompression gérées par StuffIt.

Figure 14.24 StuffIt peut compresser et décompresser l'une de ces combinaisons de format

Par exemple, un fichier compressé en format MacBinary, StuffIt ou BinHex se décompressera complètement et automatiquement, reconstituant les fichiers et les dossiers dans leur forme initiale, avant la compression.

J'utilise beaucoup de programmes, mais comme la compression et son côté technique ne sont pas pour tout le monde, on peut toujours s'en passer.

Remarque **Version limitée**

Si vous en avez besoin, il y a une version shareware intermédiaire nommée StuffIt Lite, dont je parlerai plus tard dans ce chapitre. Elle offre une bonne partie des fonctionnalités de la version Deluxe pour un prix moindre, mais sans le menu Magic.

Aladdin Systems, **www.aladdinsys.com**, prix public 66 $

Virtual PC

La version 5 pour Mac OS X est sortie il y a quelques jours. Avec la magie de l'émulation logicielle, cet outil rendra le système Mac compatible avec un PC Pentium. En d'autres termes, il fera croire aux logiciels PC que votre Mac en est un et qu'il est équipé du processeur Intel avec tous les composants matériels. J'ai employé ses versions précédentes, et il marche plutôt bien. Je ne l'utiliserais pas pour lancer un gros jeu comme Quake III Arena, mais pour exécuter de temps en temps un programme ou tester une page HTML dans différents navigateurs, ce qui est une option plus viable.

Dans le sens des aiguilles d'une montre, en bas à gauche, vous voyez Microsoft Internet Explorer tourner dans Mac OS 9 (Classic), Windows versions 98 et 2000, puis en bas à droite, la quatrième fenêtre représente OmniWeb qui est natif d'OS X.

Je l'ai installé sans problème, mais je ne sais pas comment Virtual PC marche. Voici selon l'éditeur les nouveautés de la version 5 :

- Support de Mac OS 9 et Mac OS X en un seul logiciel.
- Gestion des processeurs multiples dans OS X.
- Réseau entre les Virtual PC qui marchent sur le même Mac.
- Images sur disques annulables pour sortir plus facilement de toute fenêtre.
- Support complet de Windows XP Pro et Home comme systèmes invités.
- Possibilité de partager des périphériques de stockage amovibles.
- Support des données DVD-ROM pour le système invité.
- Conversion des touches clavier entre Mac et PC.
- Rapidité des menus et des défilements de texte.

L'ayant installé il y a peu de temps, mais sans problème, je peux dire qu'il fonctionne dès le premier coup. D'autres utilisateurs de MacFixIt et de MacIntouch se sont plaints de la lenteur, qui effectivement se fait sentir sur mon G4/500, bien que Windows 2000 semble légèrement plus véloce que la version 98. Mais il n'y a rien de si terrible, cela fonctionne et c'est impressionnant. La nouvelle version est compatible avec tous ces systèmes : Windows 95, 98, ME, NT4, 2000 Pro, XP home, XP Pro et Linux. D'autres sont disponibles sous forme de packs chez l'éditeur.

Connectix Corporation, **www.connectix.com**, prix public : 87,12 $ (DOS), 175,12 $ (Windows 98), 219,12 $ (Windows 2000)

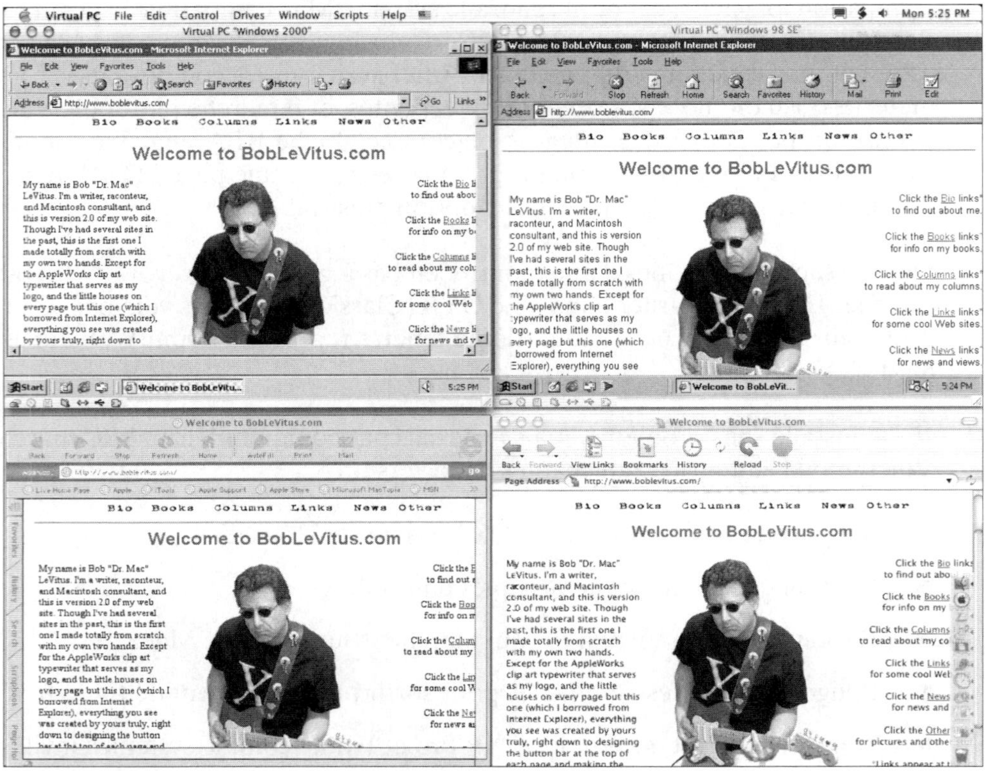

Figure 14.25
Quatre navigateurs web différents sur un même écran

Sharewares et freewares

Maintenant passons aux vrais bonus que sont les freewares et sharewares, car les meilleures choses dans la vie sont souvent sans prix ou abordables, comme le démontre cette partie. Vous découvrirez maints logiciels aux offres superbes, mais seulement une partie sera vraiment bonne.

Les freewares, souvent mal réalisés mais partant d'une bonne intention, sont cool et je les aime vraiment. Derrière, il y a toujours un programmeur ou une société qui ne pense pas qu'à l'argent. Et certains freewares sont tellement bons qu'on aurait volontiers payé pour les utiliser.

Remarque **Encouragements**

Faites-moi plaisir, si vous aimez un freeware, envoyez un mot à son auteur et dites-le lui.

Les logiciels qui ne sont pas vraiment gratuits sont les sharewares. Certaines de leurs fonctionnalités sont inactivées jusqu'à ce que le paiement soit effectif. D'autres sont complets mais vous rappellent régulièrement qu'il faut les payer par tous les moyens possibles. D'autres sont vraiment complets sans contrainte, et les revenus de leurs auteurs dépendent de votre honnêteté, de votre état d'esprit, de votre disposition à récompenser un bon travail et à payer pour un logiciel qui sera le même réglé ou non.

J'ai procédé toujours de la même façon pour les trouver, en me rendant chaque jour sur **www.versiontracker.com** et en téléchargeant tous ceux qui me semblaient a priori intéressants. J'ai dû en récupérer au moins 1 200. J'ai créé un dossier *En cours d'examen* et je les gardais là tant qu'ils n'étaient pas retenu pour le dossier *Option pour le livre* . Il y avait des centaines de programmes présélectionnés, 200 retenus comme options, et c'est à partir de cette base que j'ai finalement créé cet assortiment d'utilitaires, d'applications, de choses inutiles, de jeux ou de trucs stupides, d'icônes, d'économiseurs d'écran, de panneaux de Préférences, et d'autres bonnes choses pour Mac OS X.

Une question d'honneur

On a assisté à une explosion des applications non commerciales sur Mac OS X depuis sa sortie en mars 2001. Pour la première fois, je trouve que certains dépassent la qualité de ce que l'on peut trouver dans un pack, et parfois rien ne peut les concurrencer. Alors, je vous en prie, payez les sharewares que vous retiendrez pour en faire un usage régulier.

Il s'agit juste de gratitude pour les femmes et les hommes qui créent ces sharewares et freewares pour Mac OS X. Je leur souhaite de prospérer et de continuer à créer de bonnes choses. Je paie pour les sharewares, car il n'y a rien de mieux, et vous devriez faire de même.

Il faut que vous voyiez cette partie comme un apéritif, où je décrirai chaque petit four, avec une ou deux images, en concluant avec un petit verdict. Mais avant de commencer, voyons une chose qui me tient à cœur...

Ne venez pas pleurer

Je suppose que vous sauvegardez les fichiers importants avant d'installer et d'utiliser des logiciels, car la nouveauté comme la modification de l'existant peuvent occasionner bien des tracas. Et si cela touche au système d'exploitation dont nous parlons tant, il vaut mieux régler le problème avant de continuer.

Si vous n'avez pas le temps de dépanner, il est inutile d'installer un nouvel élément, attendez que tout soit réparé. Si vous ne pouvez attendre, faites-le sur un autre Mac. C'est aussi simple que ça. J'ai essayé tous les logiciels présentés et aucun n'a endommagé mes données, avec de plus les recommandations de Version Tracker. Alors voici la seule chose que je peux vous dire : je ne sais pas si tous ces logiciels marcheront sur votre Mac, je ne sais pas si l'un d'eux peut vous causer un problème, une panique du kernel, quitter inopinément, ou encore provoquer une explosion avec des flammes et de la fumée sortant de votre Mac. Je ne vous mets pas le couteau sous la gorge et je ne vous force pas à installer. C'est à vous d'en assumer les conséquences, quoi qu'il arrive. Je pense juste avoir suffisamment insisté sur l'importance d'un plan de sauvegarde, car on ne sait jamais si un gremlin ne va pas laisser votre Mac pour mort, et si comme pour moi, le temps c'est de l'argent, chaque heure passée avec un Mac planté se paye.

Cela peut vous arriver et si cela vous arrive, ne me blâmez pas. J'essaie d'être poli dans mes réponses par e-mail, mais quand j'en reçois un qui commence par "vous avez bousillé mon disque dur espèce de..., vous avez intérêt à le réparer...", ma réponse est toujours la même : "Ne me blâmez pas." Ma règle personnelle, que j'enfreins très rarement, est que lorsque je travaille sur un projet critique, je réfléchis beaucoup avant d'installer tout nouveau logiciel sur ma machine de production principale. J'évite d'endommager mon gagne-pain, et vous devriez faire pareil. Mais pourtant je l'ai souvent fait pendant que j'écrivais ce livre. Si je l'ai fait, c'est sans doute parce que j'ai un backup qui me permet de revenir d'une catastrophe en moins de deux heures. Alors si je teste des nouveautés, je le fais sur un autre Mac, où quand j'ai suffisamment de temps pour qu'une éventuelle panne n'ait pas de conséquences fâcheuses sur mon travail.

Bien, passons aux apéritifs.

Airburst

Airburst est une jolie friandise doublée d'un jeu très sympa, signé par Aaron et Adam Fothergill de Strange Flavour. J'aime ces mecs. Ils travaillent dans une société dans leur Angleterre natale, mais ils passent leur temps libre à écrire des jeux pour Mac. Airburst se situe dans un futur proche où, à défaut de sport classique, on retransmet un nouveau sport populaire à la télé, une sorte de base-ball de l'espace. Sur un ton humoristique, dans le style des Monty Python, ce nouveau sport se joue dans les airs, avec tout un équipement spécial et des balles remplies d'hydrogène et d'autres accessoires plutôt explosifs.

La figure 14.26 montre un écran typique de Airburst, qui est assez facile à jouer, mais où il n'est pas facile de gagner. Deux touches servent à la rotation de la batte et une autre aux actions selon ce dont vous disposez. Lisez le très complet manuel d'utilisation pour tout comprendre. Il y a aussi un deuxième jeu rival, Bushfire, mais Airburst reste mon préféré.

Figure 14.26
Je suis le type en haut à gauche

Remarque **Limitations**
On dispose seulement de deux plateaux avant d'avoir payé 5 $. Neuf nouveaux plateaux sont alors disponibles.

Le(s) cerveau(x) : Aaron et Adam Fothergill de Strange Flavour Software

Informations : **www.strangeflavour.com**
Type : shareware
Coût : 4,4 $

D'après le manuel de Airburst :

"Pour enregistrer le jeu, envoyez 2 livres sterling, ou 5 $ US, en cash, comme pour payer le livreur de lait à l'adresse suivante :

Aaron Fothergill
30 Heronsgate
Edgeware
Middlesex
HA8 7LD
United Kingdom

Cachez deux pièces d'une livre dans un papier cartonné et mettez-le dans une enveloppe avec votre nom et votre e-mail. Pour un paiement en dollars, placez un billet de 5 dans une feuille et postez-le nous. N'oubliez pas de mettre votre nom pour l'enregistrement ainsi que votre e-mail pour qu'on vous envoie le code de déverrouillage. Comptez une semaine avant qu'on vous l'envoie, ce qui vous laisse le temps d'avancer dans le jeu pour bénéficier des nouveaux plateaux que la clé activera. Ce système a pour avantage de ne pas exiger plus d'argent ou d'informations de votre part, et nous pourrons écrire plus de jeux d'ici la fin de l'année."

Anthology pour Mac OS X

C'est une collection de quatre jeux classiques pour Mac OS X. Les anciens utilisateurs de Mac se souviendront sûrement de Daleks, avec au moins une demi-douzaine de rééditions depuis des années, et il demeure toujours aussi captivant. Vous le voyez à la figure 14.27.

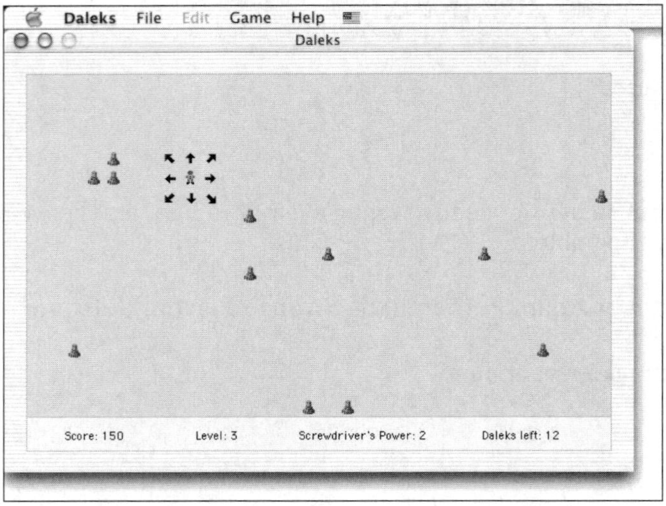

Figure 14.27
Je suis le type entouré de flèches et je veux que les autres choses s'explosent entre elles

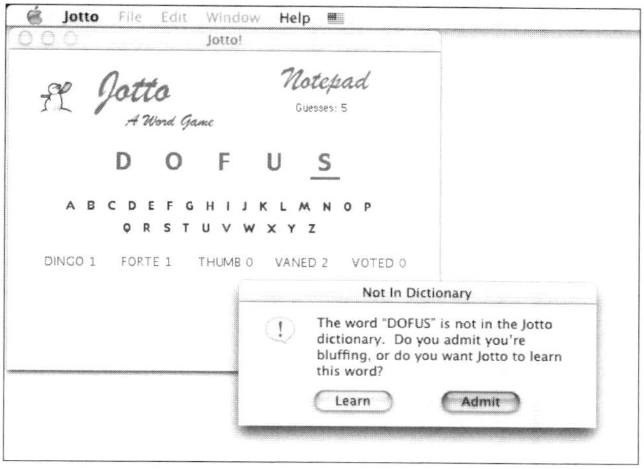

Figure 14.28
Oups, j'aurais dû savoir que ce Doofus avait deux "o"

Jotto, que vous voyez à la figure 14.28, est un jeu où l'on devine les mots. Vous avez dix mots de cinq ou six lettres à deviner. Le jeu vous indique combien de lettres que vous tentez sont dans les mots.

Vous avez sans doute joué au Solitaire Peg, où il faut faire sauter les piquets les uns au-dessus des autres pour les faire disparaître, pour arriver finalement à un dernier piquet et gagner ? Peut-être que la figure 14.29 vous rafraîchira la mémoire.

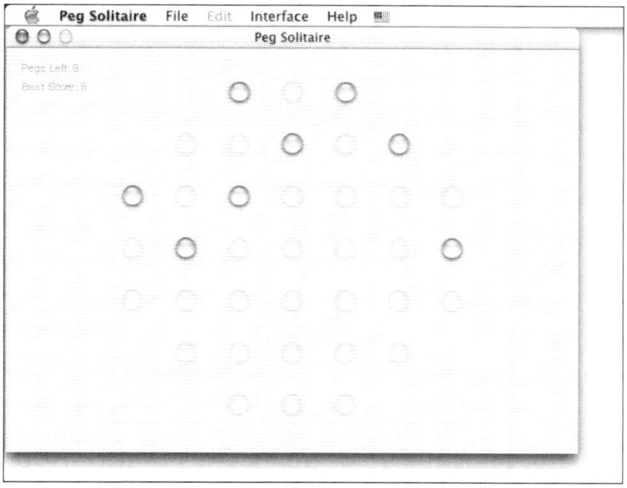

Figure 14.29
Quand je clique dans le trou, le piquet tombe dedans à cause d'un nouveau piquet qui lui saute dessus

14

Helios BlackJack est un simple jeu de cartes, reprenant les règles du BlackJack comme à Las Vegas. Je pense que c'est le plus nul de tous les quatre, mais si vous êtes amateur, il n'y a pas mieux, comme le confirmera la figure 14.30.

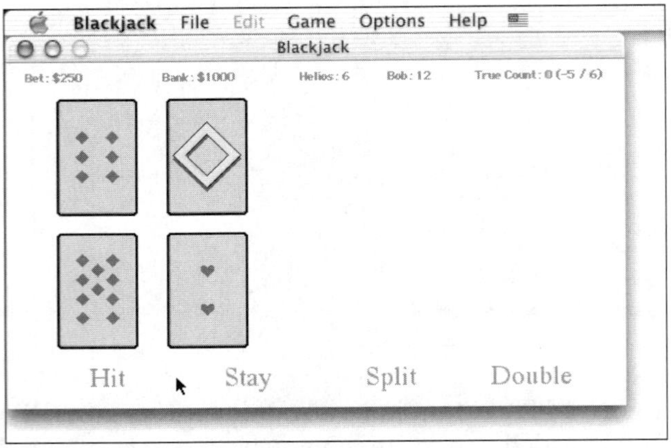

Figure 14.30
Un simple jeu de BlackJack

Le cerveau : Mark Pazolli
Informations : **http://homepage.mac.com/quirinus/**
Type : freeware

ASM

J'ai déjà longuement parlé d'ASM au chapitre 9, avec grand renfort d'images. Il remet au goût du jour le vieux menu Classic avec de nouvelles fonctionnalités pour Mac OS X. Il est pratique, gratuit et vraiment bon.

Le cerveau : Frank Vercruesse
Informations : **http://asm.vercruesse.de**
Type : freeware, GNU/GPL

BatChmod

J'en ai parlé au chapitre 8. C'est un utilitaire freeware qui vous permet de tricher avec la propriété et les permissions autour des fichiers et des dossiers sans recourir au Terminal. Il sait aussi vider la Corbeille quand c'est impossible.

C'est un super logiciel, gratuit, et il n'y a pas de raison de ne pas le garder à portée de main en cas de besoin. Certes, il ne sera pas le seul dans votre arsenal, mais comme dit Renaud Boisjoly dans le PDF de la documentation :

"Pour obtenir un bon outil pour manipuler les informations de tout fichier ou dossier, allez sur **www.brockerhoff.net** et téléchargez XRay, un outil fantastique de Rainer Brockerhoff."

Je suis d'accord et je parlerai plus tard de XRay dans la catégorie des indispensables, avec Super Get Info et BatChmod.

Voici à quoi il ressemble à la figure 14.31.

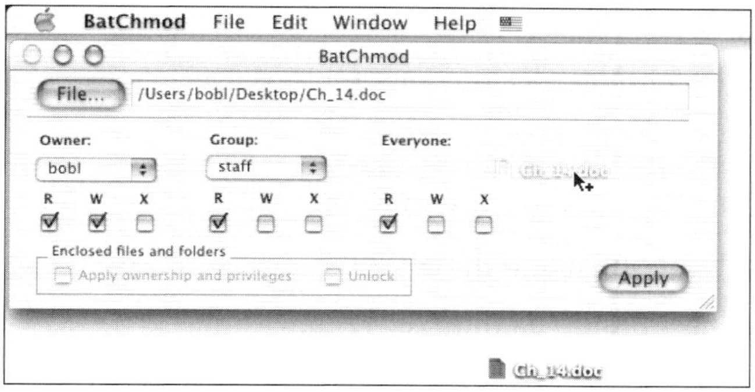

Figure 14.31
BatChmod est un joli petit arnaqueur à un joli prix... gratuit

Le cerveau : Renaud Boisjoly
Informations : **http://homepage.mac.com/arbysoft** ou **renaud@mac.com**
Type : freeware

BBEdit Lite et BBEdit 6.5 Demo

BBEdit Lite est un éditeur de texte gratuit se fondant sur le fameux logiciel du même nom dont je parlais plus tôt dans ce chapitre. Contrairement à un traitement de texte qui a pour vocation de préparer des pages à l'impression, l'éditeur de texte se consacre à la production, à la manipulation et à la modification de contenu.

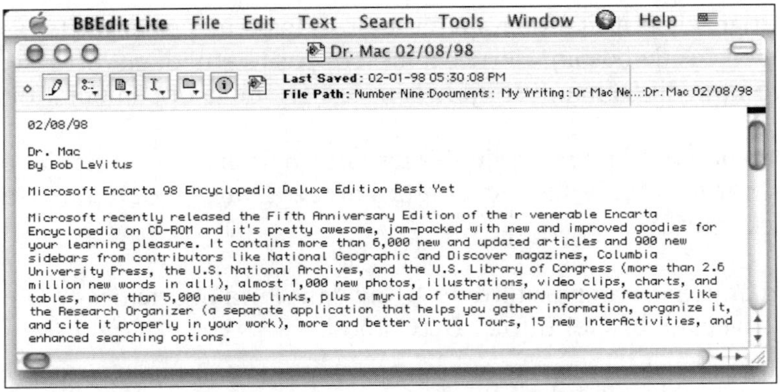

Figure 14.32 Vous avez le choix entre du rudimentaire ou non

Pour un logiciel gratuit, il est plutôt pas mal :

- Marche sous Mac OS X et toutes les versions après Mac OS 7.5.5.
- Supporte les fins de ligne DOS, Unix et Mac.
- La taille des fichiers n'est limitée que par la RAM (soit 2 Go sous Mac OS).
- Un rechercher-remplacer puissant fondé sur `grep`.
- Un rechercher-remplacer multiple fondé sur `grep`.
- Transformations de texte sophistiquées.
- Différentes options d'entourage matériel et logiciel.
- Zappe les gremlins (caractères de contrôle).
- Commande de changement de casse.
- Reformate le texte (venant de mail et de newsgroups).
- Support des plug-ins de la version commerciale.
- Documentation en PDF.
- Touches personnalisables.
- Support étendu du glisser-déposer.

La démo de BBEdit 6.5 est la même que le logiciel commercial, mais elle expire après 25 lancements. Après cela, l'éditeur s'attend à ce que vous soyez totalement ferré et que vous la régliez, comme le montre la figure 14.33.

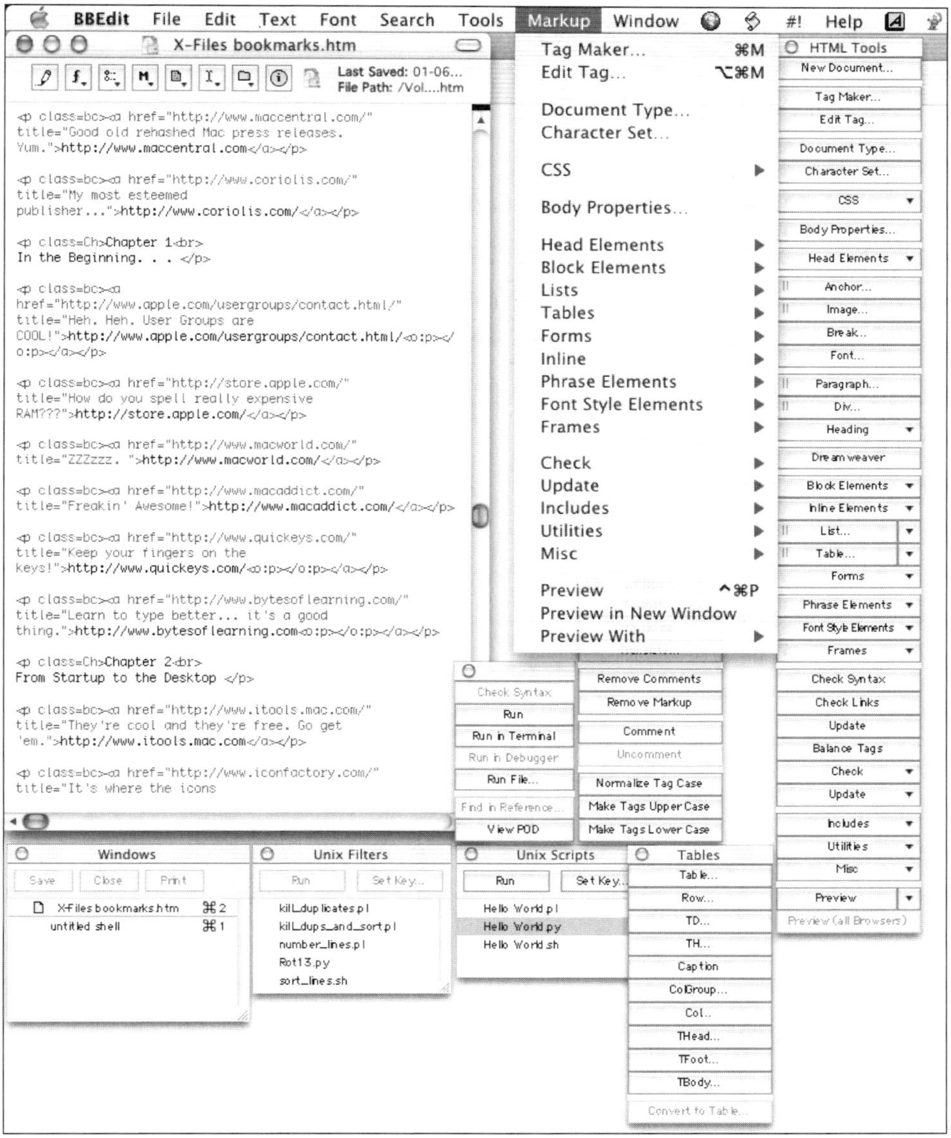

Figure 14.33
Voici les quelques fonctions avancées que l'on n'a pas dans la version Lite

Le(s) cerveau(x) : Bare Bones Software
Informations : **www.barebones.com**
Type : freeware pour BBEdit Lite, commercial pour BBEdit 6.5
Coût : freeware pour BBEdit Lite, 88 $ pour BBEdit 6.5

BrickHouse

C'est un firewall ou serveur coupe-feu pour Mac OS X, et contrairement à celui fourni par Apple, il y a une interface graphique pour le configurer. De quoi je parle ? Pourquoi avoir un firewall ? J'en parle au chapitre 8, à propos de la sécurité Internet, en donnant des liens où vous pouvez mieux vous informer sur cette problématique.

Si vous en avez besoin d'un, BrickHouse est on ne peut plus simple à installer et à configurer. La figure 14.34 montre l'Assistant de configuration, et à la figure 14.35 vous pouvez voir que la fenêtre n'est pas seulement facile, mais belle.

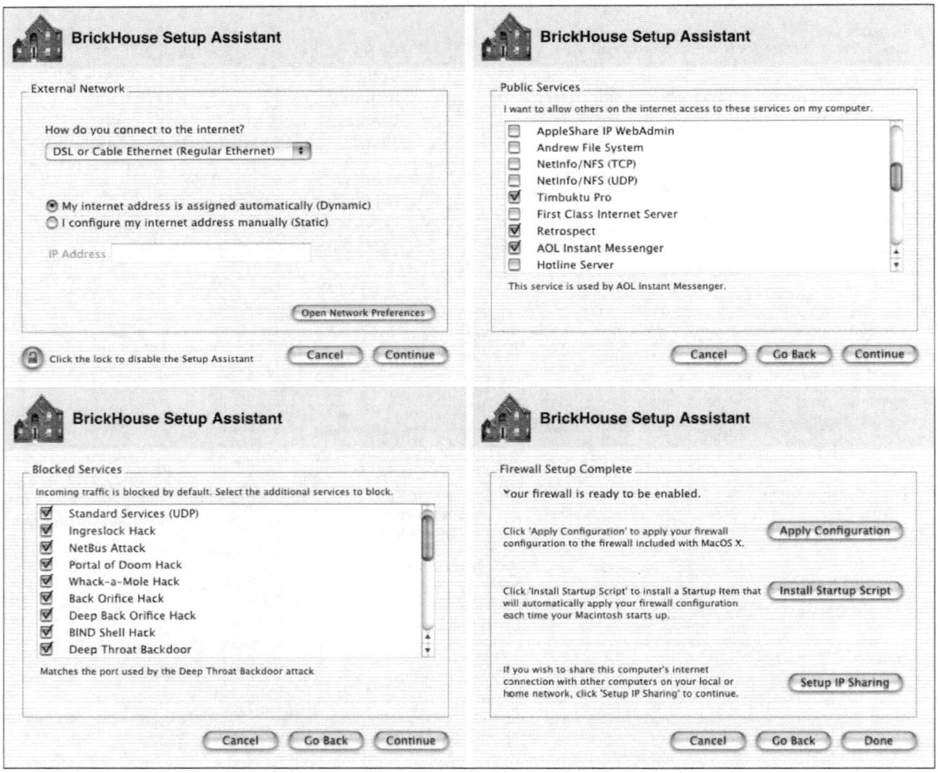

Figure 14.34
En quatre écrans, BrickHouse est prêt à fonctionner, pour votre protection

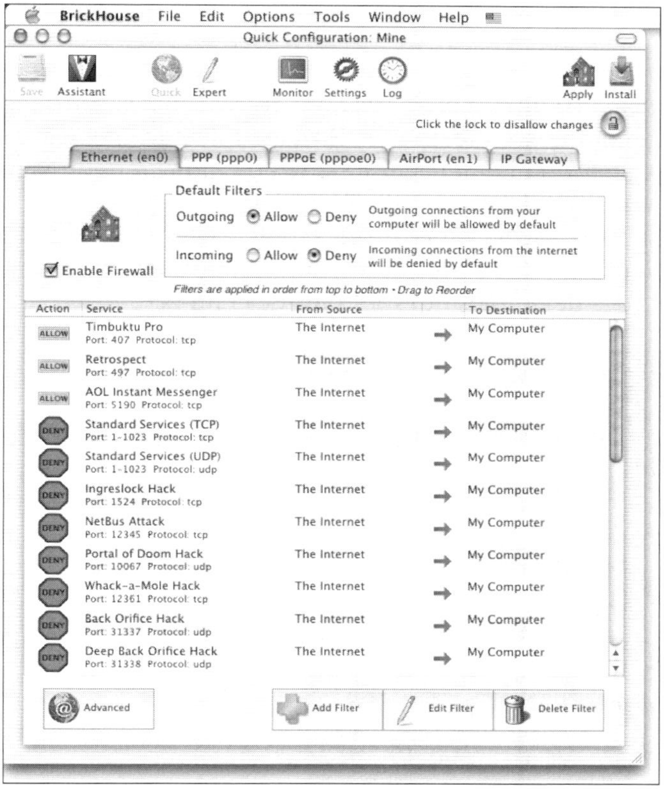

Figure 14.35 BrickHouse est facile et joli, et c'est difficile de faire mieux en terme d'interface

Il ne coûte que 25 $ et c'est peu pour un firewall. Je vous conseille de le payer, ou de l'utiliser ainsi jusqu'à ce que vous jugiez qu'il les vaut. Celui de Norton est trois fois plus cher, alors qu'ils font tous deux la même chose. J'ai une préférence pour Norton à cause de sa gestion des journaux, qui permet d'analyser plus facilement les journaux. Mais BrickHouse est probablement le firewall répondant le mieux aux besoins de tout utilisateur.

Je n'ai jamais rencontré Brian Hill mais j'aime ses logiciels (MacJanitor, Pseudo, xFiles, tous traités plus tôt dans ce chapitre), ainsi que son sens de l'humour. Il indique les contacts sur son site web de cette façon : "Allez dans l'isthme entre le lac Mendota et Monoma à Madison dans le Wisconsin, aux États-Unis. Je suis celui avec la barbe et son poney."

Le cerveau : Brian R. Hill
Informations : **http://personalpages.tds.net//~brian_hill/** ou **brianhill@mac.com**
Type : shareware

Bushfire

Bushfire est un jeu d'arcade traditionnel de ces deux frères anglais Aaron et Adam Fothergill, mieux connus sous le nom de Strange Flavour. L'objectif est simple : arrêter les feux de forêt et empêcher les civils de mourir, pour gagner du bonus. La machine est assez simple à contrôler, les touches [flèche] pour la diriger, [barre d'espacement] pour lâcher de l'eau, et [Z] pour éviter la fumée, comme on le voit à la figure 14.36. Je préfère Airburst, l'autre jeu des mêmes auteurs, mais je connais des personnes qui sont fans de celui-ci.

Figure 14.36
Lâchez de l'eau, sauvez des arbres, c'est un peu de la folie mais surtout de l'amusement

Le(s) cerveau(x) : Aaron et Adam Fothergill de Strange Flavour Software
Informations : **www.strangeflavour.com**
Type : shareware
Coût : 2,64 $

D'après le manuel de Bushfire :

"Pour enregistrer le jeu, envoyez 1 livre sterling, ou 3 $ US, en cash, comme pour payer le livreur de lait à l'adresse suivante :

Aaron Fothergill
30 Heronsgate
Edgeware
Middlesex
HA8 7LD
United Kingdom

Le manuel de Bushfire reprend les mêmes termes que pour le jeu Airburst ; vous devez envoyer de l'argent en liquide avec votre nom pour l'enregistrement ainsi que votre e-mail pour qu'on vous envoie le code de déverrouillage.."

Classic Menu

J'en ai parlé au chapitre 9 en disant qu'il remplaçait le menu **Pomme** de Mac OS X par celui que vous aimiez sous OS 9 pour ses possibilités de libre personnalisation, contrairement au côté statique de celui d'OS X.

Le(s) cerveau(x) : Sig Software
Informations : **www.sigsoftware.com**
Type : shareware
Coût : 8,8 $ par processeur

Classic?

Classic? utilise le Dock pour vous dire si Classic est bien en marche. Si c'est le cas, l'icône dans le Dock devient verte (à droite de la figure 14.37), et quand il ne tourne pas, elle devient grise (à gauche). En cliquant sur cette icône du Dock, un sous-menu apparaît et vous permet de l'arrêter ou de le démarrer sans aller dans les Préférences système.

Je ne l'emploie pas en ce moment car je m'efforce de ne pas me servir de Classic.

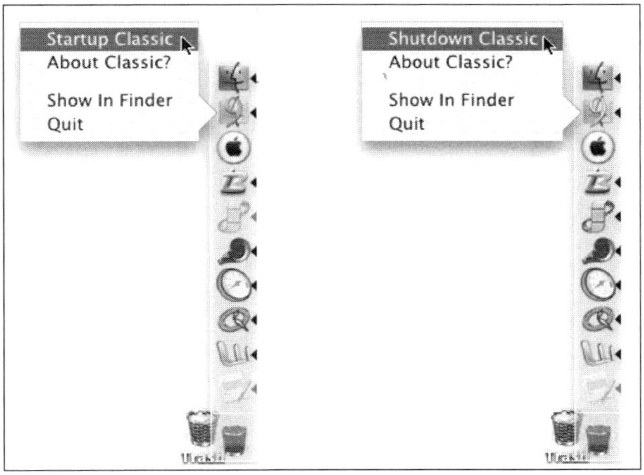

Figure 14.37
Malgré le noir et blanc, je précise qu'à gauche l'icône est grise et qu'à droite elle est verte

14

Attention **Lisez la bonne doc**

Comme je ne l'ai pas beaucoup utilisé, je pense que vous ne vous souvenez plus du passage au chapitre 1, où je vous parlais d'un aspect important, le RTFM (Read the fine manual). Voici un message de l'auteur de Classic ?, Edward O'Rourke. Il vient du fichier *IMPORTANT READ THIS.txt* :

"La dernière version du logiciel avait un problème de mémoire qui je pense est réglé dans la présente version. Faites attention si votre ordinateur devient bizarre, qu'il dit que toute la mémoire est saturée. Cela peut venir de Classic ? Alors quittez-le et tout redeviendra normal, à moins qu'un redémarrage ne soit nécessaire. Aucun dommage permanent ne peut être causé. Je l'ai utilisé pendant trois jours sans aucun problème, donc je pense qu'il est réparé. Mais cela reste une version bêta et doit être considéré comme telle. Ainsi, si vous constatez un problème, faites-en moi part. **efo@mac.com**"

Le cerveau : Edward O'Rourke de Jupiter Multimedia
Informations : **http://jupitermultimedia.com**
Type : freeware

Classihack

Au chapitre 6, je disais que cet outil permettait de rafraîchir les fenêtres plus rapidement dans les applications Classic et que c'était même de la magie. Je me suis peut-être un peu emballé, car au chapitre 6, je n'avais pas les versions 10.1.1 ou 10.1.2 de Mac OS X. Et son auteur, Andrew Welch, l'a retiré de son site comme de Version Tracker. Voici ses explications :

"Classihack ne marche pas sous Mac OS X 10.1.1 et il n'a plus la bonne apparence. Il tirait juste profit d'une option cachée, entre-temps supprimée par Apple."

C'est dommage car même s'il était un peu bizarre, il ne fait aucun doute que cet outil rendait l'affichage des fenêtres plus rapide.

Desktop Randomizer

Je vous ai tout dit sur ce merveilleux utilitaire et sa charmante créatrice au chapitre 9.

Le cerveau : Jessica Kock
Informations : **jessica_k@mac.com**
Type : freeware

DivosX Tool

J'ai un petit secret. Je ne connais rien de cet outil, que j'ai découvert tardivement durant le chapitre 11, à la suggestion de mon ami Dennis R. Cohen qui m'a aidé pour la partie Unix et la ligne de commande, et qui vous en donne la démonstration aux chapitres 10 à 13.

Le cerveau : Gabriel Rousseau
Informations : **grousseau@mac.com**
Type : freeware, GNU/GPL

DragThing

Ce programme a fait couler de l'encre dans ce livre plus que tout autre. J'en ai parlé intensément aux chapitres 2 et 3. C'est un joli morceau de logiciel et en l'essayant vous serez sans doute comme moi, ferré !

Le cerveau : James Thomson
Informations : **www.dragthing.com**
Type : shareware
Coût : 22 $

Drop Drawers X

Je n'utilise pas cet outil mais cela ne veut pas dire qu'il est mauvais, juste qu'il fait la même chose que DragThing, et comme j'ai choisi ce dernier depuis des années, il est maintenant parfaitement configuré. Et j'ai la flemme de recréer une configuration équivalente dans Drop Drawers X.

À mon avis, la grande différence est que les docks (ou drawers) de Drop Drawers sont de forme libre, vous pouvez y faire glisser des éléments, puis les faire bouger autour à l'intérieur du dock. La structure de DragThing est plus rigide, car il faut faire glisser les éléments sur des boutons, lesquels sont arrangés en calques.

Selon l'éditeur, voici ce que l'on peut stocker dans un drawer :

- Alias des fichiers, dossiers et applications fréquemment utilisés.

- URL des sites web favoris.
- Des petits bouts d'informations textuelles, des numéros de téléphone ou des mots de passe.
- Des catalogues de vignettes d'images.
- Des AppleScripts pour automatiser des tâches.
- Les adresses e-mail de vos interlocuteurs réguliers.
- Les formats multimédias audiovisuels.
- Une corbeille analogue à celle du Finder.
- Tout ce que vous pouvez copier du Presse-papiers ou faire glisser.
- La liste des applications lancées (voir en haut à droite de la figure 14.38, dans le drawer séparé).

La figure 14.38 montre les six différents drawers.

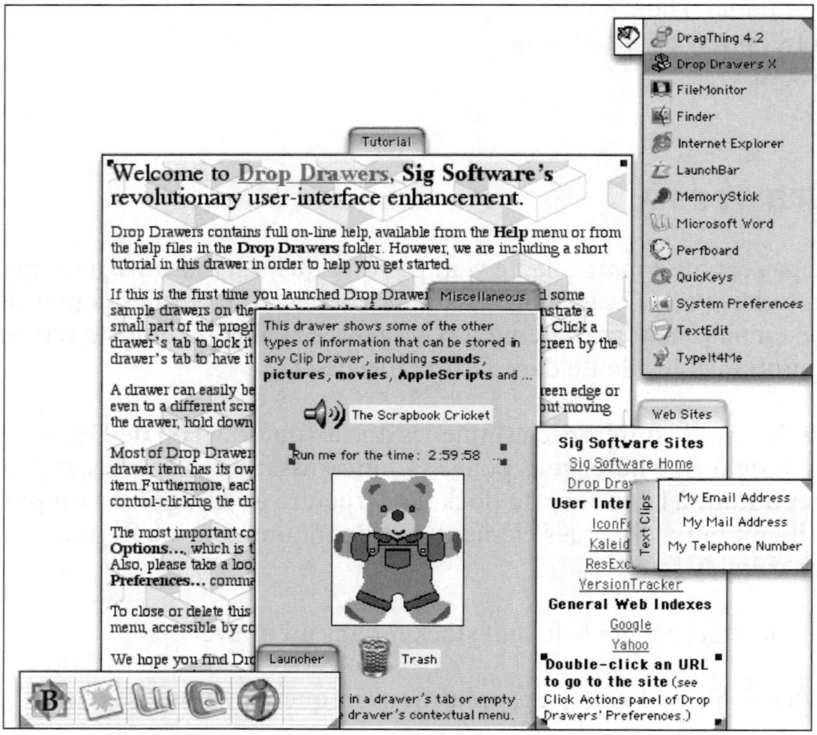

Figure 14.38
Un drawer peut contenir du texte, des sons, des vidéos, des AppleScripts, des images et bien plus

Vous pouvez aussi exploiter l'information résidant dans le drawer. Par exemple, vous pouvez éditer un texte et faire glisser des icônes du Bureau en direction d'une icône du drawer. Les drawers flottants sont vraiment sympas et fonctionnent bien avec toutes les applications Mac OS X qui supportent le glisser-déposer. Pour l'éditeur, c'est "plus qu'un lanceur d'applications flottant, bien qu'il remplisse très bien cette fonction". Si je n'étais pas un fan de DragThing, je considérerais cet outil avec intérêt.

Le(s) cerveau(x) : Sig Software
Informations : **www.sigsoftware.com**
Type : shareware
Coût : 8,8 $ (avec Classic Menu intégré)

Elze

C'est un simple pense-bête gratuit. Je ne l'utilise pas, mais ce n'est pas à cause de sa qualité, mais parce que j'ai Entourage qui, malgré le simple usage que j'en fais, va plus loin qu'Elze. Ces outils sont indispensables et cela vaut le coup de payer plus pour des fonctions inédites. Mais si vous avez des besoins limités, Elze fera l'affaire. Il est élégant, ne nécessite pas beaucoup de temps pour le prendre en main. Pour créer un pense-bête, cliquez sur **Add Reminder** ou utilisez le raccourci [Commande]+[R]. La fenêtre apparaîtra comme à la figure 14.39.

Figure 14.39
Créer un pense-bête en un instant

Cliquez sur OK, cela ne pouvait être plus simple. Quand le pense-bête arrive à son échéance, il émet un son et lance une petite fenêtre qui apparaît au premier plan, comme à la figure 14.40. C'est tout simple mais cela suffit pour vous rappeler ce que vous avez à faire.

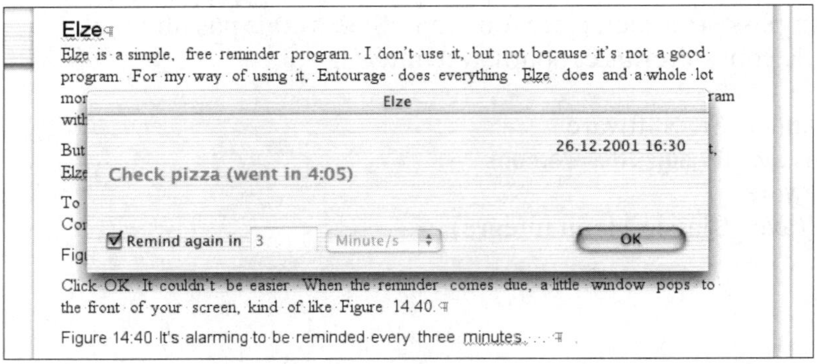

Figure 14.40
C'est alarmant d'être prévenu toutes les trois minutes

Le(s) cerveau(x) : GeneralOrganics
Informations : **http://homepage.mac.com/generalorganics**
Type : freeware

Epicware Mac OS X Screen Savers

Il n'y a rien de plus à dire sur les économiseurs d'écran, si ce n'est qu'ils sauvent nos écrans. Et dans le cas présent, ils sont gratuits. Lisez juste les instructions pour les installer et les placer dans les bons dossiers. Puis, ouvrez le panneau Economiseur d'écran dans les Préférences système et choisissez votre nouveau jouet.

La figure 14.41 est un petit assemblage de quinze aperçus des économiseurs les plus photogéniques, capturés dans les Préférences système.

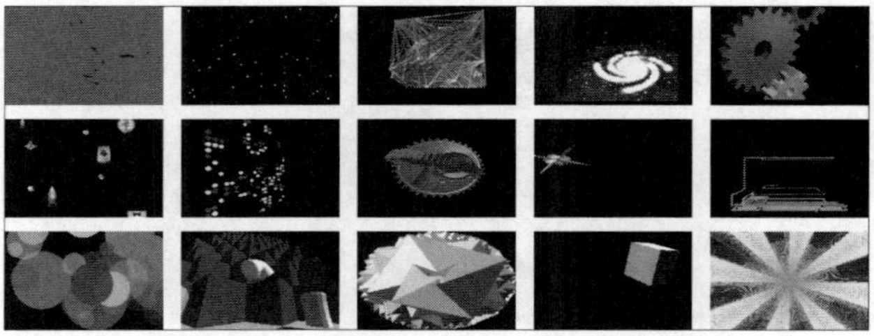

Figure 14.41
Les autres économiseurs ne sont pas aussi beaux

Le(s) cerveau(x) : Eric Peyton, epicware
Informations : **www.epicware.com**
Type : freeware

File Buddy 7

Ce logiciel est disponible au téléchargement sur **www.skytag.com**.

Voici ce qu'il peut faire d'après l'éditeur :

- Visualiser et éditer les informations d'une grande variété de fichiers et de dossiers.
- Créer des applications droplets qui effectuent automatiquement des changements sur des éléments que l'on fait glisser dessus, y compris le contenu pour un dossier.
- Trouver des fichiers et des dossiers avec des critères de recherche étendus, avec parfois le renfort de plug-in qui gère la recherche de texte, et en effectuant des actions sur les éléments trouvés.
- Renommer une série de fichiers automatiquement, par exemple en supprimant l'extension *.txt* d'un ensemble de documents.
- Utiliser des menus contextuels pour effectuer des tâches en une seule étape, et cela dans toutes les versions de Mac OS.
- Créer des icônes personnalisées d'après des PICT provenant du Presse-papiers, d'autres icônes ou de dossiers les collectionnant, à partir de modèles, mais toujours avec de petites icônes.
- Créer des alias.
- Trouver des fichiers ou des dossiers vides, des fichiers orphelins, doublons, des alias fantômes, ou des fichiers de Préférences inutilisés.
- Réparer automatiquement les alias fantômes.
- Reconstruire le Bureau.
- Déplacer, copier ou effacer des fichiers, même s'ils sont invisibles, et utiliser l'option de remplacement intelligent si durant la copie des fichiers semblables sont en conflit.
- Effacer les données et le resource Fork de fichiers.

- Effacer les fichiers et l'espace disque inutilisé.
- Créer des images logiques qui permettent d'identifier la progression des changements dans un disque, comme après l'installation d'un programme, et les utiliser pour une désinstallation.

La figure 14.42 montre les fenêtres de File Buddy, avec Get Info en haut, et une liste en bas.

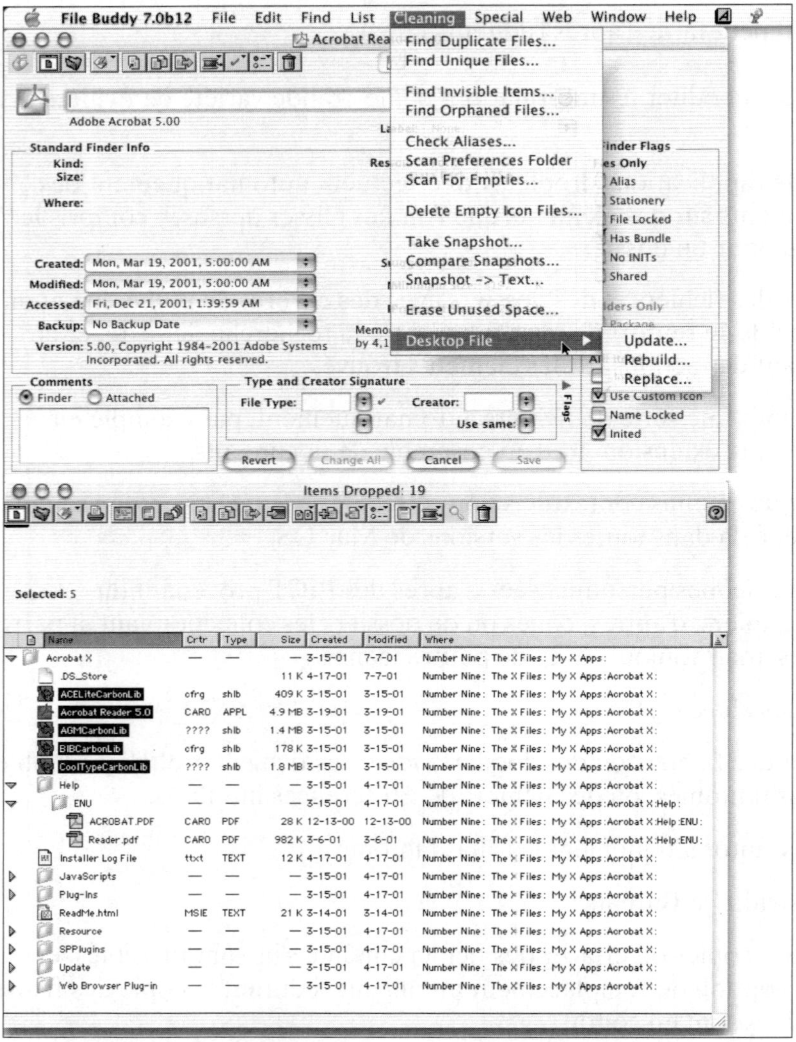

Figure 14.42 Regardez-moi ça. Je me demande ce que File Buddy ne peut pas faire à un fichier

Le cerveau : Laurence Harris de SkyTag Software
Informations : **www.skytag.com**
Type : shareware
Coût : 35,2 $

FileMonitor

C'est une console améliorée. Je vous ai montré au chapitre 8 comment activer les journaux inventoriant les incidents. FileMonitor peut surveiller les changements sur un nombre de fichiers déterminés, et si vous voulez être prévenu des messages d'alerte qui arrivent à la console, il affichera à l'instant une fenêtre les montrant, avec même un code de couleur pour toute nouveauté. C'est particulièrement utile aux administrateurs et aux développeurs qui ont besoin de suivre les processus et les informations de débogage, mais aussi aux utilisateurs avertis qui aiment bien savoir ce qui se mijote dans le système.

Voici pourquoi FileMonitor est meilleur que la console :

- Il affiche automatiquement les fichiers modifiés, ce qui évite de laisser le journal tout le temps ouvert.
- Il se souvient de la disposition des fenêtres entre deux sessions.
- Il sait filtrer avec sophistication les fichiers log.
- Il peut surveiller les répertoires et dossiers de toute modification.
- La souplesse de ses fenêtres vous permet de suivre autant de fichiers que vous souhaitez.

Voici à quoi ressemble le mien à la figure 14.43.

Il fait partie des éléments que j'ai décidé de lancer à l'ouverture, et donc il tourne en permanence. Quand la console a un message, je le sais au bout de 15 minutes à cause de mes Préférences (voir figure 14.43), mais quand il s'agit d'une autre application, c'est instantané. Si c'est ce que vous souhaitez, choisissez dans **Monitor** l'option "immédiatement" plutôt que toutes les "n minutes". Cette configuration est valable pour chaque élément surveillé et vous pouvez donc les distinguer. Vous pouvez également ajouter des filtres par mots clés dans la fenêtre **Setting** et son onglet **Filtering**. Ainsi, les entrées contenant le mot clé peuvent être effacées ou affichées.

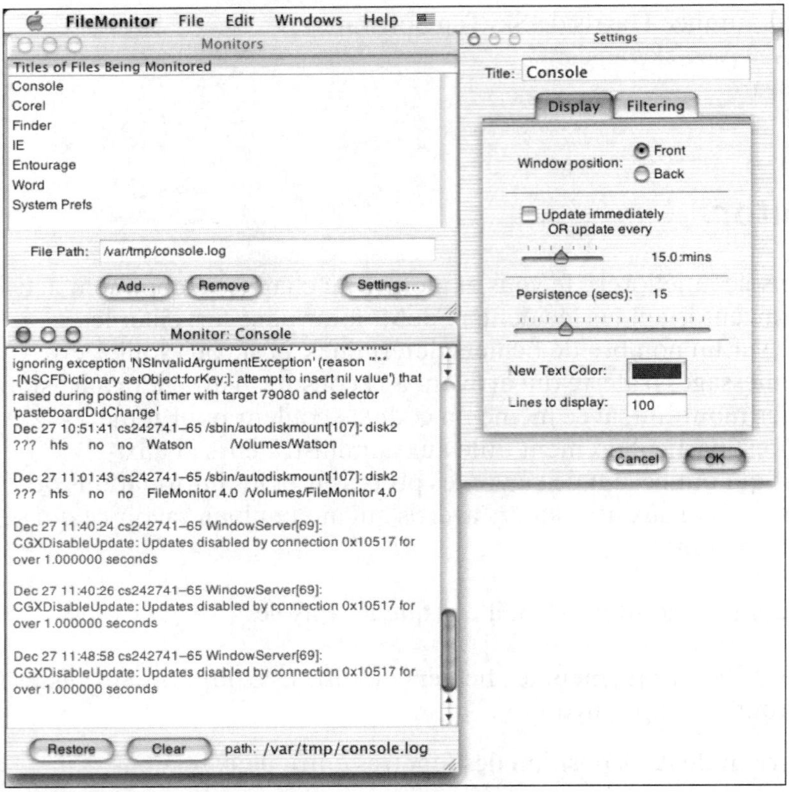

Figure 14.43
Je surveille la console et cinq à six applications dont les paramètres sont affichés

Remarque **Du calme**

Ne soyez pas alarmé par le nombre de messages affichés, surtout dans la console, car ce ne sont généralement pas des erreurs, juste des notifications. De plus, il n'est pas très facile de les comprendre quand on n'est pas programmeur, ni d'imaginer quel dysfonctionnement elles cachent. J'y arrive parfois, mais la plupart du temps c'est pour moi du charabia.

FileMonitor est parfois ennuyeux, et vous pouvez passer plus de temps à essayer de le comprendre que vous ne pouvez supporter, mais c'est une façon d'être prévenu de tout problème dans le système, et je compte bien le laisser actif encore longtemps.

Le(s) cerveau(x) : P&L Software
Informations : **info@plsys.co.uk**
Type : freeware

Fire

C'est un outil de messagerie instantanée universel, véritable bijou du concepteur des économiseurs d'écran epicware. Il supporte les technologies AOL, ICQ, Yahoo, MSN ou JABBER, et vous pouvez toutes les utiliser, une ou plusieurs comme vous le souhaitez.

À la figure 14.44, vous pouvez me voir parler avec ma fille (qui est sous AOL).

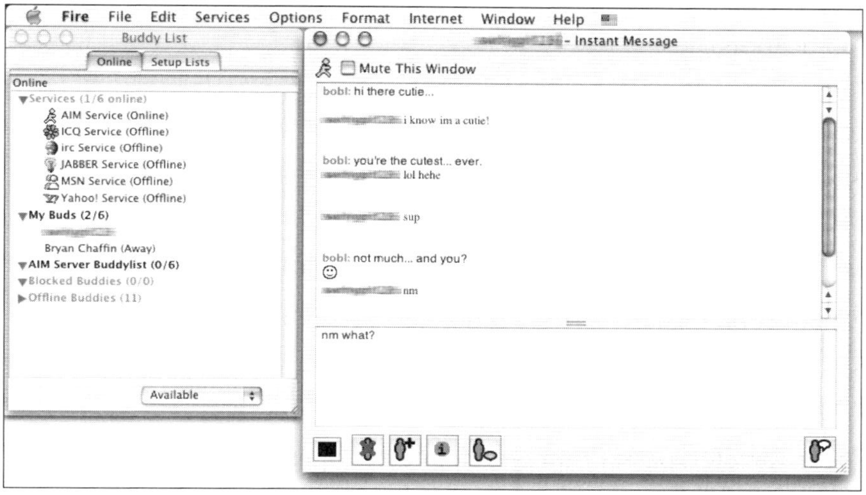

Figure 14.44
La liste de correspondants à gauche et la conversation avec ma fille à droite

> **Remarque** **Mineure oblige**
> J'ai volontairement retiré son nom. Je ne sais pas quel genre de personnes lisent mes livres et elle n'a que 13 ans.

Pour moi c'est une façon plus commode que le téléphone pour discuter avec ma fille ou ma femme, car elles sont souvent sur AOL quand elles sont à la maison. Mais il est très rare que je l'utilise car je n'aime pas trop être interrompu par ces messageries instantanées quand je travaille. Mais la plupart de mes amis sous Mac OS X aiment l'employer quotidiennement. Si vous êtes amateur, cela vaut le coup de l'essayer.

Le cerveau : Eric Peyton d'epicware
Informations : **www.epicware.com/fire.html**
Type : freeware, GNU/GPL

FoldersSynchronizer X

C'est une version moins chère d'un programme que j'utilise déjà, FWB, un outil de sauvegarde qui peut synchroniser et sauvegarder un dossier ou un disque vers un autre dossier ou un autre disque. Voici ce que cet outil peut faire d'autre :

- FS peut sauvegarder les fichiers effacés.
- FS peut filtrer les documents selon leur type, leur créateur ou leur date de modification.
- Il peut réaliser jusqu'à seize listes de synchronisation multiple ou de sauvegarde, listes que l'on charge ou que l'on enregistre.
- FS peut renommer, créer ou effacer avec huit listes pop-up pour chaque option.
- Il se lance au moment où vous le décidez ou par cycle.
- FS peut copier les fichiers et les dossiers invisibles.
- FS peut débloquer des fichiers verrouillés, et le backup peut aussi les effacer.
- Il peut s'arrêter, passer outre ou demander quelle actrion faire si une erreur se produit.
- Avec la liste d'exclusion, il peut ne pas traiter certains fichiers ou dossiers.
- Il peut résoudre les alias.
- Il peut enregistrer des fichiers de journal détaillés.
- Il peut enregistrer ou charger des fichiers de session.
- FS peut afficher un aperçu des fichiers qui vont être copiés.
- Il est prêt pour le glisser-déposer de listes, de sessions, de fichiers ou de dossiers sources ou de destination.
- Il peut travailler en tâche de fond.
- FS peut contrôler la dernière date de sauvegarde des fichiers.
- Il est compatible Mac OS 8, 9 et X.
- On peut y créer des fichiers AppleScript.

- Les utilisateurs sont notifiés par e-mail de toute nouvelle version importante.
- Il ne marche pas encore bien avec les fichiers aux noms longs (plus de 31 caractères) et avec les permissions Unix, mais l'éditeur travaille sur le sujet.

Attention **Version dangereuse**
Dans ce dernier point, vous noterez que, contrairement à Retrospect ou à Backup Toolkit, vous ne pouvez pas restaurer les propriétés des fichiers Mac OS X proprement en utilisant cette version. Vous devrez regarder le site de l'éditeur pour obtenir la bonne mise à jour. Mais comme vous le devinerez, il n'est pas forcément nécessaire de sauvegarder Mac OS X lui-même, juste les données personnelles ou importantes.

La figure 14.45 affiche la fenêtre de FoldersSynchronizer. Il est assez facile à utiliser et son manuel PDF n'est pas trop mal.

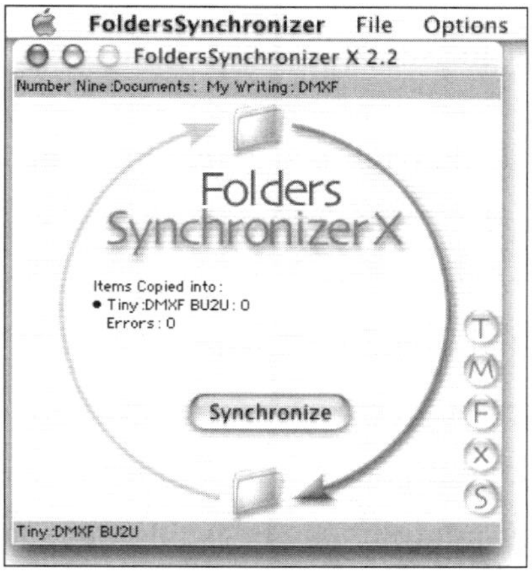

Figure 14.45
Faites glisser un dossier ou un disque sur le dossier du dessus, cliquez ensuite sur un autre dossier ou disque sur le dossier du bas, puis cliquez sur Synchronize

Le(s) cerveau(x) : Softobe
Informations : **www.softobe.com**
Type : shareware
Coût : 8,8 $

Remarque **Les arnaqueurs de fichiers**
Avant de parler de Get Info, je voudrais dire qu'il y a trois autres logiciels semblables : Super Get Info, xFiles et XRay. Je les appelle arnaqueurs de fichiers car ils permettent de changer les permissions, les drapeaux, les propriétaires, les groupes et d'autres propriétés d'un fichier.

Essayez-les tous car chacun est unique à sa façon. Regardez leurs spécificités pour essayer de savoir lequel pourrait améliorer votre existence. Par exemple, chaque logiciel a des menus contextuels, des menus Dock, des menus Système et d'autres menus légèrement différents. D'autres peuvent se déclencher même quand ils ne se sont pas lancés. Cela dépend de vos besoins et de ce que vous êtes prêt à dépenser. Aucun ne coûte plus de 20 $, et les ayant tous utilisés, le constat le plus remarquable c'est qu'ils sont tous bons. Il n'y en a aucun de déterminant. Tous valent largement leur prix et bien sûr, si vous en cherchez un gratuit, il y a toujours BatChmod, très capable pour un prix on ne peut plus compétitif.

Get Info

C'est l'un des nombreux éditeurs de propriétés de fichiers disponibles.

Voici la liste de ses fonctionnalités :

- Ouvrir plusieurs fenêtres de batch ou d'info en même temps.
- Changer les permissions, le propriétaire ou le groupe Unix d'un fichier ou d'un dossier.
- Changer le code de type ou de créateur associé à un fichier Mac.
- Verrouiller ou déverrouiller un fichier.
- Établir l'ID de l'utilisateur et du groupe dans un fichier.
- Établir le bit sticky dans un dossier.
- Traitement par lot du changement d'attributs sur des fichiers multiples.
- Authentification unique comme administrateur pour toutes les actions.
- Les types et les créateurs favoris sont gérés dans un éditeur intégré.
- Paramètres récursifs sur les propriétaires et les groupes.
- Intégration dans le menu Dock.
- Copie du chemin d'accès de fichiers sélectionnés dans le Presse-papiers.
- Grouper une sélection de fichiers dans un nouveau dossier.
- Afficher les infos sur une sélection d'éléments.
- Forcer à vider la Corbeille.
- Support des services.
- Support des raccourcis.
- Support d'un éditeur hexadécimal extérieur.

Regardez la figure 14.46 pour voir à quoi il ressemble, et la figure 14.47 avec son menu Dock si utile.

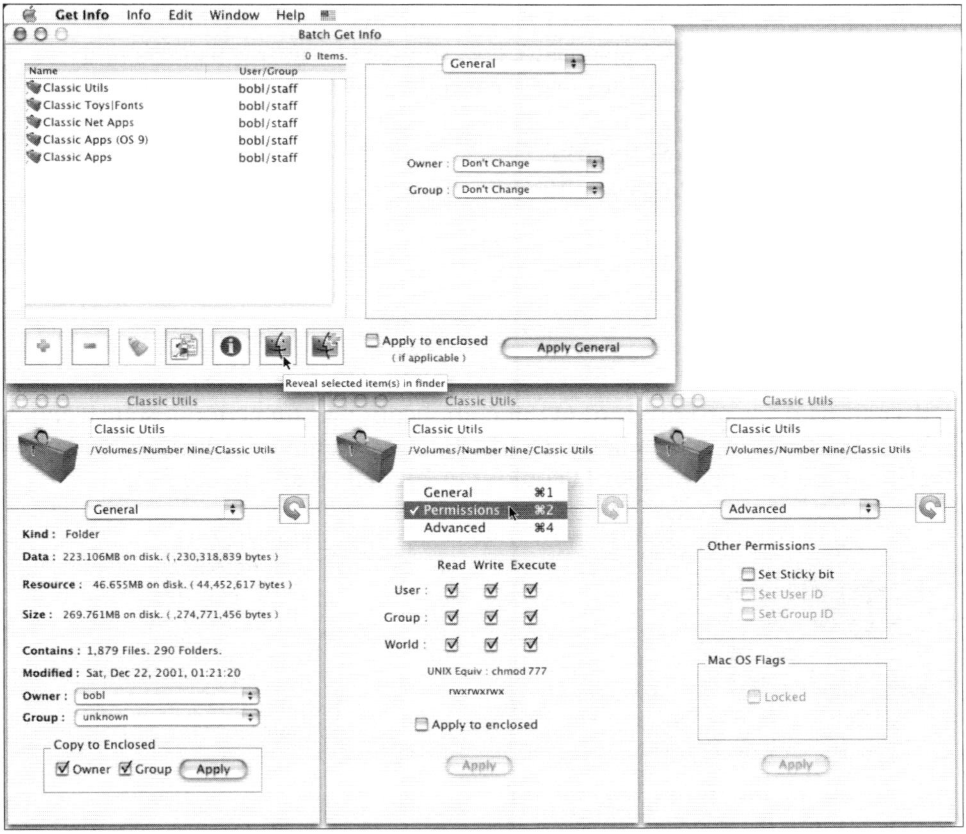

Figure 14.46
Voici quelques éléments que vous pouvez changer manuellement ou par batch avec Get Info

Figure 14.47
Sélectionnez des éléments dans le Finder et utilisez Get Info par son menu dans le Dock

Les arnaqueurs de fichiers comme Get Info évitent de recourir au Terminal pour les permissions, la propriété, les groupes et d'autres aspects peu ragoûtants d'Unix. Avec eux, cette corvée devient une simple formalité.

Le cerveau : Gideon Softworks
Informations : **www.gideonsoftworks.com**
Type : shareware
Coût : 8,8 $

GlLoad

Il s'agit de deux produits en un : une application et un économiseur d'écran. Vous verrez le logiciel à la figure 14.48, avec la fenêtre de Préférences de glLoad, où l'on peut régler la couleur et l'échelle d'affichage.

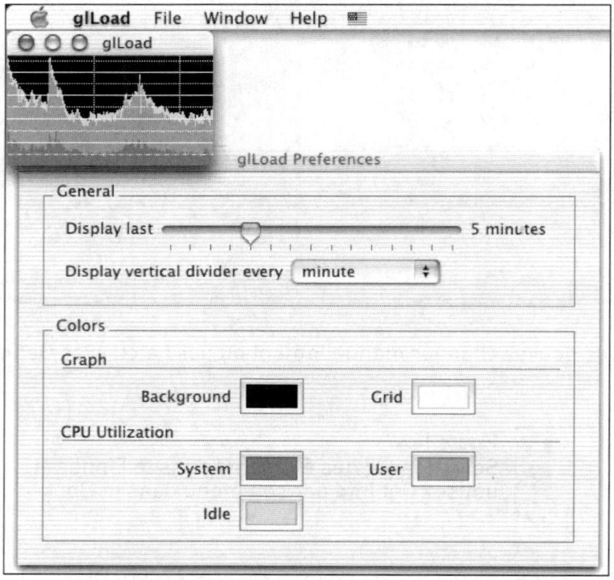

Figure 14.48 La fenêtre d'affichage de glLoad est redimensionnable et elle ne peut être plus petite que maintenant

La figure 14.49 montre le panneau de Préférences système de l'économiseur d'écran, avec glLoad sélectionné. Pour l'installer, faites-le glisser dans le dossier Screen Savers, soit le vôtre, soit celui du système dans le répertoire *Library*.

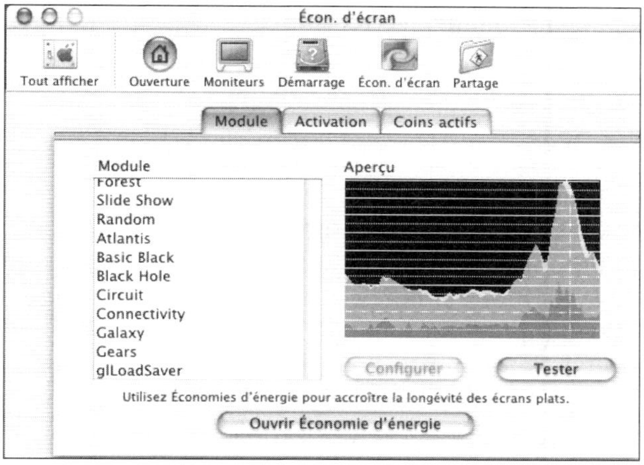

Figure 14.49
Le graphique remplit l'écran dès que l'économiseur s'enclenche

Le cerveau : Tim Trautmann dont la iCard m'a été envoyée à la figure 14.50.

Figure 14.50
Quel genre de type envoie une iCard avec un bouledogue dessus ? Je sais... merci Tim

Informations : **www.timtrautmann.com/glLoad/**
Type : freeware

GMem

Cet outil vous permet de savoir combien de mémoire est consommée. Il ne prend pas de place en ne communiquant que par son icône dans le Dock : avec une barre de remplissage de la mémoire colorée et en option un affichage de texte en Mo ou en pourcentage. Il peut vous alerter avec un son si vous dépassez telle ou telle portion de la mémoire.

Mais depuis la mise à jour 10.1, ce logiciel pose des problèmes.

Un bogue en Technicolor

À cause d'un outil de développement, cet utilitaire a été, comme d'autres programmes, victime d'un bogue purement cosmétique. Le curseur en arc-en-ciel comme le texte des fenêtres deviennent illisibles, ou les icônes dans le Dock, quelle que soit la couleur choisie pour le remplissage. Mais ce problème a été résolu depuis des mois. Simplement GMem continue de souffrir de ce bogue, et malgré les nombreux mails envoyés à son concepteur et mes visites sur son site, il n'y a pas de mise à jour.

Le problème est purement cosmétique et les programmes continuent de fonctionner si vous pouvez toujours décrypter leurs informations. La figure 14.51 montre comment GMem est affecté par le bogue en technicolor. Vous voyez combien il est difficile de lire le texte de l'icône. Alors que les deux images du bas montrent cet outil dans son état normal, à gauche il affiche libre à 29 % et à droite 71 % occupé. En situant l'icône au milieu du Dock et en cliquant dessus, on arrive à lire le texte. Sinon, il y a la fenêtre de Préférences qui, si elle est suffisamment lisible, vous permettra au moins d'utiliser l'alerte sonore, qui est une caractéristique très rare dans ce type de programme.

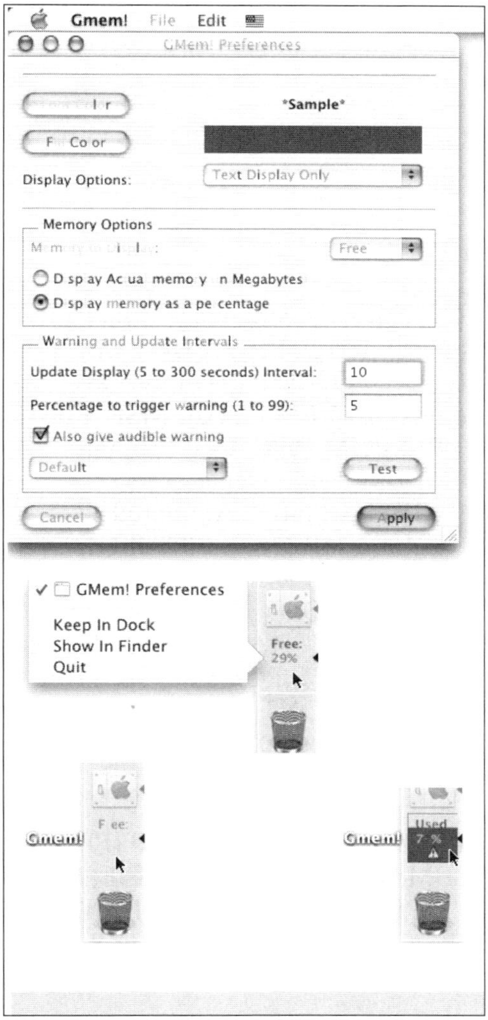

Figure 14.51 GMem affecté par le bogue en technicolor

Remarque

Alarmes contestables

Je sais que MemoryStick a une alarme, mais elle n'est pas configurable. Elle s'enclenche quand vous commencez à dépasser la mémoire mais pas avant, ce qui n'est toutefois pas mal. Mais GMem vous laisse choisir ce qui déclenchera l'alarme. Vous pouvez lui dire de sonner dès que la mémoire est employée à plus de 10 %, ce qui est plus pratique que de faire un "ding" quand la mémoire est saturée. En attendant, j'utilise MemoryStick et j'essaie de dire à son programmeur d'ajouter ce côté paramétrable à la version 2.

Le cerveau : Mark Boucher de G-Utilities
Informations : **http://g-utilities.com**
Type : freeware

GraphicConverter

C'est un peu le champion de la conversion des images.

Il peut ouvrir les formats suivants : PICT, écran de démarrage, MacPaint, TIFF (non compressé, packbits, CCITT3/4 et lzw), RIFF, PICS, 8BIM, 8BPS/PSD, JPEG/JFIF, GIF, TIF/SCR, GEM-IMG/-XIMG, BMP (y compris avec la compression RLE), ICO/ICN, PIC (16 bits), FLI/FLC, TGA, MSP, PIC (PC Paint), SCX (ColoRIX), SHP, WPG, PBM/PGM/PPM, CGM (binaire seulement), SUN, RLE, XBM, PM, IFF/LBM, PAC, Degas, TINY, NeoChrome, PIC (ATARI), SPU/SPC, GEM-Metafile, Animated NeoChrome, Imagic, ImageLab/Print Technic, HP-GL/2, FITS, SGI, DL, XWD, WMF, Scitex-CT, DCX, KONTRON, Lotus-PIC, Dr Halo, GRP, VFF, Apple IIgs, AMBER, TRS-80, VB HB600, ppat, QDV, CLP, IPLab, SOFTIMAGE, GATAN, CVG, MSX, PNG, ART, RAW, PSION, SIXEL, PCD, ST-X, ALIAS pix, MAG, VITRONIC, CAM, PORST, NIF, TIM, AFP, BLD, GFX, FAX, SFW, PSION 5, BioRad, JBI, QNT, DICOM, KDC, FAXstf, CALS, Sketch, qtif, ElectricImage, X-Face, DJ1000, NASA Raster Metafile, Acorn Sprite, HSI-BUF, et FlashPix.

Il peut enregistrer sous : PICT, écran de démarrage, MacPaint, TIFF, GIF, TIF, GEM-IMG/-XIMG, BMP, IFF/LBM, TGA, PSD, JPEG/JFIF, HP-GL/2, EPSF, Movie (QuickTime), SUN, PICS, PICT ressource, PBM/PGM/PPM, SGI, TRS-80, ppat, SOFTIMAGE, PNG, PSION, RAW, WMF, XWD, XBM, XPM, System 7 Clip, PAC, Icon, RTF, VPB, Psion, et X-Face.

Mais c'est plus qu'un simple convertisseur avec, comme vous le verrez à la figure 14.52, une barre d'outils digne d'un logiciel de traitement d'images, pinceau, brosse, pipette, lasso, texte et autres.

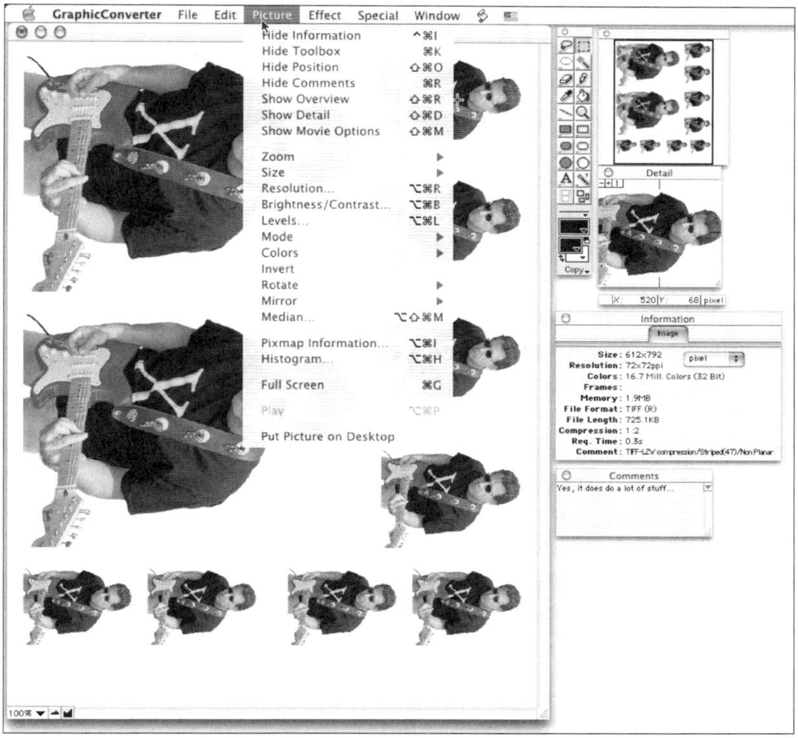

Figure 14.52
Ne vous fiez pas à son nom, GraphicConverter fait bien plus que convertir les fichiers graphiques

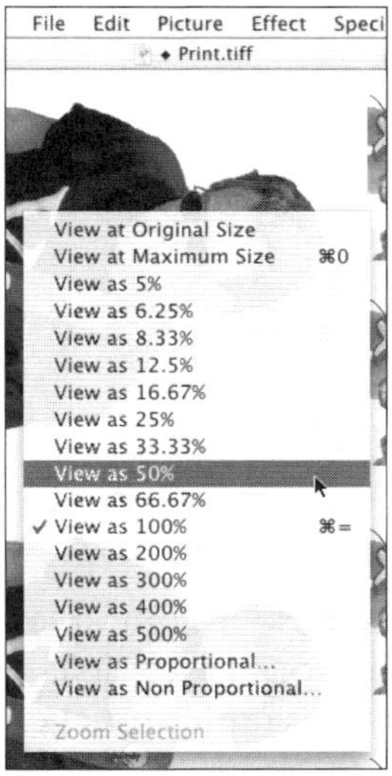

Figure 14.53
Un zoom pop-up qui affiche l'endroit où votre curseur se trouve

C'est étonnant de voir tout ce qu'il peut faire. Je connais des gens qui se contentent de ce programme, et ses 35 $ sont bien amortis.

C'est un excellent outil pour le traitement par lots, en convertissant un ensemble de fichiers en une seule fois. Il y a plein de raccourcis clavier et de possibilités de les personnaliser, comme à la figure 14.53 qui affiche mon préféré.

Après avoir exploré la longue liste des formats de fichiers, je me suis aperçu que cet outil ne gérait pas le format PDF, mais c'est un moindre mal car son auteur le met souvent à jour pour corriger les bogues ou ajouter des fonctionnalités, à en juger par le fichier historique de ce produit.

C'est vraiment l'un des meilleurs sharewares que l'on puisse trouver. La version légère de Photoshop, tournant encore sous Classic pour le moment, coûte 99 $ et c'est un bon moyen pour commencer le traitement d'image passionnément, mais si vos besoins sont plus modestes, une version de GraphicConverter est la meilleure chose à acheter. Si vous voyez la figure 14.54 plus d'une fois, envoyez de l'argent à son auteur. Dieu sait qu'il l'a bien gagné.

Figure 14.54
Payez cet homme

Le cerveau : Thorsten Lemke
Informations : **www.graphicconverter.net**
Type : shareware
Coût : 30,8 $

iColumns

C'est un jeu très simple mais captivant. iColumns est une des innombrables variations de Tetris, et son apparence laisse à penser que vous l'avez déjà quelque part. Vous contrôlez les balles qui tombent en utilisant les touches par défaut J, K, L et barre d'espacement. Le but est d'obtenir trois balles dans une rangée de même couleur, verticalement, horizontalement et en diagonale, ce qui les fait disparaître et fait tout descendre d'un cran. La figure 14.55 en montre le fonctionnement.

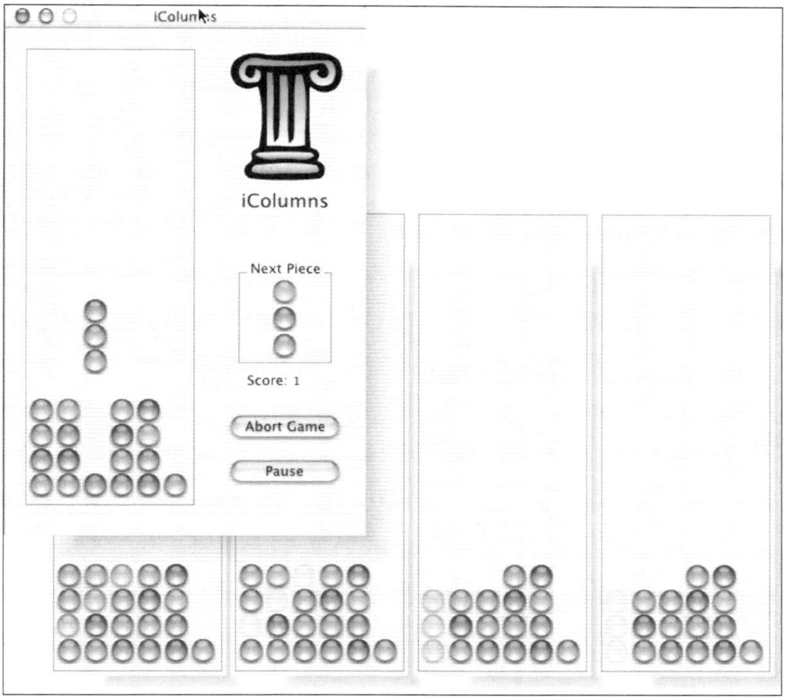

Figure 14.55 Regardez la grande fenêtre à l'avant-plan, puis les petites fenêtres de gauche à droite pour comprendre la progression du jeu

Une anecdote amusante

Je suis allé faire un discours au groupe d'utilisateurs Apple de Houston, pour faire la démonstration des meilleurs logiciels que j'avais trouvés pour Mac OS X. J'avais mon iPod rempli et j'ai décidé de montrer iColumn, car il est totalement captivant et gratuit. Tout en jouant, j'expliquais à l'audience ce que je faisais tout en me réjouissant de ce fabuleux programme freeware. À un moment, un type m'a crié : "Si vous l'aimez tant, pourquoi vous ne le dites pas à son auteur, il est assis juste ici." En effet, son auteur était bien là, au cinquième rang, jubilant.

14

Le cerveau : Brian Webster
Informations : **bwebster@mac.com**
Type : freeware

Icons

Vous ne pouvez pas savoir à quel point j'aime les icônes. Je vous ai déjà dit où en trouver, sur **www.iconfactory.com** ou **http://xicons.macnn.com**. J'en ai plus de 10 000 sur mon disque et cela n'a pas été facile de les sélectionner celles que j'allais vous présenter. J'ai tenté de vous dresser un large éventail. J'ai fini par choisir quatre de mes favoris qui m'ont servi pour embellir mon Bureau. Chaque icône représente bien la manière dont elles ont été conçues.

Le premier artiste sélectionné est Harvey Lubin de Agrapha Design. Il propose huit jeux d'icônes photo réalistes (ou fondées sur des photos, qui sait). Elles sont vraiment bien, comme vous le verrez à la figure 14.56, et je les utilise pour les dossiers de documents.

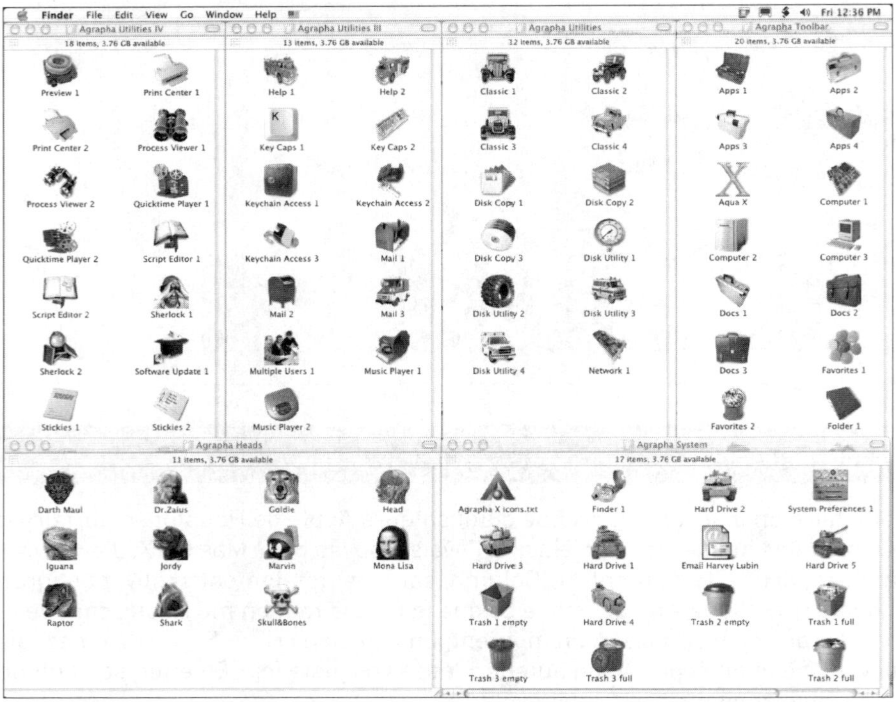

Figure 14.56
J'aime beaucoup les icônes d'Agrapha et je les utilise souvent pour mon disque dur

Le second artiste est Carlos Reyes, connu aussi comme "Carlito", qui a créé sept jeux d'icônes, principalement dédiées au stockage, aux dossiers et aux disques. Vous apprécierez leur design et leur élégance à la figure 14.57.

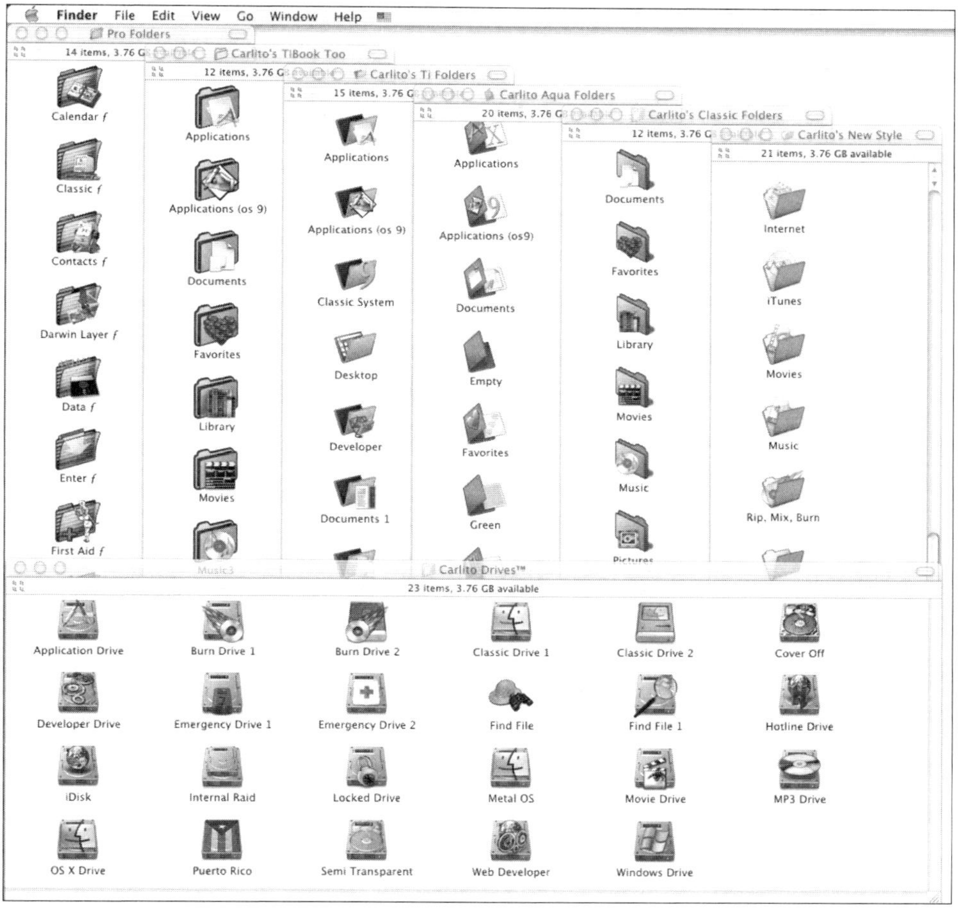

Figure 14.57
Stylisées et simples, les icônes de Carlito sont bien pour organiser vos affaires

Il y a un seul jeu d'icônes nommé Liquid Buttons X, d'un mystérieux artiste se faisant nommer en minuscules "mendelini", mais c'est un ensemble assez gros avec 50 icônes. Ses icônes surréalistes sont du meilleur effet dans le Dock ou partout ailleurs. J'aime surtout celle qui s'appelle Radioactive. Je montre le jeu complet à la figure 14.58.

14

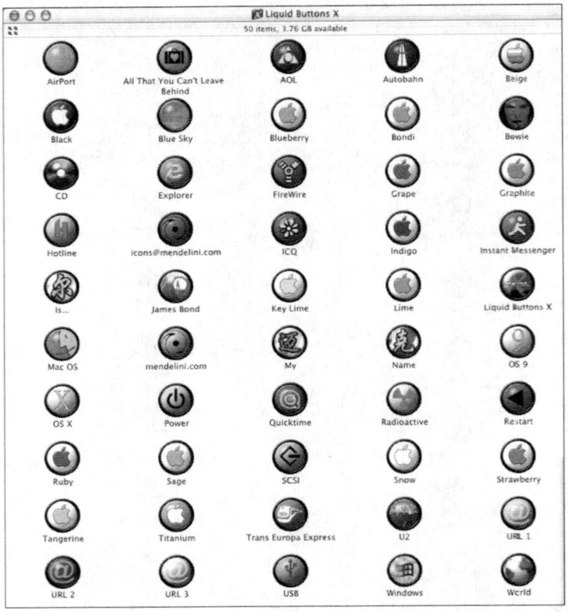

Figure 14.58 Les icônes Liquid Buttons de mendelini sont si belles qu'on les lécherait

Enfin, David Catmull en a conçu de très imaginatives, faites à la main, appelées Squiver. Je les aime beaucoup et je les présente à la figure 14.59.

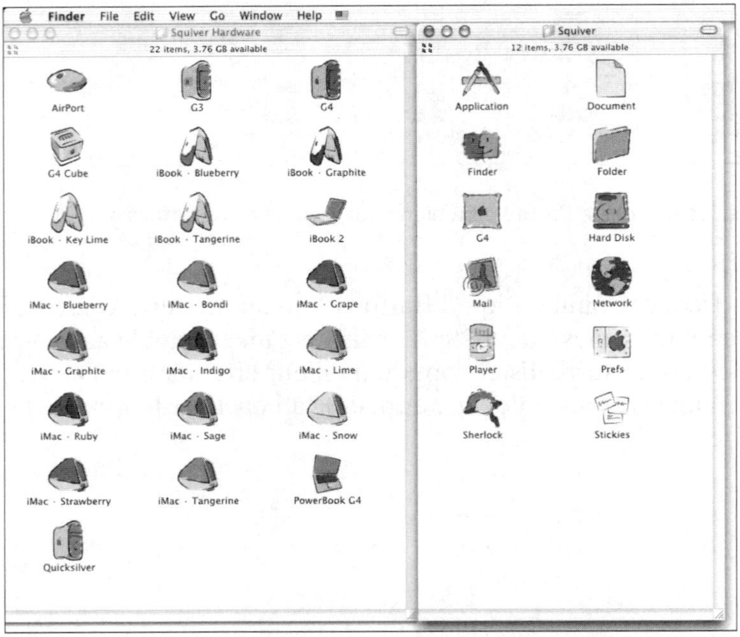

Figure 14.59 Les icônes Squiver ont un look and feel très original

Elles sont toutes belles, et de plus gratuites, alors profitez-en.

Remarque **Installer des icônes**
Vous pouvez savoir comment installer des icônes en lisant l'encadré que je consacre à ce sujet au chapitre 2.

Le(s) cerveau(x) : Harvey "Agrapha" Lubin, Carlos "Carlito" Reyes, mendelini, David "Squiver" Catmull.
Informations : **www.agrapha.com**, **carlito@mac.com**, **www.mendelini.com**, **www.uncommonplace.com**
Type : freeware

iTunes tool

J'en ai parlé au chapitre 5 et c'est une découverte. J'utilise iTunes tous les jours, et parfois je veux faire une pause ou changer de piste, et ce serait bien de pouvoir le faire sans activer le logiciel. Et c'est maintenant possible avec iTunes Tool qui prend en main la plupart des commandes iTunes dans une petite barre d'outils flottante au-dessus des applications. Je peux avancer ou revenir dans la playlist, ajuster le volume, voir quelle chanson se joue, et la mettre sur pause. Au chapitre 5, je disais que le menu pop-up de iTunes dans le Dock proposait pause, play, chanson suivante ou précédente, titre de la chanson, mais pas le contrôle du volume. iTunes Tool n'affiche pas le titre de la chanson mais gère bien le volume. Mais entre-temps, l'auteur a fait trois mises à jour et la version actuelle dont je parle (1.4.3) est maintenant capable d'afficher le titre des chansons.

Remarque **Upgrade à la folie**
Comme l'auteur de iTunes Tool a une propension à effectuer tout le temps des mises à jour, il y a de fortes chances que vous trouviez une nouvelle version, peut-être la 3, sur son site web.

J'ai essayé de réduire au maximum la fenêtre de iTunes pour qu'elle n'affiche que le titre de la chanson mais cela prend trop de place dans l'écran, comme vous le constatez à la figure 14.60. De plus, la fenêtre iTunes ne flotte pas au-dessus des autres applications. Tandis qu'avec iTunes Tool, vous pouvez réduire la fenêtre jusqu'à 30 x 15 pixels, comme dans l'image du haut à la figure 14.61.

Figure 14.60
La petite fenêtre d'iTunes contre la fenêtre d'iTunes Tool encore plus petite

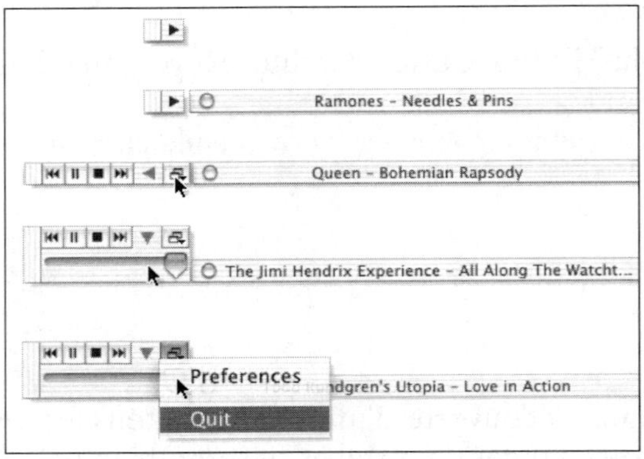

Figure 14.61
Les différents looks de iTunes Tool

Tout en haut de la figure 14.61, il est au minimum, en dessous on voit juste le titre de la chanson, au milieu il s'étend quand on le survole avec le curseur, et plus bas le triangle gris, une fois qu'on y a cliqué, affiche le contrôle du volume. Enfin, en cliquant sur l'icône la plus à droite, vous quittez ou vous ajustez ses Préférences, comme le montre la figure 14.62.

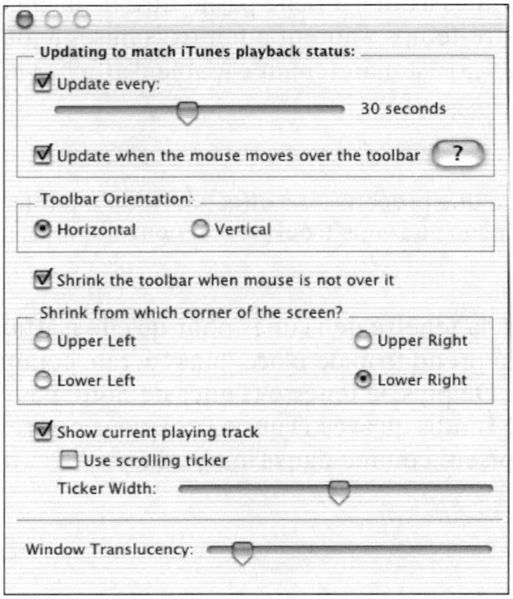

Figure 14.62
Les Préférences de iTunes

Le cerveau : Jarvis Bagley de CiperSoft
Informations : **www.macatawa.org/~chiper/**
Type : freeware

JewelToy

C'est un jeu très simple où l'on joue contre la montre, et presque plus captivant que iColumns. Il faut réaliser des lignes horizontales ou verticales d'au moins trois bijoux identiques. Quand vous en avez aligné au moins trois, cette ligne disparaît et celles du dessus descendent d'un cran. On y joue en cliquant sur une pierre précieuse et l'une de ses voisines pour qu'elles changent de position et cela à condition que ce changement forme une ligne de trois pierres identiques au minimum. Vous obtenez du bonus en retirant les lignes et par le temps passé. La figure 14.63 montre un aperçu du jeu.

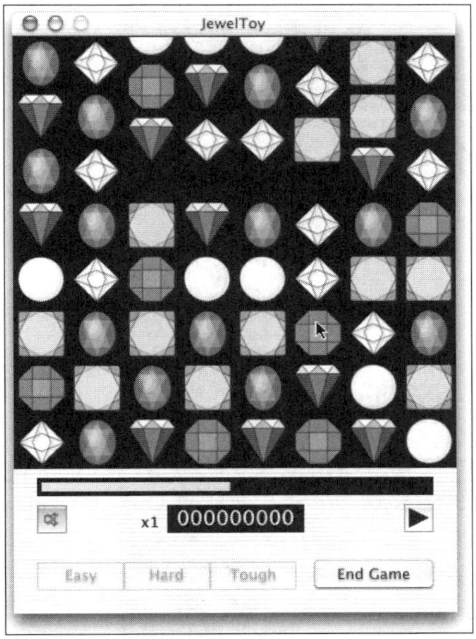

Figure 14.63
C'est le JewelToy, plus difficile qu'il n'y paraît

Astuce **Sur la piste**
Si vous ne faites rien pendant 20 secondes, le jeu vous indiquera la voie à suivre en faisant clignoter une pierre qui peut être bougée.

Il y a aussi un mode de jeu libre, sans bonus ni limite de temps, qui ne s'arrêtera que lorsqu'il n'y aura plus de déplacement possible.

Remarque **Prendre le temps**

Pour tout le monde, ne lancez pas ce jeu si vous avez un truc important à finir.

Le cerveau : Giles Williams
Informations : **aegidian@mac.com**
Type : freeware, GNU/GPL

Jiggy !

Ce jeu vous impose de finir un puzzle dans un temps limité. À chaque nouveau jeu, le puzzle final vous est subrepticement montré comme à la figure 14.64. Puis les pièces se détachent et s'éparpillent en tombant lentement sur la droite de l'écran. On les sélectionne et on les place en y cliquant. Si c'est le bon endroit, elle y restera et vous aurez des points (voir figure 14.65).

Si vous tentez de placer une pièce à un mauvais endroit, un son retentit et elle deviendra rouge sur son bord. Pour tenter une autre pièce, laissez-la sur la droite et prenez la nouvelle en y cliquant. Il y a assez de place sur la droite pour douze pièces. Quand les douze emplacements sont pleins et qu'une nouvelle pièce tombe, le jeu est fini (voir figure 14.66).

Figure 14.64 Un aperçu rapide du puzzle avant que le jeu commence

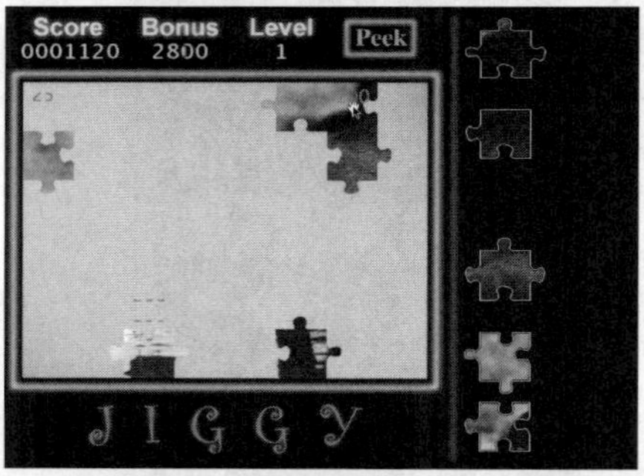

Figure 14.65 Je gagne 100 points pour avoir placé cette pièce

Figure 14.66 La treizième pièce tombe et le jeu se termine

Il y a beaucoup de moyens de gagner des points et du bonus mais je vous laisse les explorer. Il y a toutefois le Peek, qui permet de jeter un coup d'œil furtif au puzzle terminé moyennant la perte de 500 points, ce qui est impossible si votre score n'est pas aussi élevé. Voici toutefois quelques astuces tirées de mes heures de vol et du fichier d'aide :

- Les pièces avec un côté droit vont forcément sur un côté et celles avec une équerre vont forcément dans un coin.
- Il n'y a pas de pénalités pour essayer des emplacements, alors cliquez frénétiquement si vous aimez cette façon de jouer.
- Le Peek vous coûtera beaucoup.
- Si vous ne trouvez toujours pas l'emplacement d'une pièce, mettez-la de côté et essayez-en une autre.

C'est incroyablement captivant. La version actuelle apporte 25 nouveaux puzzles, plus la possibilité d'utiliser vos images personnelles.

Le(s) cerveau(x) : Mark et Suellen Adams de Westlake Interactive
Informations : **http://homepage.mac.com/mavsftwre**
Type : shareware
Coût : 13,2 $

LaunchBar

Vous en avez peut-être marre de m'entendre parler de cet outil depuis le chapitre 2. Mais c'est la dernière fois, promis.

J'ai écrit, sous le nom de Docteur Mac bien sûr, une rubrique de 600 mots dans le *Houston Chronicle* durant les 200 dernières semaines en parlant de ce qu'on

pouvait faire avec un Mac. Et comme j'ai passé beaucoup de temps dernièrement avec les freewares et les sharewares, j'en ai parlé dans un article en précisant mes favoris pour Mac OS. J'ai parlé de LaunchBar en 150 mots pour dire aux gens de l'essayer. Voici donc ce que je disais :

*"Je préfère utiliser le clavier plutôt que la souris et c'est pourquoi LaunchBar est l'un de mes logiciels favoris pour Mac OS X. Je peux accéder en un éclair à tous mes fichiers, dossiers, sites web préférés, e-mail et applications grâce à lui et à ses abréviations. Après avoir utilisé son raccourci configurable (*Commande*+*espace*),*

14

quand je tape W-0*, Microsoft Word se lance ou devient actif et quand je tape* C-0-R*, Corel PHOTO-PAINT fait de même. Quand je tape* T-M-0*, le site du Mac Observer apparaît dans mon navigateur, et quand je tape* S-H-A*, un e-mail vierge adressé à Shawn King apparaît dans Entourage. LaunchBar utilise un algorithme très puissant pour rechercher les abréviations correspondant à vos habitudes. Ainsi, quand je tape* W-0*, l'outil imagine que je veux Microsoft Word. Je n'utilise le Finder que très rarement car je trouve LaunchBar plus rapide et facile."*

Dr. Mac. Column. Copyright ©2001 Bob LeVitus. Houston Chronicle: 12-28-01

J'ai reçu un mail le jour de la parution. "Je ne pense pas que j'aurais trouvé cet outil tout seul, bien que je l'aie aperçu sur Version Tracker sans qu'il retienne mon attention. Quelle belle trouvaille !"

Si vous ne l'avez pas encore essayé, vous manquez quelque chose. Bon, voilà tout. Je montre toutefois une dernière image, où j'ai déplacé LaunchBar sur le haut de mon écran et je l'utilise comme un changeur de programme (Commande+R) comme à la figure 14.67, qui montre aussi à quoi ressemble mon écran aujourd'hui.

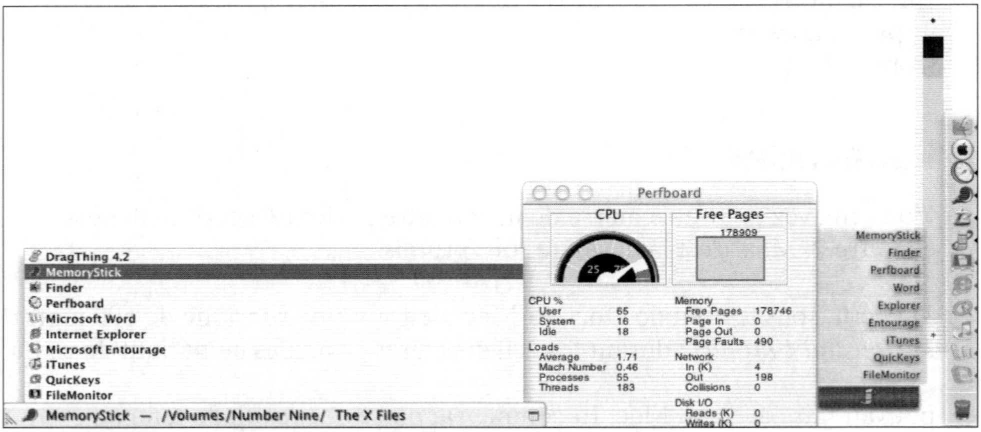

Figure 14.67
J'ai oublié de dire qu'il comprenait un changeur d'applications

Remarque **Au coin**

Il y a trois différents logiciels dans le coin de mon écran à la figure 14.67, qui permettent de changer et de choisir les programmes. Celui le plus à gauche est bien sûr LaunchBar, qui normalement est caché, mais j'ai activé son raccourci pour vous le montrer. À droite c'est le Dock du système, qui lui aussi est caché normalement, mais je l'ai survolé avec ma souris pour l'afficher. Enfin, il y a celui qui est affiché en permanence, le processus DragThing transparent dans le Dock qui est au-dessus d'une partie plus sombre où se trouve son principal Dock. Il s'active avec une combinaison de touches ou en le survolant avec la souris dans l'un de ses coins.

Le cerveau : Norbert Heger de Objective Development
Informations : **www.obdev.at**
Type : shareware
Coût : 17,6 $

Lines

C'est encore un jeu de balles de couleur à aligner, mais ne vous formalisez pas. Il est joli et amusant. Si vous en mettez cinq dans une ligne, elle disparaît. Au début, il y en a cinq et vous pouvez les déplacer pour essayer de former une ligne cohérente. La figure 14.68 vous en donne un aperçu.

Les balles tentent de se frayer un chemin jusqu'à l'emplacement que vous leur avez suggéré. Comme elles ne peuvent pas sauter l'une au-dessus de l'autre, ce n'est pas toujours possible. À chaque déplacement, trois nouvelles balles tombent à des endroits aléatoires, sauf quand vous construisez une ligne, ce qui en fait disparaître cinq sans l'arrivée d'autres. Si tous les emplacements sont pris sans que vous puissiez les faire disparaître, le jeu prend fin.

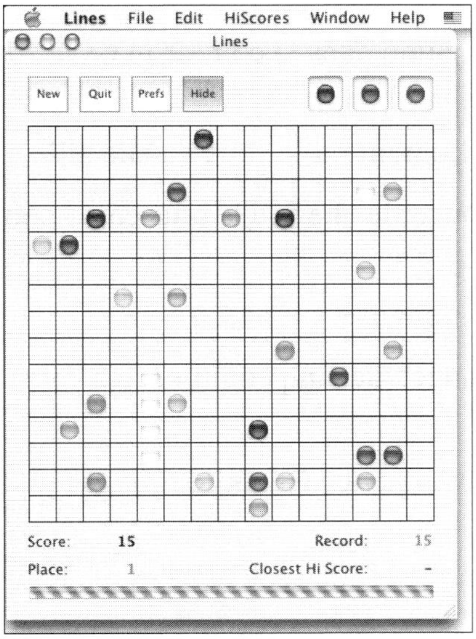

Figure 14.68
Cliquez sur une balle, puis sur un emplacement, et si elle le peut, la balle s'y placera

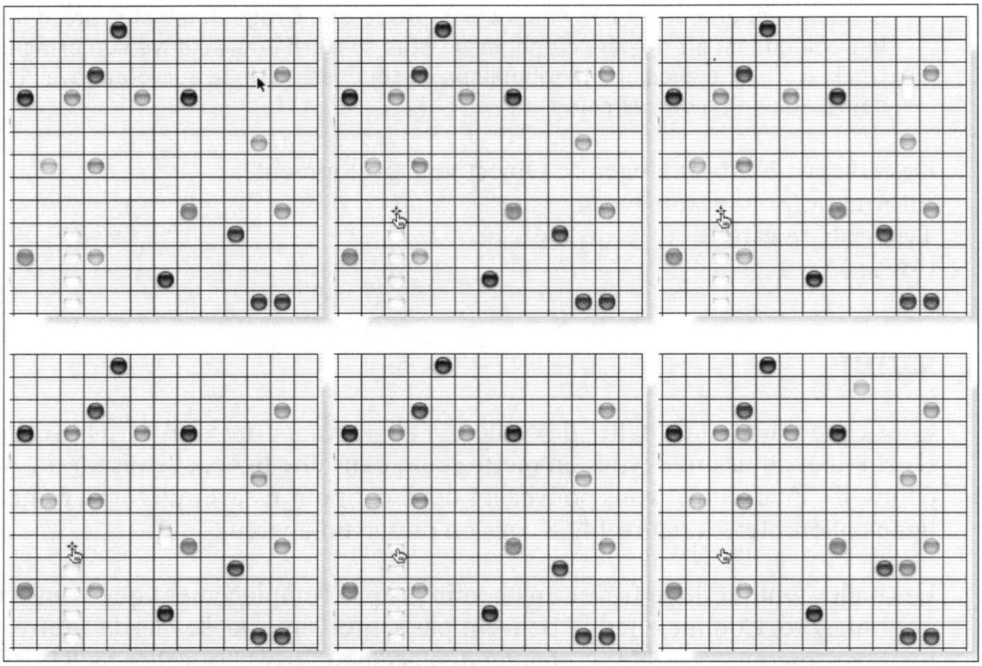

Figure 14.69
Déplacer une balle jaune pour en aligner cinq

Voici ce qui s'est passé à la figure 14.69 :

- En haut à gauche, je clique sur la balle jaune dans le coin droit de la zone de jeu.
- En haut au centre, je clique sur l'emplacement où je veux qu'elle aille.
- En haut à droite, je regarde la balle trouver le chemin le plus court pour y arriver.
- En bas à gauche, la balle jaune est maintenant ici.
- En bas au centre, la balle arrive et la rangée de cinq commence à disparaître.
- En bas à droite, la conséquence : la zone de jeu a cinq emplacements de plus qu'avant.

Remarque **Bogue connu**

Parfois, le logiciel quitte inopinément après son chargement. Dans ce cas, il faut essayer de mettre à la Corbeille son fichier de Préférences (*com.brakesoff.lines.plist*) dans le répertoire *Library/Preferences* dans votre dossier de départ. Si cela ne marche pas, envoyez un mail à l'auteur avec les infos sur votre configuration.

Le cerveau : Konstantin Anoshkin
Informations : **costique@mac.com**
Type : freeware

LoadInDock

C'est un joli CPU Monitor de plus. Il affiche comment la puissance du système est utilisée dans le Dock ou dans une fenêtre semi-transparente. Je l'avais évoqué au chapitre 2. Il donne les mêmes infos que Perfboard, mais affichées d'une façon différente. On voit les deux à la figure 14.70.

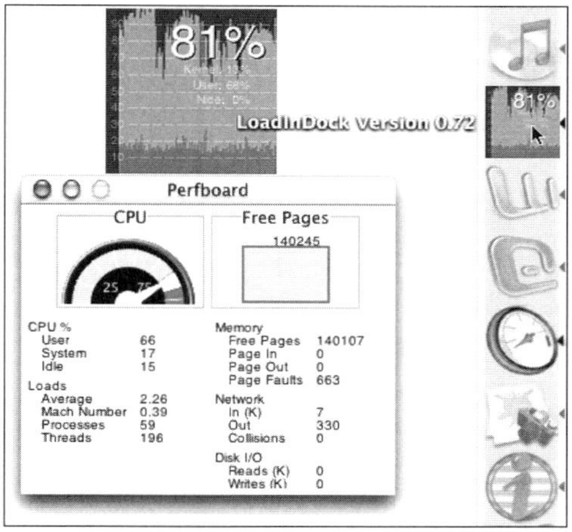

Figure 14.70 Mon CPU est employé à 81 % d'après LoadInDock et à 83 % d'après Perfboard

La figure 14.71 montre la fenêtre de Préférences de ce logiciel et son unique menu.

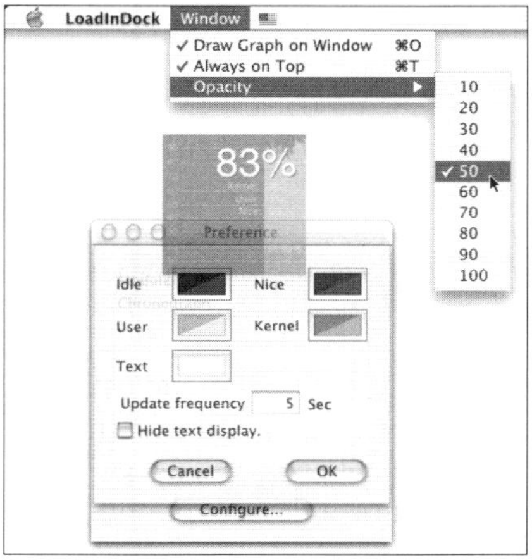

Figure 14.71 La fenêtre flotte au-dessus des autres

Le cerveau : Takashi T. Hamada
Informations : non disponible
Type : freeware

MacArmyKnife

C'est une collection de mini-utilitaires qui ont des fonctionnalités introuvables montrées à la figure 14.72.

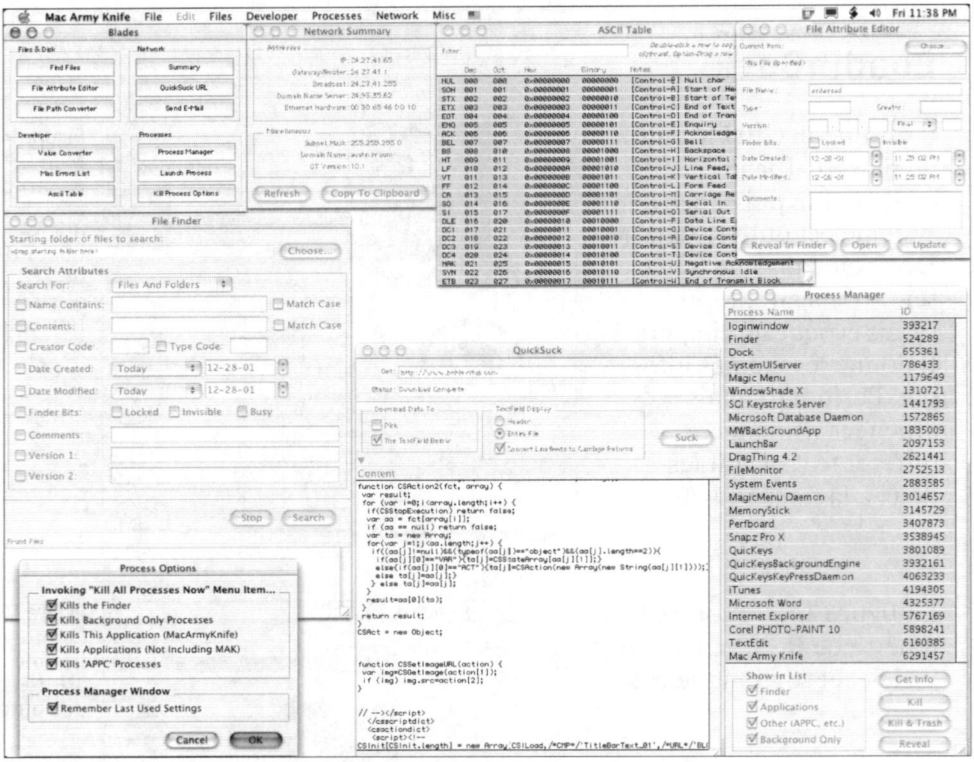

Figure 14.72
Chaque fenêtre correspond à un utilitaire. Et il y en a bien plus

La fenêtre dans le haut à gauche est l'interface Dashboard, en dessous il y a une alternative à Sherlock, et en bas à droite une alternative au gestionnaire de processus. Ce dernier, outre la possibilité de les quitter, permet de savoir combien de mémoire ils occupent et leurs autres attributs. Il remplace avantageusement l'outil standard d'Apple, notamment avec la fonction tuant tous les processus d'un coup.

Il y a aussi un convertisseur de valeurs, une liste des erreurs Macintosh, plus d'autres outils dont un que j'aime beaucoup, qui s'appelle QuickSuck, visible dans le centre de la figure 14.72. Il aspire le contenu des pages web sans passer par le navigateur ou enregistrer quelque chose sur le disque. Le code HTML dans la partie basse de la fenêtre est ma page personnelle fraîchement aspirée. Bien sûr, tous les utilitaires ne sont pas si bons. Est-ce que ça vaut 25 $? Je ne saurais vous le dire. Cela dépend du goût de chacun. D'un autre côté, ses programmeurs sont excellents et ont produit un autre couteau suisse du MP3 nommé Rage.

Le(s) cerveau(x) : Jason Giles, Bob Bradley de Chaotic Software
Informations : **www.chaoticsoftware.com**
Type : shareware
Coût : 22 $

MacBlox

C'est un autre clone Tetris, pas aussi beau que les autres, mais avec quand même quelques charmes, dont son faible encombrement disque et sa gratuité. Et de plus, c'est l'un des premiers logiciels réalisés avec Cocoa, ce qui est respectable. Vous pouvez y jeter un coup d'œil à la figure 14.73. L'un des aspects agréables de ce jeu est de fonctionner en transparence, ce qui permet de jouer tout en surveillant autre chose (voir figure 14.74).

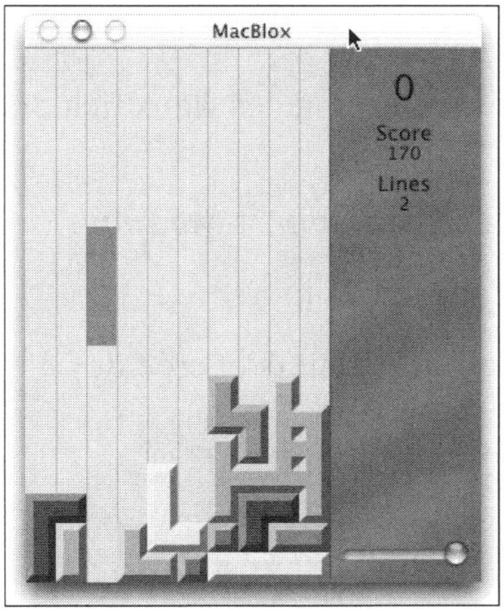

Figure 14.73
MacBlox

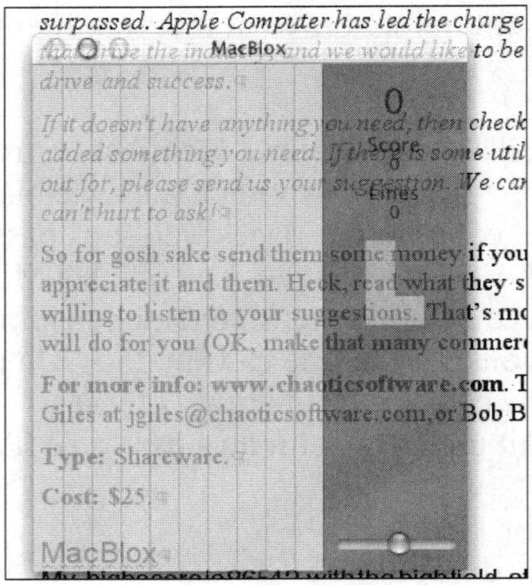

Figure 14.74 Utilisation de la transparence

Le cerveau : Joakim Arfvidsson
Informations : **arfvidsson@mensa.se**
Type : freeware
Coût : l'auteur dit que vous pouvez toujours lui envoyer des sous si vous aimez vraiment ce jeu.

MacJanitor

J'en ai parlé au chapitre 8, image à l'appui, et c'est un autre outil du prolifique Brian Hill (BrickHouse, Pseudo, xFiles). Il est totalement gratuit, alors pourquoi s'en priver ? Voici ses principales fonctionnalités :

Script quotidien :

- Si le système `rwho` est proprement configuré, il nettoie les vieux fichiers dans */var/rwho*.
- Il nettoie les fichiers et répertoires obsolètes dans */tmp* et */var/tmp/*.
- Il retire les messages du système vieux de plus de 21 jours.
- Si la gestion des comptes est active, il génère les fichiers et crée des statistiques.
- Il sauvegarde la base de données de NetInfo.
- Il affiche la capacité disque et les stockages disponibles.

- Il montre quel *filesystem* n'ont pas eu un dump depuis longtemps.
- Il montre les statistiques cumulées sur le réseau.
- Il remet à zéro le fichier *system.log* et redémarre le processus.
- Il nettoie les fichiers journaux du serveur web vieux de plus d'une semaine.
- Il lance le script */etc/daily.local* s'il existe.
- Il lance le script de vérification */etc/security* s'il existe.

Script hebdomadaire :

- Il met à jour la base de données */usr/libexec/locate.updatedb* si elle existe.
- Il reconstruit la base de données *whatis* si le fichier */usr/libexec/makewhatis.local* existe.
- Il renouvelle les journaux suivants : *ftp.log*, *lookupd.log*, *lpr.log*, *mail.log*, *netinfo.log*.
- Il redémarre le journal du système.
- Il lance le script */etc/weekly.local* s'il existe.

Script mensuel :

- Il lance le processus de gestion des comptes.
- Il renouvelle les journaux *wtmp*.
- Il relance le daemon du journal système.
- Il lance le script */etc/monthly.local* s'il existe.

Ne vous inquiétez pas, moi non plus je n'y comprends pas grand-chose, mais les têtes pensantes d'Unix m'assurent que c'est utile pour Mac OS X.

Le cerveau : Brian R. Hill
Informations : **http://personalpages.tds.net/~brian_hill/** ou **brianhill@mac.com**
Type : freeware

ManOpen

C'est une interface graphique pour visualiser les documentations d'Unix dont je parle au chapitre 10. Ce n'est grossièrement qu'un logiciel de recherche et d'affichage. Il est plus facile selon moi de l'utiliser que de recourir à l'outil standard `man` dans la ligne de commande, et plus pratique quand on a affaire à de gros manuels, et encore plus si vous devez les imprimer. La figure 14.75 montre de quoi il a l'air. Certes, on peut tout faire ou presque dans le Terminal, mais encore faut-il connaître les bonnes commandes Unix. ManOpen comporte une interface de recherche globale vous permettant de chercher un mot dans l'ensemble des manuels man et d'avoir ainsi la liste de toutes les pages où ce mot apparaît. À moins que vous ne soyez un gourou d'Unix, ManOpen est le seul outil à retenir pour naviguer, visualiser et imprimer les manuels de man.

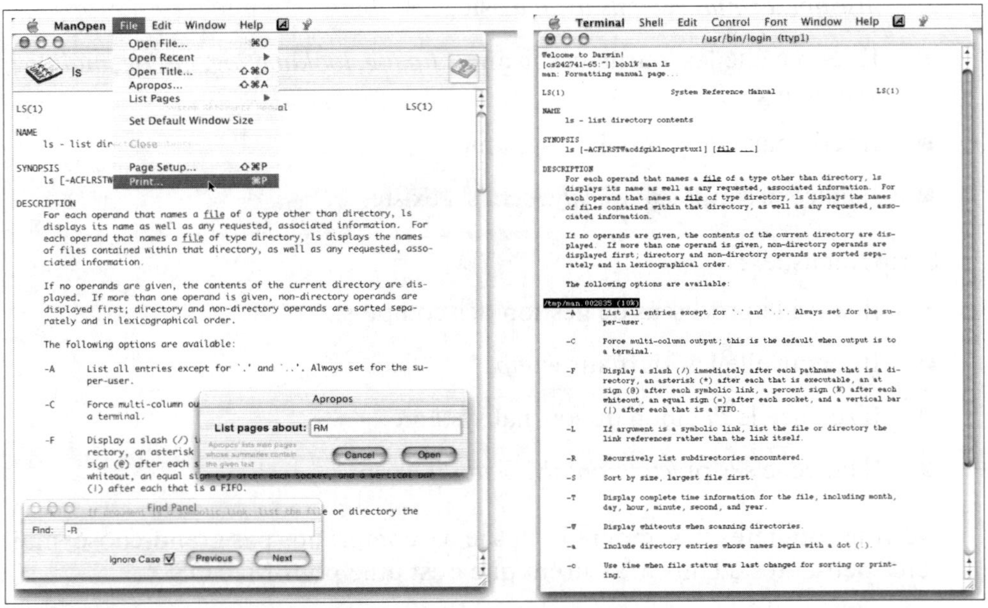

Figure 14.75
ManOpen à gauche contre le Terminal à droite

Le cerveau : Carl Lindberg
Informations : **lindberg@clindberg.org**
Type : freeware

Master Key

Au chapitre 1, je disais que si vous ne tapiez pas plus de 40 mots à la minute sans regarder, vous perdiez du temps. C'était juste avant de tomber sur cet utilitaire. Pour 15 $, c'est une bonne affaire, et on peut l'essayer gratuitement. Il donne de bonnes informations sur votre posture et la position des doigts (voir figure 14.76). Il comporte aussi toutes sortes d'exercices, avec des histoires, des anecdotes et des non-sens, ou encore des mises en condition (voir figure 14.77). Et pour ceux qui voudront suivre leurs progrès, il donne plein d'informations chronologiques sur vos aptitudes (voir figure 14.78).

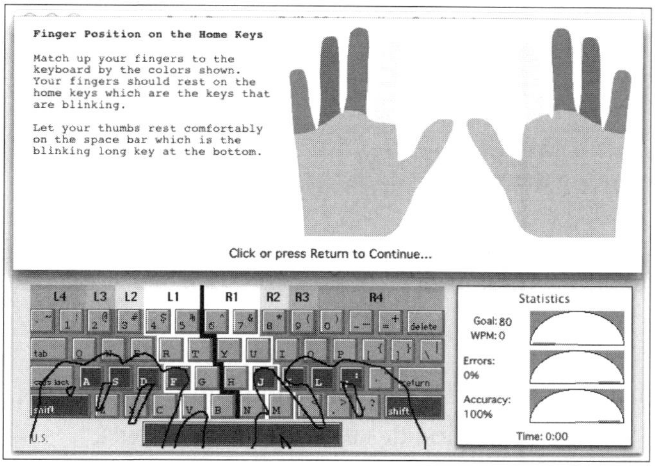

Figure 14.76
Master Key vous fait commencer par les principes élémentaires

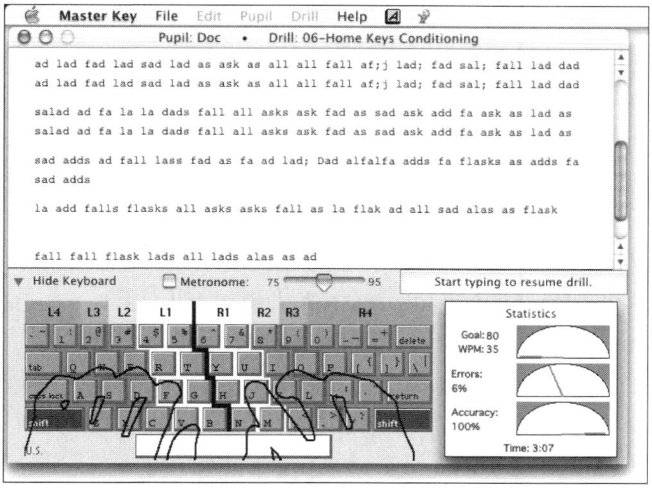

Figure 14.77
Les exercices sont enrichissants et bien conçus

14

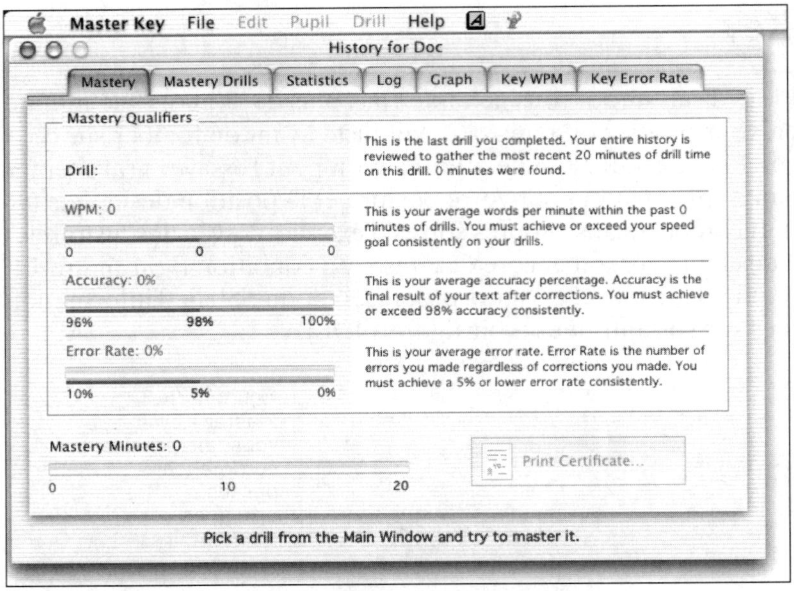

Figure 14.78
Plein de données sont disponibles sur vos progrès

Comme je ne l'ai pas utilisé beaucoup (je tape 60 mots par minute déjà), j'ai récupéré cette liste de fonctions sur son site :

- Utilisateurs multiples et groupes.
- Accès aux fichiers d'utilisateurs par le réseau AppleShare.
- Prise en compte des profils de gestion des utilisateurs multiples.
- Un système de mot de passe à plus niveau en option.
- Éléments d'interface standards de Mac OS.
- Possibilité de mettre en pause les exercices.
- Effacement des lignes précédentes.
- Statistiques individuelles et historiques.
- Surveillance des mots par minute et taux d'erreur pour chaque touche.
- Exercices contre la montre optionnelle.
- Corps de polices optionnels.
- Gestion d'objectif et de vitesse avec impression d'un certificat.
- Les exercices peuvent se fonder sur tout fichier texte.
- Exercices Dvorak et support du clavier.
- Gestion internationale.
- Centralisation des paramètres sur le réseau AppleShare.

- Éditeur de classes pour une approche par groupe.
- Restriction sur les activités des élèves.
- Retour sonore optionnel avec échantillon haute définition des machines à écrire actuelles.

Si vous n'êtes pas encore un(e) bon(ne) dactylo, c'est le moyen le plus efficace pour augmenter vos capacités. Vous pouvez aussi bien employer ce logiciel ou un autre plus cher issu du commerce (difficile de faire mieux). Il vaut mieux donc envoyer 15 billets à son auteur pour bénéficier de nouveaux exercices, et l'écran de rappel cessera de vous ennuyer. Dites que vous venez de ma part.

Le cerveau : Jay Lichtenauer
Informations : **http://macinmind.com/**
Type : shareware
Coût : 13,2 $

Memogram

C'est un autre logiciel qui surveille la mémoire. Il affiche des informations très utiles sur les pages libres, actives, inactives, les pages in et out (voir figure14.79).

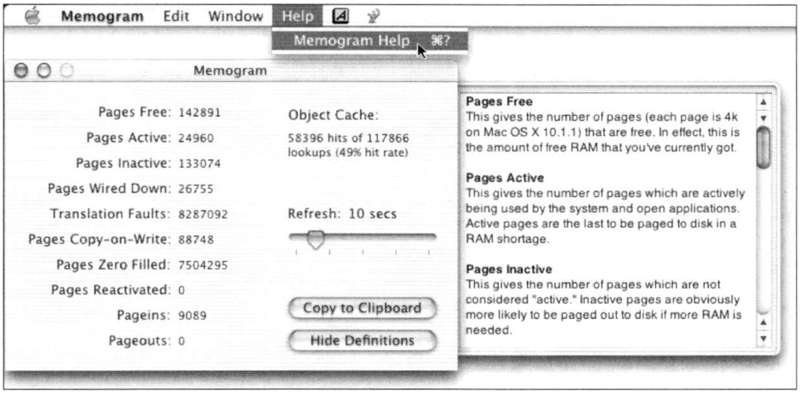

Figure 14.79 Informatif, qui va droit au but et imposant

Sa fonctionnalité la plus remarquable est son fichier d'aide qui apparaît sous une forme se rapprochant des fenêtres Mac OS X, comme l'image vous le montrera. Il est écrit en anglais et est facile à comprendre. Une autre particularité est de pouvoir copier-coller les statistiques dans un autre logiciel, comme un tableur. C'est donc un bon élément à mettre dans votre boîte à outils, gratuit, pratique, sur certains points unique et peu encombrant (200 Ko).

Remarque **Encombrement**

Je ne l'utilise pas, car j'ai la même chose avec Perfboard et d'autres qui prennent moins de place à l'écran. Mais c'est une affaire de goût.

Le(s) cerveau(x) : Freshly Squeezed Software
Informations : **www.cocoadevcentral.com/freshlysqueezed/**
Type : donationware
Coût : l'idée est de pouvoir utiliser cet outil sans limites, mais pour encourager son développement, adressez une donation à ses auteurs.

Memory Monitor

À cause du classement alphabétique, vous allez voir tous les surveillants de mémoire d'un coup. C'est plus pratique pour les comparer. Il vous propose un choix de deux affichages. Un graphe dans une fenêtre flottante avec une transparence ajustable, et une icône contenant un graphe dans le Dock. On peut les activer ensemble par le biais de la fenêtre de Préférences comme à la figure 14.80. J'y ai d'ailleurs inclus MemoryStick pour que vous constatiez que les deux programmes affichent quasi la même chose.

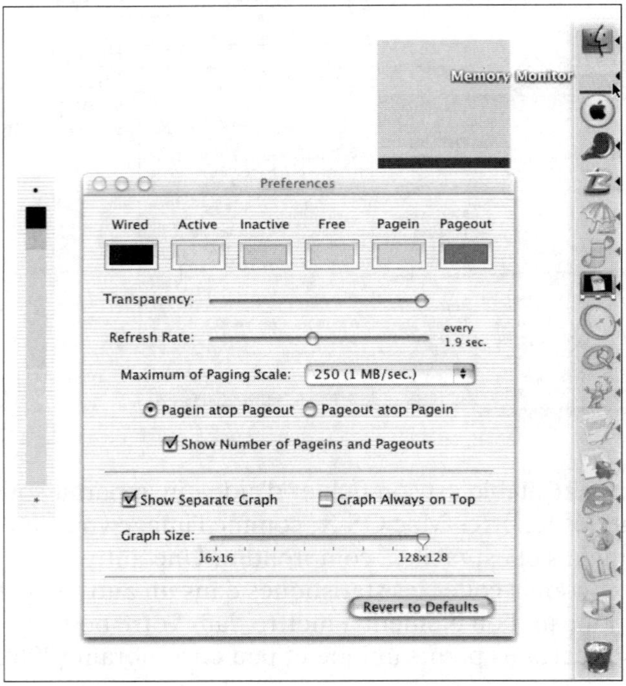

Figure 14.80
C'est Memory Monitor et sa fenêtre de Préférences

Notez que sa documentation est vraiment excellente et que c'est un bon moyen pour vous d'apprendre tous ces termes et questions de mémoire, et bien sûr vous aider en cas d'urgence, comme je le montre à la figure 14.81. Les explications sur la mémoire proviennent d'un article du newsgroup **comp.sys.mac.system**, et l'icône vient de la collection eWorld X sur **www.iconfactory.com**.

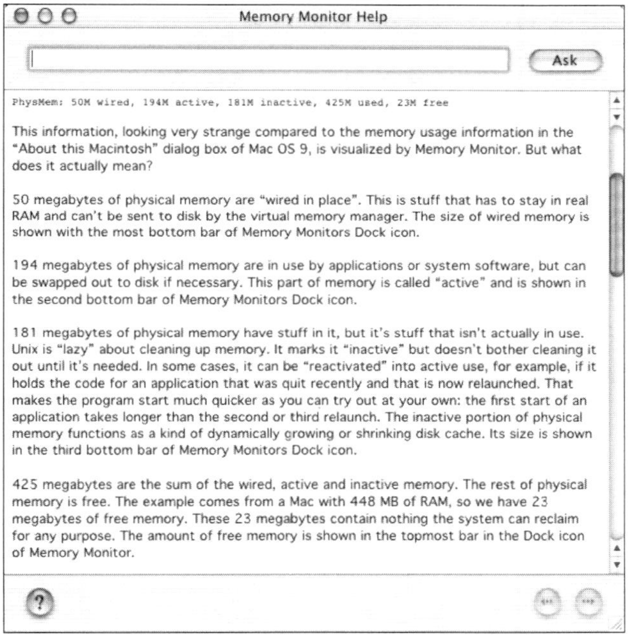

Figure 14.81
Difficile de trouver une explication de la mémoire Unix plus précise qu'ici

Remarque **Changez !**

J'ai utilisé Memory Monitor pendant longtemps, mais depuis peu je suis passé à MemoryStick car il a une alarme pour les pages out que j'aime beaucoup.

Le cerveau : Bernhard Baehr
Informations : **bernhard.baehr@gmx.de**
Type : freeware, GNU/GPL (une variante fondée sur les codes sources de LoadInDock présenté ici même)

14

MemoryStick

C'est l'outil que j'emploie maintenant à cause de l'alarme et non parce qu'il fait quelque chose de particulier. Il a été conçu par un auteur extrêmement intéressant, auteur de livres, de la newsletter **www.tidbits.com**, féru de latin et de grec ancien. Voici son speech sur le logiciel libre : *"Cocoa est un framework fourni comme une partie de l'OS X. Apple fournit également des outils libres pour le programmer. Ainsi, il est assez facile d'écrire soi-même des applications natives pour Mac OS X. C'est ce à quoi je m'emploie. Mon objectif est d'écrire uniquement des logiciels libres, car le logiciel doit toujours être libre."*

Que Dieu le bénisse !

Je l'ai suffisamment flatté pour maintenant exiger plus d'alarmes : une pour les pages out, une autre pour la mémoire libre à partir d'un certain stade... Je veux aussi plus de flexibilité dans l'affichage, qui devrait être plus réduit et pourquoi pas transparent. Vous m'entendez Matt ? La figure 14.82 montre MemoryStick dans ses deux orientations possibles avec son menu **Options** affiché.

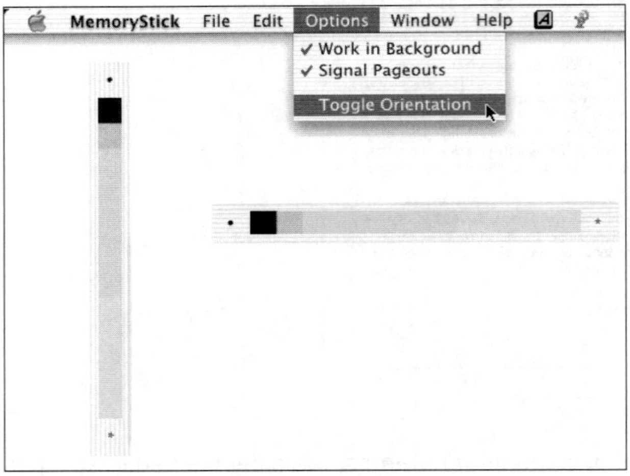

Figure 14.82
MemoryStick dans ses deux apparences, et son menu Options

Le cerveau : Matt Neuburg
Informations : **www.tidbits.com/matt**
Type : freeware

MouseZoom

C'est un outil qui a pour fonction unique de rendre votre souris plus rapide que ce qui est possible dans le panneau de Préférences système. Il y a deux versions de ce logiciel :

- Une application normale, que l'on lance pour établir ses Préférences et que l'on ferme.
- Un panneau de Préférences système MouseZoom.prefPane que l'on doit mettre dans *~/Library/PreferencePanes/* ou */Network/Library/Preference Panes/* selon les personnes à qui vous voulez y donner l'accès. Mais si vous le mettez dans votre dossier *Départ*, vous en aurez l'exclusivité.

Si vous vous dites "je voudrais que ma souris soit huit fois plus rapide", c'est l'outil qu'il vous faut. Selon son auteur, il se définit ainsi :

- Ce n'est pas un bidouillage car il respecte les mêmes paramètres de souris qu'Apple.
- Ce n'est pas une extension du kernel.
- Il ne causera pas de problème avec le système.

Remarque **La faute d'Apple**

Si vous changez les Préférences de la souris dans le panneau d'Apple en même temps que dans MouseZoom, ses paramètres seront perturbés. Comment marche-t-il ? Il ne fait qu'établir le paramètre com.apple.mouse.scaling pour l'utilisateur courant dans le fichier GlobalPreferences.plist. Il ne fait qu'augmenter la valeur du paramètre par défaut d'Apple. Ainsi, tout bogue résultant de ce changement ne sera pas de ma faute mais de celle d'Apple.

Bien, puisqu'il est si sûr que c'est la faute d'Apple et que le système ne risque rien, j'ai essayé. Et cela n'a rien fait de spectaculaire sur ma Turbo Mouse Pro, comme je l'ai vu aussi dans certains témoignages d'utilisateurs sur Version Tracker. D'autres n'ont rien vu de meilleur depuis le Cheese Burger de White Castle. Mais cela pourrait marcher pour vous et votre souris, et il n'y a probablement rien à craindre de l'essayer.

Remarque **Responsabilisez-vous**

Je plaisante. Cela dépend de vous. Je ne veux rien entendre s'il y a un problème. Donc, ne me dites pas "mais vous m'avez dit de l'essayer". Si vous n'assumez pas le risque de passer du temps à nettoyer d'éventuels effets dévastateurs, ne le faites pas.

À la figure 14.83, vous verrez que les deux versions sont quasi identiques.

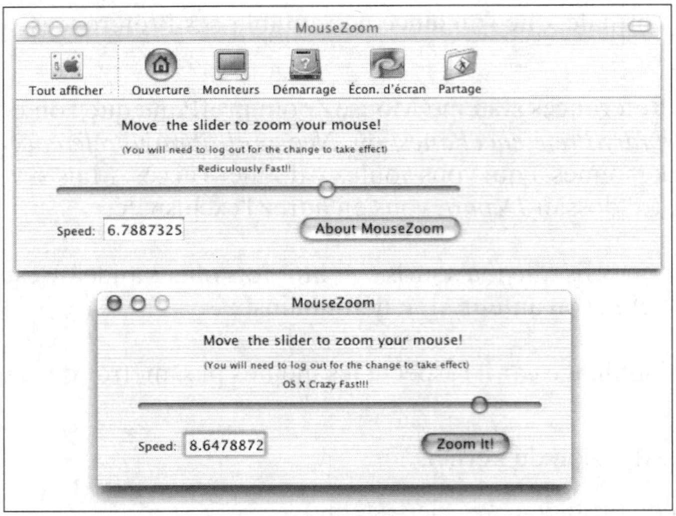

Figure 14.83
En haut, il y a la version panneau de Préférences système, et en bas le programme normal. Faites votre choix car les deux font la même chose

Remarque **On ne peut pas être bon partout...**
À la figure 14.83, il a dû vouloir dire "ridiculously". Des recherches approfondies ont montré que les meilleurs de nos programmeurs n'étaient pas doués en orthographe, et c'est d'ailleurs pour cela qu'ils le sont devenus.

Le cerveau : Ben Hines
Informations : **bhines@alumni.ucsd.edu**
Type : freeware

nCalc

Comme Apple a été trop occupé, il n'a rien touché à la vieille calculatrice depuis 1984. Et j'ai donc voulu joindre une calculatrice gratuite pour notre système moderne, nCalc étant celle que je juge la plus sympathique. Vous pourrez la comparer avec la calculette standard à la figure 14.84.

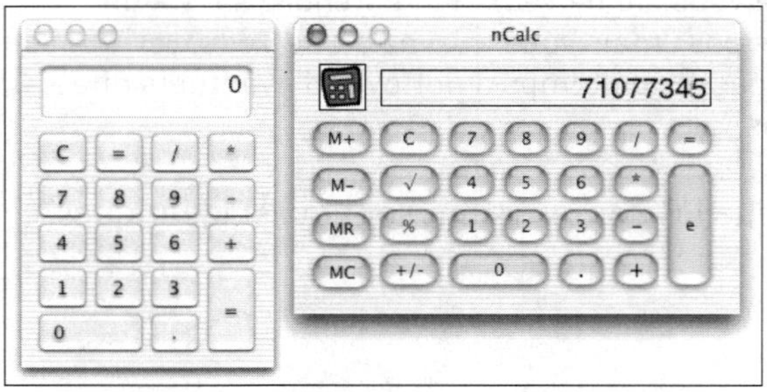

Figure 14.84
Plus de fonctions, plus jolie, et un bonus

Le bonus en question est qu'il est possible avec un PowerBook ou un iBook d'utiliser nCalc avec le pavé numérique intégré dans les touches normales (activé par [fn]) sans avoir à toucher à [NumLock] (verr num). Voici ce que dit son auteur sur le sujet :

"Je pense que les pavés numériques des portables Apple sont extrêmement intelligents. Mais je n'aime vraiment pas devoir activer NumLock uniquement pour pouvoir utiliser la calculatrice. Je ne l'utilise que rapidement pendant que j'édite un texte, un e-mail ou que je surfe. Je veux pouvoir calculer sans avoir à penser à ce verrou du clavier et repasser au logiciel principal sans retoucher au verrou. J'ai donc écrit nCalc où le n fait penser à Numlock ou Notebook, ce qui donne un nom développé de " NumLock optional Calculator " ou " Notebook Calculator ". Lancez donc ce logiciel et ne vous souciez plus jamais de verrouiller ou non le clavier numérique."

Vu la façon dont il fonctionne, nCalc permet l'oubli de verr num uniquement sur les portables. Sur un ordinateur de bureau, il faudra l'employer normalement.

Le cerveau : Russ Martin
Informations : **abecedarian@mac.com**
Type : freeware (l'auteur reste ouvert à des dons de 5 $ via **www.paypal.com**)

OmniDictionary

Il s'agit de la version cliente pour Mac OS X du serveur de dictionnaire en réseau. Il y a deux façons de l'utiliser. La première consiste à l'employer en tant que Service dans une application qui est compatible. Cela veut dire que vous pouvez sélectionner des mots dans un document, appuyer sur [Commande]+[=] pour en obtenir la définition comme je le fais à la figure 14.85.

La deuxième façon de l'utiliser est de le lancer en tant qu'Application. Il suffit alors de taper un mot dans le champ de saisie pour ensuite se voir afficher la définition dans la zone prévue à cet effet. Quel que soit le moyen que vous employez, une fois que le dictionnaire est actif et que vous êtes connecté à Internet, il va voir sur **www.dict.org**, un serveur gratuit de dictionnaire. La figure 14.86 montre ce qui se passe après la figure 14.85. Le fait qu'il supporte plusieurs dictionnaires distants veut dire que vous pouvez limiter la recherche à l'un d'entre eux ou au contraire l'étendre à leur ensemble, via un menu pop-up.

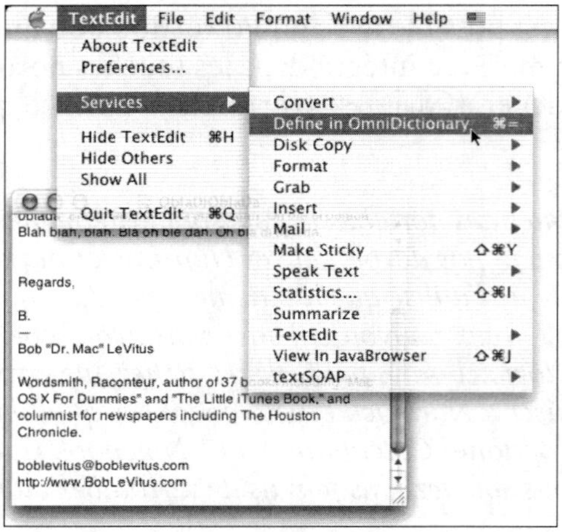

Figure 14.85
Sélectionnez un mot, choisissez ensuite soit Services/Define in OmniDictionary, soit recourez au raccourci Commande+=

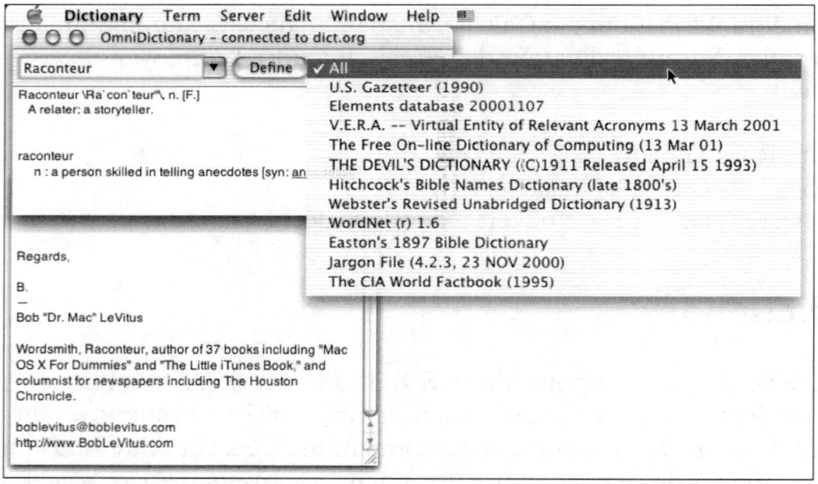

Figure 14.86
J'ai eu ma définition et je regarde maintenant tous les serveurs de dictionnaires reconnus par cet outil

Le cerveau : Omni Group
Informations : **www.omnigroup.com** et **www.dict.org** (serveur de dictionnaire gratuit)
Type : freeware

OmniDiskSweeper

Moins vous avez d'espace libre sur votre disque, plus vous aimerez cet outil. Il vous aide à faire le ménage et à alléger le disque en affichant en colonnes les éléments classés par type et par poids. Cela vous aide à mieux choisir ce qu'il faut retirer en priorité, si c'est possible. Par exemple, mon disque Das Boot commençait à devenir un peu juste en espace libre, avec moins de 2 Go. OmniDiskSweeper une fois lancé m'a affiché son rapport, visible à la figure 14.87.

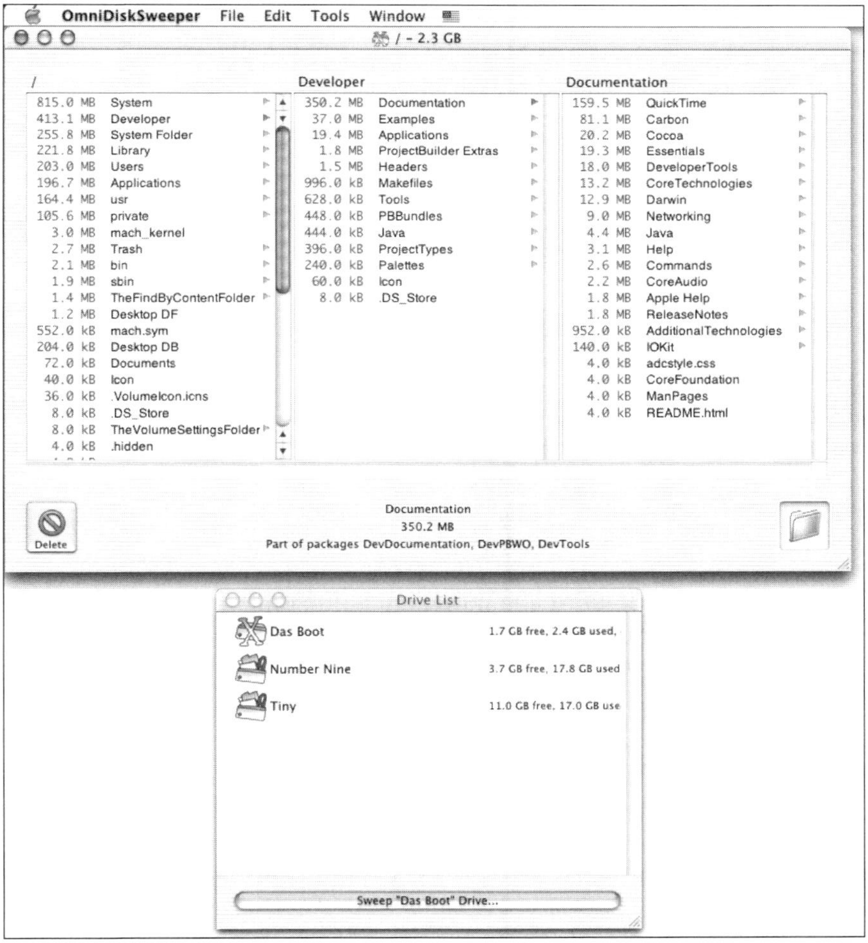

Figure 14.87
Est-ce que j'ai vraiment besoin de 350 Mo de documentation développeur sur mon disque ?

J'ai décidé de retirer cette documentation inutile (j'avais installé le CD pour les goodies), et si j'en ai besoin à nouveau, cela me prendra deux minutes de les réinstaller. J'ai donc sélectionné ce dossier et j'ai cliqué sur **Delete** (voir figure 14.88).

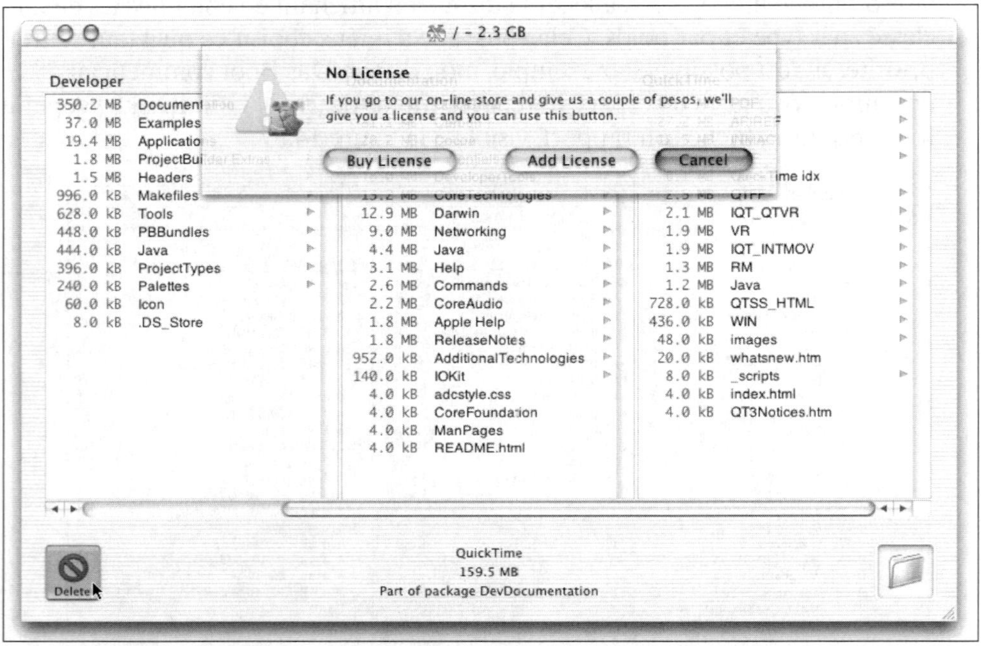

Figure 14.88
Voilà de quoi justifier le paiement des 14,92 $

Il est toujours possible de faire à la mode ancienne en le faisant glisser dans la Corbeille pour gagner aussitôt les 350 Mo. Si j'avais un disque encore plus grand, j'aurais peut-être quand même payé la redevance, juste pour ce bouton **Delete**.

Le(s) cerveau(x) : Omni Group
Informations : **www.omnigroup.com**
Type : trialware
Coût : 12,32 $

OmniWeb

J'ai presque tout dit de ce programme au chapitre 5. Peut-être que vous le préférerez à votre navigateur web actuel.

Le(s) cerveau(x) : Omni Group
Informations : www.omnigroup.com
Type : Nagware (gratuit, libre d'usage mais avec des incitations à l'achat de licence)
Coût : gratuit ou 26,35 $

Perfboard

J'ai tout dit de ce programme et comme je l'ai fait pour LaunchBar, je me contenterai de reprendre mon article de 125 mots pour le *Houston Chronicle* :

"Je suis un curieux. J'aime savoir ce qui se passe dans les entrailles de mon Mac et Perfboard me fournit une lecture avancée sur les données de performance de Mac OS X, comme la charge du CPU, les statistiques mémoire, la bande passante du réseau, les opérations d'entrée-sortie du disque. Il me dit si j'utilise trop de pages de mémoire virtuelle pendant les fortes activités réseau. De plus, il me fournit un graphe de tendance pour chacun de ces critères, ce qui me permet de constater une éventuelle dégradation. Un CPUmètre m'indique comment le système est occupé, et après l'essai de dizaines de logiciels semblables, je pense que Perfboard est le plus complet pour un prix qu'on ne peut battre car gratuit."

Dr. Mac. Column. Copyright ©2001 Bob LeVitus. Houston Chronicle: 12-28-01.

Le(s) cerveau(x) : Pepsan & Associates
Informations : www.pepsan.com
Type : freeware

PiXel Check

Cet outil spécialisé n'a pour fonction que de vous aider à trouver des pixels morts sur vos écrans LCD. Vous le voyez avec son panneau de Préférences à la figure 14.89.

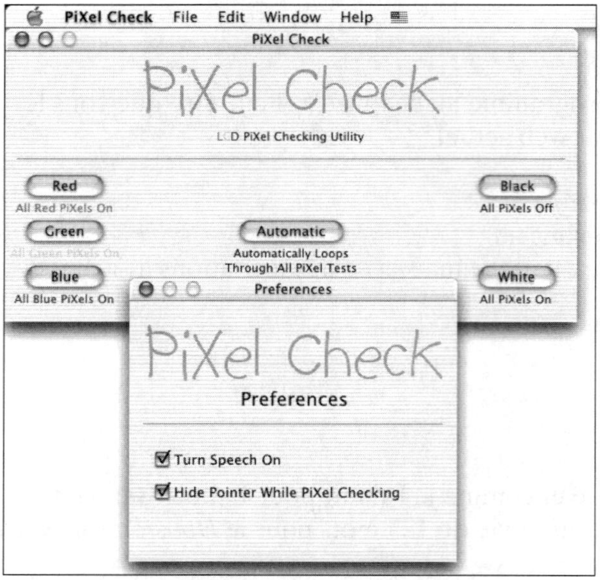

Figure 14.89
Cliquez sur Automatic et regardez avec attention

Quand vous testez une seule couleur, il l'affecte à chaque pixel de votre écran. Avec l'option Automatic, il procède en boucle à cinq tests, que vous enchaînez en cliquant n'importe où. Les tests sont à base de rouge, de vert et de bleu, car l'écran se compose de transistors dédiés à chacune de ces couleurs. Le test noir et blanc les désactivera chacun leur tour. Quand une de ces couleurs est absente de l'écran, vous voyez une légère couverture dans cette couleur, sans noir, ni blanc ou d'autres pixels de couleurs. Le blanc est affiché quand tous les transistors sont actifs et le noir doit s'afficher quand ils sont inactifs. Voici, selon l'auteur, ce qu'il faut faire si vous trouvez des pixels morts ou défectueux sur votre écran :

Remarque **Pixel thaïlandais**

"Si vous trouvez un pixel mort ou défectueux, vous pouvez tenter un léger massage délicat, mais attention de ne pas l'abîmer."

Le cerveau : Michael Simmons
Informations : **macguitar@mac.com**
Type : freeware

Prefling

C'est une application gratuite pour le Dock qui permet d'ouvrir individuellement, comme le montre la figure 14.90.

Pour l'activer, il faut mettre son fichier *Prefling.dock* quelque part, par exemple dans le dossier *Dock Extras* du répertoire *Applications* (si vous n'en avez pas, créez-en un). Après cela, lancez-le ou faites glisser son icône dans le Dock. Outre ces qualités, il est régulièrement mis à jour par son auteur. Je ne devrais pas me plaindre et pourtant... Regardez l'image de Snard à la figure 14.91 puis à la figure 14.90. Quel est le problème ? Contrairement à Snard, Prefling ne voit pas les panneaux de Préférences additionnels, et dans mon cas il y en a plein. Je pense donc que cet outil n'affiche que les panneaux présents dans le répertoire */System/Library/PreferencePanes* et pas ceux qui sont ailleurs. Pourquoi ? Je stocke ces panneaux additionnels dans ma bibliothèque personnelle, c'est-à-dire */Users/bobl/Library/PreferencePanes*. À moins de trouver une mise à jour sur le site web, vous devez donc savoir que la version 1.2.2 ne les gère pas.

Figure 14.90 Prefling sauvegarde les clics et les raccourcis

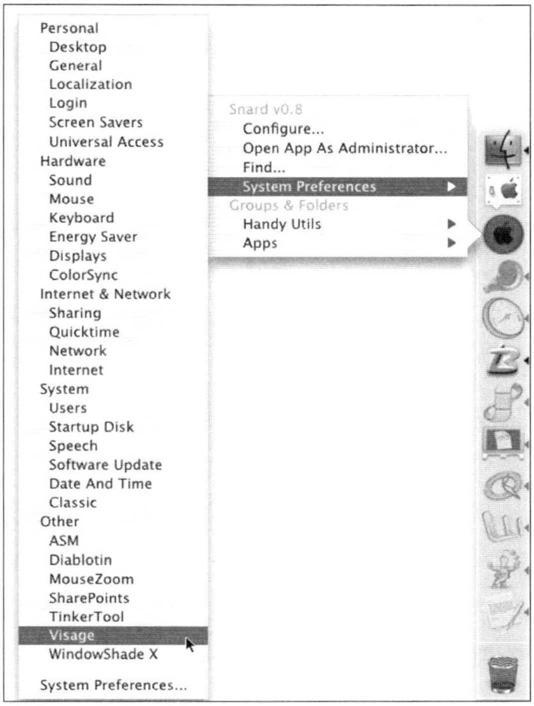

Figure 14.91 Snard reconnaît des Préférences additionnelles, ce que Prefling ignore

14

Le cerveau : Amar Sagoo
Informations : **http://homepage.mac.com/asagoo**
Type : freeware

Print Window

Il n'y a pas si longtemps, OS 9 vous laissait imprimer une fenêtre du Finder contenant une liste de fichiers, mais Apple, le capricieux, n'a pas prévu cette commande dans Mac OS X. Vous avez le choix entre faire une capture et l'imprimer, ou copier- coller la liste de fichiers pour ensuite l'imprimer dans un autre programme. En bref, ce qui était un simple choix dans un menu est maintenant une galère. Print Window est donc un logiciel qui ne se consacre qu'à cette tâche et il suffit de faire glisser une icône de disque ou de dossier pour qu'il s'exécute (voir figure 14.92).

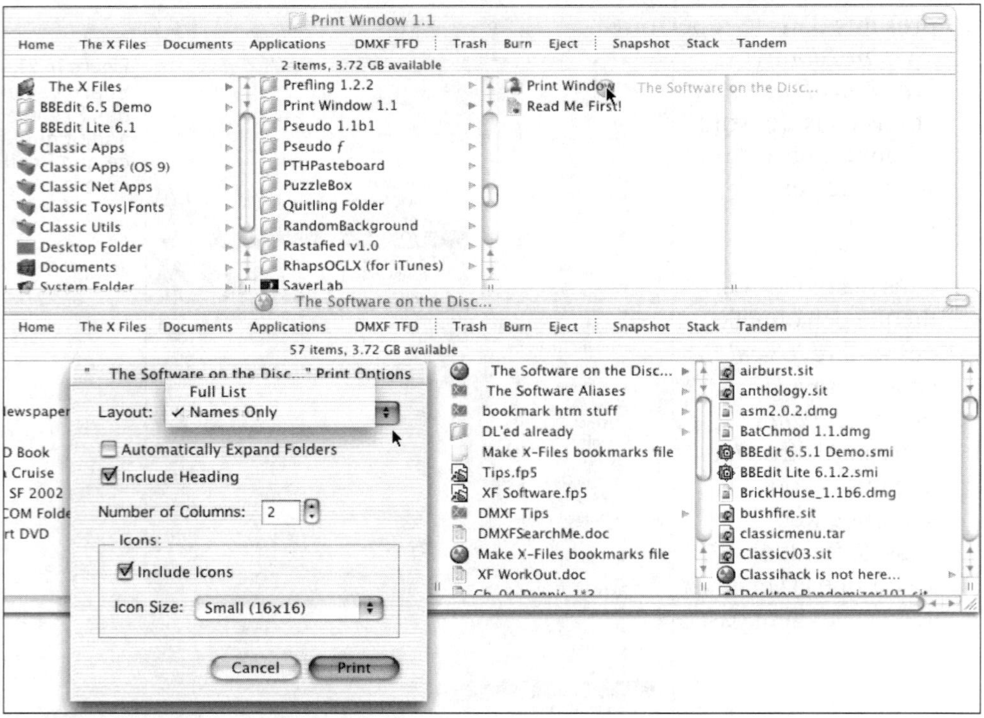

Figure 14.92
Je fais glisser une icône de dossier sur celle de Print Window et la boîte de dialogue des options apparaît

Après un ou deux clics, j'obtiens un tirage dont la présentation est quelque peu rudimentaire (voir figure 14.93). En lisant le fichier d'aide prolixe sur des petits détails, vous risquez d'y passer plus de temps qu'à imprimer une fenêtre. Mais bon, gardez-le avec d'autres outils que l'on installe en toute quiétude.

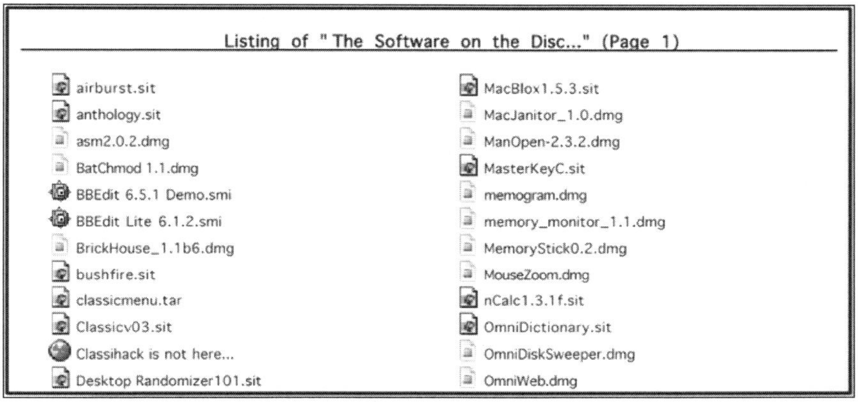

Figure 14.93
Essayez donc de faire imprimer la même chose au Finder...

Le(s) cerveau(x) : SearchWare Solutions
Informations : **www.swsoftware.com**
Type : freeware

Pseudo

Encore un petit bijou créé par Brian Hill, Pseudo vous permet de lancer une application dans le Finder en tant qu'administrateur ou root. Il suffit de faire glisser l'application sur Pseudo, de s'identifier, et hop, le programme la lance (voir figure 14.94).

Figure 14.94
Je vais lancer Retrospect en tant que root

Il fonctionne aussi en tant que Service dans le menu d'autres applications, mais il y en a encore peu qui supportent cette fonctionnalité de Mac OS X. xFiles, du même auteur, est compatible avec les Services.

Pour citer l'auteur : "Je fais partie des gens qui payent les redevances de shareware. Utilisez librement Pseudo jusqu'à ce que vous considériez qu'il vaut 15 $. Et votre paiement m'aidera à financer son développement."

Le cerveau : Brian Hill
Informations : **http://personalpages.tds.net/~brian_hill/** or **brianhill@mac.com**
Type : shareware
Coût : 13,2 $

PTHPasteboard

C'est un merveilleux petit utilitaire qui vous donne autant de Presse-papiers que vous le souhaitez. Il stocke 20, 30, 40, ou plus selon vos choix, éléments récemment coupés ou copiés, pour pouvoir les coller ultérieurement. Vous verrez une image des fenêtres PasteBoard et Hotkeys à la figure 14.95.

Par exemple, pour coller les mots "Services menu" dans ce document, je procéderais ainsi :

- J'appuie sur F2.
- J'emploie le raccourci ouvrant la fenêtre **Pasteboard** (le mien est Ctrl+V), puis j'appuie sur la touche 2.
- Je clique sur l'icône de PTHPasteboard dans la barre des menus pour ouvrir la fenêtre **Pasteboard**, puis je clique sur **Paste Buffer 2**, comme à la figure 14.95.

Cet outil est très flexible, qu'il s'agisse de la méthode d'ouverture de la fenêtre **Pasteboard**, ou de la sélection des éléments.

Astuce **Ouverture automatique**

Vous pouvez inclure cet outil dans les éléments se lançant à l'ouverture pour qu'il soit activé en permanence.

Le cerveau : Paul Haddad de PTH Consulting
Informations : **www.pth.com**
Type : freeware (donations acceptées)

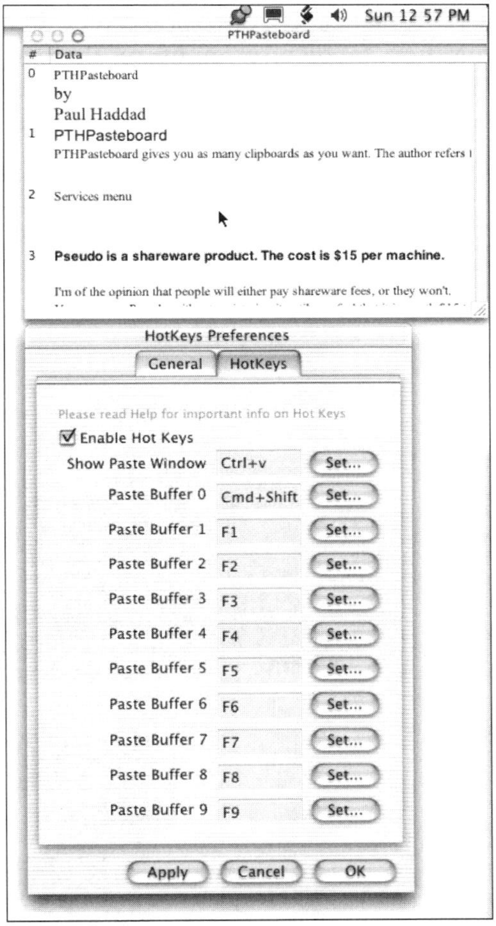

Figure 14.95
Les mots "Services menu" sont stockés dans le Paste Buffer 2

PuzzleBox

C'est une jolie collection de 19 jeux pour Mac OS X, surtout des puzzles. La figure 14.96 en dit plus.

J'aime beaucoup l'auteur. Il a commencé un projet un dimanche après-midi et a fini par créer une véritable plate-forme pour concevoir des jeux de puzzle. Avec son outil, on peut ajouter des images personnelles, mais aussi styliser les jeux jusqu'à ce qu'ils soient parfaitement de votre goût. Si vous y jouez plus que quelques minutes, vous voudrez sans doute changer les images de fond employées par les jeux, et si vous manquez d'images dans votre collection, rendez-vous sur le site **www.ibiblio.org/propaganda**. Un outil pour créer de nouveaux défis, du graphisme, la localisation, ou diverses moutures du logiciel également proposé sur le Web. Si vous voulez créer de nouveaux jeux ou les traduire pour d'autres langages, contactez l'auteur. Leur développement est facilité par la mise en commun des fondations et des objets de PuzzleBox.

J'aime vraiment ce type, et ses puzzles sont vraiment épatants.

Le cerveau : Kevin Brain
Informations : **ksbrain@visgen.com**
Type : freeware

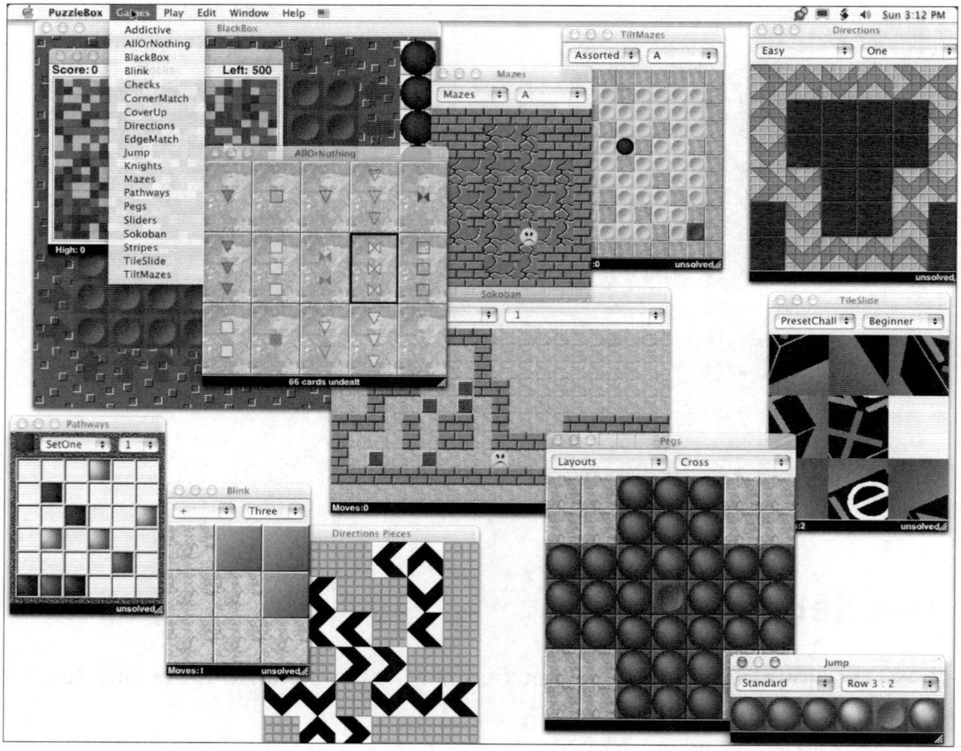

Figure 14.96
Certains des puzzles les plus photogéniques de la collection

ShadowKiller

Il ne sera pas trop dur à décrire car il ne fait qu'une chose : tuer les ombres dans Mac OS X. Les ombres des menus, des fenêtres, etc, toutes y passent. Et la figure 14.97 le montre bien. Mais ShadowKiller ne les tue pas définitivement. Il suffit de le désactiver pour qu'elles ressuscitent aussitôt. Attention, comme il utilise des fonctions cachées de Mac OS X, l'auteur ne peut garantir son fonctionnement sur toute nouvelle version. Mais il est déjà testé pour la 10.1.2.

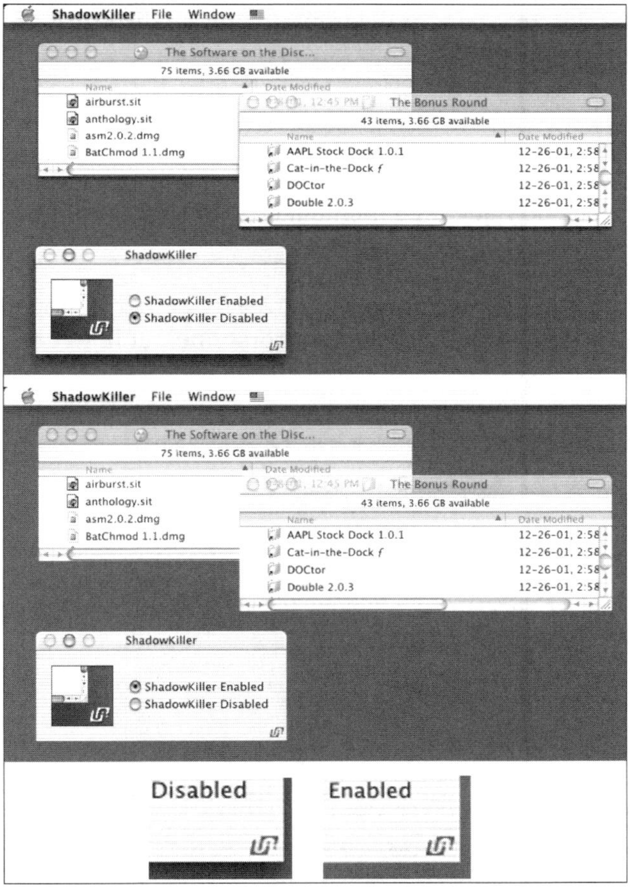

Figure 14.97
ShadowKiller inactif (en haut), puis activé (au mileu), et une vue grossie à 200 % des deux (en bas)

Le(s) cerveau(x) : Unsanity
Informations : **www.unsanity.com**
Type : freeware

SharePoints

Si vous partagez des fichiers ou des dossiers, c'est là le monstre qu'il vous faut. Son auteur est un véritable héros pour l'avoir conçu. En demandant à mon entourage quels étaient les logiciels freeware et shareware les plus indispensables, il est apparu toujours en tête. Comme je n'utilise pas le partage, je ne suis pas vraiment un connaisseur, si ce n'est par ouï-dire et l'excellente note qu'il a sur Version Tracker. Il permet de créer un petit serveur sans recourir à la grosse artillerie et en passant par une interface simple, avec seulement les utilisateurs et les groupes. Et il complète bien le dispositif réseau mis en place par Apple.

Remarque **Logiciel évolutif**

Je l'ai essayé tout récemment, mais j'ai remarqué que l'auteur aime bien ajouter de nouvelles fonctionnalités à une vitesse frénétique. Il est possible que ce soit la version 3.x qui soit de rigueur au moment de votre test. Vérifiez donc sur le site où sur Version Tracker.

En deux images, vous verrez tout ce que l'on peut faire avec ce petit bijou : la figure 14.98 montre le paramétrage de mon serveur personnel, et la figure 14.99 montre la facilité du partage.

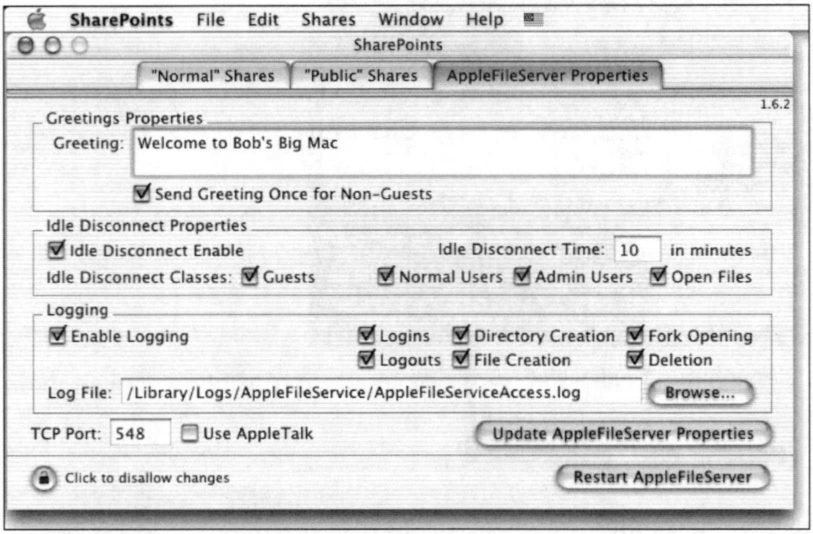

Figure 14.98
Lancer mon serveur BIG MAC est tellement facile

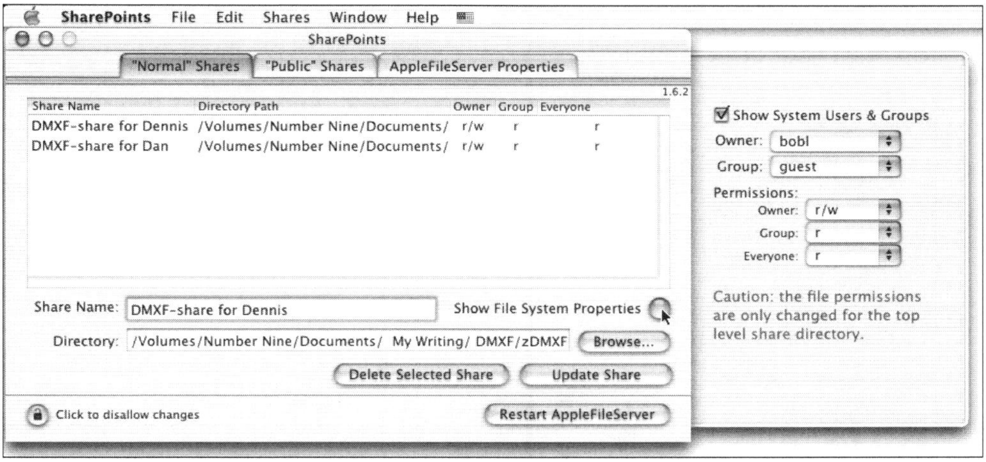

Figure 14.99
C'est très simple de partager un fichier avec Denis et Dan

Je conclus par un dernier commentaire pris sur Version Tracker : "sympa". Et si vous prenez l'initiative de faire une donation à l'auteur, sachez que c'est pour remplacer son vieux G3 beige et aider ses efforts de développement.

Le cerveau : Michael Horn
Informations : **http://homepage.mac.com/mhorn**
Type : freeware/donationware (donation sur **www.paypal.com**)

Snapz Pro X

Tout le monde n'a pas besoin d'un logiciel de capture d'écran, mais si vous voulez faire des images de vos écrans sous Mac OS X, il n'y a qu'un choix : Snapz Pro X. Toutes les captures de ce livre ont été réalisées avec cet outil. J'ai utilisé la fonctionnalité Movie pour ensuite sélectionner seulement les meilleures images. Ce n'est pas facile de capturer un captureur, alors j'ai pris des images sur le site de l'éditeur car l'outil standard d'Apple ne faisait même pas l'affaire. À la figure 14.100, vous voyez la palette de Snapz qui apparaît quand vous employez le fameux raccourci [Commande]+[Shift]+[3]. J'utilise toujours les trois modes de captures sur la droite (Objetcs, Selection, Movie), et je ne capture que très rarement l'écran entier. La figure 14.101 montre le très utile mode Object en pleine action. On sélectionne un premier objet par un clic, et éventuellement d'autres par un [Shift]+[clic]. Les parties grises indiquent les zones non sélectionnées qui ne seront donc pas capturées. C'est vraiment top et ça vaut largement le prix.

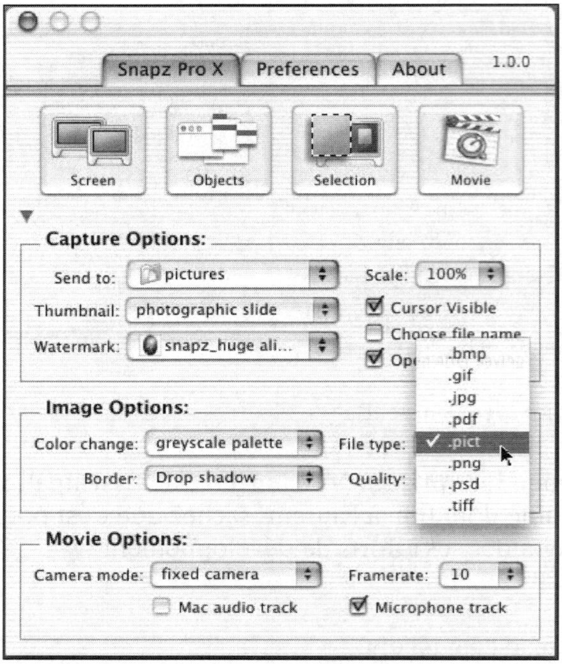

Figure 14.100
La palette d'où se lance toute action

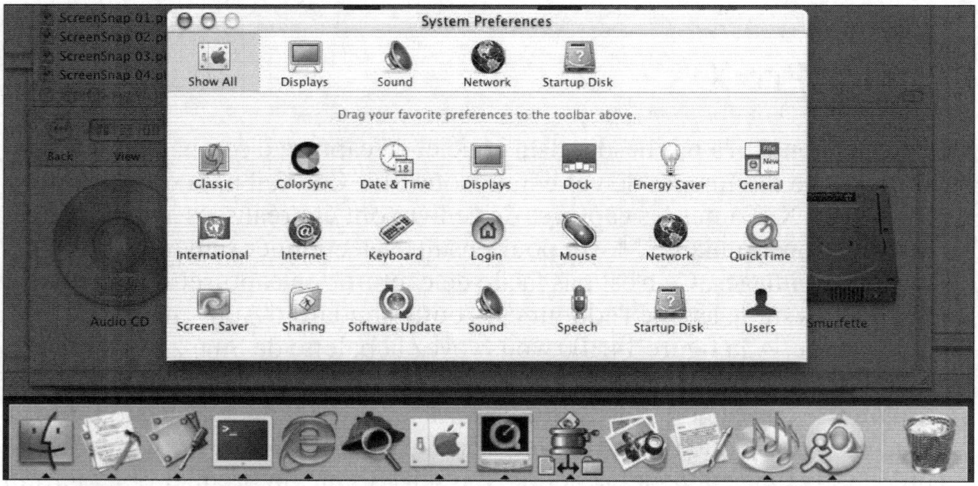

Figure 14.101
La capture ne contiendra que deux objets, la fenêtre de Préférences système et le Dock

Le(s) cerveau(x) : Ambrosia
Informations : **www.ambrosiaSW.com**
Type : shareware
Coût : 43,12 $ / 25,52 $ (sans la fonction Movie)

Snard

J'en ai déjà parlé aux chapitres 2 et 9 plus que longuement, et encore dans ce chapitre dans la section sur Prefling, car Snard, pour 10 $, reconnaît les panneaux de Préférences additionnels, ce qui n'est pas le cas de Prefling. Je n'ai donc pas hésité à payer la redevance à l'éditeur.

Le cerveau : Gideon Softworks
Informations : **www.gideonsoftworks.com**
Type : shareware
Coût : 8,8 $

SNAX

SNAX fait penser à un homme aveugle avec un éléphant. L'un pourrait dire qu'il ressemble à ASM, l'autre dirait que c'est un remplaçant du Finder. Et encore un autre dirait qu'il a des faux airs de Get Info ou de File Buddy. Et ils auraient tous raison, car SNAX échappe à toute classification. Comme le dit son auteur, SNAX est un utilitaire "orienté fichiers" comme le Finder mais avec plus de raccourcis et de fonctionnalités sympas. Il ne va pas remplacer le Finder mais juste faire la même chose, avec en plus d'autres fonctionnalités qu'il est impossible de décrire en détail, d'où le collage photo à la figure 14.102, qui tente de vous donner une idée.

Lisez le manuel, avec le menu **Help** ou avec le raccourci Commande+Shift+/ pour vous familiariser avec cet outil, mais sachez qu'il est assez intuitif. Voici quelques grands atouts de cet utilitaire :

- Effacement provisoire des fichiers avant qu'il soit définitif.
- La bande grise sur la droite du nom de fichier est le point chaud. En y cliquant une fois, cela fait comme si vous aviez fait un double-clic, histoire d'économiser 50 % du travail.
- Ses menus contextuels offrent bien plus que ceux du Finder.

14

- L'utilitaire de recherche serait plus rapide que Sherlock.
- Il utilise l'outil `hfstar` d'Unix, équivalent à `gnutar`, pour gérer correctement le Resource fork des fichiers durant la compression-décompression.

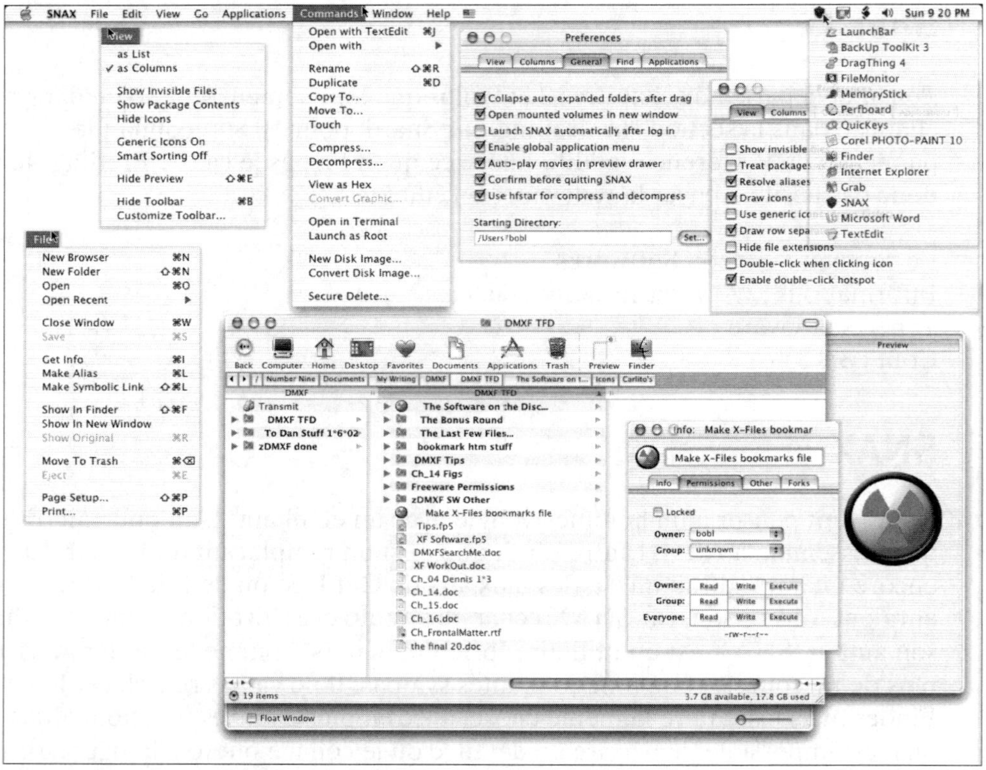

Figure 14.102
Ce collage montre quelques-unes des fonctionnalités de SNAX

Remarque

Locate plus rapide

SNAX utilise la commande `locate` d'Unix pour effectuer ses recherches, ce qui le rend plus rapide, et il comprend d'autres aspects Unix qu'il serait bon de découvrir dans la documentation.

Il y a plein d'autres choses, comme assigner un raccourci à presque n'importe quoi (un élément d'un menu, un fichier ou un dossier). Vous pouvez créer et modifier des images de disque. Il peut comme Pseudo lancer les programmes sous l'identité de root. Et son système de copie de fichier est plus rapide que celui du Finder. C'est un cliché, mais SNAX est un Finder du feu de Dieu.

Remarque **Versions fréquentes**

L'auteur a lui aussi la manie des mises à jour fréquentes. En visitant le site, j'ai vu qu'il annonçait déjà une nouvelle version permettant de modifier les couleurs et les polices. Elle est certainement disponible maintenant au téléchargement.

Le cerveau : Steve Gehrman de CocoaTech
Informations : **www.cocoatech.com**
Type : shareware
Coût : 26,4 $

SpeedSearch

C'est un outil spécialisé dans la recherche rapide de texte dans un document. Au temps de Mac OS 9, il y avait RetrieveIt que j'aimais beaucoup. Il faisait la même chose que celui-là, mais l'entreprise a disparu avant l'arrivée de Mac OS X.

SpeedSearch utilise beaucoup de mémoire et de processeur quand il tourne en tâche de fond, sans pour autant perturber mon travail en avant-plan, encore moins avec le système préemptif multitâche de Mac OS X. On ne sent rien pendant cette tâche parallèle. À la figure 14.103, j'ai plus de 9 000 éléments dans mon dossier *Documents* et je me souviens que quelqu'un a dit un jour quelque chose de drôle sur un monsieur Kawasaki. Mais je ne me souviens plus de rien sur le dossier, le document, l'année...

Pas de problème, cela dure 3 minutes. Il a cherché dans 9 404 documents et trouvé 31 occurrences du mot kawasaki. L'élément surligné à la figure 14.103 semble correspondre à ce que je cherchais et donc je double-clique. Cela donne la figure 14.104.

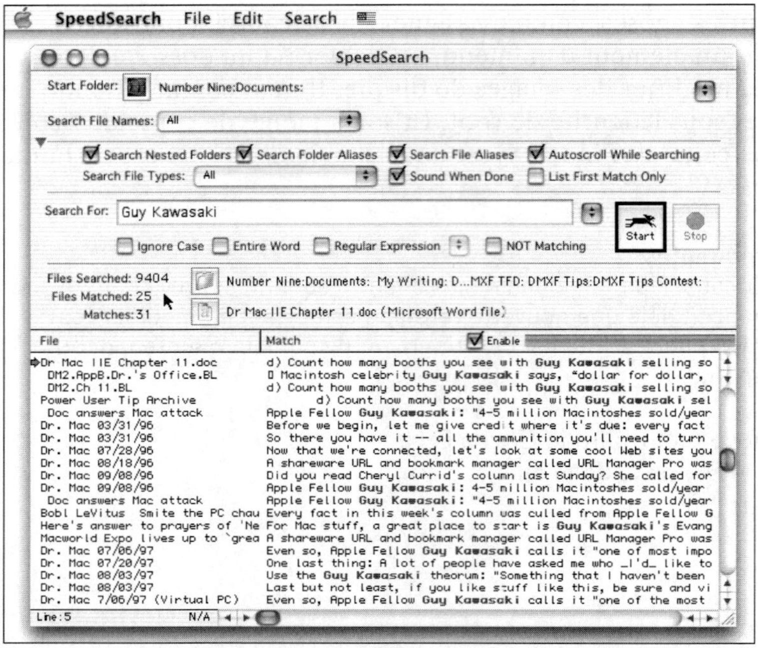

Figure 14.103 Il a mis quelques minutes à trouver 31 résultats dans 9 404 fichiers

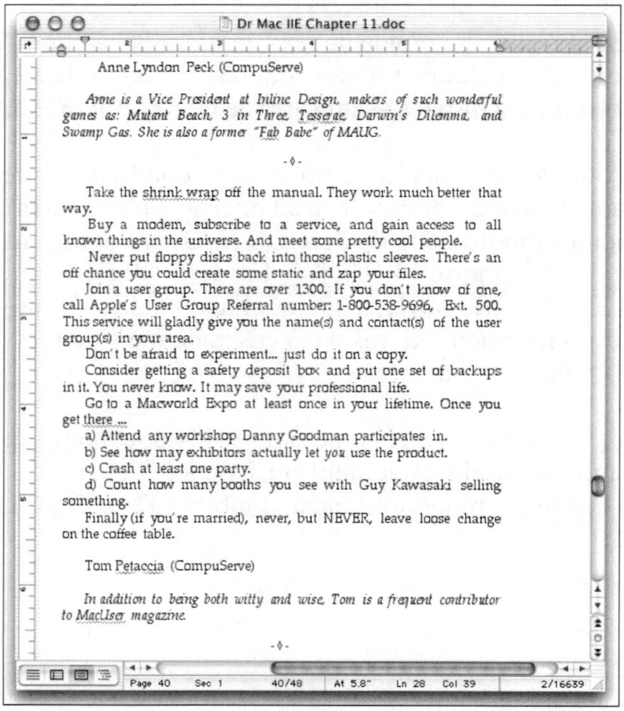

Figure 14.104 Il affiche le résultat qui m'intéresse

Voici une liste de ses fonctionnalités clés :

- Chercher dans l'arborescence sur un ou plusieurs disques.
- Affichage des résultats dans un moteur de texte spécialisé.
- Le nombre de résultats n'est limité que par la mémoire octroyée au logiciel.
- Affichage des résultats dans une couleur, une police et un corps configurables.
- On peut raffiner les résultats pour une chaîne de caractères précise.
- On peut sauvegarder ou charger des résultats.
- On peut copier les résultats ou les glisser-déposer.
- Les fonctions de défilement de texte ou de redimensionnement de fenêtre sont disponibles en cours de recherche.
- Il est possible d'utiliser des expressions régulières étendues (`grep`).
- On peut ouvrir les fichiers et les dossiers où se trouvent les résultats directement dans SpeedSearch.
- On peut limiter la recherche à des noms de fichiers correspondant au filtre.
- Les dossiers de départ peuvent être ajoutés au menu pour un usage plus rapide ultérieurement.
- Fenêtres multiples de recherche.
- Gestion transparente des fichiers Mac, DOS, Unix.
- Bulles d'aides valables dans toutes les fenêtres.

Le cerveau : Matt Brunk
Informations : **www.kagi.com/brunk/**
Type : shareware
Coût : 8,8 $

Super Get Info

Avec des fonctionnalités semblables à Get Info, BatChmod, xRay ou xFiles, cet outil essaie de se distinguer dans son approche, toujours autour de l'idée de lire les informations comme dans le Finder.

Voici comment il procède :

- Ouvrir une fenêtre d'information pour tout élément sélectionné dans le Finder.
- Éditer les attributs créateur et type pour ces fichiers.
- Visualiser, éditer et changer la propriété, le groupe et les permissions de fichiers ou de dossiers Unix, avec si besoin les éléments intégrés.
- Modifier les dates de création et de modification d'un fichier.
- Copier le chemin d'accès complet d'un fichier par le Presse-papiers ou par glisser-déposer.
- Prévisualiser un fichier dans une fenêtre plus grande que celle du Finder.
- Vider la Corbeille même quand le Finder refuse, faute de privilèges. Je dois préciser que cela marche presque tout le temps avec cet outil, et c'est toujours le premier que j'essaye.

Le(s) cerveau(x) : Bare Bones Software
Informations : **www.barebones.com**
Type : commercial, limitée à 14 jours
Coût : 17,6 $ par utilisateur

textSOAP

Comme son nom ne le suggère pas forcément, cet outil passe un savon au texte, ou disons qu'il le nettoie. Par exemple, comme je reçois beaucoup d'e-mail, j'ai parfois besoin de les réutiliser et au préalable de les nettoyer, qu'ils viennent de débutants ou de gourous. La figure 14.105 montre un texte qui a vraiment besoin d'un coup de balai. SCRUB est l'une des parties de textSOAP que j'utilise le plus. On voit à la figure 14.106 comment il s'est tiré de ce sale boulot. Il retire certains espaces, les caractères bizarres, les retours chariot et autres en une seule fois. Mais l'ordre du nettoyage compte beaucoup, ce que le SCRUB fait très bien.

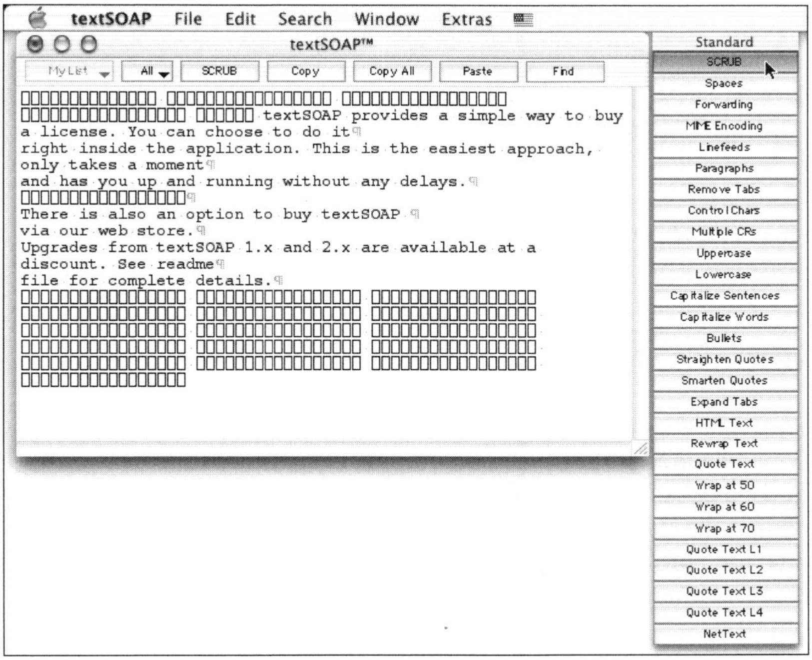

Figure 14.106
Le texte est plein de cochonneries, je ferais bien de lui donner un coup de SCRUB

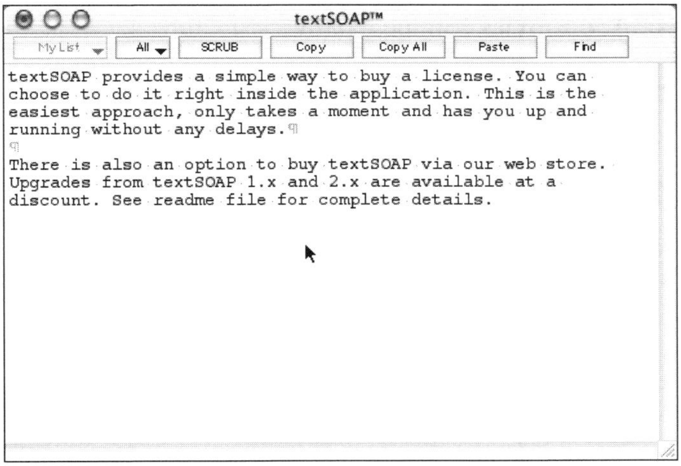

Figure 14.105
Un nouveau texte propre et frais sans toutes ces saletés

Le cerveau : Mark Munz
Informations : **www.unmarked.com**
Type : shareware
Coût : 17,6 $

TinkerTool

J'en ai parlé en long et en large au chapitre 9. C'est un bon petit programme, pratique et gratuit. Alors, ne le manquez pas.

Le cerveau : Marcel Bresink
Informations : **www.bresink.de/downloads/TinkerTool.dmg.gz**
Type : freeware

TypeIt4me

C'est un formidable moyen de gagner du temps. Il vous observe taper du texte, puis tente de vous aider à aller plus vite en développant des abréviations. Par exemple, j'ai dit à cet outil de remplacer `dm` par "Dr. Mac - Mac OS aux rayons X". C'est la barre d'espacement qui, juste après le f de xf, développera le texte. À chaque fois que j'utilise ce raccourci, j'économise la frappe de 50 caractères, et j'en ai des dizaines configurés. J'adore !

Bon, voici comment il marche. Vous pouvez définir des abréviations en les saisissant dans la fenêtre **Edit Entries** (voir figure 14.107), ou passer par le Presse-papiers et choisir **Add Entries** comme à la figure 14.108.

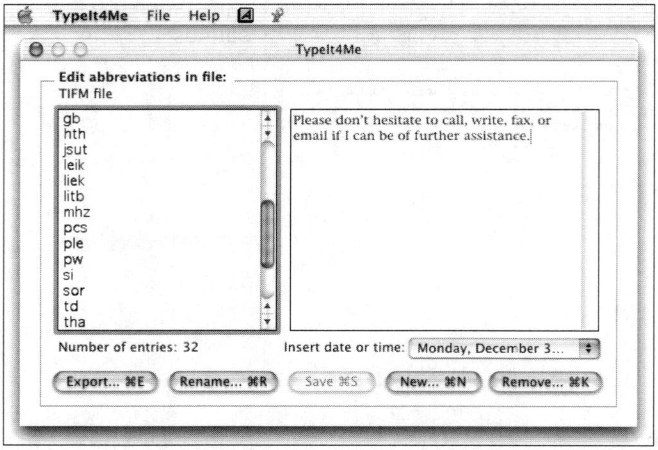

Figure 14.107
Une façon de créer des développements

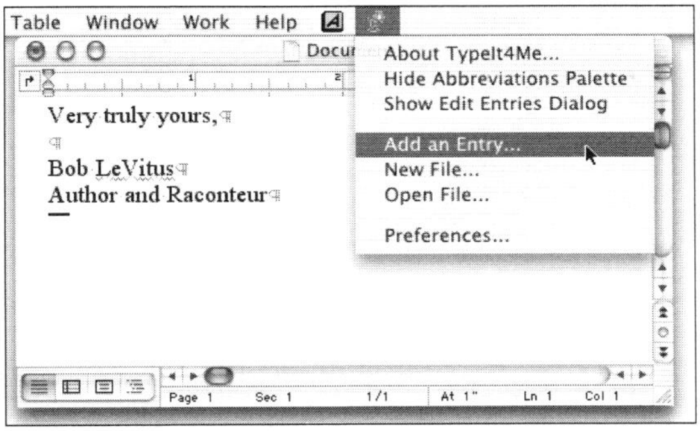

Figure 14.108
Une autre façon de coller le texte développé

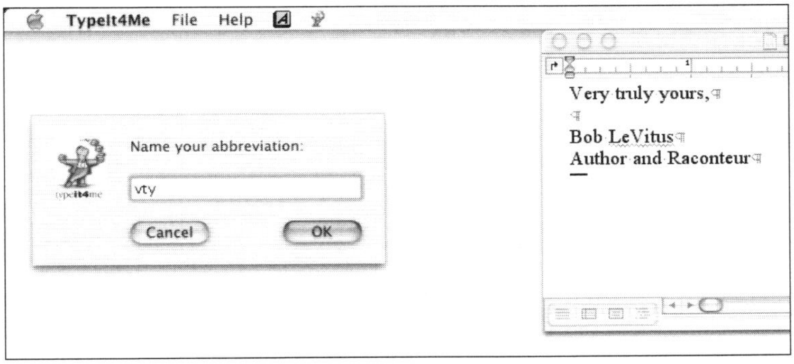

Figure 14.109
Donner au texte une abréviation comme déclencheur

Une boîte de dialogue apparaît (figure 14.109) où je dois trouver une abréviation. Je choisis "vty" pour la partie "very truly yours". Je clique sur OK pour stocker le tout. La prochaine fois que je taperai `vty` plus un espace, tout le texte s'y collera.

TypeIt4me est aussi très doué pour corriger les fautes courantes. Il peut remplacer `hte` par the et `fi` par if. Pour cela il suffit de sélectionner le mot mal tapé et de répéter les premières étapes décrites précédemment.

Si vous ne vous souvenez plus des abréviations, on peut toujours choisir dans le menu **Show Abbreviations Palette**, comme à la figure 14.110.

Voici une liste de quelques abréviations évidentes :

- dh pour la date et l'heure courante
- hh pour l'heure courante

- app pour application
- go pour taper l'abréviation de la bonne façon Go, etc.

C'est un outil pratique, qui fait gagner du temps, repose les doigts et épargne les manipulations sur le clavier.

Le cerveau : Riccardo Ettore
Informations : **www.typeit4me.com**
Type : shareware (30 jours à l'essai)
Coût : 23,76 $

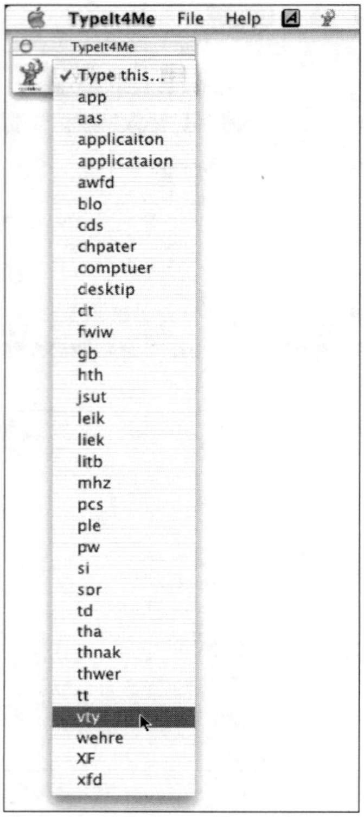

Figure 14.110
La palette d'abréviations pour les adorateurs de menu amnésiques

URL Manager Pro

C'est le genre d'outil pas forcément indispensable, mais quand on se sert de différents navigateurs et que l'on veut que ses favoris soient portables, URL Manager Pro permet de le faire sans recourir aux fonctions de conversion intégrées. J'en ai parlé un peu au chapitre 5, mais il faut absolument que vous voyez deux de ses fonctions. La première est illustrée à la figure 14.111 et c'est un élément de menu appelé Add Bookmark Here qui donne accès aux favoris directement dans les dossiers. Aucun navigateur ne sait le faire. Cela veut dire que je peux les organiser tous au vol sans les ouvrir chacun dans leurs navigateurs respectifs. La seconde fonction s'appelle Read All et elle permet d'ouvrir un sous-répertoire rempli de favoris comme à la figure 14.112. J'utilise cet outil depuis des années et encore plus depuis qu'il est sous Mac OS X.

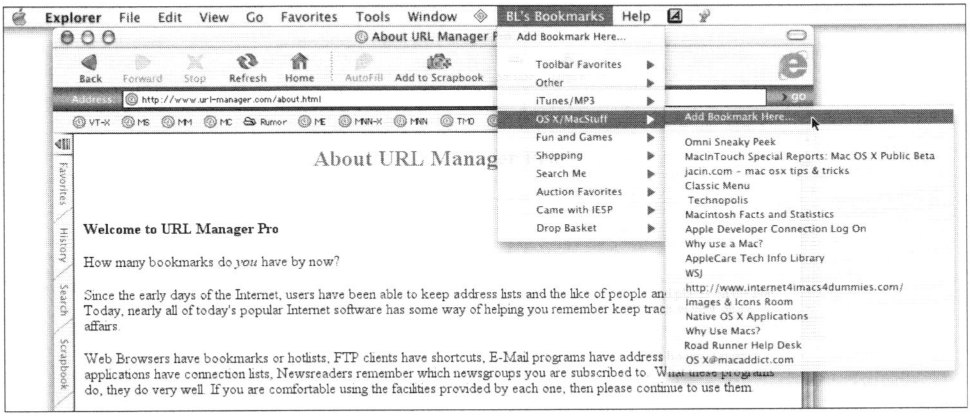

Figure 14.111
Le favori de URL Manager Pro apparaîtra dans le menu Mac Stuff de Mac OS X

Figure 14.112
Read All me donne des nouvelles de tous les favoris sans attendre

Le(s) cerveau(x) : Alco Blom
Informations : **www.url-manager.com**
Type : shareware
Coût : 22 $

Visage

Je l'ai déjà dit au chapitre 9, j'aime Visage et je paye sa redevance, alors si vous l'appréciez, faites de même.

Le(s) cerveau(x) : Sanity Software
Informations : **sanity@mac.com**
Type : shareware
Coût : 8,8 $

Watson

C'est une collection d'outils simples pour rechercher des informations spécifiques sur Internet. C'est certainement l'un des programmes Mac OS X le plus pratique. C'est un genre de Sherlock, mais un peu différent, et l'éditeur se positionne comme un partenaire de cet outil standard en proposant des fonctions de navigateur spécialisé. Il n'affiche jamais les graphismes ou les animations Flash quand c'est hors de propos, et c'est une machine à informations faite pour vous ramener rapidement ce que vous cherchez. Il regarde sur plusieurs sites, organise l'information et l'affiche, et cela bien plus vite que le ferait un navigateur. Quand j'utilise Watson avec mon modem rapide (câble), il met rarement plus de 5 secondes, et parfois moins, pour présenter les résultats.

Il se compose de dix outils organisés autour des films, des vols, des images, des taux de change, des numéros de téléphone, des codes postaux, de la recherche Yahoo, des actions, des recettes et eBay. Vous pouvez ajouter des outils optionnels, comme le programme TV, la météo, des cartes, un horoscope, des informations sur le ski, et les résultats sportifs. Bien d'autres développements sont prévus sous forme de pack.

Mon outil favori est **Movies**, affiché à la figure 14.113.

Figure 14.113 Watson sait où j'habite et ne me montre que les théâtres à proximité

Il peut me donner une liste des théâtres, avec leur programme, leur présentation QuickTime, et une description sommaire en cinq secondes. Il ne manque qu'un bouton pour acheter les tickets, mais cela ne saurait tarder.

J'aime aussi **Images** qui permet de chercher des images libres de droit, un peu comme dans AppleWorks. La figure 14.114 illustre ma recherche de machines à écrire : j'en ai trouvé 49 en moins de 10 secondes. Je peux les ouvrir ou les sauvegarder comme je veux.

Le module **Stock** est également sympa pour boursicoter, en gérant votre portefeuille et en proposant de nombreux graphes pour toutes les actions. De même, le **Phone book** est bien plus pratique que l'appel aux services des renseignements, comme le montre la figure 14.115.

Le cerveau : Dan Wood
Informations : **www.karelia.com/watson**
Type : shareware
Coût : 25,52 $

Figure 14.115 Watson rend la recherche d'images rapide et simple sur Internet

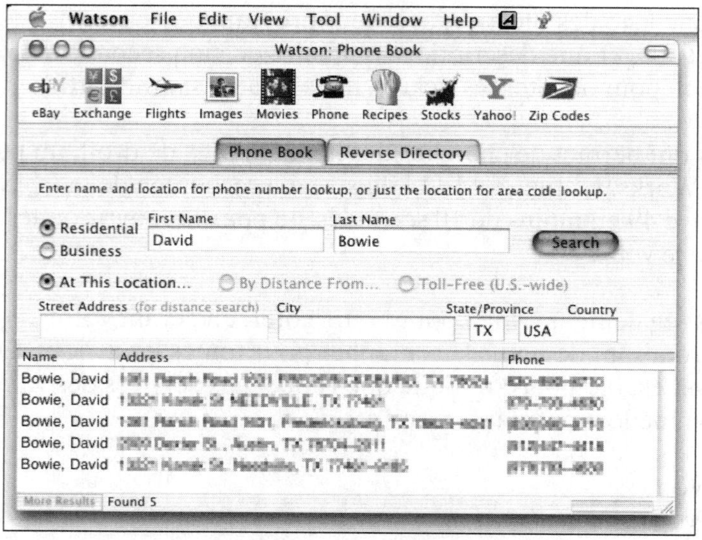

Figure 14.114 Watson a trouvé cinq David Bowies au Texas, mais aucun d'eux ne veut me chanter "Space Oddity"

Who's There Firewall Advisor

Cet outil complémentaire aux serveurs firewell (pare-feu) vous aide à analyser et à réagir quand on essaie d'accéder à votre système, comme le montre la figure 14.116.

Figure 14.116
Le firewall en action

En lisant le fichier journal (log), il vous permet de :

- Voir les tentatives d'accès selon des critères de date ou de niveau de risque
- Analyser ces tentatives et leur dangerosité
- Voir l'adresse IP de l'adresse, son emplacement géographique, et le mail de leur administrateur
- Écrire un e-mail à leur administrateur

Il donne des conseils spécifiques à Mac OS X (onglet **Service Info**) et peut même composer un mail au bon postmaster et le copier dans votre logiciel de courrier. Il a été conçu par le créateur d'AppleShare et de l'implémentation de TCP/IP sur Mac.

Cet outil vous donnera des conseils judicieux en exploitant les données de votre firewall.

Le(s) cerveau(x) : Open Door Networks
Informations : **www.opendoor.com**
Type : commercial (démo limitée)
Coût : 43,12 $

WindowShade X

J'ai parlé de ce logiciel aux chapitres 3, 4, 6 et 9, donc je n'y reviendrai pas trop. Sachez qu'il a changé ma façon d'utiliser Mac OS X, sans doute parce qu'il a été conçu directement sur ce système. Je ne sais pas pourquoi Apple a supprimé la fonction qu'il assume, mais de toute façon elle est mieux effectuée par cet outil.

Le(s) cerveau(x) : Unsanity
Informations : **www.unsanity.com**
Type : shareware
Coût : 6,16 $

X Font Info

En parlant des fonctions qui ont disparu sous Mac OS X, dans les systèmes précédents (du 6 au 9), quand on cliquait sur une police, une petite fenêtre apparaissait pour la prévisualiser. Mais sous OS X, rien ne se passe car aucune application n'est associée. Heureusement, X Font Info répond à cette problématique, gratuitement de surcroît. Il peut afficher les polices non installées et propose plusieurs modes d'ouverture. La plus facile est sans doute de faire glisser une ou plusieurs polices (venant de Suitcase, True Type, OpenType, dfont) sur son icône, ce que je fais à la figure 14.117.

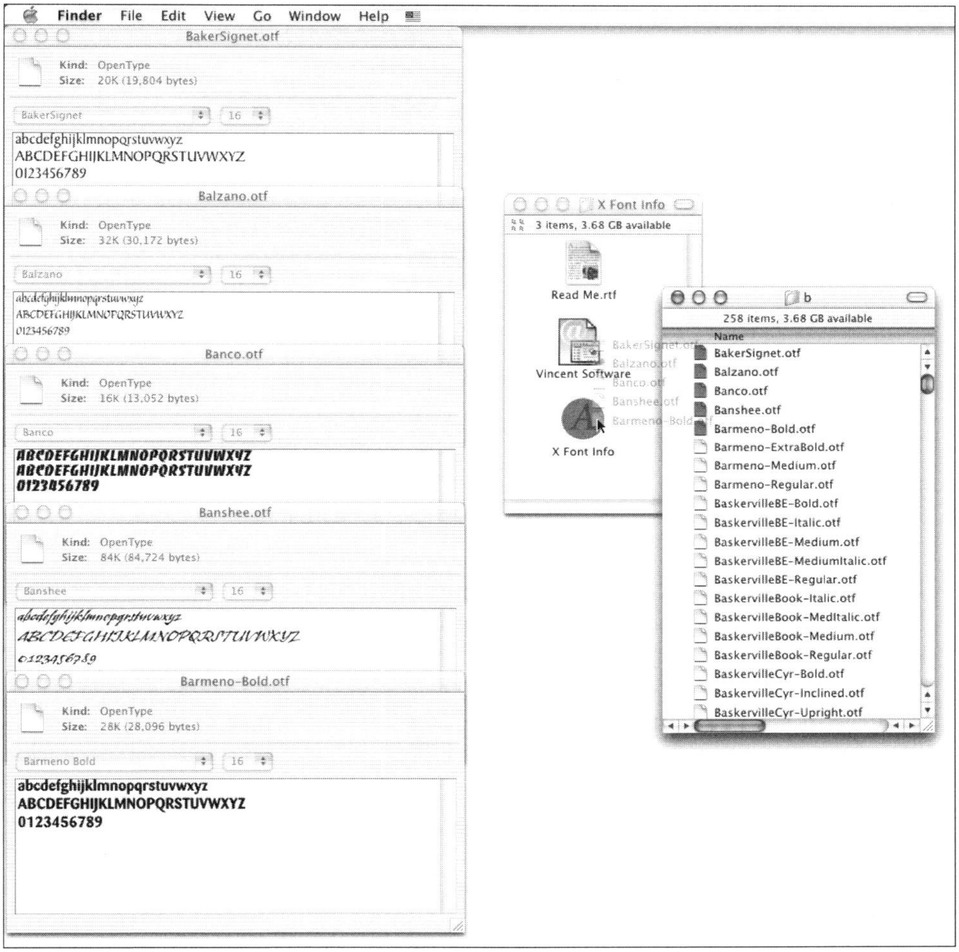

Figure 14.117
Voilà enfin à quoi ressemblent ces polices

On peut aussi lancer X Font Info et ouvrir les polices individuellement, et selon moi la meilleure chose à faire est de le définir comme programme par défaut pour ouvrir les polices. Pour cela, sélectionnez n'importe quelle police, choisissez **Ficher/Lire les infos**, ou Commande+I, ce qui affiche une fenêtre avec un menu pop-up. Choisissez **Ouvrir avec l'application**, puis **Autre** comme le montre la figure 14.118. Explorez votre disque jusqu'à ce que vous trouviez X Font Info, puis faites en sorte que toutes les polices soient ouvertes avec cet outil. Il faudra répéter cette opération pour chaque type de police qui se trouve sur votre disque (True Type, PostScript Type 1, OpenType...).

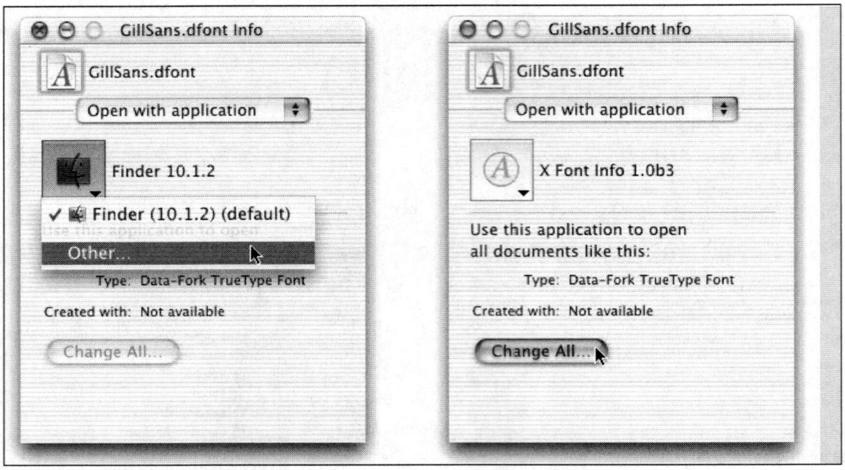

Figure 14.118
Voilà ce qui se passe après l'association des polices à X Font Info

Il y a des exceptions pour cet outil, notamment les polices bitmap, non romanes (Symbol, Zapf Dingbats...), ou celles qui portent le même nom qu'une police déjà ouverte.

Le cerveau : Vincent Jalby
Informations : **http://members.aol.com/vjalby/**
Type : freeware

xFiles

J'en ai déjà parlé en long et en large comme pour les autres arnaqueurs de fichiers. Je ne sais toujours pas lequel est le meilleur entre Super Get Info, xRay, Get Info et BatChmod. Lisez l'encadré *Les arnaqueurs de fichiers* plus avant dans ce chapitre pour en savoir plus. Il permet entre autres de changer le type HFS+ et le créateur, le nom de fichier, le propriétaire Posix, le groupe, la date de modification, les permissions des fichiers que vous faites glisser sur lui. Il intègre aussi un document listant les fichiers de vos volumes et un outil de recherche dans le Catalogue HFS+ pour permettre de le générer.

Ses principales fonctionnalités sont :

- Changer le setuid, setgid et le bit sticky Posix
- Une barre d'outils personnalisable
- Utilisation de Sherlock pour la documentation

Et notez que si vous ne pouvez faire glisser qu'un fichier à la fois dans l'outil listant les fichiers, vous pouvez aussi y faire glisser un dossier entier.

Le cerveau : Brian R. Hill
Informations : **http://personalpages.tds.net/~brian_hill/** or **brianhill@mac.com**
Type : shareware
Coût : 17,6 $

xRay

Il y a beaucoup d'outils de manipulation de fichiers et xRay figure parmi mes grands favoris. Ce que j'aime le plus chez lui, c'est qu'il intègre un menu contextuel, ce qui est encore rare dans les applications Mac OS X, surtout dans les arnaqueurs. Ainsi, je peux obtenir les infos sur un fichier juste en lui cliquant dessus et en appuyant préalablement sur la touche Ctrl (Ctrl+clic).

Remarque **Rivaux**

J'aime aussi le raccourci clavier activant son rival, Super Get Info, ce qui permet la même chose sans recourir à un menu contextuel.

Vous verrez à la figure 14.119 le genre d'information que xRay peut vous offrir.

On peut passer des éléments aux rayons X en les faisant glisser sur l'icône de xRay, celle qu'il met dans le Dock ou directement sur sa fenêtre s'il est actif. Il peut aussi réussir à vider la Corbeille quand le Finder l'interdit pour quelques raisons absurdes. Allez sur le site pour obtenir la version finale.

Le cerveau : Rainer Brockerhoff
Informations : **www.brockerhoff.net/xray**
Type : shareware
Coût : NC

Figure 14.119
On peut éditer trois fenêtres différentes regorgeant d'informations à propos de vos fichiers ou de vos dossiers, avec des Préférences très souples

Zingg

Du même auteur, Zingg est un autre bel exemple de l'utilisation du menu contextuel. Avec un Ctrl+clic sur un fichier, il vous dit quels programmes peuvent l'ouvrir et vous propose une liste. Par exemple, j'avais configuré Corel PHOTO-PAINT pour ouvrir les fichiers TIFF. Mais des fois, quand je veux juste y jeter un coup d'œil, je préfère l'ouvrir avec Preview (Aperçu) plutôt qu'avec cet imposant logiciel. Ainsi, avec le petit menu de Zingg, je peux ouvrir exceptionnellement cette image avec un logiciel différent comme le montre la figure 14.120. J'aime vraiment cet outil, c'est du joli travail, qui de plus est totalement gratuit.

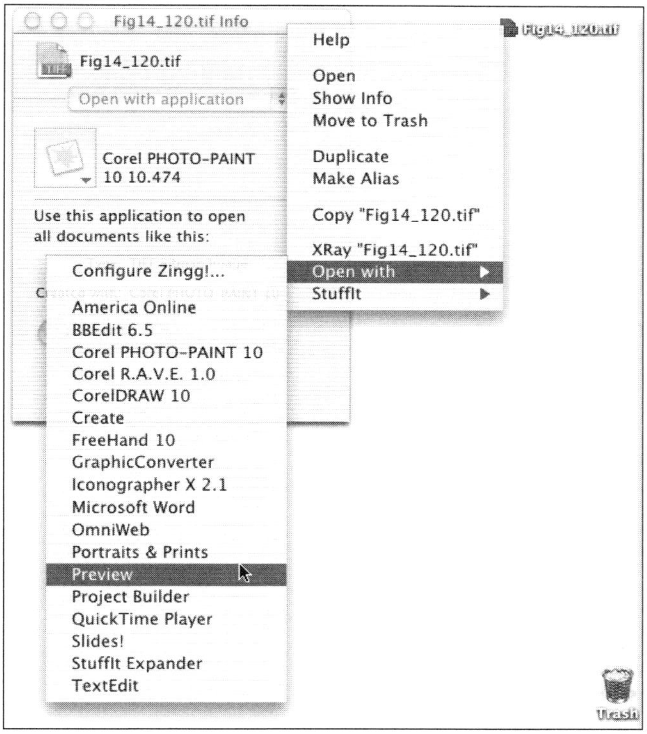

Figure 14.120 Zingg est le meilleur moyen d'ouvrir un document avec une application autre que celle qui lui est normalement associée

Le cerveau : Rainer Brockerhoff
Informations : **www.brockerhoff.net/zingg**
Type : freeware

Astuces d'utilisateurs avertis

Quand j'ai commencé ce livre, je savais qu'il y avait peu de chances que je me souvienne de toutes les choses que j'avais apprises sur le Mac depuis des années. Alors j'ai appelé mes amis et toutes les personnes qui avaient un Mac et un modem à la rescousse.

Comme je le disais au chapitre 5, aller chercher de l'information en ligne est la meilleure chose après l'invention du pain en tranche. Et comme les gens qui sont sur le web sont fantastiques et connaissent plein de choses, je leur ai demandé un coup de main.

J'ai donc envoyé un message sur mes sites web favoris (voir chapitre 5) et je l'ai publié sur mon site web. Je leur promettais "un exemplaire gratuit de mon livre et plus ou moins 15 minutes de gloire".

Après avoir décliné mon identité, décrit mon implication dans la communauté Mac, dans le journalisme et l'écriture d'ouvrages, je leur ai demandé de m'envoyer leurs astuces, leurs coups de cœur, avec illustrations à l'appui, et de les signer de leur nom en vue d'une publication dans ce livre.

Je m'attendais à recevoir quelques astuces, mais pas les 200 qui arrivèrent durant les deux mois qui suivirent. Il y en avait beaucoup que je ne connaissais pas et d'autres que j'avais oubliées. Ce chapitre sera donc différent des autres, avec des trucs et astuces répartis dans différentes catégories, signés de leurs auteurs, avec mes commentaires en italique et d'éventuelles illustrations.

Comme il y avait beaucoup de petits bijoux et peu de déchets, je vous suggère de tout lire car, même si dans l'immédiat l'information ne semble pas vous intéresser, elle vous sera sans doute utile ultérieurement.

Voici les trois grandes catégories :

- Applications
  - Finder
  - Applications
  - Classic
- OS X
  - Dépannage
  - Réseau et connectivité
  - Impression
- Bidouillage
  - Terminal et Unix
  - AppleScript
  - Pot-pourri

Vous pourriez penser que cette classification est contestable, car certaines astuces pourraient aller dans Mac OS X plutôt que dans le Finder, mais j'ai essayé de les placer dans la catégorie la plus appropriée.

Remarque **Titraille**

N'en voulez pas aux auteurs pour les titres des astuces qui ne sont pas toujours du meilleur goût. J'en suis l'auteur, même si c'est dur à admettre.

C'est de loin la partie la plus intéressante du livre, grâce aux contributions de tous ces gens sur Internet. Je tiens, avant de commencer, à prendre le temps de les remercier, sachant que leur exemplaire du livre autographié leur a été posté.

Voici donc ce que les experts veulent vous faire savoir.

Applications

Cette partie traite des logiciels spécifiques dont le Finder et Classic.

Finder

Voilà tout ce qu'il faut savoir sur ce programme que vous aimez tant : le Finder.

Fenêtre : plus intelligente que jamais

Dans le Finder, vous pouvez sélectionner un groupe de fichiers, puis ouvrir une ou plusieurs autres fenêtres et en sélectionner d'autres, mais quand vous revenez à la première la sélection est toujours active.

Aaron Lynch

N'est-ce pas cool ? En plus, je ne pense pas en avoir parlé. Merci chef !

La vérité sur la roulette

Mac OS X reconnaît les souris à deux boutons avec une roulette de défilement intégrée. C'est un must. L'une de mes fonctions cachées favorites est de pouvoir faire défiler les différents panneaux de la fenêtre **Afficher les infos**.

Don Fuller

Vous verrez à quoi ça ressemble à la figure 15.1. Avec le premier clic de la roulette, on passe de l'information générale aux noms et extensions. Le second clic active Ouvrir avec l'application *et le troisième affiche l'Aperçu. Oui, ce n'est pas grand-chose mais c'est super, surtout sans driver spécifique.*

Figure 15.1
Chaque clic de la roulette sélectionne un élément différent de ce menu

15

L'option de classement des fichiers par date

Contrairement à OS 9, Mac OS X ne contient pas de menu pour le classement par date. En revanche, vous pouvez arriver au même effet avec les options de visualisation (Commande+J) et le classement par date qu'il propose.

James Meiss

N'oubliez pas de cliquer sur Uniquement cette fenêtre (voir figure 15.2), sinon cela s'appliquera à toutes les fenêtres en mode de Visualisation par icônes. Quand vous avez fini, cliquez sur Aucun*, à moins que vous ne vouliez que les icônes soient affichées par ordre alphabétique.*

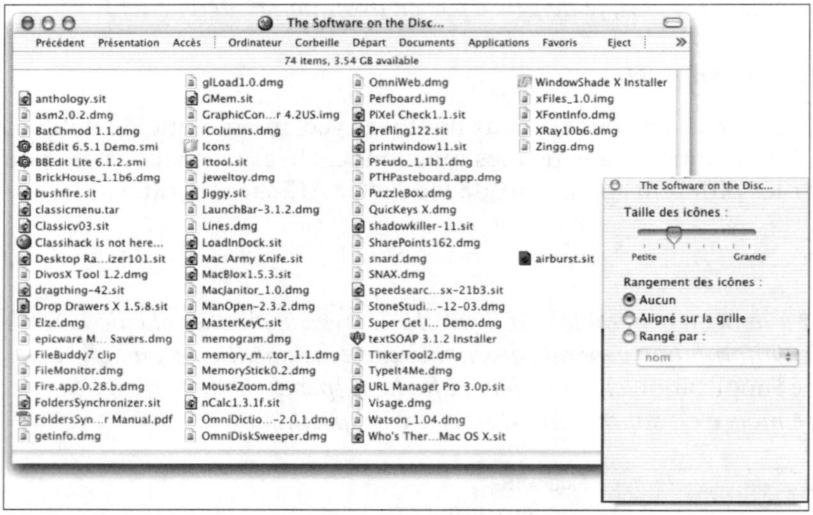

Figure 15.2
Classement des fichiers

Quand les icônes sont déglinguées

Il semble qu'il y ait un bogue dans OS X 10.1 quand vous changez les icônes de vos disques (ce qui ne marchait pas dans la 10.0). En collant l'icône sur le lecteur (**Afficher les infos**, Commande+I), vous obtenez souvent une icône vide. Il faudra fermer et redémarrer une session pour qu'elle apparaisse. On trouve les meilleures icônes sur **www.iconfactory.com**.

James Meiss

Oui, ça m'est déjà arrivé. C'est bien de savoir qu'il faut redémarrer pour que ça marche. Et bien sûr, je suis d'accord pour ce site très sympa pour piocher des icônes.

Tirer profit de l'effet de magnification du Dock

Je n'aime pas trop l'effet de magnification du Dock, mais il est assez pratique quand il contient beaucoup d'icônes, qui sont alors très petites. Voici comment je procède. Je détermine la taille que je veux pour le Dock et je choisis un effet légèrement plus petit. Ainsi, en temps normal, l'effet est moindre, mais dès que le Dock est plein, l'effet devient fort utile.

Marshall Pierce

Comment trouver le fichier correspondant à une icône du Dock

En maintenant la touche Commande enfoncée, si vous cliquez sur une icône du Dock, l'élément correspondant dans le Finder sera affiché. Par exemple, Commande+clic sur iTunes affichera son dossier.

Rick

Faciliter la recherche rapide par les favoris

Si vous n'aimez pas passer votre temps à parcourir les dossiers à la recherche de vos applications et éléments les plus fréquemment utilisés, ouvrez une fenêtre du Finder (Commande+N) et faites glisser ces éléments (fichiers, programmes, documents, dossiers...) sur l'icône *Favoris* (cœur) dans la barre d'outils. Et voilà. Ils seront tous à portée de main, où que vous vous trouviez sur le disque. Vous pouvez également les placer dans le Dock en y faisant glisser l'icône de leur dossier (situé dans ~/*Library*).

Frank Farwell

Et bien sûr n'oubliez pas que vous pouvez accéder à ces favoris par le menu Aller *du Finder ou le raccourci* Commande+Option+F comme le montre la figure 15.3.

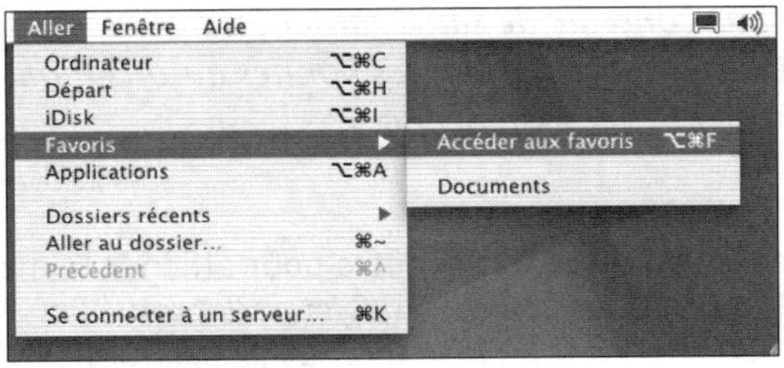

Figure 15.3
N'oubliez pas d'aller aux favoris par le menu ou le raccourci clavier

Éditer les raccourcis clavier dans les fichiers .lproj des applications

Pour éditer les raccourcis du clavier, ouvrez le fichier */System/Library/CoreServices/Finder.app/Contents/Resources/English.lproj/Localized.rsrc*.

Avec l'éditeur BBEdit Lite, vous pourrez trouver parmi les données celles du menu Finder, dont *Show original R* (voir figure 15.4). Si vous changez le R par une autre lettre, vous obtenez un nouveau raccourci pour cet élément du menu Finder. Pour toute langue autre que l'anglais, il faut ouvrir le bon fichier dans le dossier *language .proj* correspondant. Par exemple, pour l'allemand ce sera : */System/Library/CoreServices/Finder.app/Contents/Resources/German.lproj/Localized.rsrc*, et il faudra chercher *Original zeigen R*. Et cela s'applique à tous les autres programmes qui utilisent les fichiers *.proj* pour stocker leurs interfaces.

Lucas Mathis

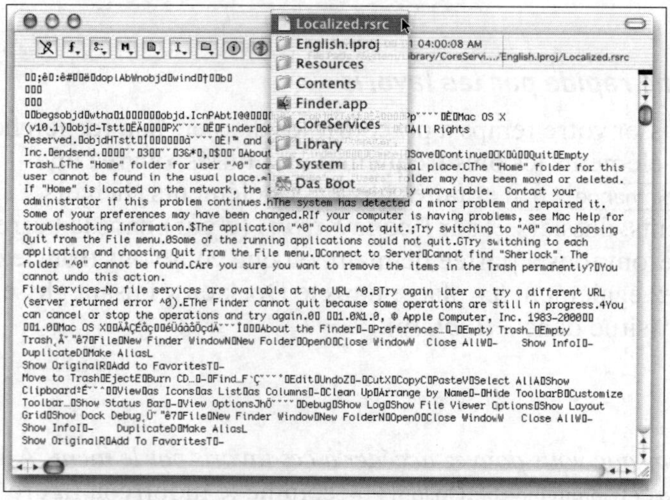

Figure 15.4
Le fichier de Localized.rsrc avec Show Original R sélectionné

Bien... cette astuce est délicate. Je vous conseille de sauvegarder les fichiers .proj originaux avant de les modifier. De plus, il vous faudra les bonnes autorisations (root) pour modifier un fichier dans le dossier CoreServices.

Remarque **Commande+clic**

J'utilise [Commande]+[clic] sur la barre de titre de la fenêtre pour afficher le menu déroulant qui montre le chemin d'accès au fichier, ici */System/Library/CoreServices/Finder.app/Contents/Resources/English.lproj/Localized.rsrc*.

Les noms de fichier longs sur le bout des doigts

Si vous ne pouvez voir le nom complet d'un fichier et si vous ne voulez pas attendre qu'il apparaisse, mettez le curseur au-dessus et appuyez sur [Option]. Le nom complet apparaîtra (voir figure 15.05). Cela ne marche que si la fenêtre de son dossier est active ou si le fichier est sur le Bureau.

Lucas Mathis

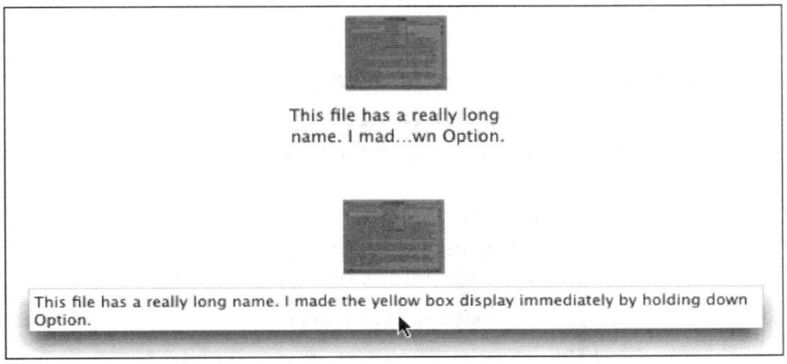

Figure 15.5
Un nom de fichier long avant de cliquer sur Option (haut), et après (bas)

Comment forcer le Dock à ouvrir un document

Si vous ne pouvez pas faire glisser un document sur l'icône d'une application du Dock car elle n'en accepte pas l'extension ou le type, utilisez [Commande]+[Option] avant de faire glisser le document pour la forcer à l'ouvrir.

Lucas Mathis

Je ne savais pas que cela pouvait marcher. Mais n'oubliez pas qu'au chapitre 8 je disais que toute application ne pouvait pas ouvrir tous types de documents. Par exemple, l'ouverture d'un JPEG dans Excel affiche plein de caractères de contrôle (voir figure 8.13).

La Corbeille dans la barre d'outils

Que se passe-t-il si vous voulez faire un alias de la Corbeille sur le Bureau ? Elle est dans le Dock, cela ne pose pas de problème, mais je fais une simple supposition. Apparemment c'est impossible. Vous pouvez toujours tenter d'en faire un avec le répertoire *.Trash* de votre dossier de départ, puis de le renommer dans y mettre un point et retirer le bit invisible. Vous avez donc un alias de votre Corbeille personnelle, qui ne contiendra pas forcément tous les éléments qui sont dans la Corbeille principale. Mais ce n'est pas bon, car si la

Corbeille est vide, Mac OS X retirera le fichier *.Trash*, ce qui rendra impossible l'utilisation de votre alias, devenu caduque.

On ne peut pas faire glisser l'icône de la Corbeille en dehors du Dock, mais dans sa fenêtre, vous pouvez faire glisser sa petite icône, non pas sur le Bureau, mais dans la barre d'outil des fenêtres du Finder. C'est mieux que rien. Et vous pouvez toujours utiliser des logiciels pour simuler une corbeille sur le Bureau.

Lucas Mathis

Plusieurs programmes peuvent effectivement créer une corbeille sur le Bureau. J'utilise DragThing mais il y en a au moins une douzaine d'autres. La figure 15.6 montre comment faire glisser la Corbeille dans la barre d'outils.

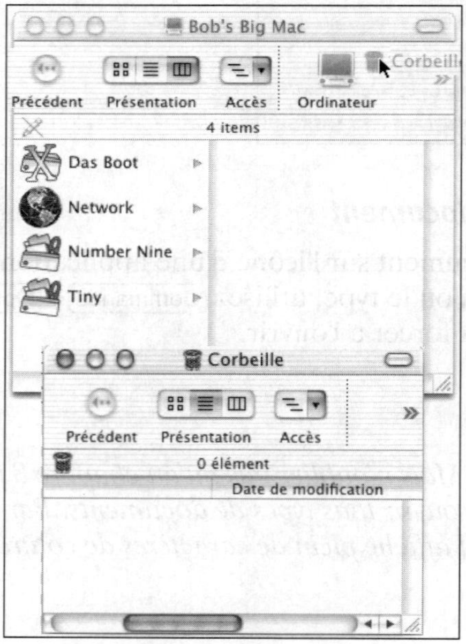

Figure 15.6
Faites glisser l'icône apparaissant dans la fenêtre Corbeille dans la barre d'outils d'une fenêtre du Finder

Revenir d'une application à l'autre dans le Dock

Dans le Dock, pas mal de gens savent qu'on peut passer d'une application à une autre avec [Commande]+[Tab], de la gauche vers la droite. Mais si vous appuyez sur [Commande]+[Shift], cela le fera dans le sens inverse.

Blair Anderson

La façon la plus rapide de voir les dossiers invisibles

Si vous appuyez sur [Commande]+[~] quand une fenêtre de Finder est active, une boîte de dialogue apparaît et vous permet d'aller plus bas dans l'arborescence des répertoires. Pour aller plus bas qu'un niveau, il faut fournir un chemin d'accès complet à partir du point de départ. C'est une bonne façon d'entrer dans les dossiers invisibles sans avoir besoin de changer leurs attributs de visualisation. Essayez sur votre disque d'entrer dans */etc* ou */bin*.

David Muszynski

Vous en savez des choses ! Je vous l'avais montré au chapitre 3 avec le menu Aller/Dossier*, mais en négligeant cet aspect qui rend effectivement l'accès aux dossiers invisibles plus rapide, pour peu que l'on connaisse leur nom et leur emplacement. La figure 15.7 l'illustre.*

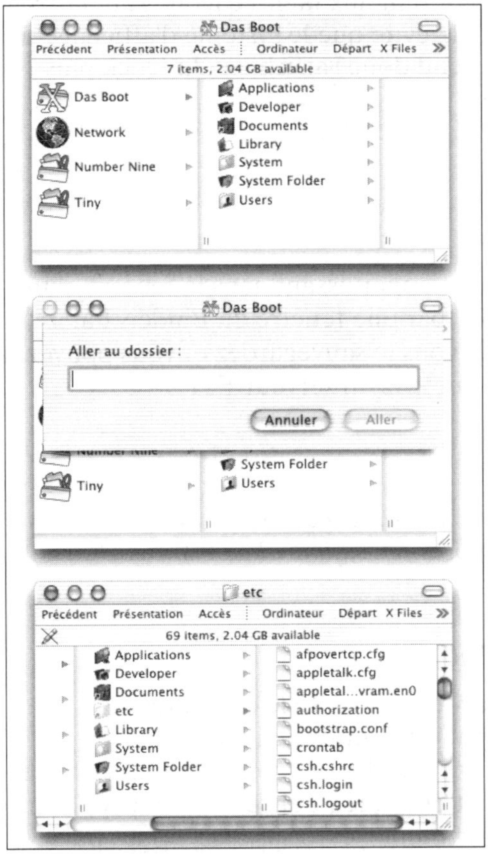

Figure 15.7
Une façon de voir les dossiers invisibles

15

Une icône du disque dans le Dock

L'un des outils de navigation les plus cools est de faire glisser l'icône d'un disque dans la partie document du Dock. Vous pouvez alors naviguer en utilisant jusqu'à cinq niveaux de profondeur, en faisant un Ctrl+clic (ou clic prolongé) sur cette icône.

Kem Tekinay

Apparition de Dock plus rapide

Si vous avez choisi de masquer automatiquement le Dock, il y a une façon de le faire réapparaître plus rapidement. Pour cela, il faut le redimensionner, non dans les Préférences système mais à la main, en plaçant le curseur sur le séparateur entre les applications et la Corbeille. Maintenez le bouton de la souris enfoncé, et quand vous déplacez le curseur vers le haut ou le bas, le Dock ne se redimensionnera qu'en recourant aux tailles d'icône standards, comme les formats 16x16 ou 32x32. Cela évite que le système d'affichage ne les dimensionne proportionnellement et rend donc l'affichage du Dock plus instantané.

Rusty Little

Faire glisser les petites icônes

Vous pouvez employer les petites icônes apparaissant dans la fenêtre d'un fichier en cours d'édition, sans repasser par une fenêtre du Finder. Par exemple, en éditant un fichier HTML, vous le sauvegardez et vous pouvez faire glisser sa petite icône de la barre de titre vers un serveur FTP.

Olivier Lebra

Oui, j'utilise cette astuce tout le temps. Cette petite icône porte même le nom de proxy. On peut les déplacer à partir de documents ou de dossiers. Souvenez-vous-en, c'est si pratique.

Trois extensions de Commande+Tab

J'ai découvert qu'il y avait plusieurs façons d'étendre le raccourci Commande+Tab. Par exemple, vous pouvez quitter un logiciel avec Commande+Tab dans le Dock, puis sans relâcher la touche Commande, pressez sur la touche Q. C'est particulièrement pratique pour fermer une application en arrière-plan. De même, vous pouvez employer Commande+Tab, puis

Commande et la touche H pour cacher un des logiciels d'arrière-plan. Quand vous relâcherez la touche Commande, le programme réapparaîtra. C'est idéal pour vérifier quelque chose derrière une grosse fenêtre.

Andrew Dunning

Astuces de Finder à la pelle

- Commande+glisser pour réarranger les menus système ou retirer l'un d'entre eux (en le faisant glisser hors du menu système avec la touche Commande enfoncée).
- Vous pouvez ajouter l'état d'Airport, de la batterie, du volume, de l'affichage ou de la connexion Internet PPP à partir de leurs Préférences système.
- Vous pouvez manuellement ajouter des éléments au menu en les faisant glisser du répertoire */System/Library/Menu Extras*.
- Les colonnes du mode de visualisation du Finder sont redimensionnables en utilisant le bouton situé en bas de chacune. En appuyant sur Option, vous pourrez en modifier qu'une seule. Si vous double-cliquez sur ce même bouton, cela ajustera automatiquement les colonnes en fonction du nom de fichier le plus long (et cela ne s'appliquera qu'à une seule colonne si vous appuyez en même temps sur Option).
- Cachez l'extension d'un fichier donné avec la case à cocher *Cacher extension* de la fenêtre **Afficher les informations/Nom et extensions**. Choisissez dans les Préférences du Finder **Afficher toutes les extensions** pour l'appliquer à tous les fichiers.
- Utilisez le copier-coller pour copier des éléments, fichiers, dossiers ou autres entre plusieurs endroits, ce qui est possible dans une seule fenêtre.
- Pour vider la Corbeille, il est possible de désactiver le message de confirmation dans les Préférences du Finder, message que vous pouvez désactiver avec la touche Option, laquelle permet également d'effacer des fichiers verrouillés.
- Choisissez entre *Ordinateur* et *Départ* pour l'emplacement par défaut des nouvelles fenêtres dans les Préférences du Finder.
- L'Aperçu dans le mode de visualisation par colonnes est inactif pour les volumes distants (afp, nfs, wbdav...) et pour tout fichier supérieur

à 500 Ko, cela pour des raisons de performance. Mais on peut toujours disposer de l'Aperçu dans le menu de la fenêtre **Afficher les informations**.

- Cliquer avec Shift enfoncé sur le bouton de la barre d'outils dans la barre de titre activera le panneau de personnalisation de la barre d'outils.
- Les options de visualisation du Bureau (Présentation, Taille d'icône...) sont également disponibles par Commande+J.
- Vous pouvez maintenant trouver les fonds d'écran du Bureau dans les Préférences système.
- Pour voir le contenu d'un package de logiciel, cliquez avec la touche Ctrl enfoncée sur son icône, et par le menu contextuel choisissez **Afficher le contenu du package**, ce qui fera apparaître une nouvelle fenêtre.

David Murphy

Sélectionner une fenêtre dans le Dock

Une astuce non documentée de Mac OS X consiste à utiliser Ctrl+clic ou le clic droit de la souris sur une icône, ce qui permet de sélectionner une fenêtre particulière d'une application plutôt que l'application elle-même.

James Flores

Il n'y a pas forcément besoin d'utiliser la touche Ctrl, même si cela est plus rapide que de cliquer sur une icône d'une des applications du Dock, comme le montre la figure 15.8.

Figure 15.8
Choisir une fenêtre spécifique plutôt que l'application dans le Dock, pour ensuite tomber sur la fenêtre de premier plan

Comment créer et imprimer la liste du contenu d'un dossier

Par exemple, si vous avez 147 éléments dans un dossier et si vous voulez en créer une liste, utilisez le Finder pour Tout sélectionner, puis choisissez Copier 147 éléments dans le menu **Edition** ou dans le menu contextuel. Vous pouvez maintenant ouvrir un éditeur de texte ou un traitement de texte et choisir de les coller. À défaut de coller leurs données ou leurs icônes, cette fonction ne placera que leurs noms dans une liste.

Denis Colautti

Applications

Cette partie concerne aussi bien les logiciels Apple que d'autres provenant de différentes sources.

BBEdit

Cela s'applique à la version 6.5 commerciale et non à la version Lite. Quand vous avez la boîte de dialogue **Open** (ouvrir) à l'écran, choisissez Commande+A pour sélectionner tous les fichiers du dossier courant (sans les répertoires ou les fichiers non gérés).

Aaron Lynch

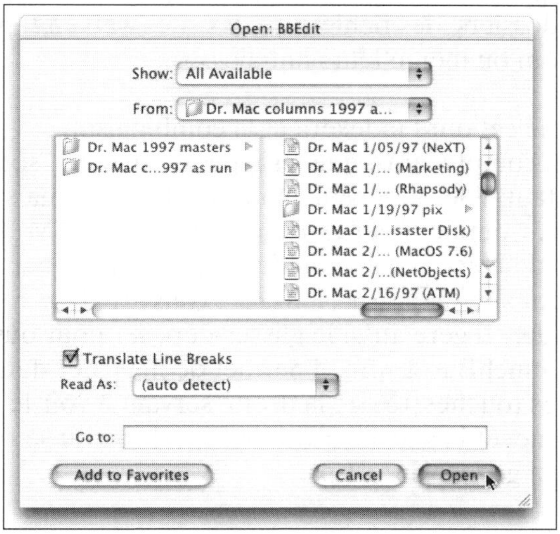

Figure 15.9
On peut tout sélectionner à l'ouverture dans BBEdit

Paix et harmonie entre deux versions d'iTunes

Comme les versions Mac OS 9 et Mac OS X de iTunes utilisent le même nom de fichier *iTunes Library* pour stocker leurs playlists, vous pouvez vous retrouver avec deux fichiers playlist dont les changements ne sont pas synchronisés.

Pour y remédier, il faut trouver le fichier *iTunes Library* dans la partition Mac OS X (dans le dossier *iTunes Music* ou dans le dossier *Documents* de *Départ*) en le remplaçant par un alias vers le même fichier dans votre version Mac OS 9. Maintenant, quand vous changez quelque chose dans une playlist, quand vous en ajoutez une ou que vous importez de nouvelles chansons dans l'une des versions de iTunes, les changements seront répercutés de toute part.

Sylvain F. Milet

Je suis allé plus loin. Mon dossier principal de iTunes est dans le répertoire Documents sur mon disque Mac OS 9, comme tous mes fichiers personnels. J'ai mis à la Corbeille le dossier Documents dans Départ de Mac OS X et je l'ai remplacé par un alias vers Documents sur mon disque Mac OS 9. Ainsi, qu'il s'agisse de iTunes ou d'autres applications, je n'ai qu'un dossier pour mes Documents.

Amoureux de LaunchBar

J'ai découvert un utilitaire, LaunchBar, pour Mac OS X, lequel apparaît dans n'importe quelle application en appuyant sur Commande+Echap, permet de lancer des logiciels, d'ouvrir des dossiers, des fichiers ou des sites web en tapant leurs noms, des parties de leur nom ou même leurs initiales.

Vous choisissez les répertoires que cet outil indexera et la combinaison d'éléments qu'il devra prendre en compte, ainsi que les types de fichiers "sons", "documents MS Office"... Par défaut, il les indexera en mode Récursif, mais peut se contenir à un dossier seul. Comme il sait extraire de fichiers HTML les liens et les e-mails, il est possible de lancer un site ou de créer un mail pour l'un de vos amis. En outre, en appuyant sur Commande+Retour, vous affichez l'élément sélectionné dans le Finder. Il gère aussi le glisser-déposer pour ouvrir un document sélectionné dans LaunchBar. Enfin, il permet de naviguer dans l'arborescence des fichiers avec les touches flèche, la droite servant à voir le contenu d'un répertoire sélectionné, et la gauche à voir le répertoire où se trouve un élément donné. De quoi gagner du temps.

Michael Brunswick

Amoureux de LaunchBar Redux

Je suis un adepte de ce genre d'outils et je considère LaunchBar comme le meilleur. Commande+Echap l'active ou tout autre raccourci de votre choix.

Il voit la façon dont vous abrégez les choses et la prend en compte, par exemple IE pour Internet Explorer.

Il se distingue des autres en plusieurs points :

- Il ne vous demande pas de configurer manuellement les fichiers à montrer (cela peut être un dossier ou tout fichier de votre choix).
- Il ne prend aucune place à l'écran avant d'être appelé.
- Il est rapide.

Son slogan, "Gardez les mains sur le clavier", est une bonne chose quand on écrit beaucoup et que l'on ne veut pas quitter sans cesse le clavier pour la souris et faire telle ou telle opération dans le Dock.

Marshall Pierce

Il fait plein d'autres choses, et comme le confirmaient d'autres contributions que je n'ai pas publiées, c'est un outil très apprécié, par moi le premier.

Changer la couleur des boutons dans Internet Explorer

Si vous utilisez Ctrl+clic sur l'un des boutons d'Internet Explorer, cela change toute leur charte graphique de couleurs.

Aaron Lynch

Astuces pour l'application Mail standard

Pour afficher des photos de gens dans Mail.app :

1. Créez une image de 64 x 64 pixels (TIFF, JPEG ou toute autre gérée par AppKit). Elle peut être plus grande ou plus petite, mais sera automatiquement redimensionnée à ce format ; ainsi elle sera plus belle si vous la redimensionnez directement dans un logiciel graphique.
2. Nommez-la en respectant le modèle *adresseemaildelapersonne.tiff ;* même si elle n'est pas en format TIFF, cela marchera.
3. Mettez-la dans votre dossier de Départ *~/Library/Images/People/*.

Maintenant, quand ils vous envoient un mail, leurs images apparaissent en haut à droite.

- L'utilisation de [Option]+[Efface] effacera un message sans sélectionner automatiquement le message suivant.
- Le fait de double-cliquer dans le séparateur de la fenêtre de visualisation va automatiquement mettre le séparateur vers le bas, et un nouveau double-clic restaurera la position. Quand le séparateur est en bas, les messages cliqués ne s'affichent plus et leur statut non lu est préservé, ce qui est pratique pour transférer ou effacer des messages rapidement. De même, si vous double-cliquez sur l'un d'entre eux, il s'affichera dans une interface spécifique, un peu comme Claris Emailer.
- Utilisez la touche [Commande] pour cliquer sur les icônes de la barre d'outils de Mail pour passer du mode Icône et texte à celui avec les icônes seulement ou le texte uniquement.
- Dans Mail et dans toutes les applications Cocoa, vous pouvez réarranger les icônes de la barre d'outils en maintenant la touche [Commande] et en les déplaçant à votre guise, y compris en les sortant de la barre d'outils pour les supprimer.
- [Commande]+[3] copie le style de police avec le texte sélectionné, [Commande]+[4] appliquera ce style à une nouvelle sélection, ce qui marche dans Mail et toute application Cocoa.
- Vous pouvez justifier à droite la signature même si le menu **Format** est inactivé quand l'éditeur de signature est ouvert. L'astuce consiste à créer la signature dans TextEdit et de la copier-coller dans l'éditeur de signature de Mail. N'ajoutez pas d'autres enrichissements par ce biais car ils ne seront pas supportés par Mail.

David Murphy

Je suis content de cette contribution car j'ai à peine parlé de Mail (j'utilise Entourage), et de plus je ne connaissais pas une seule de ces astuces.

Sherlock plus fiable dans Classic

Sherlock sous Mac OS X ne rapporte pas forcément le vrai emplacement des fichiers, surtout s'ils sont dans des fichiers invisibles. Par exemple, si vous prenez une capture de la fenêtre de connexion et si vous vous connectez, une recherche de "Picture 1" dans Sherlock ne trouvera pas ce fichier. Avec une recherche personnalisée prenant en compte les fichiers invisibles, il le localisera dans */Desktop/*, répertoire qui n'existe pas. Avec Sherlock pour Classic, la recherche du même fichier donnera le bon emplacement, qui est

/private/var/root/Desktop/. Les utilisateurs administrateurs pourront alors employer le menu **Aller/Dossier** pour obtenir le contenu de ce dossier.

Sean McNamara

PTHPasteboard est fantastique

Il y a un merveilleux freeware qui justifie que je passe plus de temps sous Mac OS X que sous Mac OS 9 : PTHPasteboard.

Je ne comprends pas pourquoi Apple n'a toujours pas implémenté ces fonctionnalités en standard dans ses différents OS. Quand on copie quelque chose, cet utilitaire le met dans son pasteboard, qui peut contenir un nombre personnalisable de mémoires (20 par défaut). Par la barre des menus ou le menu **Services**, vous pourrez coller l'élément souhaité aussi bien dans un document texte que dans les champs URL de votre navigateur web. Par exemple, en voyant votre mail (appel à contribution), j'ai copié consécutivement votre e-mail, votre demande et les éléments à respecter dans la réponse puis, activant mon logiciel de mail, j'ai composé le mail en copiant à la suite les bons éléments.

Denis Colautti

Oui, c'est un excellent logiciel dont je parle aux chapitres 9 et 14

Voir des documents Word sans Word

Bien que je n'utilise pas Word, beaucoup de gens m'envoient des documents dans son format *.DOC*. Il y a un freeware nommé DOCtor qui les convertit en PDF ou en PS et qui est téléchargeable sur **www.stone.com**. De même, vous gagnez à vous procurer le logiciel PStill du même éditeur, ainsi que le programme GhostView sur **www.kiffe.com/macghostview.html**. Ainsi, vous pourrez visualiser les fichiers de DOCtor sous Mac OS X en les faisant glisser sur GhostView ou PStill.

Lucas Mathis

Classic

Cette partie traite de toutes les astuces et techniques concernant l'environnement Classic.

Lancement rapide de Classic dans le Dock

Pour mettre une icône de lancement rapide de Classic dans le Dock, vous avez deux options au choix :

- Ouvrez le dossier */System/Library/CoreServices/* et faites glisser l'icône *Classic Startup* dans le Dock.
- Quand Classic se charge, faites glisser son icône de son emplacement par défaut dans une autre partie du Dock. Elle y restera une fois le lancement terminé.

Sean McNamara

On peut obtenir le même effet avec le freeware Classic qui a pour avantage supplémentaire d'afficher son icône en vert quand Classic est effectivement actif.

Partager les informations d'Internet Explorer entre Mac OS X et 9

Vous pouvez partager les signets, les historiques de navigation et de téléchargement entre les versions X et 9 d'Internet Explorer, cela en utilisant les alias des fichiers correspondants. Vous avez le choix pour déterminer laquelle des versions servira d'original. Si c'est la version Classic, il faudra créer des alias des fichiers dans */System Folder/Preferences/Explorer* et les placer dans le sous-répertoire */Library* de votre dossier de *Départ*. Vous ne pouvez créer d'alias sur le dossier proprement dit, mais sur les éléments qu'il contient. Malheureusement, vous ne pouvez pas partager les Préférences de ces applications, car elles sont maintenant stockées dans le dossier *.com.apple.internetconfig.plist* du dossier de Préférences des utilisateurs sous Mac OS X.

Sean McNamara

Accélérer le lancement de Classic

C'est une adaptation d'une ancienne astuce pour accélérer le chargement du Système 9. Parfois quand Classic démarre, juste à la fin de la procédure, il y a un laps de temps d'inactivité (2 secondes environ). C'est à cause de l'index qu'OS 9 constitue pour tous les fichiers, dossiers, serveurs, favoris ou alias fraîchement référencés dans le menu **Pomme**. En les retirant, cela supprime ce temps d'attente et change vraiment la rapidité du chargement de Classic.

Michael Kaye

Excellent conseil. Je connaissais cette astuce pour OS 9 mais je n'avais pas pensé à l'appliquer à Classic. C'est bien plus performant après avoir épuré le menu Pomme *de tout alias dans le dossier du système.*

Deux Dossiers système valent mieux qu'un tu l'auras

Mon astuce est quelque peu audacieuse mais elle correspond à un vécu.

Pour réduire le temps d'attente au lancement de l'environnement Classic dans Mac OS X, installez deux copies de Mac OS 9 en utilisant, dans l'idéal, des partitions ou des disques séparés, histoire de simplifier les choses. Dans l'un des Dossiers système, choisissez de ne retenir que les extensions requises pour Classic, ce qui implique de retirer les pilotes (par exemple, support USB) ou encore des gestions particulières comme pour les utilisateurs multiples. Avec l'autre Dossier système, vous pouvez recourir à une installation normale pour un démarrage classique d'OS 9. Le seul inconvénient de cette méthode est d'impliquer la coexistence de deux dossiers de Préférences, mais un simple script AppleScript peut avec un peu de réflexion résoudre ce problème, en utilisant les dossiers de démarrage et d'extinction d'OS 9 pour synchroniser ou non les dossiers de Préférences, selon vos besoins.

Steve Massey

J'en avais parlé au chapitre 6. De plus, le fait d'avoir deux OS 9, dont un complet sur un disque séparé, permet avec la touche Option *au démarrage de choisir au vol votre système préféré, Mac OS X ou OS 9.*

OS X

Voici plein de conseils sur notre système préféré. Une prochaine partie parlera aussi de dépannage avec le Terminal et Unix, mais celle qui suit n'implique pas son utilisation.

Dépannage

Je ne m'y connais pas vraiment en dépannage, et il y a ici beaucoup d'excellentes techniques de réparation, pour la plupart inédites.

L'aventure des Préférences oubliées

Parfois, Mac OS X ne se souvient plus des Préférences. J'ai notamment passé un très mauvais moment en ayant les Préférences d'Ouverture perdues, avec toutes les applications qu'il fallait lancer au démarrage.

La solution consiste à :

1. Établir à nouveau les Préférences système incriminées.
2. Quitter ces Préférences système.
3. Aller à la chasse aux fichiers de Préférences dans *~/Library/Preferences* (dans mon exemple *apple.loginwindow.plist* ou *loginwindow.plist*).
4. Verrouiller ces fichiers avec la fenêtre **Afficher les informations**.

Notez qu'il faudra les déverrouiller pour effectuer plus tard d'éventuels changements. Le fait de déplacer ces fichiers dans la Corbeille peut aussi résoudre ce problème...

Tony Silva

Vous pouvez aussi faire une sauvegarde de ces fichiers de Préférences et les restaurer en écrasant les mauvais, si ces derniers posent problème, ce qui permet de ne plus s'ennuyer avec l'histoire des verrous, comme je le disais au chapitre 8.

Restaurer une application défectueuse à partir d'une image de CD

Quand on installe Mac OS X, on s'attend au fin du fin et c'est le cas, principalement. Mais, des fois, chemin faisant, les choses se gâtent. Par exemple, Internet Explorer peut quitter sans raison et de façon répétitive. Vous aurez beau essayer toutes les astuces de dépannage, supprimer les fichiers de Préférences vérolés, etc., cela ne marchera pas. Comment faire ?

Avec Mac OS Classic, je procède à une réinstallation avec le CD original ou je remplace la mauvaise application par une nouvelle, téléchargée sur Internet. Mais ce n'est pas le cas de toutes les applications qui sont par défaut logées dans le répertoire */Applications/*.

Vous pouvez prendre les trois ou quatre CD de restauration et relancer le processus initial de restauration, ce qui reformate votre disque au préalable..., un peu violent pour juste un petit logiciel qui ne marche pas.

Voici ce que je suggère de faire :

1. Créez un répertoire (par exemple */Users/Shared/mosx* ou quelque chose de semblable).
2. Copiez l'image disque de tous les fichiers sur chacun des CD de restauration dans ce dossier.
3. Montez ensuite l'image, en l'appelant comme *LeDisqueDeMonMac.img*, et les trois ou quatre images des CD ne feront plus qu'une, avec tous les éléments de l'installation de Mac OS X.
4. Après cela, vous pourrez simplement glisser-déposer les éléments originaux de l'image vers le répertoire défectueux d'une application.

Tor Hildrum

Je n'ajouterai qu'une petite chose, c'est qu'il faut tout de même deux Go sur le disque pour cette méthode. C'est gros, très gros, mais efficace.

Les disques formatés en UFS

J'ai appris qu'il ne fallait jamais choisir le format UFS pour créer la partition Mac OS X. Sur mon Cube à 450 MHz doté de 1 Go de RAM, la version 10.1 d'OS X est peu performante, presque pathétique, avec des installations de logiciels très lentes. J'ai réinstallé exactement les mêmes logiciels sur une partition HFS+ et à ma grande surprise, le même système est devenu bien plus rapide, les installations se sont effectuées dans un délai plus raisonnable (des minutes au lieu d'heures à optimiser les fichiers), et enfin j'ai pu en profiter.

Sylvain F. Milet

Créer un compte joker d'administrateur

Si vous êtes l'administrateur ou l'utilisateur unique de l'ordinateur, je vous suggère de créer un second compte d'administrateur que vous emploierez pour installer des logiciels expérimentaux que vous ne connaissez pas bien. C'est ce que je fais quand j'installe des packages Unix ou Linux, comme xFree ou Gimp. Ces nouveaux logiciels peuvent effectuer des changements dans votre répertoire *User/Library* et peuvent y causer des dégâts. Par exemple, avec ce compte joker, après l'installation de fink, xFree et Gimp, mon Terminal ne marchait plus, alors qu'avec d'autres comptes il fonctionnait normalement. J'ai donc supprimé le compte qui avait servi à l'installation et j'en ai créé un autre pour les réinstaller, jusqu'à ce que cela marche.

Je fais aussi des sauvegardes des répertoires *Users*. On peut toujours tout réinstaller, mais il est bon de garder ces dossiers *Users* qui contiennent quantité de préférences et de données irremplaçables que vous avez créées.

Marc Rosete

Le boot OS 9 contournant les autorisations

J'ai trouvé une façon de contourner les alertes fréquentes vous disant que vous n'avez pas les autorisations (permissions, privilèges) nécessaires. Par exemple, j'ai téléchargé une mise à jour d'un économiseur d'écran pour Mac OS X et j'ai essayé de jeter l'ancienne version pour la remplacer par la nouvelle. Un message me disait alors que je n'avais pas le droit d'effacer ce dossier. J'ai donc redémarré sous OS 9 et je me suis aperçu que je pouvais effacer ce fichier sans aucun obstacle. J'ai enfin pu profiter de mon nouvel économiseur. Ce n'est pas une grande leçon sur la sécurité Mac OS, mais par ce biais, on peut garder la main sur ses fichiers.

J. Torren

Oui, en effet, j'en ai parlé au chapitre 8, c'est parfois une meilleure façon de gérer les fichiers que de booter avec Mac OS 9. Surtout si la ligne de commande ou les utilitaires "arnaqueurs de fichiers" ne sont pas votre tasse de thé. Mais attention, sous Mac OS 9, il pourra vous arriver d'effacer des fichiers vitaux pour Mac OS X. Mieux vaut prévenir que guérir.

Astuces du support technique Apple

J'ai des astuces sur Mac OS X. Normal, je bosse pour le support Apple...

Si vous voyez que le système traîne pendant le démarrage réseau, débranchez le câble ethernet pour en sortir plus vite.

Si Classic démarre avec un écran blanc, allez dans le Dossier système d'OS 9 et effacez Classic Support et Classic Support UI. Quand vous redémarrerez Classic, il vous alertera que certains éléments doivent être placés dans le Dossier système, comme il l'a fait la première fois qu'il s'est lancé.

Il y a un débat sur le fait que les Préférences se chargent au login ou au démarrage. Je suis de ceux qui pensent qu'elles se chargent au démarrage. Ainsi, en cas de problème, quand j'efface les préférences de *User/Library*, j'ai plus de chances de redémarrer.

Si vous constatez que l'un des répertoires de votre dossier *Départ* manque (musique, documents...), ouvrez ce dossier et recréez un répertoire en le nommant exactement comme celui qui manque. OS X le recréera avec son icône et tous ses accessoires.

Qui tue qui avec kill ? Voici une petite liste de ce qui se passe si vous faites un kill dans TOP ou Process Viewer :

- Finder, le tuer ne fera que le relancer.
- Tuer la fenêtre de connexion obligera à forcer à quitter et à retourner à cette fenêtre.
- Trubluenvironment est l'application qui lance Classic.

Notez qu'il est préférable de sauvegarder son travail avant de faire joujou avec kill.

Greg Freeman

Calibrer votre écran

Aqua peut parfois manquer de contraste, ce qui rend les choses à l'écran difficilement discernables. La solution est de calibrer son écran, par le biais des Préférences système, dans la partie **Couleur/Calibrer**. Cela peut vraiment faire la différence.

Lucas Mathis

Réseau et connectivité

Voici une série d'astuces pour se connecter avec d'autres ordinateurs.

Connexion à NT Server

Choisissez **Aller/Se connecter au serveur**. Tapez alors `smb://votrenom utilisateurNT@nomdeserveur/nomdupartage`, puis cliquez sur **Connexion**. À partir de cet instant, vous arriverez à l'écran de connexion NT, qui vous demandera le nom de domaine NT et le mot de passe. Première observation, le partage NT ne marche pas avec Classic et ses applications.

Kathy Holton

Mon ami Brian Little, qui s'y connaît un peu, me dit qu'il faudrait ajouter que la plupart des serveurs demandent une authentification Microsoft, module qui a d'ailleurs été réalisé récemment pour Mac OS X. On peut l'obtenir sur **www.microsoft.com/mac/products/win2Ksfm/defaut.asp**.

C'est assez pratique sur les campus d'université, disait-il, fort de son expérience, car les gens ne savent pas vraiment où trouver les éléments Macintosh de Microsoft. Notez aussi que si votre site web utilise le serveur Win2K avec des services IP (normalement), employez Aller/Se connecter au serveur *et tapez le nom du serveur DNS et son adresse IP. La connexion à NT est alors plus simple.*

L'erreur -37 des fichiers aux noms longs

Avez-vous déjà essayé de copier des fichiers de votre Mac sous OS X vers un autre sous Mac OS 9 par le biais d'AppleTalk ? Il peut arriver que la copie cesse avec une erreur -37.

Cela veut dire que certains fichiers ont un nom trop long. Je sais qu'avec HFS+, on peut parfaitement copier des fichiers aux noms longs, par exemple d'un portable vers un Mac de bureau, par le biais d'un câble FireWire, mais cela ne marche pas par un réseau de partage AppleTalk.

Il faut également se souvenir d'une chose. Sous Mac OS X, les fichiers peuvent avoir un nom plus long qu'il ne le semble, surtout si on n'a pas choisi l'option de montrer les extensions de fichier.

Certains types de fichiers ont des extensions très longues, comme les Clipping de texte qui se terminent par *.textClipping*. Merci Apple ! C'est quoi l'argument pour avoir créé de telles extensions ? Partager avec d'autres utilisateurs d'autres plates-formes ? Mais oui, bien sûr, c'est cool de partager des Clipping de texte avec les utilisateurs de Windows, mais si je ne peux même pas le faire avec d'autres Mac... désolé, je l'ai mauvaise.

Que faire ? Voici quelques solutions :

- Renommer manuellement les fichiers qui ont des noms de plus de 31 lettres, extension comprise (activez l'option qui les affiche).
- Les renommer en créant un AppleScript qui traitera ces fichiers par lot.

Ces deux solutions conviendront à la plupart des gens. Mais c'est un problème si vos fichiers sont tributaires d'un chemin d'accès, par exemple si vous sauvegardez un site web. Cela nous amène à la solution n° 3.

- Compresser les fichiers en les faisant glisser par exemple sous DropStuff, et le laisser faire son business. Un autre avantage est que le transfert des fichiers sera plus rapide du fait de la réduction de leur taille.

Lucas Mathis

Oubliez AppleTalk et partagez sous TCP/IP

Parfois, les utilisateurs ont des problèmes pour instaurer un partage de fichiers entre deux ordinateurs car AppleTalk fonctionne de façon aléatoire. Voici quelques paramètres utiles pour votre ordinateur :

- Adresse IP 10.0.1.210
- Masque de sous-réseau 255.255.255.0
- Adresse du routeur 10.0.1.1

Vous remarquerez que ce sont les mêmes pour Airport et tout ce que j'ai fait, c'est paramétrer une adresse IP en dehors de celles du DHCP.

Sur l'autre ordinateur, choisissez l'adresse IP 10.0.1.211. Maintenant, peu importe si AppleTalk voit ou non l'autre ordinateur, Mac OS X s'y connectera par TCP/IP.

Greg Freeman

Wouaaaa ! J'ai passé des heures à chercher sur Internet de tels paramètres... Gardez-les précieusement. Si seulement j'avais appelé les gens du support Apple où Greg bosse !

Comment désactiver l'accès Invité

En activant le partage, l'accès Invité (Guest) est possible. Pour le désactiver, procédez comme sous Mac OS 9, allez dans le dossier *Public*. Choisissez **Afficher les infos** ([Commande]+[I]), établissez les autorisations de tout le monde à personne et cliquez sur **Appliquer**.

Lucas Mathis

C'est cool, je n'avais pas pensé à cet accès Invité ni à comment m'en séparer.

15

Impression

Voici des techniques pour faire bonne impression sous Mac OS X, et quelques-unes nécessitent l'emploi du Terminal.

Utiliser une imprimante PostScript AppleTalk par la ligne de commande

Si vous voulez tout savoir sur les entrailles de Mac OS X et vous passer du Finder pour imprimer un fichier, voici comment le faire avec la ligne de commande.

Bien que je sois un utilisateur systématique du Mac, j'ai déjà touché à d'autres OS, et dès mon premier contact avec la ligne de commande, j'en ai rêvé pour le Mac. C'est chose faite.

Disons que vous avez une imprimante PostScript quelque part sur votre réseau et que vous voulez lui envoyer un fichier texte, qu'il faudra convertir dans le format PostScript. Que faire ? Souvenez-vous d'abord que tout ce que l'on tape dans la ligne de commande est sensible à la casse (majuscules/minuscules).

Il y a un utilitaire Unix qui s'appelle `enscript` pour convertir le fichier et l'envoyer à l'imprimante. En tant qu'administrateur du système Unix, vous pourriez taper :

```
enscript -P nomdevotreimprimante nomdufichier
```

Mais attendez, quel est le nom de cette imprimante et est-elle définie dans Unix ? Comment définir une imprimante AppleTalk dans le système Unix de Mac OS X ?

Heureusement, Apple a prévu des outils pour le faire dans la ligne de commande. Tapez-y ceci :

```
atlookup
```

Attendez quelques instants et cette commande vous donnera la liste de tous les périphériques AppleTalk qu'il trouve, dont l'imprimante (en supposant qu'elle soit allumée et connectée au réseau). Employez la commande d'aide `man` pour avoir plus de détails sur son utilisation :

```
man atlookup
```

Si vous n'avez jamais vu les manuels Unix, ne paniquez pas et utilisez la barre d'espacement pour faire défiler les pages. Vous finirez par trouver quelque chose qui ressemble à ce qu'il vous faut pour votre imprimante dans la somme des informations incompréhensibles qu'il affichera.

```
ff00.5e.84 HP LaserJet 5MP:LaserJet 5P
```

Ainsi, il se peut que l'imprimante cherchée soit une HP LaserJet 5MP.

Malheureusement, cela ne marchera pas avec `enscript`, car il lui faut une définition d'imprimante différente. Il faudra recourir à un second utilitaire, `atprint`, qui enverra la sortie d'`enscript` vers l'imprimante réseau. Pour en connaître le mode d'emploi, tapez :

```
man atprint
```

Cela vous dira comment utiliser les informations d'`atlookup` en conjonction avec celles d'`atprint`, avec un exemple à l'appui.

Reprenons. Vous convertissez un fichier avec `enscript`, qui doit être envoyé à `atprint` pour qu'il le fasse parvenir à l'imprimante réseau. Il faut utiliser un "pipe" (barre verticale) dans la ligne de commande Unix pour rediriger les informations d'un logiciel à un autre. Cela donnera :

```
enscript -p- VotreFichier | atprint "HP LaserJet 5MP"
```

Le `-p` dit à `enscript` d'envoyer la sortie PostScript à `atprint` par le biais du pipe, ce qui l'enverra à l'imprimante AppleTalk sans autre action nécessaire de votre part. Il faut des guillemets pour le nom de l'imprimante, car dans ce cas il comporte des espaces. Cette précaution est également valable si votre nom de fichier à imprimer inclut aussi des espaces.

C'est peut-être un peu compliqué et difficile à mémoriser. La solution serait alors de créer un alias reprenant cette commande avec en argument un nom de fichier à imprimer. Pour concevoir un alias, il faut créer un fichier avec un nom spécifique (par exemple *aliases.amoi*) dans un répertoire particulier (*Library/init/tcsh* dans votre dossier *Départ* ou *Home*). Si ce répertoire ou dossier n'existe pas, vous pourrez le créer dans le Finder ou employer la ligne de commande de la sorte :

```
cd mkdir -p Library/init/tcsh
```

Le `cd` vous ramène dans votre dossier *Départ* (*Home*) où que vous vous trouviez, et la commande `mkdir -p Library/init/tcsh` créera le répertoire *tcsh*, plus *init* et *library* s'ils n'existent pas déjà. Créez ensuite un fichier texte pour Unix (pas d'enrichissement RTF ou autre) s'appelant *aliases.amoi* et mettez dedans une ligne qui définira l'alias (par exemple *hpprint*). Dans notre exemple, cela donnerait ce résultat, sachant que vous pouvez remplacer `hpprint` et HP LaserJet 5MP par vos propres paramètres :

```
alias hpprint 'enscript -p- \!* | atprint "HP LaserJet 5MP"'
```

Pour rendre l'alias utilisable, il faut employer `source` ainsi :

```
source aliases.amoi
```

Il ne faudra plus le faire à chaque fois que vous lancerez le Terminal, car il regarde systématiquement dans votre répertoire *Départ* (*Home*) s'il y a des alias et ce qu'il y a dedans.

Disons que *VotreFichier* est dans votre dossier *Départ* (*Home*). Vous pouvez employer la commande suivante pour l'imprimer :

```
cd hpprint VotreFichier
```

Voilà, à ce stade, le fichier s'imprime. Mais attendez, on peut aussi se servir de l'alias *hpprint* pour imprimer la sortie d'autres logiciels, par exemple celle de `ls`, ce qui permettrait d'imprimer la liste des fichiers dans un répertoire. Il faudra bien utiliser les options de `ls` :

```
ls -ald.**
```

En le pipant vers *hpprint*, la commande listant les répertoires ne s'affichera pas à l'écran, mais s'imprimera.

```
ls -ald .* * | hpprint
```

Il y a aussi des options de `enscript` pour améliorer le formatage des pages. Par exemple `-2Gr` pour mettre le texte en deux colonnes avec une apparence meilleure et une orientation paysage.

Le résultat donne deux pages de texte imprimées côte à côte en une seule page avec la bonne taille de police. Par exemple :

```
enscript -2Gr -p- MyFile | atprint "HP LaserJet 5MP"
```

Il y a beaucoup d'autres options à découvrir avec `man enscript`.

Vous pouvez créer différents alias selon les styles d'impression désirés et en vous fondant sur les astuces précédentes. Mais rappelez-vous de bien faire attention si vos fichiers ont des espaces dans leur nom.

Dave Roschke

Imprimer les PDF problématiques

J'ai une astuce pour imprimer les PDF problématiques. Une fois, je voulais imprimer un document Apple de 60 pages sur l'emploi de NetInfo. Mais l'une d'elles ne voulait pas s'imprimer, sans que je sache pourquoi. J'ai tout essayé, Acrobat Reader dans OS X, dans Classic, dans OS 9 et même un export vers Preview (Aperçu). Voici la seule chose qui marche :

1. Ouvrez le PDF dans Preview (Aperçu).
2. Allez à la page qui pose problème, dans mon cas la n° 10 et exportez-la en TIFF (nommée par défaut Page 10).
3. Ouvrez alors la *Page 10.tiff* dans Preview.
4. Choisissez **Imprimer** avec l'option Preview.
5. Sauvegardez la prévisualisation de *Page 10.tiff* en tant que PDF (nommée par défaut Preview of Page 10).
6. Ouvrez le PDF résultant dans Preview.
7. Lancez l'impression.

La méthode est un peu tarabiscotée et le résultat moins bon que ce qu'aurait donné l'impression du document original. En plus, même s'il ne s'agit que d'une page, l'imprimante met plus de temps à la sortir.

James Flores

Les fichiers PPD de Mac OS 9 ne sont pas morts

Les fichiers PPD (*PostScript Printer Description*) sous Mac OS 9 sont toujours utilisables sous Mac OS X. J'utilise un RIP PostScript sur un serveur et je peux imprimer sur une EPSON Stylus Color 900, sans attendre que le constructeur produise de nouveaux pilotes.

Vous devez juste ouvrir le dossier suivant, soit sous Mac OS 9 soit en tant qu'utilisateur root sous Mac OS X :

```
/System:Library:Printers:PPDs:Contents:Resources:English.lproj
```

Glissez-y le fichier PPD qui provient de Mac OS 9 (se trouvant initialement dans le Dossier système, dossier extension et le sous-dossier décrivant les imprimantes). Ainsi, à chaque fois que vous configurez une nouvelle imprimante PostScript, le fichier PPD sera automatiquement sélectionné, du moment que votre imprimante est compatible. C'est particulièrement cool si elle ou son RIP n'est pas directement supporté par Mac OS X.

Scot Ohl

J'aurais aimé le savoir avant de vendre ma vieille LaserJet, mais d'un autre côté, c'est mieux ainsi car j'ai maintenant une Epson qui est supportée par Mac OS X. Elle n'est pas PostScript mais je n'en ai pas vraiment besoin, imprimant généralement à partir de PDF.

Imprimer des fichiers dans le Finder

On ne peut plus imprimer des fichiers dans les fenêtres du Finder, ni les faire glisser vers le centre d'impression. Mais j'ai pensé que l'on pouvait toujours recourir à AppleScript. Mais, bien que le Finder ait un dictionnaire de commandes comprenant `print`, cela ne marche pas.

Il y a une façon de contourner tout cela, sans passer par le Finder mais directement par les logiciels :

```
on open my_files
 ignoring application responses - ainsi on évite toute interruption
   tell application "Microsoft Word" to print my_files
 end ignoring
end open
```

Créez autant de scripts qu'il y a de programmes avec lesquels vous souhaitez imprimer, en leur donnant des noms explicites comme "Impression Word". Vous pourriez même vérifier le logiciel créateur et le type de chaque fichier pour les envoyer aux bons programmes. Cela ressemblerait alors à ce script :

```
on open files_to_change
  repeat with a_file in files_to_change
```

```
    tell application "Finder"
      set my_creator to the creator type of a_file
      set my_type to the file type of a_file
      set my_extension to the name extension of a_file
    end tell
    ignoring application responses
      if my_creator is "MSWD" or my_extension is "doc" then
         tell application "Microsoft Word"
              activate
              print a_file
         end tell
      else if my_creator is "BOBO" or my_extension is "cwk" then
         tell application "AppleWorks 6"
              activate
              print a_file
         end tell
      else if my_type is "JPEG" or my_extension is "jpg" then
         tell application "GraphicConverter"
              activate
              print a_file
         end tell
      else if my_extension is "html" or my_extension is "htm" then
         tell application "iCab"
              Activate
              print a_file
         end tell
      else
         tell application "BBEdit 6.5"
              activate
              print a_file
         end tell
      end if
    end ignoring
  end repeat
end open
```

Trouvez à ce script une jolie icône d'imprimante, et placez-la dans le Dock ou sur le Bureau ou partout ailleurs. On peut bien sûr imprimer des fichiers avec des programmes qui ne sont pas des programmes par défaut, et en outre effectuer dessus des procédures comme les passer d'un format à un autre avec des outils comme DOCtor dans la ligne de commande. AppleScript n'est-il pas formidable ?

Oui, c'est sûr, mais AppleScript serait encore mieux avec plus de documentation et une sorte de débogueur.

Bidouillage

Si vous ne sentiez pas trop le bidouillage dans les astuces précédentes, ici vous serez servi.

Terminal/Unix

Voici ce que les durs et tatoués doivent savoir sur le Terminal et Unix.

L'accès instantané aux lecteurs amovibles dans le Dock

Si vous voulez que dans le Dock se trouve un élément listant tous les lecteurs amovibles ou encore toutes les partitions, à part la principale, tapez ceci dans le Terminal :

```
ln -s /Volumes Mes_Volumes
```

Retournez alors dans le Finder et faites glisser le fichier *Mes_Volumes* sur le Dock. Voilà. C'est toujours plus pratique que de les faire tous apparaître sur le Bureau, car par ce biais, ils sont en permanence visibles.

Lucas Mathis

Foison d'astuces pour le Terminal

- Astuce 1 : si vous allez sur **fink.sourceforge.net**, que vous téléchargez et que vous installez `fink`, vous obtiendrez une version de debian dpkg, un gestionnaire plus simple pour compiler, configurer et installer des éléments comme le système Xfree86 X11. Il peut installer plein de choses toujours avec la même syntaxe `fink install nomdepackage`. Par exemple, vous installerez le gestionnaire et visionneur de PostScript nommé GhostScript en tapant `fink install ghostscript`. Il téléchargera les sources, configurera les options de compilation selon votre ordinateur, compilera le package et l'installera. Simple, non ?
- Astuce 2 : configurez le prompt (invite) du Terminal pour avoir autre chose que `[localhost: ~] wyvern%`. Je préférerais avoir le nom de mon ordinateur, ici Newton, plutôt que localhost. Si vous allez dans */etc/hostconfig*, vous ne pourrez établir le nom de l'ordinateur pour le prompt. Vous devez créer un fichier se nommant *.tcshrc* dans votre dossier *Home* (*Départ* ou ~). Voici comment faire. Ouvrez le Terminal et tapez

pico .tcshrc. Puis tapez dedans set prompt=ë[newton:%~] wyvern% . Remplacez Newton par ce que vous voulez, ou votre nom d'ordinateur. Le %~ symbolise dans cette version du shell (tcsh) le répertoire courant, ce qui peut changer avec d'autres versions. L'espace après le dernier % permet de distinguer le prompt des commandes que vous tapez. Quand vous avez fini de taper tout ça, faites un Ctrl+O pour sauvegarder le fichier, en confirmant ou non d'éventuels messages qui apparaîtraient. Ctrl+X permettra de quitter pico et de retourner au prompt. Il faudra ouvrir une nouvelle fenêtre de Terminal pour observer les changements.

- Astuce 3 : quand vous faites un Ctrl+clic sur une icône d'application dans le Dock, cela donne accès à un menu comprenant **Quitter**, mais cela ne marche pas si l'application est plantée. Vous devez alors appuyer sur Option pour passer à **Forcer à quitter**. Si ça ne marche pas non plus, ne pensez pas que les voies du kernel sont impénétrables. Ouvrez le Terminal et tapez la commande ps -aucx | grep nom_du_logiciel. Le caractère pipe (barre verticale) signifie "nourrir grep avec la sortie de ps". Par exemple, si le Finder est mal, tapez ps -aucx | grep Finder. Cela donnera ce résultat :

```
wyvern 294 0.0 2.8 160512 33016 ?? S   1:27.93 Finder
```

Les en-têtes de colonne de ps ne s'affichent pas car elles ne correspondent pas aux critères de recherche de grep. Dans l'ordre, elles sont :

```
USER  PID %CPU %MEM   VSZ  RSS TT STAT   TIME COMMAND
```

Cela veut dire que le process est détenu par USER, l'utilisateur wyvern, avec l'identifiant de processus (PID) 294 nommé Finder, utilisant 0 % du processeur et 2,8 % de la mémoire. Le PID 294 est important, en faisant un kill dessus, il redémarrera et fonctionnera bien. Si cela ne marche pas, tentez la grosse artillerie : un kill -9 294. Dans le jargon Unix, le -9 est un kill qu'on ne peut ignorer, qu'on ne peut attraper, ce qui de façon inévitable et imparable mettra fin au programme.

Si le kill ne marche toujours pas, cela veut dire que cette commande est interceptée avant que le gestionnaire de tâche ne la reçoive, c'est-à-dire que le shell est à l'agonie. Ce qui nous amène à l'astuce suivante.

- Astuce 4 : faites toujours tourner SSH connecté (et un client SSH sur un autre ordinateur). C'est utile si on a plusieurs ordinateurs. Des fois, quand vous lancez un jeu plein écran, si une application se bloque dans l'arrière-plan, vous ne récupérez pas l'usage de la souris. Si vous n'avez pas de shell connecté dans une autre machine, vous devrez redémarrer. Il n'y a pas d'autre choix car vous ne pouvez même pas sélectionner quelle application vous allez forcer à quitter (Commande+Option+Echap). Tapez dans le shell de l'autre machine `ps -aucx` et regardez quelle application est plantée, puis faites un kill avec le PID de cette application.

Marshall Pierce

Fantastique ! Ça va dix fois plus loin que les techniques du chapitre 8. Gardez ça en complément au cas où, avant de jeter votre Mac par la fenêtre.

Le syndrome des dossiers génériques

Il peut arriver que vous démarriez Mac OS X et qu'il n'y ait que des dossiers génériques dans le Dock, sans que vous puissiez lancer des applications.

Il peut y avoir trois explications à cette misère :

- Les Préférences de LauncherServices sont vérolées.
- Vous n'avez qu'un accès en lecture à votre dossier *Départ* (*Home*).
- La base de données NetInfo est naze.

Pour vous en sortir, essayez d'aller dans votre dossier *Départ* et si c'est possible de jeter les fichiers suivants :

- *~/Library/Preferences/LSClaimedTypes*
- *~/Library/Preferences/LSSchemes*
- *~/Library/Preferences/LSApplications*

Déconnectez-vous et reconnectez-vous. Si cela ne marche pas, il faudra mettre les mains dans le cambouis de la ligne de commande. Redémarrez en maintenant Commande+S pour passer en mode Utilisateur simple, puis tapez ceci dans le Terminal :

```
mount -uw /
ls -l /Users/
```

Vous aurez la ligne suivante :

```
drwxr-xr-x 18 tor staff 568 Oct 23 00:51 tor
```

Si cela ne l'affiche pas, tapez ceci :

```
sudo chown username /Users/nomdutilisateur
exit
```

Si les privilèges sont corrects, la coupable est sans doute la base de données de NetInfo.

Vous réglez le problème avec la commande suivante :

```
sudo mv /var/db/netinfo/local.nidb /var/db/netinfo/local.nidb_bak
sudo rm /var/db/.AppleSetupDone
exit
```

Cela redémarrera la machine en lançant l'Assistant de configuration d'Apple, et il faudra que vous utilisiez votre nom court d'usage pour que tout se passe bien. N'oubliez pas toutes ces techniques et tous ces fichiers importants plus amplement détaillés sur **developer.apple.com**.

Merci pour ces informations si précieuses qui nous rappellent qu'il faut toujours sauvegarder les fichiers importants comme la base de donnée de NetInfo ou les fichiers de Préférences.

Quand le Terminal donne des fourmis aux orteils

Une des choses les plus cools du Terminal est sa capacité à gérer le glisser-déposer. Par exemple, le fait de faire glisser un fichier ou un dossier sur une fenêtre de Terminal tapera son chemin d'accès absolu dans la ligne de commande :

```
open -a application.name
```

Et je fais glisser le fichier sur le Terminal.

Quand on fait glisser un dossier sur le Terminal, cela simplifie les commandes pour lister ou se déplacer dans les dossiers (`ls` et `cd`). Cela aide les novices à prendre en main le côté bizarre des chemins d'accès Unix (voir figure 15.10).

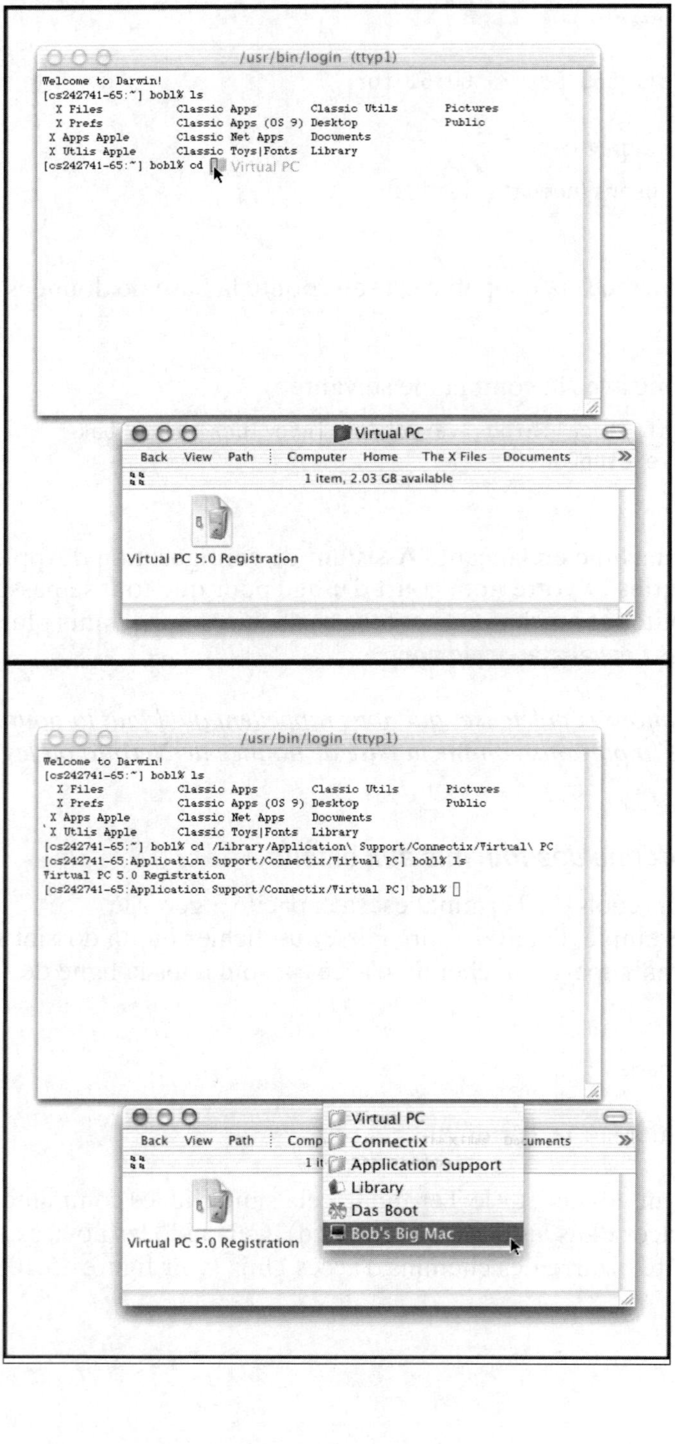

Figure 15.10
J'ai tapé cd dans le Terminal puis j'ai fait glisser le dossier de Virtual PC, ce qui me déplace dans ce dossier sans le moindre effort

Autre astuce, pour forcer la synchronisation de la gestion du temps du réseau, tapez :

```
sudo ntpdate time.apple.com
```

Pour créer un lien symbolique entre un fichierB et un fichierA, tapez :

```
ln -s fichierA fichierB
```

L'option `-F` de `ls` distingue les éléments dans un dossier selon qu'ils sont des répertoires, des applications ou des fichiers.

Enfin, si vous dormez ou éteignez la machine la nuit, vous pouvez utiliser MacJanitor pour faire des travaux quotidiens, hebdomadaires, mensuels, mais vous pouvez aussi taper ceci dans le Terminal :

```
sudo sh /etc/daily
sudo sh /etc/weekly
sudo sh /etc/monthly
```

Il y a un truc qui n'a rien à voir avec le Terminal, mais je crois bon de mentionner l'utilité d'Apple Software Restore (ASR), qui permet de copier tout le contenu d'un disque Mac OS X sur un autre disque et que cela fonctionne. Vous le trouverez sur **http://homepage.mac.com/dbhill/FileSharing.html**.

Dernière chose, pensez à Ctrl+W et Ctrl+U, deux raccourcis fort utiles pour effacer des commandes mal écrites dans le Terminal.

Par exemple, si je tape :

```
open -a TextEdit readme
```

sans appuyer sur Retour, un Ctrl+U effacera toute la ligne quand un Ctrl+W n'effacera que readme, ce qui me permettra de corriger un autre nom de fichier à ouvrir.

Pour remplacer les retours chariot Mac par ceux d'Unix dans un fichier, tapez ceci :

```
prompt$ perl -i.bak -l012p015e nomdefichier
```

C'est également utilisable pour les traitements par lots.

Pourquoi un tel changement ? Il arrive parfois que des fichiers s'ouvrent dans un éditeur en une seule énorme ligne alors qu'ils en contiennent normalement des dizaines. Il faut donc changer le caractère incriminé par un bon saut de ligne d'Unix.

J. Thoo

Complément automatique dans le Terminal

La CLI du Terminal peut compléter les noms de fichiers pour vous. Par exemple, si vous voulez effacer un fichier se nommant *ziggystardust*, tapez `rm zi` puis appuyez sur [Tab]. La CLI remplira le reste du nom de fichier, et si plusieurs autres fichiers commencent de la même manière, elle vous proposera une liste pour que vous choisissiez le bon, en ajoutant des caractères au nom de fichier et en continuant si besoin à utiliser la touche [Tab].

Brian Little

Éjecter un CD ou DVD récalcitrant

Si vous avez un CD ou un DVD inséré mais qui ne fonctionne pas ou ne se monte pas, forcez l'éjection en tapant dans la ligne de commande :

```
disktool -o
```

David Cake

Bravo. Je ne la connaissais pas celle-là. Et en plus, cela ouvre le tiroir du CD même s'il n'y en a pas dedans. Avant de connaître cette technique, je redémarrais en maintenant le bouton de la souris enfoncé, ce qui est bien moins élégant.

Packager les logiciels Unix sous Mac OS X avec fink

L'outil `fink` (**fink.sourceforge.net**) est inestimable car il offre sous Mac OS X la possibilité d'utiliser quantité d'applications et d'outils Unix. Il est la mouture de solutions existantes sous Linux Redhat, Debian et même FreeBSD, pour gérer, installer, désinstaller des packages de logiciels. Avec cette possibilité sous Mac OS X, il vous installera tout dans son propre répertoire, pour préserver l'arborescence initiale du système. C'est ainsi que j'ai pu installer avec succès Xfree86 (une version libre de X Windows), The Gimp (le Photoshop gratuit et libre) et une myriade d'outils de développement.

Ryan J. McPherson

Mouais. Si vous avez du temps à passer pour préparer les applications Unix pour Mac OS X, c'est parfait. Mais ne rêvez pas. Si vous n'êtes pas un gourou d'Unix, vous allez passer de prise de tête en prise de tête avant que cela marche. Comme le suggérait un autre contributeur d'astuces, se livrer à ce petit jeu serait préférable avec un second compte d'administrateur, pour préserver la partie production et gagne-pain de votre machine. Ou mieux, utilisez un second Mac ou un second disque pour vos aventures "unixiennes". C'est plus sûr.

Répartir et reconstruire des fichiers à la mode Unix

Si vous avez des gros fichiers et si vous voulez les saucissonner en différents fichiers pour les sauvegarder sur des supports amovibles, les envoyer par mail, ou proposer des téléchargements en plusieurs parties, Mac OS X comprend les commandes `spli` et `cat`. La première découpe et la seconde recolle. Supposons que vous ayez un fichier MPEG de 180 Mo que vous voudriez mettre sur un Zip pour le montrer à un copain. Le fichier est trop gros pour la cartouche de 100 Mo. Lancez le Terminal et tapez :

```
split -b 92m
```

N'oubliez pas l'espace après 92m, puis faites glisser le fichier à découper sur la fenêtre du Terminal, ce qui ajoutera automatiquement le chemin d'accès au fichier de la sorte :

```
split -b 92m /Users/Bob/Movies/mpegfile.mpg
```

Tapez sur [Entrée] pour commencer le travail. Il créera les fichiers dans le répertoire de travail du Terminal, la plupart du temps votre dossier *Départ* (*Home*). Si vous voulez préciser un autre répertoire et si vous voulez nommer d'une certaine façon les fichiers de destination, procédez ainsi :

```
split -b 92m /Users/Bob/Movies/mpegfile.mpg
/Users/Bob/Movies/mpegsplitfile.mpg
```

N'oubliez pas d'utiliser un répertoire où vous avez les bonnes autorisations, et n'employez pas le compte root, car après le Finder refusera que vous les effaciez, et vous devrez recourir à `sudo rm` pour le faire.

L'option `-b` signifie de se limiter à la taille indiquée après, le `m` signifiant mégaoctet (Mo).

Cette astuce est d'autant plus pratique avec les MPEG, que les informations pour la lecture sont placées dans chaque image, ce qui permet de lire la moindre tranche séparément, contrairement à QuickTime ou à d'autres procédés de vidéo numérique.

Bien sûr, dans le cas d'un mail ou d'un téléchargement, la personne destinataire devra procéder à une commande pour recoller les fichiers. Cela ressemble à ça :

```
cat /Users/Bob/Movies/aa /Users/Bob/Movies/ab
```

Ajoutez un espace après le dernier fichier (si le Terminal ne l'a pas déjà fait) et tapez l'outil de redirection >, puis un espace, puis indiquez le nom du fichier reconstitué comme ceci :

```
cat /Users/Bob/Movies/aa /Users/Bob/Movies/ab > concat.mpg
```

Appuyez sur [Entrée] pour à nouveau regrouper les deux fichiers.

Fernando Gonzalez

Waou. C'est un peu plus dur que d'utiliser StuffIt, mais si on aime Unix, c'est le bon moyen, d'autant que StuffIt ne vous laissera pas voir des morceaux de MPEG sans les décompresser au préalable.

Amusement dans la fenêtre de connexion

Amusez-vous à entrer ce nom d'utilisateur dans la fenêtre de connexion :

```
>console
```

Cela enclenche une interface seulement à base de texte (tapez `exit` ou faites un [Ctrl]+[D] pour en sortir et retourner aux graphismes tant aimés du Mac).

Il y a aussi :

- L'utilisateur `>restart` qui redémarre la machine.
- L'utilisateur `>power` qui l'éteint.
- L'utilisateur `>exit` qui quitte et redémarre presque tous les processus.

David Murphy

Aucun mot de passe n'est demandé pour ces utilisateurs très spéciaux, mais dans le cas de `>console`, vous finirez par avoir un écran un peu semblable au Terminal où on vous demandera nom et mot de passe. Ces astuces ne sont pas aussi pratiques que de commencer une session en utilisateur unique, pour lancer `fsck`, mais si vous êtes un adepte d'Unix, ce n'est pas mal pour complètement éviter l'interface graphique d'Aqua et transformer votre Mac en boîte à Unix.

Pico meilleur que vi ou emacs

Beaucoup de cerveaux Unix vous diront qu'il faut absolument `vi` ou `emacs` pour l'édition de texte dans la ligne de commande. Mais les utilisateurs du Mac trouveront `pico` peut-être plus approprié.

Il n'y a pas de commande spéciale pour passer en mode Insertion, et les commandes, dont l'aide, sont indiquées en bas de l'écran. Il marche plus comme les éditeurs fondés sur CLI.

En tapant `pico nomdefichier` dans la ligne de commande, un fichier est ouvert, ou s'il n'existe pas, il est créé. Je n'ai jamais eu de soucis en l'employant, ce qui n'est pas le cas de `vi`, même quand j'avais les instructions pour l'utiliser. Alors ne croyez pas ces têtes pensantes d'Unix qui disent que `vi` est le meilleur et qu'il fait dresser vos cheveux sur la tête. Si vos cheveux sont en bataille, c'est que vous les avez tirés, tellement tirés en essayant de comprendre `vi`.

Sean McNamara

Je déteste les outils CLI fondés sur la ligne de commande, dont `pico`, même s'il est moins "terrible", fait partie. Je préfère BBEdit, qui est mille fois meilleur que n'importe quel outil CLI. Il peut ouvrir des éléments à l'intérieur de package, fonctionner comme le Terminal si vous le souhaitez. Je suis de l'école Mac et n'utilise donc que les vrais programmes, avec barre de défilement, le

Couper-Copier-Coller, une barre de menus, un truc humain quoi ! Voyez par vous-même, la figure 15.11 montre tous les éditeurs de la CLI.

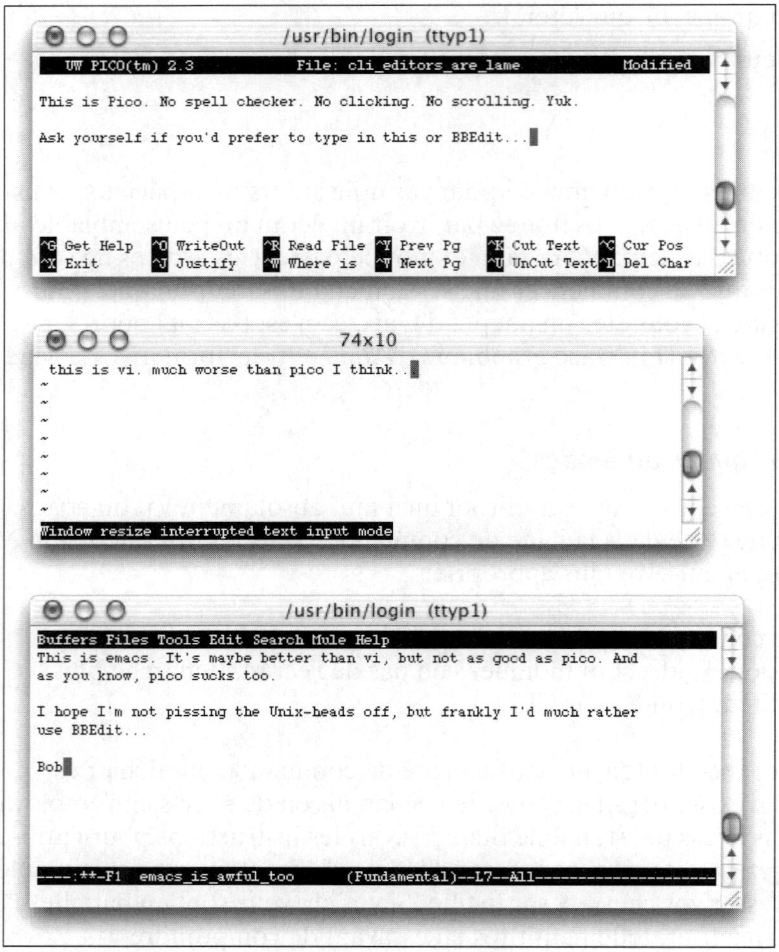

Figure 15.11 Pico (haut), vi (milieu), emacs (bas), les éditeurs de texte prises de tête

Le gestionnaire d'extension n'est pas mort

Hé oui, c'est vrai, le gestionnaire d'extension est toujours là, dans le kernel de Mac OS X. Il est certes bien plus compliqué, moins convivial et plus difficile d'accès, mais il est là, dans sa diabolique incarnation BSD.

Pour voir quelles extensions (modules du kernel ou kmods) sont actuellement chargées, allez dans le Terminal et devenez l'utilisateur root (c'est une astuce en soit).

Une fois devenu root, tapez `kmodstat` dans la ligne de commande. Cela vous donnera la liste de toutes les extensions actives. Mais si vous pouvez les voir, comment les charger et les décharger ? Une autre question serait de savoir pourquoi vous le feriez si Mac OS X le fait tout seul ? La réponse est simple : parce que vous le pouvez ! Je plaisante... Il y a bien des occasions où c'est utile, notamment quand Mac OS X ne charge pas une extension du kernel (KEXT) et qu'elle est dans kmod pour une raison ou pour une autre.

Supposons que votre Mac cesse de reconnaître votre carte Airport. En vérifiant avec `kmodstat`, vous vous apercevez qu'il n'y a pas ce driver Airport chargé en tant que kmod :

```
com.apple.driver.AppleAirPort (1.4)
```

Dans la liste de `kmodstat`, cela pourrait ressembler à cela (les ID peuvent changer selon l'ordre de chargement dans votre configuration personnelle) :

```
40 0 0xbd22000 0x10000 0xf000 com.apple.driver.AppleAirPort (1.4) <36>
```

40 est l'identifiant (ID), com.apple.driver.AppleAirPort le pilote, 1.4 la version, et <36> pointe vers un autre identifiant dans la liste de `kmodstat`, signifiant une dépendance.

Je voudrais clarifier la différence entre kernel extensions (`kexts`) et kernel modules (`kmod`) que j'appelais extensions pour simplifier. Les Kexts sont en fait des bunddles ou lots, comme pour les applications APP, c'est-à-dire des dossiers contenant des ressources. On les trouve dans *System/Library/Extensions* et ils portent l'extension *.kext*. C'est dans ces dossiers que se trouve le vrai exécutable `kmod`.

Quoi qu'il en soit, pour charger le pilote de la carte Airport, déguisez-vous en root dans le Terminal et tapez `kextload` suivi d'un espace. Maintenant allez dans le Finder et entrez dans le dossier *System/Library/Extensions*. Regardez le fichier *Apple.Airport.kext* et faites-le glisser sur la fenêtre du Terminal. Cela donnera :

```
kextload /System/Library/Extensions/AppleAirPort.kext
```

Appuyez sur Entrée et cela le chargera dans le système.

Pour le décharger, lancez d'abord `kmodstat` pour connaître son ID. Puis tapez `kmodunload -i` en ajoutant un espace après le i ,et précisez le numéro ainsi :


```
kmodunload -i 58
```

S'il y a une dépendance avec un autre module, son déchargement sera impossible. Souvenez-vous que seulement les applications de l'utilisateur final ont une mémoire protégée. Si bien que si vous mettez le désordre dans l'espace des extensions, que vous en chargez une qui est défectueuse, cela peut causer une panique du kernel et mettre le système par terre.

Fernando Gonzalez

On ne veut plus de ce maudit Terminal

Voici deux éditeurs, BBEdit 6.5 et Nedit 5, qui peuvent remplacer le Terminal en accédant aux fonctions BSD de Mac OS X.

Dans ces deux outils, vous pouvez réaliser les commandes dans une fenêtre de texte vide et comme dans la ligne de commande, elles seront envoyées au système.

Par exemple, sous Unix, on liste un gros répertoire avec `ls -la`. Tapez la même chose dans chacun des éditeurs.

Dans BBEdit, choisissez avant `#! \ Run`, qui permet de lancer une commande, dont la sortie s'affichera dans une nouvelle fenêtre, tandis que sous Nedit, la sortie arrive à la suite de la commande initiale. C'est meilleur que le Terminal car dans le cas de BBEdit, l'entrée et la sortie sont dans des fenêtres séparées, ce qui permet de corriger les erreurs ou de sauvegarder les résultats dans un fichier. Comme le Terminal, BBEdit permet de glisser-déposer des fichiers ou dossiers pour en récupérer les chemins d'accès (sauf le texte clipping). Dans Nedit, il faut choisir **Shell/Execute Command Line** puis appuyer sur la touche [Entrée] du pavé numérique. Les deux approches des éditeurs ont chacune leurs avantages et inconvénients, BBEdit vous demandant d'écrire de vrais scripts quand Nedit accepte n'importe quel texte pour essayer de le lancer en commande. Vous êtes libre de faire un usage séparé de ces outils, et bien que la plupart des utilisateurs de Mac n'aimeront pas Nedit, c'est mon préféré car il se rapproche le plus du look and feel Mac. Il nécessite toutefois X-Windows, avec les bibliothèques graphiques Motif et LessTif.

Pour plus d'informations, rendez-vous sur **www.nedit.org** (licence GPL).

Alex Morando

Dans BBEdit, pour exécuter des commandes directement dans un fichier texte, il faut ouvrir un document particulier, le Shell Worksheet, accessible dans le menu File/New Shell Worksheet [(/bin/tcsh)]. *Si vous faites un* `ls -la` directement dans un document, vous aurez une erreur, alors que si vous faites la même commande dans le Worksheet, avec la commande `#! \ Run`, *vous aurez la même erreur comme le montre la figure 15.12. Cela m'a pris un peu de temps (RTFM *), mais j'ai appris qu'il fallait terminer une commande dans le Shell Worksheet par un* Ctrl+Retour. Cela n'affiche pas dans une fenêtre séparée, comme on le disait précédemment, mais directement à la suite de la commande comme à la figure 15.13. (* en cas de doute, lisez... *Read The Fine Manuel).*

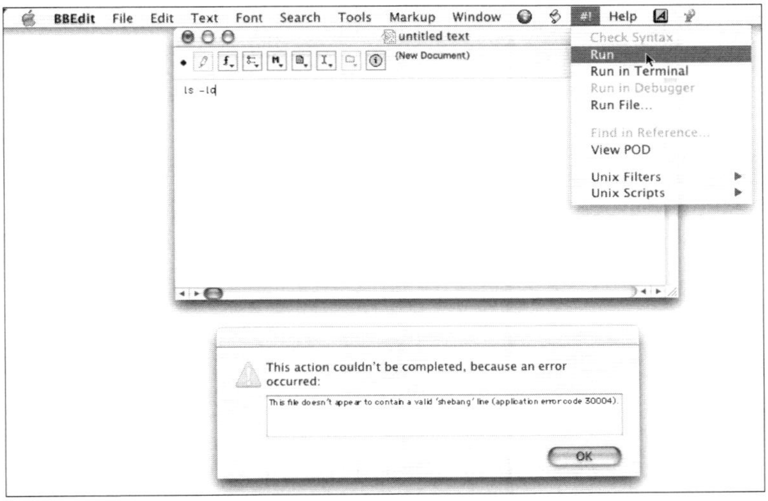

Figure 15.12
Cela ne marche pas

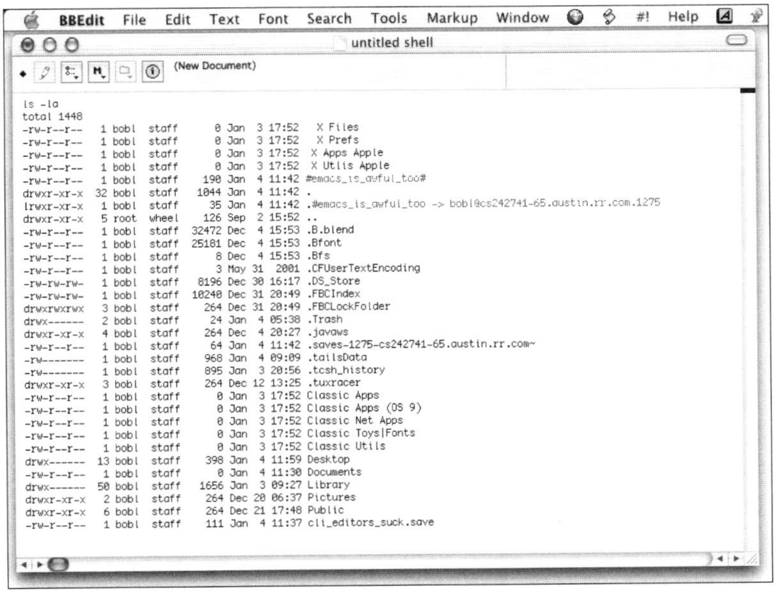

Figure 15.13
Tapez ls -la puis Commande+Retour, vous verrez alors une longue liste de fichiers dans un dossier

15

Unix selon Lucas

Lucas Mathis avait déjà mérité le bouquin que je lui avais promis en réponse à ses nombreuses astuces, mais il a répondu en m'envoyant une tonne d'astuces Unix. Qu'il en soit remercié !

Impossible d'effacer un fichier ?

Si vous ne pouvez effacer un fichier à défaut d'autorisations, tapez `sudo rm -r` dans le Terminal, puis faites-y glisser l'élément à effacer, appuyez sur [Retour] puis entrez votre mot de passe root pour enfin le voir disparaître.

Plusieurs fois le même serveur ?

Si vous avez plusieurs fois le même serveur qui apparaît dans la boîte de dialogue **Se connecter au serveur**, tapez ceci dans la ligne de commande :

```
sudo rm /private/var/slp.regfile
```

Le problème cessera.

J'ai parlé de ce bogue particulier au chapitre 11 ; jetez-y un coup d'œil pour mieux comprendre les commandes Unix, abondamment commentées.

Téléchargements Unix plus faciles

Certains logiciels Unix ne reconnaissent pas les alias Mac. Vous pouvez toujours faire des liens symboliques. Comment procéder ? Ouvrez le Terminal, tapez `cd`, puis faites glisser le dossier concerné sur la fenêtre du Terminal, appuyez sur [Entrée], puis faites un `ls -s`. Faites glisser alors le fichier sur lequel vous voulez faire l'alias Unix (lien symbolique), cette fois-ci en dehors du Terminal. Entrez son nom, appuyez sur [Retour], et voilà. Vous avez un fichier qui a l'air d'un alias mais qui ne contient que le chemin d'accès à ce fichier. C'est très utile pour des logiciels comme le serveur Apache qui ne sait rien des alias Mac.

Souvenez-vous de ça si vous utilisez votre Mac comme serveur web. J'aurais aimé que le Finder fasse des liens symboliques aussi bien que les alias, mais en attendant, c'est le truc le plus simple à retenir pour jouer avec des logiciels Unix.

À propos d'Apropos

D'autres systèmes Unix ont une commande `Apropos` qui permet de trouver des commandes relatives à un mot que vous tapez. Il y a un équivalent dans Mac OS X, `man -k`, qui avec un mot, par exemple `man -k link`, donnera toutes les commandes proches du mot link. Parmi elles, il y a `whatis`, qui permet de savoir ce qu'est une commande sans vous plonger dans son manuel. La syntaxe est `whatis commande`.

Forcer le démontage d'un lecteur

Parfois, vous ne pouvez pas éjecter un CD ou démonter un fichier d'image, même si vous vous êtes assuré que tout leur contenu n'était pas actif. Vous pouvez toujours redémarrer mais cela implique de fermer toutes les applications et c'est un peu embêtant pour juste changer de CD ou retirer une image. Il y a une solution qui implique de vérifier que tout est fermé et bien sauvegardé. Tapez ceci dans le Terminal :

```
sudo umount -f
```

Puis faites glisser le volume sur le Terminal et appuyez sur [Entrée], en précisant ensuite votre mot de passe.

Bravo. J'en avais justement besoin l'autre jour.

Unix encore plus cool

La commande `last` affiche votre dernière session, ou celle de quelqu'un d'autre si vous tapez `last` suivi du nom d'utilisateur :

```
lkm    console localhost    Fri Nov 23 21:37 still logged in
reboot  ~              Fri Nov 23 21:37
lkm    console localhost    Fri Nov 23 21:29 - crash (00:07)
```

Tiens, il semblerait que Mac OS X puisse se crasher de temps en temps.

Vous pouvez aussi savoir combien de temps vous avez utilisé votre ordinateur ; en précisant un nombre pour le temps d'extinction ou de crash, cela donnera une quantité de jours :

```
lkm    ttyp2          Sat Nov 17 15:12 - shutdown (4+01:00)
```

15

Le dernier temps indiqué n'est pas le moment du commencement de session, mais le temps que vous y avez passé, et la ligne suivante, par exemple, ne montre pas que la session a duré 0 heure 0 minute, mais qu'elle a duré moins d'une minute.

```
lkm   ttyp2          Sun Nov 25 16:16 - 16:16 (00:00)
```

Le deuxième nombre indiqué dans le temps est le moment où la session s'est terminée et on l'obtient uniquement si on a employé le Terminal. Si vous avez éteint le Mac ou s'il a planté, il y aura marqué *shutdown* ou *crash* à la place de cette heure de fermeture.

Le `ttyp` signifie que vous avez eu des fenêtres de Terminal ouvertes, qui sont elles-mêmes des sessions, qui ainsi se chevauchent. S'il y a des redémarrages dans la session, cela s'affiche sur plusieurs lignes.

Vous pouvez utiliser `curl` pour vos téléchargements, avec la syntaxe `curl -O`, suivie de l'URL (à faire glisser du Finder ou à taper à la main) du fichier à décharger. C'est pratique pour laisser votre navigateur travailler ou s'il est particulièrement instable. Le fichier sera téléchargé dans le répertoire courant, votre dossier *Départ* (*Home*) généralement, à moins que vous n'ayez fait autre chose dans le Terminal.

Je recommande d'employer `wget` (obtenez un package et compilez-le avec l'aide de `fink`, disponible sur **fink.sourceforge.net**). Avec `wget -c`, vous obtiendrez la même chose qu'avec `curl`, mais vous pouvez créer une liste séquentielle de fichiers à télécharger dans un fichier texte et taper `wget -c -i monfichiertexte`.

Enfin, si vous avez fait des erreurs en tapant les commandes, ou si vous voulez les relancer, employez les touches de flèches hautes et basses pour les faire réapparaître dans un historique.

Copier-coller dans le Terminal

Quand vous êtes dans le Terminal, vous pouvez copier des éléments précédemment affichés et les coller dans la ligne de commande pour les réutiliser.

Quitter violemment dans le Terminal

Il est possible de quitter toutes les applications dans le Terminal en faisant un Ctrl+C, mais ce n'est pas toujours une bonne idée car cela ne sauvegarde pas les documents et changements effectués.

Stupide mais si amusant

Tapez dans le Terminal `telnet towel.blinkenlights.nl` et vous ne le regretterez pas. Pas plus d'infos... surprise oblige.

Dernière astuce pour le Terminal

Utilisez `pwd` pour voir le chemin d'accès courant. Et tapez `open .` (sans oublier l'espace avant le point) pour ouvrir le dossier actuellement sélectionné dans le Finder.

Tuer les programmes dans le Dock

Si vous ne pouvez obtenir la boîte de dialogue graphique **Forcer à quitter**, vous pouvez employer le Terminal pour faire un kill sur les programmes. Tapez d'abord `top | grep monprogramme`, sachant que mon programme représente tout ou partie du nom du programme à quitter, en respectant la casse.

Vous obtiendrez alors :

```
[localhost:~] lkm% top | grep Sweet
 7933 SweetMail  0.0% 25:59.96 7 135 250 21.6M 10.7M 26.4M 84.9M
```

Avec le caractère pipe (|), la sortie de la commande `top` est redirigée vers `grep`, lequel regarde le mot que vous avez précisé, ici Sweet, ce qui affiche juste la ligne qui contient ce mot.

Faites un Ctrl+C pour revenir au prompt. Tapez alors `kill -9`, suivi du nombre précisé au début de la ligne, ce qui dans notre cas donne `kill -9 7933`.

Rendre un programme plus rapide avec renice

Si une application tourne trop lentement, utilisez la commande `renice` pour lui donner plus de priorité vis-à-vis du processeur. Par exemple, supposons que le logiciel SweetMail est trop lent (ce qui n'est pas vrai, contrairement à Virtual PC). Tapez `top | grep SweetMail`. Vous obtenez alors :

```
700 SweetMail  0.0% 2:44.60 6 126 215 19.4M 8.34M 24.0M 80.1M
```

Souvenez-vous du premier nombre de la ligne (ici 700) et tapez alors :

```
sudo renice [vitesse] [le premier nombre de la ligne]
```

Comprise entre -20 et 20, la vitesse attribuée au logiciel sera la plus rapide en négatif et la moins rapide en positif.

S'amuser avec le Terminal

Ouvrez le Terminal et tapez ceci :

```
more /usr/share/misc/flowers
more /usr/share/misc/airport
more /usr/share/misc/birthtoken
more /usr/share/misc/ascii
more /usr/share/misc/na.phone
more /usr/share/misc/zipcodes
```

Et tapez également ceci :

```
cd /usr/share/misc/
ls
```

Lucas Mathis

Si vous vous demandez d'où viennent toutes ces choses, elles sont dans des dossiers cachés de votre disque. La figure 15.14 les montre.

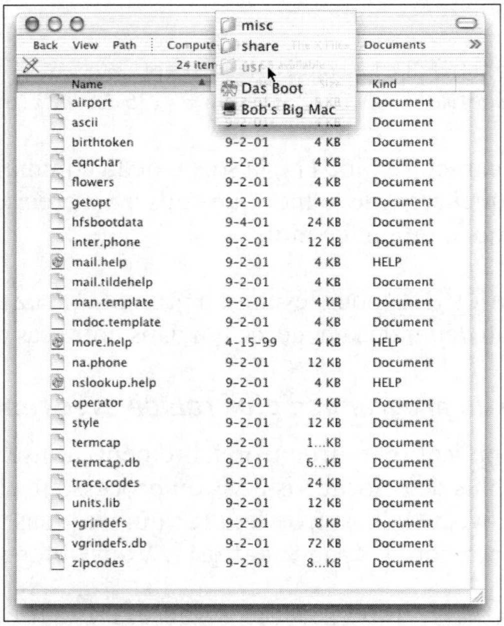

Figure 15.14 Le contenu caché des dossiers utilisateurs (usr)

AppleScript

Si vous n'avez pas eu votre dose de bidouillage et de code à taper, voici une sélection d'astuces pour les AppleScripts.

TiTi amoureux du menu AppleScript

J'ai un problème avec mon TiTi (Tinanium iBook) que je n'éteins que très rarement car il peut facilement se mettre en veille. Avec les logiciels utilisés en réseau, c'est un problème, car quand le réseau est inactif, je dois les quitter, par exemple Instant Messenger, Internet Explorer ou Entourage. Les mettre dans mes éléments d'Ouverture ne résout pas le problème, car je ne me déconnecte pas non plus. Je ferme juste l'application Réseau et je mets mon TiTi en veille. J'ai alors ajouté un script très simple dans le menu AppleScript qui active ces trois programmes dès que je suis en réseau. Comme j'ai enregistré le script comme une application, avec son écran de chargement caché, je peux le lancer quand je veux. J'ai aussi trouvé une série de scripts sympas, dont un qui cache toutes les fenêtres actives. Si certains sont livrés avec Mac OS 10.1, on en trouve d'autres sur **www.apple.com/applescript/macosx/script_menu/**.

Maia Gemmill

Je suis aussi un amoureux du menu AppleScript dont j'ai parlé au chapitre 9.

Un script sympa pour bouger des fichiers

On a beaucoup critiqué Apple de ne plus garder les fichiers spring-loaded dans Mac OS X, mais j'ai trouvé un script à placer dans la barre d'outils du Finder pour déplacer des fichiers ou des dossiers de différents endroits vers une seule destination :

```
on open TheFiles
 tell application "Finder"
  activate
  try
   set MyFolder to make new folder at "nom du disque" with properties
{name:"dossier temporaire"}
  on error
   set MyFolder to "nom du disque:dossier temporaire"
  end try
  move TheFiles to MyFolder
 end tell
end open
```

15

```
on run
 tell application "Finder"
  activate
  set MyWindow to front Finder window
  set MyTarget to target of MyWindow
  if the folder "nom du disque:dossier temporaire" exists then
   try
    move entire contents of the folder "nom du disque:dossier temporaire"
to MyTarget
   on error
    move entire contents of the folder "nom du disque:dossier temporaire"
to MyTarget's container
   end try
   delete " nom du disque:dossier temporaire"
  else
   display dialog "Aucun élément n'a été sélectionné." giving up after 2
buttons "OK"
  end if
 end tell
end run
```

Après avoir créé et sauvegardé le script en tant qu'application, placez-le dans la barre d'outils du Finder. Tous les fichiers que vous voulez déplacer sont simplement glissés sur l'icône du script, ce qui les sélectionne, et allez jusqu'au dossier de destination, puis cliquez une seule fois sur l'icône. Cela les déplacera dans le dossier courant du Finder grâce au script. Bien sûr, il faudra que vous personnalisiez le nom du disque et le nom du dossier temporaire avec votre propre configuration et selon vos propres goûts, mais cela donne un espace temporaire aux fichiers/dossiers à déplacer. Je pense que c'est bien meilleur que la fonction disparue de Mac OS 9, pour deux raisons :

- Les fichiers et dossiers que vous voulez déplacer peuvent venir de plusieurs volumes ou arborescences.
- Le déplacement de fichier spring-loaded dans Mac OS 9 ne marche que plus profondément dans l'arborescence et nécessite deux fenêtres.

Frank Restly

*Merci Frank pour ce script fantastique que j'ai installé (voir figure 15.15). Pour l'installer, ouvrez SLF Helper.txt et remplacez "***YOUR-HARD-DISK-NAME-HERE***" par le bon nom de disque, puis sauvegardez-le et placez-le dans la barre d'outils. Il y a des rumeurs selon lesquelles*

Apple pourrait remettre le spring-loading dans une future version de Mac OS X. En attendant, essayez de vous intéresser à AppleScript, en téléchargeant les exemples sur le site d'Apple ou en testant le tout nouveau AppleScript Studio.

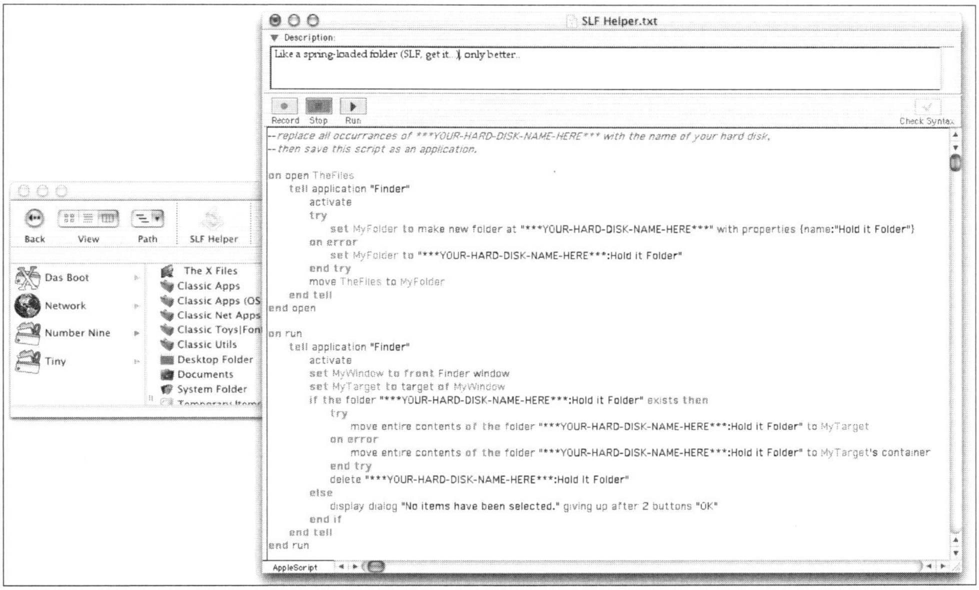

Figure 15.15
Rien de plus facile avec ce script de déplacement de fichiers/dossiers

Réparer les captures d'images

J'ai remarqué un problème avec Image Capture qui ne crée pas le bon type de fichiers, ce qui ne permet pas à Photoshop de les reconnaître. J'ai donc écrit un script qui convertit ces fichiers en JPEG si on les fait glisser dessus :

```
on open files_to_change
  repeat with a_file in files_to_change
    tell application "Finder" to set the file type of a_file to "JPEG"
  end repeat
end open
```

Et si vous le souhaitez, il est également possible de changer le créateur du fichier, ici Photoshop :

```
on open files_to_change
  repeat with a_file in files_to_change
```

```
    tell application "Finder"
      set the file type of a_file to "JPEG"
      set the creator type of a_file to "8BIM"
    end tell
  end repeat
end open
```

Ce script n'est pas récursif et vous ne pourrez donc pas faire glisser de dossier dessus, mais il marche avec une sélection de fichiers multiples. Pour les fichiers téléchargés avec Image Capture, vous souhaitez peut-être tous les convertir dans le bon format avec le bon créateur. Employez pour cela la fonction *Tâche automatique* et choisissez **Autre** en sélectionnant cet AppleScript, ce qui obligera Image Capture à systématiquement faire les bons changements.

Lucas Mathis

Les tâches automatiques

Mac OS X a certaines tâches planifiées automatiquement, mais il utilise `cron` pour cela, et bien sûr l'ordinateur doit être allumé. Vous devez alors les lancer de temps en temps, manuellement par le biais du Terminal, en tapant :

```
sudo sh "/private/etc/daily"
sudo sh "/private/etc/weekly"
sudo sh "/private/etc/monthly"
```

Il y a aussi l'utilitaire MacJanitor. J'ai toutefois créé un AppleScript qui lance ces tâches automatiquement au démarrage :

```
set my_pw to "mettre entre guillemets votre mot de passe"
tell application "Terminal"
  do script with command "echo " & my_pw & " | sudo -S sh
/private/etc/daily"
  do script with command "echo " & my_pw & " | sudo -S sh
/private/etc/weekly"
  do script with command "echo " & my_pw & " | sudo -S sh
/private/etc/monthly"
end tell
```

Comme le menu AppleScript peut accepter de lancer des commandes Unix, vous pouvez y placer des alias ou des liens vers des scripts pour la ligne de commande (**www.apple.com/applescript/macosx/script_menu/**).

Lucas Mathis

Lancer OS X à partir d'OS 9

J'ai fait un script compilé que je clique à chaque fois que je veux démarrer OS X :

```
tell application "Startup Disk"
 activate
 set startup system folder alias to alias "Mac OS
X:System:Library:CoreServices:BootX"
end tell
tell application "Finder" to restart
```

Notez que "Mac OS X" représente le nom de votre disque dur où se trouve Mac OS X ; veillez donc à changer ce nom pour que le script fonctionne.

Greg Spence

Pot-pourri

Voici les astuces que je ne pouvais caser nulle part ailleurs.

Remarque **Bureaux d'utilisateurs**
Le prochain et dernier chapitre traitera des plus beaux enrichissements de Bureau pour les experts, avec une douzaine d'exemples.

Faire glisser les fenêtres d'arrière-plan

En maintenant la touche [Commande], je peux déplacer les fenêtres d'arrière-plan. C'est pratique pour mettre une fenêtre de côté ou la placer, avant de la diminuer dans le Dock.

Marshall Pierce

Vous trouverez toutes les précisions sur ce sujet au chapitre 2.

Un serveur de contrôle à distance gratuit

Pour brancher le serveur VNC d'AT&T Research sous OS X, rendez-vous sur le site **www.osxvnc.com** et téléchargez OSXVNC. La partie cliente est analogue à VNCThing, mais il est globalement identique à Timbuktu. Ne fonctionnant que sur réseau IP (et pas AppleTalk), il tourne sur presque toutes les plates-formes et est totalement gratuit. On trouve VNCThing sur **www.webthing.net**, et le site principal de développement se trouve sur

www.uk.research.att.com/vnc/. Il y a tous les serveurs et clients pour toutes les plates-formes à télécharger.

Je l'emploie actuellement pour contrôler une machine Windows 98 qui se charge de codes-barres à l'autre bout de mon immeuble. Adieu aux déplacements !

Tom Rymes (auteur)

Astuces de sécurité

Sous Mac OS 9, le système Utilisateurs multiples était assez sûr. Il fallait booter d'un CD pour le contourner. Mais dans Mac OS X, vous n'avez pas besoin de CD pour violer la sécurité de connexion, il suffit d'utiliser le compte root, soit en jetant à la Corbeille la base de données NetInfo, soit en faisant un `sudo passwd root`.

Alors, comment sécuriser totalement votre machine ?

Il faut mettre en place un mot de passe firmware, mot de passe nécessaire pour toute forme de démarrage. Cela me paraît important, bien que ce ne soit pas lié au système proprement dit, vu qu'avec root, on peut s'approprier une machine en moins de deux minutes.

Procédez de la sorte :

Maintenez [Commande]+[Option]+[O]+[F] au démarrage. Vous arrivez dans Open Firmware. Tapez `password`, puis appuyez sur [Entrée]. Il faut maintenant saisir le fameux mot de passe `Firmware`.

Tapez ensuite `setenv security-mode full` et appuyez sur [Entrée]. Enfin tapez `reset-all`, puis appuyez sur [Entrée]. Votre machine va redémarrer et demandera à l'avenir ce mot de passe à chaque démarrage.

Pour démarrer la machine, vous devrez taper `mac-boo` et appuyer sur [Entrée], puis saisir le mot de passe précédemment établi.

Bien que vous deviez le faire à chaque démarrage, cette méthode permet de protéger votre machine de tous les hackers.

Tor Hildrum

Entre-temps, Apple a proposé un logiciel qui gère le firmware dans une application Aqua plutôt que dans la ligne de commande. La figure 15.16 montre le démarrage d'un Mac avec ce mot de passe firmware et la figure 15.17 illustre le programme Apple le gérant. Jetez un coup d'œil dans la base de connaissance Apple à propos de cette problématique (article n°106482 **http://kbase.info.apple.com** et 120095 pour le télécharger).

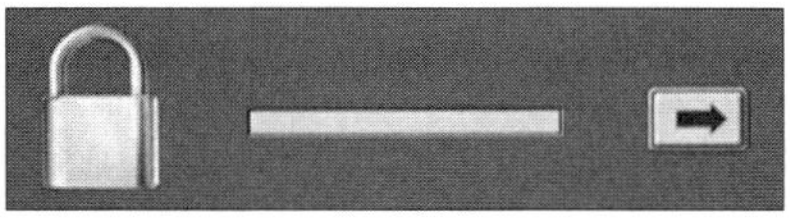

Figure 15.16
Un gestionnaire de démarrage avec le mot de passe firmware actif

Figure 15.17
Un gestionnaire de mot de passe firmware fourni par Apple récemment

Comment déménager Home ?

Pour les personnes employant des G3 ou des machines antérieures (incompatibles), la partition de Mac OS X commence et finit dans les huit premiers gigas du disque. Sachant que vous mettez le système, le Dossier système de Classic et toutes les autres applications sur le même disque, il ne reste plus beaucoup d'espace pour les quelques dossiers *Départ* (Home) avec tous les documents que nous générons (e-mail, pages web, images, textes...). Une autre option consisterait à mettre tous les documents dans une autre partition, mais c'est peu souhaitable car le système et les applications aiment bien les trouver dans des emplacements bien spécifiques.

Une meilleure option consisterait à carrément déplacer votre dossier *Départ* dans un autre disque, ce qui est possible à l'aide d'un des utilitaires Apple : NetInfo Manager.

Disons que vous avez une autre partition nommée *NouveauDepart* et que votre nom d'utilisateur est *JayT*.

Procédez ainsi :

1. Faites un dossier *JayT* sur la racine de la partition *NouveauDepart*.
2. Ouvrez NetInfo Manager.
3. Déverrouillez le petit cadenas pour activer le mode Administrateur.
4. Sélectionnez *Users* dans le navigateur de répertoire, juste après le niveau "/".
5. Sélectionnez l'utilisateur *JayT*, ce qui affichera son descriptif dans la partie basse.
6. Faites défiler vers le bas pour arriver à la ligne Home et double-cliquez sur la valeur (normalement */Users/JayT*) pour la changer.
7. Changez-la pour */Volumes/NouveauDepart/JayT*.
8. Appuyez sur [Entrée].
9. Faites un [Commande]+[S] pour enregistrer.

10 Réalisez la copie de tous les éléments de l'ancien dossier *Départ* vers *NouveauDepart*.

11. Déconnectez-vous et reconnectez-vous.

Normalement, c'est bon, mais pour vérifier, utilisez **Aller/Dossier/Départ** dans le menu du Finder. Faites un [Commande]+[clic] pour vérifier le chemin d'accès de *Départ*. Si ça marche, vous pouvez effacer l'ancien dossier pour libérer de l'espace.

Notez qu'il vaut mieux ne pas employer d'espace dans les noms de dossiers, car dans le cas où vous feriez joujou avec des logiciels Unix, ils pourraient ne rien y comprendre.

Pour l'avoir testé, le changement de *Départ* peut même marcher avec un disque externe (genre FireWire), qui sert à deux ordinateurs ou plus, ce qui évite de cumuler les *Départ*. La seule précaution est de toujours le brancher avant le démarrage.

Jay Timmer

PDF, c'est si bon

Je suis un utilisateur Mac depuis douze ans et j'aimerais tant être un expert.

Imaginez mon bonheur quand j'ai pu enfin résoudre tous mes problèmes de compatibilité avec les PC grâce au format PDF, que l'on peut sauvegarder partout dans Mac OS X, qui intègre nativement l'imprimante virtuelle pour PDF dans les options d'impression. C'est valable pour tous types de documents, captures d'écran, pages web qui préservent leur mise en page et leurs enrichissements.

Choisissez donc dans les options du menu **Imprimer la sortie en PDF**, sauvegardez le document sur le Bureau et envoyez-le en pièce jointe par mail, et rares sont les PC qui n'ont pas Acrobat Reader installé.

Michel Labay

Je suis d'accord. Plus on les utilise, plus on les aime. Les figures 15.18 et 15.19 montrent la boîte de dialogue où l'on choisit le format PDF et le résultat qui s'en suit.

Placer vos documents où vous voulez

Si vous mettez à jour Mac OS X à partir d'une version antérieure, vous aurez certainement un dossier *Documents* qu'OS X essayera de mettre dans votre dossier *Users/Home*. Pas de problème. Il suffira d'y aller et de l'effacer (en vérifiant qu'il ne contient rien de précieux), puis de mettre un alias dans votre dossier de *Départ* vers un autre dossier de votre choix en le nommant "Documents". Après cela, ce dossier aliasé sera reconnu comme votre dossier *Documents* officiel.

Kem Tekinay

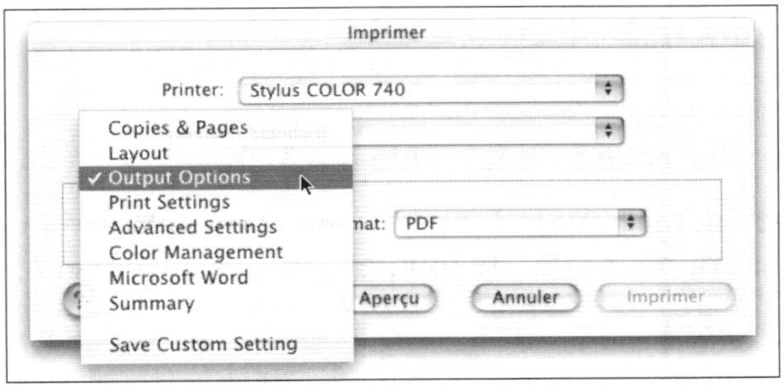

Figure 15.18 Les options de sortie dans le menu Imprimer

15

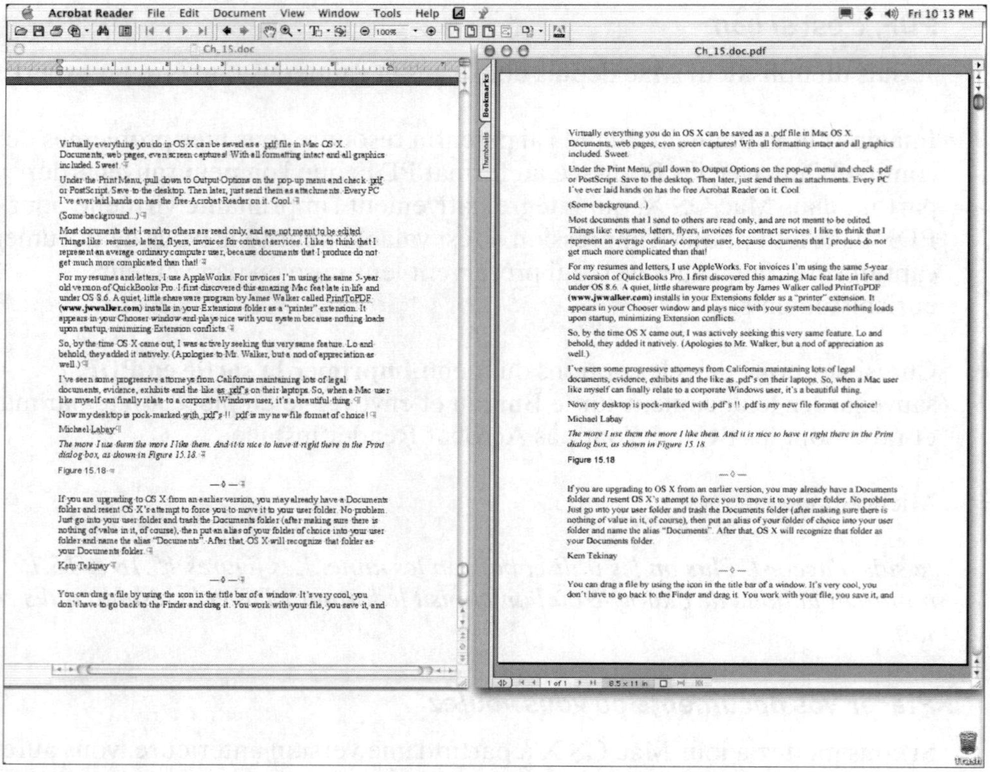

Figure 15.19
Le jeu des zéro erreurs. À gauche un document Word, à droite la version PDF

Partage de fichier par câble FireWire

On peut relier deux Mac par un câble FireWire. Cette technique, appelée Target Disk Mode, est fréquente entre un portable et un modèle de bureau, mais elle marche avec n'importe quel Mac.

Voici comment faire :

1. Éteignez le Mac ciblé.
2. Connectez votre Mac au Mac ciblé avec un câble FireWire.
3. Maintenez la touche [T] en démarrant le Mac ciblé, ce qui le démarrera en mode Target Disk. Cela aura pour effet de monter tous ses lecteurs et volumes sur votre Mac.

Olivier Lebra

Taper des caractères amusants avec Option

Dans les applications Classic, on se sert de la touche [Option] pour entrer un caractère accentué spécifié par Clavier dans toute zone de saisie de texte.

Dans les applications Cocoa, la même opération produit un caractère surligné en orange, pour confirmer votre choix. Pour ceux qui utilisent d'autres langues (français, espagnol), ils aimeront savoir quel accent va être tapé avant qu'il le soit effectivement. Les applications Carbon vont dans le même sens en montrant les caractères spéciaux comme les ellipses ou les zigzags selon que l'on se trouve dans AppleWorks ou le Finder.

Ben Rosenthal

Sauver votre mariage avec les comptes multiples

Mac OS X permet aux gens de travailler en groupe sur une même machine, au bureau, à la fac, dans les labos de recherche, mais il aide aussi à préserver les relations entre les personnes. Par exemple, ma femme et moi nous nous opposons sur la question de savoir si le curseur de notre portable peut ou non cliquer. À chaque fois que l'un de nous l'emploie, l'autre retrouve la machine avec la préférence indésirable. Depuis la mise en place des utilisateurs multiples, ma femme peut se connecter, avoir son image de chameau au milieu du Bureau, le Dock mis à gauche comme elle aime, avec son dossier *Documents* à portée de main et son satané curseur qui peut cliquer.

Dean et Corri Browel

Humm, superbe. Moi j'ai opté pour une solution légèrement plus coûteuse, j'ai acheté à ma femme et à ma fille leurs propres Mac. C'est cher, mais je n'ai plus de beurre de cacahouète et de sirop sur mon clavier.

Le retour des codes type et créateur

Dans Mac OS 9, vous pouvez utiliser ResEdit pour changer le type et le créateur d'un fichier. C'est impossible de recourir au même outil pour attribuer un type et un créateur à des fichiers qui n'en ont pas sous Mac OS X. Pourquoi ? Ce sont des bunddle, c'est-à-dire des lots de fichiers regroupés en un dossier. Pour réussir à les changer, procédez de la sorte :

15

1. Faites un [Ctrl]+[clic] sur le bunddle et choisissez **Show Package Content**.
2. Ouvrez le dossier *Content*.

3. Ouvrez le fichier *Pkginfo* dans un éditeur de texte (utilisez un outil comme BBEdit pour éditer les fichiers possédés par root. Sinon, employez le Terminal et tapez `sudo pico`. Puis faites glisser le fichier dans la fenêtre, appuyez sur [Entrée], tapez le mot de passe, éditez le fichier, quittez avec [Ctrl]+[X], répondez-y, et enfin appuyez sur [Entrée]).
4. Quand vous serez en train d'éditer le fichier, vous verrez quelque chose comme *BNDL????*, ces quatre premières lettres représentant le type, et les suivantes le créateur. Changez-les par ce que vous voulez et enregistrez le fichier.

Si le Finder ne les reconnaît pas, il faudra jeter à la Corbeille les fichiers de base de données *Launch Services* (*~/Library/Preferences/*, les fichiers appelés *LSApplications*, *LSClaimedTypes* et *LSSchemes*). C'est la procédure équivalente à celle qui reconstruit le Bureau dans Mac OS 9.

Lucas Mathis

Faire défaut à Internet Explorer

Si votre Mac ne cesse de vouloir Internet Explorer comme navigateur par défaut, renommez-le. Allez dans le dossier *Applications* et choisissez-lui un nom comme "Explorer". Le Mac ne le trouvera plus et vous pourrez paisiblement employer le navigateur que vous aimez tant.

Lucas Mathis

Un livre d'astuces sur Mac OS X

Un guide plein d'astuces Mac OS X est sorti en shareware sur **http://macosxhints.com** qui est un bon site pour le côté technique du système. On y trouve un document PDF de 66 pages plein de trucs et astuces, de techniques et d'informations générales. Il coûte 10 $ et seulement 5 $ pour les étudiants, il n'est payable qu'après lecture, si on estime qu'il vaut son prix.

Jim Krenz

Sauvegarder Home sweet Home

Contentez-vous de sauvegarder votre dossier *Départ* (*Home*) et toutes ces applications qui se suffisent à elles-mêmes (contenues en une seule icône, installables ou exécutables directement). C'est inutile d'essayer de sauvegarder tout le disque et cela peut vous causer des soucis en cours de procédure, et même pour une restauration de ces nombreux fichiers.

Greg Freeman

Il est vrai qu'il faut sauvegarder les choses les plus importantes en priorité, et le dossier Départ (Home) est le meilleur exemple. Ce sont ces éléments vitaux qu'il faut sauvegarder régulièrement, quant au reste, c'est selon vos disponibilités et vos moyens de stockage.

OS X de l'espace

J'ai écrit un guide interne sur Mac OS X pour différents clients de la NASA, pour lesquels nous effectuons des missions sur leurs sites. J'ai appelé ce bouquin *OS X for Rocket Scientists*. J'ai créé une liste d'astuces dont je vous laisse le libre usage.

Nick Van Valkenburgh

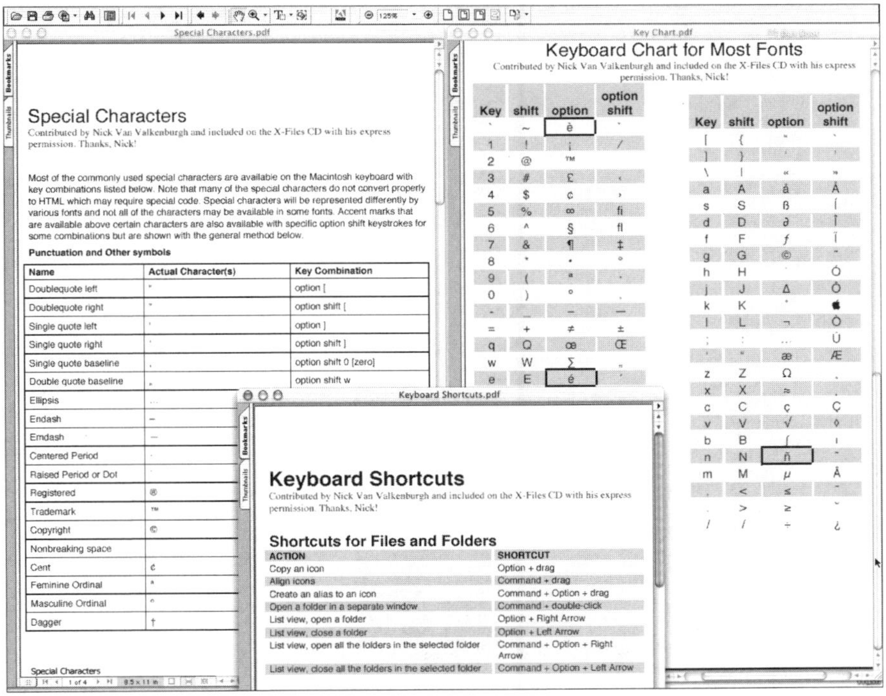

Figure 15.20
Voici les astuces de l'espace proposées par Nick

16

Bureaux de rêve

À la longue, chaque personne développe son propre style avec son Macintosh. Plus on l'utilise, plus on y ajoute sa touche personnelle, si particulière. Je suis toujours fasciné par la façon dont les gens arrangent leur environnement de travail, et vous l'êtes sans doute aussi. J'ai donc demandé à des personnes de vous présenter leurs Bureaux. Croyez-moi ou non, peu de gens ont accepté.

Comme dans le chapitre 15, il y aura parfois mes commentaires en italique.

Joe Zobkiw

Comme vous le verrez à la figure 16.1, j'ai arrangé dans Photoshop cette ancienne image provenant d'un effet visuel d'iTunes pour qu'elle s'adapte à mon Bureau.

Je me sers souvent du Terminal pour faire du travail à distance avec telnet et FTP. Adium est tout simplement le meilleur client AIM pour OS X.

iTunes est en train de jouer un morceau de musique que j'ai composé moi-même avec un de mes amis batteur.

Sound Studio est utilisé pour jouer la piste vocale pour la musique qui est jouée par iTunes.

À l'arrière-plan, Project Builder est ouvert avec des exemples de code pour des applications Cocoa employées dans un projet en cours.

Mes autres logiciels sont BBEdit (Web et travaux de développement), Interarchy (FTP), Entourage (mail et calendrier), OmniWeb (Web) et Snapz Pro X (captures d'écran).

Mac OS X avec son multitâche vous permet de travailler plus intelligemment. Quand j'ai commencé à l'utiliser, j'étais à peu près sûr de le maîtriser tout de suite, mais je me suis aperçu que ce système ne laissait pas une porte entrouverte, il la retirait de ses gonds !

Bien dit. Regardez son Dock. Ça c'est du sport ! Il aurait peut-être besoin de DragThing ou de DropDrawers.

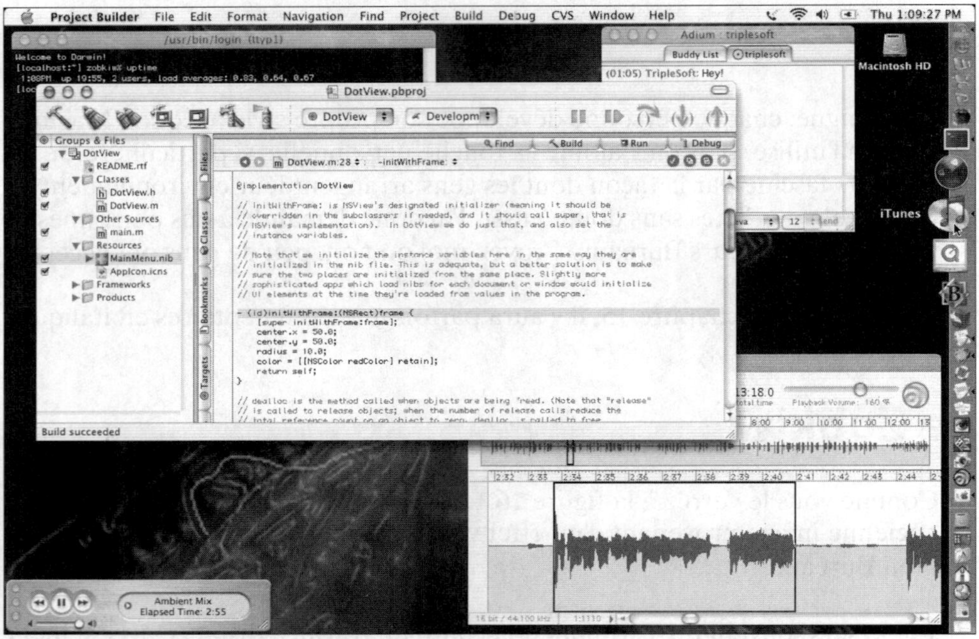

Figure 16.1
Un Bureau dont le Dock va exploser

Aaron Lynch

Aaron n'a envoyé aucun commentaire pour son Bureau (voir figure 16.2), et comme vous le verrez, il se distingue des autres pour son style ordonné et très clean. Les icônes proviennent de la collection Egypticus disponible sur **www.xicons.com** (voir figure 16.3).

Figure 16.2
La disposition très géographiquement correcte d'icônes égyptiennes

Figure 16.3
Une collection d'icônes pharaoniques

Jonathan Gurule

Je pense que mon Bureau est cool et original. J'y ai combiné deux choses que j'aime, le Mac et *La Guerre des étoiles*. J'ai trouvé une image sympa de Pod Racer, utilisée dans *Star Wars : la menace fantôme*, et j'ai essayé de la faire ressembler à un produit Apple. J'ai donc créé mon propre slogan pour iPod Racer : "1 000 miles en 5 minutes", comme le montre la figure 16.4.

Figure 16.4
Le Bureau de Jonathan

Les icônes sur le Bureau sont celles des logiciels Entourage (boîte aux lettres rouge), Internet Explorer (globe bleu), AppleWorks (génie atomique Mac) et aussi Instant Messenger d'AOL (figure jaune). Il y a aussi la guitare Fender pour iTunes, et Photoshop qui se trouve dans le Dock. L'icône de mon disque est celle de Pod Racer, et la suivante est celle du dossier *Applications*. L'autre icône, près de la Corbeille, est celle de mon dossier *Départ*. Il y a enfin l'icône Autobot de l'émission télé *Transformers*. J'ai changé toutes ces icônes car Mac OS permet d'exprimer sa personnalité.

Shawn King

Je suis un grand fan des films classiques et de leurs affiches. Comme les préférences de Mac OS X pour gérer les fonds d'écran me paraissent inadéquates, j'ai utilisé un shareware, SwitchPic (**http://homepage.mac.com/maceuph/apps/SwitchPic/index.html**), pour faire des sélections de façon aléatoire dans ma collection de posters. Moyennant quoi, on ne peut pas dire que mon Bureau est insipide (voir figure 16.5) ! Je continue à expérimenter les mises en forme sous OS X, mais je préfère néanmoins celles de Mac OS 9.

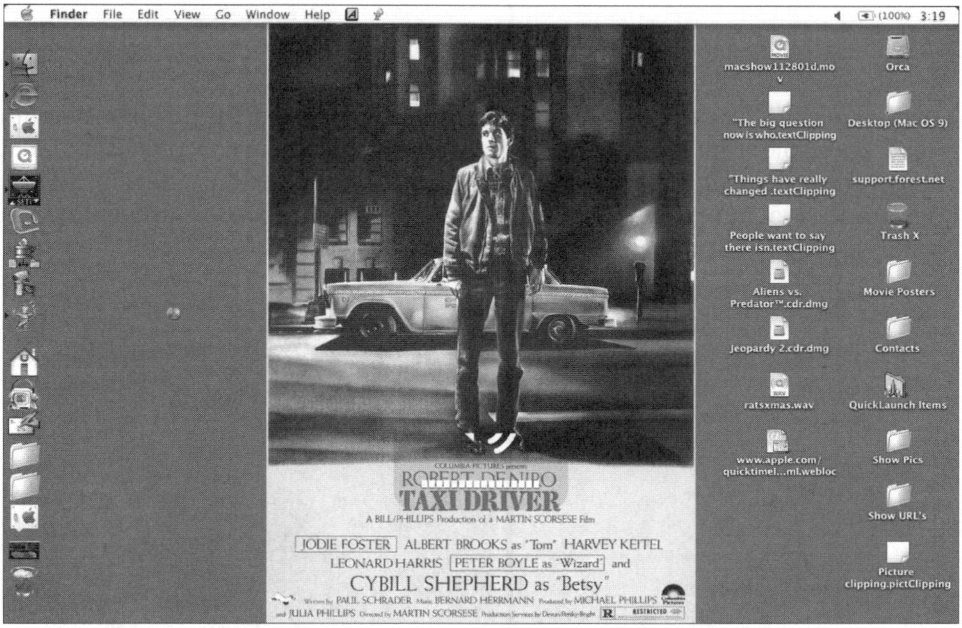

Figure 16.5
Qu'est-ce que vous regardez ? Moi ?

Je suis un docteur, Shawn. Je crois que vous souffrez d'une "icônophatie" aiguë. Il y a trop d'icônes sur votre Bureau et il vous faudrait DragThing ou DropDrawers. Je recommande aussi une thérapie de Znippetizer-X pour organiser tous les textes clipping.

Figure 16.6
Mac Show Live, l'émission radio web où j'étais invité par Shawn

Jason Whong

J'ai fait exprès de prendre cette photo avec une profondeur de champ pour que les icônes soient plus visibles (voir figure 16.7). J'ai trouvé l'icône du bol de riz sur **www.iconfactory.com**. iTunes est en marche, dans le bas à droite. Je préfère les grandes icônes parce que leur taille me force à garder le Bureau en ordre et que j'apprécie leur apparence.

Figure 16.7
Le Bureau de Jason. Quelles grandes icônes !

J'ai installé le menu AppleScript simplement parce que j'étais fatigué de ne pas pouvoir lancer rapidement mes outils préférés, la calculatrice et les stickies. Les chercher dans le Dock était trop compliqué quand il y avait six ou sept programmes lancés, et le menu hiérarchique du Dock était trop lent. Écrire ce script a été un jeu d'enfant et c'est comme si le bon vieux menu **Pomme** était de retour (voir figure 16.8).

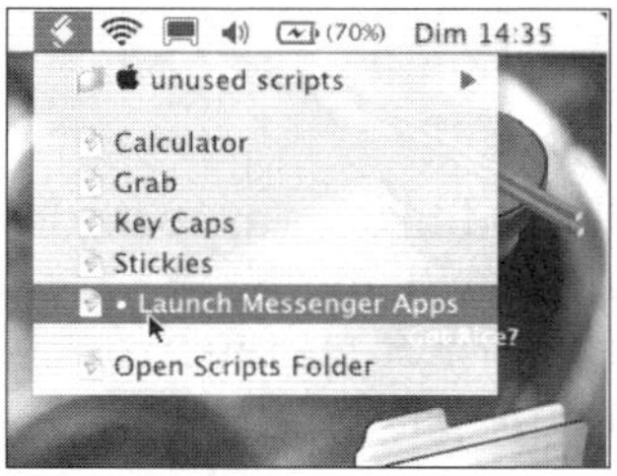

Figure 16.9
Il y a consensus sur le menu Script : ça assure !

Je reconnais que j'ai défini la magnification du Dock au maximum car c'est un bon sujet pour entamer une discussion (voir figure 16.9). C'est plus dur à utiliser quand j'y glisse des choses (dans la Corbeille par exemple), mais c'est mieux que de voir les gens se moquer de moi quand je sors en ville avec mon iBook.

Figure 16.8
Quelle belle magnification !

Jason est connu pour être celui qui mange des punaises à l'expo Mac World, car il avait promis d'ingurgiter un de ces insectes à chaque fois qu'il verrait un bogue dans l'un des jeux qu'il développait pour l'éditeur Ambrosia. Et il l'a fait... plusieurs fois.

16

Alex Morando

Mon Bureau (figure 16.10) illustre bien comment reproduire les aspects de Mac OS 9 mais aussi la version X, avec les outils WindowShade X, DropDrawers, DragThing et ASM. Ils permettent de fermer les fenêtres, d'organiser les dossiers, de contrôler les éléments, ou de passer entre les applications, le tout avec des fenêtres transparentes, de petites applications dans le Dock et des menus personnalisés.

Figure 16.10
Voici un utilisateur qui tire bien profit de son Mac

Cette configuration doit utiliser beaucoup de mémoire vive. En plus de tous ces utilitaires il faudrait essayer Watson, FruitMenu qui remettent les fonctionnalités du bon vieux temps au goût du jour.

Bill Loritz

Quand je suis passé à Mac OS X, j'ai décidé de nettoyer mon Bureau, de n'y laisser que mes dossiers les plus fréquemment utilisés, et de mettre le reste dans le Dock. J'ai même placé un alias du Bureau pour y passer quand il y a d'autres programmes qui le recouvrent. Le dossier avec une pomme dans le Dock remplace le regretté menu. Voilà, je n'ai pas fait grand-chose d'autre.

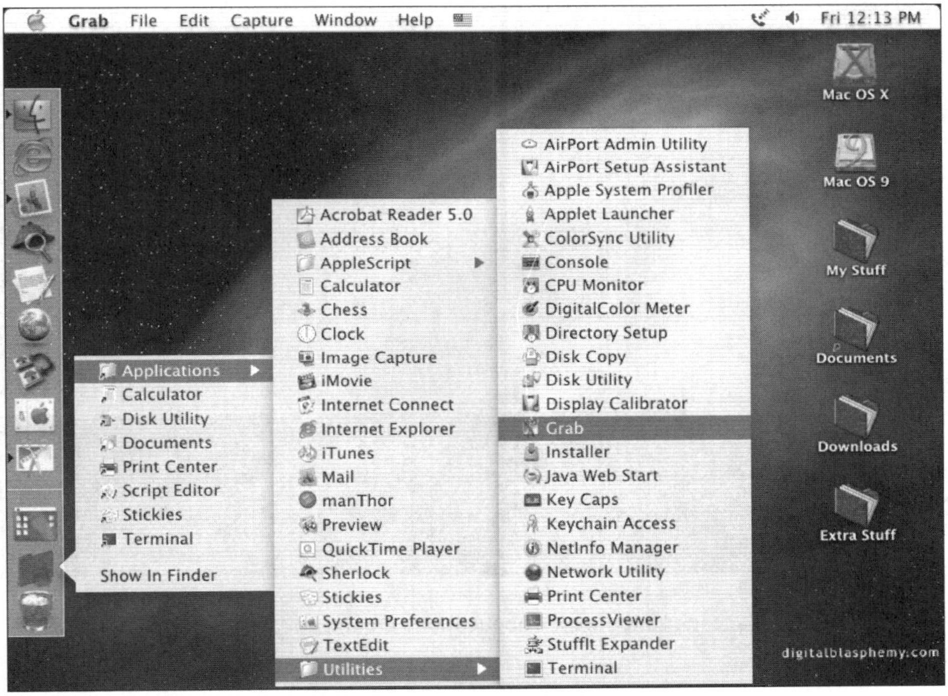

Figure 16.11
Un Bureau simple, propre mais très fonctionnel

Jaime Romero

Il y a une manière d'organiser les applications de façon plus pratique. Il suffit de créer un dossier séparé dans le dossier *Applications* qui contient tous les alias de ces logiciels, ce qui simplifie leur accès. Par exemple, quand FileMaker est installé, il crée un dossier *FileMaker* dans le dossier *Applications* et on y trouve le logiciel proprement dit. J'ai placé une icône *Applications* dans le Dock pour y accéder plus rapidement (voir figure 16.12).

Une fois de plus, je recommande DragThing plutôt que de créer un dossier avec les alias de tous vos logiciels.

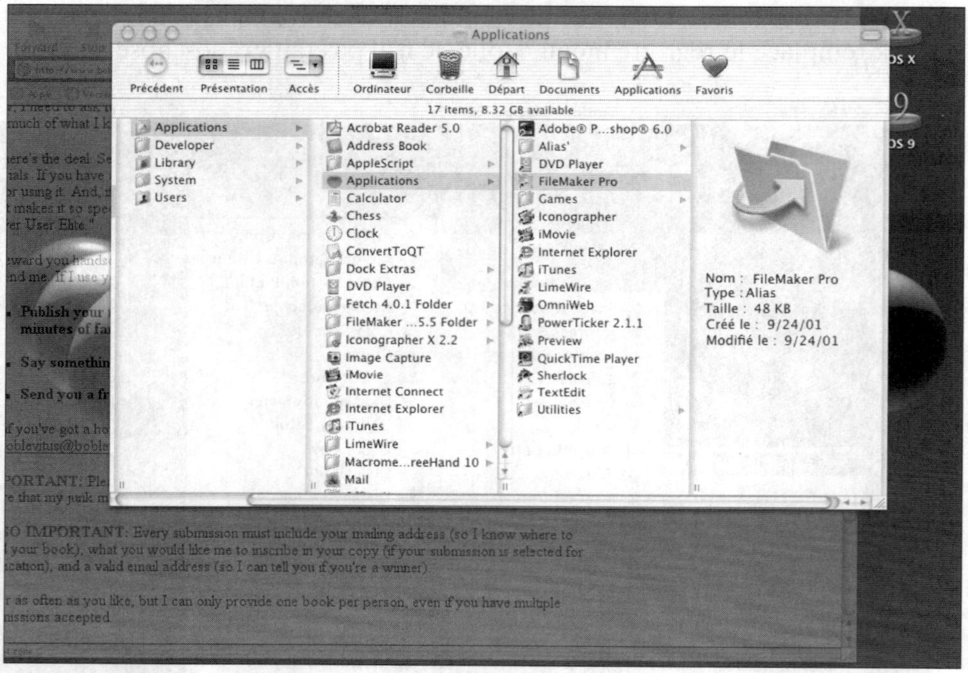

Figure 16.12
Jaime apprécie d'accéder à toutes les applications en un seul clic

Paul Sahner

À la figure 16.13, vous voyez les différents programmes que j'aime utiliser :

- ASM : une application Carbon qui se trouve dans les Préférences système et qui remet au goût du jour le changeur d'applications du Système 9.
- iTunes Tool : une petite application sans icône dans le Dock, se présentant sous la forme d'une fenêtre flottante pour contrôler iTunes.

- TinkerTool : qui me permet de tirer parti des fonctions cachées de Mac OS X ; dans la figure je l'utilise pour mettre le Dock au premier plan.
- WindowShade X : remet au goût du jour la fonction refermant les fenêtres avec la barre de titre, remplaçant en partie le Dock, et ici utilisé pour rendre les fenêtres transparentes plutôt que minimisées.
- Dans la barre des menus, j'ai deux horloges, une digitale, l'autre analogique, astuce que j'ai récupérée sur **www.resexcellence.com**.
- J'ai changé le look de iTunes avec ResEdit en intégrant de nouvelles ressources graphiques, toujours en regardant sur **www.resexcellence.com**.
- J'ai ajouté des icônes personnalisées pour rendre mon Bureau plus intime.
- Avec QuickTime Pro, je télécharge mes films préférés sur Internet.

Figure 16.13
Un bureau comme je les aime

George Guerrette

Je suis fan de la collection d'images Rampant Mac sur **http://home.att.net/~s.a.chitwood/** qui s'affichent de façon aléatoire avec RandomDesktop, comme vous le voyez à la figure 16.14.

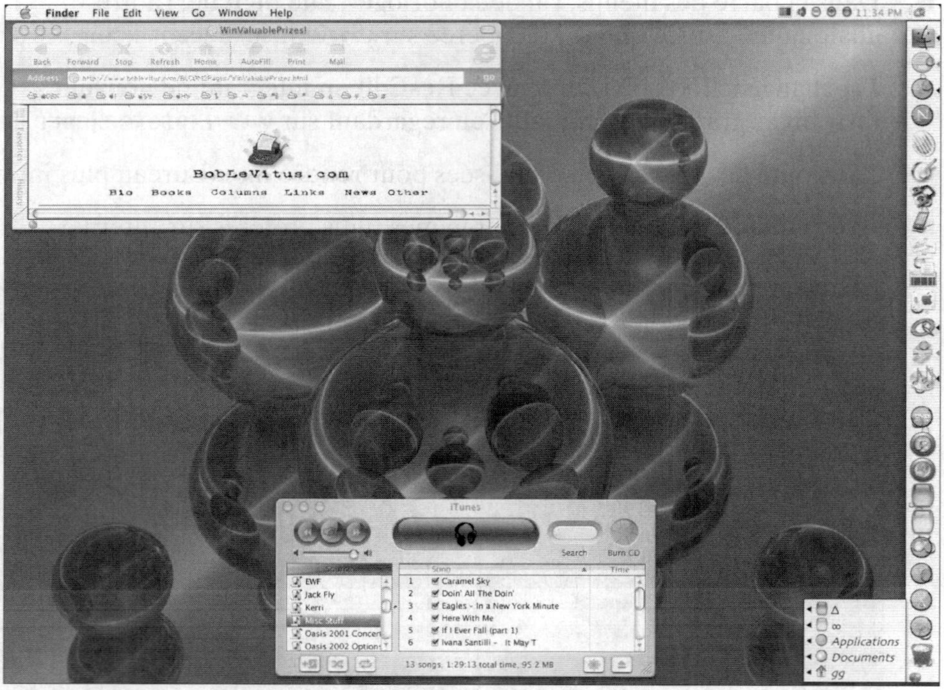

Figure 16.14
Le bureau de George Guerrette : beau et grand !

J'ai toujours été exaspéré par les limitations d'Apple dans son menu, qui n'autorise que cinq niveaux de profondeur pour naviguer dans les dossiers. Cette règle est malheureusement toujours d'actualité pour le Dock. Après une recherche sur Internet, j'ai trouvé un logiciel qui fait la même chose que BeHierarchic et qui se nomme piDock. Il apparaît ouvert à la racine de mon disque en bas à droite. En bonus, il a une option affichant des bulles de verre flottant gentiment à sa base. Comme j'ai mon Dock à droite de mon écran, j'ai placé piDock au même endroit, l'étalant vers le bas au maximum. Avec une transparence établie comme fond du Dock, les bulles apparaissent dans un jeu de transparence. On les trouve sur **http://homepage.mac.com/patrick9/Eye9ddd.html** et d'autres sont visibles sur **http://xicons.macnn.com**.

Les contrôles les plus colorés de la barre des menus sont issus de menustrip.

Dernière astuce, j'ai trouvé un bon moyen d'organiser les favoris d'Internet Explorer sans logiciel supplémentaire. Il suffit de créer des dossiers dans les dossiers de la barre d'outils *Favoris*, de les nommer comme des catégories, et ils apparaîtront dans la barre des favoris. Vous pourrez, en surfant, glisser aussi bien les liens de la page ou à le contenu d'une page vers ces dossiers. Pour utiliser un favori, cliquez sur l'un des dossiers et il se déroulera. Pour placer plus de dossiers dans la barre d'outils, choisissez des noms de dossier courts ou des polices différentes pour distinguer leur contenu.

Pour réorganiser les favoris, inutile d'utiliser le menu, mais maintenez juste la touche [Commande] enfoncée, ce qui permet de faire glisser un dossier à l'endroit désiré. C'est pareil pour réorganiser les liens, cliquer en appuyant sur la touche [Commande] ouvrira le dossier (voir figure 16.15).

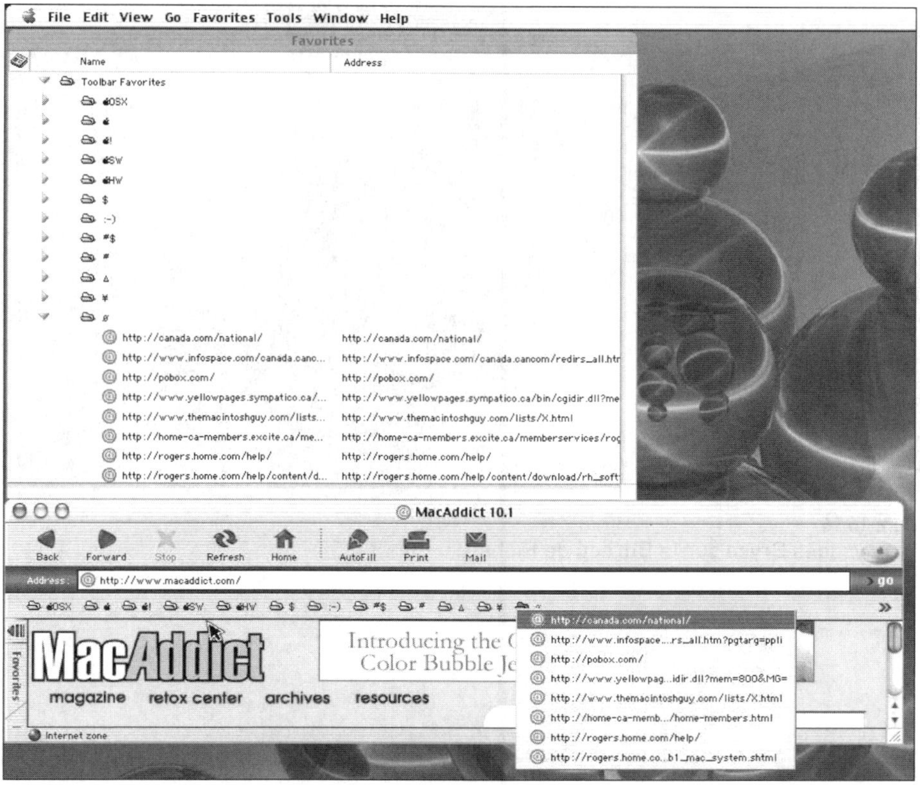

Figure 16.15
Les découvertes de George sur Internet Explorer

Richard Krutina

La figure 16.16 montre une image sur mon Bureau que j'ai conçue dans Bryce.

J'ai une astuce pour me passer du format TIFF, qui à mon sens occupe trop de place. Lancez le Terminal et tapez :

```
defaults write NSGlobalDomain AppleScreenShotFormat JPEG
```

Figure 16.16
Les paysages Bryce sur le Bureau de Richard

Bob LeVitus, alias Dr Mac

Et voici le dernier Bureau, le mien, affiché à la figure 16.17.

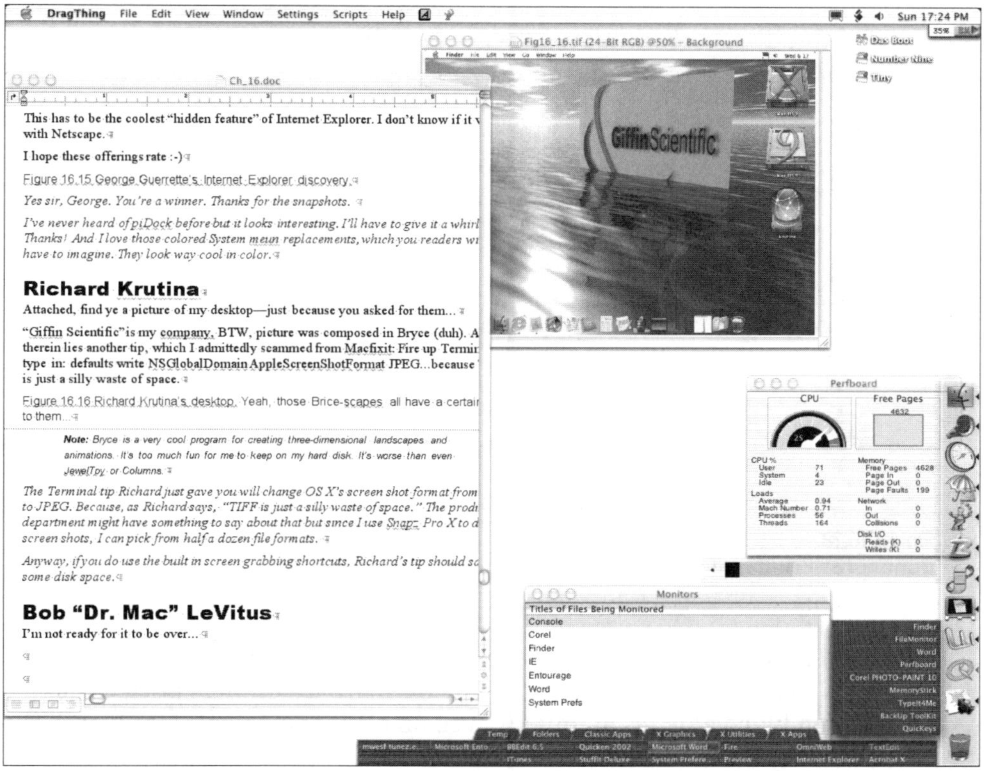

Figure 16.17
Une configuration type de mon Bureau

De bas en haut du Bureau, il y a Corel PHOTO-PAINT, QuicKeys, Microsoft Word, File Monitor, DragThing, LaunchBar, BackupToolKit, Perfboard et MemoryStick. Seuls Snard et iTunes manquent.

À la figure 16.18, je vous présente FruitMenu, un shareware qui permet de configurer à volonté les menus.

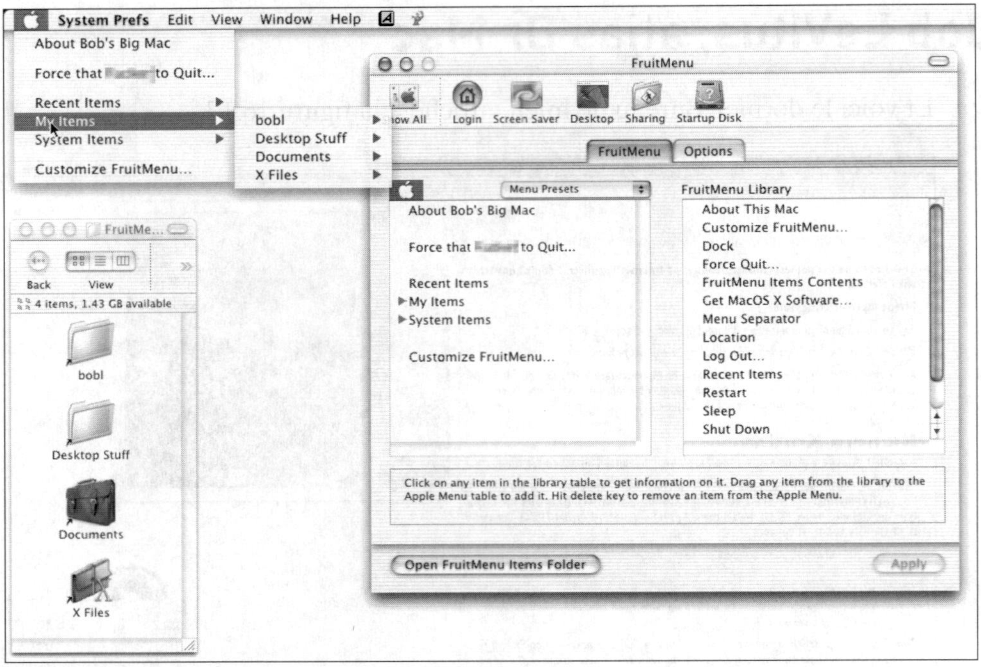

Figure 16.18
Configurez FruitMenu pour personnaliser le menu Pomme

Je tiens à préciser que mon Bureau n'est pas blanc, contrairement à ce que l'on voit dans toutes les figures du livre. J'ai configuré les ombres portées des fenêtres en blanc et je les ai imitées avec un outil équivalent dans Corel PHOTO-PAINT.

Enfin, voici quatre Bureaux typiques, qui présentent une alternative au blanc ennuyeux de la figure 16.19. Trois d'entre eux viennent de **www.macdesktops.com**, et un de **www.mandolux.com**.

Figure 16.19
Quatre Bureaux sympas, que je préfère aux blancs

Pour conclure, j'espère que ce livre vous a plu et, même s'il vous a déplu, que vous saurez me dire spécifiquement ce qui serait à améliorer. Enfin, je vous invite à m'écrire pour me tenir au courant de vos aventures, pour me parler des nouveaux logiciels découverts, des sites web que vous me recommandez et d'autres informations à partager.

Bob LeVitus
Écrivain et conteur
boblevitus@boblevitus.com

Index

!

A

B

C

D

E

F

G

H

I

J-K

L

M

N

O

P

Q

R

Achevé d'imprimer le 13 juin 2002 - sur les presses de l'imprimerie «La Source d'Or»
63200 Marsat - Dépôt légal : 2e trimestre 2002 - Imprimeur n° 8992